WALTER BRÖCKER · PLATOS GESPRÄCHE

WALTER BRÖCKER

PLATOS GESPRÄCHE

VITTORIO KLOSTERMANN
FRANKFURT AM MAIN

CIP-Titelaufnahme der Deutschen Bibliothek

Bröcker, Walter: Platos Gespräche / Walter Bröcker. –
4. Aufl. – Frankfurt am Main : Klostermann, 1990
ISBN 3-465-02232-7

Vierte Auflage 1990
Dritte Auflage 1985
Zweite erweiterte Auflage 1967

Druck: Weihert-Druck GmbH, Darmstadt

Meinem Lehrer Martin Heidegger

zum 75. Geburtstag am 26. September 1964

INHALT

VORWORT

Plato schreibt Gespräche, in denen er kein Wort selbst spricht. Dennoch sind diese Gespräche ein einziger Versuch ihres Dichters, mit seinem Leser ins Gespräch zu kommen. Daß dies Gespräch zustande kommt, liegt aber nicht in der Macht des Schreibenden allein. Der Leser muß das Seine dazu beitragen, das Geschriebene zum Reden zu bringen.

Auch ein Buch über Platos Gespräche kann dem Leser diese Anstrengung nicht abnehmen. Es kann nur versuchen, ihm nach Kräften zu helfen.

Dies Buch beansprucht nicht mehr zu sein als eine Anleitung zum Lesen der platonischen Gespräche. Es wird freilich soviel vom Inhalt der Schriften berichtet, daß auch derjenige das Buch verstehen kann, der sich das Studium der Texte erspart. Doch wird ein solcher Leser außerstande sein, das Vorgetragene zu beurteilen. Er muß den Verfasser als Autorität gelten lassen, und das ist eigentlich nicht in dessen Sinn.

Der Zweck des Buches bringt es mit sich, daß sich der Verfasser an den neuerdings beliebten Mutmaßungen über den esoterischen Dogmatiker Plato nicht beteiligt hat. Nur soviel sei an dieser Stelle angemerkt: Man sollte sich doch davor hüten, ein Gedanken-Experiment des alten Plato für das Fundament seiner ganzen Philosophie zu halten. Daß das Eine und das Groß-und-Kleine die Prinzipien der Zahlen sind, heißt nicht mehr als dies, daß die Zahlen *große Einheiten* aus mehreren *kleinen Einheiten* sind, und daß die Ideen Zahlen sind, heißt auch nicht mehr als dies, daß sie *große Einheiten* aus mehreren *kleinen Einheiten* sind. (Sie sind es auf zweifache Weise: Lebewesen ist Tier *oder* Pflanze. Mensch ist Tier *und* Vernunftbegabtes.) Hier ist kein Schlüssel zu finden, der das Verständnis der Dialoge aufschließt.

Plato hat jede seiner Schriften als eine aus sich verständliche angeboten, und so sollen sie auch gelesen werden — abgesehen natürlich von den Stellen, an denen Plato in seiner Schrift (in der Weise, wie es ein Gespräch erlaubt) auf frühere Schriften verweist.

Die Reihenfolge, in der die Schriften, so weit sie als echt gelten können, behandelt werden, ist die vermutlich chronologische. Der chronologische Ansatz benutzt noch nicht veröffentlichte Forschungen von *K.-H. Ilting*. Doch ist hier nicht mehr allzuviel kontrovers. Daß die Dialoge, die von den Ideen noch nichts wissen, vor den anderen geschrieben sein müssen, daß das »Symposion« und der »Phaidon« der »Politeia« unmittelbar vorangehen, daß »Theaitetos«, »Parmenides«, »Sophistes«, »Politikos«, »Philebos«, »Timaios« und »Kritias« in dieser Reihenfolge auf die »Politeia« folgen — all das wird allgemein angenommen. Streit ist noch um die Stellung des »Phaidros«. Daß dieser einst für eine Frühschrift gehaltene Dialog der Spätzeit angehört, hat die Sprachstatistik bewiesen. Ihn ganz ans Ende zu stellen, ist eine Entscheidung des Verfassers, die unten ihre Begründung finden soll. Den »Kratylos« hat der Verfasser nicht wie *Ilting* und andere vor das »Symposion«, sondern unmittelbar hinter die »Politeia« gestellt. Es scheint sinnvoll, die Erörterung der Frage nach der Richtigkeit der Namen unmittelbar vor die Erörterung der Richtigkeit der Sätze (im »Theaitetos«) zu stellen. Der Verfasser hat sich auch nicht entschließen können, mit *Ilting* und vielen anderen das erste Buch der »Politeia« von diesem Gespräch abzutrennen und unter dem Namen »Thrasymachos« unter die Frühschriften zu versetzen. Vielleicht ist das erste Buch der »Politeia« wirklich älter als die übrigen, aber ohne Zweifel hat es Plato selbst an den Anfang des großen Gesprächs gesetzt. Meinungsverschiedenheiten über die Folge der Frühschriften im einzelnen, die sich wohl nie ganz werden ausräumen lassen, bleiben von untergeordneter Bedeutung. Daß der »Menexenos« nicht behandelt wird, bedeutet nicht unbedingt seine Atethese, wohl aber die Negation seiner philosophischen Relevanz. Die »Nomoi« dagegen fehlen, weil der Verfasser sie nicht für ein Werk Platos hält.

Eine Auseinandersetzung mit der mittlerweile unübersehbar gewordenen Plato-Literatur lag nicht in der Absicht des Verfassers. Was er anbietet, ist *eine*, nicht *die* Plato-Deutung.

Zitiert wird (wie üblich) nach den Seiten und Spalten der Ausgabe des Henricus Stephanus, Paris 1578.

Über die neuere Plato-Forschung orientiert: Ernst Moritz Manasse, Bücher über Plato = Philosophische Rundschau, Beiheft 1, 1957: Werke in deutscher Sprache, Beiheft 2, 1961: Werke in englischer Sprache. Die neueste Bibliographie gibt Wilhelm Totok, Handbuch der Geschichte der Philosophie, I Altertum, Vittorio Klostermann, Frankfurt am Main 1964, S. 146 bis 212.

1. APOLOGIE

Wir betrachten die Schrift, welche die Verteidigungsreden des Sokrates in seinem Prozeß enthält, als eine platonische Dichtung und fragen nicht nach ihrem historischen Kern. Vieles spricht dafür, daß diese Schrift das erste Werk Platos ist, aber ganz sicher ist es nicht. Auf jeden Fall aber ist sie am besten geeignet, bei einer Darstellung der platonischen Gedankenwelt den Anfang zu machen. Die Apologie bringt drei Reden des Sokrates. Die erste hält er zur Verteidigung gegen die Anklage, die zweite nachdem er schuldig gesprochen ist, und die dritte, nachdem die Todesstrafe über ihn verhängt worden ist. Die Anklage gegen Sokrates lautete: Sokrates tut Unrecht, indem er die Jugend verdirbt und indem er die Götter, welche die Stadt verehrt, nicht verehrt, sondern andere, neue göttliche Wesen (δαιμόνια 24 c). So gibt Sokrates selbst die Anklage wieder. Zwei Vorwürfe also werden erhoben. Der erste, das Verderben der Jugend, ist politisch gemeint, als Aufhetzung der Jugend gegen die verfassungsmäßige Ordnung der Polis. Der zweite Vorwurf ist der des Religionsfrevels (ἀσέβεια). Ein solcher Religionsprozeß ist mehrfach vorgekommen. Schon vor Sokrates war der Philosoph Anaxagoras wegen Gotteslästerung angeklagt worden, weil er gelehrt hatte, die Sonne sei ein glühender Stein. Er hatte die Stadt verlassen und sich einer Verurteilung entzogen. Ebenso hat nach Sokrates der alte Aristoteles die Stadt verlassen, um sich einem drohenden Asebie-Prozeß zu entziehen. Es gab damals zwar keine religiösen Dogmen, die festlegten, was gelehrt werden durfte und was nicht, wie später im Fall Galilei, der von der Kirche verurteilt wurde, weil er lehrte, daß die Erde sich bewegt. Es gab auch keine Kirche, und die von der Stadt verehrten Götter waren keine geschlossene Gesellschaft. Bekanntlich predigte Paulus in Athen vor einem Denkmal mit der Inschrift: Dem unbekannten Gott. Es gab mancherlei Sonderkult, von der Stadt zugelassen oder geduldet. Aber niemals durfte sich solche Sonderverehrung gegen die in der Öffentlichkeit allgemein anerkannten und verehrten Götter, also etwa gegen Zeus und Athene richten. Die Geltung dieser Götter gehörte zum Staatswesen selbst. Sokrates wird angeklagt, diese öffentlich geltenden Götter nicht gelten zu lassen, sondern statt dessen anderes, neues Dämonisches. Das Wort δαίμων ist ursprünglich auch ein Name für Götter neben dem sonst üblichen θεός. Dämonen sind hier noch nicht wie im Neuen Testament niederere Wesen als die Götter und insbesondere nicht böse Geister. Das Wort δαιμόνιον gebrauchte Sokrates (der platonische und wohl auch der historische) selbst. Es ist ein Adjektivum, das mit einer gewissen gewollten Unbestimmtheit etwas Göttliches bezeichnet. Genauer gesagt ist es, wie wir noch hören werden, eine göttliche Stimme, die Sokrates in entscheidenden Augenblicken Ratschläge erteilt über das, was für ihn gut ist, und zwar da, wo er selbst es nicht finden kann. Bei Xenophon finden wir darüber nähere Angaben. Der Mensch, so erklärt da Sokrates, braucht keinen göttlichen Rat, um zu entscheiden, ob es besser ist, einen gelernten Kapitän zum Führer eines Schiffes zu machen oder einen Mann, der nichts davon versteht. Aber wenn er so auch vielerlei mit Hilfe vernünftiger Überlegung entscheiden kann, so doch nicht alles. In wichtigen Entscheidungen der Stadt pflegte man daher Rat beim Orakel einzuholen, also die Götter zu fragen, was in solchem Falle das Gute ist, das der Mensch nicht kennt. Das sokratische Daimonion war eine Art Privatorakel des Sokrates. Xenophon erzählt darüber eine Geschichte: Sokrates ist mit seinen Schülern auf dem Wege irgendwohin, und schlägt plötzlich einen Umweg ein. Auf die Frage warum? antwortet er: mein Daimonion hat es mir geraten. Die andern lachen und gehen den direkten Weg. Nun aber geraten sie dabei in eine Schweineherde und werden arg beschmutzt. Sokrates aber trifft völlig sauber geblieben wieder mit ihnen zusammen. Das ist eine Anekdote. Sie ist vielleicht nicht wahr, aber bezeichnend. Jedenfalls lehrt sie uns, wie Xenophon das Daimonion verstanden hat: als eine göttliche Information, die Sokrates belehrt über etwas, was für ihn gut ist, was er aber selbst nicht wissen kann.

Nach Platos Bericht sind die Ratschläge des Daimonion nur negativ. Es rät nicht zu, sondern es rät in bestimmten Fällen ab, wenn Sokrates etwas Bestimmtes zu tun im Begriff ist (31 d). Ob hier nun Xenophon die Sache nicht ganz verstanden hat oder ob Plato die Dinge aus Motiven, die in seiner Philosophie gründen, absichtlich umstilisiert hat, das gehört zu den Streitfragen über den historischen Sokrates, die uns hier nicht weiter beschäftigen sollen. Wesentlich ist, daß auch nach der platonischen Darstellung der Rat, den das Daimonion erteilt, von der Art ist, daß Sokrates nicht die Möglichkeit hat, die Richtigkeit oder Unrichtigkeit des Rates einzusehen. Wenn er die Stimme für göttlich hält, kann er nur blind vertrauen. Die Frage bleibt freilich, mit welchem Recht er die Stimme für göttlich hält und, was dasselbe ist, aus welchem Grunde er ihr vertraut. Die Antwort des Sokrates darauf ist einfach und übrigens echt heidnisch: es hat sich bewährt; er hat damit immer nur gute Erfahrungen gemacht. Ich nenne das echt heidnisch, weil es für das Heidentum, das griechische, bezeichnend ist, daß es, so könnte man sagen, eine empirische Religion ist. Die Lebensmächte, die der Grieche in den Göttergestalten anschaut, sind aus der Erfahrung bekannt. Hier wird nichts nur geglaubt, was man nicht sieht. Der Satz: selig sind, die da nicht sehen und doch glauben, hat auf griechischem Boden keinen Platz — jedenfalls nicht außerhalb der Mysterien. Und die können wir hier auf sich beruhen lassen, denn Sokrates war nicht in sie eingeweiht.

Die erwähnte Anklage wurde erhoben von einem Mann namens Meletos. Bevor sich aber Sokrates gegen sie wendet und auf sie antwortet, verteidigt er sich gegen schon vorher aufgetretene ältere Vorwürfe, die gegen ihn erhoben worden waren, wenn sie auch nicht sogleich bis zur Eröffnung eines Prozesses geführt hatten.

Ganz zu Anfang seiner Rede aber sagt Sokrates etwas über die Art, wie er reden werde. Er wendet sich gegen die Warnung, die man ausgesprochen hat: man müsse sich vor Sokrates hüten, denn er sei ein gewaltiger Redner. Das sei er nun, entgegnet er, gar nicht, und das werde man bald merken. Er wird ganz kunstlos sprechen. Mit 70 Jahren steht er zum ersten Male vor Gericht und hat keine Erfahrung in Gerichtsreden (17 a ff.).

Das versteht sich keineswegs von selbst. Die Sophisten waren vor allem Lehrer der Beredsamkeit, und die Kunst der politischen und gerichtlichen Reden hatten sie zu großer Blüte gebracht. Hierin zu glänzen war für einen Sophisten bezeichnend, und Sokrates mußte damit rechnen, daß man derartiges auch von ihm erwartete. Daß Sokrates nicht auch ein Sophist, sondern etwas wesentlich anderes war, das ist nun einer der Hauptpunkte, wenn nicht gar *der* Hauptpunkt, den Plato durch seine Schrift deutlich zu machen unternimmt. Sokrates nimmt nur eines für sich in Anspruch: daß das, was er sagt, wahr ist und daß seine wahre Rede beweist, daß er kein Unrecht getan hat.

Die alten Vorwürfe nun, die schon lange im Umlauf sind, sind etwa derart: da ist ein gewisser Sokrates, ein weiser Mann, der grübelt über das, was am Himmel ist und was unter der Erde ist, und macht die schwächere Rede zur stärkeren (18 b). Das erstere ist charakteristisch für die Physiker seit Thales, für jene Männer, die man heute meist als die vorsokratischen Naturphilosophen bezeichnet. Sie versuchten, Erdbeben und Sonnen- und Mondfinsternisse zu erklären. Und das zweite war charakteristisch für die Sophisten. Sie rühmten sich selbst dieser Kunst, den schwächeren λόγος zum stärkeren machen zu können, d. h. der Advokatenkunst, einer Partei im Rechtsstreit zum Siege zu verhelfen, auch da, wo der Gegner, objektiv betrachtet, im Besitz der stärkeren Argumente ist. Sokrates erscheint als einer dieser Weisen (σοφοί) oder Sophisten (σοφισταί), zwischen denen man gar nicht weiter unterschied. Solche Leute, so meint man, sind natürlich Atheisten, sie lassen keine Götter gelten. So denkt man auch über Sokrates. Und wer das ist »man« — das kann man gar nicht sagen, es sei denn, sagt Sokrates, daß sich etwa ein Komödienschreiber unter ihnen befindet, Aristophanes nämlich, der in seinen »Wolken« Sokrates als einen solchen Naturphilosophen und Sophisten vorstellt (19 c). Das hat die Sokrates-Historiker zu der Frage veranlaßt, was wohl daran sein möge, ob vielleicht der historische Sokrates in seiner Jugend Naturphilosoph gewesen sei. Das halte ich für ganz abwegig. Man setzt da voraus, daß die »Wolken« ein Sokrates-Porträt haben geben wollen, davon kann aber keine Rede sein. Die »Wolken« sind ein Angriff gegen die ganze Sippe der Philosophen und Sophisten, und Sokrates als die stadtbekannte Figur mußte die ganze Gesellschaft typisch vertreten. Dabei werden ihm mit dichterischer Freiheit auch Lehren zugeschrieben, die anderen gehören. So liegt er in seiner Denkanstalt in einer Hängematte oben unter der Decke, weil es da trockener ist, und die trockene Seele die weiseste und beste ist. Dies nämlich lehrt Heraklit. Daß freilich die dichterische Freiheit einer solchen Vernachlässigung der Differenz zwischen den Naturphilosophen, den Sophisten und Sokrates auf das öffentliche Urteil über diesen besonderen Fall zurückwirken mußte, liegt auf der Hand.

Sokrates denkt nicht daran, solche Wissenschaft zu schmähen, oder zu leugnen, daß Männer, die sich auf so etwas verstehen, weise seien, — nur er selbst hat daran keinen Anteil, und er nennt alle, die ihn jemals reden gehört haben, als Zeugen. Sokrates unterscheidet sich sowohl von den alten Physikern wie von den Sophisten. Die Frage ist: wodurch? Von den Sophisten schon dadurch, daß er kein Geld nimmt von seinen Hörern. Die

Sophisten ließen sich honorieren für etwas, was sie zu leisten beanspruchten, nämlich für das Erziehen (παιδεύειν). Sokrates erklärt ausdrücklich, diese Kunst nicht zu verstehen (20 c). Wenn er die glücklich preist, die so etwas können, so ist das offenbar Ironie. Es ist deutlich genug, daß er hier zum Ausdruck bringen will, daß es eine solche Wissenschaft wie die Pädagogik gar nicht gibt und gar nicht geben kann.

Was aber ist es denn, was Sokrates treibt, und wodurch wurde er so berühmt oder besser gesagt berüchtigt? Durch etwas, was er selbst seine Weisheit (σοφία) nennt, von der er meint, das sei gerade die menschliche Weisheit, jene die dem Menschen möglich ist, während jene anderen Weisen, die Sophisten, ihm weise zu sein scheinen in einer Weisheit, die größer ist als die dem Menschen mögliche Weisheit (20 d). Man beachte wohl: dies bezieht sich nicht auf jene Leute, die meinen, sie könnten Erdbeben und Gewitter erklären. Die Möglichkeit davon leugnet Sokrates gar nicht, sondern wovon er die Möglichkeit leugnet, das ist die Wissenschaft der Pädagogik, die den Menschen lehren soll, das Gute zu gewinnen.

Nun erzählt Sokrates die Geschichte von dem Orakelspruch der Pythia in Delphi, die einem Freund des Sokrates auf Anfrage gesagt hatte, niemand sei weiser als Sokrates (21 a). Sokrates selbst ist sich nicht bewußt, weder viel noch wenig weise zu sein, und stellt sich daher die Frage, was das Orakel, wenn es doch, wie er voraussetzt, nicht lügen kann, wohl meine. Er prüft, um das zu klären, zunächst einen Politiker, der sowohl sich selbst wie auch vielen anderen weise zu sein scheint, und die Prüfung ergibt, daß er das, was er sich selbst und anderen zu sein scheint, in Wahrheit nicht ist. Das Ergebnis ist, »daß keiner von uns beiden etwas Schönes und Gutes weiß, jener aber bildet es sich ein, während ich, Sokrates, weiß, daß ich nichts weiß«. Das Wissen des Nichtwissens ist es also, wodurch Sokrates weiser ist als die anderen (21 d).

Es liegt auf der Hand, daß dies nicht so gemeint ist und gemeint sein kann, als wüßten die Menschen überhaupt gar nichts und seien jeder Art des Wissens unfähig, sondern daß es ein ganz bestimmtes Wissen sein muß, das die Menschen zu Unrecht beanspruchen, und von dem Sokrates allein weiß, daß er es nicht hat. Was die Menschen gar nicht haben können, ist eben jenes, das man haben müßte, wenn es eine Wissenschaft der Pädagogik soll geben können. Was das für ein Wissen ist, das wird durch den Fortgang der Rede noch deutlicher werden.

Zuvor aber noch eine Anmerkung über den historischen Sokrates. Es ist umstritten, ob man die Orakelgeschichte für historisch halten soll. Aber soviel ist klar: wenn sie historisch ist, dann kann dies Orakel erst ergangen sein, als Sokrates schon eine bekannte Figur war. Sein Prüfen der menschlichen Weisheit und sein Ergebnis, daß der Mensch im Entscheidenden nichts weiß und nichts wissen kann — gerade das nicht wissen kann, was die sophistischen Erzieher zu lehren beanspruchten —, muß schon dem Orakelspruch vorhergegangen sein. Es versteht sich, daß diese Lehre den Priestern in Delphi nicht unwillkommen sein mußte, denn aus ihr folgte ja, daß der Mensch jenes Entscheidende, das er selbst nicht finden konnte und doch brauchte, das Wissen davon nämlich, was für ihn das Gute ist, dann von den Göttern und ihren Priestern sich sagen lassen mußte. Sokrates war insofern ihr Bundesgenosse im Kampf gegen die sophistische Aufklärung.

Wir haben das Stichwort genannt: das Gute (τὸ ἀγαθόν) ist dasjenige, was der Mensch nicht weiß und nicht wissen kann, was aber die Sophisten zu wissen beanspruchen. Was es damit auf sich hat, wird deutlicher aus dem Fortgang der Prüfung, von der Sokrates berichtet. Nach den Politikern prüft er die Dichter (21 e ff.). Da erfährt er, daß fast alle Anwesenden besser sprechen über ein Gedicht als der Dichter selbst. Das kommt daher, daß die Dichtung nicht auf τέχνη — wir müssen hier übersetzen: auf Wissenschaft — beruht, sondern von Natur (φύσει) geschieht. Sokrates konstatiert hier dasselbe, was noch Kant in seiner »Kritik der Urteilskraft« § 46 sagt: »Schöne Kunst ist Kunst des Genies. Genie ist die angeborene Gemütsanlage (ingenium), durch welche die Natur der Kunst die Regel gibt.« Die Dichter reden begeistert (ἐνθουσιασμένοι), d. h. was sie Schönes sagen, beruht nicht auf ihrer eigenen Wissenschaft. Wir können auch sagen: die Weisheit der Dichtung ist keine Weisheit der Dichter. Und auch hier ergibt es sich nun, daß die Dichter sich über sich selbst täuschen: sie halten sich für weise und glauben, weil sie so gut dichten können, auch im übrigen sehr weise zu sein. Auch ihnen also ist Sokrates durch sein Wissen des Nichtwissens überlegen.

Als nächste werden die Handwerker (τεχνῖται) geprüft (22 d ff.). Hier ist zum Verständnis nötig zu wissen, daß für die Griechen das Wesentliche der τέχνη nicht die Handfertigkeit ist, sondern dies, daß sie eine Art des Wissens ist. Der Schuhmacher ist der, der weiß, wie man einen Schuh macht. Er weiß, was für Leder geeignet ist, er weiß, wie man schneiden muß, usw. Die Handwerker wissen also zweifellos mancherlei, und auch mancherlei, was Sokrates nicht weiß, und sind also insofern weiser. Kurz: es gibt Fachleute und das Fachwissen der Fachleute. Aber nun zeigt sich, daß diese Fachleute, weil sie Fachwissen haben, auch in anderen Dingen weise zu sein beanspruchten — »und diese ihre Torheit«, sagt Sokrates, »verdeckte jene ihre Weisheit«.

Nicht irgend ein Fachwissen also ist dasjenige Wissen, von dem die Rede ist, wenn Sokrates sagt, niemand wisse, und er selbst sei insofern der Weiseste, als er sich seines Nichtwissens bewußt sei, die anderen aber nicht, sondern es ist jenes Wissen, das die Erziehung (παιδεία) ermöglicht, und das ist das Wissen davon, was das Gute ist, nämlich für den Menschen. Man ist auf Grund des modernen Denkens über diese Dinge leicht geneigt, das so zu deuten, daß es das Wissen von Gut und Böse, das Moralische sei, hinsichtlich dessen hier das Nichtwissen behauptet wird. Aber das geht, wie man bald sieht, nicht auf. Sokrates ist ja gerade darüber, was er tun darf und nicht tun darf, und was er tun soll, gar nicht im unklaren. Wir werden nachher sehen, daß es ihm völlig gewiß ist, daß er die ihm eröffnete Möglichkeit, aus dem Gefängnis zu fliehen, nicht ergreifen darf, sondern verpflichtet ist, dazubleiben. Zwar meinen die, die ein solches Gebot übertreten, sie wüßten, daß es für sie besser ist, davonzulaufen als dazubleiben. Aber eben das wissen sie in Wahrheit nicht. Oder wer eine gefährliche Seefahrt hinter sich gebracht hat und froh darüber ist, der weiß nicht, ob es nicht für ihn besser gewesen wäre, zu ertrinken, und er kann es nach der Meinung des Sokrates auch gar nicht wissen. Die eigene Auszeichnung durch das Orakel versteht Sokrates nur als die Wahl eines Beispiels (παράδειγμα), an dem demonstriert wird, daß jenes Wissen (σοφία) nicht in der Macht des Menschen ist (23 b). So ist denn das, was Sokrates treibt und was zunächst aussieht wie eine skeptische Untersuchung darüber, ob der Gott auch die Wahrheit gesprochen hat, in seinen eigenen Augen schließlich ein Gottesdienst. Er kommt dem Gott dabei zu Hilfe, die Menschen zu belehren, daß sie die vermeintliche Weisheit nicht besitzen und daß sie nicht mehr erreichen können als sich dieses Nichtwissens und Nichtwissenkönnens bewußt zu werden.

Von hier aus kann nun Sokrates auch den Vorwurf zugleich verständlich machen und entkräften, er verderbe die Jugend (23 c ff.). Die Söhne der Reichen, die Muße haben, folgen dem Sokrates und haben — natürlich — ihr Vergnügen an den Entlarvungen, die Sokrates da vollzieht, und sie probieren es auch, und es gelingt ihnen wohl auch oft genug. Wer aber von dieser Inquisition betroffen wird, der ärgert sich, und natürlich am meisten, wenn er so von einem Mitglied der jeunesse dorée bloßgestellt wird. Die respektlose Jugend, so heißt es dann, verhöhnt das Alter und alle Autorität. Und wer ist schuld? Sokrates natürlich, er hat die Jugend verdorben. Sie läßt keine Autorität mehr gelten, alle Werte (mit Nietzsche zu reden) sind in Frage gestellt, und es muß ein schlimmes Ende nehmen, wenn man da nicht eingreift. So kommt es zu der Anklage. Erhoben wird sie von Meletos wegen der Dichter, von Anytos wegen der Handwerker und Staatsmänner und von Lykon wegen der Redner (23e). Als erster wird Meletos ins Zwiegespräch genommen, und unter der Hand wird aus einem Verfahren gegen Sokrates ein Verfahren gegen seinen Ankläger. Meletos tut Unrecht, weil er mit ernsten Dingen Scherz treibt, leichtfertig Menschen verklagt und sich besorgt zeigt um Dinge, um die er sich in Wahrheit nie gekümmert hat (24c).

Wer, so wird Meletos gefragt, wenn Sokrates die Jugend verdirbt, — wer ist es denn, der sie besser macht? Alle Athener, ist die Antwort, machen die Jugend besser, und allein Sokrates ist derjenige, der sie verdirbt. — Natürlich muß Sokrates eine Ausnahme sein, wenn ihm der Prozeß gemacht werden soll, aber diese Ausnahme erweist sich als Paradox. Bei den Pferden, so argumentiert Sokrates, ist es da auch so, daß alle sie verbessern und nur einer sie verdirbt, oder nicht gerade umgekehrt, daß nur einer oder wenige geschickt sind, sie zu bessern, und die meisten sie verderben, weil sie nichts davon verstehen? Und so bei allen Tieren? (24d ff)

Hier könnte man nun freilich einwenden, daß sich Meletos in dieser Diskussion nicht besonders gut auf seinen Vorteil verstanden hat. Er brauchte ja keineswegs zu behaupten, daß alle Athener insgesamt die Jugend verbessern, und überhaupt nicht behaupten, jemand zu kennen, der sie besser macht, wenn er sich nur damit begnügte zu sagen, daß die andern sie wenigstens nicht schlechter machen als sie sind. Sokrates könnte im Ernst nur sagen, daß das Nichtwissen des Nichtwissens etwas Schlechtes sei, und alle anderen außer ihm die Jugend insofern schlecht behandeln, als sie sie in dieser Schlechtigkeit belassen, anstatt sie davon zu befreien.

Auch das nächste Argument des Sokrates klingt in den Ohren eines Heutigen recht sophistisch. Sokrates argumentiert nämlich folgendermaßen: Entweder Sokrates verdirbt die Jugend absichtlich oder unabsichtlich. Nun aber heißt: die Menschen verderben, sie zu schlechten Menschen zu machen. Schlechte Menschen sind aber solche, die ihren Mitmenschen schaden. Also macht Sokrates absichtlich seine Mitmenschen zu solchen, die ihm schaden. Also fügt er absichtlich sich selbst Schaden zu, was ganz unglaubwürdig ist (25d f.). Nun, damit wäre bewiesen, daß es überhaupt nicht vorkommen kann, daß jemand absichtlich die Jugend verdirbt, ein Beweis, gegen den sich einiges einwenden ließe. Z. B. es sei ja möglich, daß Sokrates sich erst jetzt dieser Rückwirkung seines Unternehmens auf ihn selbst bewußt geworden sei, oder daß er sich mit Recht oder Unrecht Hoffnung gemacht habe, von der Schlechtigkeit der Schlechten nicht selbst betroffen zu werden.

Die andere Möglichkeit, sagt Sokrates weiter, sei die, daß er unvorsätzlich die Jugend verderbe. Es sei ihm vielleicht nicht klar, daß er mit seinem Unternehmen, das er in bester Absicht unternommen habe, die Jugend verderbe. Dann aber verdiene er keine Anklage sondern Belehrung, weil er dann entweder damit aufhöre, indem er einsieht, daß es schlecht ist, was er tut, — oder aber, wenn er damit fortfährt, nun als vorsätzlich Unrecht Tuender entlarvt wird (26a).

Der Jurist von heute würde auch hier etwas einzuwenden haben: nämlich dies, daß die Unvorsätzlichkeit nicht ohne weiteres die Straflosigkeit zur Folge hat. Es könnte dem Sokrates grobe Fahrlässigkeit vorgeworfen werden, indem man nachweist, daß er sich die üblen Folgen seines Unternehmens hätte klar machen können und müssen.

Sodann verteidigt sich Sokrates gegen den 2. Vorwurf, den der Asebie (26b ff.). Sokrates fragt den Ankläger, ob er es so meine, daß Sokrates lehre, es gebe zwar gewisse Götter, so daß er also selbst Götter verehrt und nicht ganz und gar gottlos ist und dadurch frevelt, aber nicht die, die die Stadt verehrt, sondern andere, — oder ob die Anklage sei, daß Sokrates ganz und gar keine Götter gelten lasse. Obgleich die Anklage im ersten Sinne gelautet hatte, antwortet jetzt Meletos im zweiten Sinne und erklärt noch speziell, Sokrates halte die Sonne für einen glühenden Stein und den Mond für eine Erde. Sokrates antwortet darauf, daß nicht er sondern Anaxagoras das gelehrt habe, und hat es nun überhaupt leicht, aus der Antwort des Meletos in Verbindung mit der Anklageformel den Widerspruch herauszuarbeiten: Sokrates frevelt, indem er keine Götter verehrt, sondern Götter verehrt. Sein einfaches Argument ist dies, daß es Göttliches (δαιμόνια) nicht geben könne ohne Götter (δαίμονες), so wenig wie Menschliches ohne Menschen.

Wieder hat es der Ankläger dem Sokrates allzuleicht gemacht. Der Widerspruch, in den er sich verwickeln läßt, war unnötig. Er brauchte nur zu antworten: Nicht Atheismus ist der Vorwurf sondern Häresie, Absetzung der Götter der Stadt und Ersetzung derselben durch das sokratische Daimonion. Er hat zwar die Existenz der alten Götter nicht geleugnet, aber die Frage ist: was bedeuten sie ihm noch? Und jene göttliche Stimme, auf die er sich berief, sein Privatorakel, sonderte es ihn nicht wirklich in gewissem Sinne aus der religiösen Gemeinschaft der Stadt aus? Wenn Asebie überhaupt ein zulässiger Anklagepunkt ist, dann wurde diese Anklage vielleicht zu Recht gegen Sokrates erhoben. — Übrigens wird auch in den unter Platos Namen überlieferten „Nomoi" vorgeschlagen, unbelehrbare Atheisten mit dem Tode zu bestrafen. Es ist zwar zu bezweifeln, ob die „Nomoi" in der Form, wie sie uns heute vorliegen, aus der Hand Platos stammen, aber Plato war auch sonst nicht frei von gewissen Tendenzen, die ihm schon mehrfach den Vorwurf eingebracht haben, eine Art Nationalsozialist gewesen zu sein. Aber davon später. Hier können wir nur soviel konstatieren, daß Plato die religiöse Seite des Sokrates-Prozesses merkwürdig schnell und oberflächlich auf die Seite bringt. Das war offenbar etwas, was er als geschichtliches Faktum nicht ganz auslassen konnte, was ihm hier aber ungelegen kam. Später werden wir ihn bedeutender über Religion reden hören, besonders im „Symposion" spielt sie eine solche Rolle, daß Gerhard *Krüger* (in seinem Buch »Einsicht und Leidenschaft« 1939) von da ausgehend die ganze Philosophie Platos als eine Art religiöse Revolution glaubte begreifen zu sollen. Aber folgen wir zunächst weiter dem Gang der „Apologie".

Sokrates sieht es als beinahe unausweichlich an, daß er, mag er die Anklage auch noch so gut widerlegen, dem Haß der Menge unterliegen wird, und daher fragt es sich, warum er sich denn auf eine Unternehmung eingelassen habe, die ihn solcherweise in Lebensgefahr bringen muß. Er antwortet, daß das nicht in Anschlag bringen dürfe sondern allein darauf sehen dürfe, ob das Getane recht oder unrecht getan ist, wer auch nur zu etwas nutz ist (28 b). Nützlich (ὠφέλιμος) heißt es hier, wo die Heutigen eher vom moralischen Wert oder dergleichen reden würden. Wer, wenn es darauf ankommt zu entscheiden, ob etwas recht getan ist, und sich danach zu richten, statt dessen fragt, ob es gefährlich ist, und sich lieber danach richtet, der ist ein unnützer Geselle, nämlich für die anderen, mit denen er zusammenlebt, für die Polis. Mit einem Schlagwort gesagt: die Moral wird politisch verstanden — nicht nur von Sokrates und Plato sondern auch von Aristoteles noch, mit dem dann freilich die Entwicklung beginnt, die im Hellenismus zu einem kosmopolitischen Selbstverständnis des Menschen führt. Sokrates beruft sich auf das Vorbild des Achill bei Homer, der weiß, daß er seine Rache an Hektor mit dem eigenen Tode bezahlen muß und doch danach nicht fragt und darauf verzichtet, als ein schlechter Mann zu leben und seine Freunde nicht zu rächen. Rächen heißt griechisch τιμωρεῖν. Das Wort ist abgeleitet von τιμή, die Ehre. Den Tod des Hektor rächen, das bedeutet nicht, einer privaten Rachsucht nachgeben, sondern eine Pflicht gegen die Gemeinschaft erfüllen, indem man dem Toten die Ehre gibt, seinen Überwinder wieder zu überwinden. Die Rache ist eine politische Pflicht.

Auch hier sieht man, daß das Nichtwissen des Sokrates nicht bedeutet, daß er nicht wisse, was seine Pflicht, insbesondere seine politische Pflicht ist. Das ist nach seiner Meinung auch gar nicht schwer zu wissen, und die anderen wissen das auch alle. Wenn sie es nicht alle beherzigen, sondern etwa aus Angst vor dem Tode gegen diese Pflicht handeln, so rührt das gerade daher, daß sie etwas zu wissen meinen, was sie nicht wissen — daß nämlich der Tod für sie etwas ganz Schlechtes sei, und daß es für sie besser sei, ihm auf alle Weise, selbst auf Kosten der Verletzung der politischen Pflicht, zu entgehen.

29 a 4 ff. sagt es Sokrates wörtlich: »Den Tod fürchten, ihr Männer, das ist nichts anderes als sich weise dünken, es aber nicht zu sein. Denn da meint man zu wissen, was man doch nicht weiß. Denn niemand weiß, was der Tod ist, und ob er nicht für den Menschen das größte Gut ist. Sie fürchten ihn aber, als ob sie genau wüßten, daß er das größte Übel sei. Ist nun das nicht gerade die schändliche Verfehlung, sich einzubilden zu wissen, was man nicht weiß?« Ausdrücklich erklärt Sokrates, daß er sich bewußt sei, nichts zu wissen über den Hades, — aber Unrecht tun und dem Besseren nicht zu gehorchen, sei er Gott oder Mensch, daß das schlecht und schändlich ist, das (sagt Sokrates) weiß ich. Warum kann er das wissen? Weil es dazu weder einer Offenbarung noch tiefsinniger Forschung bedarf, weil tausendfache Erfahrung es immer aufs neue lehrt, was man tun muß, damit menschliches Zusammenleben überhaupt möglich ist und gut ist. Und je weniger sich einer durch die Meinung, er

wisse etwas, was er nicht weiß, verwirren läßt, um so reiner und sicherer wird ihm dies Wissen, dessen er wirklich fähig ist. Gerade weil Sokrates sich in keiner Weise einbildete, etwas zu wissen, was er nicht weiß, weiß er am besten, was sein politische Pflicht ist; er weiß es am besten, das heißt aber zugleich: er läßt sich unbeirrbar dadurch bestimmen. Dies Wissen ist zugleich seine Tugend.

Mit dem scheinbar paradoxen Satz, daß Tugend Wissen ist, werden wir es noch reichlich zu tun bekommen. Für jetzt ist soviel schon deutlich, daß es für den Menschen einen Grund für eine Abweichung von dem, was er als seine politische Pflicht erkennt, offenbar nur dann geben kann, wenn er zu wissen meint, daß solche Abweichung für ihn selbst irgendwie besser oder nützlicher sei. Wer das nicht meint, dem fehlt jeder mögliche Beweggrund für eine solche Abweichung, und ohne den kann er gar nicht abweichen.

Daher kann sich Sokrates auch nicht einlassen auf den Vorschlag, ihn jetzt noch einmal laufen zu lassen unter der Bedingung, daß er in Zukunft von seinem bisherigen Treiben Abstand nehme, widrigenfalls man ihn das nächste Mal bestimmt umbringen werde. Losgelassen würde er unbedingt, so erklärt er, dasselbe tun wie bisher. Denn dies ist seine Überzeugung, daß noch niemals der Polis ein größeres Gut entstanden ist als durch seine Tätigkeit. Das Ausräumen des Scheinwissens erscheint dem Sokrates selbst als politische Pflicht — und es ist nun klar, daß sie eben den Nutzen für die Polis hat, den Grund der Abweichung von dem, was als Pflicht erkannt wurde, aufzuheben: den Schein des Wissens, als könne aus solcher Abweichung etwas für den Abweichenden Gutes herauskommen (29 c ff.).

Aber Sokrates geht noch weiter: er sagt nicht nur dies, daß man gar nicht wissen könne, was der Tod ist, und also auch nicht, ob er ein Gut oder ein Übel sei, sondern er erklärt es geradezu für ausgeschlossen, daß ihm durch seine Hinrichtung Schaden geschehe. Denn, sagt er, es ist nicht θεμιτόν, es entspricht nicht der θέμις, dem göttlichen Gesetz, daß dem Besseren vom Schlechteren Schaden geschehe (30 d). Ein frommes Wort, das den Glauben an die göttliche Herrschaft des Rechts über den Weltlauf ausdrückt. Sokrates begründet dies Vertrauen an den gerechten Weltlauf hier nicht weiter. Wohl aber werden wir späterhin Plato um eine Begründung bemüht sehen. Denn es ist klar: das ist kein Satz, für den man sich ebenso wie für das, was politische Pflicht ist, auf die Erfahrung berufen könnte. Die Erfahrung zeigt tausendfach den Untergang der Edlen und den Erfolg der Schurken. Und so ist für die alte Religion, wie wir sie aus Homer kennen, das Recht zwar etwas Göttliches, aber etwas, was sich nicht von selbst ereignet sondern was die Menschen durchsetzen müssen. Sokrates' Erinnerung daran, daß man nicht weiß, was der Tod sei, setzt zwar ein Fragezeichen hinter die Lebenserfahrung vom Erfolg der Schurken, aber auch nicht mehr. Die Gewißheit eines Ausgleichs im Jenseits kann aus dem Todesrätsel allein nicht gewonnen werden.

Wir kommen auf das Problem des Todes noch einmal zurück, wenn wir die 3. Rede behandeln. Für jetzt konstatieren wir einfach des Sokrates frommen Glauben, daß ihm selbst auch durch eine Hinrichtung kein Schaden geschehen könne, — wohl aber der Stadt, für welche eben seine Tätigkeit etwas Nützliches sei. Er vergleicht die Stadt mit einem großen und edlen, aber wegen seiner Größe etwas trägen Roß, das deshalb durch einen μύωψ angestachelt werden muß. μύωψ heißt die Stechfliege, bezeichnet aber metaphorisch auch den Sporn. Wie man das Wort hier auch verstehen mag, wenn sich Sokrates mit einem μύωψ vergleicht, der Sinn ist beide Male derselbe: daß Sokrates ein An- und Aufreger ist, dessen das träge Athen bedarf (30 e).

Daß er ein solcher sei, der von Gott geschickt ist, der Stadt zu nützen, dafür führt Sokrates zum Beweise an, daß er für sich selbst wahrlich keinen Nutzen aus seiner Tätigkeit ziehe, indem er dabei nämlich seine eigenen Angelegenheiten ganz und gar vernachlässige und seine Zeit dafür verbrauche, ohne einen Pfennig dabei zu verdienen (31 c).

Man könnte fragen (meint Sokrates), warum er denn diese seine Wohltat nur den Einzelnen in der Stadt erweise und nicht in den öffentlichen Angelegenheiten tätig sei, warum er also nicht Politiker sei. Wir könnten uns hier, und auch sonst manchmal bei der Rede des Sokrates, wundern, warum er das hier vorbringt, was doch mit der Aufgabe einer Verteidigung gegen die vorgebrachte Anklage nicht eben viel mehr zu tun hat. Mag das nun historisch sein oder von Plato erfunden — jedenfalls in der platonischen Apologie geht Sokrates über die bloße Entgegnung auf die vorgebrachte Anklage hinaus, indem er seine ganze Existenz rechtfertigt, öffentlich vorstellt, wer er ist und warum er so ist, wie er ist, und warum er meint, so sein zu müssen wie er ist. Und dazu gehört nun freilich auch die Rechtfertigung des Privaten seiner Tätigkeit, und dies besonders darum, weil sich dabei die Verteidigung in eine Gegenklage verwandelt. Jetzt nämlich zeigt sich: nicht Sokrates ist der Verderber der Jugend, sondern der Staat ist verdorben, Sokrates findet ihn schon als einen verdorbenen vor. Er ist der Arzt, der heilen kann, aber wegen der Verderbnis der ganzen Polis kann die Heilung nur beim Einzelnen anfangen. Sokrates hat da seine Erfahrungen. Als er Ratsherr war, faßten die Athener den von Sokrates als ganz gesetzwidrig bezeichneten Beschluß, die 10 Heerführer, die die in der Seeschlacht Gebliebenen nicht begraben hatten, zu verurteilen. Sokrates war der einzige, der dagegenstimmte, und geriet dabei in die größte Gefahr, nun selbst zu Gefängnis oder gar zum Tode verurteilt zu werden. Trotzdem widerstand er. Das war in der Zeit der Demokratie. Später, unter einer anderen Staatsform, der Herrschaft der 30, wurde ihm wiederum ein gesetzwidriger Auftrag erteilt, den er nicht ausführte, wodurch er sich aufs Neue in Gefahr brachte (32 a ff.).

Hier beruft sich Sokrates auf sein berühmtes Daimonion. Dies habe ihm abgeraten, sich mit Staatsgeschäften abzugeben. Sicher mit Recht (bemerkt Sokrates), »denn wenn ich dem Rat nicht gefolgt wäre, wäre ich gewiß schon längst umgekommen, und hätte weder euch genützt noch mir selbst«. Wer für die Gerechtigkeit streiten will, der muß kein öffentliches sondern ein zurückgezogenes Leben führen. Daß freilich auch das auf die Dauer nicht vor der tödlichen Gefahr bewahrt, zeigt der Prozeß, in dem Sokrates spricht.

Was hier über das Daimonion gesagt wird, genügt allein schon, die Ansicht zu widerlegen, damit sei die Stimme des Gewissens gemeint. Nun sind solche Wörter wie »Gewissen« immer und notwendigerweise vieldeutig und schillernd. Aber wenn wir uns an die Deutung halten, die etwa Kant gegeben hat, orientiert an der christlichen Tradition, so ist das Gewissen nicht eine Art Gesetzgeber, der uns befiehlt, was wir tun sollen, sondern eher eine Art Richter, der uns anklagt, daß wir das nicht getan haben oder tun wollen, wovon wir doch genau wissen, daß wir es tun sollen. Das Daimonion ist nicht ein solcher Ankläger oder Richter, sondern ein Gesetzgeber oder ein Ratgeber, der eine bestimmte Tat befiehlt oder anrät. Genau gesagt: ein Ratgeber und kein Gesetzgeber, denn dadurch unterscheidet sich das Daimonion auch etwa von dem befehlenden Gott der Israeliten. Der befiehlt, und was er befiehlt, das muß sein Volk, dessen König er ist, tun, sonst muß es schreckliche Strafe fürchten. Der Israelit ist der Knecht Gottes und Gott ist sein Herr. Der Knecht darf gar nicht fragen, ob das Befohlene für ihn nützlich sei oder nicht, sondern er muß fraglos gehorchen. Er glaubt und hofft zwar, daß der Herr ihn liebt, und daß es ihm gut gehen wird, wenn er gehorcht, aber nicht darum, weil das Befohlene als für ihn nützlich einsichtig ist, sondern weil das Gehorchen dem Herrn gefällt.

All das ist hier auf griechischem Boden ganz anders. Sokrates ist nicht der Knecht des Daimonion und das Daimonion ist nicht sein Herr. Die Griechen sind überhaupt nicht die Knechte der Götter, sondern frei auch im Verhältnis zu ihnen in einer Weise, wie es für die Juden ganz unvorstellbar ist. Gelegentliche Reflexionen wie die des platonischen Sokrates, daß der Mensch Eigentum des Gottes sei und ihm daher der Selbstmord verboten sei, widersprechen dem nur scheinbar, weil sie nur zum Ausdruck bringen, daß die Freiheit nicht schlechthin schrankenlos sein kann. Gerade solche Reflexionen setzen als Grundlage voraus, daß Freiheit die Substanz der menschlichen Existenz ist. Das Daimonion ist ein Ratgeber, der dem Sokrates zu Diensten steht, der ihm nützlich ist, da er ihn über das berät, was er aus eigener Kraft nicht wissen kann, wenn er auch nachträglich oft die Zweckmäßigkeit des erteilten Rates feststellen kann, wie das ja in der Anekdote von der Schweineherde so deutlich sichtbar wird.

Aber (so könnten wir wohl fragen), warum ist denn gerade Sokrates dadurch ausgezeichnet, daß er solchen Ratgeber hat? Auf diese Frage finden wir Antwort bei Xenophon. Da wird von einem Gespräch berichtet, worin ein Teilnehmer bezweifelte, was Sokrates sagt, nämlich daß sich die Götter sorgend um den Menschen kümmern. »Was, (fragt da Sokrates) müßten die Götter denn tun, wenn du das glauben solltest?« »Sie müßten mir (ist die Antwort) auch so gute Ratschläge geben wie dir dein Daimonion.« Darauf Sokrates: »Glaubst du denn, die Götter geben allen Griechen und sogar auch den anderen Menschen insgesamt Ratschläge durch Orakel, Vogelzeichen und auf andere Weise und nur dir nicht, wenn du dich nur drum bemühst?« — Das heißt, solchen Rat bekommt jeder, der danach fragt. Daß nur Sokrates ein Daimonion hat, diese seine Auszeichnung rührt genau daher, daß er der Weiseste ist, daß er nämlich der einzige ist, der weiß, daß er dies, was für ihn gut ist, nicht weiß und aus eigener Kraft nicht wissen kann. Dies Wissen des Nichtwissens ist die Voraussetzung, überhaupt auf den göttlichen Rat hören zu können. Wer meint zu wissen, was für ihn das Gute ist, der kann gar kein Gehör haben für den Rat einer göttlichen Stimme. Wer sich andererseits dessen bewußt ist, daß er dies Entscheidende, nämlich was für ihn das Gute ist, nicht weiß und nicht wissen kann, wie soll der überhaupt leben, und das heißt: sich immer wieder entscheiden können, wenn er nicht das gesagt bekommt, was er selbst nicht finden kann? So erweist sich das Daimonion als die genaue Entsprechung zum Wissen des Nichtwissens.

Solches Wissen des Nichtwissens ist das Einzige, was Sokrates lehrt. So ist er ein Lehrer und ist es doch nicht. Er ist es nicht, weil er kein neues Wissen über irgend etwas gibt, sondern nur etwas nimmt, nämlich vermeintliches Wissen. Und er ist doch der Lehrer höchsten Ranges, weil dies zu lernen: das Wissen des Nichtwissens, das Wichtigste ist, was gelernt werden kann. Sokrates hat niemand etwas versprochen, und so ist es auch nicht seine Sache und er hat es nicht zu verantworten, ob die, die ihm zuhören, sich dadurch gebessert fühlen oder nicht. Sokrates ist kein Pädagoge, wenn das ein Mann ist, der nach einem vorgegebenen Ideal, woher er das auch immer genommen haben mag, Menschen formt. Sokrates formt keine Menschen, sondern er macht sie auf die Möglichkeit aufmerksam, die sie schon haben. Mögen die Hörer daraus machen, was sie wollen (33 a f.).

Die Jugend wird verdorben, wenn man das mit ihr macht, so wurde dem Sokrates vorgeworfen. Aber die Schüler des Sokrates meinen das nicht, auch dann nicht, wenn sie, inzwischen reife Männer geworden, auf ihre Jugend zurückblicken, und auch nicht ihre durch Sokrates unverdorbenen Angehörigen. Sie alle sind für Sokrates (33 c ff.). Gegen ihn sind diejenigen, welche die Wirkung seiner Kur weder an sich selbst noch an den Ihren kennengelernt haben, jene also, die ganz und gar dem Schein des Wissens verfallen sind. Der Schein ist es, der hier über die Wahrheit zu Gericht sitzt und ihre Verurteilung verlangt.

Das also (sagt Sokrates) sei, was er vorzubringen habe. Und nicht werde er, wie das damals gang und gäbe war, statt der Argumente den Appell an das Gefühl setzen, Flehreden halten oder auch Verwandte anbringen, die die Richter anflehen und um ein mildes Urteil bitten sollen. Solches wäre weder des Sokrates würdig noch der Richter, die ja nicht täten, was ihre Pflicht ist, wenn sie sich durch so etwas anstatt durch Gründe bestimmen ließen (34 c ff.).

Sokrates wird schuldig gesprochen, aber mit einer nur kleinen Mehrheit von 30, nach einer anderen Lesart sogar von nur 3 Stimmen bei 500 oder 501 Richtern, und soll nun selbst eine Strafe für sich vorschlagen. Was verdient ein unvermögender Wohltäter, welcher der freien Muße bedarf, um seine Wohltat an den Athenern ausüben zu können, nämlich sie dem schädlichen Schein des Wissens zu entreißen? Speisung auf Staatskosten im Prytaneion. Solche Ehrung erhielt der Sieger in den Olympischen Spielen. Aber der (sagt Sokrates) macht euch nur scheinbar glücklich und ich in Wahrheit, und er bedarf der Speisung nicht, ich aber bedarf ihrer (36 d).

Sokrates ist sich darüber im Klaren, daß er durch solchen Vorschlag die Stimmung gegen sich erregt und statt einer milden Gefängnisstrafe oder der Verbannung die Todesstrafe provoziert. Und wie um sicher zu sein, daß das auch ja dazu komme, spricht er offen aus, daß ihm der Tod lieber sei als ein Leben im Gefängnis oder in der Verbannung. Und ebenso provokatorisch ist es, wenn er sich bereit erklärt, eine Geldstrafe zu zahlen, — alles herzugeben, was er hat, denn (so sagt er) »davon hätte ich weiter keinen Schaden« (38 b). Er erklärt sich also ausdrücklich bereit, eine Strafe auf sich zu nehmen, die für ihn keine ist. Nun hat er freilich sehr wenig, eine Mine könnte er aufbringen. Aber seine Freunde wollen für ihn einspringen und bürgen, und so bietet er 30 Minen an.

Die Folge ist das Todesurteil mit größerer Mehrheit als vorher der Schuldspruch. Es ist nicht zu leugnen, daß Sokrates an seinem Tode mitschuldig war. Darüber mag nun richten wer will. Sicher ist, daß Sokrates es für erlaubt hielt, den Tod dem Kerker und der Verbannung vorzuziehen und an seiner Herbeiführung mitzuwirken.

Der Tod — von ihm spricht Sokrates zuletzt, und wir haben früher schon davon gesprochen und angekündigt, daß wir darauf noch einmal würden zurückkommen müssen, nicht nur weil Sokrates jetzt darauf zu sprechen kommt, sondern weil das Problem, das er uns hier stellt, noch nicht erledigt ist. Die Menschen, so wurde uns klar, weichen ab von dem, was sie doch klar als ihre Pflicht erkennen, weil sie meinen, diese Abweichung sei für sie besser, insbesondere aber weichen sie ab aus Angst vor dem Tode, als wüßten sie, daß er das größte Übel sei. Daß er das nicht ist, das ist dem Sokrates, der jetzt in den Tod gehen soll, daraus gewiß, daß sein Daimonion während des ganzen Prozesses geschwiegen hat (40 a). Der Prozeß führt zum Tode, und Sokrates hat nichts getan, um dem zu entgehen, sondern alles, um nach menschlichem Ermessen das

Todesurteil zu provozieren. Sein Daimonion ist ihm nicht, wie sonst so oft, ins Wort gefallen, hat ihn nicht aufgehalten. Also muß der Tod etwas Gutes sein.

Nun reflektiert Sokrates darüber, inwiefern der Tod etwas Gutes für ihn sein könne (40c ff.). Eines von beiden ist er: entweder die völlige Vernichtung, keine Empfindung mehr von irgend etwas Haben — oder der Umzug der Seele an einen anderen Ort. Wenn der Tod das Ende ist, dann gleicht er einem tiefen Schlaf, der nicht einmal durch Träume gestört wird: »ein Ziel aufs innigste zu wünschen« nennt es Hamlet, und Sokrates urteilt nicht anders. Diese Argumentation ist in der hellenistischen Zeit unendlich wiederholt worden. Immer wieder hat man sich vorgerechnet: der Tod ist nicht zu fürchten, er ist nichts anderes als ein Schlaf ohne Ende. Wenn wir da sind, ist er nicht da, und wenn er da ist, sind wir nicht da. Ich erfahre den Tod der anderen, aber niemals werde ich meinen eigenen Tod erleben. Folglich ist da nichts zu fürchten. So wird immer aufs neue argumentiert, — weil man sich fürchtet. Doch wird die Furcht durch solche Argumente nicht ausgelöscht. Gewiß kann ich das Ende meines Lebens nicht erleben. Aber was dennoch in mein Leben fällt, das ist der Bevorstand des Todes, auf den ich lebend zulebe. Dies Auf-den-Tod-zu-Leben nennt Heidegger das Sterben. Er kann daher sagen: der Mensch stirbt, solange er lebt. Daß aber der Mensch den bevorstehenden Tod fürchtet, obwohl das Ableben ihn nicht treffen kann, weil es nie in seine Gegenwart fallen kann, das rührt daher, daß (wie Heidegger sich ausdrückt) das Sein des Menschen wesentlich ein Sich-vorweg-Sein ist, ein Aussein auf die Zukunft, d. h. ein Weiterlebenwollen. Dies Weiterlebenwollen, dies Zukunfthabenwollen ist wesentlich mit der Existenz des Menschen verbunden, es gehört zu seiner Natur, und deshalb muß der Tod als das bevorstehende Nicht-mehr-weiterleben-Können sein Grauen erwecken. Diese Antipathie gegen den Tod läßt sich durch keine Argumentation darüber, daß ich mein eigenes Ableben nicht erleben kann, beseitigen.

Dennoch ist die Antipathie gegen den Tod nur die eine Seite des Verhältnisses zu ihm. Das Verhältnis zum Tod ist genau gesagt nicht Furcht, sondern Angst, und das ist nach Kierkegaard nicht einfach Antipathie, wie die Furcht, sondern antipathetische Sympathie oder sympathetische Antipathie. Der Antipathie korrespondiert eine Sympathie, der Todesfurcht eine Todessehnsucht. Sie rührt daher, daß der Mensch an seinem

Leben trägt wie an einer Last. Diese Last möchte er abwerfen, und der Tod ist dies Abwerfen der Last des Lebens. Es kann geschehen, daß diese Todessehnsucht die Todesfurcht überwiegt und den Menschen in den Selbstmord treibt, oder dazu, an seinem Tode mitzuwirken wie Sokrates.

Das sind keine Erfindungen von Kierkegaard und Heidegger. Auch schon die Griechen kannten dies Doppelverhältnis zum Tode. Bei Homer sagt Achill im Hades: Er wollte lieber ein Tagelöhner sein eines armen Kätners als König im ganzen Reiche der Schatten. Aber auch dieser Spruch stand bei den Griechen seit alters in Geltung: Das Beste ist, gar nicht geboren zu werden, und das Zweitbeste, gleich nach der Geburt wieder zu sterben.

Aber wie, wenn es ein Leben nach dem Tode gibt? Auch diese Lehre lief ja bei den Griechen um. Sie kam schon aus dem Orient. Die mythische Phantasie, durch Furcht und Hoffnung angeregt, hat sich so etwas vorgestellt, und die realistische Mythologie Homers, die sich davon frei hielt, etwas nur deshalb für wahr zu halten, weil man es fürchtete oder hoffte, war zwar, wenn man so sagen darf, die griechischste Todesvorstellung, aber niemals die in Griechenland allein herrschende. In den Mysterien und auch außerhalb derselben hielt sich daneben die orientalische von einem Leben nach dem Tode. Wir werden sehen, daß auch Plato ihr zuneigte, so fragwürdig vielleicht auch in seinen eigenen Augen alles das gewesen sein mag, was er selbst als Beweis für die Wahrheit oder Wahrscheinlichkeit einer solchen Lehre vorgebracht hat.

In der „Apologie" behandelt Sokrates diese Lehre einfach als die andere Möglichkeit, die es neben der, daß es mit dem Tode aus ist, auch noch gibt. Wenn es wahr ist (meint er) und die Seele überlebt und von den sogenannten Richtern zu den wahren göttlichen Richtern in der Unterwelt kommt, so kann ihm das im Bewußtsein, im Recht zu sein, nur höchst wünschenswert erscheinen, und noch wünschenswerter die Aussicht, dort seine sokratische Existenz fortzusetzen und auf seine Weise den Agamemnon und den Odysseus und den Sisyphos und die anderen großen Weisen der Vorzeit auszuforschen, wer von ihnen wohl wirklich weise ist und wer es nur zu sein glaubt, es aber nicht ist. Es ist deutlich genug, daß sich Sokrates seines auch dort nicht ausbleibenden Triumphes völlig gewiß ist. Er sieht voraus, daß er sich auch im Verhältnis zu diesen Großen der Vorzeit und nicht nur im Verhältnis zu den kleinen Zeitgenossen als der Weiseste erweisen wird. Das ist insofern sehr wichtig, als es zeigt, daß die Überlegenheit des Sokrates nicht auf der besonderen historischen Situation seiner Zeit beruht, daß seine Dialektik keine Zeitkritik ist sondern etwas viel allgemeineres beansprucht: nämlich die Grenzen der Menschheit anzuzeigen, zu demonstrieren, daß zu wissen, was für den Menschen das Gute ist, nicht nur ein Wissen ist, was seinen Zeitgenossen fehlt, sondern etwas, was dem Menschen als solchem und wesentlich fehlt, daß dies also eine Grenze ist, die der Mensch auf keine Weise überschreiten kann, mit der er sich also auch für alle Zukunft abfinden muß. Das ist deswegen so wichtig, weil das eine These ist, bei der der Verfasser der „Apologie“ (wenn anders sie bei der Abfassung die seine war) nicht stehen geblieben ist. Es ist nicht zu übersehen, daß der spätere Plato beansprucht, das zu wissen, was nach der Lehre des Sokrates niemand weiß und niemand wissen kann. Und seit Plato haben die Versuche, Anweisungen zum seligen Leben zu schreiben, nicht wieder aufgehört.

Der Tod (so schließt Sokrates) erscheine ihm also in seiner Lage als etwas Gutes, und so zürne er auch den Richtern nicht deswegen, weil sie ihm etwas Übles zufügen. Weswegen sie Tadel verdienten, sei höchstens dies, daß sie ihm etwas Übles zufügen wollten. Und nun bittet er nur noch für seine Söhne, und auch da etwas Paradoxes, nämlich sie ebenso zu verfolgen und zu quälen wie ihn selbst, wenn sie etwa sich um Reichtum oder sonst etwas mehr bemühen sollten als um die ἀρετή, die Rechtschaffenheit, und wenn sie meinen, etwas zu sein, was sie nicht sind. »In dem Falle erweist es ihnen wie ich euch« (41 e). Die Richter werden zur Nachfolge aufgefordert. Handelt wie ich! Daß das gefordert ist, das kann man wissen. Aber wenn sie nun gehen, Sokrates um zu sterben, die Richter aber um zu leben, wer da zu dem besseren Geschäft geht, das weiß nur der Gott. Damit ist zuletzt noch einmal die genaue Grenze gezogen zwischen dem, was der Mensch weiß und wissen kann, und dem, was ihm zu wissen versagt ist, und wo er nur noch die Möglichkeit aber auch die Aufgabe hat, diese Grenze selbst zu wissen.

2. KRITON

Sokrates wurde nach seinem Prozeß ins Gefängnis gebracht, aber die Hinrichtung verzögerte sich um 30 Tage, weil gerade am Tage vor dem Urteil das heilige Festschiff nach Delos abgegangen war, während dessen Abwesenheit keine Hinrichtungen vorgenommen werden durften. In der Zeit unmittelbar vor der Rückkehr des Schiffes spielt der *Dialog „Kriton"*. Kriton, ein Schüler des Sokrates, ist ins Gefängnis gekommen, um Sokrates zur Flucht zu überreden. Alles ist vorbereitet, die Wächter sind bestochen, Freunde in Thessalien, wo er in Sicherheit wäre, sind bereit, ihn aufzunehmen (45 a). — Was da erzählt wird, ist vermutlich die historische Wahrheit. Vermutlich wäre es den Athenern gar nicht unlieb gewesen, wenn sich Sokrates davongemacht hätte. Das Todesurteil gegen einen Mann, der doch eigentlich gar nichts verbrochen hatte, mochte hinterher den Athenern selbst etwas fragwürdig vorkommen, und sie mochten wohl anfangen zu bemerken, daß der tote Sokrates ihnen nicht weniger unbequem sein werde als der lebende. Ein geflüchteter Sokrates dagegen war erledigt. Sokrates sagt es selbst 53 d: die Sache des Sokrates wird dann als ἄσχημον erscheinen: als halt- und haltungslos.

Aber dies Argument, daß eine solche Flucht für ihn und seine Sache ohne Nutzen, vielmehr nur nachteilhaft und schädlich sein werde, das er in der Apologie ja auch schon vorgebracht hatte, als er die Strafe der Verbannung für sich erwog, bleibt hier von untergeordneter Bedeutung.

Auch Kriton setzt voraus, daß Sokrates sich eben nicht viel macht aus einem Weiterleben unter den Bedingungen, unter denen es noch möglich ist. Daher argumentiert er moralisch: Er will Sokrates einreden, daß er aus mancherlei Gründen verpflichtet sei zu fliehen. Man müsse Rücksicht nehmen auf die Meinung der Leute. Was werden die sagen über seine Schüler, wenn die ihren Meister einfach umkommen lassen und nichts zu seiner Rettung unternehmen? Außerdem müsse er an seine Kinder denken, die er, wenn er sich ohne zu fliehen umbringen lasse, als Waisen zurücklasse. Wenn Sokrates sich umbringen läßt, so ist das nicht nur schlecht (wie Kriton meint, Sokrates aber nicht meint) sondern auch schändlich (45 d ff.).

Sokrates ist sogleich bereit, gemeinsam mit Kriton zu prüfen, was hier das Gerechte ist: zu fliehen oder zu bleiben. Freilich das, was die Leute meinen, kann hier keine Autorität beanspruchen, sondern nur die guten Meinungen, und das sind die der Einsichtigen (47 a). Der Einsichtige aber ist der, der von einer Sache etwas versteht. Das ist im Falle der Frage nach dem Leib der Arzt. Der weiß, was ihn zerrüttet und was ihn erhält. Seinem Rat muß man folgen, und nicht dem, was man meint, denn es lohnt sich nicht, mit einem zerrütteten Leib zu leben. So fragt nun Sokrates: »Soll das Leben also für uns noch lebenswert sein, wenn jenes zerrüttet wird, dem das Ungerechte Schaden tut, das Gerechte aber nützt? Oder halten wir dieses, worauf sich Ungerechtigkeit und Gerechtigkeit solcherweise beziehen, was es auch sein möge, für schlechter als den Leib?« Nein, sondern für edler (47 d f.).

»Was es auch sei von dem unsrigen«, sagt Sokrates. Dies andere, was außer dem Leib noch zu uns gehört und was hier ungenannt bleibt, heißt späterhin bei Plato die Seele. Das Wesen der Gerechtigkeit wird so verstanden, daß gesagt wird: wie sich die Gesundheit zum Leibe verhält, so die Gerechtigkeit zur Seele. Ebenso entsprechen sich Krankheit und Ungerechtigkeit. Wenn dieser Satz angenommen wird, dann ist die Frage beantwortet: Warum soll ich das Gerechte tun und das Ungerechte meiden? Weil ich andernfalls mich selbst, nämlich meine Seele beschädigen würde. Und da sie edler ist als der Leib, ist der seelische Schaden auch schlimmer. Da sich kein Mensch vorsätzlich selbst Schaden zufügen wird, kommt es nur darauf an, ihn zu der Einsicht zu bringen, was gerecht ist und was ungerecht, und daß er mit dem einen sich selbst nützt und mit dem anderen sich selbst schadet. Wenn er das wirklich eingesehen hat, wird er gar nicht anders können als gerecht handeln. Aus der vorausgesetzten Analogie: Leib verhält sich zu Gesundheit wie Seele zu Gerechtigkeit, folgen logisch die berühmten Sätze, die uns bald begegnen werden, daß Tugend Wissen ist und daß niemand freiwillig das Schlechte tut.

Kriton nimmt in unserem Dialog die Analogie widerspruchslos und ohne eine Begründung zu verlangen hin. Das darf aber uns nicht dazu führen zu übersehen, daß diese Analogie der Begründung bedürftig ist. Man könnte leicht einwenden, die Analogie sei nicht einsichtig. Die Schädigung des Leibes durch die Krankheit ist schmerzlich. Wer sich gesund erhält, hat auf die Länge mehr Freude und weniger Schmerz zu erwarten, als wer dem Genuß des Augenblicks seine Gesundheit opfert.

Wie aber ist es bei der Seele? Was heißt denn: die Seele beschädigen? Ungerechtigkeit tut doch nicht weh. Man könnte freilich sagen, daß der Schlechte den Schmerz der Selbstverachtung fühlen muß. Dagegen aber gilt der Einwand Kants, daß gerade die Schurken sich dadurch auszeichnen, daß sie in dieser Hinsicht besonders unempfindlich sind, so daß sich für sie eine günstigere Lustbilanz ergibt, wenn sie ungerecht sind.

Da Kriton jedoch keinen Einwand erhebt, gilt die Analogie: Leib zu Seele wie Gesundheit zu Gerechtigkeit. So kommt es jetzt nur noch darauf an zu beweisen, daß es ungerecht wäre, daß Sokrates flieht, und daß es seine politische Pflicht ist zu bleiben. Daß das Moralische hier politisch verstanden werden muß, zeigt sich darin, daß Sokrates die Gesetze Athens selbst auftreten und argumentieren läßt (50 c ff).

Sokrates und Kriton einigen sich zunächst darüber, daß Unrechttun auf jeden Fall verboten ist, daß man insbesondere auch nicht Unrecht mit Unrecht vergelten darf — und das ist zweifellos gültig in einem Staat, in dem es gesetzmäßige Mittel gibt, gegen einen Unrechttuenden vorzugehen (49 b). Ferner sind sich Sokrates und Kriton darüber einig, daß Verträge gehalten werden müssen (50 b). Es ist klar, daß dies Prinzip gelten muß, wenn es überhaupt ein Recht soll geben können, bzw. daß Ausnahmen davon selbst durch Gesetze bestimmt sein müssen, also auf keinen Fall von der Willkür dessen abhängen können, der einen Vertrag geschlossen hat. Indem Sokrates nicht ausgewandert ist, was ihm freistand, sondern in Athen blieb, hat er stillschweigend mit den Gesetzen den Vertrag geschlossen, sich nach ihren Vorschriften zu richten. Also würde er vertragsbrüchig werden, wenn er jetzt nicht gehorchte. Er darf sich auch nicht darauf berufen, daß er zu Unrecht verurteilt wurde (52 c ff.).

In der Apologie hatten wir erfahren, daß die Menschen sich irren, wenn sie meinen, die Abweichung vom Gerechten sei unter Umständen gut für sie. Sie irren sich, weil sie nicht wissen, was für sie gut ist. Im Kriton ist etwas weniger Nichtwissen: hier wird schon gewußt, daß es für mich besser ist, gerecht zu sein als ungerecht, d. h. daß es nützlicher für meine Seele ist. Aber inwiefern eigentlich, das blieb dunkel. Unbegründet blieb die Analogie: Leib zu Seele wie Gesundheit zu Gerechtigkeit.

In dies Dunkel einzudringen, bemühen sich die weiteren Dialoge.

3. PROTAGORAS

Dieser und alle folgenden Dialoge mit Ausnahme des »Phaidon« spielen in der Zeit vor dem Prozeß des Sokrates.

Da kommt in aller Morgenfrühe zu Sokrates sein junger Freund und Schüler Hippokrates und weckt ihn mit der Nachricht, Protagoras, der berühmte Sophist aus Abdera, sei da. Er ist schon zwei Tage da und Sokrates weiß es auch schon, daß er da ist, Hippokrates aber hat es erst am vorigen Abend erfahren. Er war versucht, sogleich mit der großen Nachricht zu Sokrates zu eilen, aber dann schien es ihm doch schon zu spät in der Nacht zu sein. Aber am andern Tag kommt er in aller Frühe. Er möchte von der Weisheit des Protagoras profitieren, Sokrates soll seinetwegen mit dem berühmten Meister reden. Er möchte gleich aufbrechen zu Kallias, bei dem der Sophist sich aufhält, aber Sokrates erklärt, es sei noch zu früh. Was ihn aber eigentlich davon abhält, gleich aufzubrechen, ist dies, daß er zunächst selbst ein Gespräch mit seinem jungen Freunde zu führen wünscht (309 a — 311 a).

Sie gehen auf den Hof hinaus, und Sokrates fragt: wenn du nun in die Lehre gehst zu Protagoras, so tust du das, um was zu werden? Wenn du zu deinem berühmten Namensvetter in die Lehre gingest und jemand fragte dich: um was zu werden? was würdest du antworten? Arzt. Oder zu Polyklet oder Phidias? Um ein Bildhauer zu werden. Man geht also zum Arzt in die Lehre, um selbst ein Arzt zu werden, und zum Bildhauer, um selbst ein Bildhauer zu werden. Und was ist Protagoras? Ein Sophist. Du gehst also zu ihm in die Lehre, um was zu werden? Nach dem vorigen offenbar, um ein Sophist zu werden, sagt Hippokrates und errötet (312 a). Und du würdest dich nicht schämen, dich als Sophisten vorzustellen? »Doch« ist die Antwort. Aber vielleicht ist die Analogie falsch. Nicht aller Unterricht ist ja dieser Art. Wer zum Musiklehrer geht, will nicht Musiklehrer werden, und wer zum Sprachlehrer geht, will nicht Sprachlehrer werden, sondern das geschieht wegen der Bildung (παιδεία). Auch der Unterricht beim Sophisten soll der Paideia dienen. Aber was können wir von seinem Unterricht erwarten? Was ist ein Sophist? Die Antwort lautet zunächst ganz etymologisch: das ist einer, der sich auf das σοφόν, das Weise, versteht (312c). Aber was für ein Weises? Das Weise, auf das sich die Maler verstehen, ist das Weise, was die Anfertigung von Bildern betrifft — und so in allen andern Fällen. Worin besteht die Weisheit des Sophisten? Darin (antwortet Hippokrates), gewaltig im Reden zu machen (312d). Der Sophist ist ein Meister der Rhetorik. Aber auch damit ist Sokrates nicht gedient. Denn worüber zu reden? Das ist die Frage. Ist es nicht der Musikmeister, der seine Schüler auch darin belehrt, daß er sie gewaltig macht im Reden über Musik? Und so überall. Im Reden worüber macht also der Sophist seine Schüler gewaltig? Hier weiß Hippokrates nicht mehr zu antworten.

Wenn es aber so steht, dann ist es ein gefährliches Unternehmen, auf das er sich einlassen will. Wieder folgt jetzt die Analogie von Körper und Seele: Wer seinen Körper jemandem anvertraut, der tut gut, sich vorher zu vergewissern, daß es auch der rechte Mann ist, dem er sich anvertraut, ein Arzt und kein Kurpfuscher, sonst könnte er argen Schaden nehmen an seinem Leibe. Ist hier nicht die entsprechende Gefahr für die Seele und eine viel größere, weil die Seele etwas viel Edleres ist? Wie wenn der Sophist nicht dem Arzt entspricht, sondern dem Lebensmittelhändler? Die Sophisten vertreiben seelische Lebensmittel, nämlich μαθήματα, Kenntnisse oder Lerngut. Sie preisen an, was sie vertreiben, und kümmern sich nicht darum, ob es nützlich oder schädlich ist, und der Käufer kann es auch nicht beurteilen — so wenig, wie einer, der kein Arzt ist, die Nützlichkeit oder Schädlichkeit der Lebensmittel für den Leib beurteilen kann (313a ff.).

Es ist deutlich, worauf Sokrates hier abzielt: auf den Unterschied von Sophist und Philosoph. Der Philosoph ist der Arzt der Seele. Der Sophist ist kein Seelenarzt, sondern ein seelischer Lebensmittelhändler. Wir können hier unserer alten Analogie etwas hinzufügen: Leib zu Seele, wie Gesundheit zu Gerechtigkeit, wie Arzt zu Philosoph. Das ist ein folgenreicher Gedanke, bis zu Nietzsche hin nachwirkend, bei dem aus dem Seelenarzt der Arzt der Kultur geworden ist. Der Name Philosoph wird hier noch verschwiegen, aber dies wird gesagt, daß man den Seelenarzt braucht, um die Waren des Seelenlebensmittelhändlers hinsichtlich ihrer Nützlichkeit und Schädlichkeit beurteilen zu können.

Trotz solcher Bedenken ist Sokrates bereit, mit seinem jungen Freund hinzugehen und den Mann anzuhören. Er ist aber, so weiß Sokrates schon, nicht der einzige Sophist, der bei Kallias weilt, sondern da sind auch noch andere, eine ganze Sophistengesellschaft. In der Tat finden sie nun in dem Hause eine ganze Menge von Sophisten, auch Sophistenlehrlinge neben solchen, die sich belehren lassen, ohne doch selbst Sophisten werden zu wollen. Übrigens sprechen die Sophisten da nicht etwa miteinander, sondern jeder hat seine besondere Hörerschar um sich versammelt. Sokrates und sein Freund gehen zu Protagoras und erklären ihm, sie hätten ein Anliegen an ihn. Auf die Frage, ob sie mit ihm allein sprechen wollten, entgegnen sie, daß sie nichts dagegen hätten, coram publico zu verhandeln, was dem Protagoras auch viel lieber zu sein scheint (316 b).

Der Philosoph, so gibt uns Plato ohne es ausdrücklich auszusprechen zu verstehen, will an der Zustimmung seiner Gesprächsteilnehmer prüfen, ob das, was er vorbringt, sich als wahr erweist. Der Sophist will in der Diskussion vor dem Publikum glänzen. So ist denn auch Protagoras sehr damit einverstanden, daß man auch noch zwei andere Sophisten, den Prodikos und den Hippias herbeiholt, sich um ihn gruppiert und ihm die Gelegenheit gibt, sich zu produzieren (317 d). Protagoras ist sehr stolz darauf, sein Gewerbe nicht hinter einem anderen Treiben zu verstecken. Das haben nach seiner Meinung Frühere getan. Sie erklärten nicht offen, Sophisten zu sein, sondern versteckten sich hinter dem Amt eines Dichters, Musikers oder Gymnasten. Sie hätten das aus Furcht vor Mißgunst und Verfolgung getan. Er aber trete ganz offen auf als ein Erzieher und Besserer der Menschen (316 d ff.).

Nun stellt Sokrates dem Protagoras dieselbe Frage, die er schon dem Hippokrates gestellt hatte, ohne daß der sie beantworten konnte: was hat denn der Schüler von der Lehre des Sophisten für sich zu erwarten? (318 a) Die Antwort lautet: Der Schüler wird jeden Tag besser werden. Aber, so fragt nun Sokrates wieder: besser worin? Wer beim Maler lernt, wird besser in der Malerei, wer beim Musiker lernt, in der Musik, beim Sophisten aber, worin da? Was er bei mir lernt, antwortet Protagoras, ist die Wohlberatenheit oder Klugheit in den eigenen Angelegenheiten (εὐβουλία περὶ τῶν οἰκείων) sowohl bezüglich der Verwaltung seines Hauses wie auch bezüglich der staatlichen Angelegenheiten, wie er am fähigsten ist, diese sowohl zu führen als auch darüber zu sprechen (318 e f.). Sokrates greift die eine Hälfte der Antwort auf. Die privatwirtschaftliche Lehre läßt er beiseite und sagt: du sprichst von der Bürgertugend (πολιτικὴ τέχνη) und versprichst, die Männer zu guten Staatsbürgern zu machen. Protagoras gibt das zu. Das ist sein Anspruch: Erziehung zum guten, d. h. trefflichen Staatsbürger.

Diese Areté, diese Trefflichkeit (oder Tugend), so meint nun Sokrates, ist nicht lehrbar (319 b ff.). Es ist zwar zuzugeben, daß man durch Lehre ein tüchtiger Arzt oder Musiker werden kann. Die Lehrbarkeit solcher Kunst (τέχνη) wird nicht bezweifelt (womit nicht geleugnet werden soll, daß da überall eine gewisse Begabung Voraussetzung ist). Die politische Trefflichkeit aber, die auch als die Areté schlechthin bezeichnet wird, die sei, so behauptet Sokrates, nicht lehrbar.

Man hat die Frage gestellt und verschieden beantwortet, ob es Plato ernst war mit dem, was er seinen Sokrates hier behaupten läßt. Wir verzichten auf solchen Versuch, hinter die Kulissen zu blicken. Aber wir erinnern uns daran, daß im Kriton Sokrates selbst sich als ein Lehrer der politischen Tüchtigkeit betätigt hat. Hier nun zweifelt er. Sehen wir zu, was er für Gründe anführt. Er nimmt sie aus dem öffentlichen und dem privaten Leben. Wenn es sich um das Bauwesen oder um das Schiffswesen usw. handelt, fragen die Athener überall die Sachverständigen und richten sich nach ihnen, aber hinsichtlich der Staatsregierung gibt es keine Sachverständigen, sondern da läßt man jedermann mitreden. Perikles läßt seine Söhne in allen möglichen Dingen unterrichten, aber in dem, worin er selbst weise ist, in der politischen Tüchtigkeit, darin unterrichtet er sie weder selbst noch läßt er sie unterrichten. Daraus folgt allerdings noch nicht, daß die Areté nicht lehrbar ist, sondern zunächst nur dies, daß weder die allgemeine Meinung noch die politisch Tüchtigen, bzw. diejenigen, die man dafür hält, sie für lehrbar halten. In Wahrheit ist hier nichts bewiesen, sondern ein Problem gestellt. Ist Perikles wirklich das Vorbild eines guten Staatsbürgers — oder vielleicht gerade nicht er, sondern Sokrates? Wie steht es wirklich mit der Lehrbarkeit der »Tugend«? Wenn es sie doch geben sollte, wie ist sie möglich? Kann derjenige beanspruchen, ein Lehrer der Areté zu sein, der dies Problem nicht nur nicht gelöst, sondern nicht einmal gesehen hat? Was sagt der Sophist hierzu? Er antwortet mit einem Mythos (320 d ff.).

Als die Götter die lebenden Wesen geschaffen hatten, beauftragten sie Prometheus und Epimetheus, sie mit den das Leben ermöglichenden Fähigkeiten auszustatten. Da gab Epimetheus dem Löwen die Kraft, dem Hasen aber die Schnelligkeit der Flucht und so jedem eigentümliche Ausstattungen, die es ihm ermöglichten, zu leben. Da aber Epimetheus, der die Verteilung vorgenommen hatte, nicht ganz weise war, hatte er am Ende alles verteilt und den Menschen noch übrig als ein Mängelwesen (wie ihn neuerdings Gehlen genannt hat). Dieser Mangel wird kompensiert durch den Raub des Prometheus, er raubte der Athene und dem Hephaistos Feuer und Weisheit und schenkte sie den Menschen. So gewann der Mensch die zum Leben notwendige Weisheit, aber nicht die staatsbürgerliche Weisheit (πολιτικὴ τέχνη). Diese dem Zeus zu stehlen, erwies sich als unmöglich. Ohne sie aber vermochten die Menschen keine Gemeinschaften zu bilden, und ohne das vermochten sie ihre Existenz nicht zu behaupten. Da schickte Zeus den Hermes, den Menschen αἰδώς und δίκη zu bringen. δίκη ist das Recht, αἰδώς ist ein vieldeutiges Wort; es meint Scham, Scheu, Ehrfurcht, Rücksichtnahme. Gemeint ist offenbar ungefähr das, was die Engländer später moral sense genannt haben: moralisches Empfinden, Rechtsgefühl. Diese Gaben aber sollten nicht so verteilt werden wie die Künste (τέχναι), von denen einer die eine mitbekommen hat und ein anderer eine andere, sondern an Recht und Rechtsgefühl sollten alle teilhaben, denn anders ist keine Polis möglich.

Dies ist nun nicht sophistisch, sondern wahr und wichtig: das sittliche Bewußtsein ist keine Fachwissenschaft und keine Spezialistenkunst, sondern etwas, was jedermann zugemutet werden kann und muß. Auch der Beweisgrund des Protagoras ist gut: nicht musikalisch zu sein, darf man gerne eingestehen, aber wer nicht gerecht ist, muß doch heucheln, es zu sein.

Daß also alle an der politischen Rechtschaffenheit teilhaben, ist so bewiesen. Damit ist aber nicht gesagt, die Menschen hätten sie oder bekämen sie von Natur oder von selbst, vielmehr soll nun bewiesen werden, daß sie lehrbar ist und der Mensch sie durch Sorge (ἐπιμέλεια) bekommt, d. h. indem er sich darum bemüht (323 c ff.). Die Areté ist ein Werk der Freiheit. Das wird damit bewiesen, daß man diejenigen, die sie nicht haben, bestraft. Man kann einen Menschen für seine Ungerechtigkeit nur bestrafen, wenn man voraussetzt, daß er sich die Gerechtigkeit habe erwerben können. Dies Können ist also die allen Menschen zukommende Teilhabe an der Areté. Also ist die Tugend lehrbar. Auch das ist nicht sophistisch, sondern wohl gesprochen. Wir alle denken so, wenn wir unsere Kinder belehren darüber, was sie tun müssen, um ein nützliches Mitglied der menschlichen Gesellschaft zu werden, und bestrafen sie, wenn sie das nicht lernen wollen.

Wie aber steht es mit dem Einwand des Sokrates, daß die politisch Weisen diese ihre Weisheit nicht an ihre Kinder weitergeben? Gibt es, sagt Protagoras, nicht etwas, woran notwendigerweise alle Staatsbürger teilhaben müssen, wenn ein Staat überhaupt möglich sein soll? Und was wäre dies? Nicht die Zimmermannskunst, oder die Schmiedekunst, gar keine Kunst (τέχνη) »sondern Gerechtigkeit und Besonnenheit und Frömmigkeit und was ich in eins zusammengefaßt die Areté des Menschen nenne« (325 a).

Nun wären die politischen Weisen wunderliche Leute, wenn sie ihre Kinder in sonst allen Dingen, aber nicht hierin unterrichten würden. Doch sie tun es ja auch, sie tun doch eben das, was auch wir mit unseren Kindern und Jünglingen machen. Durch Belehrung und Ermahnung, die sie selbst erteilen und durch Lehrer erteilen lassen, suchen sie sie zu nützlichen Mitgliedern der menschlichen Gesellschaft zu machen (325 b f.).

Gewiß ist es richtig, was Sokrates geltend gemacht hat, daß der Erfolg manchmal ausbleibt. Davon aber ist der Grund die verschieden gute Veranlagung. Wie einer mehr oder weniger begabt dafür sein kann, ein Musikinstrument spielen zu lernen, so auch hier: Die Empfänglichkeit für die sittliche Belehrung kann verschieden groß sein. Wem sie völlig fehlt, der muß nach dem Gesetz des Zeus, so erzählte der Mythos des Protagoras, getötet werden, weil er kein mögliches Mitglied der Polis sein kann. Wir heutigen töten ihn zwar nicht, aber wir internieren ihn in einer Anstalt. Auch hier sagt Protagoras grundsätzlich nichts anderes als das, was wir heute auch sagen würden (327 b ff.).

Und Sokrates? Er gibt sich geschlagen. »Bisher (sagt er) habe ich nicht geglaubt, daß es menschliche Bemühung sei, wodurch die Guten gut werden, jetzt aber glaube ich es« (328 e). Nur eine Kleinigkeit sei da noch im Wege, und darüber bittet er noch um Aufklärung. Es wird sich bald zeigen, was es mit dieser sogenannten Kleinigkeit auf sich hat, und daß jetzt, wo scheinbar alle Fragen befriedigend beantwortet sind, die Hauptfrage noch gar nicht zur Sprache gekommen ist.

Du hast gesagt (sagt Sokrates zu Protagoras): Gerechtigkeit und Besonnenheit und Frömmigkeit, zu einem zusammengenommen, sei die Areté. Wie ist das gemeint? Ist das so gemeint, daß Gerechtigkeit und Besonnenheit und Frömmigkeit Teile der Tugend sind? Oder sind das nur verschiedene Namen für dasselbe? (329 c). Wir wollen uns das etwas vereinfachen: Wir haben einerseits den Namen A (Areté) und dann haben wir noch die Namen B und C für die Gerechtigkeit und die Besonnenheit. Sind das alles Namen für dasselbe, gilt also A = B = C? Oder sind B und C Teile von A? Protagoras entscheidet in letzterem Sinn: B und C sind Teile von A (329 d). Aber Sokrates ist noch nicht zufrieden. Er fragt: sind sie so Teile, wie Mund, Nase, Augen und Ohren Teile des Gesichts sind, oder so wie die Teile des Goldklumpens, die sich gar nicht unterscheiden, doch Teile des ganzen Goldklumpens sind? Der Unterschied ist deutlich: Wenn dem Gesicht ein Teil fehlt, ist es kein Gesicht mehr: nur Mund und Ohren, das ist kein Gesicht. Aber zwei von fünf Teilen eines Goldklumpens, das ist immer noch ein Goldklumpen, wenn auch ein kleiner. Oder ohne Gleichnis, in unserer Buchstabensymbolik: Gilt A = (B oder C oder beides) oder gilt A = (B und C)? Protagoras entscheidet im letzteren Sinne. Das heißt dann: wer z. B. Gerechtigkeit besitzt und Besonnenheit, aber nicht Frömmigkeit, der hat die Areté nicht, so wie der kein Skatspiel besitzt, dem eines der 32 Blätter fehlt.

Aber (so fragt nun Sokrates) ist das denn überhaupt möglich, daß man von diesen Teilen der Areté einige besitzt, andere aber nicht, oder muß, wer einen besitzt, alle haben? Protagoras findet es nun ganz selbstverständlich, daß es sich hier verhält wie bei den Blättern eines Skatspiels. Nichts hindert, daß ich einige davon besitze, andere nicht. Es kann ja einer tapfer sein und ungerecht, oder umgekehrt (330 b).

Sokrates unternimmt es nun, diese These zu widerlegen, und wenn uns zuvor der Sophist sehr unsophistisch vorkam, so muß uns nun Sokrates sehr sophistisch vorkommen. Er und Protagoras einigen sich zunächst über die Sätze (die wir ihnen gar nicht so leicht zugeben werden), daß nicht nur Menschen gerecht und fromm sein können, sondern daß auch die Gerechtigkeit gerecht und die Frömmigkeit fromm sei. Aber es kommt noch schlimmer: denn daraus und ferner daraus, daß Gerechtigkeit und Frömmigkeit verschieden sind, wird nun geschlossen, daß also die Gerechtigkeit nicht fromm und die Frömmigkeit nicht gerecht sei (331 a). Das ist ein unerwünschtes Resultat, weil die Sätze so aufgefaßt werden, als meinten sie, es sei ungerecht fromm zu sein, und unfromm gerecht zu sein.

Protagoras benimmt sich gegenüber der Sokratischen Dialektik etwas hilflos und ungeschickt, aber er sagt doch dann etwas, was sachlich ganz richtig und geeignet ist, die sokratische Sophisterei aufzulösen. Er wehrt sich dagegen, die Prädikate »gleich« und »verschieden« absolut zu gebrauchen und sagt: alles ist mit allem in gewisser Hinsicht gleich und in gewisser Hinsicht auch davon verschieden (331 d). Also kann man folgern: wenn Gerechtigkeit und Frömmigkeit voneinander verschieden sind, so hindert das gar nicht, daß sie in einem wohl verstandenen Sinne doch beide gerecht und beide fromm sind, — vorausgesetzt, daß man sich darüber verständigt hat, was es überhaupt heißen soll, daß gerecht und fromm nicht nur von Menschen sondern auch von der Gerechtigkeit und Frömmigkeit ausgesagt werden. Protagoras nimmt hier seinen Vorteil aber nicht wahr.

Nicht weniger sophistisch beweist Sokrates im Folgenden die Identität von Weisheit (σοφία) und Besonnenheit (σωφροσύνη) (332 a ff.). Das Argument ist dies: Beiden wird als ihr Gegenteil die Unsinnigkeit (ἀφροσύνη) gegenübergestellt. Dann wird aus der Betrachtung von Beispielen der Satz gewonnen: alles hat nur einen Gegensatz. Daraus wird gefolgert, daß das, was der Unsinnigkeit entgegengesetzt ist, auch nur eines sein kann und also identisch sein muß. Genau so gut kann man argumentieren: wer kein Geld hat, ist elend, wer krank ist, ist elend. Dem Elend sind also Reichtum und Gesundheit entgegengesetzt, also sind Reichtum und Gesundheit identisch.

Sokrates bietet zwar zur Wahl an, welcher der beiden Sätze aufgegeben werden solle; der Satz, daß Weisheit und Besonnenheit verschieden sind, oder der Satz, daß einem nur eines entgegengesetzt ist (333 a). Aber wieder versäumt es Protagoras, seinen Vorteil wahrzunehmen und läßt Sokrates den Sieg, bewiesen zu haben, daß Weisheit und Besonnenheit dasselbe ist.

Als nächste wird die Frage der Identität oder Nichtidentität von Gerechtigkeit und Besonnenheit untersucht (333 c). Sokrates fragt: ist es möglich, daß Ungerechte besonnen sind? Protagoras antwortet: er selbst meine: nein, die meisten würden aber wohl mit ja antworten. Man einigt sich dahin, zunächst den Satz der communis opinio zu untersuchen, nach dem Besonnenheit und Gerechtigkeit voneinander unabhängig sind, so daß es also vorkommen kann, daß einer ungerecht und doch besonnen ist. Die Diskussion darüber kommt aber nicht sehr weit. Es kommt zum Streit über die Art der Gesprächsführung, die Gesellschaft droht aufzufliegen. Man einigt sich schließlich dahin, die Rollen zu vertauschen, Protagoras soll jetzt Fragen stellen und Sokrates antworten. Protagoras wechselt das Thema. Dichterauslegung wird getrieben. Ein langes Zwischenspiel geht da an, das wir hier übergehen, weil es philosophisch ganz unergiebig ist (334 c—348 c).

Bemerkenswert ist von all dem für uns nur ein Punkt, daß nämlich Sokrates sich wiederum mit sehr sophistischen Mitteln bemüht, zu beweisen, daß auch Simonides schon der Meinung gewesen sei, die alle Weisen vertreten und der auch er, Sokrates, anhänge, niemand tue freiwillig das Schlechte (345 d e). Es ist ja nun die communis opinio sowohl bei den Griechen als auch bei uns, daß es sehr wohl vorkommt, daß einer das Schlechte, nämlich das Verbotene tut, obwohl er sehr genau weiß, daß es verboten ist. Jedoch warum handelt der Mensch so? Er tut nicht das, was öffentlich als das Gute gilt, weil er meint, es sei für ihn besser — d. h. für ihn nützlicher, wenn er etwas anderes tut. Wenn das Gute das für mich Nützliche ist und wenn es gar kein anderes Gutes gibt, kann es dann sein, daß ich nicht das tue, was mir für mich das Nützlichste zu sein scheint? Wenn ich es nicht tue, dann darum, weil ich mich irre und etwas für nützlich für mich halte, was es nicht ist. Aber ist denn das Gute das Nützliche und gar das mir Nützliche? Bei dieser Frage war das Gespräch gestrandet. Es wird wieder aufgenommen mit der Wiederholung der Frage nach der Einheit der »Tugend«.

Protagoras bleibt bei seiner Ansicht, daß Weisheit, Besonnenheit, Gerechtigkeit, Frömmigkeit und Tapferkeit Teile der Tugend sind, so daß also rechtschaffen der ist, der weise und besonnen und fromm und gerecht und tapfer ist. Bezüglich der Gleichartigkeit oder Verschiedenheit der Teile spitzt er den Streitpunkt zu zu der These, daß, wenn auch die anderen sich vielleicht sehr ähnlich sein mögen, doch jedenfalls die Tapferkeit von ihnen durchaus verschieden sei, was er durch den Hinweis beweisen will, daß es tapfere Schurken gibt (349 d). Sokrates bringt Distinktionen an. Sind die Tapferen wagemutig und verwegen? Protagoras bejaht.

Sokrates läßt sich nun zugestehen, daß die Tugend etwas Schönes ist, und zwar ist sie ganz schön, nicht teils schön und teils häßlich. Und dann beweist er, daß es sich mit dem Wagemut umgekehrt verhält. Die Schwimmer springen wagemutig ins Wasser. Es ist klar, daß sie da wagemutiger sein dürfen als die Nichtschwimmer. Es kommt aber auch vor, daß ein Nichtschwimmer wagemutig ins tiefe Wasser springt. Ist der nun auch tapfer? Protagoras verneint das.

Es ergibt sich also, daß man den Wagemut in zwei Arten zerlegen muß, in den der Wissenden (ἐπιστήμονες) und in den Wagemut derer, die nicht wissend sind. ἐπιστήμη ist das Wissen, hier insbesondere das Wissen, wie etwas gemacht wird, z. B. das Schwimmen. Wer sich auf das Schwimmen versteht, dessen Wagemut ist Tapferkeit, der Wagemut des Nichtschwimmers ist keine Tapferkeit, sondern Wahnwitz (μανία). Indem nun Sokrates an die Stelle des Namens des Wissens (ἐπιστήμη) den der Weisheit (σοφία) setzt, folgert er: Weisheit (σοφία) und Tapferkeit (ἀνδρεία) sind in Wahrheit identisch (350 c).

Dagegen ließe sich einiges einwenden. Gewiß ist bewiesen worden, daß zur Tapferkeit ein gewisses Wissen oder (wenn man es so nennen will) Weisheit gehört, wie z. B. die Schwimmkunst, oder die militärische Erfahrung, oder Pferdekenntnis, kurz irgend eine Kunst (τέχνη). Aber daraus folgt noch nicht die Identität von Weisheit und Tapferkeit. Wie es nämlich vorkommt, daß der Unkundige etwas wagt, was er nicht wagen dürfte, so kommt es ja auch vor, daß der Kundige nicht wagt, was er wagen sollte. Er wagt es nicht, weil er zwar kundig, aber feige ist.

Ferner sind zwar alle diese Künste wie Schwimmkunst, Reitkunst, Kriegskunst Aretai, Tüchtigkeiten, aber sie gehören zur Lebensweisheit (σοφία περὶ τὸν βίον) und sind nicht Teile der besonderen Areté, die hier Thema ist, der politischen Tugend. Zu ihr gehört eine ganz besondere, die politische Weisheit. Auf deren Verhältnis zur Tapferkeit käme es eigentlich an.

Sokrates hat seinen Satz, daß Weisheit Tapferkeit sei, abgeleitet aus dem Satz: alle Tapferen sind weise. Diese Ableitung ist aber nur gültig, wenn auch die Umkehrung gilt, nämlich daß auch alle Weisen tapfer sind. Das aber hat Sokrates nicht bewiesen. Und auch wenn das bewiesen wäre, wäre immer noch nicht die Identität, sondern nur die ständige Verbundenheit von Weisheit und Tapferkeit bewiesen.

Protagoras weiß nun zwar, daß man einen allgemeinen Satz nicht immer umkehren darf (350 c). Aber er macht von diesem Wissen nicht den richtigen Gebrauch. Anstatt zu sagen: aus dem Satz, daß alle Tapferen weise sind, folgt nicht, daß alle Weisen tapfer sind, und also nicht die Identität, sagt er: ich behaupte, daß alle Tapferen verwegen sind, und bestreite, daß alle Verwegenen tapfer sind. Aber darüber sind ja beide ganz einig. Es zeigt sich nun, daß er den Sokrates mißverstanden hat. Sokrates wollte zwei Arten der Verwegenheit unterscheiden, Wahnwitz und Tapferkeit — letztere sei Weisheit. Protagoras aber meint, Sokrates halte die Weisheit deswegen für die Tapferkeit, weil sie den Verwegenen verwegener macht, als er vorher war und als es andere sind.

So kann man sich nicht verständigen, und Sokrates macht einen neuen Anfang. »Sagst du, Protagoras, daß einige Menschen wohl leben, andere aber schlecht?« (351 b). Protagoras bejaht das. Lebt nun einer wohl, wenn er gequält und gepeinigt lebt? Nein. Wenn einer nach einem freudigen Leben seinen Lebenslauf beschließt, der hat wohl gelebt? Ja. Also ist freudig leben gut, freudlos leben schlecht.

Überlegen wir, ehe wir die Antwort des Protagoras hören, was wir dazu sagen sollen. Es ist gut, das heißt auf jeden Fall: es ist ein Gegenstand des Wohlgefallens. Wenn es uns angenehm, vergnüglich, heiter und froh ergeht, so finden wir das gut, und das Gegenteil finden wir schlecht. Aber wenn alles Angenehme als Angenehmes gut ist, so folgt ja nicht (das haben wir gerade beherzigen müssen), daß alles Gute angenehm ist. Es könnte auch in anderer Hinsicht gut sein. Die Medizin, die nicht angenehm ist, ist gut, weil sie der Wiederherstellung der Gesundheit dient. Und so kann wohl auch etwas in verschiedener Hinsicht gut und nicht gut zugleich sein. So kann es sein, daß etwas Angenehmes gut ist und zugleich als Gesundheitsschädliches schlecht.

So hat auch Protagoras mit Recht Bedenken, das angenehme Leben mit dem guten Leben in jeder Hinsicht zu identifizieren. Er sagt, das Leben in der Freude ist gut, wenn es Freude am Schönen ist (351 c). D. h. er weigert sich — mit Recht —, Lust und Unlust als den einzigen Maßstab der Beurteilung des Lebens hinsichtlich seiner Güte gelten zu lassen. Sokrates drängt jedoch auf die Beantwortung der Frage, ob das Angenehme als Angenehmes, abgesehen davon, was etwa daraus entsteht, also abgesehen von den üblen Folgen, die der Genuß haben kann, etwas Gutes sei. Protagoras weiß nicht, was er darauf antworten soll. Und seine Verlegenheit ist nicht unbegründet. Die Freude ist gut, das heißt doch: sie ist wünschenswert. Warum ist sie das? Weil eben das, was Freude macht, wünschenswert ist. Da drehen wir uns im Kreis. Wir können wohl die Freude zu einem Maßstab der Beurteilung von etwas als gut machen, aber welchen Maßstab sollen wir benutzen, wenn wir die Freude selbst beurteilen wollen? So ist es wieder ganz vernünftig, wenn Protagoras antwortet: Dies weiß ich nicht, aber daß das Erfreuliche, das Angenehme nur zum Teil gut ist, wenn man auch die anderen notwendigen Maßstäbe der Beurteilung berücksichtigt, das scheint mir zu gelten (351 d).

Sokrates läßt es wieder dabei bewenden und geht zur nächsten Frage weiter: Wie steht es mit dem Wissen (ἐπιστήμη) (352 b). Die Frage ist: bestimmt das Wissen davon, was das Gute ist, mit Notwendigkeit auch das Handeln, oder kann es sein, daß einer etwas anderes tut als das, was er als das Gute erkannt hat, überwunden von etwas anderem, sei es Liebe, Furcht, Zorn, Lust oder Unlust? Protagoras ist mit Sokrates einig in der Überzeugung: wenn einer erkannt hat, was gut und schlecht ist, dann kann er von nichts anderem mehr gezwungen werden, etwas anderes zu tun als das, was seine Einsicht ihm befiehlt. Die communis opinio freilich denkt darüber anders. Die alltägliche Erfahrung lehrt, daß die Leidenschaft die Vernunft oft genug besiegt. Sokrates schlägt vor, diese gängige Meinung zu widerlegen, weil das zu einer Aufklärung der Frage nach dem Verhältnis der Tapferkeit zu den übrigen Teilen der Tugend zu führen vermöge. Sokrates und Protagoras argumentieren folgendermaßen: Daß etwas Angenehmes schlecht sei, damit meint man nur dies, daß das im Augenblick Angenehme in Zukunft größere Unannehmlichkeiten hervorbringt. Und umgekehrt sagt man, Unangenehmes sei gut, wenn es in der Zukunft eine größere Annehmlichkeit im Gefolge hat (353 c ff.).

Hier wird der Beurteilung nach dem Maßstab, ob etwas im Augenblick erfreulich sei, der andere Maßstab entgegengestellt, ob es auf die Länge der Zeit einen Lustüberschuß verspricht. So wird die communis opinio eigentlich nicht widerlegt, sondern erklärt. Es ist klar, daß die Rede, daß etwas Angenehmes schlecht und etwas Unangenehmes gut sei, in diesem Sinne gemeint sein kann. Wenn aber daraus von Sokrates und Protagoras gefolgert wird, daß es gar kein anderes Ziel (τέλος) geben könne, in Bezug auf das man von gut und schlecht reden könne, als die Lust, was sollen wir dazu sagen?

Man ist vielleicht zunächst geneigt zu sagen: so wie man dem Maßstab der augenblicklichen Lust den Maßstab der Lustbilanz in der Länge der Zeit entgegensetzen kann, so kann man wohl auch dem Maßstab der Lust im ganzen noch einen anderen Maßstab entgegensetzen, etwa dem »erlaubt ist, was gefällt« das »erlaubt ist, was sich ziemt«. Es kann doch sein, daß etwas im Augenblick Lust bereitet und auch in Zukunft lauter Lust verspricht und doch schlecht ist, weil es unziemlich ist. Aber warum tue ich denn das Ziemliche, wenn es etwa ein solches ist, was jetzt keine Lust bereitet und auch in Zukunft keine verspricht? Offenbar darum, weil es mir besser gefällt, dieses zu tun, als es nicht zu tun. Es gefällt mir,

d. h. aber, es macht mir Freude. Da sind wir nun bei der Lehre angekommen, die da lehrt: Die Menschen tun immer das, was ihnen am meisten Freude macht. Und sie können gar nichts anderes tun. Denn würde ihnen etwas anderes mehr Freude machen als das, was sie tun, so würden sie jenes andere tun. Die Tugendhaften sind jene, denen es mehr Freude macht, tugendhaft zu sein als lasterhaft. Diese Lehre, daß der Mensch immer das tut, was ihm Freude macht, nennt man nach dem griechischen Wort für Lust ἡδονή den Hedonismus. Plato läßt hier den Sokrates hedonistische Lehren vertreten, und nun fragen sich die Ausleger, ob es Plato damit ernst ist oder zu jener Zeit war, oder ob vielleicht der historische Sokrates dieser Lehre anhing.

Wenn man so fragt, verfehlt man den entscheidenden Punkt. Daß der Mensch immer das tut, wozu er am meisten Lust hat, das ist in gewissem Sinne unbestreitbar — warum soll also nicht auch Plato dieser Meinung gewesen sein, wenn sie doch wahr ist?

Doch hat diese Lehre eine Schwäche. Sie vergißt eine Frage, nämlich die, ob ich etwas deswegen erstrebe, weil es mir Freude macht, oder ob mir etwas deswegen Freude macht, weil ich es erstrebe. Es ist einsichtig, daß es nicht in der Welt einen gewissen Vorrat von erfreulichen Sachen gibt, denen wir nachjagen, sondern daß dies, ob etwas erfreulich für mich ist oder nicht, umgekehrt von meinen Neigungen abhängt. Die Gleichheit der menschlichen Natur in vieler Hinsicht kann den Schein erwecken, als gebe es ohne unser Zutun an sich erfreuliche Dinge: Essen und Trinken, Theater und Reisen, Liebeslust und Machtrausch. Aber unsere Gelüste sind keine gegebenen Größen. Dem Gebildeten ist anderes erfreulich als dem Ungebildeten. Und der Gerechte ist nicht gerecht, weil es ihm Freude macht, gerecht zu sein, sondern umgekehrt macht es dem Gerechten Freude, gerecht zu sein, weil er gerecht ist.

Hieraus folgt, daß die Lust nicht der absolute Maßstab sein kann. Der späte Plato weiß das. Der Verfasser des Protagoras aber gibt nicht den geringsten Wink, der erkennen ließe, daß er davon etwas ahnt.

Aus dem erörterten Hedonismus wird nun die Folgerung gezogen, daß niemand freiwillig, etwa von der Leidenschaft überwunden, das Schlechte tut. Es ergibt sich vielmehr, daß er notwendigerweise das tut, was die optimale Lustbilanz zu versprechen scheint. Ich sage: zu versprechen scheint, und nicht: verspricht; denn hier ist die Stelle, wo sich die Möglichkeit eröffnet, daß der Mensch gegen sein Interesse die in summa kleinere Lust wählt — aus Irrtum. Die Wahl des Schlechten erweist sich als Rechenfehler. Und nichts als ein solcher Rechenfehler ist in Wahrheit das, was die Menge die Überwältigung der Erkenntnis durch die Leidenschaft nennt (357 d). Er beruht auf einer perspektivischen Täuschung, welche die gegenwärtige Lust größer erscheinen läßt als die künftige, und ebenso den Schmerz. Wie kann man dem entgehen? Durch eine Art Meßkunst, indem man diese perspektivische Verzerrung mit in die Rechnung zu stellen lernt. In der Tat ist ja dies bis auf den heutigen Tag eines der unerschöpflichen Themen der ermahnenden Reden des Erziehers: Bedenke die Folgen! Wer also fehlt und das Schlechte wählt, (so folgt) dem fehlt es an Wissen, nämlich hinsichtlich des Maßes (357 b).

Ohne Zweifel: Gegen die verdunkelnde Macht der Leidenschaft kann man kämpfen, indem man die Helligkeit des Wissens vom Guten verstärkt. Das tut die Erziehung, indem sie mahnt: Bedenke die Folgen — oder auch, bedenke, was wäre, wenn alle das täten, was du tun willst. Wenn aber daraus gefolgert wird, daß die Schlechtigkeit aus der Unkenntnis (ἀμαθία) stammt, so ist das zwar richtig, bringt aber nicht zur Geltung, daß der erhellenden Kraft der Belehrung eine verdunkelnde Kraft der Leidenschaft entgegenwirkt. Die sittliche Belehrung setzt das Denkenwollen voraus, und gegen die Weigerung des von der Leidenschaft Beherrschten, denken zu wollen, kann sie nichts ausrichten.

Wesentlicher aber noch ist dies, daß die Kritik des Ziels (τέλος) fehlt, die Überlegung darüber, was der Mensch durch Erziehung sich zum Erfreulichen machen soll. Eben auf diese Frage zu wird sich aber die Entwicklung des Denkens über das Gute für den Menschen bei Plato und noch bei Aristoteles bewegen. Die aristotelische Ethik belehrt den Menschen, sich zu der höchsten in seiner Natur angelegten Möglichkeit zu erziehen. Sie lehrt auch, daß diese höchste Möglichkeit auch die höchstmögliche Lust einschließt. Das läßt vermuten, daß der Hedonismus des platonischen Protagoras kein Irrweg, sondern trotz aller ihm noch anhaftenden Schwächen der Weg der Wahrheit war.

Was die Tugend zu leisten hat, ist nach dem jetzt Erörterten dies, in den Stand zu setzen, das wirklich Gute an Stelle des nur vermeintlich Guten zu wählen. So ist sie also Wissen, und es kann keine Teile von ihr geben, die nicht Wissen wären. Also muß auch die Tapferkeit Wissen sein, und dies ist es, was Sokrates nun aufs neue zu beweisen versucht (359 a ff.).

Zunächst werden die Folgerungen aus dem radikalen Hedonismus gezogen: Was die maximale Lust verspricht, das ist angenehm, erfreulich, schön, gut, nützlich ,was nun alles dasselbe meinen muß. Wenn also jemand etwas anderes wählt als das, was ihm auf die Länge die größte Lust bringt, so kann das nur daran liegen, daß er sich bei seiner Wahl getäuscht hat. Die falsche Wahl beruht also auf einer Unwissenheit (ἀμαθία).

Dies ist nun wieder genau der Punkt, hinsichtlich dessen Sokrates in der Apologie sein Nichtwissen und das Nichtwissenkönnen aller Menschen behauptet hatte. Hier proklamiert Sokrates die Idee einer Art Lustrechenkunst, die das leisten soll, was nach der Meinung des Sokrates der Apologie zu leisten unmöglich ist. Das Wissen, das diese Lustrechenkunst hervorbringt, ist, so wird jetzt gesagt, die Weisheit (σοφία). Es ergibt sich ferner, daß niemand freiwillig das Schlechtere tut, sondern nur wegen des Fehlens des Wissens. Schlechtigkeit ist Irrtum. Hierüber sind alle Sophisten, die am Gespräch teilnehmen mit Sokrates einig.

Nun fragt Sokrates weiter: Ihr nennt doch etwas Angst (δέος) und Furcht (φόβος), — was hier nicht voneinander geschieden werden soll — nämlich die Erwartung eines Übels. Wenn nun das Vorige wahr ist, dann folgt, daß niemand auf das losgehen wird, was er fürchtet, wenn er daneben noch eine andere Möglichkeit hat. Hieraus wiederum folgt, daß die Tapferen zwar auf etwas losgehen, was anderen furchtbar vorkommt, daß es aber unmöglich ist, daß es auch ihnen selbst furchtbar vorkommt. Es gibt zwar auch etwas, wovor ein Tapferer sich fürchtet, und das wird auch er fliehen. Der Unterschied zwischen dem Tapferen und dem Feigen ist also der, daß sich der Tapfere nur vor dem fürchtet, wovor sich zu fürchten gut ist, die Feigen aber auch vor dem, wovor sich zu fürchten schlecht ist. Sie halten es aber für gut, sich vor solchem zu fürchten, aus Unwissenheit. Folglich ist Feigheit nichts als Unwissenheit darüber, was zu fürchten ist und was nicht, und die Tapferkeit ist die Weisheit (σοφία) hinsichtlich dessen, was zu fürchten ist und was nicht.

Damit hat freilich Sokrates immer noch nicht bewiesen, daß Weisheit (σοφία) oder Wissen (ἐπιστήμη) einfach mit Tapferkeit identisch ist, wohl aber, daß Tapferkeit eine Art von Wissen ist, nämlich das Wissen von dem, was zu fürchten ist und was nicht. Man könnte ja nun sagen, daß einer in dieser Beziehung ein sehr klares Wissen haben, im übrigen aber doch sehr unwissend sein könne. Daß es tapfere Schurken geben kann, ist also noch gar nicht widerlegt.

Aber was sollen wir halten von der These, Tapferkeit sei das Wissen davon, was zu fürchten ist und was nicht? Ich denke, daß das eine gute Bestimmung des Wesens der Tapferkeit ist und daß hier, um dem Sokrates nachzusprechen, nur noch eine Kleinigkeit fehlt: nämlich eine gute Antwort auf die Frage, was hier in diesem Satz, Tapferkeit sei eine Art Wissen, das Wort Wissen eigentlich meint. Sokrates hatte (358 d) die Furcht definiert als die Erwartung des Schlechten (προσδοκία κακοῦ), d. h. die Vorstellung, daß etwas Schlechtes auf mich zukommt, von welcher Vorstellung dann gezeigt wird, daß sie richtig oder falsch sein kann. Nun ist eine solche Meinung über das Zukünftige in der Furcht ohne Zweifel enthalten. Aber die Furcht ist keine theoretische Überzeugung über zukünftige Ereignisse, sondern eine Stimmung. Die Wirkung dieser Stimmung ist nach Aristoteles Verwirrung (ταραχή). Das Beirrende der Furcht stammt also gerade aus ihrem Stimmungscharakter. Einer Stimmung aber wird (wie Heidegger sagt) der Mensch immer nur Herr aus einer Gegenstimmung. Und so gehört denn auch zur Tapferkeit eine eigentümliche Gestimmtheit, die wir in unserer Sprache sehr treffend mit Kaltblütigkeit bezeichnen.

Diese Stimmung der Kaltblütigkeit ist nicht eine bloße Zutat, die zu der richtigen Meinung über das zu Fürchtende hinzukommt, sondern sie ist offenbar gerade das, was die richtige Meinung über das, was zu fürchten ist und was nicht, erst möglich macht. Wer durch die Stimmung der Furcht verwirrt ist, der kann nicht zu der richtigen Meinung darüber kommen, was zu fürchten ist und was nicht. Und daher wird der, der einem sich Fürchtenden Mut zuspricht, zwar auch seine Meinung über das Furchtbare zu beeinflussen versuchen und ihm klar machen, daß die Sache so gefährlich, wie sie ihm vorkomme, gar nicht sei, er wird aber auch versuchen, seine Stimmung zu beeinflussen, insbesondere durch das Vorbild der eigenen Kaltblütigkeit.

Wenn der Satz, Tapferkeit ist Wissen dessen, was zu fürchten ist und was nicht, recht verstanden wird, d. h. wenn das Wissen nicht das bloße Urteil über das Zukünftige, sondern das in der rechten Weise gestimmte Urteil meint, dann ist die Definition gut. Wenn aber Wissen hier nur die theoretische Vermutung meint, dann ist sie unzureichend. So wie sie in unserem Dialog gemeint ist, ist sie zweifellos unzureichend.

Wenn wir auf die erste Erörterung der Tapferkeit zurückblicken, so sehen wir, daß jetzt die zur Tapferkeit gehörige Weisheit deutlicher herauskommt. Damals ergab sich, diejenige Weisheit, die zur Tapferkeit gehört, war beim Schwimmer die Schwimmkunst, beim Reiter die Reitkunst, beim Soldaten die Kriegskunst, usw. Das war nach dem Mythos des Protagoras alles Lebensweisheit (σοφία περὶ τὸν βίον, Fachkenntnis). Aber jetzt zeigt sich, daß gar nicht diese es ist, die das erkenntnismäßige Wesen der Tapferkeit eigentlich ausmacht, sondern die Weisheit (σοφία) bezüglich des Furchtbaren. Man könnte zwar sagen, diese Weisheit bezüglich des Furchtbaren sei eben für den tapferen Schwimmer die Schwimmkunst. So wie Plato die Sache vorgetragen hat, ist dagegen nicht leicht etwas einzuwenden, aber von der Sache her gesehen muß man sagen, daß der eigentliche Gegenstand des Wissens, das zur Tapferkeit gehört, gar nicht die Dinge sind, die vielleicht gefährlich werden können, sondern die Furcht selbst. Die Tapferkeit ist nicht nur gestimmtes Wissen, sie ist auch das Wissen von der Stimmung, das ihrer verwirrenden Macht dadurch Herr wird, daß es diese Macht durchschaut.

Wenn wir so geltend gemacht haben, daß Plato in seiner Analyse der Tapferkeit und überhaupt der Areté die Stimmung vernachlässigt hat, so soll das nicht als Plato-Kritik verstanden werden. Das wäre historisch ganz ungerecht. Für Plato kam es ja gerade auf das Umgekehrte an, nämlich zu zeigen, daß Tapferkeit und Tugend nicht, wie man meinte, ein blindes Gefühl sei. Dazu mußte er das Erkenntnishafte in aller Areté, insbesondere auch in der Tapferkeit, herausstellen. Daß seine Lehre vom Tugendwissen das Wahre durch Übersteigerung wieder unwahr macht, das ändert nichts daran, daß Platos Satz: Tugend ist Wissen, mit historischer Gerechtigkeit betrachtet, eine Entdeckung allerersten Ranges war.

Damit ist die Untersuchung über die Areté im Protagoras zu Ende, und Sokrates zieht das Resultat. Dies Resultat ist sehr merkwürdig. Er konstatiert: Zuerst habe er, Sokrates, behauptet, die Areté sei nicht lehrbar, Protagoras aber habe ihre Lehrbarkeit vertreten. Nachher aber habe er, Sokrates, behauptet, die Areté sei Wissen, woraus doch ihre Lehrbarkeit zu folgen scheine. Protagoras aber, umgekehrt, habe es auf alle Weise bestreiten wollen, daß sie Wissen sei, und gemeint, sie müsse irgend etwas anderes sein, wo denn doch auf keine Weise einzusehen sei, wie sie dann, wenn sie kein Wissen ist, lehrbar sein solle.

Mit diesem Rätsel entläßt uns Plato, das heißt, mit der Aufforderung darüber nachzudenken. Was sollen wir davon denken? Was Wissen ist, ist lehrbar, so wurde gesagt, und was lehrbar ist, ist Wissen. Ist das wahr oder nicht? Wenn wir das entscheiden wollen, dann müssen wir ja wohl vor allem zweierlei wissen:

1. was heißt Wissen? und 2. was heißt Lehren?

Diese Wörter sind wie alle Wörter der gewachsenen Sprache von einer gewissen Vieldeutigkeit. Der Skilehrer oder der Schwimmlehrer vermitteln ein bestimmtes Wissen, aber man wird doch wohl nicht sagen können: Skilaufenkönnen ist Wissen. Auch derjenige, der alle Bücher über den Skilauf studiert hat, die es gibt, kann es deswegen noch lange nicht, es bedarf noch der Einübung des Körpers. Auch das nennen wir Lernen und denjenigen, der uns darin trainiert, einen Lehrer. Unter Lehre im eigentlichen Sinne aber wird die Vermittlung von Wissen verstanden. Doch wir werden sehen, daß gerade diese Art der Lehre ein Problem enthält. Wissen kann nicht wie Milch aus einem Gefäß in das andere, so aus dem Kopf des Lehrers in den Kopf des Schülers geschüttet werden. Die Frage, wie Lehre im eigentlichen Sinne möglich ist, wird uns bei Plato bald begegnen, im Dialog „Menon".

Sodann aber: was heißt eigentlich Wissen? Wir haben hier mit dem Problem zu tun gehabt, was die Areté ist. Das Wissen erschien da in der Antwort auf die Frage, aber es wurde nicht selbst zum Gegenstand der Frage. Dazu haben zwar wir es gelegentlich in unsern Reflexionen über das Tugendwissen gemacht, aber Plato selbst hat dies Problem, wenn man so sagen darf, ausgespart. Auch diese Frage wird uns bald ausführlich beschäftigen, auch sie insbesondere im „Menon", wo die Unterscheidung eingeführt wird zwischen Wissen und richtiger Meinung, die in unserem Dialog gar nicht unterschieden worden sind.

Man rechnet den Dialog „Protagoras" oft zu der Gruppe derjenigen Dialoge, die man die aporetischen nennt, in der Meinung, das seien solche, bei denen nur Aporien, Probleme, Schwierigkeiten erörtert werden, bei denen es aber zu keinem Ergebnis kommt. Ich hoffe, klar gemacht zu haben, daß das hier nicht zutrifft: Daß das Wissen ein notwendiges Ingrediens aller Areté ist, das wurde nicht nur behauptet sondern auch wirklich bewiesen. Freilich blieben auch Fragen offen, die Fragen: Was ist Wissen? Was ist Lehre? und die Frage nach der Begründung der Analogie Leib zu Seele, wie Gesundheit zu Gerechtigkeit. Alle diese Fragen werden uns in der Folge wieder begegnen.

Wir werfen nun einen Blick auf einige kleinere Dialoge, die mit dem Protagoras nahe zusammengehören.

4. ION

Goethe hat diesem Dialog den Untertitel: »der beschämte Rhapsode« gegeben, der den Inhalt des Gesprächs treffend kennzeichnet. Ein Rhapsode war eine Art Kreuzung von Rezitator und Philologen. Wir wissen schon, daß nach platonischer Vorstellung die Weisheit des Dichters nicht Wissenschaft ist sondern Enthusiasmus, daß der Gott durch ihn spricht und er sich das Wahre, was er sagt, nicht selbst zurechnen kann. Das Entsprechende gilt auch für den Rhapsoden, sofern er Rezitator ist. Er leitet den göttlichen Strom, der durch den Dichter hindurchströmt, durch sich selbst hindurch weiter zum Zuhörer. Insoweit ist Sokrates durchaus bereit, den Rhapsoden als einen göttlichen Mann gelten zu lassen. Ein anderer aber ist der Rhapsode, sofern er als Philologe auftritt, und der Ernst dieses scherzhaften Gesprächs ist nichts anderes als die Frage: Wie ist Philologie als Wissenschaft überhaupt möglich?

Ion stellt sich selbst als den prominentesten Homer-Interpreten vor und erklärt, es gäbe nichts, worüber Homer spricht, was irgendwer besser auslegen könne als er, worauf denn Sokrates ihn gleich in die Enge treibt mit solchen Fragen wie: Wenn nun Homer über Pferde spricht, ob dann nicht der Pferdekenner der beste Interpret sei, und wenn über Schiffe, der Seemann oder Schiffbauer, und so überall.

Aber folgt daraus nun, was Sokrates folgert, daß vom Rhapsoden nur der Rezitator übrig bleibt, daß also Philologie als Wissenschaft gar nicht möglich ist? Offenbar doch nicht. Zwar um das Inhaltliche deuten zu können, wird man immer ein Sachverständiger auf dem Gebiet sein müssen, von dem die Rede ist. Aber außer dem Inhalt gibt es noch die Form. Und was die betrifft, gibt es wohl keinen anderen Sachverständigen, bei dem der Philologe sich Rat holen müßte. Hier ist er auf seinem eigentlichen Felde. Freilich gebietet die historische Gerechtigkeit anzuerkennen, daß solche Rede von der Form erst durch die platonische Lehre von den Ideen möglich geworden ist. Aber von der Ideenlehre war bisher noch nicht die Rede.

5. HIPPIAS ELATTON

Hippias, der uns schon aus dem Protagoras bekannte Sophist, hat einen Vortrag über Homer gehalten und wird von Sokrates befragt. Er habe (sagt dieser) schon früher behaupten hören, die Ilias wäre ein schöneres Gedicht als die Odyssee, und zwar um so viel schöner, wie Achill besser wäre als Odysseus. Darüber möchte Sokrates gerne etwas wissen, welchen von beiden nun Hippias für den besseren hält. Hippias antwortet: Achill sei der Hervorragendste (ἄριστος), Nestor der Weiseste (σοφώτατος), Odysseus aber der Wendigste (πολυτροπώτατος, 364 c). Hippias erläutert das: Achill ist wahr und einfach, Odysseus aber wendig und falsch. Dies Letztere hält nun Sokrates fest und sagt: also scheint dem Homer ein anderer Mann wahr zu sein und ein anderer falsch, und nicht derselbe? Und er fragt Hippias, ob er selbst das auch meine, und als der bejaht, schlägt Sokrates vor: So wollen wir den Homer lassen, da wir ihn ja nicht befragen können, sondern antworte du! Von der Homerphilologie kommen wir zur systematischen Moralphilosophie (365 d).

Sokrates fragt: meinst du mit einem Falschen einen solchen, der untüchtig ist, etwas zu tun, oder einen, der dazu fähig ist? Letzteres, sagt Hippias, und insbesondere einen, der fähig ist, die Menschen zu täuschen. Also beruht die Wendigkeit nicht auf Uneinsichtigkeit (ἀφροσύνη), sondern auf Einsicht (φρόνηοις). Also (so schließt Sokrates) sind die Wendigen Weise (σοφοί). Hippias gibt das zu, indem er freilich hinzufügt: weise im Täuschen (366 a). Dies wird genauer bestimmt als die Weisheit des Lügenkönnens. Daraus wird gefolgert, daß dann also ein Mann, der sich auf diese Kunst der Lüge nicht versteht und darin unwissend ist, nicht falsch ist. Fähig (δυνατός), ein Könner, ist der, der wenn er etwas tun will, es auch tut (366 b).

Du Hippias (sagt Sokrates) bist doch erfahren in der Rechenkunst und könntest, wenn du wolltest, sofort sagen, wieviel 3 · 700 ist, weil du darin Könner (δυνατός) und weise (σοφός) bist, und als der Weiseste auch der Beste. Du bist also der Fähigste, das Wahre hierüber zu sagen. All das gibt Hippias zu (366 d). Nun aber ist die Frage: auch das Falsche? — Es zeigt sich, daß dieser selbe auch der Fähigste ist, das Falsche darüber zu sagen, wenn er will, weil derjenige, der nicht so gut rechnen kann, in Gefahr ist, gelegentlich aus Versehen das Richtige zu sagen, was dem Könner nicht unterlaufen kann (367 a).

Derselbe ist also im Rechnen und sonst der Tüchtigste, die Wahrheit zu sagen und zu lügen. Und da der Falsche definiert war durch das Lügen-Können, folgt, daß der Wahre und der Falsche derselbe ist (367 c).

Das Sophistische des sokratischen Arguments liegt auf der Hand. Es ist zwar richtig, daß das Lügenkönnen hier die Voraussetzung ist, und zwar für beide, daß aber die Differenz zwischen dem wahren und dem falschen Mann nicht durch das Können, sondern durch das Wollen zu bestimmen ist. Beide können lügen, und der Falsche will auch lügen, aber der Wahre will nicht lügen.

Hippias erfaßt diesen Punkt nicht, er weiß auf die sokratische Sophistik nichts zu antworten, beruft sich aber darauf, daß doch Homer den Odysseus als Lügner darstelle und den Achill als einen Mann ohne Falsch (369 c).

Dagegen wendet nun Sokrates ein, daß doch auch Achill mehrfach die Unwahrheit gesagt habe. Das leugnet Hippias auch nicht, weigert sich aber mit Recht, daraus zu schließen, er habe gelogen, indem er ebenfalls mit Recht einwendet, Lügen heiße vorsätzlich die Unwahrheit sagen, Achill aber habe überall da, wo er die Unwahrheit gesagt habe, dies unvorsätzlich getan (370 e).

Sokrates aber folgert hieraus, daß dann also Odysseus besser sei als Achill (371 e). Inwiefern? Weil vorhin festgestellt worden ist, daß derjenige, der vorsätzlich das Falsche sagt, besser ist als der, der es unvorsätzlich tut. Es ist klar, daß dieser Schluß die vorhin kritisierte Sophisterei des Sokrates zur Voraussetzung hat. Es folgt zwar gewiß, daß der vorsätzlich Lügende ein größerer Könner ist als der unvorsätzlich Lügende. Aber auch jetzt muß man einwenden, der bessere Könner ist nicht der bessere Woller, und der ist gemeint, wenn man den Achill besser nennt.

Jetzt hält Sokrates eine Zwischenrede über sein Nichtwissen. Manchmal, sagt er, scheint es mir auch so, daß das nicht stimmt, was sich uns hier ergeben hat, aber jetzt scheint es mir so zu sein. Ich weiß nichts, das heißt hier: ich kann nichts endgültig und unwiderruflich behaupten, sondern ich kann nur feststellen, was sich als Konsequenz aus gewissen

Sätzen (λόγοι) ergibt. Die Sätze von vorhin sind die Ursache, daß mir jetzt scheint, daß die vorsätzlich Lügenden besser sind als die unvorsätzlich Lügenden (372 b ff.).

Es ist deutlich, daß das sokratische Nichtwissen hier einen anderen Sinn hat als in der „Apologie". Dort war es die dem Menschen unabänderlich anhängende Unfähigkeit, zu wissen, was für ihn selbst das Gute ist. Hier aber bedeutet es: Ich, Sokrates, habe kein Fachwissen, sondern bin bloß ein Logiker, der aus gewissen zugestandenen Prämissen unerbittlich die Konsequenzen zieht. Was sich dabei ergibt, ist dann immer nur eben dies, daß das Gesagte aus dem Zugegebenen folgt, aber niemals, daß es auch unbezweifelbar wahr ist. Denn daraus, daß sich Sokrates und sein Mitunterredner über eine Prämisse der Argumentation geeinigt haben, folgt ja noch nicht, daß diese Prämisse wahr ist, und diese Grenze seiner Weisheit bringt hier Sokrates selbst ausdrücklich zur Sprache. Wir werden später, bei der Besprechung des „Phaidon", sehen, daß sich Plato dieser Schwierigkeit seiner Dialektik, daß sie immer nur ad hominem gültig ist, klar bewußt ist, und daß er auf Abhilfe sinnt.

Zum Schluß wird der Satz, daß der vorsätzlich Fehlende besser ist als der unvorsätzlich Fehlende, noch durch weitere Beispiele erhärtet. Wer vorsätzlich langsam läuft, ist ein besserer Läufer als derjenige, der deswegen langsam läuft, weil er gar nicht schnell laufen kann. Derartige Beispiele folgen noch eine ganze Reihe (373 c ff.).

Dann aber macht Sokrates die Nutzanwendung auf die Gerechtigkeit, und es wird entsprechend gefolgert: der Gute tut freiwillig Unrecht, der Schlechte unfreiwillig. Der Schluß ist natürlich nur dann gültig, wenn auch die Gerechtigkeit ein Können ist, entsprechend dem Laufenkönnen. Dann wäre derjenige, der freiwillig Unrecht tut, der größere Könner, und in der Tat behauptet jetzt Sokrates mit Zustimmung des Hippias, die Gerechtigkeit sei entweder ein Können (δύναμις) oder ein Wissen (ἐπιστήμη) oder beides (375 d). Indem Hippias das zugibt, ist er verloren. Denn jetzt folgt das unerwünschte Ergebnis mit eiserner Logik. Hier ist sehr schön zu sehen, wie diese eiserne Logik deswegen kein unfehlbarer Weg zur Wahrheit ist, weil sie keine Garantie dagegen bietet, daß sich die Unterredner auf eine falsche Prämisse einigen. Der Fehler ist immer derselbe: die Gerechtigkeit ist nicht ein Können sondern ein Wollen, mit Aristoteles gesprochen nicht Seinkönnen (δύναμις) sondern Wirklichsein (ἐνέργεια).

Aber diese Unterscheidung fehlt Plato. Der Schluß des Dialogs deutet auf einen anderen Ausweg: Wer vorsätzlich fehlt und das Schlechte und Unrechte tut, der wäre kein anderer als der Gute — *wenn es einen solchen gibt* (376 b).

Darüber haben wir schon gehandelt und wissen, daß es nach Platos Lehre einen solchen nicht gibt. Es kann zwar sein, daß jemand freiwillig langsamer läuft als er kann, daß aber jemand freiwillig etwas Schlechteres wählt als das, was ihm das für ihn Beste zu sein scheint, das erwies sich als unmöglich. Wenn Areté Wissen ist, und wenn Unrecht aus Unwissenheit geschieht, dann ist gerecht derjenige, der das Gerechte tun kann aber das Ungerechte nicht, während der Ungerechte der ist, der Unrecht aber nicht Recht tun kann.

Aristoteles hat später zwei Arten des Könnens (δύναμις) unterschieden, Können ohne oder mit Verstehen (δύναμις ἄνευ λόγου und δύναμις μετὰ λόγου). Das Können (δύναμις) mit Verstehen (λόγος), so lehrt er, geht immer auf beides, die Sache und ihr Gegenteil. Der Arzt kann mittels derselben Kunst, mit der er gesund macht, auch krank machen. Aber das Feuer, das ohne Verstehen (λόγος) wirkt, diese blinde Naturkraft kann zwar erwärmen, aber es kann nicht durch diese selbe Kraft auch kalt machen. Demgemäß ist dann für Aristoteles so etwas wie die Gerechtigkeit oder überhaupt die Areté keine Potenz (δύναμις) sondern eine Haltung (ἕξις), ein Wollen und kein Können.

Anders Plato. Für ihn ist die Gerechtigkeit ein Vermögen (δύναμις) und die Ungerechtigkeit eine Unkraft (ἀδυναμία). Dennoch besteht zwischen ihnen der Parallelismus, daß der Gerechte zwar gerecht sein kann, aber nicht ungerecht, und der Ungerechte zwar ungerecht sein kann, aber nicht gerecht. Es gibt hier keine Freiheit. Dies platonische servum arbitrium (mit Luther zu reden) ist in der Folge durchaus zugrunde zu legen.

6. LACHES

Es treten außer Sokrates auf zwei Väter namens Lysimachos und Melesias mit ihren Söhnen sowie zwei Offiziere namens Nikias und Laches, als tapfere Männer bewährt, was deswegen wichtig ist, weil dieser Dialog ein Gespräch über die Tapferkeit ist.

Die Väter wollen sich bei den Offizieren, die auch Söhne haben, Rat holen hinsichtlich der Erziehung. Ihre Frage ist, was die Söhne wohl lernen müssen, um so gut wie möglich (ἄριστοι) zu werden (179 d). Die Söhne sollen sich auszeichnen, hervorragende Männer werden, nicht ruhmlos bleiben, sondern sich des Namens würdig erweisen, den sie tragen, der eine heißt nämlich Thukydides und der andere Aristeides. Da hat man ihnen nun geraten, die Söhne in der Fechtkunst ausbilden zu lassen, und eben hat man den Fechtlehrer seine Kunst vorführen lassen. Die Frage ist, sollen die Söhne dies Lerngut (μάθημα) lernen? (180 a). Die Offiziere sind zur Beratung bereit, aber Laches wundert sich, daß Lysimachos sich nicht auch an Sokrates wende, da dieser doch erstens aus demselben Demos sei und sich zweitens ständig gerade damit befasse, was für die Jugend ein schönes Lerngut oder Studium ist. Es stellt sich heraus, daß Lysimachos schon mit dem Vater des Sokrates befreundet war, aber bisher nicht wußte, daß der Sokrates, von dem er seinen Sohn schon viel hat reden hören, mit dem Sohn seines alten Freundes identisch sei. Und Laches fügt zu all den Empfehlungsgründen noch dies hinzu, was in Anbetracht dessen, daß uns ein Gespräch über die Tapferkeit bevorsteht, sehr wichtig ist, daß sich Sokrates in einer Kriegssituation, bei der auch er, Laches, dabei war, durch seine Tapferkeit ganz besonders ausgezeichnet habe (181 b).

So wird also die Frage an Sokrates gestellt: ist dies Lerngut, in der vollen Rüstung zu fechten, für die Jünglinge förderlich? Aber Sokrates, hier noch der junge Sokrates, hält es für schicklich, zuerst den Rat der älteren und erfahrenen Männer anzuhören und nur dann etwas zu sagen, wenn er zu dem von ihnen Vorgebrachten noch etwas anderes hinzuzufügen habe (181 d). Er wird etwas sagen, und es ist hier schon angezeigt, daß das, was er sagen wird, etwas anderes ist als das, was die Fachleute auf Grund ihrer Fachkennisse beibringen können.

Als erster Fachmann spricht Nikias. Er empfiehlt die Ausbildung in der Fechtkunst mit mehreren Gründen: 1. hält das die Jungen ab von anderen von ihnen geliebten Beschäftigungen, die von der älteren Generation mit Mißvergnügen betrachtet werden, 2. ist das eine gute Leibesübung, 3. ist das im Kriegsfall außerordentlich nützlich. Man hat dann viel bessere Aussichten davonzukommen. 4. Erweckt die Ausbildung das Verlangen auch nach der weiteren und höheren militärischen Ausbildung, wo man es dann bis zum Feldherrn bringen kann, und 6. last not least wird man dadurch tapferer (181 d ff.).

Dann spricht der zweite militärische Sachverständige, und siehe da: die Sachverständigen sind sich nicht einig. Laches ist genau der entgegengesetzten Meinung, er ist gegen die Fechtkunst, und auch er hat eine ganze Reihe von Gründen vorzubringen.

1. nämlich halten die Spartaner, von denen doch niemand bestreiten kann, daß sie die ersten militärischen Sachverständigen sind, von der Fechtkunst gar nichts, sie messen dieser Ausbildung keinerlei militärischen Wert bei.

2. aber haben sich die Fechtlehrer selbst im Kriege keineswegs besonders ausgezeichnet, was man doch, wenn ihre Kunst wirklich militärischen Wert hätte, erwarten müßte. Und von dem Meister, dem sie eben zugesehen haben, erzählt er eine Geschichte, wie sich der in einer Seekriegssituation gar nicht bewährt sondern nur im höchsten Grade lächerlich gemacht habe.

3. wenn ein Feiger durch die Fechtkunst wagemutiger wird, dann wird sie nur offenbar machen, was für einer er war — nämlich ein Feigling. Wenn aber ein Tapferer sie lernt und dann doch etwas falsch macht, dann werden die Neider die Gelegenheit nicht versäumen, ihn zu tadeln, und er wird sich nur lächerlich machen (182 e ff.).

Lysimachos fordert nun den Sokrates auf, in diesem Streit der Fachleute den Schiedsrichter zu spielen. Wenn Referent und Korreferent sich uneinig sind, muß die Stimme des Vorsitzenden die Mehrheitsentscheidung herbeiführen. Nicht durch Mehrheit, antwortet Sokrates, muß das entschieden werden, sondern durch Wissen (ἐπιστήμη. 184 e). Aber wer ist hier der Wissende, wenn es nicht der militärische Sachverständige ist? Die militärischen Sachverständigen hatten kein Wissen, sondern zwei sich widersprechende Meinungen. Man muß den Allersachverständigsten (τεχνικώτατος) suchen (185 b). Das ist einer, der die fragliche Kunst gelernt hat und auch gute Lehrer darin gehabt hat. Aber vorher noch (sagt nun Sokrates und gibt damit dem Gespräch eine bedeutsame Wende) müssen wir doch fragen, was das eigentlich ist, wofür wir da Lehrer suchen.

Zunächst freilich scheint das gar keine Frage zu sein. Ist es nicht das Fechten, wofür wir einen Lehrer suchen? Nein. Sondern die Frage war, ob das Erlernen der Fechtkunst förderlich oder schädlich sei für die Erziehung der Jünglinge, und das heißt für ihre Seele (ψυχή). Also suchen wir einen Sachverständigen in der Behandlung der Seele, der im Stande ist, sie gut zu behandeln, und darin auch gute Lehrer gehabt hat (185 e). Die hier genannte Behandlung heißt griechisch θεραπεία, Therapie, ein Ausdruck, der auch damals schon wie noch heute insbesondere die Behandlung durch den Arzt meint. Wir erinnern uns an die Analogie: Leib zu Seele, wie Gesundheit zu Gerechtigkeit, wie Arzt zu Philosoph, wie Lebensmittelhändler zu Sophist. Der Seelenarzt ist der hier gesuchte Sachverständige, und nicht der Soldat. Sokrates selbst erhebt nicht den Anspruch, dieser Sachverständige zu sein. Er hat keinen Lehrer gehabt: er hat kein Geld gehabt, die Sophisten zu bezahlen, die mit Recht oder Unrecht beanspruchen, hierin Lehrer zu sein; er hat sich zwar von Jugend auf darum bemüht, diese Kunst, die Pädagogik, selbst zu erfinden (oder vielleicht griechischer gedacht: zu finden); bislang aber noch ohne Erfolg (186 a ff.).

Das ist nun wieder eine neue Gestalt der sokratischen Unwissenheit. Jetzt ist sie weder die für den Menschen als solchen konstitutive Unwissenheit darüber, was für ihn gut ist (wie in der „Apologie"), noch das Nichtwissen des Logikers (oder wie Plato es nennt: des Dialektikers) darüber, ob die Prämissen, auf die man sich geeinigt hat und aus denen er die Konsequenzen mit eiserner Logik zieht, auch wahr sind, sondern jetzt ist das Nichtwissen ein Noch-nicht-wissen, ein Unterwegssein zu der Wissenschaft der Seelenmedizin. Es kommt also darauf an zu prüfen, ob vielleicht einer von den anderen der geeignete Sachverständige ist. Der Sachverständige soll durch seine Behandlung der Seele diese in die rechte Verfassung bringen, ihr die Areté beibringen. Was die Areté ist, muß also derjenige offenbar wissen, der jemanden darüber belehren will, wie er sie am besten erwirbt, so wie derjenige, der als Augenarzt tätig sein will, offenbar wissen muß, was Sehen ist (190 e ff.). Wollen wir also (sagt

Sokrates jetzt zu Laches) sagen, daß wir wissen, was Areté ist? Laches bejaht das ohne weiteres. Wenn wir das aber wissen, fährt Sokrates fort, dann müssen wir doch auch sagen können, was sie ist; was Laches ebenfalls zugesteht (190 c).

Aber das war ein sehr bedenkliches Zugeständnis, und es wird ihn auch bald in die ärgste Verlegenheit bringen. Wenn man ein Kind fragt: weißt du, was ein Tisch ist? so wird es antworten: Ja. Wenn man es dann aber nötigen wollte, zu definieren, was ein Tisch ist, würde es dabei hoffnungslos scheitern, und nicht nur Kinder scheitern dabei. Was ein Tisch ist, das ist vielleicht schwer zu definieren, aber folgt daraus, daß das Kind nicht weiß, was ein Tisch ist? Keineswegs, denn wenn das Kind behauptet zu wissen, was ein Tisch ist, so meint es nicht, es könne eine Definition geben, sondern es meint: wenn ihr mir jetzt allerlei Dinge vorzeigt, dann kann ich entscheiden, ob etwas ein Tisch ist oder nicht. nicht entscheiden, sondern muß einen Fachmann fragen. Und so weiß ich, was ein Tier ist, aber es gibt gewisse schwierige Fälle, da kann ich es nicht entscheiden sondern muß einen Fachmann fragen. Und so weiß man auch im selben Sinne, was Areté ist, man weiß, Aristeides, nach dem der eine Jüngling heißt, war ein gerechter Mann, Achill war zweifellos ein tapferer Mann und Solon ein weiser Mann, Thersites war nicht tapfer und die Ankläger des Sokrates waren nicht gerecht. Aber solches Wissen bedeutet nicht auch schon ein Definieren-Können.

Die Frage nach dem Wesen der Tugend wird, um sie zu erleichtern, eingeschränkt auf die Frage nach dem Wesen der Tapferkeit als derjenigen Tugend, die durch das Fechten hervor gebracht werden soll (190 e). Ob es aber wirklich leichter ist, eine Art der Tugend, nämlich die Tapferkeit, zu definieren als die Gattung Tugend überhaupt, das ist wiederum die Frage. Ist es denn leichter, zu definieren, was ein Fisch ist, als zu definieren, was ein Tier ist? Oder geht nicht die Definition des Tieres in die Definition des Fisches mit ein?

So sieht sich also Laches plötzlich in die Verlegenheit versetzt, definieren zu sollen, was tapfer ist. Der Humor der Sache ist, daß Laches unbestrittenerweise wirklich ein tapferer Mann ist und es daher, wie man denken sollte, doch eigentlich wissen müßte — vorausgesetzt, daß man die Tapferkeit muß definieren können, um ein tapferer Mann sein zu können. Zwar meint man nicht, das Pferd müsse wissen, was ein Säugetier ist, um eines sein zu können, aber bei der Tugend muß es vielleicht doch gelten, daß man wissen muß, was sie ist, um sie haben zu können, wenn nämlich die Tugend Wissen ist. Aber auch dann ist noch die Frage: kann man Wissen nur dann haben, wenn man weiß, was Wissen ist, wenn man also ein Wissen des Wissens hat? Derjenige, der einen Lehrer der Tapferkeit sucht, muß freilich wissen, was Tapferkeit ist, aber doch nicht in dem Sinne, daß er davon eine Definition muß geben können.

Hier wird aber gerade dies vorausgesetzt, und Laches, der erklärt hatte, wir wissen, was Areté ist, sieht auch keine Schwierigkeit darin zu sagen, was Tapferkeit ist. Er versteht die Aufgabe nämlich so, daß sie gelöst ist, wenn er irgendein Beispiel von Tapferkeit anführt. (190 e). So kann man sich wohl darüber verständigen, was etwas ist, indem man eine ganze Reihe von Beispielen bringt, bis der andere versteht, was als das in allen diesen Beispielen Identische gemeint ist, ohne daß es nötig wäre, dies Identische, das Wesen der Sache, eigens in Worten zu definieren. Aber dem Laches wird gerade eine allgemeine Definition abverlangt, und sie soll nicht nur die militärische Tapferkeit decken, sondern auch die Tapferkeit in den Gefahren der Seefahrt, das tapfere Bestehen von Krankheiten, die politische Zivilcourage, die tapfere Bekämpfung eigener Gelüste und Begierden (191 d). Die Aufgabe wird so allgemein gestellt, daß man nicht mehr so ganz genau sieht, wie das zu Definierende umgrenzt ist. Laches antwortet: Wenn es so gemeint ist, dann würde ich sagen, die Tapferkeit ist eine gewisse Kraft, Stärke, Standhaftigkeit, Festigkeit (καρτερία) der Seele (192 c). Nun geht Sokrates in der bekannten Weise weiter: die Areté soll ja etwas Gutes sein, aber eine unverständige Standhaftigkeit oder Sturheit wäre doch nichts Gutes. Woraus sich ergibt, daß die Definition in dem Sinne modifiziert werden muß, daß Tapferkeit nur die verständige Festigkeit ist (192 d).

Es ist klar, daß eine allgemeine Definition widerlegt ist, wenn man ein Gegenbeispiel anbringen kann, d. h. das Beispiel einer Handlung, die gemäß dem Vorverständnis davon, was Tapferkeit ist, tapfer ist, nach der vorgeschlagenen Definition nicht, oder umgekehrt. Solches Beispiel wird hier beigebracht. Dem Laches erscheint es tapferer zu sein, wenn ein Nichtschwimmer sich kühn ins tiefe Wasser stürzt, als wenn ein Schwimmer das tut, der dabei nichts riskiert (193 c).

Wir wissen aus dem „Protagoras", daß man hier unterscheiden muß zwischen Tapferkeit und Wagemut. Demgemäß werden wir also sagen, wagemutiger ist ein solcher Nichtschwimmer zwar, aber keineswegs tapferer. Dabei zeigt sich, daß freilich das Definierenkönnen nicht die Sache ist, auf die es eigentlich ankommt, wohl aber dies, daß nicht zwei Dinge in einen Topf geschüttet werden, die zu unterscheiden wichtig ist; wichtig insofern, als nur eine der beiden Formen des Wagemuts, die verständige nämlich, beanspruchen kann, Areté zu sein, während die andere, der wahnwitzige Schneid, es nicht kann. Um solche notwendigen Unterscheidungen nicht zu verfehlen, bedarf es der Reflexion auf das Wesen der Tapferkeit. Die Definition ist ein brauchbares Instrument solcher Reflexion, woraus allerdings weder folgt, daß wer nicht definieren kann, nicht tapfer sei, noch daß das rechte Definierenkönnen allein schon zur Tapferkeit verhilft.

Das mangelnde Bewußtsein des Laches von dem Unterschied von bloßem Wagemut und wissender Tapferkeit beweist aber, daß die Tapferkeit des Sokrates von höherer Art ist — oder auf jeden Fall doch, daß Plato dies hier zum Ausdruck bringen will.

Nachdem nun Laches einerseits zugestanden hatte, Tapferkeit sei mit Verständigkeit verbunden, andererseits aber den unverständig waghalsigen Nichtschwimmer für tapferer erklärt hat als den verständigen Schwimmer, der dasselbe riskiert, hat er sich in einen hoffnungslosen Widerspruch verwickelt. Er meint zwar, die Sache sei so, daß er wohl wisse, was Tapferkeit sei, aber es nur nicht ausdrücken könne (194b). Aber wir sehen nun, daß er darin irrt. Er weiß es in Wirklichkeit nicht, insofern er den Unterschied vom bloßen Wagemut weder als definierten noch als einen undefiniert gewußten innehat.

Nachdem er so radikaler versagt hat, als er selber meint, geht die Aufgabe zu antworten an Nikias über.

Nikias ist kein Neuling, er hat von Sokrates schon etwas gehört und gelernt, nämlich über den Zusammenhang von Areté und Wissen, und so definiert er, Tapferkeit ist das Wissen von dem, was gefährlich ist und was nicht (194/5).

Zunächst versucht Laches, seinen Kollegen auf sokratische Weise zum Scheitern zu bringen (195bff.). Eine gefährliche Krankheit erkennen doch die Ärzte und nicht die Tapferen, und was für die Ernte gefährlich ist, die Landwirte und nicht die Tapferen usw. Aber Nikias weiß sich zu wehren. Er reflektiert darauf, daß es vielleicht für einen Kranken in Wahrheit viel besser ist, zu sterben als davonzukommen, und dafür ist der Arzt als Sachverständiger nicht zuständig. Sondern wer? Laches meint: der Wahrsager, aber dagegen wendet Nikias mit Recht ein, daß der wohl wisse, ob der Kranke sterben werde, aber nicht, ob es für ihn gut sei zu sterben. Hier taucht also wieder das Problem auf, hinsichtlich dessen der Sokrates des »Apologie« das unaufhebbare Nichtwissen des Menschen gelehrt hatte. Die Konsequenz dieses Nichtwissens wäre dann, daß kein Mensch in Wahrheit tapfer ist, da ja niemand wissen kann, was das für ihn Gefährliche, d. h. das das für ihn Gute Gefährdende ist. Wie dann auch Laches richtig folgert, daß dann nur irgendein Gott tapfer sein könne (196a).

Aber Sokrates lenkt hier das Gespräch in eine andere Richtung. Er geht aus von der auch schon im »Protagoras« gemachten Unterscheidung zwischen der Tapferkeit im eigentlichen Sinne, nämlich dem wissenden Wagemut, und dem unwissenden, der keine Tapferkeit ist (197b). Der wissende Wagemut erweist sich jetzt als das Wissen davon, was das zukünftige Gute oder Schlechte für uns ist; denn das Gefährliche ist nichts anderes als das zukünftige Schlechte (198c). Aber (so wird weiter argumentiert) für das Wissen ist es doch ganz gleichgültig, ob sein Objekt etwas Zukünftiges, Vergangenes oder Gegenwärtiges ist. So ist z. B. die Medizin nicht nur die Wissenschaft von den gegenwärtigen, sondern genauso auch von den vergangenen und zukünftigen Krankheiten. Wenn also die Tapferkeit das Wissen vom zukünftigen Guten und Schlechten ist, dann ist sie notwendigerweise nicht nur dies, sondern zugleich das Wissen vom Guten und Schlechten überhaupt und zu jeder Zeit (199b). Wissen vom Guten und Schlechten überhaupt aber, das ist keine Definition der Tapferkeit, sondern eine solche der Tugend überhaupt und nicht nur eines Teils derselben. Es folgt also: wer diesen Teil der Tugend besitzt, der besitzt auch die ganze (199e).

Auf die Frage: haben wir also gefunden, was die Tapferkeit ist? antwortet Nikias mit »nein«. Aber hier ist es wohl unbezweifelbar, daß Plato seinem Leser zumutet, dem Nikias nicht zu folgen, sondern zu sagen: doch, wir haben sehr wohl gefunden, was die Tapferkeit ist, nämlich das Wissen dessen, was in der Zukunft gut und böse ist. Wir haben aber noch mehr gefunden, als wir gesucht haben, nämlich dies, daß zwischen der Tapferkeit und der übrigen Tugend kein eigentlicher Unterschied besteht, daß alle Tugend immer dasselbe ist, nämlich das Wissen vom Guten und Schlechten, und daß nur unsere Benennung aus diesem in sich Einheitlichen unter dem Namen der Tapferkeit diejenige Anwendung dieses

Wissens herausschneidet, die sich auf das Zukünftige bezieht. Auch hier also ist die Ergebnislosigkeit des Dialogs nur scheinbar.

Die Anwesenden einigen sich zum Schluß (200 a ff.) dahin, daß Sokrates selbst noch am ehesten der Lehrer zu sein scheine, nach dem man Ausschau halte. Er entzieht sich auch nicht und erklärt sich bereit, am nächsten Morgen zu Lysimachos zu kommen — so Gott will, wie das letzte Wort des Dialogs lautet —, aber doch nicht als ein Lehrer, der im Besitz der Wahrheit schon wäre, sondern nur, um mit ihnen gemeinsam als noch nicht Wissende zu suchen nach dem besten Lehrer für die Alten sowohl, die seiner auch noch bedürfen, wie für die Jungen. Dies Suchen aber bedeutet: darüber nachdenken, wer er wohl ist, dieser Lehrer, und wie beschaffen er sein muß, d. h. die Notwendigkeit, nachzudenken über die Frage: Was ist der Philosoph, der Arzt der Seele? Diese Frage hatte uns schon geführt zu der Frage nach dem Wesen des Wissens, und diese zu der weiteren nach dem Wissen des Wissens. In diese Dimension des Fragens führt uns der Charmides.

7. CHARMIDES

Sokrates erzählt, wie er aus dem Krieg zurückkommend wieder an die gewohnten Plätze geht, wo er mit der Jugend zu sprechen pflegt. Er trifft da in einer Palästra viele Bekannte, aber auch einige Unbekannte, und sogleich wird er ausgefragt über ein Gefecht, aus dem er gerade gekommen ist, über das man aber in Athen noch nichts Näheres weiß. Als er die Neugierde befriedigt hat, beginnt er seinerseits zu fragen, wie es denn jetzt in Athen stehe mit der Philosophie und den Jünglingen, und wer sich da inzwischen durch Weisheit oder Schönheit oder gar durch beides zugleich hervorgetan habe. Da wird ihm ein gewisser Charmides gerühmt, den Sokrates schon aus der Vorkriegszeit kennt; damals war er noch ein Knabe, jetzt aber ist er herangewachsen. Er kommt selbst, und Sokrates muß bekennen, daß er wirklich sehr schön von Antlitz ist. Man rühmt auch die Schönheit seines Körpers, die die anderen von den Leibesübungen her kennen. Sokrates fragt, ob er denn auch an der Seele wohlgestaltet sei, und als alle das bejahen, antwortet Sokrates: warum also entkleiden wir ihm nicht diese und betrachten sie eher als den Leib? Vielleicht findet er sich bereit zur Unterredung (διαλέγεσθαι). Damit meint Sokrates jenes Prüfen von Meinungen und mit Gründen Streiten, das wir schon kennen, und das später den Namen Dialektik bekommen hat. Sicher wird Charmides sich auf solche Unterredung einlassen, versichert man Sokrates, denn er ist philosophisch, d. h. hier: ein Freund, ein Liebhaber der Weisheit, und auch, wie es anderen und ihm selbst erscheint, sehr dichterisch.

Kritias, sein Vetter und Vormund, läßt den Charmides herbeirufen unter dem Vorwand, er wolle ihn einem Arzt vorstellen wegen der Kopfschmerzen, an denen er litte. Sokrates soll sich stellen, als wisse er ein Mittel dagegen (155 b). Dieser Vorwand ist dem Sokrates genehmer, als der Vorschlagende ahnen kann. Wir erinnern uns an unsere Analogie: Leib zu Seele wie Arzt zu Philosoph. Charmides kommt und fragt nach dem Mittel. Es sei ein Kraut, sagt Sokrates, aber es gehöre noch ein Zauberspruch dazu, ohne den es nichts helfe. Er habe den Spruch im Feld von einem der thrakischen Ärzte gelernt, die im Ruf stehen, sogar unsterblich machen zu können. Von diesem Arzt habe er gehört, ihr König, der ein Gott sei, habe gesagt, wie man die Augen nicht heilen könne, ohne den ganzen Kopf zu heilen, und das nicht könne, ohne den ganzen Leib zu heilen, so auch nicht den Leib ohne die Seele. Die Seelentherapie aber bestände in gewissen Zaubersprüchen, und diese Zaubersprüche seien die schönen Reden. Durch solch Reden nämlich entstehe in der Seele Besonnenheit (σωφροσύνη 157 a), und wenn die gewonnen sei, sei es leicht, auch den Leib zu heilen. Also sei es notwendig, daß Charmides als erstes seine Seele durch Reden (λόγοι) behandeln lasse, wenn er am Leibe gesunden wolle. Nun wird aber Charmides von seinem Vormund sogleich nachgerühmt, daß er sich gerade hinsichtlich der Besonnenheit vor den anderen auszeichne, worauf dann Sokrates ihn selbst fragt, ob er der Meinung sei, bereits genug von der Besonnenheit zu besitzen, oder deren noch bedürftig zu sein. Charmides errötet und weiß nicht recht, was er antworten soll. Verneint er, so fürchtet er, seinen Vormund der Unwahrheit zu zeihen, bejaht er, so scheint er sich selbst zu loben und sich dadurch verhaßt zu machen. Sokrates schlägt daher vor zu untersuchen, wie es sich in dieser Hinsicht mit Charmides verhalte. Der Seelenarzt kann seine Diagnose beginnen.

Sie schlägt sogleich eine uns schon bekannte Bahn ein. Wenn dir (so sagt Sokrates, 158 e ff.) die Besonnenheit zukommt (πάρεστιν, eigentlich: bei dir anwesend ist, bei dir dabei ist), dann mußt du doch auch eine bestimmte Meinung (δοξάζειν) über sie haben. Denn wenn sie in dir darin ist, dann muß ihr Darinsein ein Bewußtsein (αἴσθησις) von ihr sein, aus welchem sich dann eine bestimmte Meinung ergibt darüber, was sie ist und wie sie beschaffen ist. Und da du griechisch sprechen kannst, mußt du wohl dieser Meinung auch Ausdruck geben können. Vielleicht, sagt Charmides, und das sagt er nicht ohne Recht, denn wir wissen, so ganz selbstverständlich ist es keineswegs, daß derjenige, der eine Areté besitzt, auch imstande ist zu definieren, was sie ist. Dies ist nun die seelenärztliche Untersuchung, die mit Charmides angestellt wird, daß er genötigt wird, zu versuchen zu definieren, was Besonnenheit ist, und daraus soll dann ermittelt werden, ob er diese Tugend besitzt oder nicht. Nach einigem Zögern läßt sich Charmides auch auf das Spiel ein und sagt, Besonnenheit scheine ihm dies zu sein, alles ordentlich zu machen und ruhig, wenn man auf der Straße geht oder sich unterredet, und so überall — kurz, Besonnenheit sei, »die Ruhe weg haben« (ἡσυχιότης 159 b). Gemeint ist die Bedächtigkeit, die nicht hastet sondern sich Zeit läßt, und so meint das Wort ἡσυχία auch die zur Bedächtigkeit gehörige Langsamkeit. Bei diesem Bedeutungsmoment hakt Sokrates ein. Die Besonnenheit soll ja etwas Schönes sein, aber beim Schreiben, Laufen, Springen, Boxen und Fechten, überhaupt beim Leib, ist gerade das Schnelle das Schöne und das Langsame das Häßliche. Hier ist Langsamkeit Schwerfälligkeit. Auch im Bereich des Seelischen lassen sich eine Menge Beispiele beibringen, die beweisen, daß auch da nicht das Langsame sondern gerade das Schnelle das Schönere ist, so bei der Gelehrsamkeit: wer schneller lernt, ist der Bessere, nicht wer langsamer lernt. Wie um zu zeigen, daß hier etwas faul ist, folgt schnell und allzuschnell die Verallgemeinerung, daß es sich also überall so verhalte (160 b). Freilich folgt gleich darauf die Reflexion, daß es zur Widerlegung der These, Besonnenheit sei Bedächtigkeit, schon genüge, zu zeigen, daß sie nicht allgemeingültig ist, und daß man gar nicht nötig hat zu beweisen, die Besonnenheit sei vielmehr Schnelligkeit. Wenn es manchmal schöner ist, nicht bedächtig zu sein, dann würde das heißen, manchmal ist es tugendhafter, untugendhaft zu sein (160 c).

Wenn nun Charmides wirklich die Ruhe weg hätte, so würde er sich wohl nicht so schnell ins Bockshorn jagen lassen und sagen: Gewiß, schnell laufen können ist gut, und manchmal (aber nicht immer) ist es auch gut, wirklich schnell zu laufen; die Bedächtigkeit besteht darin, überall da langsam zu machen, wo es besser ist, langsam zu machen. — Aber Charmides beharrt nicht bei seinem Ansatz, sondern gibt ihn ganz auf und versucht einen neuen.

Besonnenheit, sagt er jetzt, ist Scham (αἰδώς 160 e). Sokrates erinnert ihn daran, daß die Besonnenheit etwas Schönes sein sollte und also auch etwas Gutes und widerlegt ihn dann kurzerhand mit einem Homer-Zitat: »Scham ist nicht gut für den darbenden Mann.« (αἰδὼς δ'οὐκ ἀγαθὴ κεχρημένῳ ἀνδρὶ παρεῖναι 161 a). Der Bettler kann sich den Luxus der Schamhaftigkeit nicht leisten, die Unverschämtheit ist für ihn Lebensnotwendigkeit. Wenn aber Scham nicht überall und von jedermann gefordert werden kann, wenn sie nicht unter allen Umständen gut ist, dann ist sie keine Areté und kann also auch nicht mit der Besonnenheit identisch sein.

So gibt Charmides auch diesen Definitionsversuch auf und macht einen dritten. Vielmehr macht er ihn nicht selbst, sondern bringt eine Definition vor, die er, wie er sagt, von irgend jemand gehört habe, nämlich Besonnenheit sei das Tun des Seinigen (τὸ τὰ ἑαυτοῦ πράττειν 161 b). Die Frage ist nur, was das bedeuten mag. Sokrates macht es wie Eulenspiegel, der alles wörtlich nahm, und interpretiert: Das Seine tun, das würde also z. B. heißen, daß der Sprachlehrer immer nur seinen eigenen Namen liest und schreibt. Das kann doch nichts mit Besonnenheit zu tun haben. Auch dies offenbar nicht, wenn jeder in einer Stadt alles selbst macht, was er braucht, sich selbst sein Kleid webt und sein Haus baut und seine Schuhe macht und sein Messer schmiedet. Eine so verwaltete Stadt wäre nicht gut verwaltet, aber von einer besonnen verwalteten Stadt meint man doch, daß sie gut verwaltet ist.

Aber vielleicht wußte der, der diese Definition vorgeschlagen hat, auch nicht, was mit ihr gemeint war, meint nun Charmides und blickt auf Kritias (162 b). Der hatte zwar kurz vorher bestritten, daß er es gewesen sei, von dem Charmides sie habe, aber der wiedererzählende Sokrates vermutet das Gegenteil. Jedenfalls springt nun Kritias ein und übernimmt die Verteidigung der Definition.

Kritias erweist sich sogleich als gewandter Dialektiker, indem er eine Distinktion einführt, nämlich die von tun (πράττειν), und machen (ποιεῖν). Sokrates habe dem »das Seine tun« das »das Seine machen« untergeschoben. Mit dem Tun (πράττειν) identifiziert Kritias das Wirken (ἐργάζεσθαι) und zitiert den Hesiod und dessen Satz: Kein Werk (ἔργον) ist Schande. Und nun stellt er kunstvoll die Meinung Hesiods auf den Kopf und fragt: oder meinst du, Sokrates, Hesiod habe wirklich gemeint, es sei für niemand eine Schande, Schuhe zu machen oder hinterm Ladentisch zu stehen oder sich als Arbeiter zu verdingen? Natürlich hat Hesiod eben das gemeint. Aber Kritias deutet das Werk des Hesiod nicht als Arbeit, sondern will darunter nur das schön und nützlich Gemachte verstehen, und nur solches Machen nennt nach seiner Meinung Hesiod Wirken und Tun. Und nur solches Wirken und Tun habe er für das jeweils Seinige gehalten (163 a ff.).

Auf die Frage, ob hier Hesiod richtig oder falsch interpretiert wird, läßt sich Sokrates nicht weiter ein, sondern nimmt als eigene These des Kritias die Bestimmung auf: Tun ist das Machen des Guten. Kritias geht darauf ein und definiert jetzt: Besonnenheit ist das Tun des Guten (163 e). Daraus zieht Sokrates die überraschende Konsequenz, daß man also besonnen sein könne, ohne es zu wissen. Der heilende Arzt z. B. tut etwas

Gutes, ist also besonnen, aber er kann nicht immer wissen, ob seine Therapie gut ist, und also auch nicht, ob er besonnen ist (164 c).

Kritias fühlt sich durch diese Konsequenz widerlegt. Wenn das folgt (sagt er), und es scheint ja unausweichlich zu folgen, dann muß an der vorgeschlagenen Definition etwas falsch sein. Es erscheint ihm unmöglich, daß es vorkommen kann, daß ein Besonnener von seiner eigenen Besonnenheit nichts wisse. Und so ist es in der Tat. Der Unbeherrschte, der die Besinnung verloren hat und sich haltlos gehen läßt, weiß meist gar nicht, wie es um ihn selbst steht. Aber wer sich beherrscht, sich in der Gewalt hat, die Ruhe und die Übersicht behält, der weiß eben darum, wie es um ihn selbst steht. Daher muß eine Definition, aus der das Gegenteil folgt, falsch sein. Das zur Besonnenheit gehörige Selbstbewußtsein ist sogar so wesentlich, daß nun Kritias gerade diesen Wesenszug dazu benutzen will, die Besonnenheit zu definieren. Er schlägt nun die Definition vor: Besonnenheit ist Selbsterkenntnis (164 d). In diesem Sinne deutet er auch den delphischen Spruch: Erkenne dich selbst (γνῶθι σαυτόν) als: Sei besonnen! (σωφρόνει 164 e).

Sokrates, gefragt ob er zustimme, beruft sich auf sein Nichtwissen, das hier wieder in einem neuen Lichte erscheint. Ich weiß nicht, sagt er, ob es wahr ist, was du sagst, aber man kann es prüfen (165 b). Hier ist das Nichtwissen das kritische sich des Urteils Enthalten hinsichtlich derjenigen Thesen, die noch nicht geprüft sind. Nach der Prüfung wird man vielleicht wissen, so wie man ja auch schon weiß, daß die bisher vorgeschlagenen Definitionsversuche falsch sind.

Aus der vorgeschlagenen Definition folgt zunächst, daß die Besonnenheit eine Art Wissen (ἐπιστήμη) sein muß (165 c). Doch Wissen wovon? Wie die Medizin das Wissen von Gesundheit und Krankheit ist, und die Baukunst das Wissen von den Häusern und ihrer Konstruktion, und wie beide ein Werk hervorbringen, nämlich Gesundheit und Häuser, etwas Schönes also, wie steht es darin mit der Besonnenheit als Wissen von sich selbst?

Kritias macht den berechtigten Einwand, daß nicht bei jedem Wissen ein Werk als Ergebnis herauskommt. Was für die Baukunst gilt, gilt nicht für die Mathematik. Sokrates gibt das zu, beharrt aber darauf, daß es für alles Wissen ein Wovon des Wissens geben müsse, das vom Wissen selbst verschieden ist. Die Mathematik ist kein Wissen von der Mathematik, sondern z. B. von den Zahlen. Die Frage ist also, welcher von der

Besonnenheit verschiedene Gegenstand ist dasjenige, wovon diese ein Wissen ist? (166 b).

Wieder protestiert Kritias und sagt, eben darin unterscheide sich die Besonnenheit von allen anderen Arten des Wissens, daß bei diesen das Gewußte etwas anderes sei als das Wissen, aber bei dem Wissen, das die Besonnenheit ist, sei das Wissen und das Wovon des Wissens dasselbe (166 c). Unter der Hand ist aus meinem Wissen von mir (ἐπιστήμη ἑαυτοῦ) das Wissen des Wissens (ἐπιστήμη ἑαυτῆς) geworden.

Wie kommt es zu diesem Übergang? Daß Sokrates von sich selbst weiß, das kann hier offenbar nicht meinen, daß er z. B. weiß, daß er der Sohn des Bildhauers Sophroniskos ist, selbst auch Bildhauer, häßlich an Gestalt, usw. Da hier die Besonnenheit als eine Tugend definiert werden soll und diese etwas Seelisches ist, muß dies Wissen von sich selbst ein Wissen von der eigenen Seele sein. Auch hier aber kann es sich nicht darum handeln zu wissen, welche Vermögen zu dieser Seele gehören, zu wissen also, daß ich ein Wahrnehmungsvermögen, ein Denkvermögen und ein Begehrungsvermögen habe und daß ich für das eine begabt bin, aber nicht so sehr für anderes usw. Es handelt sich auch nicht um psychologisches Wissen. Gemeint ist vielmehr das Wissen, wie es um mich steht, um mich als einen Handelnden, denn eben das unterscheidet den Besonnenen vom Besinnungslosen. Der Besonnene weiß, wie es um ihn steht, nämlich hinsichtlich der Bestimmungsgründe seines Handelns. Das Handeln eines Menschen aber wird bestimmt durch das, was er zu wissen meint. Solches wirkliche oder vermeintliche Wissen betrifft z. B. die Nützlichkeit einer geplanten Handlung. Besonnen ist derjenige, der sich hier nicht täuscht. Das war die Meinung des Definitionsversuchs. Wir können daher die beiden Formeln Wissen von sich selbst (ἐπιστήμη ἑαυτοῦ), und Wissen des Wissens (ἐπιστήμη ἑαυτῆς), zunächst vermitteln durch die Formel: Wissen vom eigenen Wissen. So beruht die Besonnenheit des Sokrates der »Apologie« eben darauf, daß er weiß, was er weiß und was er nicht weiß, und daß er sich auch dieses seines Wissens vom Wissen und Nichtwissen bewußt ist.

Sokrates zieht bei der Prüfung auch gleich die Folgerung, daß das Wissen des Wissens zugleich Wissen des Nichtwissens sein muß. Und es wird weiter gefolgert, daß, wer das von sich selbst zu beurteilen vermag, es auch bei den anderen kann. So ergibt sich: Besonnenheit ist das Wissen davon, was einer weiß und was er nicht weiß (167 a).

Sokrates stellt nun die Frage, ob es denn so etwas überhaupt geben könne. Er bringt wieder Analogien. Gibt es wohl ein Sehen, das nicht Sehen der Farben wäre, sondern Sehen des Sehens und des Nichtsehens, oder entsprechend ein Hören des Hörens und des Nichthörens, oder ein Wollen des Wollens und Nichtwollens, oder Liebe zur Liebe und Nichtliebe, oder Furcht vor der Furcht und der Nichtfurcht, oder eine Meinung, die eine Meinung über die anderen Meinungen und über sich selbst ist, aber auf keine Weise das meint, was die anderen Meinungen meinen? Alles unmöglich! (167 c ff.). Und doch soll es ein Wissen geben von der Art, daß es das Wissen von keinem Lehrgut ist, sondern nur von sich selbst und den anderen Wissensweisen (ἐπιστῆμαι)? (168 a).

Ehe wir die sokratische Prüfung dieses Ergebnisses erörtern, überlegen wir uns selbst die Sache. Es gibt zunächst ein unmittelbares Wissen, bezogen auf irgend einen wißbaren Gegenstand, wie z. B. bei der Arithmetik die Zahlen, bei der Geometrie die Figuren, bei der Astronomie die Gestirne usw. Dann kommt das reflektierte Wissen des Wissens, dessen Objekt das eben betrachtete unmittelbare Wissen ist. Dieses aber kann gar nicht gewußt werden, ohne daß das reflektierte Wissen auch das Gewußte des unmittelbaren Wissens mit im Blick hat. Wer nichts von Zahlen weiß, kann auch nicht wissen, was Mathematik ist. In das Selbstbewußtsein muß das Gegenstandsbewußtsein notwendigerweise mit eingehen; ein reines Selbstbewußtsein gibt es nicht und kann es gar nicht geben.

Sokrates fragt nun, wie eine Sache zu sich selbst in Beziehung stehen kann (168 b ff.). Wenn etwas größer ist als ein anderes, so ist dies andere kleiner; was also größer wäre als es selbst, das wäre auch kleiner als es selbst, und das ist unmöglich. Es kann kein Hören des Hörens geben, sonst müßte das Hören auch etwas Hörbares, also ein Tönendes sein. Wenn es ein Sehen des Sehens gäbe, so müßte das Sehen etwas Farbiges sein. Doch läßt er offen, ob es nicht doch ein Wissen des Wissens geben kann. Wenn wir uns erinnern, daß eben im Wissen des Wissens und Nichtwissens die Weisheit des Sokrates besteht, dann ist es evident, daß es Plato nicht ernst sein kann mit der These, es gebe kein Wissen des Wissens, daß wir vielmehr mit dem Satz, Besonnenheit sei das Wissen des Wissens und Nichtwissens, schon zu einem wesentlichen Ergebnis dieses Gesprächs gekommen sind, auch wenn wir wiederum von diesem Wissen des Nichtwissens noch kein zureichendes Wissen haben.

Die Frage wird zunächst abgebrochen und statt dessen gefragt, was denn ein solches Wissen des Wissens und Nichtwissens, wenn es das gäbe, nützen könne.

Es scheint zunächst, als könne man nicht viel Nutzen vom Wissen des Wissens haben. Denn (so wird argumentiert), vermittels dieses Wissens wird, wer es besitzt, eben nur wissen, daß er weiß, aber nicht, was er weiß (170 b). Kritias gibt das zu, und das hätte er nicht tun sollen. Freilich muß, wer ein Wissen des Wissens haben soll, eine Vorstellung davon haben, was ein Wissen überhaupt ist. Aber wenn er nun in seiner Seele so etwas vorfindet, von dem er entscheiden kann, es sei ein Wissen, so wird dies vorgefundene Wissen immer vorgefunden als ein Wissen von etwas. Also ist das Wissen des Wissens nicht nur ein Wissen davon, daß ich weiß, sondern auch ein Wissen davon, was ich weiß. Also können und sollen wir auch dies festhalten: Besonnenheit ist das Wissen dessen, was ich weiß und was ich nicht weiß.

Weiter wird eingewendet, daß das Wissen des Wissens nichts nütze zur Prüfung des Wissens eines anderen (170 d ff.). Denn wenn der andere zum Beispiel ein Arzt ist und medizinisches Wissen zu haben beansprucht, so kann ich dies, ob er es wirklich hat, oder es sich nur anmaßt oder einbildet zu haben, ja nur dann prüfen, wenn ich selbst dies Wissen habe.

Daraus ergibt sich zunächst nur dies, daß wir (wie es scheint) einen zu hohen Anspruch an das gestellt haben, was dies Wissen des Wissens und Nichtwissens leisten kann. Es kann uns nur allenfalls dazu dienen, das eigene Wissen zu prüfen, nicht das anderer. Solche wissenschaftliche Selbstkritik ist aber doch wohl nicht das, was unter dem Titel der Besonnenheit gesucht wurde. Es ist klar, daß hier noch eine genauere Bestimmung dessen fehlt, von welchem Wissen und Nichtwissen die Besonnenheit ein Wissen ist. Sie muß ein Wissen vom Wissen des Guten sein.

Sokrates bringt das auf eine etwas umwegige Weise zur Geltung. Er argumentiert nämlich so: Angenommen, das Wissen des Wissens leiste wirklich alles das, woran wir gezweifelt haben, und sei also so eine Art universaler Prüfungskunst hinsichtlich aller Wissensweisen, dann würde es nicht mehr vorkommen, daß irgendwo unfähige Leute anstatt der fähigsten am Werke sind. Aber selbst wenn wir auch noch über die Wahrsagekunst verfügten und auch sie mit unserer universalen Prüfungswissenschaft prüfen könnten, selbst dann (wenn wir so auf alle Weise als Wissende handeln) folgt daraus noch nicht, daß wir dann auch wohl handeln und glücklich sind (173 d. Im Urtext steht hier ein Wortspiel, das sich auf deutsch nicht wiedergeben läßt. Das ἐπιστημόνως πράττειν ist noch kein εὖ πράττειν. πράττειν heißt »handeln«, ἐπιστημόνως heißt »wissenderweise«; εὖ, das Adverb zu ἀγαθός, heißt »wohl« oder »gut«. εὖ πράττω bedeutet aber nicht: ich tue recht, so wie in dem Spruch: Tue recht und scheue niemand, sondern εὖ πράττω meint: »es geht mir gut«. In diesem Sinne sagen wir auch heute noch: »Mach's gut!«). Alle technische Wissenschaft verbunden mit universaler Selbstkritik verhilft uns noch nicht zum Glück.

Kritias freilich protestiert sogleich gegen die Trennung von »Mach's gut!« und »Mach's gescheit!« (εὖ πράττειν und ἐπιστημόνως πράττειν 173 d), und Sokrates ist es auch gar nicht Ernst damit, vielmehr stellt er nun wieder die Frage, was denn das für ein Wissen (ἐπιστήμη) sei, das im wissentlichen Handeln (ἐπιστημόνως πράττειν) gemeint sei. Ist das etwa das Wissen davon, wie man Schuhe macht, oder die Rechenkunst oder was? Endlich fällt das Stichwort: das Gute und das Schlechte (174 b). Es ergibt sich uns jetzt als das Wesen der Besonnenheit das Wissen des Wissens und Nichtwissens vom Guten und Schlechten.

Aber Sokrates stellt sich vergeßlich und tut, als seien da jetzt zwei Wissenschaften: das Wissen von dem, was für uns gut ist und was nicht, ein Wissen, dessen außerordentliche Nützlichkeit nicht bezweifelt wird, und daneben die Besonnenheit, die als Wissen des Wissens etwas ganz Nutzloses wäre (174 d).

Freilich weist Kritias ganz richtig darauf hin, daß sich die Besonnenheit als Wissen des Wissens auch auf dies Wissen, das Wissen des Guten, beziehen müsse und insofern sehr nützlich sei. Aber Sokrates argumentiert: genau so, wie es eigentlich die Arztkunst sei, die uns gesund macht, und nicht das Wissen vom ärztlichen Wissen, so sei es auch hier das unmittelbare Wissen vom Guten und Schlechten, was das eigentlich Nützliche sei, und nicht das Wissen von diesem Wissen (175 a). Damit wird freilich stillschweigend vorausgesetzt, daß es ein Wissen vom Guten ohne das Wissen von diesem Wissen geben kann. Bedenken wir jedoch, daß das unmittelbare Wissen, das ohne Reflexion ist, gar nicht unterscheiden kann zwischen dem, was es zu wissen meint, aber in Wahrheit gar nicht weiß, und dem, was es wirklich weiß.

Auch dies Gespräch ist also nicht ergebnislos. Wenn es sich uns vorher ergeben hatte, daß das Wissen das Entscheidende an der Areté ist, so haben wir jetzt gelernt, daß es zum wirklichen Wissen wesentlich gehört, daß es nicht nur Wissen von einer Sache, sondern zugleich auch Wissen von sich selbst ist. Wenn die »Tugend« Wissen ist, so gehört das Wissen von sich selbst also auch zu ihr, und dieser Reflexionscharakter des Tugendwissen ist es, der mit dem Namen Besonnenheit (σωφροσύνη) genannt wird.

8. LYSIS

Dieses Gespräch handelt von der Freundschaft. Die Freundschaft, um die es sich hier handelt, ist die Päderastie. Sie galt damals nicht wie heute als etwas Schändliches, was den Päderasten aus der guten Gesellschaft ausschließt und sogar die Verfolgung durch den Staatsanwalt auf sich zieht, sondern homosexuelle Verhältnisse zwischen den Älteren und der heranwachsenden Jugend galten nicht nur als erlaubt, sondern sogar als wünschenswert, man schrieb ihnen einen erzieherischen Wert zu. Es war für den Älteren eine Schande, keine Jungen gewinnen zu können, und für den Jüngeren eine Schande, nicht umworben zu sein.

Sokrates trifft einen älteren Jüngling namens Hippothales, der ganz verliebt ist in einen Knaben namens Lysis. Hippothales ist durch seine Liebe zum Dichter geworden und dichtet den Geliebten an, indem er die Taten seiner Vorfahren verherrlicht. — Dazu bemerkt Sokrates, daß er damit eigentlich auf sich selbst ein Lobgedicht singe. Inwiefern? Entweder gewinnst du den Geliebten, dann fällt der Ruhm auf dich, daß du einen so Preiswürdigen erlangt hast, oder nicht, dann wirst du um so mehr verspottet werden. Wer also ein Weiser in der Erotik ist, so schließt Sokrates, der lobt den Geliebten nicht, ehe er ihn hat. Auch mache man die Schönen durch das Lob nur eingebildet und hochmütig und erschwere sich selbst die Jagd auf sie (206 b). — Das leuchtet dem Hippothales ein, und er fragt den Sokrates, auf welche Weise man denn zu dem Geliebten reden müsse, um ihn zu gewinnen. Sokrates macht den Vorschlag, er wolle es vormachen.

Als nun Lysis mit dem jungen Menexenos herbeikommt, plaudert Sokrates zunächst mit den beiden Freunden (207 c). Eben will er Menexenos fragen, wer der Gerechtere und Weisere von ihnen wäre, da wird der weggerufen, und nun wendet sich Sokrates an Lysis. Gewiß lieben dich deine Eltern sehr. — Ja — Sie wollen also gewiß, daß du möglichst glücklich wirst — Ja — Ist der nun glücklich, der ein Knecht ist und nicht tun darf, was er möchte? — Nein — Aber siehe da, Lysis darf durchaus nicht tun, was er möchte, vielmehr verwehren ihm die Eltern, vieles zu tun, was sie ihren Sklaven erlauben, z. B. den väterlichen Wagen im

Rennen zu fahren. Der Knabe hat auch nicht das Recht der Selbstbestimmung, sondern da ist auch ein Sklave, der Pädagoge, d. h. der Knabenführer, der ihn zum Lehrer führt, und auch der gibt ihm wiederum mancherlei Befehle. Kurz, der Effekt der Elternliebe ist nichts als lauter Freiheitsbeschränkung für den Geliebten (207 d ff.). Was ist der Grund dieser Freiheitsbeschränkung? Die Antwort wird schnell gefunden: es ist das fehlende Wissen (ἐπιστήμη), denn in den Dingen, von denen er schon etwas versteht, da läßt man auch schon dem Knaben Freiheit. — Andererseits wird auch der Großkönig, wenn er ein Augenleiden hat, seinem Sohn nicht erlauben, daran zu rühren, wohl aber dem, den er für einen tüchtigen Arzt hält. Den zieht er vor, der ist ihm in diesem Fall lieber. Also allgemein: einer ist dem anderen lieb, gerade insofern und insoweit er weise ist. »Du, der Lysis, bist es noch nicht.« (210 d).

Was soll man dazu sagen? Gewiß, dem Kranken wird ein guter Arzt als Helfer lieber sein als ein guter Freund, der von Medizin keine Ahnung hat. Lieb ist ihm hier derjenige, der ihm nützlich ist. Aber diese Nützlichkeit braucht nicht notwendig gerade auf der Weisheit zu beruhen, und die Päderasten lieben ihre Knaben doch wohl nicht wegen ihrer Weisheit. Weiter aber ist es überhaupt die Frage, ob die Liebe immer die Vorliebe sein muß für den, der mir irgendwie, sei es durch Weisheit oder sonstwie, nützlich ist. Und es ist klar und soll wohl auch so verstanden werden, daß es gerade die Liebe der Eltern zu Lysis ist, die seine Freiheit aufhebt, solange er noch nicht wissend genug ist, von ihr denjenigen Gebrauch zu machen, der ihn wirklich glücklich macht. Die naive Meinung des Lysis, das Glück bestände darin zu tun, was man möchte, ist offenbar falsch, vielmehr wird der Unwissende, wenn er tut, was er möchte, sich gerade ins Unglück bringen. —

So also, meint Sokrates, muß man mit dem Geliebten reden, ihn demütigend, aber nicht indem man ihn aufgeblasen macht. Da kommt Menexenos wieder dazu, und Sokrates beginnt mit ihm ein Gespräch.

Sokrates fragt ihn: Wenn einer einen anderen liebt, welcher ist dann der Freund, der Liebende oder der Geliebte? (212 b). Das scheint zunächst eine krause Frage zu sein, und wir wären versucht, zu antworten: der Sprachgebrauch ist immer schwankend, aber wir können ja, wenn es uns gefällt, unterscheiden: 1. den aktiven Freund, das ist der Liebende, 2. den passiven Freund, das ist der Geliebte, 3. den totalen Freund, das ist der zugleich Liebende und Geliebte.

Menexenos beachtet diese Vieldeutigkeit des Wortes »Freund« nicht und wird dadurch in Verlegenheit gebracht. Zuerst antwortet er, beide seien einander Freund, wenn auch nur der eine den andern liebt. — Das ist insofern richtig, als dann der eine der aktive, der andere der passive Freund ist. Später meint er, daß zur Freundschaft die Gegenliebe nötig sei — auch das ist richtig, indem nur so beide totale Freunde sind. Sokrates zieht daraus die Konsequenz, daß also auch der kein Tierfreund ist, den das Tier nicht wiederliebt, und daraus wird nun wieder gefolgert, daß der Liebende Freund ist, der Geliebte mag nun wiederlieben oder nicht. — Auch das ist ja richtig, weil mit dem Wort Tierfreund der aktive Freund gemeint ist. Da es nun aber vorkommt, daß der Geliebte den Liebenden sogar haßt, kann es also sein, daß einer dem Freund Feind und dem Feind Freund ist (in der Tat: wenn beides im aktiven Sinne genommen wird). Aber dem Menexenos, der das Spiel nicht durchschaut, erscheint das unmöglich, und er läßt sich nun in die entgegengesetzte Konsequenz drängen, daß der Freund nicht der Liebende, sondern der Geliebte ist (indem mit Freund jetzt der passive Freund gemeint ist). Aber auch auf diese Weise ergibt sich, daß einer dem Feind Freund und dem Freunde Feind sein kann, wenn nämlich die Liebe nicht auf Gegenseitigkeit beruht. Das scheint dem Menexenos auch kein annehmbares Ergebnis zu sein. Damit hat er alle Möglichkeiten abgelehnt: weder die Liebenden sind Freund, noch die Geliebten, noch die sowohl Liebenden als auch Geliebten (213 c).

Oder (sagt Sokrates), haben wir nicht richtig untersucht? In der Tat nicht (könnten wir sagen), denn wenn ihr deutlich unterschieden hättet zwischen dem aktiven, dem passiven und dem totalen Freund, dann wäre der ganze Wirrwarr nicht möglich gewesen, und hier entschlüpft dem zuhörenden Lysis wider Willen das Wort »so scheint es mir in der Tat« — nämlich, daß ihr da irgend etwas nicht richtig gemacht habt. Sogleich wendet sich Sokrates wieder an ihn (213 e ff.). Er beruft sich auf das Dichterwort: gleich und gleich gesellt sich gern. Aber nicht alle Gleichen scheinen einander Freund sein zu können. Der Böse scheint dem Bösen nicht Freund sein zu können, denn er tut Unrecht. Der Unrechttuende aber und derjenige, dem Unrecht getan wird, die können doch nicht Freund sein. Also (so wird gefolgert) ist von dem alten Wort nur die Hälfte wahr: die Guten sind einander ähnlich und Freund, die Bösen aber sind nicht einmal sich selbst ähnlich, denn sie sind ja wankelmütig und unberechenbar. So ergibt sich also das Richtige und Wichtige, daß nur die Guten einander Freund sein können (214 d).

Aber dagegen spricht folgendes: jeder ist Freund (im aktiven Sinne) dessen, der ihm irgendwie nützlich ist, von dem er, wie wir sagen, etwas hat oder wenigstens zu haben glaubt. Das aber ist der Ungleiche. Auch hier beruft sich Sokrates auf Dichterautorität. Hesiod sagt: Ein Töpfer ist des andern Feind, ein Sänger des andern, sogar ein Bettler des andern. Das ist die Feindschaft der Konkurrenten (215 c).

Wenn nun aber hieraus geschlossen wird, daß die Guten als einander Gleiche nicht miteinander Freund sein können, so ist das ein Trugschluß, — ein gewollter offenbar, der uns zu bedenken gibt, daß etwas in verschiedener Hinsicht gleich und ungleich sein kann, daß also die Freunde in Hinsicht auf das Gutsein einander gleich, in anderer Hinsicht aber einander ungleich, nämlich in irgendeiner Hinsicht auf einander angewiesen sein müssen. So ist klar, daß der Kranke den Arzt liebt, der Schwache den Starken des Beistandes wegen und der Unwissende den Wissenden, von dem er lernen will. Das ist die Lehre der alten Naturphilosophen, daß Jegliches sein Gegenteil begehrt. Aber sogleich wird gefolgert: das Entgegengesetzte der Freundschaft ist die Feindschaft. Ist also auch etwa die Freundschaft der Feindschaft Freund, oder das Recht dem Unrecht? Weder also (so wird 216 b abschließend festgestellt) ist das Gleiche dem Gleichen Freund, noch das Entgegengesetzte dem Entgegengesetzten. Hier ist deutlich, daß wir an die Stelle dieses falschen Weder-noch das wahre Sowohl-als-auch zu setzen haben, und die wichtige Frage ist nur die, in welcher Hinsicht die Gleichheit und in welcher Hinsicht die Ungleichheit gilt.

Hier nimmt das Gespräch eine neue Richtung. Es ist vielleicht so, fragt Sokrates, daß es das weder Gute noch Schlechte ist, was dem Guten Freund ist? Hier ist die aktive Freundschaft gemeint. Aktiver Freund ist das weder Gute noch Schlechte, und das von diesem geliebte Gute (so wird weiter nun vermutet) ist das Schöne, denn dieses sei nach dem alten Sprichwort das, was einem lieb ist (τὸ φίλον, Freund im passiven Sinn). Daß es nur das weder Gute noch Schlechte sein kann, das dem Schönen und Guten Freund ist, das wird daraus gefolgert, daß einmal nichts dem Bösen Freund sein kann, daß es aber auch ausgeschlossen ist, daß das Gleiche dem Gleichen und daß das Entgegengesetzte dem Entgegengesetzten Freund ist. Dies Ergebnis ist zwar durch Trugschlüsse gewonnen worden, dennoch bleibt es etwas sehr Wichtiges, daß jetzt neben dem Guten und Schlechten noch ein drittes eingeführt wird, das weder gut noch schlecht ist, welches aber gedacht ist als dasjenige, was beides sein *kann* (216 e).

Aristoteles wird das später terminologisch fassen durch die Begriffe Form (εἶδος), Unform (στέρησις) und Materie (ὕλη). Materie ist z. B. der Leib, der gesund oder krank sein kann. Form ist die Gesundheit, Unform die Krankheit. Das aristotelische Eidos aber stammt ab von der platonischen Idee. Durch das hier eingeführte Weder-noch wird die Rede von der Idee überhaupt erst möglich. Logisch gesprochen (d. h. von einer Wissenschaft her, die es damals noch nicht gab) bedeutet das hier Gesagte die Entdeckung (oder den Anfang der Entdeckung) des Unterschiedes zwischen einem Ding und einem Prädikat. Das Ding kann nacheinander entgegengesetzte Prädikate haben, aber das Ding selbst ist keines von ihnen, sondern jenes Dritte, welches das eine oder das andere Prädikat haben kann.

Das Beispiel, das wir eben gebraucht haben, der Leib, der etwas anderes ist als Gesundheit und Krankheit, nämlich dasjenige, was gesund oder krank sein kann und immer eines von beiden wirklich ist, wird jetzt auch von Sokrates herangezogen.

Der Leib ist als solcher weder gut noch schlecht. Aber wenn bei ihm das Schlechte, die Krankheit, anwesend ist, dann wird er die Arztkunst als dasjenige lieben, was ihm das Gute, die Gesundheit, bringt. Allgemein gesagt: das weder Gute noch Schlechte ist (aktiver) Freund des Guten wegen der Anwesenheit des Schlechten (217 b).

Hier wird ein weiterer wesentlicher Unterschied eingeführt. Es wird gesagt: der Leib, der das Gute liebt, ist ein solcher, in dem das Schlechte anwesend ist, aber so, daß nicht etwa der Leib selbst schlecht ist in dem Sinne, daß er nicht nur derzeit nicht wirklich gut ist, sondern auch gar nicht mehr gut werden kann; das in diesem Sinne Schlechte kann das Gute gar nicht lieben, d. h. es haben wollen (217 e). Wenn wir das wieder von der Logik her interpretieren, dann können wir jetzt wesentliche und unwesentliche Prädikate unterscheiden, indem wir sagen, wesentliche Prädikate sind solche, die nicht negiert werden können, ohne das Ding selbst aufzuheben. Es ist ein unwesentliches Prädikat des Sokrates, daß er krank ist, denn er bleibt ja Sokrates, auch wenn er wieder gesund geworden ist. Aber es ist ein wesentliches Prädikat des Sokrates, daß er ein Mensch ist. Wenn er aufhört, ein Mensch zu sein, dann hört er auch auf, Sokrates zu sein.

Das aber heißt nun im Hinblick auf eine Art der Freundschaft (φιλία), die Sokrates besonders am Herzen liegt, nämlich die Freundschaft zur Weisheit (φιλοσοφία), daß weder diejenigen philosophieren, die schon weise sind (daher die Götter nicht philosophieren), noch auch diejenigen, die die ἄγνοια, die Unwissenheit, solcherweise haben, daß sie schlecht sind, d. h. in der von uns eingeführten Terminologie: bei denen das Nichtwissen eine wesentliche Bestimmung ist. Das sind aber diejenigen, die auch von ihrem Nichtwissen nichts wissen. Als Liebhaber der Weisheit bleiben also nur diejenigen übrig, die zwar dies Schlechte, die Unwissenheit, haben, die aber dadurch nicht unverständig und unbelehrbar geworden sind, sondern noch der Meinung sind, sie wüßten das nicht, was sie nicht wissen (218 a). Das Wissen des Nichtwissens war in der »Apologie« das Wissen von einer prinzipiell unaufhebbaren Unwissenheit, und es trieb Sokrates dazu, den Rat des Daimonion zur Richtschnur seines Lebens zu machen. Hier ist das Wissen des Nichtwissens das Bewußtsein von einer nicht wesentlichen, sondern behebbaren Unwissenheit, und dieses Wissen treibt nicht zum Daimonion, sondern zur Philosophie.

Soviel kann als gewiß gelten: die Philosophie des historischen Sokrates kann nur die Funktion gehabt haben, den Menschen zum Wissen seines Nichtwissens zu bringen, aber nicht die, dieses Nichtwissen zu beheben. Diese Funktion bekommt die Philosophie erst durch Plato. Vermutlich würde der historische Sokrates diese platonische Wendung nicht als eine Weiterführung oder gar als eine Vollendung seines Weges betrachtet haben, sondern als einen schrecklichen Abfall. Übrigens ging das immer so. Fichte hielt sich für den Vollender Kants, Kant aber sah in ihm einen Verderber seiner Philosophie. Fichte erging es genau so mit Schelling, Schelling ging es so mit Hegel, und Husserl ging es so mit Heidegger. Das ist nichts, worüber man sich zu wundern hätte. Jeder wirkliche Philosoph denkt seine Sache selbst zu Ende, und wer ihn fortsetzen, verbessern, übertrumpfen will, der muß zuvor das Werk seines Vorgängers zerbrechen, mag er sich dessen bewußt sein oder nicht. Und so wie Plato das Werk des Sokrates zerbrochen hat, um es weiterzuführen, so hat Aristoteles aus demselben Grunde das Werk Platos zerbrochen.

Daß nun überall, bezüglich des Leibes sowohl als bezüglich der Seele, das weder Gute noch Schlechte wegen der Anwesenheit des Schlechten ein (aktiver) Freund des Guten ist, das wird von allen Gesprächsteilnehmern zugestanden.

Aber sogleich kommen dem Sokrates wieder Bedenken (218 c). Ehe wir sie anhören, stellen wir einmal die Frage, was das bedeutet, daß offenbar bei dem hier geübten dialektischen Verfahren niemals ein endgültig gesichertes Ergebnis erreicht wird. Alles scheint klar und deutlich und bewiesen und unbezweifelbar, da wird aufs Neue alles in Frage gestellt. Wodurch? Dadurch (wie wir gleich sehen werden), daß ein neuer Gesichtspunkt geltend gemacht wird, der bisher noch vergessen worden war. Wann aber und wie kann man sicher sein, daß nun kein Gesichtspunkt mehr vergessen ist und die Sache also endgültig geklärt, gesichert und gewußt ist? Antwort: auf keine Weise und niemals. Niemals wird es möglich sein auszuführen, was Hegel sich vorsetzt, wenn er in der Vorrede zu seiner Phänomenologie schreibt: »Daran mitzuarbeiten, daß die Philosophie der Form der Wissenschaft näherkomme, — dem Ziele, ihren Namen der Liebe zum Wissen ablegen zu können und wirkliches Wissen zu sein, — ist es, was ich mir vorgestzt.« Das ist das genaue Gegenteil der sokratischen Position. Plato hält dazwischen die Mitte. Das Nichtwissen, das Sokrates für unaufhebbar hielt, hält Plato grundsätzlich für aufhebbar, aber den Weg der Aufhebung hält er für unvollendbar. Hegel aber glaubt wirklich am Ende dieses Weges angekommen zu sein. In der Einleitung zur Logik sagt er: »Die Logik ist sonach als das System der reinen Vernunft, als das Reich des reinen Gedankens zu fassen. Dieses Reich ist die Wahrheit, wie sie ohne Hülle an und für sich selbst ist. Man kann sich deswegen ausdrücken, daß dieser Inhalt die Darstellung Gottes ist, wie er in seinem ewigen Wesen vor der Erschaffung der Natur und eines endlichen Geistes ist.«

Hegel selbst ist sich darüber im klaren, daß den Griechen eine solche Rede als vollendete Hybris gegenüber den Göttern erscheinen müßte. Aber was für die Griechen gilt, das gilt nach Hegels Auffassung nicht für den Christen. Was den Griechen als vollendete Hybris erscheint, solcherweise von Gott wissen zu wollen, das darf und soll der Christ nach Hegels Meinung wagen, denn eben dadurch unterscheidet sich nach Hegel der Christ vom Griechen, daß er weiß, was Gott ist. Hier ließe sich freilich die sokratische Frage anschließen, ob dieses vermeintliche Wissen des Christen Hegel auch ein wirkliches Wissen sei, und wie es denn mit Hegels Wissen des Nichtwissens stehe. Aber das wollen wir hier offen lassen.

Hören wir, welchen neuen Gesichtspunkt Sokrates geltend zu machen hat. Er sagt (218 d ff.): wer ein (aktiver) Freund ist, der ist es von etwas, wegen etwas und um willen von etwas, z. B. der Kranke ist (aktiver) Freund von etwas, nämlich vom Arzt, wegen etwas, nämlich wegen der Krankheit, und um willen von etwas, nämlich um willen der Gesundheit. Der Leib, der weder gut noch schlecht ist, ist wegen der Krankheit, die schlecht ist, (aktiver) Freund der Arztkunst, die gut ist, und die liebt er wegen der Gesundheit, die auch gut ist. Die Arztkunst ist nur gut, weil sie die Gesundheit, die gut ist, bringt. Wir würden sagen: der Kranke liebt die Medizin als Mittel zum Zweck. Was man so als Zweck liebt, das kann seinerseits wieder geliebt werden als Mittel zu einem höheren Zweck. Müssen wir dann nicht weiter fragen bis zu etwas, was uns das erste Geliebte (πρῶτον φίλον) ist, um willen dessen uns alles andere Freund (jetzt im passiven Sinn) ist? Dieser Endzweck ist das, was uns wirklich (τῷ ὄντι) Freund ist, alles andere nur sogenanntes (ῥήματι). Indem nun Sokrates nur das wirklich Geliebte, den Endzweck als lieb (φίλον) gelten läßt, das andere, was nur als Mittel geliebt wird, aber so behandelt, als werde es überhaupt nicht geliebt, kann er die Konsequenz ziehen, es sei also nicht richtig, daß wir das Geliebte um eines anderen willen lieben (220 b). Es ist klar, daß die Wahrheit ist, daß man den Endzweck um seiner selbst willen, die Mittel aber um des Endzweckes willen liebt.

Als nächstes wird dann die Bestimmung destruiert, daß man wegen eines Schlechten das Gute liebt. Steht es dann so (fragt Sokrates), daß wir das Gute lieben wie eine Arznei gegen das Schlechte, die wir, wenn das Schlechte beseitigt ist, weiterhin nicht mehr nötig haben? Ist die Gesundheit selbst eine Arznei? Offenbar nicht. Verschwindet denn mit dem Schlechten auch das Gute? Offenbar nicht. Die Liebe zur Gesundheit hört nicht auf, wenn die Krankheit vorbei ist (220 e). Wir begehren, die Gesundheit möge nicht wieder verloren gehen, sondern auch in Zukunft bleiben.

Auch wenn alles Schlechte verschwunden ist (sagt Sokrates), wird es noch Hunger und Durst und überhaupt Begehren (ἐπιθυμία) geben. Was man begehrt, das liebt man, und was man liebt, das ist einem (passiv) Freund. Also zeigt sich jetzt wieder eine andere Ursache des Liebens und Geliebtwerdens, das Begehren, und alles vorige, sagt Sokrates, war nur Geschwätz (221 d). Man begehrt aber, was einem fehlt (τὸ ἐνδεές), und das ist das, was eigentlich dazu gehört (τὸ οἰκεῖον); das von Natur Dazugehörige (φύσει οἰκεῖον) müssen wir daher notwendigerweise lieben. Also muß der echte Liebhaber, der nicht nur so tut als ob er liebt, notwendigerweise wiedergeliebt werden (222 a). Was sollen wir zu dieser neuen These sagen? Zunächst dies, daß dadurch keineswegs alles vorige zu bloßem Geschwätz gemacht wird, indem ja dieses das Vorige nicht bestreitet, sondern ergänzt. Daß wir etwas um willen von etwas anderem lieben können, das bleibt auch wahr, wenn das, um willen dessen wir das andere lieben, von uns geliebt wird auf Grund einer Begierde. Die Begierde des Hungers läßt uns die Nahrung lieben, und um willen der Nahrung lieben wir das Geld, das es uns ermöglicht, Nahrung zu kaufen. Worauf wir hier die Antwort erhalten, ist die Frage, die vorher noch offen blieb, warum wir das lieben, um willen dessen wir anderes als Mittel lieben. Die Antwort lautet: das um seiner selbst willen Geliebte ist das, worauf sich von Natur gewisse Begierden in uns richten. Worauf richten sie sich? Auf etwas, was wir brauchen, was uns fehlt, und das heißt, was zu uns gehört, wie z. B. die Nahrung, ohne die wir nicht leben können.

Hier muß man unterscheiden: wir essen nicht, weil wir weiterleben wollen, sondern weil wir Hunger haben. Unsere Natur aber benutzt unseren Hunger als Mittel zum Zweck der Lebenserhaltung.

Die Folgerung freilich, die Sokrates daraus zieht, daß also auch der Geliebte den wahrhaft Liebenden wiederlieben müsse, wegen der (wie erzählt wird) Hippothales die Farbe wechselt vor Freude, ist nicht ernst zu nehmen, denn dann würde auch folgen, daß wenn es der Wolf liebt, das Schaf zu fressen, auch das Schaf es lieben müsse, vom Wolf gefressen zu werden.

Was heißt nun das Zugehörige (τὸ οἰκεῖον)? Dasselbe wie das Gleiche? Das kann nicht gelten, da ja bewiesen wurde, daß das Gleiche dem Gleichen unnütz ist. Wenn sie aber verschieden sind, sollen wir dann sagen, das Gute sei allem zugehörig, das Schlechte aber allem fremd (der Gegenbegriff, gr. ἀλλότριον)? Oder ist das Schlechte dem Schlechten zugehörig, das Gute dem Guten und das Neutrale dem Neutralen? Die Jünglinge schlagen die letztere Lösung vor (222 c). Aber daraus folgt das schon Verworfene, daß dann der Schlechte dem Schlechten nicht weniger Freund sein wird als der Gute dem Guten. Oder sollen wir sagen, das Gute und das Zugehörige sei dasselbe? Aber daraus folgt, daß dann nur der Gute dem Guten Freund sein kann; das aber, so wird gesagt, sei ja auch widerlegt worden. Wobei sich freilich der Leser daran erinnern soll, daß diese Widerlegung nicht ernst zu nehmen war.

Vielmehr bleibt dies nun im Ernst stehen, daß das um seiner selbst willen Begehrte das Gute ist — oder genauer: das, was entweder mir oder der Natur in mir gut zu sein scheint. Damit allerdings verknüpfen sich sogleich eine Menge von Fragen: wie verhält sich das, was mir für mich gut zu sein scheint, weil es mir fehlt und mir zugehörig ist, zu dem, was in diesem Sinne wirklich für mich gut ist? Und wie steht es in derselben Hinsicht mit der Natur in mir? Kann die auch in demselben Sinne irren wie ich? Begehrt nicht der Kranke von Natur oft, was ihm nach der Ansicht des Artzes schaden muß?

Alle diese Fragen bleiben hier offen, vielmehr endet Sokrates mit der ironischen Feststellung eines völligen Scheiterns:

»Wenn nämlich weder die Geliebten noch die Liebenden, weder die Ähnlichen noch die Unähnlichen, weder die Guten noch die Zugehörigen, noch was wir sonst durchgenommen haben, wenn nichts von all dem das Liebe (φίλον) ist, dann weiß ich nicht mehr, was ich sagen soll. Und wir haben uns lächerlich gemacht, denn wir bildeten uns ein, Freunde zu sein, aber wir waren nicht imstande, herauszubringen, was ein Freund ist.«(222 e).

Und das ist das letzte Rätsel: muß man wissen, was Freundschaft ist, um Freund sein zu können? Und wenn das in gewissem Sinne in der Tat so ist, heißt das dann auch, daß man es muß definieren können? Offenbar nicht. —

War das Gespräch ergebnislos? Keineswegs. Überschlagen wir den Gewinn: Wir haben unterscheiden gelernt: den aktiven, den passiven, den totalen Freund. Wir lernten, von dem Guten und Schlechten das zu unterscheiden, was an sich und als solches keines von beiden ist, aber beides sein kann. Wir lernten, wesentliche Bestimmungen, deren Aufhebung die Sache selbst aufhebt, zu unterscheiden von unwesentlichen, deren Aufhebung die Sache selbst bestehen läßt. Wir lernten die Liebe zu etwas als einem Mittel zu unterscheiden von der Liebe zu etwas als einem Endzweck, wir lernten, daß solcher Endzweck darauf beruht, daß ein Begehren danach in uns ist. Wir lernten, daß in solchem Begehren die Natur in uns das Fehlende und Zugehörige sucht. Und wir fühlten uns endlich genötigt, das hier Ungefragte zu fragen, ob wir uns der Stimme der Natur in uns kritiklos unterwerfen sollen oder nicht.

9. GORGIAS

Gorgias ist neben Protagoras der berühmteste Sophist. Wir wissen von einem Buch, das er geschrieben hat über das Nichtseiende (περὶ τοῦ μὴ ὄντος), das uns aber nicht erhalten ist. In diesem Buch, soviel können wir erschließen, widerlegt Gorgias die Lehre der Eleaten, indem er sie ad absurdum führt. Parmenides hatte in seinem berühmten Lehrgedicht bewiesen, daß es weder Entstehen noch Vergehen noch überhaupt Bewegung gibt, und auch keine Vielheit von Dingen, sondern nur das eine und einzige Unbewegliche und Unveränderliche, das Seiende (τὸ ἐόν). Gorgias übertrumpft ihn, indem er aus denselben Voraussetzungen des Parmenides weiterhin beweist, daß es Einheit, Ruhe, Unveränderlichkeit und Unbewegtheit auch nicht gibt, so daß es also überhaupt nichts gibt, und daß, wenn es doch etwas gäbe, es nicht erkannt werden könnte, und wenn es doch erkannt werden könnte, nicht mitgeteilt werden könnte.

In unserem Dialog tritt Gorgias als Rhetor und berühmter Lehrer der Rhetorik auf. Eben hat er im Haus des Kallikles einen glanzvollen Vortrag gehalten, als Sokrates mit Chairephon kommt. Da sie die Rede verpaßt haben, möchte Sokrates ein Gespräch mit ihm führen. Auch dazu ist Gorgias zu haben, er ist bereit, jede Frage zu beantworten, und seit vielen Jahren habe ihn niemand mehr etwas Neues gefragt (448 a). Da springt ihm ein anderer Sophist, Polos, bei und schlägt vor, Chairephon solle sich an ihn halten, da Gorgias müde sei. Auf die Frage, ob er denn besser antworten könne als Gorgias, meint er: Wenn nur gut genug für dich.

Chairephon stellt die Frage, welches die Kunst (τέχνη) des Gorgias sei, und Polos antwortet: die schönste (448 c). Da opponiert Sokrates: Nicht nach dem Wert seiner Kunst sei er gefragt, sondern danach, was sie sei, — und nun fragt Sokrates den Gorgias selbst, und er antwortet: die Redekunst (449 a); er sei ein Rhetor, ein Redner, und vermöge auch andere dazu zu machen.

Die Rhetorik ist die Kunst der Reden. Aber (so fragt Sokrates) was für Reden? Etwa solche Reden, welche dem Kranken erklären, was er tun muß, um zu genesen? Nein, die hält ja der Arzt, und er ist auch der

Lehrer solcher Redekunst, und der Sportlehrer ist der Lehrer der richtigen Rede über seine Dinge und so überall. — Gorgias antwortet, da sei überall auch Handanlegen und Praxis und Fachwissen dabei, aber bei der Rhetorik handle es sich nur um das Reden (450 b f.).

Sokrates bringt nun eine Einteilung der Künste vor: Einige brauchen fast gar keine Rede, wie z. B. die Malerei, andere mehr davon, und wieder andere scheinen sich ganz und gar in der Rede zu bewegen, wie z. B. die Rechenkunst. Die Rhetorik scheine eine Kunst von der letzteren Art zu sein, — was Gorgias zugibt (450 e). Dennoch ist die Rechenkunst keine Rhetorik. Was ist also das Spezifische dieser Kunst? Dies muß doch, meint Sokrates, in dem Worüber der Rede gesucht werden. Darauf läßt sich Gorgias auch ein (anders als später Aristoteles, der erkannt hat, daß nicht das Worüber, sondern das Wie der Rede es ist, was den eigentlichen Gegenstand der Rhetorik ausmacht).

Auf die Frage nach dem Worüber der Reden der Redekunst antwortet Gorgias zunächst: Über die größten und hervorragendsten von allen menschlichen Angelegenheiten. Aber welche sind das? Gorgias sagt: imstande sein, durch Reden zu überreden vor Gericht die Richter, in der Ratsversammlung die Ratsherren, in der Gemeinde die Gemeindemitglieder und so in jeder anderen Versammlung, die eine politische Versammlung ist. Die Rhetorik ist also die Kunst der politischen Überredung (πείθειν 452 e). Das Überreden zeigt nicht wie das Beweisen die Wahrheit, sondern bringt durch Reden dazu, etwas zu tun, insbesondere dazu, eine gewünschte Entscheidung zu treffen.

Nun bedeutet πειθώ im griechischen nicht nur die Überredung, etwas zu tun, sondern es kann auch die das Wahre betreffende Überzeugung meinen. So kann Sokrates geltend machen, daß es z. B. auch die Mathematik mit dem πείθειν zu tun hat, so daß es noch nötig scheint, das Besondere der rhetorischen Überredungs- oder Überzeugungskunst anzugeben. Da sagt Gorgias, diese besondere Überredungskunst betreffe das Gerechte und das Ungerechte (454 b). Jetzt stellt Sokrates den Unterschied von Überzeugen und Überreden klar. Was einer gelernt hat, das weiß er, wozu man ihn aber überredet hat, das glaubt er nur. Glaube aber kann wahr oder falsch sein. Nicht so das Wissen, Wissen ist Wissen des Wahren. Wohl kann man sich einbilden, etwas zu wissen, was man nicht weiß, und dann etwas Falsches für das gewußte Wahre halten. Also muß man zwei Arten der Überredung (im weiteren Sinne des Wortes) unterscheiden, solche die Wissen hervorbringt (und das ist immer irgendeine Art von Beweisen), und solche, die nur Glauben hervorbringt. Die Rhetorik gehört, wie Gorgias zugesteht, zu der letzteren Art. Die Rhetorik ist also Meisterin einer glaubenmachenden, nicht aber einer belehrenden Überredung hinsichtlich des Gerechten und Ungerechten (455 a).

Es scheint Sokrates klar zu sein, daß man die Bausachverständigen fragen müsse, wenn es sich um den Mauerbau handelt, und die Schiffbaukundigen, wenn es sich um den Bau von Schiffen handelt, aber Gorgias erinnert ihn daran, daß es nicht solche Fachleute waren, sondern Themistokles und Perikles, Redner also und nicht Sachverständige, auf deren Rat die Athener Schiffe und Mauern gebaut haben (455 e). Ebenso sagt er, hat er einen Bruder, der Arzt ist. Oft sei er mit ihm zu einem Kranken gegangen, der die verschriebene Medizin nicht nehmen wollte oder sich nicht operieren lassen wollte, und hat ihn mit seiner Redekunst zu dem gebracht, wozu ihn der Arzt nicht bringen konnte. Es gibt nämlich, sagt er, nichts, worüber nicht der Redekundige überzeugender sprechen kann als der Sachverständige. Natürlich kann man solche Kunst mißbrauchen, aber für solchen Mißbrauch darf man nicht diese Kunst selbst oder ihre Lehrer verantwortlich machen (456 b ff.).

Dies bedeutet, daß der Nichtwissende mehr Glauben findet als der Wissende, nämlich bei den Nichtwissenden (der Menge). — Gefragt nun, ob sich das auch so verhalte hinsichtlich des Gerechten und Ungerechten, antwortet Gorgias, da sei es anders: Um Redner sein zu können, muß einer schon wissen, was gerecht oder ungerecht ist; er könne es aber, wenn er es vorher noch nicht gewußt habe, auch bei ihm, Gorgias, lernen (460 a). Das heißt, die Rhetorik im Sinne des Gorgias ist nicht die rein formale, auf beliebige Inhalte anwendbare Kunst der Überredung der Unwissenden, sondern die eigentliche Rhetorik bezieht sich auf das Gerechte und Ungerechte und hat ein Wissen darüber zur Voraussetzung.

Nun argumentiert Sokrates: Wer die Baukunst gelernt hat, ist ein Baumeister, wer die Heilkunst gelernt hat, ist ein Arzt, und wer das Gerechte gelernt hat, ist gerecht (460 b). Das ist wieder ein etwas schneller Schluß: wer die Baukunst gelernt hat, der kann bauen, aber er kann es ja auch lassen, und so kann auch der Arzt, wenn er will, das Heilen unterlassen, und also kann wohl auch, wer die Gerechtigkeit gelernt hat, es unterlassen, gerecht zu handeln — wenn diese Analogie zwischen der Gerechtigkeit und den Künsten gültig ist.

Gorgias aber gibt die Richtigkeit des Schlusses zu: Wer die Gerechtigkeit gelernt hat, ist gerecht in dem Sinne, daß er nicht nur gerecht sein kann, sondern sogar in dem Sinne, daß er das Ungerechte nicht wollen kann. Und da die Gerechtigkeit die Voraussetzung der Rhetorik war, ergibt sich, daß der Rhetor niemals Unrecht wollen kann. Also ist jener Mißbrauch der Rhetorik, von dem Gorgias sprach, gar nicht möglich (460 e). Alle diese Schlüsse sind gültig unter Voraussetzung des platonischen servum arbitrium, d. h. wenn es gilt, daß derjenige, der das Gerechte weiß, gar nicht ungerecht handeln kann.

Hier mischt sich Polos in das Gespräch ein, ein Vertreter der jüngeren Sophisten-Generation, und radikalisiert die Position des Gorgias. Nach seiner Auffassung verhält sich die Rhetorik zum sachlichen Wissen von dem, was gerecht ist, nicht anders als zum sachlichen Wissen des Arztes. Gorgias hätte sich zu Unrecht gescheut, der These des Sokrates, der Redner müsse doch wissen, was gerecht und ungerecht ist, zu widersprechen — aber er, Polos, scheue sich nicht. Und nur die mangelnde Konsequenz des Gorgias habe ihn in Widersprüche verwickelt (461 b).

In der Tat, wenn die Rhetorik eine Kunst ist, dann kann man sie recht gebrauchen oder mißbrauchen, so wie man etwa die medizinische Wissenschaft zu verbrecherischen Experimenten mißbrauchen kann. Das Wissen vom Gerechten im Sinne des Sokrates aber war ja gedacht als ein Wissen, das das Handeln mit Notwendigkeit bestimmt und also den Mißbrauch ausschließt. Daraus entsprang der Widerspruch.

Jetzt soll Polos die Rolle des Fragenden übernehmen. Es zeigt sich aber, daß das in Wirklichkeit der schwierigere Part ist, denn immer wieder muß Sokrates ihn darüber belehren, was zu fragen ist.

Polos fragt: was meinst denn du, Sokrates, was die Redekunst ist? Das präzisiert Sokrates sogleich zu der Frage, was für eine Kunst (τέχνη) sie sei, und antwortet, nach seiner Meinung sei sie überhaupt keine Kunst, sondern Erfahrung (ἐμπειρία 462 c). Beide Ausdrücke bezeichnen eine Art von Wissen, und zwar entsteht die Kunst aus der Erfahrung. Aristoteles hat das später aufgenommen und den Unterschied im 1. Kapitel des 1. Buches seiner Metaphysik bestimmt.

Er lehrt: das erste ist die Wahrnehmung, das zweite das Gedächtnis. Aus dem Gedächtnis entspringt die Erfahrung. Er sagt wörtlich: »Die vielen Erinnerungen an dieselbe Sache vollbringen die Kraft einer Erfahrung.« Z. B. weiß ich aus Erfahrung, daß Wasser zum Kochen kommt, wenn man es aufs Feuer stellt: das erinnere ich mich, viele Male gesehen zu haben. »Die Kunst aber (fährt Aristoteles fort) entsteht, wenn aus vielen Erfahrungseinsichten ein allgemeines Urteil über das Gleichartige entsteht.« (Metaphysik A 1, 981 a 3 ff.).

Für das Handeln bedeutet das, daß der Erfahrene auf Grund dessen, daß er schon viele ähnliche Fälle kennt, im gegebenen Einzelfall weiß, was er zu tun hat. Er kann das aber nicht rechtfertigen. Er kann, obwohl er nach einer Regel verfährt, diese Regel nicht angeben. Das macht das Wesen der Kunst im Gegensatz zur Erfahrung aus, daß sie ein wissendes Verfahren nach Regeln ist.

Hier im Gorgias wird nun einfach gesagt: die Rhetorik ist keine Kunst, sondern nur eine Erfahrung, ohne daß der Unterschied erklärt würde. Aber indem gesagt wird, daß die Kunst aus der Erfahrung erwächst, wird diese als eine Vorstufe jener und als eine niedrigere Art des Wissens gekennzeichnet. Genauer ist die Rhetorik eine Erfahrung in der Bewirkung einer gewissen Freude und Lust (462 c).

Für Polos scheint die Rhetorik damit schon hinreichend definiert zu sein, und er geht sogleich weiter zu der Frage, ob sie auch etwas Schönes sei. Aber Sokrates hält ihn fest und macht ihm klar, daß die eben gegebene Definition auch für die Kochkunst gelte. Auch sie sei Erfahrung in der Bewirkung einer gewissen Freude und Lust. Daraus folgt nicht, daß Kochkunst und Rhetorik identisch sind, wohl aber, daß sie zwei Teile desselben Geschäftes sind. Welches nämlich? Der Schmeichelei, antwortet Sokrates. Diese Erfahrung wird auch als Routine (τριβή) bezeichnet (463 b). Teile davon sind die Kochkunst, die Rhetorik, die Sophistik und die Kommotik, d. i. die Putzkunst. Die Kunst des make up und die Kochkunst stehen hier also in trautem Verein mit Rhetorik und Sophistik. Auf die Frage, wodurch derjenige Teil der Schmeichelei gekennzeichnet ist, welcher die Rhetorik ist, antwortet Sokrates, daß diese ein Bild oder Abbild (εἴδωλον) von einem Teil der Politik sei (463 d). Polos ist wieder zufrieden und möchte weitergehen, aber Gorgias bittet um eine nähere Erklärung.

Sokrates geht dazu wieder aus von dem Unterschied von Leib und Seele. Für beide gibt es einen guten Zustand (εὐεξία). Es gibt aber auch einen scheinbar guten Zustand, z. B. bei Menschen, die schwerkrank sind, aber wie das blühende Leben aussehen. Etwas Entsprechendes gibt es auch bei der Seele (464 a).

Mit Leib und Seele beschäftigen sich je zwei Künste. Beim Leibe sind das die Medizin (die die Kranken gesund macht) und die Gymnastik(die die Gesunden gesund erhält). Ihr entsprechen bei der Seele die beiden Teile der Politik. Der Gymnastik entspricht die Gesetzgebung, die einem sagt, was man tun muß, um ein gesunder Staatsbürger zu bleiben, und der Medizin entspricht die Rechtspflege, welche den politisch Kranken kuriert, z. B. durch Bestrafung. Diese vier werden wahrgenommen von der Schmeichelei. Sie werden wahrgenommen, d. h. sie werden nicht erkannt sondern nur erahnt, und die Schmeichelei teilt sich nun selbst in vier Teile, verkleidet sich gleichsam in jene vier und ahmt sie nach. Aber sie geht nicht auf das jeweils Beste (βέλτιστον), sondern auf das jeweils Angenehmste (ἥδιστον). Damit fängt sie den Unverstand und täuscht ihn (464 b f.).

So entspricht der Medizin die Kochkunst, die dem Leib statt des für ihn Besten das für ihn Angenehmste verordnet. Sie ist keine Kunst, weil ihr der Logos fehlt, d. h. sie kann nicht Rechenschaft ablegen, warum sie das tut, was sie tut; sie kann den Grund, die Ursache (αἰτία) nicht angeben. Aber ohne Logos keine Kunst. Wie nun die Medizin sich zur Kochkunst verhält, so die Gymnastik zur Putzkunst, die, wie es heißt, »gar verderblich ist und betrügerisch, unedel und unanständig und durch Gestalten und Farben und Glätte und Bekleidung die Menschen so betrügt, daß sie fremde Schönheit herbeiziehend, die eigene, die durch Gymnastik gewonnen wird, vernachlässigen« (465 b). Wie die Putzkunst sich zur Gymnastik verhält, so die Sophistik zur Gesetzgebung, und wie die Kochkunst zur Heilkunst, so die Rhetorik zur Rechtspflege. Aber natürlich kann einer auch zugleich Rhetor und Sophist sein (465 c).

Die Pseudokünste verhalten sich also zu den wahren so, daß die wahren auf das Beste gehen, die Pseudokünste aber auf das Angenehmste. Der Hedonismus des Protagoras ist hier scheinbar vergessen. Behalten wir aber im Gedächtnis, daß wir wohl verstehen, was das heißt: das Angenehmste. Leicht können wir im Falle der Kochkunst entscheiden, ob es uns gut schmeckt, was da gekocht wurde, oder nicht. Aber was heißt »das Beste«, wenn das in Gegensatz gesetzt wird zum Angenehmen? Was der Arzt und der Gymnastiklehrer raten, das führt, so wurde uns früher gesagt, auf die Länge zu der größten Lust; der Schlemmer muß büßen.

Soll das noch gelten? Soll es auch für die Seele gelten? Um zu wissen, was das Beste ist, müßten wir zuvor wissen, was das Gute ist, aber auch das wissen wir noch nicht.

Gegen die Kennzeichnung der Rhetoren als Schmeichler beruft sich Polos, wie auf eine Gegeninstanz, auf die große Macht, die sie haben (466 b f.). Dagegen setzt Sokrates seine paradoxe These, daß die Rhetoren unter allen im Staat am wenigsten Macht haben (466 d). Aber (so wendet Polos ein) töten sie nicht wie ein Tyrann, wen sie wollen, und berauben ihn des Vermögens und verbannen ihn aus der Stadt? Gewiß, und sie tun damit, was ihnen das Beste zu sein scheint für sie selbst. Wenn aber die Redner keine Vernunft (νοῦς) haben, dann wird das, was ihnen das für sie Beste zu sein scheint, nicht das Beste überhaupt und nicht das Gute zu sein brauchen. So aber bewirken sie gar nicht, was sie wollen, und also sind sie auch nicht wirklich mächtig. Sie bewirken zwar das, was ihnen gut zu sein scheint, aber nicht das, was für sie wirklich gut ist, und das wollten sie doch eigentlich (467 a).

Sokrates bringt hier wieder die uns schon bekannte Betrachtung über Mittel und Zweck an: daß es der Zweck ist, der uns dazu bringt, die Mittel zu wollen, unter welchen Mitteln auch vieles Mittlere ist, d. h. solches, was für sich selbst weder gut noch schlecht ist, aber erstrebt wird, weil es zum Guten führt. Auch das Töten und Vertreiben und Berauben wird offenbar von den Tyrannen oder mächtigen Rednern gewollt, weil sie meinen, daß das für sie selbst gut ist, als Mittel zum Zweck also, und dieser Zweck ist immer das Gute, nämlich das für den Handelnden selbst Gute. Wenn also einer solche Verfolgungen begeht in der Meinung, es sei für ihn selbst besser, während es in Wahrheit für ihn schlechter ist, dann tut er zwar, was ihm gut zu sein scheint, aber er tut nicht, was in Wahrheit für ihn gut ist, und also tut er nicht, was er eigentlich will (467 c ff.).

Auf die Frage des Polos, ob der nicht beneidenswert sei, der die Macht habe, nach Belieben jeden zu töten, den er will, ohne nach Recht und Unrecht zu fragen, antwortet jetzt Sokrates mit der berühmten Paradoxie: Das größte aller Übel ist das Unrechttun (469 b). Auf die Frage, ob nicht das Unrechtleiden ein noch größeres Übel sei als das Unrechttun, und ob er nicht lieber Unrecht tun als Unrecht leiden wolle, antwortet Sokrates: ich wollte keines von beiden, müßte ich aber eines von beiden, so würde ich das Unrechtleiden dem Unrechttun vorziehen (469 c). Inwiefern das Unrechtleiden ein Übel ist, das ist leicht zu sagen, als Leiden nämlich, das, wie jedes Leiden, schmerzhaft ist. Aber in welchem Sinne ist auch das Unrechttun ein Übel, und sogar ein größeres? Unrechttun schmerzt doch den Unrechttuenden nicht. Sind nicht die Mächtigen, die kein Unrecht zu leiden brauchen und nach Belieben anderen Unrecht tun können, gerade die Glücklichen? Ist nicht der Großkönig glücklich? Ich weiß nicht, sagt Sokrates, ob er es ist, weil ich nicht weiß, ob er Paideia und Gerechtigkeit besitzt. Der Edle und Gute (καλὸς καὶ ἀγαθός) ist glücklich, der Ungerechte und Böse ist elend (470 e).

Ihm das zu widerlegen, erzählt Polos eine Geschichte über den König Archelaos von Makedonien, der sich durch allerlei Untaten zur Macht gebracht hat und nun ein höchst beneidenswertes und glückliches Leben führt. Da verschärft Sokrates seine Behauptung: der unbestrafte Ungerechte ist noch elender als der Bestrafte (472 e), was dem Polos freilich ungereimt scheint.

Für seinen Versuch, den paradoxen Satz zu beweisen, läßt sich Sokrates von Polos zunächst den Satz zugeben, daß das Unrechttun (wenn auch nicht schlechter, so doch) häßlicher sei als das Unrechtleiden (474 c). Polos ist also kein völliger Immoralist. Aber was heißt häßlich, und was heißt im Gegensatz dazu: schön? Schön, so erhärtet Sokrates durch Beispiele, nennen wir das, was entweder nützlich oder erfreulich oder beides ist, und das Gegenteil, das Häßliche, wird so genannt, weil es Schmerz oder Schlechtes oder beides bringt. Nun aber leiden die Unrechttuenden nicht mehr Schmerz als die Unrechtleidenden, sondern es gilt (wie allgemein angenommen wird) das Gegenteil. Also muß es das Schlechte, das Übel sein, wegen dessen das Unrechttun häßlich ist (475 c). Folglich wird kein Mensch freiwillig das Unrechttun wählen.

Man kann nicht sagen, daß das ein wirklicher Beweis oder auch nur eine einigermaßen befriedigende Argumentation wäre. Was Polos mit seiner These meinte, war doch dies, daß das Unrechttun zwar häßlich ist, d. h. sich nicht sehen lassen kann, weil es den Abscheu der anderen hervorruft und bei ihnen keine Liebe erwartet, aber nicht so schmerzhaft sei wie das Unrechtleiden und, wenn man es ungestraft tue, mancherlei Vorteile bringe. Es ist unbezweifelbar, daß der ungestrafte Ungerechte unter lauter Gerechten im Vorteil ist. Wenn trotzdem behauptet wird, das Unrechttun sei schlecht, so wird das von Sokrates aus dem Zugeständnis, daß es häßlich sei, hergeleitet mit dem Argument, daß das

Häßliche eine Art des Schlechten sei. Aber dies einmal zugestanden, so folgt daraus nicht, daß es schlechter ist als das Unrechtleiden, das ja unbezweifelbar wegen seiner Schmerzhaftigkeit auch schlecht ist. Unrechttun ist schlecht, weil es häßlich ist, Unrechtleiden ist auch schlecht, weil es schmerzlich ist. Warum aber ist die Häßlichkeit des Unrechttuns auf jeden Fall schlechter als die Schmerzlichkeit des Unrechtleidens? Darauf haben wir noch keine Antwort.

Diese Antwort bleibt auch der nun folgende Beweis schuldig, der zeigen will, daß es für den Ungerechten besser ist, bestraft zu werden als nicht bestraft zu werden. Es wird vorausgesetzt, daß die Strafe eine gerechte Strafe ist, von einem gerecht Strafenden ausgeführt, woraus dann folgt, daß der Gestrafte Gerechtes leidet. Das Gerechte aber, so war erklärt worden, ist das Schöne, und also erleidet der Bestrafte Schönes, und das heißt nach dem vorher Erörterten entweder Angenehmes oder Nützliches. Da die Strafe nicht angenehm sondern schmerzhaft ist, muß sie nützlich sein, und dieser Nutzen soll in einer Besserung der Seele bestehen, die von ihrer Schlechtigkeit befreit wird. Diese Schlechtigkeit ist die Ungerechtigkeit, und die ist weit schlechter als alle Schlechtigkeit des Körpers, wie Krankheit, oder Schlechtigkeit der Glücksumstände, wie Armut, denn sie ist die häßlichste, und da sie das nicht ist wegen ihrer Schmerzlichkeit, — Ungerechtigkeit tut ja dem Ungerechten nicht weh, — so muß sie das wegen ihrer Schädlichkeit sein (477 e).

Worin aber dieser Seelenschaden besteht, und warum er auf jeden Fall schlimmer sein soll als der Vorteil, den die Ungerechtigkeit bringt, das bleibt offen. Wir haben hier eine neue Formulierung der uns schon bekannten Analogie: Leib zu Seele wie Gesundheit zu Gerechtigkeit. Daß aber die Gerechtigkeit wirklich die Gesundheit der Seele ist und nicht eine Fessel, das ist unbewiesen wie zuvor. Wenn die Analogie vorausgesetzt wird, kann man leicht zeigen, daß die Rechtspflege der Medizin entspricht und daß, wie es am besten ist, gar nicht erst krank zu werden, so auch am besten, gar nicht erst Unrecht zu tun; wie es für den Kranken besser ist, vom Arzt geheilt zu werden als krank zu bleiben, so ist es auch für den Unrechttuenden besser, durch Gericht und Strafe geheilt zu werden als ungerecht zu bleiben. Alles das folgt, wenn die vorausgesetzte Analogie gilt. Das aber ist unbewiesen.

Angenommen aber, es sei bewiesen, was Sokrates beweisen wollte, dann folgt für die Rhetorik, daß nicht dies ihre Aufgabe sein kann, den vor

Gericht zu verteidigen, der sich vergangen hat und angeklagt ist, sondern ein solcher müßte hingehen und sich bestrafen lassen, so wie ein Kranker zum Arzt geht; die Rhetorik müßte ihm dazu dienen, sich selbst und ebenso Verwandte und Freunde anzuklagen, wenn sie sich schuldig gemacht haben, um sie durch das Gericht von der Ungerechtigkeit zu befreien. Aber bei seinen Feinden müßte man gerade durch die Rhetorik auf alle Weise zu verhindern suchen, daß sie der Wohltat der Bestrafung teilhaftig würden, wenn anders die Rhetorik überhaupt irgendeinen Nutzen haben soll (480 a ff.).

Hier mischt sich der Gastgeber Kallikles in das Gespräch ein. Er ist nicht bereit, das Gesagte mit seinen unsinnigen Konsequenzen als bewiesen anzunehmen (481 c). Um ihnen zu entgehen, nimmt er nochmals eine Radikalisierung vor. Gorgias hatte gemeint, der Rhetor müsse ein Wissen vom Gerechten haben, und sich damit in Widersprüche verwickelt. Polos hatte diese Voraussetzung, als die sophistische Position schwächend, aufgegeben. Aber er hat — zu seinem Nachteil (wie nun Kallikles meint) — zugestanden, das Unrechttun sei häßlicher als das Unrechtleiden. In der Tat war das die Prämisse, welche die unerwünschten Konsequenzen mit logischer Notwendigkeit nach sich zog. Kallikles negiert diese Prämisse. Er behauptet jetzt, das Unrechttun sei zwar häßlich nach menschlicher Satzung (νομῳ), aber nicht von Natur (φύσει). Zwar sei satzungsgemäß das Unrechttun schlechter, von Natur aber das Unrechtleiden. Die Gesetze seien von der Menge der Schwachen eingeführt worden, um sich gegen die gefährlichen Starken zu schützen (482 c ff).

Wenn das wahr ist, so folgt, daß es unter Umständen klug sein kann, dem Gesetz zu gehorchen, daß aber niemand verpflichtet ist, das zu tun. Wer keine üblen Folgen zu fürchten hat, hat keinen Grund, den Gesetzen zu gehorchen. Er kann tun was er will. Kallikles nennt diese Befugnis des Starken, zu tun was er will, das Gesetz der Natur (νόμος τῆς φύσεως), und bezeichnet demgegenüber die Gesetze, mit denen die Menschen sich gegenseitig Fesseln anlegen, als widernatürliche Gesetze (νόμοι παρὰ φύσιν 484 a). Das Gerechte (δίκαιον) nach der Natur ist nach Kallikles dies, daß der Stärkere mit Gewalt nimmt, was der Schwächere hat, daß der Bessere über den Schlechteren herrscht, daß der Edlere mehr hat als der Gemeine, wobei zwischen stark, gut und edel nicht unterschieden werden soll.

Sokrates folgert sogleich, daß die Vielen, die von Natur stärker sind als der eine, da sie ja die Macht haben, ihm Gesetze aufzuerlegen, nach Kallikles als die Stärkeren auch die Besseren sind, und also ihre Gesetze auch nach der Natur gerecht. Aber diese Vielen haben ja eben dies festgesetzt (wie Kallikles selbst sagt), daß es häßlicher sei, Unrecht zu tun als Unrecht zu leiden, und daß es gerecht sei, das Gleiche zu haben, und nicht mehr haben zu wollen als die anderen. Also ist dies auch der Natur nach gerecht und nicht nur dem Gesetz nach (489 a f.).

Ist Kallikles widerlegt? Nicht unbedingt, denn auch für ihn gilt, was er Gorgias und Polos vorgeworfen hat, daß er durch eine gewisse Inkonsequenz seine Position unnötig geschwächt hat. Er hat nämlich nicht nur gesagt: der Stärkere bestimmt, was Recht ist, sondern diesem Stärkeren auch noch vorgeschrieben, was er da anzuordnen und welches Ziel er zu verfolgen habe, nämlich das eigene Mehr-habenwollen und die Mißachtung der Schwachen. Wenn aber gilt: »vereint sind auch die Schwachen mächtig«, und wenn sie dann Gesetze machen, durch die sie sich gegen die Übergriffe des mächtigen Einzelnen schützen, dann ist auch das von Natur gerecht, und Kallikles hat sich in einen Widerspruch verwickelt. Aber das mußte er nicht tun. Wer da sagt, daß es eigentlich ein Recht gar nicht gibt, sondern nur Macht und die Vorschriften einer Macht, sei es die Macht eines Einzelnen oder einer Menge, der kann immer sagen, daß der Einzelne und sogar jeder Einzelne von Natur die Freiheit hat, mit den anderen zu machen, was er will, und daß es nur eine Frage der Klugheit, nicht aber der sogenannten Gerechtigkeit ist, wie weit er von seiner Freiheit Gebrauch machen will. Aber Kallikles lehrt nicht, daß es im Grunde gar kein Recht gibt, sondern er glaubt an eine Art natürliches Recht der höheren Menschen, denen also Unrecht geschieht, wenn die vereinigte Schar der Knechte über sie Herr wird und sie unters Joch zwingt. Aber wer ist der höhere Mensch? Nach einigem Hin und Her läßt er sich von Sokrates dazu verleiten zu sagen: der höhere Mensch, dem von Natur das Vorrecht gebührt, ist der φρονιμώτερος (490 a). φρόνιμος ist ein vieldeutiges Wort, es bedeutet einsichtig, verständig, klug und ähnliches. Das Entscheidende ist hier, daß die Überlegenheit des höheren Menschen als eine geistige Überlegenheit bestimmt wird. Dies also wird jetzt von Kallikles als das von Natur Gerechte proklamiert, daß der geistig Überlegene herrsche und mehr habe als die Minderwertigen.

Bei den geistig Überlegenen ist nicht an Fachleute zu denken, an Ärzte oder Köche oder Schuhmacher, sondern an diejenigen, die überlegen sind in den Angelegenheiten des Staates, solche, die etwas davon verstehen, wie am besten regiert wird, und die auch tapfer sind, so daß sie imstande sind durchzuführen, was sie sich gedacht haben, und nicht aus Weichheit der Seele dabei erschlaffen (491 b). Diesen klugen und tapferen geborenen Staatsführern also kommt es (meint Kallikles) zu, in den Staaten zu herrschen, und es sei gerecht, daß die Herrschenden mehr haben als die Beherrschten.

Sokrates fragt darauf, ob die Herrschenden auch als solche gemeint sind, die über sich selbst herrschen, nämlich über die eigenen Lüste und Begierden? »Ach du Süßer, du meinst diese Schwachköpfe, die Besonnenen?« antwortet Kallikles (491 e). Er lehrt, nicht Selbstbeherrschung, also nicht Unterwerfung der eigenen Lüste und Begierden, sei das von Natur Gerechte, sondern im Gegenteil dieses: die Begierden in sich möglichst groß werden zu lassen und sie nicht zu behindern, und dann ihnen, wie groß sie auch seien, Genüge zu tun durch Klugheit und Tapferkeit. Die moralischen Meinungen der Menge aber erklärt er als das, was man heute Ressentiment nennen würde. Die Leute können nicht, was die überlegenen Herrscher tun, und daher sagen sie, man dürfe das nicht, und weil sie nicht imstande sind, ihre Begierden zu befriedigen, haben sie die Lehre aufgebracht, man müsse sie beherrschen und unterdrücken. Sie loben die Gerechtigkeit, weil sie selbst feige sind. Wenn aber einer stark und mächtig sei und in der Lage, alle Güter zu genießen, dann sei es häßlich und schlecht, wenn ein solcher sich dem Gesetz, Gerede und Gericht der Menge unterwürfe. Luxus, Ungebundenheit und Freiheit, das ist in Wahrheit Areté, Trefflichkeit und Glück; alles andere ist Heuchelei, Widernatur und Geschwätz (491 e ff.).

Das ist deutlich gesprochen und nicht ohne alle Wahrheit. Denn daran kann kein Zweifel sein, daß die sogenannte Moral oft genug nichts anderes ist als das muffige System des organisierten Neides der Schlechtweggekommenen gegen die Bessergestellten. Daß solche »Tugend« keine wirkliche ist, liegt auf der Hand. Die Frage ist nur die, ob *alle* Moral nur solche Pseudomoral ist und ob sich die Forderung nach Gerechtigkeit wirklich gänzlich als solches Ressentiment entlarven läßt. Das muß nun geprüft werden, und Sokrates macht sich ans Werk.

Sokrates stellt, sich auf Mythisches berufend, die Frage, ob nicht dies von Kallikles vorgeschlagene Leben dem Unternehmen gleiche, Wasser mit einem Sieb zu schöpfen: die Maßlosigkeit der Begierden wird allen Befriedigungsversuchen spotten, und das Glück wird einem, je schneller man läuft, um es zu erhaschen, um so uneinholbarer davonlaufen (493 a ff.).

Noch ein anderes Bild bringt Sokrates: Der eine, der Besonnene besitzt viele Fässer, aber sie sind dicht und gefüllt mit Honig, Milch, Wein und anderen guten Dingen. Die Quellen sind spärlich und schwierig und geben nur mit viel Mühe etwas her. Aber der Besonnene ist sparsam und macht sich weiter keine Gedanken darüber und ist ganz ruhig. Die Gefäße des Unbesonnenen aber sind leck, seine Quellen jedoch sind nicht ergiebiger, und so muß er sich, ohne Ruhe zu finden, bemühen, seine Fässer zu füllen (493 d ff.).

Dagegen setzt Kallikles die These, daß die Freude des Lebens (um im Bilde zu bleiben) gerade darin bestehe, daß etwas in die Fässer hineinfließt. Wer auf den vollen Fässern sitzt, lebt freudlos wie ein Stein (494 a f.). Auch daran ist etwas Wahres, nämlich dies: daß Freude mit Schmerz bezahlt werden muß, und daß demjenigen, der sein Leben so einrichten will, daß er alle möglichen Quellen des Schmerzes verstopft, auch alle wirkliche Freude versagt bleibt. Große Freuden, erkauft mit großen Leiden, ergeben ein reicheres Leben als eine mit Freudlosigkeit erkaufte Leidenslosigkeit. Hungern und Essen ist besser als Appetitlosigkeit.

Aber Sokrates fragt, ob das für jede Art von Lust gelte, oder ob man gute und schlechte Lüste unterscheiden müsse. Er bahnt das an mit der Anführung des Beispiels, daß ja auch der seine Freude hat, den es juckt und der sich dann kratzt (494 c). Ist das dann also auch besser, als wenn es einen gar nicht erst juckt? — Die Lust-Kritik begegnet uns schon im »Protagoras«, aber da wurde nur das Streben nach gegenwärtiger Lust kritisiert und die Rücksicht auf künftige Lust und Unlust gefordert. Hier ist es grundsätzlich gemeint.

Kallikles verteidigt die These, das Gute und das Erfreuliche, das Angenehme, das Lustvolle sei dasselbe (495 a). Sokrates läßt sich zunächst von Kallikles zugeben, Wissen und Tapferkeit seien verschieden, wie auch Wissen und Lust sowie Tapferkeit und Lust. Er läßt sich ferner zugeben, daß man das Gute und die Glückseligkeit, bzw. das Schlechte und das Elend nicht zugleich hat, sondern abwechselnd, wie Gesundheit und Krankheit. Wenn wir also (argumentiert er) etwas fänden, was einer zugleich verliert und hat, so kann das nicht das Gute oder das Schlechte sein — was Kallikles zugibt. Damit hat Sokrates die Waffen beieinander, die er nun gegen Kallikles ansetzt (495 c—496 c).

Kallikles muß zugeben, daß alles Entbehren und jedes Begehren schmerzlich ist. Dursten schmerzt, Trinken erfreut, wenn man Durst hat. Wenn also der Durstige trinkt, hat er Unlust und Lust zugleich, Aber sich zugleich wohl fühlen (εὖ πράττειν) und schlecht fühlen (κακῶς πράττειν) ist unmöglich, also ist Freude nicht mit dem Guten identisch und Kallikles widerlegt (497 a).

Diese Widerlegung ist allerdings nicht viel wert. Daß man, so wenig wir zugleich gesund und krank sein können, so wenig auch das Gute und Schlechte zugleich haben kann, das hätte Kallikles nicht zugeben sollen. Denn gerade die Gebundenheit der großen Freude an den großen Schmerz gehört zu der von ihm vorgeschlagenen Weise zu leben und ist im Ernst kein Einwand gegen sie; auch nicht dies, was Sokrates nun vorbringt, daß mit der Unlust zugleich auch die Lust aufhört (497 b). Wenn der Durst gelöscht ist, macht das Trinken keine Freude mehr. Aber das ist kein Einwand gegen die Erfreulichkeit des Trinkens. Die Folgerung des Sokrates, daß also das Gute und das Erfreuliche nicht dasselbe sind, ist nicht schlüssig. Wohl könnte der Satz trotzdem richtig sein, aber der hier vorgetragene Beweisversuch reicht nicht zu.

Es folgt sogleich ein zweiter Beweisversuch: Die Guten sind gut durch die Anwesenheit des Guten, wie die Schönen schön sind durch die Anwesenheit der Schönheit (497 e). — Vorher hatte Kallikles gesagt, die von Natur Guten seien die geistig Überlegenen und Tapferen. Nun liegt es aber auf der Hand, daß Vergnügen und Mißvergnügen gleichmäßig auf Kluge und Dumme, auf Tapfere und Feige verteilt sind. Daraus folgert Sokrates, daß also das Gute und die Lust nicht identisch sind (499 b).

Auch hier versäumt es Kallikles, seinen Vorteil wahrzunehmen und etwa zu sagen: was sind das für kleine und erbärmliche Behagen, an denen deine Schwachköpfe von Besonnenen hängen. Die Männer der großen Leidenschaften, die ich meine, leiden wohl größere Schmerzen als jene, aber dafür erreichen sie auch eine Höhe der Freude, von der sich deine leidenschaftslosen Gesellen nichts träumen lassen. Nur die von

Natur Guten und geistig Überlegenen und wahrhaft Tapferen wissen überhaupt, was wirkliche Freude ist. — Wenn auch auf etwas andere Weise, meinen das ja im Ernst auch Plato und sein Sokrates.

Dagegen gibt Kallikles dem Gespräch eine neue Wendung. Er behauptet jetzt: man muß unterscheiden zwischen besseren und schlechteren Freuden. Freude ist nicht gleich Freude, Lust nicht gleich Lust (499 b). Das ist ein sehr wichtiger Gesichtspunkt, und auch (wie wir noch sehen werden) ein echt platonischer. Er ist ja auch der communis opinio vertraut, die anders denkt über jemand, der glückstrahlend aus einem klassischen Konzert kommt, als über jemand, der glückstrahlend aus der Kneipe kommt, wo er sich betrunken hat.

Die Frage ist freilich, inwiefern die einen Freuden besser sind als die anderen. Ist es richtig, was Sokrates (499 d) vorschlägt und was Kallikles annimmt, zu sagen: gut sind die nützlichen Freuden und schlecht die schädlichen? Sokrates gibt das Beispiel, daß Freuden der Tafel schädlich sein können für die Gesundheit, aber wir wissen aus dem »Protagoras«, daß mit dieser Einsicht die hedonistische Position keineswegs überwunden ist, denn diese Lüste sind ja nur schlecht, weil sie zwar im Augenblick Lust bringen, aber auf die Länge die Lustbilanz belasten. Wenn nun Sokrates folgert: also muß man um des Guten willen das Angenehme tun und nicht das Gute um des Angenehmen willen, und wenn Kallikles das zugibt (500 a), so läßt das die Frage offen, was denn nun das Gute sei und ob es nicht gerade die in summa höchste Freude sei.

Jedenfalls kann man sich nicht einfach dem überlassen, was die augenblickliche Begierde an Lust verheißt, sondern es kommt darauf an, die Wahl mit Kunst zu leiten (500 a). Was aber ist diese Kunst, das ist jetzt die Frage: die Rhetorik oder die Philosophie?

Sokrates kommt auf früher Erörtertes zurück: auf die Unterscheidung zwischen der Routine z. B. der Kochkunst, die auf das für den Leib unmittelbar Angenehme geht und der Lust schmeichelt, und der eigentlichen Kunst z. B. der Medizin, die das für den Leib wahrhaft Gute ermittelt (500 b ff.), wobei wieder außer Betracht bleibt, ob nicht dies Gute die wahre und dauernde Lust ist. Hinsichtlich der Seele wurden als die wahren Künste die Gesetzgebung und die Rechtspflege genannt, die auf das für die Seele Gute aus sind, als Schmeichelroutine aber die Sophistik und die Rhetorik, welche die Menge mit der Aussicht auf das unmittelbar Angenehme verführen.

Jetzt (501 d ff.) kommt noch etwas weiteres zur Sprache, nämlich die Dichtung und die Musik. Flötenspielerei, Chöre und Dithyramben machen den Menschen nicht besser, sondern dienen nur dem Vergnügen der Masse. (Von einem gewissen Meles wird bei der Gelegenheit gesagt, der habe nicht einmal auf das Angenehme Rücksicht genommen, sondern er quäle durch seinen Gesang die Zuhörer.) Auch die Tragödie dient nicht dazu, die Menschen zu bessern, sondern nur dazu, sie zu vergnügen. Wenn man von der Dichtung den Gesang wegnimmt und den Tonfall und das Silbenmaß, dann bleiben Reden übrig. Die Dichtung ist also auch Rhetorik, und indem sie auf die Vergnügung des Publikums ausgeht, ist sie nichts als Schmeichelkunst.

Das ist nun freilich ein starkes Stück: aus der gottbegeisterten Weisheit des Dichters, die sich freilich selbst nicht zu rechtfertigen vermag, ist hier die bloße Volksbelustigung geworden. Das war gewiß nicht Platos ganzer Ernst, aber doch auch nicht nur ein Witz, denn der Dichterkritik werden wir noch wieder begegnen, und sogar in einer Form, die ein ganz anderes Gewicht hat als diese beiläufige Abfertigung.

Und die Volksredner? Von denen gibt Kallikles ohne weiteres zu, daß wenigstens ein Teil davon, und sogar alle zeitgenössischen, nicht darauf aus sind, die Menschen zu bessern, sondern nur ihren Beifall zu gewinnen, indem sie ihnen Vergnügen bereiten. Aber (so meint er) es gibt doch Gegenbeispiele: Themistokles, Kimon, Miltiades, Perikles. Aber Sokrates läßt auch die nicht als Ausnahmen gelten. Er sagt: »Ja Kallikles, wenn das, was du vorhin so nanntest, die wahre Tugend ist, nämlich die Befriedigung der Begierden, der eigenen und der fremden. Wenn aber nicht dies, sondern das, worüber wir in der späteren Überlegung gezwungen wurden übereinzukommen: diejenigen Begierden, durch deren Befriedigung Menschen besser werden, zu befriedigen, jene aber, durch deren Befriedigung sie schlechter werden, nicht zu befriedigen, und daß es dafür eine Kunst gibt, — ist dann irgend einer von den Genannten ein solcher Mann?« (503 c).

Das ist ebenfalls ein starkes Stück. Der Ruhm des Perikles hat bis in unsere Tage hinein nicht abgenommen, und Platos Angriff gegen ihn gilt als etwas, was man solchem großen Mann eben verzeihen muß, genauso wie seinen Angriff gegen die Tragödie, die uns trotz Plato noch immer als die höchste Blüte der Dichtung gilt. Was aber müßte nach Platos Meinung der rechte Politiker bewirken? Das was sonst überall der Meister einer Kunst bewirkt, nämlich die rechte Verfassung (τάξις) und Ordnung (κόσμος 503 e f.).

Die Ärzte bringen den Leib in die rechte Ordnung und Verfassung, der Schiffbauer die Balken und Bretter, aus denen das Schiff besteht. Eine entsprechende Kunst muß es auch für die Seele geben. So wie das, was entsteht, wenn der Leib in die rechte Ordnung und Verfassung gebracht ist, Gesundheit und Stärke ist, so ist das, was entsteht, wenn die Seele in die rechte Verfassung gebracht ist, Gerechtigkeit und Besonnenheit (504 d). Hier haben wir wieder die Analogie Leib zu Seele wie Gesundheit zu Gerechtigkeit. Aus ihr folgert Sokrates: so wie der Arzt es nicht billigen kann, daß jemand aus Freßlust seine Gesundheit ruiniert, so kann es für die Seele nicht gut sein, den Begierden ohne Zügelung nachzugeben. Also ist Zucht besser als Zuchtlosigkeit, entgegen der Meinung des Kallikles (505 b). Der könnte etwa antworten: vielleicht meine ich auch eine gewisse Ordnung der Seele, nur eine andere als du; aber er schweigt jetzt und läßt Sokrates die Sache alleine zu Ende bringen (506 e).

Derjenige, dessen Seele recht geordnet ist, ist der Besonnene. Er tut überall, was sich gebührt: gegen die Götter, und ist also fromm, und gegen die Menschen, und ist also gerecht; aber er ist auch tapfer, weil er da ausharrt, wo er soll, wenn er doch überall das Gebührende tut. So gilt also wieder der Satz von der Einheit der Tugend: der Besonnene ist notwendigerweise auch gerecht und fromm und tapfer. Das folgt daraus, daß der Besonnene als jener gedacht wurde, der immer und überall tut, was er soll, der überall und immer seine Pflicht tut. Er ist also auch der Gute.

Der Gute wird es auch gut machen (εὖ πράττειν) und also selig und glücklich sein, der Schlechte aber im Gegenteil (507 c). εὖ πράττω heißt 1.) ich handle gut, und 2.) es geht mir gut. Weil das im Griechischen ein Wort ist, wird angenommen, es sei dasselbe. Aber eben dies, daß der gute Mensch auch der glückliche ist, war ja das, was bewiesen werden sollte und im Folgenden zu beweisen versucht wird.

Wer ein solches Räuberleben führt, wie es das Ideal des Kallikles ist, der kann weder mit einem Menschen befreundet sein noch mit einem Gott. Der Mensch ist seiner Natur nach (wie Aristoteles sagt) ein politisches Tier (ζῶον πολιτικόν), und die politische Areté ist dasjenige, worauf er von Natur angelegt ist. Von diesem Ziel, das in seiner Natur angelegt ist, kann er sich nicht emanzipieren, wie vom Vollbart oder der Heterosexualität, weil er sonst die Möglichkeit der Freundschaft verliert. Ohne

Freundschaft aber kann der Mensch nicht glücklich werden. Einsamkeit ist Elend. Jeder braucht die anderen, und darum braucht er die politische Tugend (507 e).

Es ist klar, daß das kein prinzipiell anti-hedonistisches Argument ist; im Gegenteil, die Freundschaft, und wegen ihr die Tugend, wird ja für notwendig gehalten, weil Einsamkeit unerträgliches Leid bedeutet. Nicht zufällig taucht hier die Meßkunst aus dem »Protagoras« wieder auf. Was dem Kallikles zum Vorwurf gemacht wird, ist nur dies, daß seine Meßkunst zu primitiv und daher unzureichend sei. Sein Prinzip ist die Pleonexie, das Mehrhabenwollen, er mißt nur nach, ob etwas größer ist als etwas anderes, und verkennt, was die geometrische Gleichheit vermag bei Göttern und Menschen (508 a). Damit wird angespielt auf den Unterschied zwischen der arithmetischen und der geometrischen Analogie. Die erste ist die Gleichheit von zwei Differenzen ($a - b = c - d$), die letztere die Gleichheit von zwei Quotienten ($a : b = c : d$). Bei der Gerechtigkeit handelt es sich um eine geometrische Analogie: die Löhne entsprechen den Leistungen.

Unrechttun ist schlechter als Unrechtleiden, hatte Sokrates gelehrt, ohne damit leugnen zu wollen, daß auch das Unrechtleiden von Übel ist. Was, so ist jetzt die Frage, ist nötig, um beiden Übeln zu entgehen? (509 d). Wie entgeht man dem Unrechtleiden? Indem man entweder in der Polis herrscht oder den Herrschern befreundet ist. Wenn aber der Herrscher schlecht ist, muß sich, wer ihm Freund sein will, ihm anpassen und selbst ebenso schlecht werden, und sich also seine Seele zerrütten und verstümmeln (511 a). Ohne solche Gleichschaltung (wendet Kallikles ein) wird man unter Umständen umkommen. Aber (so antwortet Sokrates) deine Kunst, das Leben zu retten, was ist sie schon wert? Die Schwimmkunst ist auch eine Lebensrettungskunst und gilt doch darum nicht für etwas besonders Großes. Die Schiffahrt leistet noch viel mehr und bringt nicht nur die Menschen, sondern auch noch ihr Vermögen heil über See. Aber der bescheidene Kapitän weiß sehr wohl, daß er nicht weiß, wem von den Fahrgästen wirklich damit genützt ist, daß er nicht ertrunken ist, und welchem vielleicht eher geschadet. Vielleicht wäre es für einen, der am Leibe unheilbar krank ist, besser gewesen, jetzt umzukommen, als voll von Leiden weiter zu leben, und erst recht für einen, dessen Seele voll unheilbarer Übel ist. Es kann nicht der wahre Lebenszweck sein, auf alle Weise nur sein Leben möglichst zu verlängern und den Tod hinauszuschieben, dem auf die Dauer doch keiner entkommt, sondern die entscheidende Frage ist, wie man während der Zeit, da man lebt, zu leben hat, um am besten zu leben (512 e). Daß das Leben der Güter höchstes ist, das will uns nur die Routine einreden, welche die wahre Kunst nachahmt.

Es ist für den Staatsmann unnütz, den Mitbürgern Wohltaten zu erweisen, wenn nicht ihre Denkart (διάνοια) schön und gut ist (514 a). Seine Aufgabe ist es, sie zu bessern. So wie man nur einen Mann zum Baumeister der Stadt berufen wird, der einen guten Lehrer gehabt und auch schon Proben seiner Kunst abgelegt hat, die der Kritik standhalten, so muß es auch in der Politik geschehen. Daher muß sich Kallikles, der eben mit der Politik beginnt und Sokrates vorwirft, daß er sich um sie nicht kümmere, die Frage stellen lassen: hat Kallikles schon einen Bürger besser gemacht? Nämlich aus einem Ungerechten zu einem Gerechten? (515 a). Diese Forderung, die Plato seinen Sokrates hier stellen läßt, war in den Ohren seiner damaligen Leser genau so ungeheuerlich, wie es uns vorkommen würde, wenn heute von einem Bundestagskandidaten verlangt werden sollte, er müßte erst nachweisen, daß er schon einmal einen Menschen moralisch gebessert hat.

Wie steht es aber in dieser Hinsicht mit Perikles, Kimon, Miltiades und Themistokles? (515 d). Vermutlich nicht anders als mit Bismarck oder Adenauer. Haben sie die Bürger aus schlechteren zu besseren gemacht? Waren die Athener nach der letzten Rede des Perikles besser als vor seiner ersten? Im Gegenteil, sagt Sokrates, habe er immer gehört, Perikles habe die Athener zu einem faulen, feigen, geschwätzigen und geldgierigen Haufen gemacht (515 e). — Dies Urteil ist zwar auch dem Kallikles nicht unbekannt, aber er teilt es nicht. Immerhin wurde aber Perikles, der zuerst in gutem Ruf und hohem Ansehen stand, später, gegen Ende seines Lebens, der Unterschlagung bezichtigt. Ein Pferdeaufseher, der die Tiere so übernommen hat, daß sie nicht schlugen und bissen, und der sie so hinterläßt, daß sie nun diese Untugenden haben, der ist auch kein guter Pferdeaufseher, und dasselbe muß von einem Politiker gelten, der die Menschen ungerechter hinterläßt als er sie übernommen hat, und also war Perikles kein guter Staatsmann (516 d).

Gegen die anderen berühmten Staatsmänner bringt Sokrates ähnliche Dinge vor wie gegen Perikles und folgert: wenn diese Redner waren, dann verstanden sie sich weder auf die wahre Redekunst noch auf die schmeichlerische — wobei mit der wahren Redekunst hier die der Routine der Rhetorik entsprechende Kunst gemeint ist, und das war die Rechtspflege (517 a).

Sokrates bringt nun einen ergänzenden Vergleich von Dingen des Leibes und der Seele. Den Leib betreffend gibt es allerlei Tätigkeiten, die für ihn sorgen, die der Bäcker und Köche und Weber und Schuster usw. Was ihm aber zuträglich ist zur Erhaltung seiner Gesundheit und zur Wiedergewinnung der verlorenen, das wissen nicht diese Leute, sondern der Gymnast und der Arzt. So gleichen auf dem Felde der Seele die berühmten Staatsmänner den Bäckern und Schustern, und in der Hinsicht soll ihnen kein Ruhm streitig gemacht werden (518 a). Dazu könnte man sagen: ein guter Bäcker ist auch des Lobes wert, und ein Politiker, der uns so gut mit dem, was wir von ihm brauchen, bedient wie ein guter Bäcker mit gutem Brot, wenn wir ihn immer hätten, uns wäre wohl. In der Tat ist ja das, was wir unter einem Politiker verstehen, und auch das, was man üblicherweise in Athen darunter verstand, ein Mann der Versorgungskunst, nur nicht eben mit Brot sondern mit gewissen anderen Dingen, mit denen wir auch versorgt werden müssen, wenn wir nicht ins Elend kommen oder gar umkommen sollen. Die Forderung des platonischen Sokrates an den Politiker, daß er die Menschen gerechter machen soll, ist paradox und ist auch so gemeint. Plato ist seit über 2000 Jahren der große Klassiker, aber das darf uns nicht vergessen lassen, daß er keineswegs der typische Ausdruck seiner Zeit ist, sondern ein Mann, der gegen den Strom schwimmt und schwimmen will.

Von seiner revolutionären Idee der Politik geleitet, läßt Plato seinen Sokrates sagen: »Ohne an Gerechtigkeit und Besonnenheit zu denken, haben sie mit ihren Häfen und Werften und Mauern und Zöllen und dergleichen Nichtigkeiten die Stadt gefüllt« (519 a). Es wird sogar die radikale, aber konsequente Folgerung gezogen: kein solcher Mächtiger im Staat darf sich über Ungerechtigkeit beklagen, wenn man ihm den Prozeß macht wie Perikles, denn hätte er wirklich getan, was seines Amtes ist, und die Menschen gerecht gemacht, dann wäre ihm dies nicht geschehen; also hat er seine Pflicht versäumt, und also geschieht ihm ganz recht (519 b).

Dasselbe gilt für die Sophisten. Sie beanspruchen, Lehrer der Tugend zu sein, und beklagen sich darüber, daß ihre Schüler ihnen oft das Honorar schuldig bleiben. Offenbar hat ihr Tugendunterricht nichts genützt, denn sonst hätten die Schüler bezahlt. Wenn er aber nichts genützt hat, ist es auch ganz in Ordnung, wenn sie kein Honorar erhalten (519 c). Eben darum kann es auch für diese Lehre, die beansprucht, jemanden gut zu machen, kein Honorar geben, denn wenn der Unterricht gelingt, wird sich der Belehrte, durch seine Areté genötigt, von selbst dankbar erweisen; wenn er es nicht tut, ist das nur ein Zeichen, daß der Unterricht nicht gelungen ist (520 d).

Plato selbst ist sich des revolutionären Charakters seiner Idee von Politik voll bewußt. Das kommt darin zum Ausdruck, daß er den augenscheinlich ganz unpolitischen, abseits der Politik lebenden Sokrates behaupten läßt: mit einigen wenigen anderen, um nicht gar zu sagen: allein befleißige er sich der wahren Politik; er verhalte sich zu den anderen sogenannten Politikern wie der Arzt zu einem Koch. Da er nicht schmeichle, könne er sich leicht die Mißgunst der Menge zuziehen und vor Gericht gebracht werden, und es sei vorauszusehen, wie es ihm da ergehen werde: wie einem Arzt, den ein Koch verklage, und über den dann Kinder zu Gericht sitzen (521 d f.).

So deutet jetzt Plato den Sokrates-Prozeß. Solchen Prozeß, sagt Sokrates, muß ich verlieren, weil ich mich auf die Schmeichelkunst nicht verstehe, aber das ist nicht schlimm, denn nicht der Tod ist schlimm, wohl aber, in die Unterwelt zu kommen als einer, dessen Seele mit vielen Ungerechtigkeiten angefüllt ist (522 e). Er fährt fort: »So will ich dir etwas erzählen, was du für einen Mythos halten wirst, ich aber für einen Logos, denn als etwas Wahres sage ich dir, was ich dir sagen werde« (523 a). Mythos meint eine Fabel, eine Geschichte, die nicht wahr ist, jedenfalls nicht wörtlich wahr, wenn auch vielleicht doch in irgend einem Sinne zu beherzigen. Logos dagegen meint die Rede, die Wahrheit beansprucht. Da man nun in der Rede Wahres und Falsches nach Belieben reden kann, wodurch unterscheidet sich die wahre von der falschen? Dadurch, daß es so ist, wie geredet wird. Woher weiß man das? Auf sehr verschiedene Weise, die aber alle dies gemeinsam haben, daß irgendwie nachgewiesen wird, daß es sich wirklich so verhält, wie behauptet wurde. Diesen Nachweis nennt man auch eine Begründung. Ein wahrer Satz muß begründet werden können. Dazu kann man vielleicht etwas vorzeigen, oder man wird zur Begründung auch reden, und oft genügt zur Begründung das Reden allein. Daher heißt dann auch die Rede, die sich begründen kann, und auch die Begründung selbst Logos. Hier aber wird nichts begründet, sondern wie eine Fabel erzählt Sokrates das, was er als wahr in Anspruch nimmt (523 a ff.).

Nach dem Tode kommen die Gerechten in die Gefilde der Seligen, wo sie in vollkommener Glückseligkeit leben, die Ungerechten aber in den Tartaros, das jenseitige Strafgefängnis. Zunächst waren Menschen die Richter und saßen am Sterbetage zu Gericht, und da ging die Sache schlecht. Die Seelen waren unsichtbar, eingehüllt in schöne Leiber, und Verwandtschaften und Reichtümer und viele Zeugen bezeugten von schlechten, sie seien gute Menschen gewesen. Die Richter selbst hatten auch eine durch den Leib verhüllte Seele, was das Urteil behinderte, daher wurde das alles von Zeus geändert. Das Vorherwissen des Todes wurde abgeschafft, und Tote richten jetzt die Toten, d. h. Seelen die Seelen. Drei menschliche Zeussöhne wurden zu Richtern eingesetzt, die richten nun an der Stelle, wo der Weg zu Himmel und Hölle sich gabelt. Der Tod ist die Trennung von Leib und Seele. Beide bleiben nach der Trennung zunächst wie sie waren, und wie der Leichnam nicht nur die Gestalt des Lebenden bewahrt, sondern auch die Spuren dessen, was im Leben mit ihm geschah, so auch die Seele. So zeigt vielleicht die Seele eines Königs nichts Gesundes, sondern ist voll von Schwielen von Meineid und Ungerechtigkeit und verrenkt von Lüge und Hochmut, und solche häßliche Seele wird in den Tartaros geschickt. Einige, die Heilbaren, werden durch Strafe gebessert, die Unheilbaren dienen als abschreckendes Beispiel.

Wenn der Richter aber eine Seele erblickt, die heilig und in der Wahrheit gelebt hat (es ist da an die Seele des Philosophen gedacht), die kommt in den Himmel. Also kommt es darauf an, und dies muß das oberste Lebensziel sein, mit gesunder Seele vor den Richter zu kommen, und alles andere, wonach die Menschen jagen, wird demgegenüber bedeutungslos. Und wenn Sokrates vor dem menschlichen Gericht hilflos ist, so der Rhetor mit all seiner Kunst vor dem jenseitigen.

Vielleicht (sagt Sokrates) hältst du, Kallikles, das für eine Fabelei, und man dürfte es auch wohl verachten, wenn man nur auf alle Weise suchend etwas Besseres finden könnte und etwas Wahreres (527 a).

Aber dies blieb in all unseren Unterredungen stehen: daß Unrechttun schlimmer ist als Unrechtleiden, und daß Unrechttun und bestraft Werden besser ist als nicht bestraft zu werden. Das gilt, weil die Ungerechtigkeit die Seele verunstaltet (527 b). Die Analogie Leib zu Seele wie Gesundheit zu Gerechtigkeit fordert, daß, wie die Krankheit eine Folge hat: das leibliche Elend, so auch die Ungerechtigkeit eine Folge haben muß: das Elend der Seele. Und Entsprechendes muß für Gesundheit und Gerechtigkeit gelten. Der Begründungszusammenhang erinnert an die kantische Postulatenlehre. Nach Kants Lehre steht a priori fest, daß der Mensch verpflichtet ist, sich durch Moralität glückswürdig zu machen. Solches wäre aber etwas Sinnloses, wenn das Glück ohne Wahl und Billigkeit verteilt würde. Also muß es einen Gott geben, der die Guten belohnt und die Bösen bestraft, und ein zukünftiges Leben, in dem das geschieht.

Die Frage, ob Kant das bewiesen hat, woraus er die Postulate deduziert, nämlich dies, daß das Wesen der Pflicht darin besteht, sich glückswürdig zu machen, kann hier offen bleiben. Die Frage, die uns jetzt angeht, ist die nach dem Zusammenhang, den Plato zwischen Gerechtigkeitsforderung und Jenseitsgedanken herstellt. Mit der Analogie Leib zu Seele wie Gesundheit zu Gerechtigkeit wurde vorausgesetzt, daß die Seelengesundheit dem Menschen so notwendig oder wenigstens wünschenswert sein müsse wie die Gesundheit des Leibes. Allein das wurde doch nur vorausgesetzt. Daß die Gesundheit des Leibes ihm nützlich ist, das weiß der Mensch aus Erfahrung: er muß die fehlende Gesundheit mit Leiden bezahlen; nur wenn die fehlende Seelengesundheit auch mit einem Leiden bezahlt werden muß, ist der Satz begründet, daß der Mensch für seine Seelengesundheit zu sorgen habe. Sie kann nur dann als höchstes Gut postuliert werden, wenn das Leben nach dem Tode, von dem der Schlußmythos spricht, schon vorausgesetzt wird. Das meint nicht, daß man ohne Unsterblichkeitslehre keine Moral begründen könne, und daß ohne ein Jenseits der Satz des Predigers Salomonis gilt: »lasset uns essen und trinken, denn morgen sind wir tot«. Es meint nur dies, daß ohne die Voraussetzung eines Lebens nach dem Tode die Moralbegründung des platonischen »Gorgias« den Boden verliert. Was gehen den bösen Tyrannen die Schwielen an, die nach der platonischen Lehre seine Seele haben soll, wenn es den Totenrichter nicht gibt, für den sie ein Grund sind, ihn in die Hölle zu schicken?

Man erkennt aber auch dies: wenn die Jenseitslehre des Schlußmythos unentbehrlich ist, dann bleibt die platonische Lehre Hedonismus. Es kann keine Rede davon sein, und es soll auch keine Rede davon sein, daß wir die Lustrechenkunst des »Protagoras« hinter uns gebracht hätten, nur muß sie jetzt über den Tod hinaus ausgedehnt werden. Wer nur für das Diesseits kalkuliert, handelt sehr kurzsichtig, wenn es ein Jenseits gibt. Wenn der Mythos wahr ist, dann folgt zwingend, daß Unrechttun schlimmer ist als Unrechtleiden, denn Unrechtleiden vergeht, Unrechttun aber hat die Hölle zur Folge. Aber ohne Himmel und Hölle vorauszusetzen, kann Plato den Satz, daß Unrechttun schlecht ist, nicht begründen, weil er nicht sagen kann, inwiefern die sogenannte Seelenungesundheit für den Menschen nachteilhaft sein soll.

Aber wenn es so steht, wenn die Jenseitslehre nicht aus der vorangegangenen Dialektik wenigstens als etwas folgt, was man sich notwendigerweise so oder so ähnlich vorstellen muß, sondern wenn sie umgekehrt das Vorausgegangene erst wirklich begründet, dann bleibt die Frage: woher weiß man denn, daß der Mythos wahr ist und nicht eine bloße Fabel? Woher weiß man insbesondere, daß der Tod eine Trennung von Leib und Seele ist, daß die Seele im Tod den Leib auszieht, wie einer, der sich schlafen legt, seine Kleider auszieht? Das weiß man nicht nur nicht, sondern alles spricht dagegen, daß es sich mit Leib und Seele so verhält, wie es in diesem Bilde vorgestellt wird; alles spricht dafür, daß die Seele nicht ein zweites Ding ist, das im Leibding drinsteckt und auch da herausgehen kann, sondern daß die Seele nichts anderes ist als das Selbstbewußtsein des Leibes. Wenn es aber nicht feststeht, daß es sich mit Leib und Seele so verhält, wie es im Schlußmythos des »Gorgias« vorausgesetzt wird, dann hängt die ganze Lehre des »Gorgias« in der Luft.

Die Bösewichter dürfen nicht ungestraft davonkommen. Ohne Zweifel ist diese Forderung des menschlichen Sinns für Recht und Unrecht einer der Gründe für den Glauben an das Jenseits, der uralt ist und den die Griechen schon aus dem Orient geerbt haben. Insofern hat Nietzsche recht, wenn er lehrt, daß die Hölle älter ist als der Himmel. Dennoch haben die Menschen die Verfolgung des Unrechts niemals den Göttern überlassen, wenn auch Jahve spricht: Die Rache ist mein. Immer haben die Menschen sich für verpflichtet gehalten, nicht nur selbst recht zu tun, sondern auch das Rechttun aller in der Gemeinschaft durchzusetzen und die Übertreter zu bestrafen. Das gute Zusammenleben in einer Gemeinschaft hängt nicht nur davon ab, daß möglichst alle sich an das Gesetz halten und einander rechtlich behandeln, sondern auch davon, daß die Minderheit der Rechtsbrecher unschädlich gemacht und das Recht durchgesetzt wird. In der Frühzeit aber war das immer nur in sehr unvollkommener Weise möglich, wie denn ja selbst heute es noch manchem gelingt, dem gerechten Gericht zu entgehen. Geschickte Schurken, die in Ehren sterben, wird es immer geben. Dennoch bedeutet die Verwandlung der Forderung nach Strafe für alle Bösen in die Behauptung, dieselbe finde auch irgendwann und irgendwo wirklich statt, einen Schritt, den das kritische Denken nicht billigen kann. Der tapfere und nüchterne Wirklichkeitssinn der homerischen Tradition hatte die Griechen weitgehend von solchem Wunschdenken befreit und sie zu einem bewundernswerten religiösen Empirismus geführt. Aber unterirdisch, besonders in den Mysterien, wirkten die alten Vorstellungen weiter. Plato ist einer der Männer, durch den sie wieder mächtig an die Oberfläche drängten. Insofern hat er wirklich etwas dem Christentum Verwandtes. Die christliche Tradition hat das immer gefühlt, einschließlich des Antichristen Nietzsche, der ebendarum sagte: Christentum ist Platonismus fürs Volk. Die Lage aber, in der wir Plato jetzt sehen, ist die, daß alles in der Luft hängt, wenn man die Unsterblichkeit nicht beweisen kann. Einen solchen Beweis finden wir versucht in dem Dialog »Phaidon«. Er wird möglich durch die Ideenlehre und die damit eng zusammenhängende von der Wiedererinnerung (ἀνάμνησις). Davon hören wir zum ersten Male etwas im Dialog »Menon«.

10. MENON

Menon, ein Thessalier, der in Athen bei Anytos zu Besuch ist, beginnt das Gespräch mit der Frage, ob die Areté gelehrt werden könne, oder ob sie nicht gelehrt sondern nur eingeübt werden könne, oder ob vielleicht keines von beiden der Fall sei und sie von Natur oder auf irgend eine andere Weise im Menschen anwesend sei (70 a).

Sokrates gibt eine etwas ironische Antwort und sagt, die Weisheit scheine nach Thessalien ausgewandert zu sein, in Athen aber sei in der Hinsicht geradezu eine Dürre ausgebrochen, denn nicht nur, daß man keine Antwort habe auf die Frage des Menon, man wisse nicht einmal, was das überhaupt sei, die Tugend. Mir selbst, sagt Sokrates, gehts nicht anders, auch ich weiß gar nichts von der Tugend. Wovon ich aber nicht weiß, *was* es ist, wie soll ich davon wissen, wie beschaffen es ist? Oder kann, wer den Menon gar nicht kennt, wissen, ob er schön ist oder reich oder vornehm oder das Gegenteil (71 b)?

Das klingt beinahe selbstverständlich und ist es doch ganz und gar nicht. Natürlich, wer den Menon nicht kennt, d. h. wer nicht weiß, welcher Mensch mit diesem Eigennamen bezeichnet wird, der kann auch nicht entscheiden, ob er schön ist. Aber ich weiß ja, daß ein gewisser Mr. N. N. in den USA sehr reich ist, aber ich weiß nicht, wer er ist, ich weiß nicht, wie er aussieht, und ich habe ihn auch nie gesehen. Ich weiß nicht, was Penicillin ist, aber ich weiß, daß es ziemlich teuer ist und bei gewissen Krankheiten von wohltätiger Wirkung. Ich weiß hier also wohl das Wie (ὁποῖον), aber nicht das Was (τί).

Was kann das überhaupt heißen, das Was dem Wie, der Beschaffenheit, entgegenzusetzen? Man kann das in dem Sinne meinen, wie wir früher wesentliche und unwesentliche Bestimmungen einer Sache unterschieden haben. Da hatten wir gesagt, unwesentliche Bestimmungen sind solche, deren Aufhebung die Sache selbst bestehen läßt. Wenn Sokrates krank ist, so bleibt er Sokrates; das wäre ein Wie. Wesentlich dagegen war eine Bestimmung, deren Aufhebung die Sache selbst aufhebt. Wenn Sokrates kein Mensch mehr ist, dann ist er auch nicht mehr Sokrates. Das wäre also ein Was. Aber man sieht leicht, daß uns diese Unterscheidung hier nichts nützen kann. Die Lehrbarkeit, wenn sie eine Beschaffenheit der Tugend ist, kann sich ja nicht so zur Tugend verhalten wie die Krankheit zu Sokrates, so daß die Tugend manchmal lehrbar wäre und manchmal nicht und allemal Tugend bliebe, sondern wenn die Tugend lehrbar ist, dann ist sie wesentlich lehrbar und kann gar nicht aufhören lehrbar zu sein, ohne auch aufzuhören, Tugend zu sein.

Nun haben wir schon erörtert: Wissen, was eine Sache ist, kann einmal bedeuten, entscheiden können, ob etwas Vorgezeigtes mit dem fraglichen Namen zu benennen ist oder nicht, es kann aber auch bedeuten, die Sache definieren können. Es ist klar, daß ich keine Definition des Was muß angeben können, wenn ich entscheiden soll über das Wie. Entscheiden, ob ein Ball rund ist, kann jedes Kind, ohne daß es dazu eine Definition des Balles brauchte.

Menon nimmt die Frage nach dem Was der Tugend zunächst in dem ersten Sinne, nämlich des Entscheidenkönnens, und wundert sich daher auch sehr über das sokratische Nichtwissen. Er beantwortet die Frage, was die Tugend sei, demgemäß auch einfach dadurch, daß er Fälle von Tugend aufzählt (71 e f.). Die Tugend des Mannes, sagt er, ist die Tüchtigkeit in den Staatssachen, die der Frau die in den häuslichen Sachen, und so könnte man noch mancherlei anführen über die Tugend der Knaben und der Mädchen, der Jungen und der Alten. Aber Sokrates ist damit nicht zufrieden, er verlangt, es solle das Allgemeine der Tugend angegeben werden. Er will eine Definition, und in der Tat: wenn die Frage nach der Lehrbarkeit im allgemeinen entschieden werden soll, dann braucht man einen wohldefinierten allgemeinen Begriff von der Sache.

Das definitionslose Verstehen bleibt immer fragwürdig hinsichtlich der Fälle, die noch nicht als Beispiele vorgenommen sind. Wenn man wissen will, ob ein bestimmter Satz für alle Metalle gilt, dann hilft es nichts, daß wir so ungefähr wissen, was ein Metall ist, nämlich daß man darunter Gold und Silber, Eisen und Kupfer usw. versteht, denn gerade auf die genaue Umgrenzung der »undsoweiter« kommt es jetzt an. Andererseits aber können wir hier auch keine willkürliche Nominaldefinition einführen. Die neu eingeführte Definition muß vielmehr mit dem alltäglichen Sprachgebrauch insofern übereinstimmen, daß sich die Entscheidungen, die der Sprachgebrauch vornimmt, mit denen decken, die aus der Definition folgen. Das ist die Aufgabe, die Sokrates dem Menon stellt.

Menon versucht zu definieren: Areté ist über die Menschen herrschen Können (73c). Sokrates wendet ein, das könne nicht gut die Tugend des Knechtes sein, und schlägt vor, noch hinzuzusetzen: auf gerechte Weise. Menon ist damit einverstanden, denn (so meint er) Gerechtigkeit ist Tugend. Aber sie ist nicht die, sondern eine Tugend, und Besonnenheit, Tapferkeit und Weisheit sind auch Tugenden. Die Frage war aber nicht nach den Tugenden sondern nach der Tugend.

Nachdem der Sinn der Frage am Beispiel der Definition der Raumgestalt und der Farbe verdeutlicht worden ist (74b f.), versucht Menon eine zweite Definition: »Sich am Schönen Erfreuen und es Vermögen« (77b). Das hier genannte Schöne wird von Sokrates sogleich mit Zustimmung Menons mit dem Guten identifiziert, und auf die uns schon bekannte Weise gefolgert, daß niemand das Schlechte (das für ihn selbst Schlechte) will, sondern jeder das, was er als das für ihn selbst Gute ansieht. Das bedeutet, daß die erste Hälfte der Definition überflüssig ist. Der Unterschied zwischen den Tugendhaften und Untugendhaften kann nur von dem Vermögen abhängen. Die Areté wäre demnach das Vermögen, sich das Gute zu verschaffen (78c).

Wenn wir alles erwägen, was wir schon erörtert haben, dann müssen wir sagen, daß das eine vortreffliche Definition im Sinne des platonischen Sokrates ist, wenn sie nämlich so verstanden wird, daß sie sagen will, Tugend sei das Vermögen, sich das zu verschaffen, was in Wahrheit das Gute ist. Aber das Moment der Wahrheit kommt jetzt nicht zur Geltung, vielmehr wird kritiklos das untergeschoben, was man üblicherweise für das Gute hält: Gesundheit, Reichtum, Macht und Ehre. Dieser Ansatz erlaubt den Einwand, daß der Erwerb dieser Güter nur dann tugendhaft sei, wenn er auf gerechte Weise geschieht (78e). Damit ist auch dieser Definitionsversuch gescheitert, kunstvoll an der sokratisch-platonischen Wahrheit vorbeigeführt, zu der wir schnell hätten gelangen können, wenn jetzt Sokrates in die uns bekannte Richtung gesteuert hätte mit der Frage: ob nicht das Gute der Seele noch wichtiger sei als das des Leibes, daß also die Areté in erster Linie darin bestehen müsse, sich das zu verschaffen, was für die Seele gut ist. Aber hier bricht der Definitionsversuch ab mit der Feststellung, daß man wieder die Tugend durch einen Teil von ihr definiert habe, wieder gesagt habe »auf gerechte Weise« und so die Aufgabe nicht gelöst sei.

Also muß man aufs neue suchen. Hier nimmt das Gespräch eine unerwartete Wendung. Menon fragt nämlich: auf welche Weise willst du denn das suchen, von dem du überhaupt nicht weißt, was es ist? Und selbst angenommen, du würdest es finden, woher weißt du, daß es das Gesuchte ist, wenn du nicht weißt, was das Gesuchte ist? (80 d)

In der Tat, das scheint so zu sein, als wenn ich jemanden schicke, meinen Hut zu suchen, der gar nicht weiß, wie er aussieht! Doch haben wir uns ja schon darüber verständigt, daß man wohl in dem Sinne weiß, was die Areté ist, daß man im Einzelfall entscheiden kann, ob etwas eine Areté ist oder nicht, aber noch nicht die Definition hat, die dies Entscheidungswissen deckt. Man weiß also im gewissen Sinne schon, was die Areté ist, und in gewissem Sinne auch nicht.

Um Menons Einwand zu begegnen, trägt Sokrates etwas vor, was er von Männern und Frauen, die in göttlichen Dingen sehr weise sind, Priestern und Priesterinnen, gehört habe, und was auch Pindar und andere Dichter gesagt hätten. Sie sagen nämlich, die Seele des Menschen sei unsterblich. Davon hörten wir schon im »Gorgias«; nun aber wird hinzugesetzt: diese Unsterblichkeit hat die Form der Seelenwanderung, der immer erneuten Wiedergeburt zu neuem Leben. Auf ihrer Wanderung hat die Seele schon alles in Erfahrung gebracht, es gibt nichts, was ihr absolut neu wäre, es ist nur in Vergessenheit gesunken, und man muß versuchen, es durch die Erinnerung wieder hervorzuholen. Suchen und lernen ist nichts als Erinnerung (ἀνάμνησις, 81 d).

Zur Erläuterung macht Sokrates das berühmt gewordene Experiment mit einem Sklavenjungen, der zum Gefolge des Menon gehört, und aus dem er, ohne ihn dogmatisch zu belehren, einen geometrischen Satz herausholt, den Satz nämlich, daß man, um ein Quadrat der Fläche nach zu verdoppeln, das Quadrat über der Diagonale konstruieren muß (82 c ff.).

Der Knabe wird zwar durch Fragen angeleitet, doch wird ihm keine Antwort vorgesagt. Alle Antworten findet er selbst. Er holt sie aus sich selbst hervor, als hätte er dies Wissen schon besessen und müsse sich nur daran erinnern.

Gewiß (so werden wir dazwischenreden), das sich Erinnern ist ein Hervorholen dessen, was man schon weiß, was man im Gedächtnis gespeichert hat. Aber es gilt nicht die Umkehrung, daß jedes Hervorholen eines Wissens aus sich selbst ein sich Erinnern ist. Das ist schon daraus deutlich, daß wenn man mit dem Knaben sogleich dasselbe Experiment noch einmal machen würde, er sagen könnte: ja ich erinnere mich, es kommt heraus, daß man die Diagonale ziehen muß; an den Beweis erinnere ich mich aber nicht mehr genau.

Die spätere Philosophie hat dies mit der Erinnerung verwandte aber nicht identische in sich selbst Finden eines Wissens als Erkenntnis apriori bezeichnet. »A priori« heißt hier »im voraus«, nämlich vor aller Erfahrung. Kant wird zwar später sagen, dies »vor« sei nicht im zeitlichen Sinne zu verstehen, aber zunächst legt sich die zeitliche Deutung nahe. Daher kann Plato das Apriori vom Gedächtnis her interpretieren. Die Antwort ist noch unzureichend, aber die Frage, auf die geantwortet werden sollte, war neu und wichtig.

Hier wird nun gefolgert: da der Sklave in seinem ganzen bisherigen Leben niemals Geometrie gelernt hat, so muß er sich dieses Wissen, das er besitzt, vor diesem Leben erworben haben, und also gibt es eine Präexistenz (86 b). Doch wird das nicht ganz ernst genommen: für das andere, sagt Sokrates, möchte ich mich nicht so ganz verbürgen in dieser Argumentation; daß wir aber, wenn wir glauben, wir müßten das suchen, was wir nicht wissen, besser werden und tapferer und weniger träge als wenn wir glauben, was man nicht wisse, sei nicht möglich zu finden und man müsse es also gar nicht erst suchen, dafür möchte ich allerdings streiten in Wort und Tat so sehr ich kann (86 c).

Das bedeutet, die Rede von der Wiedererinnerung bleibt ein Bild. Was mit diesem Bilde gemeint ist, kann sich in Wirklichkeit nicht so vollziehen, daß man sich an die Stirne faßt und fragt: wie war das denn noch? Wenn im folgenden die Frage nach der Areté wieder aufgenommen und dafür ein methodisches Verfahren eingeführt wird, nämlich das hypothetische Verfahren, dann weist das auf Platos eigentliche Meinung hin: das, was das Bild als sich Erinnern bezeichnet, das vollzieht sich, ohne Bild gesprochen, als hypothetisches Verfahren. Dies Verfahren wird hier eingeführt als eine Möglichkeit, zu einem Kompromiß zu kommen zwischen dem Wunsch des Menon, etwas über die Lehrbarkeit der Tugend zu erfahren, und der Forderung des Sokrates, es müsse zuvor geklärt werden, was die Tugend sei. Das hypothetische Verfahren (ἐξ ὑποθέσεως σκοπεῖσθαι 86 e) wird dabei von den Mathematikern übernommen. Die Mathematiker antworten nämlich oft auf eine bestimmte Frage nicht einfach mit ja oder nein, sondern sie sagen, wenn eine bestimmte Voraussetzung erfüllt ist, dann ja, wenn nicht, dann nicht. Entsprechend wird hier hinsichtlich des Problems der Lehrbarkeit der Tugend verfahren. Es ergibt sich dabei folgendes Beweis-Schema:

Wenn Tugend Wissen ist, dann ist Tugend lehrbar. Das ist der Obersatz. Nun aber ist Tugend Wissen. Das ist der Untersatz. Also ist Tugend lehrbar. Das ist der Schlußsatz. Das ist das Schema des später sogenannten modus ponens. Die Stoiker formulierten ihn: Wenn das 1., so das 2., nun aber das 1., also das 2.

Der Schlußsatz ist dann bewiesen, wenn die beiden Prämissen bewiesen sind. Für den Obersatz ist das kein Problem, denn was nicht lehrbar ist, ist kein Wissen, und umgekehrt gibt es gar nichts anderes, was lehrbar wäre im eigentlichen Sinne, als eben Wissen. Dies folgt aus dem Begriff des Wissens, und also folgt auch die Anwendung auf die Tugend: wenn Tugend Wissen ist, dann ist sie lehrbar (87 c). Das Problem ist der Untersatz: jetzt kommt es darauf an, zu zeigen, daß Tugend Wissen ist, und so sind wir auf dem scheinbaren Ausweg doch wieder da angekommen zu untersuchen, was die Tugend ist. Aber diese Untersuchung ist jetzt auf die Alternativfrage gebracht: ist Tugend Wissen oder nicht?

Daß Tugend Wissen ist, ist die alte Behauptung des Sokrates. Sie soll jetzt bewiesen werden. Zugestanden wird sogleich: die Areté ist etwas Gutes. Wenn man nun beweisen könnte, daß es kein anderes Gutes gibt als das Wissen, dann wäre man am Ziel. Nicht nur die Tugend ist gut, sondern auch wir sind gut, wenn wir tugendhaft sind, und (so wird fortgefahren) als Gute auch nützlich, denn alles Gute ist nützlich (87 e). Früher wurde zwar auch das Angenehme zum Guten gerechnet, das unter Umständen gar nicht nützlich, sondern manchmal sogar schädlich ist, aber trotzdem mag der Satz hingehen, daß wir als Tugendhafte nützlich sind. Dies ist sogar der eigentliche Sinn der Areté im engeren Sinne, der politischen Trefflichkeit, daß der Mensch, der sie besitzt, ein nützliches Mitglied der menschlichen Gemeinschaft ist. Die Vorstellung von Tugenden, die niemandem nützen, aber vielleicht Gott wohlgefällig sind, liegt ganz außerhalb des griechischen Gesichtskreises.

Was sonst ist nützlich? Z. B. Gesundheit, Kraft, Schönheit und Reichtum. Aber dergleichen ist nicht immer nützlich, sondern manchmal auch schädlich, nämlich bei rechtem Gebrauch nützt es, bei unrechtem schadet es (88 a). Ebenso kann das Seelische: Besonnenheit, Gerechtigkeit und Tapferkeit, Gelehrigkeit, Gedächtnis, Großmut und all dergleichen, sofern es nicht Wissen ist, auch schaden. So zum Beispiel die Tapferkeit, wenn sie nicht eine das Handeln bestimmende Einsicht ist, daß man in einer bestimmten Lage unbedingt standhalten muß, sondern nur ein für das Gefühl der Furcht nicht empfängliches blindes Draufgängertum — und so überall (88 b f.).

Das ist die uns schon bekannte Unterscheidung zwischen Tugenden, die nur blinde Gemütsanlagen sind und für sich ohne sittlichen Wert, und (auf der anderen Seite) der bewußten Haltung des Menschen, die allein von moralischer Bedeutung ist. Wenn es aber weiter heißt: und so endet überhaupt alles, was die Seele unternimmt, wenn dabei die Einsicht leitet, im Glück (εὐδαιμονία), wenn aber Torheit leitet, im Gegenteil, — so gilt das nur, wenn die Areté, als die Nützlichkeit für die Polis, zugleich auch die Nützlichkeit für den Tugendhaften selbst ist, und wenn sein Glück nur davon abhängt. Beides ist nicht einsichtig. Wer der Polis nützlich ist, kann oft selbst Nachteile davon haben, und auch, wenn er selbst an dem Nutzen teilhat, kann noch das Schicksal, das seiner Macht entzogen ist, ihn ins Elend stürzen. Der Satz, daß die Areté glücklich macht, gilt nur, wenn es das Jenseits gibt, von dem im »Gorgias« die Rede war und von dem auch in der Lehre von der Wiedererinnerung wieder gesprochen wird. Abgesehen aber davon gilt nur der Satz, daß der Mensch nicht ohne die Areté glücklich werden kann, weil er sich dadurch die Möglichkeit der Freundschaft nimmt, dem Elend der Einsamkeit also nicht entgehen kann.

Für das systematische Problem einer Begründung der Moral ist es wesentlich zu beachten, daß dieses Argument, daß die Tugend conditio sine qua non des Glücks ist, hinreicht, und daß die weitere Behauptung, daß die Tugend das Glück notwendig im Gefolge hat, nicht erforderlich ist. Aristoteles argumentiert denn auch hinsichtlich der politischen Areté genau auf diese Weise, d. h. er versucht zu beweisen, daß der Versuch des Menschen, gegen seine Natur als politisches Tier zu handeln, die Glücksmöglichkeit für ihn zerstört.

Was man gemeinhin Areté nennt, ist also nicht immer nützlich. Wenn unter Areté etwas verstanden werden soll, was notwendigerweise nützt, dann kann das nur die Einsicht sein, und sie ist auch die conditio sine qua non der Nützlichkeit von Reichtum, Gesundheit, Schönheit usw., und so ist die Einsicht das Nützliche schlechthin (89 a). Dann ist aber Areté keine Naturanlage, und es sind die Guten nicht von Natur gut. Dies ist gesagt gegen eine Rede, die von der Areté so spricht wie von Veranlagungen für Musik oder Sport, als seien einige für die Tugend veranlagt, andere nicht. Niemand wird ja mit Wissen geboren, Wissen muß erworben, muß gelernt werden.

Jetzt aber erhebt sich eine Schwierigkeit, und es folgt auf die Thesis die Antithesis (89d ff.). Hier haben wir zum ersten Male die Dialektik in ihrer später so berühmt gewordenen Form von Thesis, Antithesis und Synthesis, also von einem ersten Satz, dem sogleich ein zweiter folgt, der dem ersten widerspricht, und dann ein dritter, der die widersprechenden Sätze miteinander versöhnt.

Die Thesis lief so: 1. wenn Tugend Wissen ist, so ist Tugend lehrbar. 2. Tugend ist Wissen. 3. Tugend ist lehrbar.

Die Antithesis aber läuft so:

1. Wenn Tugend Wissen ist, so ist Tugend lehrbar. Dieser Satz, der Obersatz der Thesis, bleibt also stehen. Der 2., der Untersatz, lautet aber: Tugend ist nicht lehrbar. Das ist die Negation des Satzes, der vorher den Schlußsatz gebildet hatte; geschlossen wird nun 3.: also ist die Tugend nicht Wissen.

Diese Figur wurde später der modus tollens genannt. Die Stoiker formulieren den modus ponens: Wenn das 1., so das 2.; nun aber das 1.; also das 2. Dagegen den modus tollens: Wenn das 1., so das 2.; nun aber nicht das 2.; also nicht das 1. Da der Obersatz stehenbleibt, braucht er nicht aufs neue bewiesen zu werden. Der Untersatz: Tugend ist nicht lehrbar, wird daraus gefolgert, daß es keine Lehrer der Tugend gibt. Wenn die Tugend lehrbar ist, muß es auch Lehrer derselben geben, und wenn es die nicht gibt, dann ist sie wohl nicht lehrbar (89e).

Wenn jemand Arzt werden soll, schickt man ihn zum Arzt in die Lehre, und zum Musiker, wenn er Musik lernen soll, zum Schuhmacher, wenn er lernen soll, Schuhe zu machen, überall also zum Sachverständigen. So müßte man also, um jemanden die Tugend zu lehren, ihn zum professionellen Tugend-Lehrer schicken. Als solche professionellen Lehrer der politischen Areté bieten sich die Sophisten an. Aber da sagt der bei dem Gespräch anwesende Hausherr Anytos (der spätere Ankläger des Sokrates): beim Herakles! Möge doch keinen Verwandten, Angehörigen oder Freunde unter den Einheimischen oder Fremden eine solche Raserei ergreifen, daß er zu denen ginge und sich verderben ließe, denn die sind offenkundig der Verderb und Untergang derer, die mit ihnen umgehen (91c).

Die Sophisten haben offenbar keinen guten Ruf. Aber Sokrates äußert sein Erstaunen. Wie ist das möglich? Wenn ein Flickschuster nicht leistet, was seine Kunst verspricht, nicht einen Monat könnte das verborgen bleiben, und er müßte bald aufhören. Protagoras aber, inzwischen über 70 Jahre alt gestorben, hat über 40 Jahre gelehrt, hat mehr Geld verdient als der große Bildhauer Phidias und ist bis an sein Ende gerühmt und gepriesen worden. Hat denn niemand gemerkt, daß er seine Schüler verdorben hat, und hat er es am Ende auch selbst nicht bemerkt? (91 d ff.)

Anytos gibt weiter keine Begründung für seine Ablehnung, erklärt auch, die Sophisten gar nicht zu kennen, so daß seine Ablehnung ganz problematisch bleibt, wie das Wort eines Wahrsagers, wie Sokrates meint. Vielleicht hast du recht (sagt er), aber wer sind dann die Lehrer der Areté? Darauf Anytos: jeder anständige Athener ist dazu besser geeignet als die Sophisten. Aber Sokrates erklärt, er bezweifle nicht, daß es in Athen viele rechtschaffene Leute gibt und gegeben hat, wohl aber, daß diese Leute auch Lehrer solcher Areté sein können (93 a). Themistokles z. B., ein trefflicher Staatsbürger (wie angenommen wird), war gewillt, seinen Sohn aufs beste auszubilden. Der Sohn war ohne Zweifel begabt, und doch ist er kein so vortrefflicher und weiser Mann geworden wie sein Vater. Und mit den Söhnen des Aristides, des Perikles und des Thukydides ging es nicht anders. Wollten die Väter ihre Söhne nicht zu trefflichen Bürgern erziehen? Das ist nicht zu glauben, so konnten sie es wohl nicht. Offenbar ist die Areté doch nicht lehrbar (94 e).

Wenn die Areté nicht lehrbar ist, dann ist sie offenbar auch kein Wissen. Damit ist die Antithesis zum Abschluß gebracht, und jetzt folgt die Synthesis, die Versöhnung der beiden sich widersprechenden Positionen. Sie wird ermöglicht durch eine Unterscheidung. Man muß unterscheiden zwischen dem Wissen (ἐπιστήμη) und der richtigen Meinung (ὀρθὴ δόξα 97 b). Richtige Meinungen sind eine schöne Sache, und wenn man sie hat, sind sie zur Bestimmung des Handelns genau so gut wie wirkliches Wissen, aber man hat keine Möglichkeit, sie festzuhalten. Sie fliegen einem davon, man ändert seine Meinung, da man ja richtige von falschen Meinungen gar nicht zu unterscheiden vermag. Man kann die richtige Meinung nur festhalten, wenn man zu begründen vermag, warum sie richtig ist. Aber eben dies macht das Wesen des Wissens im Unterschied zur richtigen Meinung aus, daß es sich zu begründen vermag (98 a). Jemand, dem einer eine richtige Meinung über etwas beigebracht hat, die er auf Autorität hin annimmt, dem kann morgen ein anderer eine andere Meinung über dasselbe beibringen, wenn es ihm auf irgendeine Weise gelingt, größere Autorität zu gewinnen. Gerade in der Politik, auf die ja eigentlich diese Betrachtungen hinblicken, ist diese Erscheinung bekannt genug. Da lassen sich die Leute heute diese Meinungen einreden und morgen jene. Wenn sie zufällig richtig sind, ist es so gut wie Wissen, aber das bleibt Zufall. Nur Wissen, das weiß, warum eine Meinung richtig ist, ist vor dem Fall in beliebige Irrtümer sicher.

Wenn aber Areté nicht Wissen zu sein braucht, wenn auch richtige Meinung schon Areté ist, dann müßte unser Obersatz heißen: Wenn Tugend richtige Meinung ist, dann ist Tugend lehrbar. Aber der ist offenbar nicht gültig. Lehren ist, das hatte das geometrische Lehrbeispiel gezeigt, nicht Eintrichtern, sondern Begründen, und das bedeutet, dem anderen die Möglichkeit zu geben, es selbst einzusehen, d. h. es jederzeit selbst wiederfinden zu können. Das ist nur beim Wissen und nicht bei der richtigen Meinung möglich. Da die Politiker keine Lehrer ihrer Areté sind, haben sie offenbar kein Wissen, sondern nur richtige Meinungen. Die Politiker sind wie die Wahrsager, durch die der Gott spricht, und sind also, sofern sie das Richtige tun, göttlich wie diese und wie die Dichter. Auch die Weisheit der Staatsmänner beruht auf Enthusiasmus wie die der Dichter und nicht auf Wissen im eigentlichen Sinne (99 d).

Damit ist (wenn der »Menon« später ist als der »Gorgias«) von der radikalen Kritik des »Gorgias« an den Politikern vieles zurückgenommen. Es ist aber zu beachten, daß die Möglichkeit, die Plato jetzt hat, den Staatsmännern gerechter zu werden, dadurch gegeben ist, daß er die neue Unterscheidung von richtiger Meinung und Wissen eingeführt hat. Diese Unterscheidung kennt noch keiner der Dialoge, die wir bisher besprochen haben, und in der Politiker-Kritik des »Gorgias« hätte sie vorkommen müssen, wenn Plato schon über sie verfügt hätte. Sie kann also erst nach der Abfassung des »Gorgias« gefunden worden sein.

Was sich hier ergeben hat, ist also dies, daß wir die Tugend weder von Natur haben noch durch Lehre, sondern durch göttliche Eingebung (θεῖα μοῖρα 99 e). Da sind wir nun wieder ganz nahe an der Position des Sokrates der »Apologie«, bei dem Wissen des Nichtwissens nicht nur, sondern auch dem Wissen des Nichtwissenkönnens, das sich wegen der Unaufhebbarkeit des Nichtwissens das Entscheidende von einem göttlichen Wort sagen lassen muß. Die göttliche Eingebung, von der Plato hier redet, und das Daimonion der »Apologie« sind der Sache nach dasselbe.

Aber Sokrates fügt noch etwas hinzu: Tugend ist nicht Wissen, hatte er gesagt, sondern richtige Meinung, es sei denn, es gebe einen Staatsmann, der auch andere zum Staatsmann zu machen imstande ist, der wäre aber wie Teiresias unter den Schatten (100 a).

Damit deutet Plato auf das, was er nun als seine Aufgabe vor sich sieht: die Areté, von der die Menschen bisher nur eine schwankende, mehr oder weniger richtige Meinung haben, zum festen begründeten Wissen emporzuheben. Aus der alten Lehre: Areté ist Wissen, wird die neue Lehre: Areté muß Wissen werden.

11. EUTHYPHRON

Euthyphron spricht zu Beginn des Gesprächs Sokrates an und drückt seine Verwunderung aus, diesen nicht an seinem gewöhnlichen Aufenthaltsort zu sehen, den Sportplätzen, wo er sich mit der Jugend unterredet, sondern im Gerichtsgebäude. Er sei da, antwortet Sokrates, weil ein gewisser Meletos ihn angeklagt habe, daß er die Jugend dadurch verderbe, daß er neue Götter erdichte und die alten nicht gelten lasse (3 b). Hier sind also die zwei Anklagepunkte, die wir aus der Apologie kennen, zu einem einzigen zusammengezogen: Sokrates verdirbt die Jugend durch seine Asebie. — Euthyphron klagt, daß auch er da schlechte Erfahrungen gemacht habe. Er ist ein Weihepriester und Seher und wird oft verspottet, wenn er voraussagt, was geschehen wird. Die Athener jener Zeit waren aufgeklärte Leute. Verspottet zu werden, meint Sokrates, ist nicht das Schlimmste, und die Athener tun einem auch nichts weiter, wenn man sie nur nicht mit der eigenen Weisheit behelligt. Aber eben dies ist es ja, Sokrates läßt sie nicht in Ruhe. Er behelligt sie und ärgert sie mit seinen Widerlegungen, und wie da ein Prozeß ausgehen wird, das kann, sagt Sokrates, höchstens ein Wahrsager voraussagen. Der Wahrsager aber sagt einen guten Ausgang für Sokrates voraus (3 e). Das wurde geschrieben und gelesen, als der Prozeß schon mit dem Tode des Sokrates geendet hatte.

Du wirst deine Sache nach Wunsch ausfechten, hatte Euthyphron gesagt, wie ich die meine. Euthyphron hat seinen eigenen Vater wegen Totschlages angeklagt. Dieser hat einen Knecht, der einen andern in der Trunkenheit erschlagen hat, gefesselt und in eine Grube geworfen, um ihn dort zu verwahren, bis er die Behörden benachrichtigt hätte. Bis da aber jemand kam, war der Gefesselte in der Grube vor Hunger und Kälte umgekommen. Man werfe ihm vor, sagt Euthyphron, daß er den Vater derhalben angeklagt habe, aber die das tun, wüßten offenbar nichts über das Göttliche und nicht, was fromm und was unfromm ist (4 e). Euthyphron aber glaubt es zu wissen und muß sich nun der sokratischen Kritik stellen, die sich ironisch in den Wunsch verkleidet, belehrt zu werden.

Also (so fragt Sokrates) was ist das Fromme (ὅσιον) und das Unfromme (ἀνόσιον) in allen Dingen? Sokrates will aber (wir kennen das schon) nicht Beispiele haben, sondern eine Definition, die das Identische in den vielen Fällen faßt. Er sagt: »Oder ist nicht das Fromme in jeder Handlung mit sich selbst dasselbe, das Unfromme aber allem Frommen entgegengesetzt und sich selbst gleich, eine einzige bestimmte Gestalt (μίαν τινὰ ἰδέαν) besitzend« (5 d).

Hier tritt vermutlich zum ersten Male die platonische Idee auf den Plan. Was hier vorliegt, ist eine ganz einfache Überlegung, die aber weltgeschichtliche Bedeutung hat dadurch, daß durch sie das ermöglicht wurde, was später den Namen Logik bekam. Es gibt eine ganze Reihe von Handlungen, die unter sich sehr verschieden sein können, sagen wir h1, h2, h3 . . ., und von allen diesen sagen wir, sie seien fromm. Trotz ihrer vorausgesetzten Verschiedenheit stimmen alle diese Handlungen darin überein, sind sich gleich, daß sie alle fromm sind, sie sind gleichartig. Statt sie nun alle in ihrer Gleichartigkeit anzusprechen, indem wir sie z. B. alle fromm nennen, können wir auch die Gleichartigkeit selbst und als solche nennen. Wir sprechen dann nicht von fromm, sondern von »Frömmigkeit«. In unserer heutigen schulgrammatischen Sprache gesprochen, haben wir hier aus dem Adjektivum »fromm« das Substantivum »die Frömmigkeit« gemacht; oder in der Sprache der Logik: aus dem Prädikat »fromm«, durch das wir verschiedene Gegenstände bestimmt hatten, haben wir selbst einen Gegenstand gemacht, wie man ja an dem bestimmten Artikel erkennt: »die Frömmigkeit«.

Daß wir das gemacht haben, sagen wir, aber nicht Plato. Er spricht nicht von unserem Tun, sondern davon, was man findet. Man nennt offenbar die vielen Handlungen fromm, weil man an ihnen allen dasselbe, was sie alle an sich haben, findet: die Frömmigkeit. Die frommen Handlungen sind alle gleichartig, weil sie alle die gleiche Art (ἰδέα) der Frömmigkeit an sich haben, so wie Fisch, Vogel, Pferd Tiere sind, weil sie alle die Art der Tierheit an sich haben. Die Idee ist die eine Art, in der sich vieles gleicht. Daß es Ideen gibt, heißt zunächst also einfach dies: es gibt vieles Seiendes von derselben Art. Wir wollen das die *logische Wurzel* der Ideenlehre nennen, denn sie beruht auf folgender Überlegung: wenn wir die Sätze haben: S1 ist P, S2 ist P, S3 ist P . . ., so können wir auch sagen: die P-heit kommt S1, S2, S3 usw. zu. Das Wort die P-heit nennt die Idee. Diese Auslegung aber ist gesprochen in der

Sprache der Logik, die es, als Plato den »Euthyphron« schrieb, noch nicht gab, die vielmehr umgekehrt durch das, was Plato hier sagt, ermöglicht worden ist.

Euthyphron soll definieren, was die Frömmigkeit ist. Er verfehlt die Lösung in der uns schon bekannten typischen Weise, daß er ein Beispiel anführt, anstatt das Allgemeine anzugeben. Das Beispiel, das er anführt, ist sein eigenes Unternehmen. Er begründet dessen Frömmigkeit durch die Berufung auf das göttliche Vorbild: auch Zeus habe seinen Vater bestraft (5 d ff.).

Sokrates freilich äußert seine Zweifel, ob das, was der Mythos da von den Göttern erzählt, auch wahr sei (6 b f.). Er steht hier in der alten Tradition der religiösen Aufklärung, die mit Xenophanes beginnt, die die Götter des Mythos am Maßstab der Moral mißt. Wenn dieser Maßstab als gültig betrachtet wird, bleibt von der alten mythischen Religion nichts übrig. Gegenüber der späteren Offenbarungsreligion erweist sich dieser Maßstab als ebenso zerstörerisch. Wenn das alles wahr ist, so sagt ein Aufklärer, was man über den Gott der Bibel hört, über seine Parteilichkeit, über seine Rachsucht, seine Zornesanfälle und seine Willkürakte, dann muß jeder rechtlich denkende Mensch wünschen, daß er nicht existiert. Damals, wie in der griechischen Aufklärung, wollte man durch vernünftige Philosophie die traditionelle Religion reinigen und verbessern. Was übrig blieb, war jedesmal das blasse Gespenst dessen, was Pascal den Gott der Philosophen genannt hat. Oder wie Nietzsche sagte: »Verfall eines Gottes: Gott ward Geist.« Die mythische Religion, die Götter verehrt, die jenseits von Gut und Böse wirkende Lebensmächte sind, ist auch für Plato eine erledigte und widerlegte Sache. Die alten Götter sind für ihn und seinen Sokrates tot.

Wenn Plato jetzt Sokrates sagen läßt: ist etwa eben dies die Ursache, Euthyphron, weshalb ich mit einer Klage verfolgt werde, daß ich es übel aufnehme, wenn einer dergleichen über die Götter redet (6 a)? (dergleichen nämlich wie das, was Euthyphron über die Strafe des Zeus an seinem Vater erzählt hatte), so trifft das wohl die historische Wahrheit. Der Sokrates-Prozeß war sicher auch ein Ketzer-Gericht.

Der grundsätzliche Einwand, der gegen Euthyphrons Definitionsversuch ergeht, ist der, daß er ein Einzelbeispiel bringt statt der allgemeinen Bestimmung. Indem Sokrates das tadelt, spricht er wieder von der Idee: »Du erinnerst dich doch, daß ich dir nicht diese Aufgabe gestellt habe, mir das eine oder andere von dem vielen Frommen vorzuzeigen, sondern jene selbst, die Gestalt (αὐτὸ τὸ εἶδος), wodurch alles Fromme fromm ist« (6 d).

Wir haben vorhin gesagt: wenn von vielen Dingen gilt, daß sie alle fromm sind, dann kann man auch sagen, die Frömmigkeit kommt ihnen allen zu. Das war zunächst nichts anderes als eine logische Umformung. Das Prädikat fromm wurde verwandelt in den Gegenstand »die Frömmigkeit«, und dann das Verhältnis dieses Gegenstandes zu den vielen frommen Gegenständen so bestimmt, daß wir sagten, dieser käme ihnen zu. Aber jetzt sagt Sokrates etwas mehr. Er sagt: die frommen Dinge sind dadurch fromm, daß ihnen die Frömmigkeit zukommt. Die Frömmigkeit macht die Frommen fromm, die Schönheit macht die Schönen schön, die Länge macht die Langen lang und die Armut macht die Armen arm. Die Armut kommt von der Powerteh, meinte Onkel Bräsig. War er am Ende ein Platoniker?

Die Behauptung, es sei die Höhe, die die hohen Berge hoch macht, ist freilich eine Onkel-Bräsig-Philosophie. Aber steht es mit dem Satz, daß es die Gerechtigkeit ist, die die Gerechten gerecht macht, oder daß es die Frömmigkeit ist, die die Frommen fromm macht, genau so? Der Gerechte ist ja nicht so gerecht, wie ein hoher Berg hoch ist, d. h. so, daß es ihm zugefallen wäre, hoch zu sein. Der Gerechte ist nicht zufällig gerecht, sondern er ist es, weil er sich dazu gemacht hat, und um sich dazu machen zu können, muß er schon wissen, was Gerechtigkeit ist. Die Gerechtigkeit ist hier kein nominalisiertes Prädikat, sondern die Norm, an der sich der Gerechte orientiert, und dasselbe gilt für die Frömmigkeit.

Dies ist die zweite Wurzel der Ideenlehre, wir wollen sie im Unterschied von der logischen die *normative Wurzel* nennen. Plato hat nicht beides gemischt, sondern er vermochte es noch nicht zu scheiden. Die Scheidung wird erst durch unsere Interpretation herangebracht, die sich der inzwischen in der Geschichte der Philosophie ausgearbeiteten Distinktionen zu bedienen vermag und auch verpflichtet ist, das zu tun.

Der Unterschied ist der: der hohe Berg hat kein Verhältnis zur Höhe, wohl aber hat der Fromme ein Verhältnis zur Frömmigkeit, er richtet sein Leben an dieser Idee aus. Jedoch, wenn auch der hohe Berg kein Verhältnis zur Höhe hat, so haben doch wir, wenn wir den hohen Berg hoch nennen, ein Verhältnis zur Höhe. Wir haben (wie wir noch heute sagen) eine »Idee« davon, was Höhe ist, und nur weil wir die haben, können wir den Berg hoch nennen. Auf Grund der Idee der Höhe nennen wir den Berg hoch, und nur weil wir eine Idee von Armut haben, können wir den Armen arm nennen, d. h. wir müssen immer schon den Sinn des Prädikats verstehen, wenn wir entscheiden wollen, ob einem Gegenstand ein Prädikat zukommt oder nicht. So ist jedes Prädikat eine Norm, an der das Subjekt in der Aussage gemessen wird. Aber daß so die Aussage nur aussagen kann auf Grund der Idee, das hebt nicht den Unterschied auf, der in dem gründet, worüber ausgesagt wird, nämlich ob dieses nur an einer Idee teilhat, oder sich selbst zur Idee verhält, indem es sie zur Norm nimmt.

Was der Norm entspricht, das ist für den, der der Norm nachstrebt, ein Vorbild (παράδειγμα). So fragt auch Sokrates nach dem Paradigma der Frömmigkeit (6 e). Genau genommen ist aber Norm und Vorbild nicht dasselbe. Die Norm ist in unserem Beispiel die Frömmigkeit (ὁσιότης), das Vorbild aber wäre nicht die Frömmigkeit, sondern das vollkommen Fromme (αὐτὸ τὸ ὅσιον), das »ideale« Fromme, an das die wirklichen Frommen alle mehr oder weniger gelungene Annäherungen sind. Es ist nun wichtig, zu beachten, daß zwar die Norm ein Vorbild, ein Paradigma bestimmt, daß aber nicht umgekehrt jedes Paradigma die Funktion einer Norm hat. Wenn man von einem Urbild Nachbildungen herstellt, so *kann* man sie zwar an dem Urbild messen und, dieses als Norm benutzend, die Nachbilder hinsichtlich ihrer mehr oder weniger großen Ähnlichkeit mit dem Urbild beurteilen. Aber es ist nicht notwendig, daß die Nachbilder dem Urbild völlig gleichen. Es kann als genügend betrachtet werden, wenn sie ungefähr so sind wie das Paradigma. Plato hat sich später z. B. die Pferde gedacht als Nachbildungen eines Urpferdes. Dies Urpferd, dem alle Pferde nachgebildet sind, ist die Idee des Pferdes, alle sind ihm mehr oder weniger ähnlich und daher auch unter sich verschieden, aber dies Zurückbleiben ist nicht das Verfehlen einer Norm, sondern die notwendige Folge des Abstandes des Sinnlichen vom Idealen. Daher müssen wie die *paradigmatische Wurzel* der Ideenlehre noch von ihrer normativen unterscheiden — obwohl auch hier wieder der Zusammenhang besteht, daß wir, wenn wir urteilen, das Paradigma als Norm gebrauchen. Nicht so das Pferd selbst, das nach dem Paradigma der Idee des Pferdes geschaffen ist; es hat kein Verhältnis zu seinem Paradigma. Es normiert sich selbst nicht dadurch.

Nun versucht Euthyphron, eine Definition zu geben, die den Anforderungen des Sokrates entspricht. Er sagt (7 a): was den Göttern lieb ist, ist fromm, was nicht, das nicht. Sokrates antwortet, diese Definition sei sehr schön, man müsse nur prüfen, ob sie auch wahr sei. »Schön« meint hier, daß sie formgerecht ist, daß sie im allgemeinen sagt, was Frömmigkeit ist, und nicht Einzelfälle aufzählt. Was aber heißt wahr? Gemäß dem bisherigen hieß das immer: in Übereinstimmung mit dem Sprachgebrauch. Aber hier nimmt die Sache einen anderen Gang, denn es wird zugegeben, daß man solches fromm nennt. Mit dem gängigen Sprachgebrauch stimmt die vorgeschlagene Definition überein.

Aber man sagt auch, daß die Götter uneinig sind und miteinander hadern und im Streit liegen (7 b). Dasselbe veruneinigt sie, worüber auch wir Menschen vorzugsweise streiten: sie halten Verschiedenes für gut und lieben auch Verschiedenes, also ist ihnen auch Verschiedenes fromm und unfromm. Und somit wäre nach dieser Definition dasselbe fromm und unfromm (8 a).

Die Definition ist also nicht etwa deswegen unrichtig, weil sie dem Sprachgebrauch widerstreitet, sondern weil sie sich selbst widerspricht. Das unterscheidet die Betrachtung des Euthyphron grundsätzlich von den früheren Dialogen, in denen versucht wurde, einzelne Tugenden zu definieren.

Was bisher die vorgeschlagenen Definitionen scheitern ließ: daß sie nicht allgemein genug waren und daher den Sprachgebrauch nicht deckten, ist hier nicht der Fehler. Aber, und das ist ganz etwas Neues, sie widerspricht sich selbst, und zwar deshalb, weil auch der herrschende Sprachgebrauch sich selbst widerspricht. Der wiederum widerspricht sich, weil die traditionelle Religion sich selbst widerspricht. Sie setzt einen Gott wider den anderen. Das tat sie ja wirklich; man kann in die Lage kommen, wo man wie Paris wählen muß, ob man der Hera gefallen will oder der Athene oder der Aphrodite. Die Geschichte vom Urteil des Paris ist kein willkürlich erfundenes Märchen, sondern zeigt auf, daß es Lebensentscheidungen gibt, in der man seine Göttin wählen muß. Alles ist voll von Göttern, die Götter sind Lebensmächte, die aber widerstreiten sich. Man kann nicht ein Leben und die es begünstigenden Götter wählen, ohne sich diejenigen, die andere Möglichkeiten begünstigen, zum Feinde zu machen.

Die griechischen Götter waren keine moralischen Mächte. Zwar ist die Gerechtigkeit auch etwas Göttliches, etwas, was Zeus lieb ist, aber sie ist nicht ebenso der Aphrodite lieb, und auch nicht dem Hermes, der auch der Gott der Diebe war. Wenn Euthyphron gesagt hätte, fromm ist, was einem Gott lieb ist, so wäre der Widerspruch, daß dasselbe fromm und unfromm sein kann, unschädlich; um eindeutig zu sein, müßte man nur sagen, welcher Gott gemeint ist. Daß der Esel dem Pferd ähnlich ist und der Katze unähnlich, und also ähnlich und unähnlich zugleich, ist ja auch kein Widerspruch.

Nun einigen sich aber Sokrates und Euthyphron darüber, daß wohl Streit sein könne bei Götteren und Menschen, was recht getan sei und was nicht, aber darüber seien doch alle einig, daß wer Unrecht getan hat, bestraft werden muß. So wird jetzt als neue Definition der Frömmigkeit vorgeschlagen: fromm ist, was alle Götter lieben, und unfromm das, was alle Götter hassen (9 d). Um diese Formel zu prüfen, stellt Sokrates die Frage: wird der Fromme von den Göttern geliebt, weil er fromm ist, oder ist er fromm, weil er von den Göttern geliebt wird (10 a)?

Euthyphron versteht die Frage nicht gleich, und Sokrates erläutert: überall wo es in einem Verhältnis ein Aktives und ein Passives gibt, wie beim Liebenden und Geliebten, Bewegenden und Bewegten, Sehenden und Gesehenen usw., da stellt das Aktive das Verhältnis her. Die Liebe des Liebenden ist es, die den Geliebten zum Geliebten macht. Das Fromme wird also dadurch zu einem Geliebten, daß die Götter es lieben. Warum aber, das ist die Frage, richtet sich die Liebe der Götter auf dieses, was sie lieben. Antwort: Eben die Frömmigkeit des Frommen ist es, was die Liebe der Götter auf sich zieht (10 d). Also ist in der Bestimmung, das Fromme sei dadurch fromm, daß es den Göttern gefällt, ein Zirkel. Fromm ist, was den Göttern gefällt. Und was gefällt den Göttern? Das Fromme.

Auf dem Boden des Polytheismus hätte Euthyphron antworten können: Nicht so. Vielmehr dies halte ich fest: fromm heißt, was einem Gott gefällt. Was das aber ist, was einem Gott gefällt, das ist bei jedem Gott etwas anderes. Aphrodite gefällt das liebende Herz, Ares der kühne Mut und Zeus der gerechte Sinn, und anderen Göttern anderes. Aber Sokrates hat solche Vielheit abgeschnitten. Das Fromme war nur noch das, was allen Göttern gefällt. Es gefällt aber allen, weil es fromm ist. Der Zirkel macht einen neuen Ansatz notwendig.

Sokrates fragt: muß nicht alles Fromme gerecht sein (11 e)? Euthyphron bejaht, aber die Umkehrung bestreitet er: nicht alles Gerechte ist fromm, denn die Frömmigkeit ist ein Teil der Gerechtigkeit (12d). Es liegt nahe, so zu antworten, denn wenn man sich unter Gerechtigkeit das rechte sich Verhalten des Menschen überhaupt denkt, so scheint es ganz einleuchtend, daß dieses als seine Teile habe das rechte Verhalten zu den Göttern und das rechte Verhalten zu den Menschen. Daher sagt Euthyphron: das Gottesfürchtige und Fromme ist derjenige Teil des Gerechten, der sich auf die Behandlung der Götter bezieht; der Teil aber, der sich auf die Behandlung der Menschen bezieht, ist der übrige Teil der Gerechtigkeit (12e).

Was ist da mit Behandlung gemeint? Plato gebraucht wieder das Wort Therapie, das die Behandlung bedeutet, die der Arzt dem Kranken angedeihen läßt, aber auch die Behandlung, die der Pferdeknecht seinen Tieren zukommen läßt. Alle solche Behandlung (macht Sokrates geltend) bezweckt doch, den Behandelten zu bessern. Aber es kann wohl nicht die Aufgabe der Frömmigkeit sein, die Götter zu bessern. Eher schon könnte man an die Art Behandlung denken, welche die Knechte ihren Herren angedeihen lassen, indem sie ihnen dienen. Demnach wäre der Teil der Gerechtigkeit, den man Frömmigkeit nennt, der Gottesdienst (13d).

Was aber soll dieser Dienst bewirken? Der Dienst des Arztes am Kranken bewirkt Gesundheit, die Dienstleistung des Baumeisters bringt ein Haus hervor und der Dienst des Bauern Nahrung. Was bringt der Gottesdienst hervor? Was hat der Gott von diesem Dienst, der ihm da geleistet wird (14a)?

Gott braucht nichts von uns, und also können wir ihm gar nicht dienen. Die Rede vom Gottesdienst hat keinen Sinn, und also auch nicht die Bestimmung, Frömmigkeit sei Gottesdienst. Plato sagt hier genau dasselbe, was Kant meint, wenn er sagt: es gibt keine besonderen Pflichten des Menschen gegen Gott. Wohl kann man sagen, daß alle Pflichten, die der Mensch gegen andere Menschen hat, zugleich Pflichten gegen Gott sind. Aber die Meinung, daß er daneben noch zusätzliche Verpflichtungen gegen Gott habe, nämlich in irgend einer Weise Gottesdienst zu betreiben, erklärt Kant rundheraus für Aberglauben und Religionswahn.

Euthyphron weicht aus und versucht eine neue Definition: »Fromm ist es, wenn es jemand versteht, betend und opfernd den Göttern Angenehmes zu reden und zu tun, und das rettet die Häuser der einzelnen und den Staat im ganzen« (14b). Er sagt also nur, worin der Gottesdienst besteht: im Beten und Opfern, in der religiösen Aktion im Tempel und am Altar. Das ist etwas, was den Göttern wohlgefällig ist. Die eigentliche Frage des Sokrates, was denn die Götter vom Gottesdienst hätten, kann nicht beantwortet werden; es wird einfach angenommen, daß sie es lieben, wenn da gebetet und geopfert wird. Zu verstehen ist da weiter nichts.

Diese Vorstellung von den Göttern, daß sie derartige unbegründbare Vorlieben für gewisse Zeremonien haben, ist für Plato unannehmbar. Und ebenso unannehmbar ist für ihn die Meinung, daß Gott solche Gefälligkeiten mit Wohltaten gegenüber dem einzelnen oder dem Staat belohnt. So wird auch dieser Vorschlag einer Definition sogleich wieder kritisch zersetzt.

Opfern heißt, den Göttern etwas schenken, und Beten heißt, sie um etwas bitten. Demnach wäre die Frömmigkeit das Wissen vom Geschenk und der Bitte an die Götter (14d). Nun ist offenbar das richtige Bitten (um dessen Wissen es sich bei diesem Wissen handeln muß) das Bitten um das, was wir brauchen, und ebenso das richtige Schenken das Schenken dessen, was sie brauchen. Aber dies do-ut-des-Verfahren — gib mir, was ich brauche, wie ich dir gebe, was du brauchst — macht aus dem Gottesdienst ein reines Handelsgeschäft (14e). Was wir von den Göttern haben, ist klar, aber was haben sie von unseren Geschenken? Euthyphron antwortet nicht schlecht: was die Götter vom Gottesdienst haben, ist Ruhm (τιμή), Preis (γέρας) und Huldigung (χάρις). Ihnen das zu geben, ist das Anerkennen (νομίζειν) der Götter, welches unterlassen zu haben dem Sokrates in der Anklage vorgeworfen worden war. Von dieser Rühmung, Preisung und Huldigung haben die Götter freilich keinen Nutzen von der Art, wie ihn der Herr hat, dem sein Knecht die Stiefel putzt. Aber, so war doch die alte religiöse Vorstellung, dies wollen die Götter von den Menschen, dies fordern sie und dies gefällt ihnen, daß sie gerühmt und gepriesen und daß ihnen gehuldigt wird.

χάρις kann aber auch die Annehmlichkeit, das Vergnügen bedeuten, und zwar darum, weil die Huldigung dem Gehuldigten Vergnügen bereitet. So versteht Sokrates das Wort und sagt: also ist das Fromme den Göttern vergnüglich, aber nicht nützlich, und weil es ihnen vergnüglich ist, ist es ihnen lieb (15b). Nicht also ist das Fromme den Göttern lieb, weil es fromm ist, sondern das Fromme ist darum fromm, weil es den Göttern lieb ist. Weil die Götter nun einmal eine Vorliebe für Rühmung, Preisung und Huldigung haben, muß man ihnen solches darbringen, um fromm zu sein.

Die Theologen seit Plato sind überzeugt, daß wohl die Menschen die Götter oder Gott brauchen, daß aber nicht das Umgekehrte gilt. Gott braucht die Menschen in keiner Weise, und wenn er sich ihrer doch annimmt, ist das die reine, überfließende Gnade. Aber ursprünglich griechisch ist es anders gedacht.

»Es haben aber an eigner Unsterblichkeit die Götter genug, und bedürfen die Himmlischen eines Dinges, so sinds Heroen und Menschen und Sterbliche sonst, denn weil die Seeligsten nichts fühlen von selbst, muß wohl (wenn solches zu sagen erlaubt ist), in der Götter Namen teilnehmend fühlen ein anderer, den brauchen sie.« (Hölderlin, Der Rhein).

Die Anschauung, daß die Menschen für die Himmlischen teilnehmend fühlen müssen, weil sie selbst es nicht können, hat Hölderlin dem Homer entnommen. Es ist eine Deutung der Aussage, daß die Götter sich an der Erzählung der Leiden der Menschen erfreuen, wenn sie im Olymp an der Tafel sitzen. Moralisten hat diese Erzählung empört, aber Hölderlin hat begriffen, daß die Götter, weil sie unsterblich sind, der ernsten Erschütterung des Gefühls nicht fähig sein können: dies muß der Mensch für sie leisten, und insofern brauchen die Götter die Menschen. Dieser tiefe und echt griechische Gedanke paßt freilich weder in die christliche noch in die platonische Theologie. Plato kann nicht anders als die Rede von der Frömmigkeit als der Rühmung, Preisung und Huldigung der Götter einfach unbeachtet liegen lassen. Eben damit wird er zu dem Wegbereiter des Nihilismus, als welchen ihn Nietzsche erkannt hat. Der rein moralische Gott mußte sich endlich mit Notwendigkeit in eine vom Menschen selbst gesetzte Idee verwandeln. Kant hat das zuerst gesehen, und weder Hegel noch irgend ein Späterer konnte das rückgängig machen.

Plato verwandelt das Fromme in das Moralische. Diese Verwandlung hat zur Folge, daß das Moralische nicht darum moralisch ist, weil es die Götter lieben, sondern daß umgekehrt die Götter das Moralische darum lieben, weil es moralisch ist; es wird jetzt für die Götter wesentlich, nur das Moralische lieben zu können. Die Moral wird zum Gott über die Götter und endlich zum Vorkämpfer des Atheismus; denn die Moral bedarf zu ihrer Begründung der Religion nicht. Indem aber die Religion sich moralisiert, arbeitet sie an ihrem Untergang. Im Blick auf das, was er zu gewinnen hofft, hat aber Plato kein Auge für das, was er verliert.

12. HIPPIAS MEIZON

Dieser Dialog ist eine logische Übung. Plato trägt darin eine kleine Entdeckung vor und eine kleine Schwierigkeit, welcher Sokrates und sein Mitunterredner Hippias nicht Herr werden und der vielleicht auch Plato noch nicht Herr war, wenngleich sie heute jeder logische Elementarschüler auflösen kann, der sich klar ist über den Unterschied von »und« und »oder«.

Nach einem Vorspiel, das wir hier übergehen können, weil es philosophisch nichts hergibt, folgt wieder ein Definitionsproblem, von dem Sokrates behauptet, ein gewisser Jemand habe ihm damit Schwierigkeiten gemacht. Er bittet Hippias um Hilfe, um dann immer wieder damit zu kommen, daß der gewisse Jemand da diese und jene Schwierigkeit anbringen würde. Natürlich ist dieser Jemand niemand anders als Sokrates selbst.

Gefragt wird nach der Schönheit. Hippias sagt zunächst: »Wisse nur, Sokrates, wenn ich dir die Wahrheit sagen soll: ein schönes Mädchen ist schön« (287 e). — Das ist zwar unbezweifelbar, aber keine Antwort auf die Frage nach dem Schönen als solchen. Nach allerlei hin und her, das nicht das Allgemeine erreicht, erfolgt die Antwort: das Schöne ist das Schickliche (τὸ πρέπον 293 e). Man muß nun für das Folgende bedenken, daß der Ausdruck πρέπον dieselbe Mehrdeutigkeit hat wie das Wort »schön« im Deutschen; es bedeutet einmal das eigentlich sogenannte Schöne, den Gegenstand des ästhetischen Wohlgefallens, aber es hat auch den weiteren Sinn dessen, was überhaupt gefällt, so wie wir ja auch von einer schönen Tat reden, was nicht ästhetisch sondern moralisch gemeint ist, oder auch sagen, es habe jemand ein schönes Geschäft gemacht, wo gemeint ist: ein vorteilhaftes.

Jetzt wird gefragt: ist das Schickliche das, was etwas schön erscheinen läßt, oder das, was es schön sein läßt (294 a)? Hippias meint, was so erscheinen läßt, und bringt das Beispiel: wenn jemand passende Kleider oder Schuhe anzieht (etwas, was ihm steht, wie wir sagen), dann kann er schön erscheinen, ohne es an sich, ohne dieses, zu sein. Also meint Sokrates, wäre das Schickliche doch nicht, was wir suchen. Es wäre ja das, was Schönheit nur vortäuscht. Damit setzt Sokrates voraus, daß man zwischen scheinbarer und wirklicher Schönheit unterscheiden kann und muß. Nun ist diese Unterscheidung gewiß in dem Sinne berechtigt, daß die schöne Aufmachung eines Menschen die Täuschung hervorrufen kann, der Mensch verdanke seine Schönheit nicht der Aufmachung sondern seiner Natur und werde also, wenn er die Aufmachung ablege, noch ebenso schön sein. Da hat sich schon mancher täuschen lassen. Das ändert aber nichts daran, daß der Mensch in der Aufmachung auch schön ist und daß da zwischen Sein und Schein gar kein Unterschied ist. Gerade dies ist für das Schöne im eigentlichen Sinne charakteristisch. Und so antwortet auch Hippias nicht schlecht: das Schickliche macht sowohl schön scheinen als schön sein (294 c). Beides muß zusammenfallen.

Jetzt geht Sokrates zum Schönen im weiteren Sinne über und fragt, ob Bräuche und Handlungsweisen, die schön sind, auch immer dafür gehalten werden und so erscheinen? Hier kann von einem Zusammenfallen von Sein und Schein keine Rede sein. Hier scheint manches schön, was es nicht ist, und ist manches, was nicht scheint. Hippias muß also wählen, und indem er entscheidet, das Schickliche sei das schön scheinen Machende, — ist das Schöne selbst, das was schön ist, wonach gefragt war, wieder entschlüpft (294 e).

Als nächste Definition wird vorgeschlagen: das Schöne sei das Brauchbare (χρήσιμον 295 e). Daß diese Definition gar nicht zu dem zuerst gegebenen Beispiel (schön ist ein schönes Mädchen) paßt, wird nicht beachtet, obwohl es doch auf der Hand liegt, daß ein schönes Mädchen nicht dasselbe ist wie ein brauchbares Mädchen. Das Brauchbare aber ist das, was etwas zu verrichten vermag (δυνατὸν ἀπεργάζεσθαι 295 e). Aber auch wer etwas Schlechtes tut, muß imstande sein, es zu verrichten. So wird die Bestimmung eingeschränkt: Das Schöne ist das Vermögen, etwas Gutes zu bewirken. Das aber ist das Nützliche (ὠφέλιμον 296 e).

Das könnte man nun widerlegen, indem man diese Definition am Sprachgebrauch mißt. Das geschieht aber nicht, vielmehr folgt eine kleine Sophisterei. Es wird geschlossen: also ist das Schöne als das Nützliche die Ursache des Guten. Die Ursache ist aber von dem, dessen Ursache sie ist, verschieden. Also ist das Nützliche der Vater des Guten, das Gute der Sohn des Nützlichen. Der Vater ist aber nicht Sohn und der Sohn nicht Vater, also das Nützliche nicht gut und das Gute nicht nützlich, und also auch das Schöne nicht gut und das Gute nicht schön (297 c).

Es liegt auf der Hand, daß der Satz »der Vater ist nicht der Sohn« zwar in dem Sinne richtig ist, daß der Vater nicht sein eigener Sohn ist, daß aber der Vater doch auch ein Sohn ist, nur nicht sein eigener. So folgt daraus, daß das Gute die Wirkung des Schönen und Nützlichen ist, keineswegs, daß dieses als der Vater des Guten nicht auch gut sein kann.

Nach dieser Sophisterei kehrt die Betrachtung zum Schönen im engeren Sinne zurück, und es wird die einleuchtende Definition vorgeschlagen: das Schöne ist das, was uns durch das Auge und das Ohr Freude bereitet (298 a).

An diese Definition schließt sich ein logisches Spiel an. Es betrifft das »und« und das »oder« und das »jeder von uns« und das »wir beide«. Wir haben das Griechische wörtlich übersetzt: schön ist, was uns durch Auge *und* (καί) Ohr erfreut. Genau redend müßten wir sagen: was uns durch das Auge *oder* durch das Ohr (oder durch beide zugleich) erfreut. Das können wir zwar auch meinen, wenn wir in der gewachsenen Sprache »und« sagen. Aber das »und« kann auch meinen, »durch beide zumal«. Und dieser Doppelsinn des »und« wird sogleich zum Quell der Verwirrung.

Die Frage ist zunächst: warum werden Augen und Ohr ausgesondert? Warum gelten die anderen Vergnügungen, so lustvoll sie auch sein mögen, nicht als im eigentlichen Sinne schön? Das durch das Gesicht Angenehme ist ja nicht darum schön, weil es durch das Gesicht angenehm ist, denn sonst könnte das durch das Gehör Angenehme nicht schön sein. Und auch das durch das Gehör Angenehme ist nicht darum schön, weil es durch das Gehör angenehm ist, denn sonst könnte wieder das durch das Gesicht Angenehme nicht schön sein. Keines von beiden ist aber durch Gesicht *und* Gehör angenehm, sondern das eine durch das Gehör und nicht durch das Gesicht, das andere durch das Gesicht und nicht durch das Gehör.

Hier könnten wir antworten: es ist sowohl das durch das Gehör Angenehme, wie das durch das Gesicht Angenehme ein solches, das durch das Gesicht *oder* das Gehör angenehm ist, und dies ist eben das Wesen des Schönen, daß es das durch Gesicht *oder* Gehör Angenehme ist. Diese Bestimmung gilt von jedem von beiden und von beiden zusammen.

Sokrates läßt aber das *»oder«* aus und hält sich an das *»und«* und sagt, wenn es etwas gibt, was beiden zusammen zukommt, jedem von beiden für sich aber nicht, dann kann es nicht das sein, was sie schön macht, denn jedes der beiden für sich sollte ja auch schön sein (300 b). Aber (fragt Hippias), wie kann es überhaupt so etwas geben, was keinem von beiden für sich zukäme, wohl aber beiden zusammen? Sokrates gibt ein Beispiel: jeder von uns ist einer, und wir beide zusammen sind zwei; zwei zu sein ist also eine Bestimmung, die uns beiden zusammen zukommt, aber nicht einem von uns für sich, denn jeder von uns ist ja nur ein Mensch (301 d).

Wenn also sowohl das durch das Auge für sich kommende als auch das durch das Ohr kommende als auch das durch beide kommende Erfreuliche schön ist, dann kann die Definition nicht richtig sein, daß das Schöne das durch Auge *und* Ohr kommende Erfreuliche ist, denn dann könnten nur beide zusammen erfreulich sein, aber nicht jedes für sich (303 a).

Der Ausweg, hier »Auge oder Ohr« einzusetzen (»oder« in dem Sinne, daß es das »beide« nicht ausschließt), wird nicht gefunden. Nicht daß Plato das hinterm Berge hielte, sondern diese uns so einfach erscheinenden Verhältnisse waren noch unentdeckt und bleiben deswegen so leicht verborgen, weil in der gewachsenen Sprache auch das Wort »und« das bedeuten kann, was in der Präzisionssprache der formalen Logik »oder« heißt.

Nun müßte man noch versuchen, das beiden, dem Erfreulichen des Hörens und dem Erfreulichen des Sehens, Gemeinsame eigens herauszuheben. Aber der Versuch, das zu tun, führt nur zu der Bestimmung »nützlich« und zu den alten Schwierigkeiten zurück, daß das Nützliche nicht gut und das Gute nicht nützlich ist (303 e ff.), und damit endet die Untersuchung.

13. EUTHYDEMOS

Sokrates erzählt dem Kriton von einem Gespräch, das er am Tage zuvor im Lykeion mit zwei Brüdern namens Euthydemos und Dionysodoros geführt hat. Sie stammen aus Chios, sind dann zu den Thuriern gezogen, mußten später von da fliehen und kamen nach Athen. Sie sind Alleswisser (πάσσοφοι 271 c), Fechtmeister, Rhetoren und auch Dialektiker, Meister des Streitgesprächs. Sie können alles widerlegen, was einer sagt, sei es nun wahr oder falsch. Auf Sokrates' Bitte haben sie eine Probe mit dem jungen Kleinias gemacht. Sie beginnt damit, daß Euthydemos fragt: lernen die σοφοί oder die ἀμαθεῖς (275 d)? Was er auch antworten wird, flüstert Dionysodoros dem Sokrates zu, er wird hereinfallen. Kein Wunder, denn beide Worte sind zweideutig, und diese Zweideutigkeit nutzen die Sophisten aus. σοφός heißt 1. weise oder wissend, 2. intelligent, lernfähig; und ἀμαθής heißt 1. nichtwissend und 2. dumm. Kleinias antwortet: die σοφοί lernen, und meint natürlich: die Intelligenten. Als ihr lerntet, sagt der Sophist, da wart ihr doch noch nicht σοφοί, d. h. jetzt: wissend, also ἀμαθεῖς, also lernen nicht die σοφοί sondern die ἀμαθεῖς. Sogleich aber kommt der andere Sophist und sagt: wenn euch der Lehrer etwas vorsagte, wer lernte es, die σοφοί oder die ἀμαθεῖς? Die σοφοί, ist die Antwort, das heißt jetzt wieder: die Intelligenten.

Dieses war der 1. Streich, doch der 2. folgt sogleich (276 d ff.): Was lernen die Lernenden: das, was sie wissen, oder das, was sie nicht wissen? Was sie nicht wissen, meint Kleinias. Wie? (sagt Euthydemos), sagt nicht der Lehrer, was er dir auch sagen möge, dir Buchstaben vor? Die weißt du doch alle; also lernst du, was du weißt. Sofort kommt der andere Sophist: lernen heißt doch, ein Wissen bekommen, das man noch nicht hat; und ich weiß, heißt: ich habe Wissen; ich weiß nicht heißt: ich habe das Wissen nicht. Wer bekommt nun, der schon hat oder der noch nicht hat? Der noch nicht hat, also sind es die Nichtwissenden, die lernen.

Als die Sophisten sich zu einem dritten Streich anschicken, werden sie von Sokrates unterbrochen; das ist nur ein Spiel, sagt er (277 d ff.), und erklärt dem Kleinias, wie hier mit der Zweideutigkeit der Wörter operiert wird. Er fordert: genug des Scherzes, laßt uns nun im Ernst reden!

Um ein Beispiel zu geben, stellt er Fragen, die Kleinias beantworten muß (278 e ff.). Wollen nicht alle Menschen glücklich sein? Gewiß. Aber wie kommen wir dazu? Etwa indem wir vieles Gute haben? Ja. Was aber von allen Dingen ist für uns gut? Der Reichtum z.B.? Ja. Nicht auch Gesundheit und Schönheit und überhaupt die rechte körperliche Verfassung? Ja. Auch edle Geburt und Macht und Ansehen im Vaterland? Ja. Was bleibt noch zu wünschen übrig? Vielleicht Besonnenheit, Gerechtigkeit und Tapferkeit? Auch das ist gut. Und die Weisheit? Sie ist auch gut. Aber beinahe (sagt nun Sokrates) hätten wir das Wichtigste vergessen, nämlich das Glück (εὐτυχία 279 c).

Das Wort ist im Griechischen von ähnlicher Zweideutigkeit wie im Deutschen. Eutychia bedeutet einmal das Glück, das man *hat*, den günstigen Zufall. Das ist etwas anderes als das glücklich *sein* (εὖ πράττειν). Wer Glück hat, den braucht dies Glück nicht glücklich zu machen, und man kann auch glücklich sein, ohne viel Glück zu haben. Es ist aber klar, daß der Mensch, um glücklich zu sein, auch Glück haben muß. Er ist, weil das, was er tun kann, begrenzt ist, auf die Gunst der Umstände angewiesen, und der gängigen Auffassung erscheint das Glück, das zu einem kommt (fortuna), als die Hauptbedingung der Seligkeit (beatitudo). Das Glücklichsein ist aber nicht nur durch das bedingt, was uns zufällt, sondern auch durch das, was wir tun (εὖ πράττειν in dem Sinne des sich richtig Verhaltens). Sokrates nun bestreitet gänzlich die Mitwirkung der Gunst der Umstände am Glücklichsein. Er sagt: wir haben uns lächerlich gemacht. Wir haben dasselbe zweimal gesagt, denn das Glück ist im vorigen schon enthalten (279 d), die Weisheit ist ja Glück (εὐτυχία). Sind nicht beim Flötenspiel diejenigen, die es können, die Glücklichen, d. h. diejenigen, denen das Spiel am besten glückt? Und bei den Gefahren der See sind es die sachverständigen Kapitäne, denen die Fahrt glückt. Im Kriege sind es die fähigen Feldherren, denen der Sieg glückt. Und wem möchte der Kranke lieber sein Glück anvertrauen, dem weisen oder dem unweisen Arzt? Also macht die Weisheit, daß die Menschen überall Glück haben (280 a).

Gewiß, der Chirurg, der immer Unglück hat, dem die Patienten unter dem Messer sterben, oder der General, der Unglück hat und immer besiegt wird, von denen nehmen wir an, daß sie nicht das verstehen, was sie verstehen müssen, um das ihre zu einem glücklichen Ausgang zu tun. Aber daß in irgendeinem Tun der Mensch den guten Ausgang allein in der Hand hat, das ist sicher nicht richtig. Auch der hervorragendste Weise bleibt auf die Gunst des Schicksals angewiesen, die sein Werk glücken läßt. Auch dem Weisesten glückt nicht alles, und wie das Sprichwort sagt: auch das blinde Huhn findet manchmal ein Korn.

Sokrates aber übertreibt und sagt: niemals wird die Weisheit etwas verfehlen, sondern immer richtig handeln, und es wird immer glücken, sonst wäre sie keine Weisheit. Wenn also Weisheit anwesend ist, bedarf es weiter keines Glücksumstandes mehr (280 b).

So machen auch die anderen oben genannten Güter uns nur glücklich, wenn sie uns nützen; der Reichtum z. B. nützt nur im Gebrauch, genauer gesagt: im richtigen Gebrauch. Was aber den richtigen Gebrauch lehrt, ist wiederum das Wissen. Also ist ohne Einsicht und Weisheit kein anderer Besitz etwas wert. Daraus folgert Sokrates: alles andere ist weder gut noch schlecht außer der Weisheit (σοφία). Die ist gut, und ihr Gegenteil, die Unwissenheit (ἀμαθία), ist schlecht (281 e). Das ist freilich ein Fehlschluß: wenn der Reichtum nur bedingungsweise gut ist, nämlich unter der Bedingung eines durch die Weisheit geleiteten rechten Gebrauchs, so folgt daraus nicht, daß der Reichtum nicht gut, d. h. wünschenswert sei. Man darf ja auch nicht schließen: volle Weinflaschen sind nicht gut, weil man sie dazu benutzen kann, jemandem damit den Schädel einzuschlagen. Gut ist nur der Korkenzieher, der es erlaubt, die Flaschen gut zu gebrauchen, indem man sie öffnet und austrinkt.

Wenn aber ohne Weisheit kein Glück möglich ist, so ist es notwendig, auf alle Weise nach Weisheit zu streben und danach zu trachten, sie zu lernen, wenn anders sie, wie Sokrates hinzufügt, überhaupt lehrbar ist, woran aber Kleinias nicht zweifelt (282 ff.). Und so denke ich mir, wendet sich Sokrates an die Sophisten, eine ermahnende oder ermunternde Rede (προτρεπτικὸς λόγος 282 d).

Das nächste wäre jetzt die Frage, ob man alle Art Wissen erwerben muß, um glücklich zu werden, oder ob es da eine besondere einzelne Wissenschaft gibt, die man lernen muß, denn dies ist ja unser Wunsch, daß der Jüngling weise und gut werde (282 e).

Jetzt folgt das zweite sophistische Spiel (283 a ff.). Dionysodoros nimmt das Wort und sagt: ihr wollt also, daß Kleinias weise werde, jetzt aber ist er es noch nicht, sondern unweise. Also wollt ihr, er soll werden, der er nicht ist, und der er ist, nicht mehr sein. Also wollt ihr, daß er untergeht. Ihr seid mir schöne Freunde und Liebhaber!

Das ärgert nun den Ktesippos, den Liebhaber des Kleinias, der dabei ist, und er bezichtigt den Sophisten der Lüge. Aber sofort ist der andere Sophist, Euthydemos, auf dem Plan (283 e ff.) und behauptet, es sei unmöglich zu lügen, denn wie soll das geschehen? Indem man die Sache sagt, von der die Rede ist, oder indem man sie nicht sagt? Indem man sie sagt, aber dann sagt man doch nicht irgend etwas anderes Seiendes, sondern eben diese Sache, und die Sache, die man sagt, ist eines von den Seienden, abgesondert von dem Übrigen. Wer also jenes sagt, sagt, was ist, und wer sagt, was ist, sagt die Wahrheit, und also hat auch Dionysodoros die Wahrheit gesagt. Wer das behauptet, sagt darauf Ktesippos, der sagt nicht, was ist. Gleich widerlegt ihn Euthydemos: Das Nichtseiende ist doch nicht, damit kann man also auch nicht irgend etwas machen. Also kann man das, was nicht ist, auch nicht sagen, und so hat auch Dionysodoros gesagt, was ist, also die Wahrheit gesagt.

Darauf entgegnet Ktesippos nicht schlecht: er sagt freilich was ist, aber nicht, wie es sich verhält. Sofort aber kommt ein neues Feuerwerk (284 c ff.).

Es gibt also Leute, die sagen von den Dingen, wie sie sich verhalten? Ja, alle rechtlichen und die, die Wahrheit sagen. Verhält sich nicht das Gute gut und das Schlechte schlecht? Also sprechen die Guten vom Schlechten schlecht. Allerdings (sagt Ktesippos) sprechen die Guten von dem Schlechten schlecht. Auch von den Großen groß und von den Warmen warm? Ja (sagt Ktesippos), und von den Frostigen frostig, und sagen auch, daß ihre Unterhaltung so sei (284 e).

Das Spiel der Sophisten ist eine Reproduktion der Lehre des Antisthenes, der behauptet hatte, man kann nur sagen, was ist, und also nichts Falsches sagen. Ktesippos gibt in seiner Antwort den Schlüssel der Auflösung in die Hand: man spricht in einer Lüge und überhaupt in einer falschen Aussage wohl über etwas Seiendes, über dies Seiende aber kann man Wahres oder Falsches sagen, wenn man sagt, wie es sich damit verhält. Wenn man sagt, Sokrates sei krank, und er ist gesund, so verhält es sich damit anders wie man gesagt hat, und die Aussage ist falsch. Die Möglichkeit von Wahrheit und Falschheit beruht also darauf, daß die Aussage ein Sagen von etwas über etwas ist, nicht einstrahlig (wenn man so sagen darf) sondern zweistrahlig. Plato kommt darauf später (im »Sophistes«) zurück. Wenn weiter gesagt wurde »über die Schlechten schlecht reden«, so war das doppeldeutig. Es meinte 1. den Schlechten das

Prädikat »schlecht« zusprechen, 2. in schlechter Form reden. »Schlecht« ist also 1. Prädikat des Worüber der Rede, 2. Prädikat der Rede selbst.

Sokrates greift ein und sagt (285 a): wenn die Sophisten die Kunst verstehen, den Kleinias als Unweisen untergehen und als Weisen wieder auferstehen zu lassen, dann ist es ja nicht so schlimm mit diesem Untergehen, und wenn ihr Jüngeren euch fürchtet, dann kann er ja mit mir Älteren einen Versuch machen. Möge er mich umbringen oder meinethalben auch kochen oder was er sonst nur will, nur bringe er mich als einen Guten wieder zum Vorschein. Auch Ktesippos erklärt sich zu solchem Experiment bereit und bittet den Dionysodoros, nicht zu glauben, er zürne ihm, weil er ihm widerspreche. An diesem Wort entzündet sich wieder das sophistische Feuerwerk. Dionysodoros erklärt (285 d): ein Widersprechen (ἀντιλέγειν) ist gar nicht möglich. Das wird daraus gefolgert, daß man das Nichtseiende nicht sagen kann. Entweder sagt man also dasselbe Seiende, dann ist man ja einig, oder man sagt verschiedenes Seiendes, dann spricht man gar nicht über dieselbe Sache und widerspricht sich auch nicht.

Hier wird derselbe Fehler gemacht wie oben. Es wird nicht berücksichtigt, daß das Sprechen ein Sagen von etwas über etwas ist, und daß also das Widersprechen dadurch zustande kommt, daß beide über dasselbe das Entgegengesetzte sagen.

Wieder greift Sokrates ein (286 b ff.). Nicht wahr (sagt er), das ist der Kern der Lehre: man kann nichts Falsches sagen? Nein. Auch nicht vorstellen? Nein. Also gibt es auch keine Unverständigkeit (ἀμαθία) und keinen Irrtum? Wenn es aber keinen Irrtum gibt und kein Sichverfehlen, als wessen Lehrer seid ihr denn eigentlich hergekommen?

Dies Argument läßt Dionysodoros nicht gelten (287 b). Es ist gegen die Spielregeln, daß irgend etwas früher Gesagtes vorgebracht wird; man darf nur benutzen, was in der jeweiligen Argumentation vorkommt. Jetzt fragt wieder Dionysodoros: Was etwas meint, muß das nicht eine Seele haben? Ja. Kennst du nun ein Wort, das eine Seele hat? Nein. Wie konntest du also fragen, was ein von mir gebrauchtes Wort meint? Ich habe gefehlt aus Dummheit, sagt Sokrates (287 e), oder habe ich nicht gefehlt? Habe ich nicht gefehlt, dann kannst du mich nicht widerlegen. Wenn ich aber gefehlt habe, auch nicht, denn du hast ja bewiesen, daß man nicht fehlen kann, und da beziehe ich mich nicht auf etwas, was du früher einmal gesagt hast.

Ktesippos hat genug und sagt: was reden diese Leute doch für einen Unsinn. Aber Sokrates stiftet Frieden und spricht die Vermutung aus, das sei noch nicht ihr Ernst. Um den hervorzulocken, will er noch einmal vorzeichnen, wie er sich eine ernsthafte Unterredung denkt. Er nimmt den Faden der Untersuchung da wieder auf, wo er ihn hatte fallen lassen, bei dem Ergebnis, daß es nötig ist, das Wissen zu suchen, d. h. zu philosophieren (288 d ff.). Die Frage war nun: welches Wissen? Unbedingt doch ein nützliches. Aber keinerlei Wissen nützt uns etwas, weder die Erwerbskunst, noch die Heilkunst noch sonst eine Kunst, die irgend etwas hervorzubringen versteht, wenn sie nicht versteht, das Hervorgebrachte auch richtig zu gebrauchen. Also bedürfen wir eines solchen Wissens, bei dem das Wissen vom Hervorbringen und das Wissen vom rechten Gebrauch zusammenfällt (289 b). Ein solches Wissen will sich unter den Künsten nicht finden lassen (und in Wahrheit folgt ja auch nur, daß man beides braucht, das Wissen um die Hervorbringung und um den Gebrauch, wie man Schiffbauer und Kapitäne braucht). Auch die Redekunst kommt nach Kleinias' Meinung nicht in Frage, denn es wissen manche Reden zu machen, aber nicht zu verwenden, andere Reden gut zu verwenden, die sie gar nicht selbst gemacht haben. Auch die Kriegskunst lehnt Kleinias ab. Das sei eine Art von Jagd, und die Jäger seien nicht selbst imstande, das zu gebrauchen, was sie gefangen haben, sondern übergeben es den Köchen. Die Mathematiker und Astronomen aber sind auch eine Art Jäger, weil sie ihre Figuren und Zahlen nicht machen, sondern vorfinden, und sie übergeben, was sie gejagt haben, den Dialektikern zum Gebrauch. Die Heerführer übergeben, was sie erobert haben, den Politikern.

Hier (290 e) unterbricht Kriton die Erzählung des Sokrates. Was sagst du (fragt er), das soll dieser Knabe gesagt haben? Vielleicht (sagt Sokrates) war es auch Ktesippos, aber das glaubt Kriton auch nicht. Aber ich weiß sicher, sagt Sokrates, daß weder Euthydemos noch Dionysodoros das gesagt haben. War vielleicht noch jemand dabei? Es ist klar, daß damit angedeutet sein soll, daß Sokrates hier die Rollen vertauscht hat und daß er selbst dieses gesagt hat.

Die königliche Kunst (βασιλικὴ τέχνη 291 b), die uns lehrt, wie wir glücklich werden, haben sie also nicht gefunden. Es schien die Politik zu sein, und wenn wir bedenken, daß hier jene Weisheit gesucht wird, die den wahren Weg zum wahren Glück weist, die Ethik also im griechischen Sinn, und wie nahe sich Ethik und Politik in der griechischen Vorstellung insofern stehen, als es die Politik mit dem glücklichen Zusammenleben zu tun hat, dann scheint die Vermutung nicht unbegründet, und sie leuchtet auch Kriton ein. Die Politik erwies sich auch als die Kunst, der die Kriegskunst das von ihr Erworbene zum rechten Gebrauch übergibt.

Die Frage aber ist, welches ist das Werk (ἔργον) dieser Kunst? Die Heilkunst bewirkt Gesundheit, die Ackerbaukunst Nahrung, was bewirkt die Politik? Keine Antwort. Sie muß ja etwas Gutes bewirken, gut aber, so hatte sich ergeben, war nichts anderes als ein gewisses Wissen. Was also die Politik sonst bewirkt, daß sie z. B. die Bürger wohlhabend macht, das hatte sich als weder gut noch schlecht ergeben. Dies also muß die königliche Kunst tun: die Menschen weise und gut machen (292 b).

Aber ist das möglich? Macht sie alle Menschen weise in allen Dingen? Doch nicht in all den Künsten, von denen wir angegeben hatten, daß sie weder gut noch schlecht sind, sondern (so kommt heraus) in der Kunst, wodurch wir andere gut machen; und das tun wir dadurch, daß wir ihnen was beibringen? Die Kunst, andere gut zu machen, usw. ohne Ende (292 d f.).

Um den Zirkel kurz zu fassen: Was allein macht glücklich? Das Wissen. Welches Wissen? Das Wissen von dem, was glücklich macht. Das wäre dann das Wissen vom Wissen. Davon handelte schon der »Charmides«. Aber da war das Wissen des Wissens von sich selbst ein wesentliches Moment, das es dem Wissen ermöglichte, sich vom Nichtwissen unterscheiden zu können. Hier aber haben wir den reinen Leerlauf eines Wissens vom Wissen vom Wissen usw. ins Endlose und ohne Inhalt. Und die Lehre ist die entgegengesetzte: im »Charmides« wurden wir zu der Einsicht geführt, daß ein Wissen, das nicht Wissen von sich selbst ist, kein wirkliches Wissen ist. Hier aber erfahren wir das weitere, daß ein Wissen, das nicht auch Wissen von etwas ist, was nicht Wissen ist, nichts ist, d. h.: wenn die Areté das Wissen des Guten ist, dann kann das Gute nicht wiederum selbst als Wissen bestimmt werden. Der »Charmides« lehrt: ohne Wissen von sich selbst ist das Wissen nichts. Der »Euthydemos« lehrt: ohne Wissen von etwas, was nicht Wissen ist, ist das Wissen nichts.

Was dies andere ist, bleibt hier offen. Wir dürfen uns aber daran erinnern, daß hier etwas ungenannt bleibt, was vorher immer eine große

Rolle gespielt hatte: die Lust (ἡδονή). Offenbar ist es doch dies, was gewußt werden muß: der wahre Weg zur wahren Freude. Dazu ist die Philosophie nötig, weil das, was sich unmittelbar dazu anbietet, nicht leistet, was man sich davon verspricht. Aber hier wird das nicht ausgeführt, es bleibt bei dem regressus in infinitum, dem Wissen des Wissens usw. Es werden die weisen Sophisten gefragt, welches doch das Wissen ist, welches es ermöglicht, das übrige Leben schön zu verbringen (293a). Dies Wort »schön« (καλῶς) gibt einen kleinen Wink, denn wenn man da weiter fragen würde, so könnte die Antwort lauten: schön ist das Erfreuliche, und so kämen wir auf die Freude (ἡδονή).

Aber Euthydemos verfügt über einen Schnellweg zur Entscheidung der Frage, er beweist nämlich kurzerhand, daß jeder alles weiß, denn wer nur irgend etwas weiß, der ist wissend. Aber man kann nicht zugleich wissend und unwissend sein, weil sich das widerspricht, und so erklären die Sophisten auch rundheraus, sie wüßten alles (294a), ohne sich freilich auf eine Probe einzulassen. Natürlich ist das alles nicht ernst gemeint, sondern eine Art Denksport. Das war nichts Neues. Auch den alten Parmenides darf man nicht fragen: das glaubst du doch nicht im Ernst, daß es gar keine Bewegung gibt? Da würde er auch sagen: was ich glaube, steht nicht zur Debatte, sondern meine Argumente; wenn du kannst, widerlege sie! Sokrates aber ist, was Kierkegaard einen existentiellen Denker genannt hat. Ihm geht es im Ernst um die Frage, wie man leben soll.

Daher verdirbt Sokrates den Sophisten auch immer wieder das Spiel, indem er gegen die Spielregel nicht einfach mit »ja« oder »nein« sondern mit Zusätzen antwortet. Um Sokrates zu beweisen, daß er alles wisse, fragen ihn die Sophisten, ob er nicht alles mit der Seele wisse? Anstatt einfach »ja« zu sagen, antwortet Sokrates: »ja, alles was ich weiß« und vereitelt so den »Schluß«: »Wenn du alles mit der Seele weißt, weißt du alles.« (295e ff.)

Der Trick ist schnell gelernt, und als Ktesippos gefragt wird, ob es, weil es gut ist Gold zu haben, nicht folglich auch gut sei, Gold im Kopf zu haben, antwortet der mit »ja« und deutet den Schädel als den mit Gold gefüllten Schädel des Feindes (299e ff.). Solche gelegentliche Niederlage kann aber die Sophisten nicht davon abbringen, ein neues Feuerwerk loszulassen, bis Ktesippos ausruft: »Ich lasse ab, die Männer sind unbezwinglich« (303a).

Sokrates aber hält ihnen eine ironische Lobrede. Unter vielem anderen Schönen sei vielleicht dies das Erhabenste an ihrer Kunst, daß sie sich um die ernsthaften Menschen gar nicht kümmere sondern nur um solche, die den Sophisten gleichen, und daß sie Widerlegungen vorbringe, mit denen zu widerlegen sich ein ernsthafter Mensch mehr schämen würde als damit widerlegt zu werden (303 d). Es sei freilich versöhnlich, daß diese Argumentationsweise nicht nur den Gegnern »den Mund zunäht« sondern auch den Sophisten selbst und daß der Trick so leicht und so schnell gelernt werden kann (300 e).

Nachdem Sokrates seine Erzählung beendet hat, berichtet Kriton, daß ein Zuhörer der Diskussion nicht nur die Sophisten als Possenreißer verurteilt habe, sondern auch den Sokrates dafür getadelt habe, daß er sich überhaupt mit solchen Leuten eingelassen habe, und dieser Kritiker habe mit dem Mann Sokrates auch seine Sache, die Philosophie, als wertlos verurteilt (304 d ff.).

Der Kritiker (so erfahren wir 305 c) ist einer jener Leute, die auf der Grenze von Philosophie und Politik stehen. Diese Leute halten sich, weil sie sich mit Maß auf die Philosophie und mit Maß auf die Politik einlassen, für die Weisesten von allen, für weiser als die reinen Philosophen und die reinen Politiker. Daß sie aber doch nicht bei allen als die Weisesten gelten, dafür geben sie dem Euthydemos und seinen Schülern die Schuld, die es mit ihren Tricks fertig bringen, sie in der Diskussion zu besiegen (305 d).

Sokrates sucht den Anspruch dieser Männer, die besten zu sein, dadurch zu widerlegen, daß er geltend macht, ein Mittleres könne nur besser sein als die beiden Extreme, wenn diese beide schlecht seien. Sei aber eines der Extreme schlecht, das andere gut, dann sei das Mittlere besser als das eine, aber schlechter als das andere der Extreme. Seien aber beide Extreme gut, dann sei das Mittlere schlechter als sie. Nun halten aber jene Männer beides, woran sie sich mit Maß beteiligen, Philosophie und Politik, für gut, und daher könnten sie nur den dritten Rang beanspruchen nach den reinen Philosophen und den reinen Politikern (307 c). Es liegt auf der Hand, daß das Argument nichts taugt. Daraus, daß Essen gut ist und Trinken auch, folgt nicht, daß nicht mit Maß Essen und Trinken noch besser sein kann.

Zum Schluß des Gesprächs fragt Kriton, wie er seinen Sohn zur Philosophie ermahnen könne, wo doch diejenigen, die sich als Lehrer der Philosophie anbieten, so unzulänglich seien (307 d), worauf Sokrates entgegnet, daß über den Wert der Philosophie nicht entschieden werden könne auf Grund der Zulänglichkeit oder Unzulänglichkeit ihrer Vertreter, sondern allein aus der Sache heraus (308 a ff.).

14. SYMPOSION

Die Ereignisse und Gespräche dieses Dialogs werden wiedererzählt. Apollodoros erzählt, was ihm ein Ungenannter berichtet hat über das, was dieser von Aristodemos erfahren hat. Es ist schon lange her, und der Ungenannte war noch ein Kind, als die erzählten Ereignisse sich zutrugen. Aristodemos habe erzählt, eines Tages sei ihm Sokrates begegnet, frisch gebadet und mit Sandalen, was auffällig war, weil er gewöhnlich barfuß zu gehen pflegte. Auf die Frage, warum er sich so schön gemacht habe, antwortet Sokrates, er gehe zum Gastmahl des Agathon. Der hatte am Tage vorher mit seiner ersten Tragödie den Sieg davongetragen. Sokrates beredet den Aristodemos mitzukommen, aber es kommt so heraus, daß dieser zunächst allein bei Agathon ankommt, denn Sokrates ist irgendwo in Nachdenken versunken stehengeblieben und hat ihn aufgefordert, nur immer vorauszugehen. Er wird willkommen geheißen, und Agathon sagt ihm, er habe ohnehin vorgehabt, ihn einzuladen, ihn nur nicht finden können. Sokrates erscheint erst, als das Festessen schon vorbei ist, und Agathon bittet ihn, an seiner Seite Platz zu nehmen, damit er doch etwas abbekäme von der Weisheit, die sich unterwegs bei Sokrates eingestellt habe. Das wäre schön (meint Sokrates), wenn die Weisheit so hinüberfließe wie aus einem vollen in ein leeres Gefäß, denn dabei hoffe er selber zu profitieren, nämlich von der Weisheit des Agathon, die so glanzvoll vor 30 000 Zeugen offenbar geworden sei; seine eigene Weisheit dagegen sei etwas Geringes und zweideutig wie ein Traum (175 e). Nach dem Essen beginnt der Umtrunk. Es stellt sich heraus, daß alle vom Tage vorher noch etwas mitgenommen und in ihrer Leistungsfähigkeit vermindert sind. Man beschließt daher, an den üblichen Trinkkomment, der zur allgemeinen Trunkenheit führt, sich diesmal nicht zu halten, sondern jeder soll nur so zum Vergnügen so viel trinken, wie er Lust hat. Eryximachos, der Arzt, macht den Vorschlag, die Flötenspielerinnen wegzuschicken und sich statt dessen mit Reden zu unterhalten. Als Thema schlägt er vor, den Eros zu verherrlichen. Er beruft sich dabei auf Phaidros, der auch anwesend ist, der habe ihm oft gesagt, es sei arg, daß man den Eros in den Lobpreisungen der Dichter so vernachlässigt habe. Es soll der Reihe nach jeder eine Lobrede auf den Eros halten, und Phaidros soll anfangen. Sokrates liegt nach dieser Anordnung ganz am Ende, und er sieht voraus, daß es die letzten am schwersten haben werden (176 e ff.).

Die zweifache Wiedererzählung bringt eine Auswahl: es ist nur das übriggeblieben, was wert war, im Gedächtnis behalten zu werden. Das Zufällige ist abgestreift.

Phaidros also hält die erste Rede (178 a ff.). Eros ist ein großer Gott und Erstaunen erweckend bei Menschen und Göttern, aus vielen Gründen, insbesondere aber auch wegen seines Ursprungs. Er gehöre zu den ältesten Göttern, wie Hesiod bezeuge. Eros hat keine Eltern. Zuerst sei nach Hesiod das Chaos gewesen und danach die Erde und Eros. Das sage auch Arkesilaos und auch Parmenides. Als der älteste Gott ist Eros auch der Urheber der größten Güter: denn das größte Gut ist für den Liebenden der Geliebte und umgekehrt (was hier von Phaidros alles im masculinum gesagt wird, also in Bezug auf das päderastische Verhältnis). Diese Liebe bewirkt den Abscheu vor dem Häßlichen und das Streben nach dem Schönen. Nämlich, sich vor dem Geliebten nicht schämen zu müssen, sei der größte Antrieb zu großen und edlen Taten. Ein Heer aus solchen Liebespaaren würde nach der Meinung des Phaidros ganz unüberwindlich sein. Göttlicher als der Geliebte aber ist der Liebhaber, denn in ihm ist der Gott — und daher verkehrt Phaidros die übliche Auffassung des Verhältnisses von Patroklos und Achill und macht aus Achill den jüngeren, den vom älteren Patroklos geliebten Knaben (180 a f.).

Daß der Eros im Liebenden ist und nicht im Geliebten, unterscheidet ihn von der Liebesgöttin Aphrodite. Sie ist die Göttin des Liebreizes, des zur Liebe Reizenden. Aphrodite ist die Macht, die die Liebe auf sich zieht, das Verlangen auslöst, eine Macht, die aus der Welt um uns herum auf uns zukommt, uns überfällt. Eros dagegen ist im Liebenden: der Drang, die Leidenschaft, die Macht in seinem Inneren, die den Liebenden treibt. Das sind zwei sich ergänzende Seiten derselben Sache: ohne die Möglichkeit zu lieben kann niemand etwas Liebliches, etwas Liebenswertes erfahren. Aphrodite als die Macht, die Liebe auslöst und auf sich zieht, setzt den Eros im Menschen voraus, ohne diese innere Macht ist jene äußere Verlockung machtlos. Wenn also Aphrodite eine göttliche Macht ist, so erst recht Eros, so scheint es — aber vielleicht scheint es nur so. Darüber werden wir nachher von Sokrates etwas hören.

Zunächst folgen andere Reden, die dem Gedächtnis der Wiedererzähler entfallen sind, und dann die des Pausanias (180 c ff.). Pausanias ist ein Sophist, er bringt denn auch gleich das Instrument des modernen Denkens herbei, die Distinktion: man muß unterscheiden, man kann nicht summarisch den Eros loben. Es gibt zweierlei Eros. Das begründet er zunächst durch die Berufung auf zwei Aphroditen, die man kennt. Die eine Aphrodite, die ältere, ist die mutterlose Tochter des Uranos, des Himmels, daher auch Urania, die himmlische genannt. Die andere und jüngere ist die Tochter des Zeus und der Dióne, auch Pandemon (vulgaris) genannt. Nun gibt es ohne Eros keine Aphrodite. Also muß es auch einen vulgären und einen himmlischen Eros geben (180 e).

Für die Liebe gilt nach Pausanias, was auch von all dem gilt, was die Teilnehmer des Gastmahls tun, Trinken, Singen, Sprechen usw.: nichts davon ist als solches schön oder häßlich, sondern das hängt davon ab, wie es getan wird. Nicht insofern ist also der Eros zu preisen, als er uns zur Liebe treibt, sondern nur derjenige, der uns dazu treibt, schön zu lieben (181 a). Das ist ein wichtiger und fruchtbarer Gedanke: der Trieb des Eros ist kritisch zu beurteilen, im Hinblick auf das Schöne. Bemerkenswert ist nun, wie das Schöne vom Unschönen geschieden wird. Pausanias benutzt nämlich die von ihm eingeführte Distinktion zur Verherrlichung der Päderastie. Der »vulgäre« Eros ist nach Pausanias in der Tat vulgär und bewirkt eine kritiklos wählende Liebe, die sich auf Frauen nicht minder richtet als auf Knaben, und den Leib mehr liebt als die Seele. Da aber die Urania keine Mutter hat, so ist der ihr zugeordnete Eros die Knabenliebe, denn er richtet sich auf das männliche als das von Natur stärkere und mehr Vernunft besitzende Geschlecht. Die schönste Knabenliebe richtet sich auf das Alter, wo die Jünglinge schon anfangen, Vernunft zu haben, und das ist die Zeit des beginnenden Bartwuchses (181 d).

Dann geht Pausanias auf die verschiedenen Bräuche ein, die in verschiedenen Ländern in dieser Hinsicht herrschen. Bei den Böotiern und in Elis und wo man sonst nicht gewandt ist im Reden, gilt es als schön, den Liebhabern zu willfahren, damit sie sich nicht erst zu bemühen brauchen, durch Reden die Geliebten zu bewegen, weil sie das nicht können. Dagegen bei den Barbaren und wo man unter ihnen wohnt, gilt die Päderastie als schändlich, wie auch die Philosophie und die Liebe zur Gymnastik. Die Tyrannen wünschen nämlich weder Einsicht noch starke Freundschaften unter den Beherrschten (182 b f.).

In Athen aber herrscht eine schönere Sitte, nur ist sie schwer zu verstehen. Nämlich der Liebende wird anerkannt, und ihm ist geradezu alles erlaubt bis zum Meineid. Dagegen werden den Knaben Aufseher bestellt, um auf alle Weise zu verhindern, daß sie ein Opfer dieser Päderasten werden. Das sieht ganz widersprüchlich aus. Pausanias löst diesen Widerspruch so auf, daß er sagt: Häßlich ist es, einem Schlechten und auf schlechte Weise gefällig zu sein, schön aber einem Guten und auf schöne Weise. Schlecht aber ist der vulgäre Liebhaber, der den Leib mehr liebt als die Seele, der deswegen auch unbeständig ist. Und so ist es eine Prüfung, wenn man den einen zum Verfolgen ermuntert und den andern zum Fliehen. Wenn der Liebhaber sich dabei als der erweist, der den Geliebten weise und gut macht, dann ist es schön, wenn der Geliebte dem Liebhaber gefällig ist. So ist es, sagt Pausanias, auf alle Weise schön, sich um der Areté willen hinzugeben (184 c ff.).

Als nächster ist Aristophanes, der berühmte Komödiendichter, an der Reihe, eine Rede zu halten, aber der ist gerade vom Schlucken befallen. Der Arzt Eryximachos gibt ihm einige Ratschläge, wie er davon loskommen kann, und tauscht mit ihm in der Redefolge und spricht als nächster (185 e ff.). Er übt Kritik an seinem Vorredner. Der habe zwar schön angefangen, aber nicht ebenso schön geendet, so daß es an ihm sei, der Rede noch den gehörigen Schluß zu geben.

Eryximachos akzeptiert die Lehre vom zweifachen Eros, aber er macht nun daraus eine universale Naturphilosophie. Dieser doppelte Eros herrscht nicht nur über die Seele der Menschen, sondern auch über Tiere und Pflanzen, ja über alles Seiende überhaupt. Er habe dieses erkannt aus der Medizin, und von der geht er auch in seiner Rede aus. Der zweifache Eros ist das Begehren und die Liebe einerseits des gesunden und andererseits des ungesunden Leibes. Der Eros ist das dem Leib seiner Natur nach einwohnende Streben. Daher ist es gut und schön, dem Streben des gesunden Leibes zu entsprechen, aber nicht so dem des kranken. Der kranke Leib weiß nicht, was für ihn gut ist. Krankheit bedeutet Verwirrung des natürlichen Begehrens, das sich auf etwas richten kann, was dem Leib nicht nützlich, sondern schädlich ist. Der Arzt ist der Sachverständige, der die schöne und schlechte Liebe unterscheiden, dem Patienten die schlechte nehmen und die schöne einpflanzen kann. Hierbei kommt es darauf an, das Feindselige miteinander zu befreunden, dies aber ist das Entgegengesetzte. Das Kalte dem Warmen, das Bittre dem Süßen, das Feuchte dem Trocknen zu befreunden, hat der Ahnherr der Medizin, Asklepios, gelehrt. Bei der Ackerbaukunst sei es genau so. Das ist nicht verwunderlich, denn in beiden Fällen handelt es sich um Biologie. Aber dasselbe Prinzip beherrscht auch die Musik. Eryximachos zitiert Heraklits Grundprinzip der Zusammenstimmung des Unterschiedlichen (187a). Die Tonkunst bringt die Eintracht des Hohen und Tiefen, des Schnellen und Langsamen hervor, so wie im Leibe die medizinische Kunst. So ist auch die Musik eine erotische Wissenschaft. Auch hier ist der doppelte Eros zu unterscheiden, der eine, dessen Wirkungen wohltätig sind, der andere, bei dem sich mit der Lust üble Wirkungen auf den Hörer verbinden. Dasselbe gilt im Bereich der unlebendigen Natur: Wenn der gesittete Eros im Warmen und Kalten, Feuchten und Trockenen usw. herrscht, dann bringen sie Gedeihen hervor, wenn aber der frevelhafte Eros herrscht, dann entstehen Seuchen, Krankheiten usw. Auch Hagel und Reif und andere Unbilden entstehen aus einer Störung der Liebesbeziehungen der Naturkräfte. Auf religiösem Gebiet haben es Opferungen und Wahrsagekunst mit nichts anderem zu tun als mit den Liebesbeziehungen zwischen Göttern und Menschen (188 b ff.).

Das Ganze ist eine Philosophie, die den Eros zum bewegenden Prinzip alles Geschehens macht und zugleich den Unterschied von Gut und Schlecht oder Schön und Häßlich, oder wie man es nennen will, in diesem erotischen Grund aller Dinge gründet, indem ihm selbst eine entsprechende Doppelheit zugesprochen wird. Diese ganze Philosophie hat den Stil des vorsokratischen Denkens. Was nicht vorkommt, ist die Differenz von Sinnlichem und Übersinnlichem, der Unterschied von Dingen und Ideen, der für Plato inzwischen zum Fundament seiner Philosophie geworden ist. Das geltend zu machen, bleibt der Rede des Sokrates vorbehalten.

Was aber bisher noch fehlt, ist die Frage nach dem Grund des Eros. Sie wird dringlich, nachdem er durch Eryximachos als Verlangen bestimmt ist. Verlangen aber ist Verlangen nach etwas, was einem fehlt. Das ist es, was der nächste Redner, Aristophanes, geltend macht. Er gibt eine Erklärung der Herkunft des Eros, und zwar in der Form, daß er einen Mythos erzählt. Der Komiker erzählt einen komischen Mythos (189 c ff.).

Eros ist der menschenfreundlichste aller Götter und ein Arzt und Helfer aus einer Not, aus der befreit zu werden für die Menschen die größte Glückseligkeit ist. Um das zu verstehen, muß man die menschliche Natur und ihre Geschichte recht verstehen. Unsere Natur war nämlich nicht immer diese, die sie heute ist, sondern früher eine andere. Ursprünglich nämlich gab es drei Geschlechter, außer dem männlichen und dem weiblichen noch ein gemeinschaftliches aus beiden. Diese Urmenschen hatten vier Beine und vier Arme und zwei nach entgegengesetzten Richtungen gewendete Gesichter mit vier Ohren, und auch zwei Geschlechtsteile, und zwar beide männlich oder beide weiblich oder eins männlich und eins weiblich. Sie bewegten sich fort, indem sie mit ihren acht Gliedmaßen Rad schlugen. Die Männer stammten von der Sonne, die Weiber von der Erde und die Androgynen vom Mond. Sie waren von gewaltiger Kraft und faßten eines Tages den Plan, einen Weg zum Himmel zu bahnen und die Götter selbst anzugreifen. Diese beratschlagten, was zu tun sei. Ganz ausrotten wollten sie sie nicht, denn damit wären auch die Ehrungen der Götter durch die Menschen verschwunden, auf die die Götter nicht verzichten wollten. So erfand Zeus einen Plan, sie zu schwächen, ohne sie zu töten. Er beschloß zu diesem Zweck, sie zu halbieren, und drohte: Wenn sie dann noch nicht von ihrem Übermut lassen, werde ich sie nochmals halbieren. Sie mögen dann sehen, wie sie sich auf einem Bein wie Kreisel fortbewegen! So wurden die Menschen halbiert wie Früchte. Dann wurde ihnen der Kopf herumgedreht, damit er seine Zerschnittenheit vor Augen habe, die Haut nach dem Bauche zu zusammengezogen und in der Mitte zusammengebunden. Daher der Nabel. Jetzt aber sehnte sich jeder Teil nach seiner ergänzenden Hälfte, sie umschlangen sich und wollten nicht voneinander lassen, so daß sie vor Hunger umkamen. Da erfand Zeus folgende Abhilfe: er verlegte die Geschlechtsteile an die jetzige Vorderseite, denn vorher saßen sie an der Außenseite der Doppelwesen, die in die Erde zeugten wie (nach der Meinung der Griechen) die Zikaden. Jetzt zeugten sie ineinander, und wenn Mann auf Mann traf, so hatten sie doch durch ihr Zusammenkommen eine Befriedigung, die sie für eine Zeit von dem Zueinandergetriebenwerden befreite. Die Liebe wird gedeutet als das Verlangen der Wiederherstellung der ursprünglichen Natur, und die geschlechtliche Vereinigung als eine sinnreiche Erfindung des Zeus, die verhindern soll, daß die Menschen an der Liebe zueinander zu Grunde gehen, indem sie bewirkt, daß sie einander für eine Zeitlang satt bekommen.

Dieser Mythos erklärt auch, warum es neben der Heterosexualität die Homosexualität gibt: Jeder sucht sein Ergänzungsstück, und nur die, die von den gemischten Menschen abstammen, sind heterosexuell, die anderen homosexuell, und also sind auch diese Formen der Erotik natürlich.

Nach dem Komödiendichter spricht als der letzte vor Sokrates der Tragödiendichter Agathon (194e ff.). Er will zuerst über den Gott sprechen und dann über seine Gaben. Eros ist der glückseligste unter den glückseligen Göttern, weil er der schönste ist und der beste. Der schönste, weil er der jüngste ist, dem Alter, das uns alle ereilt, immer entkommen. Eros haßt das Alter und gesellt sich der Jugend, denn gleich und gleich gesellt sich gern. Agathon protestiert gegen die These des Phaidros, daß Eros der älteste der Götter sei, vielmehr haben sich nach seiner Meinung jene Händel und Streitigkeiten unter den Göttern, von denen Hesiod erzählt, ereignet, bevor Eros die Herrschaft angetreten hat. Er ist jung, aber auch zart, auf dem Weichsten von allem wandelt er, nämlich auf den Gemütern und Seelen der Menschen und Götter, und nicht auf allen, sondern auf den weichen, und zudem ist er geschmeidig, so daß er hinein- und herausgeht nach Belieben. Er ist der schöne Gott, dessen Lieblingsort das Blühende ist.

Sodann spricht Agathon über die Areté des Gottes. (196b ff.). Er ist fern aller Gewalt, sondern was er verrichtet und was ihm verrichtet wird, geschieht freiwillig. Auch muß er wohl der Besonnenste sein, denn über alle andern Affekte herrscht unbestritten die Liebe als die stärkste, aber über diese der Eros. Auch ist er der Tapferste; denn nicht Ares herrscht über ihn, sondern er über Ares. Auch Weisheit kommt ihm zu, da er die Menschen zu Dichtern macht. Ohne das Verlangen danach, also ohne den Eros, hätte weder Apoll das Bogenschießen und das Weissagen erfunden, noch die Musen die Tonkunst, noch Hephästus die Schmiedekunst, noch Athene die Weberei, noch Zeus die Regierungskunst. Und begeistert geht Agathon in die poetische Redeform über und sagt, es sei Eros, der bewirke, »unter den Menschen Fried' und spiegelnde Fläche dem Meere, Schweigen der Stürm' und erfreuliches Lager und Schlaf für die Sorgen« (197c). Und nun folgt ein Lobspruch dem andern, der reine Wohlklang einer Festrede, die sich mehr durch schön gesetzte Worte als durch Gedanken auszeichnet. Das ist platonische Parodie, und was da parodiert wird, ist die tragische Dichtung seiner Zeitgenossen, wie Agathon einer ist: gedankenlose Schwelgerei in schönen Worten.

Alle sind begeistert, und auch Sokrates äußert seine Bewunderung über so viele schöne Nomina und Verba (198b). Was aber die eigene Rede angeht, erklärt er, so habe er die Sache mißverstanden. Er habe nämlich gemeint, es handle sich darum, die Wahrheit über den Eros zu sagen, aber das sei offenbar nicht richtig, sondern jeder dichte ihm etwas an, was ihn preiswürdig erscheinen lasse, ob es nun wahr sei oder nicht. Wenn die andern aber bereit seien, das anzuhören über den Eros, was nach seiner Meinung die Wahrheit darüber sei, dann sei er bereit, auf seine Weise darüber zu reden. Auf seine Weise — das heißt so, daß er sogleich sein geliebtes Frage- und Antwortspiel anfängt (199 c ff.), diesmal mit Agathon, dem letzten Redner; den hat natürlich Plato eigens zu diesem Zweck gewisse Dinge behaupten lassen, die es Sokrates erlauben, einzuhaken. Sokrates läßt sich zugeben: Liebe ist Liebe zu etwas (oder jemand), und sie begehrt, was sie liebt, aber noch nicht hat, indem sie dessen vielmehr bedürftig ist. Niemand begehrt, was er schon hat; vielmehr wenn man sagt, man liebt, was man schon hat, dann meint man: man wünscht das Gehabte auch in Zukunft zu behalten, und auch das hat man ja jetzt noch nicht (200 a ff.).

Liebe, wurde gesagt, ist Liebe zum Schönen, man liebt aber, dessen man bedürftig ist und was man nicht hat, — also ist Eros der Schönheit bedürftig und hat sie nicht. Ist dann also Eros schön? Agathon meint: »Ich mag am Ende wohl nichts verstehen von dem, was ich vorhin gesagt habe« (201 b).

Hier wäre Verschiedenes anzumerken. 1. Gewiß, man liebt nur, was man nicht hat, denn lieben heißt: Habenwollen. Das gegenwärtige Lieben heißt dann: Wollen, daß es bleibe. Aber warum will man, daß es bleibe? Weil man es liebt. Und das heißt hier dann nicht: Erlangenwollen, sondern: Erfreutwerden von der Gegenwart einer Sache oder eines Menschen. Diese Mehrdeutigkeit des Wortes Eros ist also zu beachten. Hier wird nur das auf die Zukunft gerichtete Moment des Erlangenwollens zur Geltung gebracht. 2. Der Liebende hat nicht, was er erlangen will. Er will das Schöne erlangen, also hat er es nicht. Aber hieraus kann man nicht folgern: nur ein häßlicher junger Mann könne ein schönes Mädchen lieben. Es ist klar, es kann einer die eine Schönheit haben und die andere kann ihm noch fehlen. Diese besondere Schönheit, die er begehrt, hat er nicht, aber das hindert nicht, daß der Begehrende auch schön sein kann. 3. Wenn der Liebende nicht hat, was er liebt und begehrt, so kann man das nicht ohne weiteres übertragen auf die Liebe selbst. Wenn also der Eros sich auf das Schöne richtet, so folgt nicht, daß der Eros nicht schön ist, sondern daß der Liebende jene begehrte Schönheit entbehrt. Auch hier liegt eine Mehrdeutigkeit in dem Wort Liebe.

Sokrates setzt seine Rede fort mit der Wiedergabe dessen, was er von der Seherin Diotima von Mantinea gelernt habe (201 d ff.).

Die Seherin hatte den Sokrates zunächst auch das gelehrt, daß Eros, als das Schöne und Gute liebend, nicht selbst schön und gut sei. Er ist aber auch nicht häßlich und schlecht, sondern es gibt da ein Mittleres, so wie es ein Mittleres gibt zwischen Weisheit und Unwissenheit, nämlich die richtige Meinung, die sich nicht rechtfertigen kann. Also ist Eros kein Gott, da er nicht glückselig und schön ist, sondern das nicht habende Streben nach dem Schönen und Guten. Diotima folgert, Eros müsse ein Mittleres sein zwischen Sterblichem und Unsterblichem, ein großer Dämon (202 d f.).

Unsterblicher (ἀθάνατος) ist der gewöhnliche Ausdruck für die Götter, und so kann die Rede durchgehen von einem Mittleren zwischen Sterblichen und Unsterblichen, obwohl das, was nicht sterblich ist, unsterblich ist und umgekehrt. Auch die alte Mythologie kennt nicht dies Mittlere. Die Halbgötter, die Mischlinge zwischen Menschen und Göttern, sind nach der alten griechischen Vorstellung sterblich, also Menschen. Sie können aber von den Göttern unsterblich gemacht werden, d. h. in den Stand der Götter erhoben werden. Der Dämon als Mittelwesen zwischen Gott und Mensch ist eine neue Erfindung. Diese Mittelwesen, so wird hier behauptet, vermitteln zwischen Göttern und Menschen. Der Gott verkehrt und spricht nicht mit den Menschen, sondern alle Gemeinschaft und alles Gespräch der Götter mit den Menschen ist im Schlafen und Wachen durch diese Mittelwesen vermittelt (203 a). Ein solcher Vermittler ist Eros. Diotima erzählt den Mythos von seiner Geburt (203 b ff.): Als Aphrodite geboren war, schmausten die Götter, unter ihnen auch Poros (= Überfluß), der Sohn der Metis. Als nun abgespeist war, kam, um sich etwas zu erbetteln, auch Penía (= Mangel) und stand an der Tür. Poros ging berauscht vom Nektar in den Garten und schlief. Penía nun, die wegen ihrer Dürftigkeit den Anschlag faßte, ein Kind mit Poros zu haben, legte sich zu ihm und empfing den Eros. Daher ist Eros der Begleiter der Aphrodite und ein Liebhaber des Schönen, da Aphrodite schön ist. Als Sohn der Penía aber ist Eros immer arm, nicht fein und schön, sondern rauh, unansehnlich, ohne Behausung, schläft vor den Türen und auf der Gasse, der Dürftigkeit Genosse. Nach seinem Vater schlagend, stellt er den Guten und Schönen nach, tapfer, keck, rüstig, ein Jäger, Ränkeschmied, Philosoph, Zauberer, Giftmischer und Sophist, als Mittelwesen zwischen Unsterblichen und Sterblichen bald hinsterbend, bald wieder auflebend.

Der Irrtum aber, der über das Wesen des Eros herrscht, rührt daher, daß man glaubt, Eros sei nicht das Liebende, sondern das Geliebte (204 c). Wenn nun Eros ein solcher ist, welchen Nutzen gewährt er den Menschen? Eros richtet sich auf das Schöne (καλόν). Wer das Schöne begehrt, will, daß es ihm zuteil werde. Und was hat er davon? Darauf weiß Sokrates nicht sogleich eine Antwort. Entsprechend beim Guten gefragt: Auch wer das Gute begehrt, begehrt, daß es ihm zuteil werde. Und was hat er davon? Er ist glückselig (εὐδαίμων).

Hier ist nun das Fragen zu Ende. Man kann nicht mehr fragen: Was hat er davon, daß er glücklich ist. Die Glückseligkeit ist der Endzweck, um willen dessen alle Zwecke sind. Und dasjenige, durch dessen Besitz man glückselig wird, ist das Gute. Dies, so wird nun festgestellt, ist das, was alle Menschen wollen: das Gute haben, um glückselig zu sein (205 a). Wenn nun alle das Gute lieben, warum sagen wir dann nicht von allen, daß sie lieben, sondern nur von einigen? Diotima erklärt, das sei so wie mit dem Wort ποίησις, das eigentlich jedes Machen bezeichnet, mit dem man aber gewöhnlich nur das Machen des Poeten bezeichnet. Entsprechend nennt man diejenigen, die sich aus Liebe zum Guten einem Gewerbe zuwenden oder der Erkenntnis, nicht Liebende, sondern nur eine gewisse Art von solchen, die nach dem Guten streben.

Jetzt übt Diotima Kritik an dem Mythos des Aristophanes, der gesagt hatte, die Liebenden suchten ihre Hälfte (205 e). Die Liebe geht weder auf die Hälfte noch auf das Ganze, wenn es nicht ein Gutes ist. Denn auch das Zugehörige (etwa einen Fuß) lassen sich ja die Menschen amputieren, wenn es gut ist, d. h. wenn es für sie lebensrettend ist. Also gibt es nichts, was die Menschen lieben als das Gute. Sie lieben, es zu haben und es immer zu haben.

Worauf geht also die im engeren Sinne sogenannte Liebe (206 b ff.)? Auf die Geburt im Schönen. Alle Menschen sind trächtig, sowohl dem Leibe wie der Seele nach, und wenn sie in ein gewisses Alter gekommen sind, dann strebt ihre Natur danach, zu zeugen. Sie kann aber nicht im Häßlichen zeugen, sondern nur im Schönen. Zeugung und Geburt sind etwas Göttliches und etwas Unsterbliches in dem sterblichen Lebewesen.

So geht die Liebe eigentlich gar nicht auf das Schöne als solches, sondern auf die Zeugung und Geburt im Schönen. Zeugung aber ist Verewigung, und so ist die Liebe eigentlich Liebe zur Unsterblichkeit. Nicht nur beim Menschen ist das so, sondern bei allen Tieren sucht die sterbliche Natur auf solche Weise nach Kräften unsterblich zu sein (207 a).

Unterbrechen wir hier den Bericht und bedenken, was wir davon halten sollen! Gewiß, so werden wir sagen, dies ist der Zweck der Natur, die den Lebewesen eben darum den Geschlechtstrieb eingepflanzt hat, um die Erhaltung der Gattung zu bewirken. Wir werden aber von diesem Zweck der Natur sogleich den Zweck des Individuums unterscheiden, dem die Natur einen solchen Trieb eingepflanzt hat. Das Individuum kann sich den Zweck der Natur zu eigen machen und auch Zeugung und Geburt wollen, aber es muß nicht, es kann die Befriedigung des Triebes durch seine Kunst von der Bewirkung des Naturzwecks ablösen, die Stillung des Verlangens und die Lust suchen, ohne zugleich den Naturzweck der Zeugung zu verfolgen. Die Liebe des Menschen ist nicht einfach ein Naturprodukt, sondern zudem das, was er selbst daraus macht, wie immer er auch über sein Recht zu solch freier Verfügung über die Natur denken mag. Denn auch der, der der Meinung ist, man dürfe hier die Zwecke der Natur nicht vereiteln, sieht doch dies Tun als etwas Gebotenes an, das sich also nicht von selbst macht, sondern ebenso gewollt werden muß wie das Gegenteil davon.

Diotima geht nun auf das eigentlich Menschliche, das nicht nur Biologische über. Auch die Liebe zu Ruhm und Ehre (φιλοτιμία) ist eine Liebe zur Unsterblichkeit, zur Gewinnung unvergänglichen Ansehens bei den Menschen. Achill hätte seine Heldentaten nicht getan, wenn er nicht geglaubt hätte, daß eine unsterbliche Erinnerung an seine Areté bleiben werde (208 d).

Die nun mehr dem Leibe nach zeugungsträchtig sind, wenden sich zu den Weibern und suchen Unsterblichkeit durch den Nachwuchs und das Gedächtnis, das sie bei ihm haben (wie sie meinen, fügt Diotima hinzu).

Die aber der Seele nach zeugungskräftig sind, erzeugen Einsicht (φρόνησις) und die anderen Tugenden. Solche Erzeuger sind die Dichter und Künstler. Die höchste Form aber davon ist jene, welche die Ordnung der Staaten und Häuser regelt, die politische Areté, hier mit dem Namen Gerechtigkeit und Besonnenheit bezeichnet (209 a). Wer damit schon in seiner Jugend schwanger geht, der sucht dann das Schöne, worin er zeugen kann, und er freut sich wohl an schönen Leibern mehr als an häßlichen, mehr aber noch, wenn er eine schöne, edle und wohlgewachsene Seele trifft, und am meisten, wenn er beides vereinigt findet. Für einen solchen hat er gleich eine Fülle von Reden bereit über die Areté und darüber, wie beschaffen der gute Mann sein müsse und wonach er streben müsse, und unternimmt es, ihn zu bilden (παιδεύειν 209 c). Solche Gemeinschaft ist eine festere Freundschaft als die Ehe, und ihre Kinder sind schöner und unsterblicher. Jeder sollte lieber solche Kinder haben wollen als die menschlichen, wenn er Homer und Hesiod und die anderen guten Dichter beneidet, was für Geburten sie hinterlassen haben, die ihnen unsterblichen Ruhm und Andenken sichern. Wegen solcher Kinder hat man auch Denkmäler gesetzt, aber nie wegen der leiblichen.

Soweit nun, sagt jetzt (209 e) Diotima, vermagst auch du, Sokrates, in die Geheimnisse der Liebe eingeweiht zu werden. Ob aber, wenn jemand die höchsten und heiligsten, um willen derer auch jene sind, recht vortrüge, du es auch vermöchtest, weiß ich nicht. Indes will ich es an mir nicht fehlen lassen und sie vortragen. Folge nur, wenn du kannst. —

Diese Worte sind oft aufgefaßt worden als eine Grenzsetzung zwischen dem historischen und dem platonischen Sokrates. Freilich ist auch schon der Sokrates der Frühdialoge nicht einfach ein historisches Porträt, aber was jetzt folgt, ist ganz jenseits des sokratischen Horizontes. Hier beginnt der Aufstieg in die Metaphysik, die der historische Sokrates nicht kannte. Eros als Führer in die übersinnliche Welt, das ist eine platonische Erfindung ohne Vorbild. Die Unsterblichkeit, die der Eros wollte, war im bisher Betrachteten immer die Zukunft, die Zukunft in den Kindern oder im berühmten Werk, die beide den Tod des Individuums überdauern, das faustische: Es kann die Spur von meinen Erdentagen nicht in Äonen untergehn. Auch die christliche Ewigkeit ist Zukunft, eine Zukunft nach dem Tode, die selbst ohne Tod ist, — so jedenfalls ist es ursprünglich christlich. Die Theologen freilich sind vielfach bei Plato in die Schule gegangen und haben das Christentum an die griechische Tradition angeglichen, so insbesondere Hegel. Das Ewige, das Plato zu erstreben lehrt, ist nicht das Künftige, sondern das, was immer ist, weil es immer war und immer sein wird. Wir würden es das Zeitlose zu nennen geneigt sein, aber das ist ein Gedanke, der erst nach Kant möglich geworden ist. Wenn bei Plato Ewigkeit und Zeit entgegengesetzt werden, so meint er mit Ewigkeit nicht Zeitlosigkeit, sondern Wandellosigkeit, und mit Zeit das ständige Anderswerden. Diese Wandellosigkeit war aber bei der ewigen Zukunft nicht mitgemeint. Natürlich ist da, wo gar nichts geschieht, eigentlich auch keine Zeit, da es da ja nicht möglich ist, verschiedene Augenblicke zu unterscheiden, — aber darauf reflektiert erst Aristoteles, und der hat die ewigen Ideen Platos aus seiner Philosophie wieder gestrichen.

Der Stufenweg der Liebe beginnt (210 a) mit der Liebe zum schönen Leib, und zwar zuerst zu einem einzigen, der mit schönen Reden befruchtet wird. Das nächste (210 b) ist, zu erkennen, daß die schöne Gestalt etwas Allgemeines ist, und die Liebe zu ihr Liebe zu allen schönen Leibern werden muß, wodurch denn die Heftigkeit der Liebe zu dem einen zugleich nachläßt. Aus dem Naiv-Erotischen wird (so könnte man sagen) das Ästhetisch-Erotische. Dann folgt die Entdeckung der Schönheit der Seele als einer höheren Form als der des Leibes, so daß jetzt nur wenig von leiblicher Schönheit genügt, um die Liebe auszulösen. (Es ist echt griechisch, daß sie doch nicht ganz fehlen darf.) Den seelisch Schönen sucht der Liebende durch Reden besser zu machen und kommt so dazu, die Schönheit in den Bestrebungen und den Sitten zu betrachten (210 c). Von diesen muß er zu den Wissenschaften (ἐπιστῆμαι) weitergehen, die Schönheit des Wissens schauen (210 d), um endlich das höchste Ziel zu erreichen: das Schöne selbst.

Wir Heutigen sind gewohnt, das Schöne als das Ästhetische zu denken. Kants Ästhetik lehrt, daß die Rede von einem nicht sinnlichen Schönen im eigentlichen Sinne nicht zulässig sei. So ist uns der Übergang vom Naiv-Erotischen zum Ästhetisch-Erotischen gut verständlich als der Unterschied zwischen einem beliebigen Verliebten und dem Künstler, dem Bildhauer etwa, und seinem Verhältnis zu der Schönheit des menschlichen Leibes. Aber von schönen Wissenschaften oder von der Schönheit der Wissenschaft sprechen wir nicht. Freilich ein Gegenstand des Eros im anfangs erwähnten weiteren Sinne kann die Wissenschaft auch sein, aus verschiedenen Gründen, wegen ihrer Nützlichkeit etwa oder auch aus dem Motiv der gelehrten Neugier, die aus der Erkenntnis ein Spiel des Geistes macht. Daß sie von Plato aufgefaßt wird als das zu Liebende des Eros im eigentlichen Sinne, wird erst von dem Ende des Aufstiegs her verständlich: das höchste Schöne ist die Idee des Schönen, und die kann man nicht mit den sinnlichen Augen sehen, sondern sie ist ein Gegenstand des Wissens (μάθημα 211 c). Das Ideenwissen aber ist durch das andere Wissen vermittelt. Wissen spricht sich aus in Urteilen, Urteilen prädiziert, macht also von Prädikaten Gebrauch; die Prädikate als solche Betrachten heißt die Idee Schauen. Eine der Ideen aber ist die Idee des Schönen.

Wenn wir uns an Früheres erinnern, an die drei Wurzeln der Ideenlehre, so wird uns deutlich, daß diese Idee nicht nur ein Prädikat ist, sondern auch eine Norm. In der Beurteilung des sinnlich Gegebenen hinsichtlich seiner Schönheit bringen wir von uns aus eine Norm mit, an der wir das Gegebene hinsichtlich seiner Schönheit messen. Die Norm bestimmt ein Ideal, ein Paradigma. So bemühen sich etwa die Bildhauer, in einer Statue der Aphrodite ideale Frauenschönheit sinnlich darzustellen.

Nun ist es schon zweifelhaft, ob es nur ein einziges Ideal von Frauenschönheit gibt, erst recht aber ist klar, daß solch ein Phantasiebild verschieden bleibt von der Idee der Schönheit als solcher, im Hinblick auf die wir sowohl ein Bild wie ein Musikstück schön nennen. Eine Plastik des Phidias, ein Drama des Sophokles und eine Musik von Mozart sind alle schön, aber sie haben nichts Anschauliches gemeinsam. Diese Idee der Schönheit ist so wenig selbst etwas Schönes, wie der Begriff der Farbe etwas Farbiges oder der Begriff des Hauses ein Haus ist. Aber Plato lehrt es anders; er sagt (210e ff.): »Wer nämlich bis hierher (bis zur Liebe zur Wissenschaft nämlich) in der Liebe erzogen ist, die schönen Dinge in dieser Ordnung und richtig anschauend, der wird dem Ziel der Liebeskunst zuschreitend, plötzlich etwas Wunderbares von Natur Schönes erblicken, nämlich jenes selbst, o Sokrates, um willen dessen alle bisherigen Anstrengungen gemacht wurden, welches 1. immer ist und weder entsteht noch vergeht, weder zunimmt noch abnimmt, 2. aber auch nicht in gewisser Hinsicht schön, in gewisser Hinsicht häßlich ist, noch auch jetzt schön und dann wieder nicht, noch auch im Vergleich mit diesem schön, im Vergleich mit jenem nicht schön, noch auch hier schön, dort häßlich, in dem Sinne, daß es für einige schön ist, für andere häßlich, noch auch wird ihm das Schöne selbst erscheinen als ein Gesicht oder als Hände noch sonst etwas, was der Leib an sich hat, noch als eine schöne Rede, noch als ein schönes Wissen, noch irgendwo an einem anderen, weder an einem Lebewesen, noch an der Erde, noch am Himmel, sondern an und für sich (wie Hegel αὐτὸ καθ'αὑτό übersetzt), immer von einer Art, das andere Schöne aber an diesem auf gewisse Weise teilhabend, so doch, daß, wenn jenes andere entsteht und vergeht, jenes davon weder mehr noch weniger wird und überhaupt nichts mit ihm geschieht« (210e ff.).

Das also ist (so wird weiter ausgeführt) der Weg der wahren Päderastie: von einer schönen Gestalt zu zweien, von zweien zu allen, von da zu schönen Sitten und Handlungsweisen, von da zu den schönen Wissenschaften bis zu jener Wissenschaft, deren Gegenstand das Schöne selbst ist, und so zu ihm selbst (211 c).

Der Eros ist also der Führer auf dem Weg in die Höhe, in welcher Höhe der Mensch jenes erblickt, dessen Anblick die Seele mit unendlicher Freude erfüllt und die Eudaimonia vollendet. Das erst macht das Leben lebenswert (βιωτός 211 d), das Schöne selbst zu schauen. Wer dorthin blickt, der wird nicht Abbilder der Areté erzeugen, weil er nicht Abbilder berührt, sondern er wird die wahre Areté erzeugen, weil er das Wahre berührt. Wer aber die wahre Areté erzeugt und aufzieht, dem gebührt es, von den Göttern geliebt zu werden, und wenn es irgend einem Menschen gebührt unsterblich zu sein, so ihm (212 a).

Die Begeisterung für die schönen Reden Platos darf uns nicht verschleiern, daß dies alles höchst befremdlich ist. Nicht nur für uns, sondern auch für Platos Hörer und Leser muß das in vieler Hinsicht befremdlich geklungen haben.

Es werden hier zwei Thesen aufgestellt, die wir sondern müssen. Die eine ist die, daß das wahre Leben der Leitung durch Ideen bedarf. Nur wenn z. B. der Mensch eine Idee von der Gerechtigkeit hat, kann er hoffen, sich einen gerechten Staat einzurichten. Die Idee der Gerechtigkeit ist nicht aus der Erfahrung wirklicher Staaten genommen, sondern sie ist etwas Gedachtes, und an ihr wird das sogenannte Wirkliche, das Wahrgenommene gemessen. So nehmen wir auch die Idee des Schönen, an dem wir alles Begegnende hinsichtlich seiner Schönheit messen, aus uns selbst (wie wir sagen würden) und nicht aus dem Begegnenden; wobei man freilich im »Symposion« die nähere Untersuchung darüber, was die Idee des Schönen eigentlich ist, vermißt (Der »Phaidros« wird darauf zurückkommen).

Selbst um in einem Hause wohnen zu können, muß man schon eine Idee vom Hause haben. Daß unser Umgang mit den Dingen überall durch solche Leitgedanken bestimmt ist, das unterscheidet den Menschen vom Tier, und so werden wir dies zugestehen und als Platos Entdeckung rühmen dürfen, daß der Mensch überall Ideen, Begriffe, Gedanken, Leitbilder gebraucht, woran er das Wirkliche mißt.

Aber (so werden wir sagen) solche Gedanken sind uns Mittel, um uns in unserem Leben in der wirklichen Welt, der sinnlichen, zurechtzufinden, zu orientieren, sie richtig zu beurteilen. Der Gedanke gilt uns als ein Lebensmittel, und er hat nur darin seinen Wert. Das rein Gedankliche der Logik z. B. wäre ohne alle Bedeutung und ein reines Hirngespinst, wenn es nicht der Anwendung fähig wäre, wenn man nicht das Wirkliche durch die Gedanken bestimmen und erfassen könnte. Im 1. § seiner »Kritik der reinen Vernunft« bezeichnet Kant die Anschauung als das, worauf alles Denken als Mittel abzweckt. Denken ist Mittel und nie Selbstzweck. Aber Plato denkt in diesem Punkte anders. Die Ideenwelt ist nicht eine Welt von Erkenntnismitteln für die Erkenntnis der sinnlichen Welt, sondern die wahre Welt. Sich dahin zu erheben und in der Betrachtung dieses Ewigen zu verweilen, das ist das wahre Leben, die Erfüllung der tiefsten Sehnsucht des menschlichen Lebens, das nur lernen muß sich darin wirklich selbst zu verstehen. Das ist die zweite These.

Den neukantischen Plato-Interpreten war diese Lehre ein Dorn im Auge, und sie haben getan, was sie konnten, dies Befremdliche durch ihre Interpretation unschädlich zu machen, an den Rand zu drängen, zur bloßen Façon de parler herabzudrücken, Plato unserer eigenen empiristischen Gesinnung anzugleichen. Nietzsche umgekehrt, so grob und unzulänglich, oberflächlich und ungenau seine Plato-Interpretation sonst ist, hat auf diesen Punkt immer wieder den Finger gelegt. Dies erschien ihm als das Antigriechische in Plato, als das Vorchristlich-Christliche, Weltflüchtige, Lebensfeindliche, Dekadente, Nihilistische. Er hat darin recht, daß solche Weltflucht im »Symposion« genau so herrscht wie im »Phaidon«. Die wahre Welt, das ist die jenseitige Welt der Ideen, und diese Welt, in der wir unmittelbar leben, ist nur ein Bild davon. Alles Vergängliche ist nur ein Gleichnis, nämlich des Ewigen. Der Eros als der Wille zur Ewigkeit, zur Selbstverewigung, treibt zum Aufstieg in die Ideenwelt. Aber noch der Antiplatoniker Nietzsche singt: »denn ich liebe dich, o Ewigkeit,« und erdichtet aus dieser Liebe heraus die Lehre von der ewigen Widerkunft des Gleichen, die das Diesseitige durch seine ewige Wiederkehr trotz seiner Flüchtigkeit verewigt.

Man sieht leicht, daß der Blick auf die ewigen Ideen jetzt das ersetzt, was für die alte mythische Religion der Blick empor zu den ewig lebenden Göttern gewesen war. Im Blick auf diese ewigen Lebensmächte und von ihnen her verstand der Grieche sein Leben. Von der Blässe des Gedankens angekränkelt waren diese lebendigen Gestalten zu abstrakten Ideen herabgesunken. Sie sind das Werk eines Denkens, das Kraft genug hatte, die Unzulänglichkeit der alten Vorstellungen kritisch zu zersetzen, aber noch nicht weit genug gekommen war, um die überlegene Wahrheit, die das Mythische dennoch besaß, erkennen und bewahren zu können. Die Zeit des gereinigten Mythos steht immer noch bevor.

Aber der Aufstieg zum Ewigen hebt ja die Sterblichkeit des Menschen nicht auf. Nur vorübergehend erhebt er sich denkend zu dieser Höhe, und er kann dort nicht verweilen, er muß in die sinnliche Welt zurückkehren, und er muß dort sterben. Wenn auch die Ideen unsterblich sind wie die Götter, der Mensch, der sie betrachtet, ist es nicht, und er wird es auch nicht durch ihre Betrachtung. Die Betrachtung des Ewigen verewigt nicht, wenn auch der Platoniker Hegel das geglaubt hat. Plato selber wußte sehr wohl, daß die Seele trotz der Ideenschau sterblich bleibt. Er sagt: demjenigen, der sich zur Ideenschau erhebt und demgemäß lebt, dem kommt es zu (ὑπάρχει 212 a), unsterblich zu sein; das heißt hier nicht viel mehr als: dem gebührt es. Die Unsterblichkeit bleibt hier Problem, viel mehr noch als bei der Verewigung durch den Nachwuchs oder den Nachruhm. Im »Phaidon« wird diese Frage in den Mittelpunkt treten.

Der Wunsch nach Unsterblichkeit ist gemeingriechisch. Daß Odysseus auf die Unsterblichkeit verzichtet, weil er sie mit dem Verzicht auf die Heimkehr bezahlen soll, ist eine Ausnahme, aber auch sie beweist nicht, daß Odysseus nichts an einem Leben ohne Tod gelegen wäre, sondern nur dies, daß ihm ein Leben ohne Heimkehr so unmöglich erschien wie dem Sokrates ein Leben ohne Athen. Der Mensch lebt durch den Willen zur Zukunft; ohne Zukunft zu wollen, kann er überhaupt nicht existieren: es ist widernatürlich, Zukunft nicht zu wollen, und daher muß der Tod, der die Zukunft abschneidet, dem Menschen verhaßt sein. Aber wenn darum die Alten auch die Götter wegen ihrer Unsterblichkeit beneideten und von besonders beglückten Menschen erzählt haben, sie seien in die Reihen der Unsterblichen aufgenommen worden, und wenn auch die unterirdische orientalische Strömung, die ein Leben nach dem Tode verhieß, in den Mysterien immer am Leben blieb, so waren die Griechen doch zunächst empiristisch genug gesonnen, um sich jenseits des Todes nichts zu erwarten, und tapfer genug, der Notwendigkeit ins Auge zu blicken, sich mit dem Notwendigen abzufinden und sich nicht dagegen aufzulehnen. Die Menschen sind die Sterblichen, das ist traurig, aber es ist wahr, in dies Schicksal muß man sich schicken und sich keine Wahnvorstellungen eines Überlebens vorgaukeln. Aber die alte Zeit ging zu Ende. Der Wunsch wurde Vater des Gedankens, und bei Plato sehen wir ihn mächtig am Werke, metaphysische Träume zu erzeugen, die über Tod und Vergänglichkeit hinwegtrösten sollen. Wenn diese Welt nichts taugt, dann muß man eine bessere finden und die Gedanken, die von Haus aus nur Diener der Bewältigung dieser Welt sind, zu einer höheren Welt aufsteigern. Später wurde die platonische Ideenwelt zum Inhalt des Geistes des christlichen Gottes, und die Seligkeit der Seligen wurde zur visio dei, zur Betrachtung dieser Schätze der Ideenwelt im göttlichen Geiste. Hier war es gewiß geworden, daß dieser Anblick ewig dauert und man seiner auch nie müde werden kann, weil er von unerschöpflichem Reichtum ist. Diese Möglichkeit der Versöhnung des Christlichen mit dem platonischen Jenseits hat den Siegeszug des Christentums im hellenistisch gebildeten Abendland überhaupt erst ermöglicht und ist der Grund dafür, daß das Christentum nicht als das endete, als was es entstand: als eine kleine Sekte palästinensischer Fischer.

Aristophanes, auf dessen Rede Sokrates Bezug genommen hatte, will ihm antworten (212 c), da bricht plötzlich eine Schar von Nachtschwärmern herein. Unter ihnen ist Alkibiades, der trunken ist und von Flötenspielerinnen gestützt wird. Er ist bekränzt mit Efeu und mit Bändern geschmückt und verlangt zu Agathon geführt zu werden, um auch ihn zu bekränzen. Er setzt sich zwischen Agathon und Sokrates, der etwas bei Seite gerückt war und von Alkibiades zunächst nicht bemerkt wird. Als der ihn dann sieht, springt er wieder auf und beschuldigt Sokrates, ihm schon wieder aufzulauern, wie er ja immer dann zu erscheinen pflege, wenn er, Alkibiades, ihn am wenigsten erwarte. Und er, Sokrates, habe es wieder so eingerichtet, daß er neben dem Schönsten zu liegen komme. Sokrates fleht den Agathon um Hilfe gegen die Eifersucht des Alkibiades an, der aber nimmt dem Agathon einige von den Bändern wieder weg und schmückt damit den Sokrates. Dann setzt sich Alkibiades selbst zum Präsidenten ein und animiert die Runde zum Trinken, da sie ihm noch zu nüchtern scheint. Er trinkt eine gewaltige Schale leer und zwingt die anderen, es ihm nach zu tun. Bei Sokrates freilich, sagt er, hilft es nichts, der trinkt, soviel einer nur will, und bleibt doch nüchtern. Nun erfährt

Alkibiades von Eryximachos, daß sie alle Reden auf den Eros gehalten haben, und wird aufgefordert, auch eine zu halten, und dann dem Sokrates eine Aufgabe zu stellen, und der ebenso seinem Nachbarn und so die Reihe herum. Aber Alkibiades erklärt, Sokrates werde nicht dulden, daß er, Alkibiades, in Sokrates' Gegenwart irgend einen andern lobe als ihn selbst. Darum will er eine Lobrede auf Sokrates halten, und zwar wolle er die Wahrheit über Sokrates sagen, und er fordert den Sokrates auf, ihm in die Rede zu fallen, wenn er etwas Unwahres sage.

Er beginnt (215 a) damit, den Sokrates zu vergleichen mit Silenbildern, wie sie die Bildhauer damals herzustellen pflegten, die innen hohl waren und die man aufklappen konnte, und in deren Innern man dann ein Götterbild fand. So gleiche Sokrates äußerlich dem Satyr Marsyas in seiner Häßlichkeit, ein Spötter wie jener und auch ein Flötenspieler und viel bewundernswerter als jener, weil er ohne Instrument nur durch Worte so Gewaltiges vermag. Nicht daß man nur fände, es seien gute Reden, wie etwa die des Perikles, sondern die Wirkung der Rede dieses Marsyas sei die, daß Alkibiades beim Hören meint, es lohne sich nicht zu leben, wenn er so bliebe, wie er ist. Sokrates nötige den Alkibiades nämlich immer einzugestehen, daß er sich zu Unrecht um die athenischen Angelegenheiten kümmere, da ihm doch selbst noch so vieles mangle (216 a). Das ist das uns schon bekannte Motiv: daß man sich zuerst selbst bessern müsse, ehe man daran gehen könne, den Staat zu bessern. So verstopfe sich Alkibiades die Ohren vor Sokrates wie Odysseus vor den Sirenen, denn vor ihm geschehe ihm, was ihm sonst nie geschehe: er schämt sich. Alkibiades, der absolut Schamlose, schämt sich nicht, seine Scham vor Sokrates einzugestehen, und auch nicht, dies einzugestehen, daß er vor dieser Scham davonläuft, nicht tut, wovon er doch einsieht, daß er es tun soll, und statt dessen sich durch die Ehrenbezeugungen des Volkes betören läßt, die er doch im Grunde verachtet. So verachtet er sich selbst und schämt sich nicht, diese Selbstverachtung zu offenbaren (216 b). Sokrates stellt sich verliebt in die Schönen und unwissend. Aber das habe er sich nur äußerlich umgetan, inwendig aber, wenn man ihn auftut, sei er voll Besonnenheit und Selbstbeherrschung. In Wahrheit kümmere es ihn gar nicht, ob einer schön ist oder nicht, so wenig wie ob einer reich ist oder nicht. In Wahrheit halte er alle diese Dinge für nichts wert und verstelle sich nur (216 e). Weil Alkibiades die Götterbilder in Sokrates Innern gesehen habe, glaube er, auf der Stelle alles tun zu müssen, was Sokrates nur wünsche. Da er nun meinte, Sokrates stelle als Päderast seiner Schönheit nach, wollte er ihm willfahren, und da habe er seinen Diener weggeschickt und gemeint, nun werde Sokrates ihm solche Dinge sagen, wie ein Liebhaber seinem Liebling, wenn sie allein sind. Aber Sokrates redete nicht anders wie sonst auch. Dann versuchte Alkibiades, ihn geradezu zu verführen. Er trieb mit ihm Leibesübungen, rang mit ihm ohne jemandes Beisein, und endlich sogar richtete er es so ein, daß ein Gespräch bei ihm sich so lange hinzog, daß Sokrates die Nacht da blieb und mit ihm das Lager teilte. Alkibiades bekannte sich zu der Lehre, die wir von Pausanias vorgetragen hörten, daß der Knabe dem Liebhaber nachgeben müsse, der es verdient, da er ihn zur Areté bildet (218 d). Aber Sokrates habe ironisch geantwortet: da gedenkst du ja ein schönes Geschäft zu machen, im Tausch von Schönheit gegen Schönheit suchst du mich zu übervorteilen und gegen den Schein des Schönen ihr wahres Wesen zu gewinnen, wenn anders du dich nicht hinsichtlich meiner Weisheit täuschst. Alkibiades verbrachte (wie er erzählt) mit Sokrates die Nacht unter einem Mantel, aber Sokrates rührte ihn nicht an (219 c).

Das ist weder von dem Erzähler Alkibiades noch von dem Autor Plato so gemeint, als sei Sokrates kein Päderast gewesen, als sei ihm die erotische Beziehung zwischen Männern zuwider. Davon kann keine Rede sein, und es fehlt bei Plato und seinen Zeitgenossen auch völlig der moderne Anstoß an solchen Dingen. Was hier als das Wunderbare an dem Manne erscheint, käme ja auch so gar nicht zum Vorschein. Was soll schon wunderbar daran sein, daß einer keine Neigung zu homosexuellen Beziehungen verspürt. Im Gegenteil, daß Sokrates dazu Neigung hat, ist die Voraussetzung der ganzen Geschichte, und worauf es ankommt, ist vielmehr dies, daß er sich selbst zu beherrschen und Widerstand zu leisten vermag.

Alkibiades erzählt weiter (219 d), wie er und Sokrates zusammen den Feldzug nach Potidäa mitgemacht haben. Da hat Sokrates alle übertroffen im Ertragen von Beschwerden, auch etwa im Hungern, wenn sie irgendwo abgeschnitten waren. Aber auch, wenn es üppig zuging, Trinkgelage stattfanden, sträubte er sich zwar gern mitzuhalten, aber wenn er doch gezwungen war mitzutun, dann übertraf er alle auch hier in seiner Leistungsfähigkeit, und nie hat ihn jemand betrunken gesehen. Bei Schnee und Frost lief er herum wie sonst auch, in seiner gewöhnlichen Kleidung und barfuß. Eines Tages war ihm plötzlich etwas eingefallen, wie hier auf dem Wege zum Gastmahl. Da stand er von morgens bis abends auf einem Fleck, und es legten sich einige Jonier mit ihren Decken in der Nähe zum Schlafen, um zu sehen, ob er auch noch die Nacht da stehen bleiben werde. In der Tat ging er erst am Morgen fort. In der Schlacht selbst hat Sokrates den Alkibiades aus einer gefahrvollen Lage gerettet. In einer Fluchtsituation bewährte er sich wiederum durch seine Umsicht und Entschlossenheit. Jeder konnte leicht erkennen, sagt Alkibiades, daß dieser Mann angegriffen sich aufs kräftigste verteidigen würde, und so kam er denn auch unverletzt davon. Denn, so erklärt Alkibiades das ganz richtig, meistens werden die, die sich so zeigen, im Kriege gar nicht angetastet, sondern man verfolgt nur die, welche in voller Hast fliehen. Die Tugend der Tapferkeit erweist sich also hier als das für den Tugendhaften selbst Nützlichste.

Kurz, Sokrates ist nirgends unterzubringen (ἄτοπος 221 d). Für alle anderen, auch für die Berühmten, findet sich jemand, der ihm ähnlich ist; so könnte man den Perikles etwa mit Nestor vergleichen, und so überall, nur Sokrates hat nicht seinesgleichen, als eben höchstens noch den Silen oder Satyr. Wie jene Silenen, die man aufmachen kann, sind auch seine Reden. Da redet er immer von Schmieden und Gerbern und Schustern usw. und scheint immer dasselbe über dasselbe zu sagen, so daß seine Rede zum Gespött wird, nämlich für den unerfahrenen und uneinsichtigen Menschen. Aber wenn man den Silen öffnet und hineinblickt, dann findet man sie voll von Vernunft (νοῦς 222 a) und von Götterbildern der Tugend und sich auf alles das richtend, was einer, der schön und gut werden will, untersuchen muß. Das, so sagt Alkibiades, sage ich zum Lobe von Sokrates und habe auch den Tadel eingemischt, wie er mich gekränkt hat und viele andere, indem er so tut, als sei er der Liebhaber, und sich dann plötzlich vielmehr als der zu Liebende erweist. Alkibiades warnt den Agathon, daß es ihm nicht ebenso gehen möge.

Auch diese Rede, mit Gelächter aufgenommen wegen ihrer Offenherzigkeit, ist eine Rede über den Eros. Sokrates ist ein Erotiker. Man hat es oft bemerkt, daß eine Ähnlichkeit ist zwischen dem Bild des Sokrates, wie es Alkibiades gezeichnet hat, und dem Eros als dem Sohn von Poros und Penia, wie er im Mythos der Diotima vorgestellt wird. Aber das Bemerkenswerte ist gerade die Umkehrung. Das war ja die Grundlage der sokratischen Lehre über den Eros: der Eros ist im Liebenden und nicht im Geliebten. Sokrates als der Liebhaber der schönen Jünglinge, das wird jetzt von Alkibiades als Schein entlarvt, und Sokrates hat ihn nicht unterbrochen, er hat nichts abgestritten. Sokrates liebt im Grunde nur die Seelen der Jünglinge, und was er darin zeugen will, ist wiederum Eros, nämlich Liebe zu den höheren Gegenständen, zu denen die Seele aufsteigen kann und soll. Und da dies schöne Wissen und das Schöne selbst ihnen von Sokrates kommt, so kehrt sich das erotische Verhältnis um, Sokrates ist der Geliebte. Der Eros ist jetzt in seinen Schülern, und er richtet sich auf das Gute und Schöne, das durch die Logoi des Sokrates ihnen zugänglich wird. Als der eigentliche Eros beider erweist sich die Philosophie, aber nicht als irgend eine abstrakte Theorie, sondern als das Wissen davon, wie man leben muß.

Sokrates nimmt die Rede ironisch auf und erklärt dem Agathon, das sei nur gesagt, um sie auseinanderzubringen (222 c f.). Er nötigt ihn auf seine andere Seite und meint, nachdem Alkibiades einmal damit angefangen habe, müsse er fortfahren, auf seinen rechten Nebenmann, also jetzt den Agathon, eine Lobrede zu halten. Nun ist diese ganze Lobrederei im Kreis herum ja nicht vereinbart, sondern von Sokrates im Augenblick erfunden worden, als eine Art Gegenstück zu den Erosreden. Es kommt aber nicht dazu, denn jetzt brechen noch mehr Nachtschwärmer herein. Es beginnt eine maßlose Trinkerei, einige (so erzählt der Berichterstatter) seien fortgegangen, andere eingeschlafen, der Erzähler selbst auch, und er sei erst gegen Morgen, als schon die Hähne krähten, wieder aufgewacht. Da seien nur noch Agathon, Aristophanes und Sokrates wach gewesen, hätten geordnet aus einem Pokal, der die Runde machte, getrunken, und Sokrates habe mit ihnen diskutiert und sie gezwungen zuzugeben, daß es Sache desselben Mannes sei zu verstehen, Tragödien und Komödien zu dichten. Wer durch Kunst (τέχνῃ) Tragiker sei, der sei auch Komiker (213 d).

Ohne Zweifel ist es ein Rätsel, das uns Plato da aufgibt, denn de facto war das Amt des Komödiendichters von dem des Tragikers ganz getrennt. Äschylos, Sophokles und Eurypides haben keine Komödien gedichtet, und Aristophanes keine Tragödien. Späterhin hat freilich Shakespeare sowohl Tragödien wie Komödien gedichtet, aber es ist kaum anzunehmen, daß Plato im voraus so etwas als Dichterideal erfunden hat. Entscheidend ist (wie G. Krüger, Einsicht und Leidenschaft 1939 S. 294 f. mit Recht bemerkt) das Wort »mit Kunst« (τέχνῃ).

Die gewöhnlichen Dichter dichten ja nicht mit Kunst (τέχνῃ), sondern auf Grund von Enthusiasmus, von Gott und Muse begeistert. Im »Phaidon« versteht Sokrates die göttliche Stimme, die im Traum zu ihm spricht und sagt »Sokrates, treibe Musik!« so, als wolle sie ihn zu dem anfeuern, was er ohnehin schon tut, zur Philosophie als der schönsten »Musik«. Das Dichten mit Kunst, das Tragödie und Komödie zugleich ist, kann also nur die Philosophie sein. Wenn nun aber Krüger (S. 300) meint, das Tragische der Philosophie bestehe darin, daß sie selbst zuletzt in dem, was sie als ihre Aufgabe erkennt, scheitere und zum Mythos zurückkehren müsse, so bedenkt er nicht, daß Plato den Philosophen nicht als den Gegenstand, sondern als den Verfasser der Tragödie denkt. Der Philosoph schreibt mit Kunst eine Tragödie, die zugleich eine Komödie ist. Der Gegenstand dieser Tragödie und Komödie ist der Mensch, der ohne Philosophie lebt oder ihr nicht genügt, — wie Alkibiades, über den man lacht, der aber trotzdem eine tragische Figur ist, weil er bei aller Affinität zur Philosophie vor ihr versagt und daher zu Grunde gehen muß.

Das »Symposion« selbst ist das mit Kunst verfaßte Werk eines Philosophen, das Tragödie und Komödie zugleich ist, aber es ist in Platos Augen gewiß nicht die Tragödie der Philosophie.

Die beiden Dichter (so wird berichtet) folgen nicht mehr recht; zuerst schläft der Komiker Aristophanes ein und dann auch der Tragiker Agathon. Dann sei Sokrates weggegangen, und zwar nicht etwa nach Hause, sondern ins Lykeion, wo er sich wie gewöhnlich den ganzen Tang aufgehalten habe, und erst am Abend sei er dann zur gewöhnlichen Zeit nach Hause gegangen.

15. PHAIDON

Man hat manchmal gemeint, das »Symposion« verhalte sich zum »Phaidon«, wie die Komödie zur Tragödie, aber das ist recht oberflächlich geurteilt: im »Symposion« wird getrunken und im »Phaidon« wird gestorben. Dem genaueren Hinsehen erscheint vielmehr Alkibiades als tragische Figur, und der Sokrates des »Phaidon«, obwohl er stirbt, hat gar nichts Tragisches an sich. Wie sollte auch der Tod etwas Tragisches sein, wenn er der Anfang der Unsterblichkeit ist? Davon ist Sokrates fest überzeugt, und davon überzeugt er auch seine Schüler. Die Geschichte vom Tode des Sokrates und von den Gesprächen, die an diesem Tage von ihm geführt worden sind, erzählt Phaidon, der dabei war, dem Echékrates, einem Pythagoreer.

Wir wissen schon aus der Besprechung des »Kriton«, daß die Hinrichtung des Sokrates nach seiner Verurteilung sich verzögerte, weil das heilige Schiff nach Delos gerade abgefahren war, während dessen Abwesenheit keine Hinrichtungen vorgenommen werden durften. Jetzt war es zurückgekommen, und die Freunde des Sokrates kamen ins Gefängnis, um Abschied zu nehmen.

Er sei (so berichtet Phaidon) in einer ganz wunderbaren Stimmung gewesen, einer Mischung von Lust und Schmerz, dieser aber nicht durch die Furcht vor der Hinrichtung hervorgerufen, sondern dadurch, daß Phaidon und die anderen Schüler ihn verlieren, von ihm Abschied nehmen sollten. Sokrates erschien ihnen nicht wie ein Verzweifelter, der alle Hoffnung aufgeben muß, sondern wie ein Glückseliger in seinem Benehmen und seinen Reden und seinem standhaften und edlen Ende. Alles das läßt den Phaidon überzeugt sein, Sokrates werde es, wenn irgend jemand, auch im Hades gut gehen, und göttliche Schickung geleite ihn auch dahin. Phaidon nennt auch die meisten der Anwesenden, und hier erscheint auch, und nur hier (59 b) und in der »Apologie« (38 c), Platos eigener Name in seinen Dialogen. Es heißt nämlich: »Plato aber war, glaube ich, krank.« Auch Auswärtige waren anwesend, unter anderen die Pythagoreer Simmias und Kebes aus Theben, die im folgenden Gespräch noch eine Rolle spielen werden.

Pythagoreisches spielt insbesondere beim alten Plato eine große Rolle; wann der Einfluß beginnt und wie weit er reicht, ist nicht ganz leicht zu entscheiden, weil uns die Überlieferung hier ziemlich im Stich läßt. Die gelehrte Frage, was Plato von den Pythagoreern übernommen hat und was eigene Umbildung ist, soll uns hier nicht beschäftigen. Wir suchen Platos Gedanken zu verstehen und fragen nicht, wie sie historisch entstanden sind.

Die ganze Zeit zwischen Urteil und Hinrichtung pflegten sich die Freunde des Sokrates (so erfahren wir weiter 59d ff.) morgens im Gerichtshaus, in dem auch das Urteil gefällt worden war, zu versammeln und zu warten, bis ihnen das Gefängnis aufgemacht wurde. So geschah es auch an diesem letzten Tage. Eben hatte man Sokrates die Fesseln abgenommen und verkündet, daß sein Todestag gekommen sei. Bei ihm war die klagende Xanthippe, die Sokrates von einigen Leuten des Kriton nach Hause bringen läßt.

Es folgt eine merkwürdige Wiederholung der Betrachtung über das Zugleich von Lust und Schmerz, mit der Phaidon seinen Bericht begonnen hatte (60b f.). Auch Sokrates reflektiert darüber, sich die Schenkel reibend. Vorher hatten ihn dort die Fesseln gedrückt, und jetzt ist es angenehm, sie zu reiben. So scheinen Lust und Unlust aneinander gebunden, so daß wer das eine (die Lust) haben will, das andere (die Unlust) mit in Kauf nehmen muß. Wenn Aesop das bemerkt hätte, so meint er, hätte er gewiß daraus eine Fabel gemacht, wie der Gott beide, die im Kriege lagen, aussöhnen wollte, und da das nicht gelang, sie aneinander gebunden habe, so daß nun, wenn einer das eine bekommt, das andere nachkommt. Das ist zwar etwas anderes als die eigentümliche Mischung der Stimmung von Lust und Schmerz, in der sich die Freunde befinden, sofern es sich ja hier um ein Nacheinander handelt, und das eine die Bedingung für das andere ist, — aber beide Reflexionen zusammen weisen darauf hin, wie diese beiden Mächte teils zugleich, teils nacheinander das Menschenleben beherrschen.

Die Erwähnung des Aesop ruft eine Frage des Kebes hervor (60c). Euenos, ein Sophist und Literat habe ihn gefragt, was es bedeute, daß sich Sokrates jetzt ans Dichten begeben, einen Hymnos auf Apoll gemacht und Fabeln des Aesop in Verse gebracht habe. Sage ihm (sagt Sokrates), daß ich es nicht tue, um ihm Konkurrenz zu machen, sondern um einem Traum gehorsam zu sein und mich vor Schaden zu bewahren. Oft schon früher, und so auch jetzt wieder, habe er im Traum die Aufforderung gehört: »O Sokrates, mache und treibe Musik (60 e)!« Daß diese Stimme mit göttlicher Autorität spricht, bezweifelt Sokrates nicht; offenbar ist dies nichts anderes als ein Fall des Daimonion, auf dessen Rat sich Sokrates zu verlassen pflegt. Wenn wir in der »Apologie« lasen, das Daimonion habe immer nur abgeraten und nie zugeraten, so ist das wohl eine platonische Wendung der Sache, die nicht historisch ist, wie sie auch Xenophon nicht kennt. Die Autorität wird nicht bezweifelt, aber die Auslegung glaubte Sokrates bisher selbst vornehmen zu dürfen: er verstand es so, als sei er hier ermuntert zur Philosophie als der größten Musik. Darauf hatten wir schon bei der Besprechung des „Symposion" Bezug genommen, Philosophie als Tragödie und Komödie auf Grund von Techne. Aber (so fährt Sokrates fort) jetzt angesichts des Todes erscheine es ihm sicherer, der Stimme auch im wörtlichen Sinne zu gehorchen.

Darin drückt sich wieder das Fragwürdige, Zweifelhafte und Traumhafte der sokratischen Weisheit aus, von der er auch im »Symposion« gesprochen hatte: Der Logos der Philosophie sucht nach besten Kräften im Durchdenken (διαλέγεσθαι) das Wahre zu finden, aber nichts ist da endgültig gesichert, niemals entgeht der Mensch endgültig der Gefahr des Irrtums. Er gelangt nie von der Liebe zur Weisheit (φιλοσοφία) zur Weisheit (σοφία). Es ist wichtig, das im Auge zu behalten für das Folgende, wo die Unsterblichkeit bewiesen wird. Aber es kann sein, daß die Beweise fehlerhaft sind, — und sie sind es, wie wir sehen werden, wirklich, wenn auch die Frage umstritten ist, was Plato davon selbst bemerkt hat und was nicht. Plato hätte gewiß nicht alles gelten lassen, was er hier seinen Sokrates an Argumenten vorbringen läßt, aber ebenso gewiß hat er nicht alles durchschaut, was darin falsch war. Was uns an den Beweisen triftig und was untriftig zu sein scheint, müssen und werden wir mit aller Deutlichkeit herauszustellen versuchen. Die Frage aber, wieweit die Fehlschlüsse absichtlich und wie weit unabsichtlich von Plato begangen worden sind, werden wir besser auf sich beruhen lassen, weil hier (wie mir scheint) niemand mehr vorbringen kann als recht willkürliche Vermutungen. Daß es aber Plato Ernst war mit der Überzeugung von einem Leben nach dem Tode, und daß das für ihn nicht nur ein Gleichnis für eine Art Verewigung des Menschen in diesem Leben war, daß also Plato kein Hegelianer war, das sollte man doch nicht bezweifeln. Aus dem bisher Besprochenen, besonders aus dem Ende des »Gorgias« sollte das schon hinreichend deutlich geworden sein.

Dichtung im wörtlichen Sinne ist aber solche, die nicht Logoi, sondern Mythen produziert, d. h. die nicht argumentiert, sondern fabuliert. Da er selbst nicht erfinderisch sei im Ausdenken von Fabeln, habe er (sagt Sokrates) solche des Aesop in Verse gebracht (61 b). Das sagt er, nachdem er eben gerade eine Fabel von Lust und Schmerz erfunden hat, und auch am Ende des Gesprächs wird er einen großen Mythos erzählen.

Dies also (so schließt er) sage dem Euenos, und er möge sich wohl gehaben und, wenn er klug ist, mir so schnell wie möglich nachfolgen! Simmias wundert sich über solche Rede und meint, dazu werde Euenos kaum Lust verspüren. Doch (meint Sokrates), wenn er nämlich ein Philosoph ist; nur Hand an sich selbst legen wird er nicht, denn das, so sagt man, ist nicht erlaubt (61 c). Über diese Frage sind sich die Thebaner nicht klar, und Sokrates sagt, auch er könne nur vom Hörensagen darüber reden, aber das wolle er ihnen gerne mitteilen, wie es ja auch geziemend sei, daß, wer hinüberzugehen im Begriff sei, nachdenke und sich ein Bild von dem Weg ins Jenseits zu machen versuche (61 e).

Daß es für einige nach menschlichem Ermessen besser sei, zu sterben als zu leben, wird hier vorausgesetzt. Die Urteile darüber, ob der Selbstmord erlaubt sei, haben in der Geschichte gewechselt. Bei den Stoikern war der Selbstmord und die Tötung auf Verlangen durch den Arzt gang und gäbe. Daß der Mensch in dieser Hinsicht nicht frei über sich verfügen dürfe, kann ohne Rückgriff auf religiöse Überzeugungen nicht begründet werden, und so wird die Begründung denn auch hier (62 b) von Sokrates geführt mit einem Argument, das offenbar pythagoreischer Herkunft ist. Der Mensch steht auf Wache und darf sich daraus nicht selbst ablösen, sondern muß warten, bis er abgelöst wird, oder mit einem anderen Bild: Die Menschen sind die Herde der Götter und die Götter ihre Hirten, also sind sie ihr Eigentum und nicht sich selbst zu eigen, und dürfen also nicht eigenmächtig über ihr Leben verfügen. Auch Kant erwähnt in seiner »Metaphysik der Sitten« das Argument, daß der Selbstmord eine Verletzung der Pflicht gegen Gott sei, »dessen uns anvertrauten Posten in der Welt der Mensch verläßt, ohne davon abberufen zu sein« (§ 6). Das ist ohne Zweifel ein »Phaidon«-Zitat. Da aber Kant dieser Beweisgrund deswegen nicht genügt, weil das Dasein Gottes nicht als Grund der Moral vorausgesetzt werden kann, sondern erst auf Grund der Moralität postuliert werden darf, versucht er, den Selbstmord als eine Verletzung einer Pflicht gegen sich selbst zu erweisen. In unserm Gespräch wird das Argument angenommen, ohne daß seine Voraussetzung — der Mensch als Eigentum der Götter — bewiesen wird. Die Diskussion wendet sich der anderen Frage zu: Mit welchem Recht werde gesagt, daß der Philosoph gerne sterben wolle? Gerade aus der Annahme, daß wir hier in der Hut Gottes leben, scheint zu folgen, daß es unerwünscht ist, von hier fortzugehen (62 e). Sokrates findet sich wieder in der Lage, sich verteidigen zu müssen wie vor Gericht, und spricht die Hoffnung aus, vor diesem Gericht besser zu bestehen als vor jenem anderen, das ihn zum Tode verurteilte (63 b).

Er erklärt zunächst, er nehme an, daß der Tod nicht das Weggehen von den Göttern ist, sondern das Kommen zu anderen Göttern, die auch weise und gut sind. Er hofft auch, zu andern Menschen zu kommen, die besser sind als die hiesigen. Zwar (sagt Sokrates 63 c) weiß ich das nicht ganz genau, aber daß ich zu Göttern komme, die gute Herren sind, irgend etwas Derartiges halte ich für gewiß, und ich bin hoffnungsvoll, insbesondere auch in der Hinsicht, daß, wie ich immer gesagt habe, die Guten etwas weit Besseres erwartet als die Schlechten.

Kebes fordert Sokrates auf, diese seine Meinung zu begründen, aber da wird er von Kriton unterbrochen, der ihm sagt, der Bereiter des Schierlingstranks rate, nicht so viel zu reden, weil sich das mit dem Trank nicht vertrage und die Verurteilten dann zwei- oder dreimal hätten trinken müssen. Aber das kann Sokrates nicht vom Reden abhalten. Möge der Mann den dreifachen Trank bereithalten (63 e).

Die These ist also: Diejenigen, die sich auf die rechte Art mit der Philosophie befassen, die streben, auch wenn es den anderen verborgen bleibt, nach nichts anderem, als zu sterben und tot zu sein (64 a). Das scheint Kebes ein kräftiges Argument gegen die Philosophie und Wasser auf die Mühle ihrer Feinde zu sein (64 b). Auch der Misosoph und Antiplatoniker Nietzsche hat sich dieses Argument gegen die Philosophie und den Platonismus zu eigen gemacht: Philosophie ist Weltflucht, Lebensfeindlichkeit und décadence. Die in diesem Leben schlecht Weggekommenen hoffen auf ein anderes Leben jenseits des Grabes, in dem die Ersten die Letzten und die Letzten die Ersten sein werden, welches Jenseits sie eigens zum Zweck dieser imaginären Rache erfunden haben.

Aber folgen wir Sokrates, der sagt: Laßt uns jenen (Feinden der Philosophie) den Abschied geben, selbst aber erwägen, ob der Tod etwas sei. Was ist er? Er ist die Trennung der Seele vom Leib. Totsein heißt dann, daß diese beiden Teile für sich gesondert existieren (64 c).

Wir haben schon früher über diese fragwürdige Vorstellung vom Verhältnis von Leib und Seele gesprochen. Sie werden gesehen als zwei Teile, zwei Substanzen, die im Leben miteinander verbunden sind und sich im Tode voneinander trennen, so daß die Seele im Tode den Leib auszieht wie ein Kleid, oder aus dem Leibe aussteigt wie ein Fahrer aus dem Wagen. In unserm Dialog selbst wird später diese Auffassung des Verhältnisses von Leib und Seele in Frage gestellt werden.

Zunächst lassen wir sie als Voraussetzung gelten und sehen zu, was sich daraus ergeben soll. Der Philosoph wünscht zu sterben, wurde behauptet. Wer ist ein Philosoph? Einer, der keinen Wert legt auf die Genüsse von Essen und Trinken oder die des Geschlechtlichen, noch auf schöne Kleider, Schuhe und Schmuck, und überhaupt um das Leibliche nicht mehr bekümmert ist, als unbedingt nötig ist, vielmehr soweit möglich von ihm abgekehrt und der Seele zugekehrt ist (64 e). Also ist der Philosoph derjenige, der sich dadurch von den andern Menschen unterscheidet, daß er seine Seele am meisten von der Gemeinschaft mit dem Leibe ablöst. Das aber halten die anderen schon beinahe für ein Gestorbensein (65 a).

Es versteht sich, daß dies nicht das philosophische Lebensideal aller Philosophen zu aller Zeit gewesen ist, sondern ein ganz bestimmtes Ideal einer ganz bestimmten Philosophie, zunächst der platonischen und wohl schon vorher (was uns hier nicht weiter beschäftigen soll) der pythagoreischen. Man muß bedenken, daß hier nicht nur die Freuden des Lüstlings verurteilt werden, sondern auch die Lust an der Gymnastik, am Sport, also die Freude an jenen leiblichen Betätigungen, die den Leib nicht ruinieren, sondern stärken und verschönen. So ist deutlich, daß sich Plato hier gegen ein wesentliches Element des griechischen Lebens wendet und wirklich, wie Nietzsche es nennt, ein »Hinterweltler« ist.

Weiter ist für die Gewinnung von Erkenntnis, so wird gelehrt, der Leib nur ein Hindernis (ἐμπόδιον 65 a). Gesicht und Gehör gelten als die genauesten und sichersten Sinne, und selbst von diesen singen uns die Dichter immer vor, daß wir nichts Genaues durch sie erfahren. Wenn also die Seele mit dem Leibe versucht, das Wahre zu erfassen, dann wird sie von ihm getäuscht. Also wird ihr, wenn überhaupt irgendwo, nur im Denken (λογίζεσθαι 65c) etwas vom Seienden offenbar. Die Seele denkt aber am besten, wenn nichts sie dabei trübt, weder Gehör noch Gesicht, weder Schmerz noch Lust, sondern wenn sie möglichst an und für sich ist, dem Leib den Abschied gibt, und soviel sie vermag, ohne Gemeinschaft mit ihm und ohne Verkehr mit ihm dem Seienden nachgeht (ὀρέγεται τοῦ ὄντος 65c). Also auch dabei verachtet die Seele des Philosophen den Leib und flieht ihn und trachtet, an und für sich selbst zu sein (67a).

Der Protest gegen diese Lehre ist einer der Hauptpunkte der Philosophie Kants. Bis dahin ist Platos Lehre zwar nicht immer in dieser Radikalität, aber dennoch im Wesentlichen unangetastet in Herrschaft geblieben, und bei Hegel sehen wir die Herrschaft dieser platonischen Lehre trotz Kant wiederhergestellt: die Sinne täuschen, und also ist es besser, ohne sie zu erkennen. Sowohl die Voraussetzung wie die Folgerung sind falsch. Die Sinne täuschen nicht, sondern was uns täuscht, ist die Meinung, die sich daran heftet. Der ins Wasser getauchte Stab sieht aus wie abgebrochen; das ist keine Täuschung, denn nach den Gesetzen der Optik muß er so aussehen. Aber wenn wir meinen, er würde sich auch gebrochen anfühlen, oder er würde auch noch gebrochen aussehen, wenn wir ihn herausziehen, so sind diese Meinungen falsch. Sie legen sich freilich nahe, weil für gewöhnlich das, was gebrochen aussieht, sich auch gebrochen anfühlt und gebrochen aussehend bleibt, wenn man es an einen andern Ort bringt. Die Regel verleitet uns, über die Ausnahme falsch zu urteilen. Die Sinne täuschen also nur in dem Sinne, daß sie gelegentlich Ungewöhnliches zeigen und dadurch zum Irrtum verleiten. Aber mögen auch die Sinne gelegentlich täuschen, daraus folgt noch nicht, daß es besser sei, ganz ohne Sinne zu erkennen. Genau so gut könnten wir schließen, es sei besser, zu Fuß nach Rom zu gehen, weil die Züge dahin manchmal Verspätung haben. Im Ernst kann niemand die Nützlichkeit der Augen und Ohren zum Erkennen bezweifeln, sonst würde man ja nicht die Blinden und Tauben beklagen.

Die Frage ist: Was kann das reine Denken, wenn es sich von den Sinnen ablöst, überhaupt leisten? Kants Antwort ist: nichts. Begriffe ohne Anschauungen sind leer, leere Formen des Denkens, die die formale Logik studieren kann, die aber ihren Wert nur durch die mögliche Anwendung auf das durch die Sinne Gegebene haben. Kant vergleicht gelegentlich die platonische Situation mit dem Wahn eines Vogels, der meint, er werde, da die Luft seinem Fluge Widerstand leistet, am besten fliegen können, wenn gar keine Luft da wäre. Nach der kantischen Einsicht beruht die Erkenntnis des Wirklichen immer auf einem Zusammenwirken von Anschauung und Denken, nach Plato aber (und wieder nach Hegel) kann man vom niederen sinnlichen Erkennen zum höheren gedanklichen emporsteigen; die eigentlich philosophische Erkenntnis ist die, welche das Sinnliche hinter sich gelassen hat. Das wird noch wichtig werden für die weiterhin versuchte Klärung des Verhältnisses der Ideenlehre zu der teleologischen Welterklärung, die dem Anaxagoras zugeschrieben wird.

Das Motiv der Ideenlehre taucht denn auch hier sogleich auf (65 d): Wir sagen doch, daß das Gerechte selbst (die Idee) etwas sei, und das Schöne und das Gute ebenso. Dergleichen aber hat noch nie jemand mit Augen gesehen. (Gewiß nicht, denn hier ist ja nicht solches Wirkliche gemeint, von dem prädiziert wird, es sei gerecht oder schön und gut, sondern eben diese Prädikate selbst, und das sind, wenn wir sie selbst wieder zum Gegenstand der Betrachtung machen, Gegenstände des Denkens. Prädikate kann man nicht sehen.) Plato nennt das, was das Prädikat meint, das Wesen (οὐσία 65 d) der Sache. Das Schöne kann man sehen, aber das Wesen der Schönheit ist unsichtbar. Man kann es nur im Denken (διάνοια 66 a) erfassen, das sich ganz vom Leibe abgelöst hat. Der Leib ist also ein Hindernis, und daher werden die Philosophen ihr eigentliches Ziel erst dann ganz erreichen können, wenn sie den lästigen Leib losgeworden sind, aber nicht solange sie noch im Leibe leben. Entweder gelangen wir niemals zum vollkommenen Erkennen, oder erst nach dem Tode (66 e). So hofft der platonische Philosoph, im Tode das Ziel wirklich zu erreichen, dem er in diesem Leben nur unvollkommen nachstreben kann, weil der Leib, in den seine Seele eingesperrt ist, ihn ständig behindert. Zu glauben, daß es mit dem Tode aus ist, würde heißen, daß die Welt von einer Macht regiert wird, die dem Menschen und insbesondere dem Philosophen übel will.

Philosophie ist daher das Streben nach Absonderung der Seele vom Leib, und also ist die Philosophie das Trachten nach dem Sterben. Also wäre es unsinnig, wenn der Philosoph den Tod fürchten würde (67 d ff.). Und solcher Weisheitsliebende und Weise wird auch tapfer sein und auch besonnen, d. h. er wird sich nicht von den Begierden fortreißen lassen (68 c).

Mit der Tapferkeit und Besonnenheit der Nicht-Philosophen aber ist es eine sonderbare Sache. Ihnen gilt der Tod als ein großes Übel. Wenn also der Tapfere unter den Nicht-Philosophen den Tod erduldet, dann geschieht es aus Furcht vor einem noch größeren Übel. Also sind alle außer den Philosophen aus Furcht tapfer (68 d).

Wer da sagt: »Das Leben ist der Güter höchstes nicht, der Übel größtes aber ist die Schuld«, und danach handelt und tapfer den Tod auf sich nimmt, der handelt in der Tat aus Furcht, nämlich aus Furcht, sich schuldig zu machen. Aber es ist klar, daß das eine ganz andere Furcht ist als die Furcht vor Verwundung, Schmerz und Tod. Hier ist es gar nicht (wie Sokrates meint) unsinnig (ἄτοπος 68 d), daß einer aus Furcht tapfer sein soll. Man könnte auch umgekehrt folgern, daß die Furchtlosigkeit des platonischen Philosophen, für den der Tod kein Übel, sondern der Übergang in das bessere Leben ist, keine Tapferkeit ist. Wenn einer sich vor einer Pistole fürchtet und ein anderer nicht, weil er erkannt hat, daß es eine Attrappe ist, so ist dieser letztere nicht tapferer als der erste.

Ebenso wird den Nicht-Philosophen vorgerechnet, sie seien aus Zügellosigkeit besonnen, nämlich sie beherrschten ihre Lüste nur im Interesse anderer Lüste (69 a). Diese Rechenkunst, die im »Protagoras« als Wissen der Areté erschien, wird jetzt abgelehnt, und als das Einzige, dem nachzustreben sei, wird die Einsichtigkeit (φρόνησις 69 b) hingestellt. Nur in Verbindung mit ihr (so wird gesagt) gibt es wahre Tapferkeit, Besonnenheit, Gerechtigkeit und überhaupt wahre Tugend, mag sie nun Lust und Furcht und dergleichen begleiten oder nicht, aber ohne Einsicht kann immer nur ein Schattenbild der Areté bestehen. Die wahre Areté besteht gerade in der Reinigung, d. h. in der Absonderung alles Gefühlsmäßigen.

Diese platonische Moralphilosophie steht in genauer Entsprechung zu der vorangehenden Lehre von der Erkenntnis. So wie da das Denken nicht die Aufgabe hatte, das sinnlich Gegebene zu verstehen, sondern sich ganz darüber zu erheben und reines Denken zu sein, so soll die Einsicht auch hier nicht das durch Gefühle und Affekte bestimmte Leben regeln und ordnen, sondern das Leben des wahren Philosophen soll das Gefühls- und Affektmäßige möglichst ganz abstreifen und sich in die reine Einsicht verlegen. Im Aufstieg zu den reinen Ideen, im Aufenthalt in dieser Sphäre, in diesem Leben mit Mühe, Unvollkommenheit und nur vorübergehend erreichbar, nach dem Tode aber für immer und in Vollendung, findet die Seele ihre wahre Erfüllung, die wahre Befriedigung des innersten Sehnens ihrer Natur, ihr wahres Glück, ihre wahre Seligkeit und also auch ihre höchste Freude. Der immanente Hedonismus wird nur durch einen transzendenten überwunden. Der Lustkalkül bleibt, aber er wird auf die Ewigkeit erstreckt, genau wie später im Christentum, wo der Märtyrer seine Leiden als einen Kaufpreis für die ewige Seligkeit ansieht und angesichts des zu Erwartenden für gering achtet.

Philosophieren, den sinnlichen Genuß verachten und allein Wert legen auf die Erkenntnis des reinen Gedankens, das ist der wahre Weg zur ewigen Seligkeit — wenn es sie gibt. Ja, wenn . . . Überlebt denn die Seele wirklich den Leib? Geht sie nicht mit ihm unter? Verhält sie sich wirklich zu ihm, wie der Mensch zu seinem Anzug? So gibt jetzt Kebes zu bedenken (70 a).

Es muß, verlangt er, bewiesen werden, daß die Seele nach dem Tode des Menschen noch ist und noch Kraft und Einsicht hat. Sokrates schlägt vor, sich darüber zu besprechen, was da wohl wahrscheinlich (εἰκός 70 b) sei. Es ist bemerkenswert, daß er sich so vorsichtig ausdrückt. Er sagt »wahrscheinlich«, beansprucht also keine apodiktische Gewißheit, und entsprechend sagt er auch nicht διαλέγεσθαι, was die Argumentation mit Gründen meint, die eine eindeutige Entscheidung zwischen wahr und falsch erfordern, sondern er sagt διαμυθολογῶμεν, ein Wort das Mythos und Logos vereinigt. Mythos meint die Erzählung, wie es vermutlich gewesen ist. Auch die Naturphilosophie des »Timaios« wird von Plato als Mythos bezeichnet. Aber es wird weder dort noch hier einfach eine Geschichte erzählt wie in den alten Göttermythen, sondern es werden Argumente, Logoi, vorgebracht, aber eben solche, die etwas wahrscheinlich machen, nicht aber unbezweifelbare Gewißheit geben. Ob aber auch nur dies kleinere Ziel erreicht worden ist, müssen wir prüfen.

Sokrates beruft sich zunächst auf eine alte Sage (παλαιὸς λόγος 70 c), daß es eine Wiedergeburt gibt. Diese Lehre setzt das Überleben der Seele voraus, denn in welchem Sinne wäre sonst der Spätere mit einem anderen Leibe noch derselbe wie der Frühere? Die Lebenden, so wird also hier gelehrt, werden aus den Toten. Aber ist das wahr? Um es wenigstens als wahrscheinlich zu erweisen, beruft sich Sokrates auf die Analogie, daß alles aus seinem Gegenteil entsteht: das Größere aus dem Kleineren und umgekehrt, das Stärkere aus dem Schwächeren und umgekehrt, das Schnellere aus dem Langsameren und umgekehrt und so überall. Zwischen solchen Entgegengesetzten gibt es immer zwei Übergänge, die zwischen ihnen vermitteln: von A zu B und von B zu A (70 e ff.). Wenn nun das Leben dem Totsein so entgegengesetzt ist wie das Wachen dem Schlafen und es zwischen diesen die beiden Übergänge des Einschlafens und Aufwachens gibt, so muß es auch zwei Übergänge zwischen Leben und Totsein geben: das Sterben und das Wiederaufleben (71 c ff.).

Wenn das wahr wäre, dann müßte auch gelten: aus Tassen werden Scherben und aus Scherben werden Tassen, aus Tabak wird Rauch und Asche und aus Rauch und Asche wird Tabak. Aristoteles hat Klarheit geschaffen: zu Eigenschaften (ποιόν, Qualität) gibt es Entgegengesetztes, und die Veränderung (ἀλλοίωσις) ist eine Art des Anderswerdens, die sich zwischen Gegensätzen bewegt. Heiß und kalt, feucht und trocken, hell und dunkel sind solche Gegensätze. Aber es gibt kein Entgegengesetzes des Wesens (οὐσία). Das Gegenteil von heiß ist kalt; aber was ist das Gegenteil einer Eiche, oder eines Herings oder eines Tellers? Schlafen und Wachen sind zwei Zustände, zwischen denen der Mensch sich hin und her bewegt, aber daß auch Lebendigsein und Totsein zwei Zustände der Seele sind, zwischen denen sie sich hin und her bewegt, das wird auf solche Weise weder bewiesen noch auch nur wahrscheinlich gemacht, sondern einfach vorausgesetzt. Der Mensch entsteht nicht aus einem Toten, sondern er stammt von anderen Lebendigen ab, von seinen Eltern nämlich; daß das nicht nur leiblich, sondern auch seelisch gilt, das zeigt die Erblichkeit auch der seelischen Eigenschaften. Im gewissen Sinne wird freilich Lebendiges auch aus Totem, sofern die Lebewesen anorganische Materie in organische verwandeln. Vermutlich ist irgendwann einmal das Leben aus der leblosen Materie entstanden. Nicht aber stammen die lebenden Menschen von gestorbenen Menschen in der Weise ab, daß sie wieder lebendig gewordene Tote sind.

Sokrates argumentiert (72 b ff.): wenn es nur Einschlafen gäbe und nicht auch Wiederaufwachen, dann würde zuletzt alles schlafen und niemand mehr wachen, und wenn es nur Sterben gäbe und nicht auch Wiederaufleben, dann würde am Ende alles tot sein. Dies Argument wäre nur dann gültig, wenn es keinen anderen Ursprung des Lebens gäbe als das Wiederaufleben aus dem Toten. Zweifellos würde bald alles tot sein, wenn es nur Sterben gäbe und nicht auch Geburt, d. h. Lebensbeginn; aber daraus folgt nicht, daß Geburt und Lebensbeginn ein Wiederaufleben aus dem Gestorbensein sein muß. Das Leben altert und stirbt, aber in der Fortpflanzung verjüngt es sich zugleich und überlebt sich selbst.

So folgt weder als gewiß noch als wahrscheinlich, was Sokrates folgert: daß die Seelen der Gestorbenen »sind« (εἶναι, im praesens, 72 d f.).

Auch Plato scheint den Beweis nicht für hinreichend zu halten, denn er fügt sogleich ein weiteres Argument hinzu. Er läßt Kebes sagen: »Dasselbe folgt auch aus jenem Satz, wenn er richtig ist, den du oft vorzubringen pflegst, daß unser Lernen nichts anderes ist als Erinnerung (ἀνάμνησις 72 e), und daß wir deswegen notwendigerweise irgendwo in einer früheren Zeit das gelernt haben müssen, woran wir uns jetzt erinnern. Das aber wäre unmöglich, wenn unsere Seele nicht schon irgendwo gewesen wäre, bevor sie in diesen menschlichen Leib geboren wurde. So daß auch danach die Seele etwas Unsterbliches zu sein scheint.« Auch wir haben das schon gehört, im »Menon« war von dieser Lehre die Rede. Aber Simmias, der andere Pythagoreer, erinnert sich nicht und gibt Sokrates die Gelegenheit, sich genauer darauf einzulassen.

Kebes erinnert zunächst an die Möglichkeit, aus jemandem geometrische Einsichten herauszufragen, ohne ihm darüber etwas dogmatisch mitzuteilen (73 a). Das wurde uns am Sklavenjungen des »Menon« vorgemacht, und wir haben schon skeptische Anmerkungen zu der Erklärung dieses Phänomens durch die Lehre von der Erinnerung angebracht. Wir sagten: beides ist zwar ein aus sich selbst Hervorholen, aber von verschiedener Art. Das Hervorholen dessen, was ich früher gesehen habe, ist etwas anderes als das Hervorholen geometrischer Einsicht aus mir selbst.

Auch Sokrates setzt nicht voraus, daß dies schon genüge, sondern bringt weitere Beweisgründe vor. Wer sich an etwas erinnern will (sagt er 73 c), muß dieses vorher schon gewußt haben. Wie kommt es zur Erinnerung? Der Grund kann das sein, was wir heute Assoziation nennen. Beim Anblick eines Musikinstruments z. B. kann es geschehen, daß uns der einfällt, der solches Instrument gerne spielt, oder wenn einer den Simmias sieht, fällt ihm sein Freund Kebes ein, der auch ein Pythagoreer ist. Oder es erinnert sich einer an Simmias, wenn er ein Bild von ihm sieht (73 e). Diese Erweckung der Erinnerung durch das Abbild hat für Sokrates eine besondere Bedeutung, die sogleich zum Vorschein kommen wird.

Das Abbild ruft die Erinnerung an das Original hervor, aber es kann auch das Wissen davon hervorrufen, daß das Bild hinter dem Original zurückbleibt (74 a). Sokrates überträgt das auf die Ideenlehre. Er sagt: »Wir nennen doch etwas gleich, nicht Holz dem Holze oder Stein dem Stein noch anderes dergleichen, sondern neben all diesem noch etwas anderes, es selbst das Gleiche« (74 a). Das heißt, wir haben eine Idee des Gleichen, die uns als Maßstab dient, an dem wir hinsichtlich seiner Gleichheit alles messen und beurteilen. Durch das bloße Betrachten zweier Eier könnten wir niemals die Binsenwahrheit entdecken, daß ein Ei dem andern gleicht, sondern dazu müssen wir sie (wie wir sagen) vergleichen. Was aber heißt das? Es heißt, daß wir einen Hinblick nehmen auf die Idee der Gleichheit. Im Hinblick auf diese stellen wir fest, daß sich die vorliegenden Objekte mehr oder weniger gleichen. Plato nennt die Idee »das Gleiche selbst«. Das Gleiche selbst müssen wir schon kennen, um vergleichen zu können. Woher aber (so fragt nun Sokrates) haben wir unser Wissen von dieser Idee? Wir haben es nicht aus der Wahrnehmung der gleichen Steine und Hölzer; daher können wir es gar nicht haben, denn die sind immer nur mehr oder weniger gleich, jetzt aber stellen wir vollkommene Gleichheit vor, die in der Wahrnehmung gar nicht vorkommt. Dennoch haben wir anläßlich der Wahrnehmung dieser mehr oder weniger gleichen Dinge das Wissen von jenem an sich Gleichen erfaßt und erworben. Die Wahrnehmungen des mehr oder weniger Gleichen erinnern uns an die Idee des Gleichen. Dazu aber ist es notwendig, daß wir schon vorher von der Idee des Gleichen gewußt haben (74 b ff.).

Das ist soweit ebenso richtig wie wichtig. Aber Sokrates fährt fort: »Bevor wir anfingen zu sehen und zu hören und die anderen Sinne zu gebrauchen, mußten wir schon irgendwoher das Wissen bekommen haben vom Gleichen selbst, was es ist (oder, wie wir sagen, vom Wesen des Gleichen αὐτοῦ τοῦ ἴσου ὅτι ἔστιν 75 b), wenn wir doch das Gleiche in der Wahrnehmung auf jenes beziehen sollen und feststellen, daß alles dergleichen zwar danach strebt, so zu sein wie jenes, aber immer doch schlechter ist (nämlich nur mehr oder weniger und nie schlechthin gleich). Nun aber haben wir doch von Geburt an gesehen und gehört und die anderen Sinne gebraucht, und also müssen wir schon vor unserer Geburt jenes Ideenwissen bekommen haben.«

Folgt aus dem hier vorgebrachten Argument die Präexistenz der Seele? Offenbar nicht, denn das Wissen von den Ideen braucht überhaupt nicht erworben zu sein, sondern es könnte dem Menschen als Naturausstattung durch den Schöpfer eingepflanzt sein. Es kann aber auch gänzlich bestritten werden, daß es ein Wissen gibt, das der Mensch von Geburt an mitbringt. Es scheint zu genügen, dem Menschen ein Vermögen zuzuschreiben, solche Vorstellungen hervorzubringen, und als dies Vermögen wird die Vernunft oder das Denken in Anspruch genommen. Diese Lehre setzt allerdings voraus, daß das Wesen des Denkens in der Spontaneität gesehen wird, als ein von sich aus sich etwas Ausdenken, als eine gewisse, wenn auch nicht willkürliche Produktivität. Das aber liegt Plato noch ganz fern. Er sieht das Denken als etwas Analoges zur Wahrnehmung, als ein geistiges Auge. Was es weiß, muß es irgendwann und irgendwo gesehen haben. Wenn das Auge des Leibes Gleiches sieht, erinnert es das Denken an die Gleichheit, von der es schon von früher weiß.

Dies Vorherwissen, dies Apriori, betrifft nicht nur das Gleiche und das Größer und Kleiner, sondern auch das Schöne selbst und das Gute selbst, das Gerechte und das Fromme, überhaupt alle Wesenheiten. Wenn wir aber fragen, wie dieser Bereich umgrenzt sei, so finden wir in unserem Dialog noch keine Antwort. In dem viel späteren Dialog »Parmenides« wird diese Frage zum Problem. Dabei kommt es zum Vorschein, daß jede der drei Wurzeln der Ideenlehre, von denen wir gesprochen haben, die logische, die normative und die paradigmatische, eine andere Umgrenzung des Ideenbereichs verlangt. Das mag hier aber noch auf sich beruhen bleiben.

Man hat später gegen die Lehre von den angeborenen Vorstellungen vorgebracht, daß wir uns doch nicht gleich von Geburt an und auch später nicht immer und niemals aller dieser in uns liegenden Weisheiten bewußt sind. Das wird von Plato so erklärt, daß wir das vor unserer Geburt erworbene Ideenwissen bei der Geburt, d. h. bei der Einkörperung in den Leib, vergessen haben, daß wir aber die Fähigkeit haben, uns an das Vergessene zu erinnern. In der Tat hat ja dies Hervorrufen der Idee durch etwas, was die Sinne uns zeigen, etwas mit der Erinnerung Verwandtes. Das schöne Bild, das unseren Augen begegnet, erinnert uns an die Idee der Schönheit, an der wir die Schönheit des Bildes messen, um sie dann als mehr oder weniger vollkommen zu beurteilen. Dies Hervorrufen einer Vorstellung, die in uns bereitliegt, ist etwas Ähnliches wie das sich Erinnern an Vorstellungen, die in unserem Gedächtnis aufbewahrt werden und da hineingekommen sind durch frühere Wahrnehmungen. Aber es ist nur eine Verwandtschaft und nicht Gleichheit, und so ist insbesondere der Schluß unzulässig, auch hier müsse es ein Frühergesehenhaben geben, wir müßten bei einem vorgeburtlichen Blick auf die Ideenwelt mit den Augen des Geistes unsere Seele mit Bildern gefüllt haben, an die wir uns nun erinnern. Dieser Schluß übersteigt die Ähnlichkeit von Ideenwissen und Erinnerung. Das Ideenwissen mag dem Philosophen ein Rätsel aufgeben, die Lehre von der Präexistenz kann im Ernst nicht als eine Lösung dieses Rätsels gelten.

Aber auf dieser Lösung liegt hier das Gewicht: daß es eine Existenz der Seele ohne den Leib gegeben haben muß. Daraus würde folgen, daß die Seele durch den Untergang des Leibes nicht notwendigerweise mitgerissen wird. Es wäre bewiesen, daß die Seele überleben kann, aber noch nicht, daß sie auch wirklich überlebt oder daß sie überleben muß. Die beiden Pythagoreer Simmias und Kebes machen mit Recht geltend, daß aus der Präexistenz der Seele noch nicht ihre Postexistenz folgt und daß die Möglichkeit offen geblieben ist, daß sie im Augenblick des Todes zerstiebt (77 b).

Sokrates entgegnet, das sei eigentlich schon bewiesen worden, wenn man nämlich das jetzt Gewonnene zusammennehme mit dem vorher Gewonnenen, daß das Lebende aus dem Gestorbenen entsteht. Wenn nämlich die Seele notwendigerweise auch vorher ist, und falls sie geboren wird, d. h. in den Leib kommt, nirgends anders herkommen kann als aus dem Tode, wie soll sie dann nicht, auch wenn sie gestorben ist, sein, wenn sie doch wiedergeboren werden soll? (77 d)

Doch sind weder Simmias und Kebes noch Sokrates selbst mit dem Gewonnenen zufrieden und beschließen, den Satz noch weiter durchzuarbeiten, um die Furcht zu bannen, die sie haben, (oder, wie Kebes sagt, »das Kind in uns« 77 e), daß die Seele im Augenblick des Todes gleichsam vom Winde verweht wird, zumal wenn einer (wie Sokrates scherzt) nicht bei Windstille, sondern bei einem tüchtigen Sturm stirbt. Sokrates ermahnt sie, dies auf alle Weise täglich zu besprechen und zu bannen zu versuchen. Auf die Frage, woher sie denn nach seinem Tode einen solchen Gespensterbanner hernehmen sollten, antwortet Sokrates: »Hellas ist groß, und groß sind auch die Geschlechter der Barbaren, und am Ende seid auch ihr selber (ihr Pythagoreer) nicht die am schlechtesten Vorbereiteten für diese Aufgabe (78 a)«.

Das sind gewichtige Worte, die das Suchen nach einem hieb- und stichfesten Beweis geradezu zu dem Hauptgeschäft der Philosophie für alle Zukunft machen. Soll man also den Auslegern glauben, die meinen, es sei Plato mit den Unsterblichkeitsbeweisen eigentlich nicht ganz Ernst gewesen? Was zu dieser Auslegung führt, ist klar, dies nämlich, daß niemand übersehen konnte, daß alle Beweise, die hier vorkommen, nicht leisten, was geleistet werden soll. Der Beweis gelingt nicht, und auch Plato selbst ist das nicht ganz verborgen geblieben. Es ist ein Versuch, aber wenn er nicht ans Ziel gekommen ist, so glaubt doch Plato, im Prinzip auf dem richtigen Wege zu sein, und es folgt nicht, daß der Versuch nicht ernst gemeint ist, sondern daß man ihn wiederholen und auf diesem Wege fortfahren soll, bis man zum Ziele kommt. Irgendwie, so meint Plato, muß es möglich sein, die Brücke zu schlagen von der Gewißheit des Daseins der Ideen zu der Gewißheit der Unsterblichkeit der Seele. Aus allem, was wir erfahren haben, ergibt sich ganz eindeutig: ohne die Gewißheit von der Unsterblichkeit verliert die platonische Philosophie den Boden unter den Füßen. Es ist ja auch auf keine Weise zu verkennen: die Frage, wie man leben muß, muß anders beantwortet werden, wenn es mit dem Tode zu Ende ist, anders, wenn das wahre Leben mit dem Tode erst beginnt. Diese Hauptfrage aber dürfen wir nicht aus dem Auge verlieren und aus Plato einen bloßen Erkenntnistheoretiker machen.

Das Kind in uns fürchtet, die Seele könne mit dem Tode zerstieben. Fragen wir uns also (sagt Sokrates), was sind das für Dinge, denen dies zustoßen kann, das Zerstieben, und welchen Dingen wiederum kann so etwas nicht zustoßen? Und wenn sich so zwei Klassen von Dingen ergeben, zu welcher dieser beiden Klassen gehört dann die Seele (78 b)? Wir sehen voraus, daß Sokrates versuchen wird zu beweisen, daß die Seele zu der zweiten Klasse von Dingen gehören muß, zu denjenigen, für die ein solches Zerstieben wesensmäßig nicht möglich ist. Er argumentiert: was zusammengesetzt ist, kann sich auch wieder auflösen, in seine Bestandteile zerfallen, was aber nicht, das nicht. Dies Argument hat später Moses Mendelssohn wiederholt, der auch einen »Phädon« geschrieben hat, 1764 erschienen. Anfang und Ende dieses Werkes sind Übersetzungen des platonischen Originals, dazwischen aber hat er sich bemüht, »die metaphysischen Beweistümer nach dem Geschmack unserer Zeit einzurichten.« Er tut da also in der Tat das, wozu Sokrates seine Schüler ermahnt. Er übernimmt den Beweis der Unzerstörbarkeit der Seele aus ihrer Unzusammengesetztheit. Dagegen hat Kant Einspruch erhoben, indem er geltend macht, daß zwar alles, was zusammengesetzt ist, sich im Prinzip in seine Bestandteile auflösen könne, daß aber die Umkehrung des Satzes nicht gelte: aus der Unzusammengesetztheit kann nicht auf die Unzerstörbarkeit geschlossen werden. Es bliebe nämlich noch die Möglichkeit, daß die Seele zwar nicht durch Zerteilung, sondern durch allmähliche Nachlassung ihrer Kräfte in Nichts verwandelt werden könnte, etwa so wie die Helligkeit in einem Zimmer allmählich bis zur völligen Dunkelheit sich vermindern kann, ohne daß sie dabei in Teile zerfällt (Kritik der reinen Vernunft, 2. Aufl. S. 414).

Sokrates beachtet diese Möglichkeit nicht. Vielmehr fährt er fort (78 c): was sich immer auf gleiche Weise verhält, von dem ist es am wahrscheinlichsten, daß es etwas Unzusammengesetztes ist, was sich aber immer ändert, etwas Zusammengesetztes. Das ist eine Art naturphilosophischer Hypothese, die die Veränderung der Dinge erklärt durch Verschiebung der Teile oder dadurch, daß Teile hinzukommen oder entfernt werden. Die Ideen aber sind solches, was sich immer auf gleiche Weise verhält. Gleiche Dinge können ungleich werden, aber die Idee der Gleichheit kann sich niemals in die Idee der Ungleichheit verwandeln (78 d). Die veränderlichen und immer anderen Dinge werden gesehen, gehört, getastet und überhaupt wahrgenommen. Die sich immer gleich bleibenden Ideen aber kann man nicht wahrnehmen, sie sind nichts Sinnliches, sondern (wie man es später genannt hat) etwas Übersinnliches, Intelligibles. Plato sagt: sie werden erfaßt durch das Denken des Verstandes (τῷ τῆς διανοίας λογισμῷ 79 a). Ob zwei Dinge gleich sind, das kann und muß man durch Wahrnehmung ermitteln, aber die Gleichheit selbst ist ein Prädikat, das man nicht sehen, sondern nur denken kann.

Die beiden Bereiche, der Ideen einerseits und dessen, was wir gewöhnlich für das Seiende halten, andererseits, werden hier auf doppelte Weise unterschieden: 1. durch ihr Verhältnis zur Zeit: die Ideen sind immer, immer auf dieselbe Weise, sich immer gleichbleibend, Sein (οὐσία) im eigentlichen Sinn, nämlich entgegengesetzt dem Werden (γένεσις); das Werden kennzeichnet den Bereich dessen, was nicht Idee ist, was niemals sich selbst gleich bleibt, sich ständig verändert und von dem es daher nur eine Frage der Zeit ist, wann es untergeht. Die 2. Unterscheidung ist die, daß die Ideen Gegenstände des Denkens sind, das andere aber Gegenstände der Wahrnehmung. Es ist keineswegs selbstverständlich, daß beide Einteilungen zusammenfallen. Zwar ist es evident, daß die Gegenstände den Denkens der Veränderung entzogen sind, man kann nicht denken, wenn man nicht auf ein gedachtes Prädikat als auf immer dasselbe zurückkommen kann. Das ist nichts Geheimnisvolles, sondern beruht auf der Kraft des Denkens, das von ihm Gedachte festzuhalten. De facto ist es möglich, daß sich hier Verschiebungen einschleichen, daß jemand im Denken unbemerkt einen Begriff verändert, ihn nicht festhält, aber wenn das geschieht, ist das Denken fehlerhaft. Ein Schluß etwa, in dem der Mittelbegriff im Obersatz und Untersatz nur scheinbar derselbe, in Wahrheit aber ein anderer ist, schließt nicht.

Dagegen ist der Satz, daß die sinnliche Welt nichts Festes und Bleibendes enthält, nicht selbstverständlich, er ist eine platonische Sonderlehre. Die Naturphilosophen vor Plato haben gelehrt, daß es in der Natur unveränderliche Elemente oder Atome gibt, so Empedokles und Demokrit; nach Plato hat Aristoteles gelehrt, daß der Himmel mit allem, was am Himmel ist, unveränderlich besteht. Auch die neuere Philosophie und die neuzeitliche Naturwissenschaft kennen ein Unveränderliches in der sinnlichen Welt. Plato aber glaubte, daß das Unveränderliche zu Unrecht in der sinnlichen Welt gesucht werde und in Wahrheit nur in der übersinnlichen Welt zu Hause sei. Daß er sich mit dieser Lehre gerade in Bezug auf sein Ziel, die Unsterblichkeit der Seele zu beweisen, in Verlegenheit bringt, werden wir gleich sehen.

Er läßt den Sokrates in der Weise fortfahren, daß er die beiden Teile des Menschen, Leib und Seele, zu diesen beiden Seinsbereichen in Beziehung setzt. Er fragt zuerst vom Leib und dann von der Seele, welchem der beiden Bereiche sie ähnlicher und verwandter seien (79 b). Diese Frage muß unsere Verwunderung erregen, denn ist es nicht so: ein Haus ist etwas Sinnliches, die Idee des Hauses ein Gegenstand des Denkens. So ist auch der Leib eines Menschen etwas Sinnliches und die Idee des Leibes etwas Gedankliches, und müssen wir nicht entsprechend unterscheiden die einzelne Seele und die Idee der Seele? Aber hier kommt Plato in Verlegenheit. Die Idee der Seele ist etwas Gedachtes, die einzelne Seele aber müßte etwas Sinnliches sein. Nun aber ist für Plato Sinnlichkeit gleich äußerer Wahrnehmung, und es ist klar, daß man die Seele und das Seelische nicht sehen, hören, riechen, schmecken oder tasten kann. So scheint sie gar nichts Wahrnehmbares zu sein, sondern ein Gegenstand des Denkens.

Was hier fehlt, ist der Begriff der inneren Wahrnehmung, einer Wahrnehmung, mit der wir wahrnehmen, was in unserem Innern, in unserer Seele, vor sich geht. Woher wissen wir sonst z. B., daß wir uns fürchten oder daß wir uns erinnern usw.? Eine einzelne Erinnerung ist etwas anderes als der Begriff der Erinnerung, den wir denken. Ob wir wirklich eine Erinnerung an etwas Bestimmtes haben, darüber kann nicht das Denken entscheiden, sondern das müssen wir irgendwie beobachten. Es ist kein Zufall, daß der Begriff der inneren Wahrnehmung unmittelbar nach Plato bei seinem Schüler Aristoteles auftaucht. Aristoteles hat die Ideenlehre Platos fallenlassen, was aber sollte er jetzt mit der Seele anfangen? Er konnte sie nicht mehr als eine Idee oder eine Quasi-Idee verstehen wie Plato, und etwas Wahrnehmbares im platonischen Sinne, d. h. etwas äußerlich Wahrnehmbares war sie auch nicht. So wurde Aristoteles auf die Entdeckung der inneren Wahrnehmung geführt. Das Fehlen dieses Begriffs bringt Plato zu der Frage nach der Verwandtschaft und Ähnlichkeit von Leib und Seele mit den Bereichen der Ideen und des Sinnlichen.

Schnell wird entschieden, daß der Leib dem Bereich des Sinnlichen verwandter ist. Dann heißt es: aber die Seele, ist die sichtbar oder unsichtbar? (79 b). Nun ist klar, daß »sichtbar« hier ein pars pro toto ist und die Wahrnehmbarkeit überhaupt meint, aber, und das ist entscheidend, nur die Wahrnehmbarkeit in der äußeren Wahrnehmung, nicht aber in der inneren. So lautet die Antwort: sie ist nicht sichtbar, d. h. nicht wahrnehmbar. Somit ist der Leib dem Bereich des Sinnlichen verwandter, die Seele aber dem Bereich der Ideen. Trotzdem kann Plato nicht sagen: die Seele ist eine Idee. Das ist deswegen unmöglich, weil die Idee immer sich selbst gleichbleibt, keine Veränderung erleidet, was für die Seele nicht gilt. Die Seele verändert sich, insbesondere kann sie ja besser und schlechter werden. Wenn das geleugnet würde, würde die ganze platonische Philosophie und ihre Frage, wie man leben soll, ihren Sinn verlieren. So kommt es zu der Lehre: die Seele ist der Idee verwandt, aber sie ist nicht Idee.

Vermittels des Leibes nun wendet sich die Seele dem Sinnlichen zu, das sich immer ändert. Das hat zur Folge, daß auch die Seele sich verirrt und verwirrt und taumelt wie betrunken. Die Unbeständigkeit des Sinnlichen macht ein beständiges Wissen unmöglich (79 c). Wenn aber die Seele selbst als solche, ohne Vermittlung des Leibes, blickt, dann wendet sie sich zum Jenseits, zu dem Reinen, Immerseienden und Unsterblichen, dem sich immer auf dieselbe Weise Verhaltenden, und mit diesem verwandt seiend hält sie sich stets zu ihm, solange sie an und für sich ist und es ihr vergönnt ist; dann ruht sie aus von ihrer Irrfahrt und ist durch ihren Bezug auf jenes auch selbst immer sich selbst gleich, weil sie derartiges berührt, und dieser ihr Zustand wird Einsicht genannt (79d). So ist die Seele dem immer sich selbst Gleichbleibenden verwandter, der Leib aber dem anderen (79e).

Es ist nicht schwer einzusehen, daß das ein Trugschluß ist. Wir haben schon bemerkt, daß die beiden Unterscheidungen: Gegenstand der Sinne und Gegenstand des Denkens einerseits, und Wechselndes und Bleibendes andererseits, sich nicht decken. Zwar ist das, was ein Gegenstand des reinen Denkens ist, unwandelbar, ein Ding kann seine Prädikate ändern, aber die Prädikate selbst sind nichts Veränderliches. Das Sinnliche dagegen kann sich zwar verändern, muß es aber nicht; es kann auch im Bereich des Sinnlichen etwas Bleibendes geben. Ohne Zweifel aber gehört die Seele zu den Dingen, die durch Bewegung bestimmt sind, und zwar so wesentlich, daß die Seele ohne Bewegung gar nicht sein kann, ihr Leben ist Bewegung. Das wird Plato später, im »Sophistes«, selbst geltend machen und damit die Position des »Phaidon« revidieren. Dennoch kann die sich wandelnde und sich immer bewegende Seele in gewissem Maße, soweit es ihr vergönnt ist (wie Plato sagt), auch bei dem Beharrlichen bleiben. Sie kann im Unveränderlichen eine Zeitlang beharren, aber sie muß es nicht, und sie kann es nicht auf die Dauer. Das Verweilen bei den ewigen Ideen ist ihr nur eine Weile vergönnt. Auch der ständige Wechsel und Wandel des Leibes schließt ja eine gewisse Beharrlichkeit und Unverändertheit nicht aus. Trotz aller Veränderung bleiben wir auch leiblich eine Zeitlang in gewisser Hinsicht dieselben. So gehören die Seele wie der Leib beide zu dem Bereich des sich Bewegenden, das an den Ideen nur teilhat. So wenig der Leib die Idee des Leibes ist, so wenig ist die Seele die Idee der Seele.

Es folgt (80a) ein weiteres Argument dafür, daß die Seele dem Göttlichen verwandt ist: die Seele ist von Natur zur Herrschaft über den Leib bestimmt, und so gleicht die Seele dem Göttlichen und der Leib dem Sterblichen. Auch hiergegen läßt sich etwas einwenden. Die Rede von solchem Herrschaftsverhältnis setzt die Vorstellung von dem Verhältnis von Leib und Seele als von zwei Substanzen voraus, und diese Vorstellung erscheint nicht angemessen. Zunächst gibt es auch ein Herrschaftsverhältnis innerhalb des Seelischen: die Vernunft ist von Natur bestimmt zur Herrschaft über Triebe und Neigungen, Affekte und Gefühle; das Geistige beherrscht das Sinnliche. Diesem Herrschaftsverhältnis aber entspricht ein solches innerhalb des Leiblichen. Das Geistige ist nicht etwas für sich, sondern ihm ist sein Leibliches zugeordnet. Das Zentralnervensystem ist von der Natur dazu bestimmt, den übrigen Organismus zu beherrschen und zu regulieren. Daraus, daß ein herrschendes Leiblich-Seelisches da ist und ein beherrschtes Leiblich-Seelisches, wird hier auf Grund der Vorstellung von Leib und Seele als von zwei Substanzen eine Herrschaft der Seele über den Leib. So wird zu Unrecht geschlossen auf eine Verwandtschaft der Seele mit dem Göttlichen, Unsterblichen, Geistigen, Eingestaltigen, Unauflösbaren, sich immer Gleichbleibenden. In Wahrheit ist die Seele des Menschen nicht göttlicher als sein Leib, und umgekehrt ist der Mensch dem Tier leiblich nicht minder überlegen als seelisch.

Sokrates folgert, daß es wohl dem Leibe zukommt, schnell aufgelöst zu werden, der Seele aber, unauflöslich zu sein, ganz und gar oder wenigstens fast (80 b). Dies »fast« ist bemerkenswert, es drängt sich Plato auf, weil er eben doch nicht einfach sagen kann: die Seele ist eine Idee und also wesentlich unvergänglich.

Es bleibt bei einer gewissen Verwandtschaft, die auf Unsterblichkeit hoffen lassen soll. Diese Hoffnung verschmäht nicht einmal die Stütze durch die Tatsache, daß auch der Leib des Toten sich nicht sofort auflöst, sondern eine gewisse Zeit beharrt, sogar, wenn man ihn einbalsamiert (wie in Ägypten), beliebig lange. Ja, die Knochen scheinen beinahe unsterblich zu sein (80 c). Um so weniger sei anzunehmen, daß die Seele mit dem Tode sogleich verwehe und untergehe. Vielmehr sei zu erwarten, daß sie nach dem Tode in den wahren Hades geht zum guten und weisen Gott, wenigstens dann, wenn sie sich rein ablöst und nichts vom Körper mit sich nimmt, weil sie schon im Leben gewillt war, nichts mit ihm gemeinsam zu haben, sondern ihn floh und in sich selbst gesammelt blieb und hierum immer besorgt war; und das heißt nichts anderes als: daß sie recht philosophierte und darum besorgt war, leicht zu sterben (80 e). Hier ist ganz deutlich, daß die Trennung vom Leibe eigentlich die Trennung vom Sinnlichen der Seele meint. Die Sinne erscheinen hier wie eine Kette, die den reinen Geist an den vergänglichen Leib fesselt. Ob reiner Geist ohne Sinnlichkeit überhaupt sein kann, wird nicht gefragt.

Die Seele, die sich so verhält, also den Sinnen den Abschied gibt, geht im Tode zu dem ihr Ähnlichen, dem Unsichtbaren, Göttlichen, Unsterblichen, Vernünftigen, und wenn sie dahin kommt, dann wird es ihr zuteil, glückselig zu sein, befreit von der Irre der Unwissenheit, der Furcht, der wilden Liebe und allen anderen menschlichen Übeln, indem sie in alle Zukunft bei den Göttern verweilt (81 a). Ausdrücklich bekennt sich hier Sokrates zu der Mysterienhoffnung auf eine Zukunft ohne Ende, die jenseits des Grabes beginnt. Da erst beginnt das wahre Leben, welches das Elend des Diesseits, Tod und Leiden, Unwissenheit und Unfreiheit hinter sich gelassen hat. So zu leben ist die geheime Sehnsucht des Menschen, und die Erfüllung dieser Sehnsucht das wahre Glück und also auch die wahre Lust (ἡδονή). Obwohl dies Wort hier nicht gebraucht wird, ist doch klar, daß auch diese Lehre hedonistisch bleibt und bleiben muß. Ohne die Aussicht auf die Freude, die aus der Erfüllung der höchsten Sehnsucht entspringt, hätte es keinen Sinn, dem Menschen dies Ziel vorzuhalten.

In dieser Hinsicht ist volle Übereinstimmung zwischen der platonischen Jenseitslehre und der christlichen Eschatologie. Beide lehren übereinstimmend: dies Leben ist Tod, und erst nach dem Tode beginnt das wahre Leben. Insofern hatte Nietzsche ganz recht, das Christentum einen Platonismus fürs Volk zu nennen. Das meinte nicht einen popularisierten Platonismus, denn das wußte Nietzsche, daß das Christentum keineswegs durch Popularisierung aus dem Platonismus entstanden war, sondern daß es sich erst in seiner späteren Geschichte mit ihm verbunden hatte. Aber das konnte geschehen, weil eine grundsätzliche Übereinstimmung in der Beurteilung und Verurteilung dieses Lebens bestand. Auch weiß Nietzsche genau und spricht es auch aus, daß die Vorstellung von den Bedingungen, die man erfüllen muß, um ein Erbe des Jenseits zu werden, im Platonismus und im Christentum durchaus verschieden ist. Er sagt darüber in der »Götzendämmerung« in dem Stück: »Wie die wahre Welt endlich zur Fabel wurde« das Folgende:

»1. Die wahre Welt, erreichbar für den Weisen, den Frommen, den Tugendhaften, — er lebt in ihr, er ist sie. (Älteste Form der Idee, relativ klug, simpel, überzeugend. Umschreibung des Satzes: ich, Plato, bin die Wahrheit.).

2. Die wahre Welt, unerreichbar für jetzt, aber versprochen für den Weisen, den Frommen, den Tugendhaften, für den Sünder der Buße tut. (Fortschritt der Idee: sie wird feiner, verfänglicher, unfaßlicher — sie wird Weib, sie wird christlich)«.

Der Unsterblichkeitsglaube begleitet die ganze griechische Geschichte; aber lange Zeit blieb er in den Mysterien eine Unterströmung. Was den Tag beherrschte, war die homerische Tradition. Auch ihr war die Sehnsucht nach Unsterblichkeit nicht fremd, aber diese Griechen waren zu realistisch, um aus dem Wunsch eine Wahrheit zu machen. Der Tod war das Schicksal (μοῖρα), das mit unerbittlicher Notwendigkeit den Menschen als den Sterblichen ein unüberschreitbares Ende ihres Lebens setzte. Darein hatte man sich als in das Notwendige zu schicken und sich nicht etwas Schöneres auszudenken und willkürlich für wirklich zu halten. Das setzte voraus, daß man trotz der Sterblichkeit in dieser Welt zu Hause sein konnte. Das vermochte Homer, aber Plato vermochte es nicht mehr, und der Grund dafür war die Auflösung der alten mythischen Religion durch die Aufklärung der griechischen Philosophen vor Plato. Plato erschien das Leben schlechterdings widerlegt, wenn es nur das Diesseitige ohne Jenseits gab. Das kommt in seiner Verachtung der Sinne zum schärfsten Ausdruck, und es zeigt sich auch in dem, was nun über die unreinen Seelen gesagt wird (81 b).

Wenn die Seele befleckt und unrein vom Leibe scheidet, weil sie sich immer mit dem Leibe gemein gemacht, ihn gepflegt und geliebt hat und von ihm und von den Lüsten und Begierden bezaubert gewesen ist, so daß sie auch glaubte, es sei nichts anderes Wahres als das Körperliche, was man betastet und sieht und ißt und trinkt und geschlechtlich gebraucht; wenn sie gewohnt ist, das, was für die Augen dunkel und unsichtbar, für die Vernunft dagegen faßbar und von der Philosophie ergreifbar ist, zu hassen und zu scheuen und zu fürchten, — dann wird sie gleichsam mit dem Leibe zusammengewachsen sein, vom Leibartigen, dem Sinnlichen durchzogen sein, und so kann sie sich vom Irdischen nicht befreien, sondern wird wieder dahin zurückgezogen aus Furcht vor dem Unsichtbaren, dem Hades. Das sind die Gespenster, die man umgehen sieht, Seelen, die noch Leibliches an sich haben. Es sind die Seelen der Schlechten, und sie irren so lange als Gespenster umher, bis sie durch die Begierde des ihnen noch anhaftenden Körperlichen wieder eingekörpert werden.

Man darf wohl vermuten, daß das nicht so ganz ernst gemeint ist, und daß Plato nicht wirklich an Gespenster geglaubt hat. Aber man darf daraus nicht folgern, daß überhaupt die Postexistenz der Seelen nur eine mythische Rede wäre, die man entmythologisieren müsse. Denn was bliebe dabei zurück? Nichts als die Möglichkeit des Menschen, zu Lebzeiten sich vorübergehend zum Ewigen zu erheben, bei dem er aber nicht verweilen kann, sondern von wo er wieder in die sinnliche Welt zurückgeschleudert wird. Die Unsterblichkeit der Seele, eine Zukunft jenseits des Grabes, kann man aus der Lehre nicht entfernen, ohne sie zu zerstören.

Bei der Wiedergeburt werden die unreinen Seelen (so wird weiter gelehrt) in einen Leib gebunden von solchen Sitten, deren sie sich selbst im Leben befleißigt hatten (81 e ff.). Wer der Völlerei anhing, wird zu einem Esel oder ähnlichen Tier. Der Herrschsüchtige und Räuber wird zu einem Wolf, Habicht oder Geier. Die Glücklichsten unter diesen sind dann die, die der vulgären und bürgerlichen Areté (δημοτικὴ καὶ πολιτικὴ ἀρετή 82 a) nachgeeifert haben, dem also, was man üblicherweise unter Areté versteht; das nennt man zwar Besonnenheit und Gerechtigkeit, es ist aber aus Gewöhnung und Bemühung entstanden ohne Philosophie und Vernunft. Hier wird also die eigentlich philosophische Areté unterschieden von der Tugend der Ungebildeten, einer Moral, die auch Bauern, Fischern und Handwerkern zugänglich ist. Ihr Lohn ist, daß diejenigen, die sie üben, in eine gesellige und zahme Gattung wiedergeboren werden und zu Bienen, Wespen oder Ameisen oder auch wieder zu Menschen und ganz leidlichen Männern werden (82 b). Man kann nicht sagen, daß es ein besonderer Anreiz zu dieser vulgären Tugend ist, wenn sie den Effekt hat, daß man eine Ameise statt eines Habichts wird.

Das wahre Leben nach dem Tode erreicht nur der Philosoph: »Zu der Götter Geschlecht aber ist wohl keinem, der nicht philosophiert und vollkommen rein hinübergegangen ist, zugeteilt zu gelangen, sondern nur den Lernbegierigen (82 b f.).« So wenig wie nach der christlichen Lehre genügt hier also die äußerliche Gerechtigkeit als Bedingung der ewigen Seligkeit. Dort bedarf es des Glaubens und hier (das ist der Unterschied) der Philosophie. Daher enthalten sich die Philosophen der Begierden des Leibes nicht aus dem Grunde, um nicht in Armut zu fallen, aus welchem Grunde ja auch die Geldgierigen sich nichts gönnen; es geschieht auch nicht wegen der Schande und Schmach, die sich der Lasterhafte zuzieht und die der Grund dafür ist, daß der Macht- und Ruhmlüsterne das lasterhafte Leben meidet, sondern die Philosophen tun das aus Sorge für ihre Seele, ihre Reinigung und Erlösung (λύσις 82 d), d. h. Ablösung vom Leibe. Wir erinnern uns hier wieder an die Analogie: Leib zu Seele wie Gesundheit zu Gerechtigkeit. Sie wird hier nicht erwähnt, aber die Grundposition ist noch immer dieselbe: es kommt darauf an, wie den Leib so erst recht die Seele in die rechte Verfassung zu bringen, und zwar in Rücksicht auf die Zukunft; leiblich in Rücksicht auf die Zukunft des

Alters, in dem der Lasterhafte für die falsche Behandlung seines Leibes büßen muß, seelisch aber in Rücksicht auf die Zukunft jenseits des Grabes, wo nur die reine Seele die Seligkeit erwartet.

Die Philosophie übernimmt die Seele als in den Leib eingekerkert, an ihn gefesselt und gezwungen, wie durch ein Gitter durch ihn hindurch das Seiende zu betrachten, nicht aber an und für sich, und daher in aller Unwissenheit sich umwälzend (82e). Die Philosophie erkennt aber die Wirkungsweise dieser Fessel, daß sie nämlich auf der Begierde beruht, durch die das Gebundene seine eigene Bindung bewirkt (83a). Die Philosophie erlöst die Seele aus der Gefangenschaft, indem sie sie darüber belehrt, daß die Betrachtung durch die Augen voll Trug ist, und ebenso die durch die Ohren und die übrigen Sinne. Sie überredet die Seele dazu, sich daraus zurückzuziehen, soweit es nicht notwendig ist, sie zu gebrauchen (eine höchst bemerkenswerte Einschränkung), und die Seele wird ermuntert, sich in sich selbst zu sammeln und zusammenzuhalten und niemand anderem zu trauen als sich selbst, sofern sie selbst an und für sich das Seiende selbst an und für sich im Denken erfaßt, das durch etwas anderes Erfaßte, d. h. das Wahrnehmbare, aber zu verachten (83b). Um willen dieser Befreiung enthält sich die Seele, die die Philosophie liebt, der Lust und der Begierde, der Unlust und der Furcht, soviel sie nur kann, nicht weil der Mensch davon etwa das Übel davontragen kann zu erkranken, sondern es handelt sich um ein weit größeres Übel: daß die Seele in den Irrtum verfällt zu glauben, das, was sie am heftigsten erfreut und betrübt, — und das ist das Sinnliche — das sei auch das Evidenteste und Wahrste, obgleich das Evidenteste und Wahrste gerade das Übersinnliche ist. So wird die Seele durch Lust und Unlust gleichsam an den Leib genagelt und gelangt nicht zur Reinigung, fällt in die Wiedergeburt und gelangt nicht zu den Göttern (83d).

Wenn es so steht, dann muß auch die Meinung derer falsch sein, die denken, man müßte sich zwar in der Jugend von der Philosophie zurechtbringen lassen, später aber könne man zu anderen Dingen übergehen und das Philosophieren lassen. Vielmehr muß diese Vorbereitung zum wahren Leben dauern, solange einer hier lebt. Wer so lebt, braucht keine Furcht vor dem Tode zu haben (84a f.).

Ein langes Schweigen folgt. Alle waren in das Vorgetragene vertieft, auch, wie man ihm ansehen kann, Sokrates. Kebes aber und Simmias sprechen einiges miteinander, und Sokrates wendet sich an sie und fragt

(84 c), was für Bedenken und Zweifel sie noch vorzubringen haben. Darauf Simmias: Wir haben in der Tat Zweifel, fürchten aber sie vorzubringen in deinem jetzigen Unglück. Da lacht Sokrates und sagt: Schwer werde ich wohl die andern Menschen überzeugen können, daß ich mein Schicksal nicht für ein Unglück halte, wenn ich nicht einmal euch davon überzeugen kann.

Darauf erklärt Simmias: auch er meine, daß über alle diese Fragen in diesem Leben etwas zu wissen unmöglich oder doch sehr schwer sei, daß man aber in der Untersuchung darüber nicht ablassen und nicht müde werden dürfe. Man müsse entweder bis zum Wissen kommen, oder doch die beste und unwiderleglichste Meinung herausfinden, wenn ein wirkliches Wissen nicht zu erreichen sei. Ihm scheine das Gesagte nicht zureichend (85 e ff.). Man könnte doch von der Stimmung und der Leier genau so sprechen, daß nämlich die Stimmung etwas Unsichtbares, Unkörperliches, vollkommen Schönes und Göttliches an der gestimmten Leier sei, die Leier selbst aber und ihre Saiten etwas Körperliches und Zusammengesetztes und dem Sterblichen Verwandtes. Wenn nun einer die Leier und ihre Saiten zerstörte, so könnte er entsprechend argumentieren, die Stimmung müsse noch da sein und sei nicht mit untergegangen. Denn es sei doch unmöglich, daß zwar Holz und Saiten noch da sind, die dem Sterblichen ähnlich sind, und die Stimmung, die dem Göttlichen gleichartig ist, nicht mehr. Ist nicht die Seele etwas Analoges zu der Stimmung der Leier? Im Leib sind das Warme und das Kalte, das Feuchte und das Trockene usw. zusammengespannt, und ist nicht die Seele eben die Mischung (κρᾶσις, temperamentum) und Fügung (ἁρμονία) im rechten Verhältnis? Wenn es aber so steht, dann wird der Verfall des Leibes den Untergang der Seele zur Folge haben (86 b).

Die Hörer sind enttäuscht über die Zerstörung des versuchten Beweises der Unsterblichkeit der Seele. Aber Sokrates lächelt, lobt die Argumentation und ermuntert die anderen, etwas dazu zu sagen, wenn sie vielleicht besseren Rat wüßten als er selbst. Doch erst soll auch noch Kebes gehört werden, um Zeit zu gewinnen. Kebes stimmt (87 a ff.) den Beweisen der Präexistenz zu und auch der Folgerung, daß die Seele etwas Dauerhafteres sei als der Leib. Dennoch weigert er sich, daraus auf das Überleben der Seele zu schließen. Auch er bringt ein Bild, nämlich das von einem Weber, der Kleider webt, die, wenn sie getragen werden, weniger lange dauern als ihr Hersteller. Aber daraus läßt sich nicht schließen, daß, weil beim Tode des Webers noch von ihm hergestellte Kleider da sind, er selbst auch noch irgendwo existieren müsse. Wenn er nämlich auch viele Kleider überlebt hat, so hindert das nicht, daß die letzten Kleider, die er gewebt hat, ihn überleben. So ist die Seele zwar vielleicht langlebiger als der Leib, aber irgendwann erreicht vielleicht auch sie der Tod, und niemand kann wissen, ob nicht sein jetziges leibliches Leben das letzte ist, mit dessen Ende auch die Seele ihr Ende findet.

Der Erzähler berichtet (88 c), wie die Zuhörer aus der hoffnungsfrohen Stimmung, in die sie das vorige Gespräch versetzt hatte, ganz wieder in die alte Unsicherheit zurückgeworfen sich fühlten und auch wegen des Folgenden unsicher waren. Was auch noch zum Beweise vorgebracht werden mag, immer kann einer kommen und bringt neue Argumente, und alles ist so unsicher wie zuvor, und diese Skepsis teilt sich auch dem Echekrates mit, dem das Gespräch erzählt wird. Welchem Logos, welcher Argumentation soll man denn noch glauben, nachdem diese zu Fall gekommen ist? Kann das nicht grundsätzlich mit jeder geschehen? So ist es, und es ist in der Tat Platos Meinung, daß die Philosophie Liebe zum Wissen bleiben muß und nicht Wissen werden kann. Dies selbstkritische Moment der platonischen Philosophie machte es möglich, daß aus der platonischen Schule die jüngere Akademie hervorging, die eine ausgesprochen skeptische Lehre vertrat.

Phaidon erzählt nun (89 b), Sokrates sei ihm durchs Haar gefahren und habe gefragt: morgen wirst du dir wohl dies Haar scheren lassen — wie man es als Zeichen der Trauer zu tun pflegte —, und als Phaidon bejaht, sagt Sokrates: nicht doch, sondern heute noch wollen wir beide uns das Haar abscheren, wenn uns der Logos stirbt und wir ihn nicht ins Leben zurückrufen können. Man darf (sagt Sokrates) wegen dieser Erfahrungen kein Misologe, kein Hasser des Logos werden und meinen, das Denken, das Argumentieren, das Begründen leiste nichts und könne nichts leisten. Wenn einem die Logoi, auf die man stößt, bald wahr, bald falsch zu sein scheinen, so darf man nicht den Logoi die Schuld geben, sondern muß sie bei sich selbst und dem eigenen Kunstfehler (ἀτεχνία 90 d) suchen. Das Scheitern eines Beweises beweist nichts gegen das Beweisen, denn wenn sich nachher herausstellt, daß sich die Sache doch anders verhält als wir meinten bewiesen zu haben, so liegt das nicht am Beweisen, sondern gerade am Nicht-Beweisen, d. h. daran, daß wir nicht richtig bewiesen haben, daß wir dabei irgend etwas vernachlässigt und versäumt haben.

Daß der Mensch immer wieder Schlußfehler begeht, beweist nicht, daß die Logik eine Wahnidee ist. Die Logik gab es, als der »Phaidon« geschrieben wurde, noch nicht, aber was hier postuliert wird, ist nichts anderes als ihre Idee, die Idee eines rationalen Begründens, des Folgerns nach festen und einsichtigen Regeln, die aller Willkür entzogen sind. Man kann Trugschlüsse begehen, weil man gegen die Regeln verstoßen kann, und man kann sich außerdem der Sache nach irren, weil die Voraussetzungen, aus denen man gefolgert hat, nicht stimmen, oder weil man irgend etwas zu berücksichtigen vergessen hat, so wie hier vergessen wurde zu erwägen, daß das Verhältnis von Leib und Seele nicht das von zwei Substanzen zu sein braucht; aber das Vergessene kann nachgeholt werden, und so schreitet die Erkenntnis fort, wenn sie sich auch damit bescheiden muß, sich nicht vollenden zu können. So gilt es denn, nicht zu sagen: »wer weiß, was noch alles geltend gemacht werden könnte«, sondern hier und jetzt den Kampf aufzunehmen und zu versuchen, die Rede der beiden zu widerlegen und den Satz von der Unsterblichkeit, zwar nicht absolut, aber doch gegen sie zu retten.

Sokrates kommt sich jetzt gar nicht philosophisch, sondern rechthaberisch (φιλόνικος 91 a) vor. Dem Rechthaberischen nämlich geht es nicht darum, wie sich die Sache wirklich verhält, sondern darum, sich gegenüber den andern, mit denen er streitet, durchzusetzen. Von solchen Rechthaberischen scheint er sich selbst nur dadurch zu unterscheiden, daß ihm einzig daran liegt, sich selbst zu überzeugen. Ich kalkuliere (λογίζομαι) nämlich (sagt er 91 b) recht eigennützig: entweder ist es wahr, dann ist es doch gut, es auch für wahr zu halten, oder aber es ist nicht wahr, und nach dem Tode ist nichts, dann werde ich doch vor dem Tode den Anwesenden weniger unangenehm sein durch Klagen, das Übel meines Irrtums aber nimmt mit mir ein schnelles Ende.

Die Diskussion über die Unsterblichkeit wird aufs Neue aufgenommen. Simmias und Kebes halten trotz aller Bedenken gegen die sokratische Argumentation beide daran fest, daß es richtig gesagt war, Lernen sei Wiedererinnerung, und also müsse unsere Seele schon vorher anderswo gewesen sein, ehe sie in den Leib gebunden wurde (92 a).

Nun hat es Sokrates leicht, dem Simmias entgegenzuhalten, daß sich diese Behauptung und jene, die Seele sei so etwas wie eine Stimmung des Leibes, nicht miteinander vertragen. Denn so wenig die Stimmung das Instrument, dessen Stimmung sie ist, überdauern kann, so wenig kann sie schon vorher dagewesen sein (92 b). Aus der Präexistenz der Seele folgt, daß sie nicht eine Stimmung des Leibes sein kann, sondern eine mit dem Leib verbundene Substanz sein muß.

Wir aber erinnern daran, daß wir zwar dem, was man heute Erkenntnis apriori nennt, eine gewisse Verwandtschaft mit der Erinnerung nicht absprechen konnten, daß wir aber den Schluß auf eine Präexistenz der Seele nicht für legitim hielten, weil er aus der Verwandtschaft mehr folgert als zulässig ist. Wir haben das Vermögen, die Idee des Gleichen aus uns hervorzuholen, wenn wir annähernd Gleiches sehen, aber wir haben kein Recht, daraus auf eine Art von Gesehenhaben mit dem Auge des Geistes zu schließen, das sich vor unserer Geburt ereignet haben muß.

Auch Sokrates scheint das Argument nicht zu genügen, denn er holt sogleich weitere Gründe herbei, die die Auffassung der Seele als Harmonie widerlegen sollen.

Stimmung, wird gesagt, kann mehr oder weniger sein, es gibt Grade der Stimmung, d. h. ein Instrument kann mehr oder weniger gut, mehr oder weniger vollkommen gestimmt sein, aber ein Leib kann nicht mehr oder weniger beseelt sein, entweder ist er beseelt oder nicht. Hier scheint also die Analogie zu versagen (93 b).

Ferner kann die Seele tugendhaft und gut oder lasterhaft und schlecht sein; was werden nun die sagen, die meinen, die Seele sei eine Stimmung? Werden sie das vielleicht als eine Stimmung der Stimmung auffassen wollen? Ist aber das nicht widersinnig? Wenn die Seele Stimmung ist, kann es in ihr gar keinen Unterschied zwischen gut und schlecht geben (93 c ff.).

Das Merkwürdige ist, daß diese beiden Argumente sich gegenseitig das Wasser abgraben. Zuerst wird gesagt: die Stimmung hat Grade, die Seele aber nicht, und dann wird gesagt, die Seele hat Grade des mehr oder weniger Gutseins, aber die Stimmung als Seele kann sie nicht haben. Da liegt doch die Antwort nahe, daß die Seele eine gewisse Stimmung oder eine bestimmte Verfassung, ein Gefüge (das heißt das Wort ἁρμονία ursprünglich) des Leibes sei; dieses Gefüge sei verschiedener Vollkommenheitsgrade fähig, und eben das sei es, was wir das Gut- oder Schlechtsein der Seele nennen. Eigentlich dürfen wir nicht sagen: die Seele wird besser oder schlechter, sondern der Mensch wird besser oder schlechter, und das besagt, daß der Grad seiner Harmonie zunimmt oder abnimmt. Wenn wir früher gesagt haben, das, was wir Seele nennen, sei nicht eine zweite

Substanz, sondern das Selbstbewußtsein des Leibes, das sich selbst Empfinden, sich selbst Fühlen, sich selbst Wollen und sich selbst Denken, das immer damit verbunden ist, wenn der Leib anderes empfindet, fühlt, will und denkt, dann hindert nichts, diesem Selbstbewußtsein verschiedene Formen und Variationen zuzuschreiben, die wir als besser oder schlechter beurteilen, ohne daß wir darum aus diesem Selbstbewußtsein eine Substanz zu machen brauchen, die unabhängig vom Leibe existieren könnte.

Das nächste Argument (94 b ff.) macht geltend, daß die Stimmung vom Instrument abhängig sei, daß aber die Seele imstande sei, den Leib zu beherrschen, wie z. B. durch die Gymnastik die Seele den Körper in die gewünschte gute Verfassung bringt. Darauf haben wir schon früher die Antwort gegeben: die Seele für sich allein vermöchte trotz aller Wünsche auch nicht ein Atom zu bewegen. Aller Einfluß unserer Seele auf die Welt außer uns geht über unseren Leib, und umgekehrt geht auch alle Information, die unsere Seele über die Außenwelt gewinnt, über unseren Leib. Alle Vorgänge in unserem Leibe, die durch unsere Seele bestimmt werden, werden gesteuert durch das Zentralnervensystem. Aber wie verhält sich die Seele zum Zentralnervensystem? Was hindert nun hier zu sagen, sie sei dessen Harmonie oder dessen Selbstbewußtsein? Daß sie den Körper beherrscht, das heißt dann nichts anderes als daß dieser Teil des Leibes den übrigen Leib beherrscht, woran ohnehin kein Zweifel sein kann. Nur darüber kann Zweifel sein, ob dieser Teil des Leibes, das Gehirn, so wie es den übrigen Leib beherrscht, selbst wiederum von der Seele beherrscht wird, oder ob die Seele dessen Selbstbewußtsein ist. Daß das Letztere richtig ist, dafür spricht, daß die seelischen Vorgänge in vieler Hinsicht von der leiblichen Verfassung des Gehirns abhängig sind, daß z. B. die Gedanken sich verwirren, wenn man das Gehirn mit Alkohol tränkt, oder daß man durch die Leukotomie geradezu ein Stück von der Seele, das ganze Gefühlsleben nämlich, amputieren kann.

Die thebanische Harmonie (sagt Sokrates) war uns ja also noch einigermaßen gnädig (95 a), und auch Kebes stimmt zu und meint, vorher habe er sich gefragt, was man wohl gegen Simmias' These einwenden könne, nun aber habe sie schon den ersten Anlauf des Sokrates nicht aushalten können. Das können wir kaum anders auffassen, als daß auch Plato diese Frage als hiermit entschieden betrachtet.

Jetzt macht sich Sokrates an die Prüfung des Einwandes des Kebes: die Seele mag schon gelebt haben, ehe sie in unseren Leib gekommen ist, und sie mag auch viele Leiber überleben, aber daraus folgt noch nicht ihre Unsterblichkeit. Vielleicht geht einst auch sie unter und vielleicht schon mit meinem leiblichen Tode! Wie also sollte der nicht zu fürchten sein? Bevor Sokrates darauf antwortet, hält er eine Weile inne, als ob er etwas bei sich bedenke, und sagt dann: das ist keine geringe Sache, die du da suchst, denn wir müssen jetzt grundsätzlich über die Ursache des Entstehens und Vergehens verhandeln. In meiner Jugend (sagt er, 96 a ff.) hatte ich ein erstaunliches Streben nach jener Weisheit, die man Naturforschung nennt.

Solche Forschung betrieben die vorsokratischen Philosophen. Ihre Schriften sind zwar bis auf wenige Reste verloren, aber wir wissen, daß sie späterhin meist unter dem Titel: »Über die Natur« (περὶ φύσεως) umliefen. Man hält diesen Titel nicht für original, aber zu Platos Zeit muß er (wie aus unserer Stelle hervorgeht) schon gängig gewesen sein. Das Wort »Natur« (φύσις) wird zuerst immer (so bei Heraklit, wo es zuerst überliefert ist) in der Weise gebraucht, wie auch wir noch von der Natur des Eisens usw. reden, also mit einem Genetiv: Natur als das Wesen einer Sache. Erst später kommt die Rede von der Natur ohne Genetiv auf, so hier an unserer Stelle, und da bezeichnet Natur den ganzen Bereich dessen, was von selbst ist und geschieht, d. h. ohne menschlichen Eingriff. Natur (φύσις) wird Gegenbegriff zu Kunst (τέχνη).

Die Naturforschung der Alten zog Sokrates in seiner Jugend (das heißt wohl im Ernst: Plato in seiner Jugend) an, es schien ihm etwas Herrliches zu sein, die Ursachen von allem zu wissen, durch die etwas entsteht, vergeht und ist. Da habe er sich denn mit solchen Problemen beschäftigt wie dem, ob Tiere dadurch entstehen, daß das Warme und Kalte in Fäulnis übergeht, oder ob wir mit dem Blut denken oder der Luft oder dem Feuer, oder mit keinem von diesen, sondern mit dem Gehirn. Das bringe Wahrnehmungen hervor, aus denen entstehe dann das Gedächtnis und die Meinung, und aus Gedächtnis und Meinung, wenn sie zur Ruhe gekommen seien, werde dann das Wissen (96 b). Aber am Ende sei es ihm so ergangen, daß er ganz verwirrt worden sei und auch das nicht mehr wußte, was er vorher sicher gewußt habe, und so wußte er nun nicht einmal mehr, wovon der Mensch wächst. Vorher habe er gemeint: vom Essen und Trinken, denn aus den Speisen komme Fleisch zu Fleisch, Knochen zu Knochen usw., und er habe geglaubt, daß ein großer Mensch neben einem kleinen durch den Kopf (um den er ihn überragt) größer wäre, und zehn schienen ihm mehr zu sein als acht, durch die zwei, die noch dabei sind; aber jetzt scheine ihm das alles unzureichend, da er ja nicht einmal das zugebe, daß wenn jemand eines zu einem hinzutut, dann entweder das eine, zu dem etwas hinzugetan wurde, zwei geworden ist, oder das Hinzugekommene, oder beide zusammen, als wären sie noch nicht zwei gewesen, als sie noch weiter voneinander entfernt waren, und als seien sie es durch die Annäherung geworden (96 c ff.).

Das ist ein schönes sophistisches Kunststück. Wie steht es denn wirklich? Wenn ich eine Zigarrenkiste habe, in der sich eine Zigarre befindet, und ich lege noch eine hinzu, so ist weder die erste noch die zweite Zigarre zu zwei Zigarren geworden, und die zwei Zigarren waren auch vorher, als sie noch nicht zusammen waren, schon zwei, aber die Zahl der Zigarren in der Kiste hat sich verändert, sie ist in der Tat aus eins zu zwei geworden. Auch das weitere Problem, daß nicht nur das Zusammenbringen, sondern auch das Gegenteil davon, das Auseinanderbringen, nämlich das Spalten, aus eins zwei machen kann (97 a), ist nicht ernstzunehmen. Das Spalten und Teilen für sich allein macht so wenig zwei aus eins wie das Umgekehrte. Ein Klafter Holz bleibt ein Klafter Holz, auch wenn ich den ganzen Tag Holz hacke. Freilich, die Zahl der Holzstücke auf dem Hof vermehrt sich, wenn ich ein Stück spalte und daraus zwei Stück mache, wobei eben vereinbart ist, daß jedes gesonderte Stück als eines gezählt werden soll, und nicht etwa ein besonders dickes als zwei zusammenhängende Stücke gelten sollen.

Wenn Sokrates diese Scheinprobleme als Grund anführt für seine Verzweiflung an der Kausalforschung der Alten, so ist das kein zureichender Grund. Seine Schwierigkeiten beruhen auf der Verwendung unzureichender logischer Mittel, und das hat mit der ganz anderen Frage, was die kausale Forschung der Vorsokratiker zu leisten vermag, nur indirekt etwas zu tun. Man kann nämlich heute wohl sagen, daß ohne die Ausbildung einer zureichenden Logik der Naturforschung noch das nötige Hilfsmittel fehlt. Aber nicht das ist es ja, was Sokrates hier sagt, sondern er wendet sich ganz ab von dieser Art der Untersuchung und einer anderen zu. Er fährt fort (97 b ff.):

Eines Tages habe er aus einem Buch des Anaxagoras vorlesen hören, daß die Vernunft (νοῦς) das Anordnende und der Urheber von allem sei. Sokrates faßt dies so auf, als sei hier eine teleologische Welterklärung intendiert: die Vernunft werde alles so ordnen, wie es am besten ist. Er hatte nun gehofft, Anaxagoras werde ihm jetzt die Wahrheit sagen über die Streitfrage, ob die Erde eine Scheibe ist oder eine Kugel, indem er zeigte, daß es für sie am besten ist, so oder so zu sein, und wenn er erklärte, sie stände in der Mitte, dann werde er das damit begründen, daß es für sie am besten sei, in der Mitte zu stehen. Aber Sokrates wird bei der Lektüre des Anaxagoras schwer enttäuscht. Da ist von allen andern Begründungen die Rede, aber nicht von Teleologie (98 b).

Aristoteles hat dies Urteil nachgesprochen und gesagt, Anaxagoras sei wie der erste Nüchterne unter lauter Trunkenen, weil er die Vernunft zum ersten Grunde alles Seienden gemacht habe. Aber er habe sein Prinzip nicht durchgeführt und keine teleologische Einzelerklärung gegeben. Dies Urteil von Plato und Aristoteles ist historisch nicht richtig. Anaxagoras hat in gar keiner Weise beabsichtigt, eine teleologische Welterklärung zu geben, seine »Vernunft« war nicht als teleologisches Prinzip gemeint. Sie ist nur das bewegende Prinzip, so wie bei Empedokles Freundschaft und Streit. Dies bewegende Prinzip heißt bei Anaxagoras nicht darum Vernunft, weil bei seiner Aktion etwas Vernünftiges, d. h. Zweckmäßiges, herauskommt, sondern aus einem ganz anderen Grunde. Zuerst nämlich (sagt Anaxagoras) war noch alles zusammen, alles durcheinander, die Samen aller Dinge gemischt, und da war wegen des Überwiegens des Luftartigen nichts offenbar (ἔνδηλον), alles war unoffenbar, verborgen, unfaßlich (ἄδηλον). Nun macht die Vernunft einen Wirbel, und es sondert sich das Schwere vom Leichten; durch das Überwiegen gewisser Samen an gewissen Orten tritt Bestimmtes in die Offenbarkeit heraus und wird damit auch für das Erkennen faßbar, erkennbar (νοητόν). Der Grund davon heißt Vernunft (νοῦς), weil er das ist, was das Vernehmen (νοεῖν) erst ermöglicht. Solche Benennung entspricht durchaus dem griechischen Sprachgebrauch.

Daß die Alten die Kugelgestalt der Erde, wenn sie versuchten, sie zu erklären, lieber kausal erklären wollten als teleologisch, das werden wir Heutigen ihnen so wenig zum Vorwurf machen, daß wir vielmehr geradezu umgekehrt urteilen und sagen, durch die Wendung zur Teleologie, wie sie Plato hier proklamiert und mit der er die Gefolgschaft des Aristoteles gefunden hat, habe er das Entstehen einer wirklichen Naturwissenschaft um beinahe 2000 Jahre verzögert.

Gewiß ist auch die Teleologie an ihrem Ort berechtigt, etwa die Biologen haben die Pflicht, nach dem Zweck der Leber oder der Milz zu fragen, d. h. danach zu fragen, welche Aufgaben diese Organe im Zusammenhang des ganzen Organismus zu erfüllen haben. Doch nicht einmal auf dem Felde der Biologie kann die teleologische Fragestellung die kausale ersetzen, sie kann nur noch hinzutreten und sogar auch kausale Fragen zu stellen helfen. Aber ist es wirklich sinnvoll zu fragen: zu welchem Zweck ist die Erde kugelförmig?

Sokrates vergleicht (98 c ff.) den Anaxagoras mit jemand, der zuerst sagt: Sokrates tut alles, was er tut, aus Vernunft; wenn er aber dann im Einzelnen sagen soll, warum Sokrates jetzt hier im Gefängnis sitze, dann fängt er damit an, daß Sokrates einen Leib hat aus Fleisch und Knochen und daß die Knochen Gelenke haben, und daß die von Sehnen gezogen werden, die von Muskeln bewegt werden. So hätten diese Bewegungen der Muskeln und Sehnen bewirkt, daß er jetzt da säße; dabei werden die wahren Ursachen ganz vernachlässigt, denn diese Knochen und Sehnen wären schon bei den Böotiern, wenn Sokrates es nicht für besser gehalten hätte, hier zu bleiben. Ein anderes (sagt Sokrates 99 b) ist die Ursache, ein anderes jenes, ohne das die Ursache nicht Ursache sein kann, und jenes andere wird meistens fälschlich selbst als Ursache bezeichnet.

Die causa efficiens, der nexus effectivus wird also hier ganz und gar der causa finalis untergeordnet, und nur die Erklärung im Sinne der Teleologie oder Finalität, die Erklärung nach Zwecken, wird als wirkliche Erklärung, als eine solche, die der Forderung der Vernunft genügt, gelten gelassen. Doch Sokrates hatte keinen Lehrer der teleologischen Welterklärung und konnte sie auch nicht selber finden, und so versucht er das, was er nicht ohne Ironie die zweite Fahrt (99 d) und die Flucht in die Logoi (99 e) nennt.

Sokrates gibt es ganz auf, mit den Augen auf die Dinge zu blicken, und flieht in die Logoi, um in ihnen die Wahrheit des Seienden zu erblicken. Er vergleicht sein Verhalten mit jemand, der beim Versuch, unmittelbar in die Sonne zu blicken, geblendet wird und daher die Sonnenfinsternis, die er beobachten will, lieber im Wasser oder sonst einem Bild der Sonne beobachtet. Aber dies Gleichnis nimmt er gleich darauf (100 a) zurück, und darin zeigt sich, daß der Verzicht auf den Weg der Teleologie und das sich Begnügen mit den Logoi nur ironisch als zweite Fahrt, als das Zweitbeste, bezeichnet wird. Im Ernst (sagt er) möchte er gar nicht zugeben, daß jemand, der das Seiende in den Logoi betrachtet, es mehr im Bilde betrachtet als derjenige, der es in Wirklichkeit (ἐν ἔργοις 100 a) betrachtet.

Das sogenannte Wirkliche ist ja gemäß der Ideenlehre gerade ein Abbild des Gedanklichen, das wir nur im Logos erfassen können. Das Reich der reinen Gedanken ist nach der platonischen Lehre die wahre Wirklichkeit oder die wirkliche Wahrheit, und das, was die Sinne zeigen, ist ein unvollkommenes Abbild davon. Daher wurde uns schon zu Anfang des Dialogs gesagt, der wahre Philosoph müsse sich zur Erkenntnis ganz von den Sinnen abwenden, die Seele vom Leibe, der uns die Sinneseindrücke bringt, abkehren, dem Leibe absterben.

Die Wissenschaft, die das weiß, was der reine Gedanke für sich, abgelöst von allem, was die Anschauung beitragen kann, erkennen kann, bekommt später den Namen Logik. Die reine Logik auszubilden ist für das Erkennen von der größten Bedeutung. Aber es ist auch klar, daß sie für sich allein nichts über die Wirklichkeit zu ermitteln vermag. Sie kann weder die kausale Erklärung ersetzen, in der sich die Physik der Alten versucht hatte und die die Physik der Neueren mit so großem Erfolge wieder aufgenommen hat, noch die teleologische Erklärung, die Sokrates zunächst für die wahre Welterklärung hielt, deren Programm Anaxagoras aufgestellt haben sollte, ohne sie jedoch durchzuführen. Aber so rein gedanklich und apriorisch, wie Sokrates es hier hinstellt, ist sein Verfahren in Wahrheit gar nicht. Er beschreibt nämlich wieder das Verfahren, das wir schon aus dem »Menon« als Hypothesis-Verfahren kennen, das aber hier eine etwas veränderte Gestalt annimmt. Er sagt (100a): »Indem ich voraussetze oder zugrunde lege (ὑποθέμενος) jeweils denjenigen Logos, von dem ich urteile, daß er der stärkste sei, setze ich das, was mir damit zusammenzustimmen (συμφωνεῖν) scheint, als Wahres, was aber nicht, als nicht Wahres.« Für nicht Zusammenstimmen wird etwas später (101d) auch gesagt Dissonieren (διαφωνεῖν). Die Ausdrücke sind aus der griechischen Musiktheorie genommen, die diese beiden Tonverhältnisse kennt, Konsonanz und Dissonanz, und aus deren richtiger Mischung die Musik hervorgehen läßt. Es handelt sich hier um die Prüfung eines Satzes vermittels seiner Konsequenzen. Wenn wir einen bestimmten Satz zugrunde legen, so gibt es immer gewisse andere Sätze, die aus dem fraglichen Satz folgen (συμφωνεῖν), andere die diesem Satz widersprechen (διαφωνεῖν) und natürlich noch weitere, die daraus nicht folgen, ihm aber auch nicht widersprechen. Die neutralen Sätze werden hier mit Recht nicht weiter berücksichtigt. Wenn ich nun eine solche Hypothesis als wahr voraussetze, dann müssen auch die Sätze, die daraus folgen, wahr sein, und die Sätze, die der Voraussetzung widersprechen, müssen falsch sein. Das kann man nachprüfen, und wenn ein Satz, der aus der Voraussetzung folgt, de facto falsch ist, dann ist die Voraussetzung auch falsch.

Wir können uns das klar machen an der Hypothese des Simmias: die Seele verhalte sich zum Leibe wie die Stimmung zur Leier. Wenn das so ist (so hatte Sokrates argumentiert), dann kann die Seele den Leib so wenig beherrschen, wie die Stimmung die Leier beherrschen kann. Nun ist aber (so meint Sokrates) das Gegenteil evident: es ist evident, daß die Seele den Leib beeinflussen kann. Aus der Hypothese des Simmias folgt also etwas Falsches, und folglich ist sie selbst falsch. Übrigens gilt nicht die Umkehrung: Wenn Folgerungen aus einem Satz wahr sind, so braucht der Satz selbst noch nicht wahr zu sein. Z. B. aus der Voraussetzung, daß 2 · 2 größer ist als 5, und daß 2 · 2 gleich 6 ist, folgt, daß 6 größer ist als 5. Diese Folgerung ist richtig, aber die Voraussetzungen, aus denen das hier gefolgert wurde, sind gleichwohl falsch. Da nun aber Kebes die Andeutungen des Sokrates nicht versteht, wird er ausführlicher. Ich meine gar nichts Neues (sagt Sokrates 100 b), sondern das, was ich immer schon gesagt habe und wovon wir auch jetzt wieder gesprochen haben, nämlich die Ideenlehre. Ich will versuchen, dir die Art von Ursachen aufzuzeigen, mit der ich mich beschäftige. Ich mache also die Annahme, die Voraussetzung, ich lege zugrunde, meine Hypothese ist die (ὑποθέμενος), daß es ein Schönes an sich und Gutes an sich und ein Großes an sich usw. gibt. Wenn du mir das zugibst, dann hoffe ich dir die Ursache zeigen zu können und beweisen zu können, daß die Seele unsterblich ist. Das ist also wieder das Hauptprogramm: der Übergang von der Ideenlehre zum Beweis der Unsterblichkeit. Die nächste These (100 c) ist: das Schöne ist schön durch die Teilhabe am Schönen. Das also ist die Ursache, warum etwas Schönes, das wir sehen, schön ist: seine Teilhabe an der Idee des Schönen. Sokrates fährt fort (100 c ff.):

»So begreife und verstehe ich denn nun gar nicht mehr die anderen Arten von Gründen, sondern, wenn mir jemand sagt, etwas sei schön, entweder wegen seiner blühenden Farbe oder wegen seiner Gestalt usw., so gebe ich all dem den Abschied, denn durch all so etwas werde ich nur verwirrt, sondern halte einfach und kunstlos und vielleicht einfältig fest, daß nichts anderes etwas schön macht als die Gegenwart oder Gemeinschaft jenes Schönen (der Idee), wie und auf welche Weise sie auch dazugekommen sein mag, denn darüber möchte ich nichts weiter behaupten, sondern nur dies, daß durch das Schöne alles schön wird. Denn dies scheint mir das allersicherste zu antworten, mir selbst und anderen, und wenn ich mich daran halte, dann glaube ich, werde ich nie fallen, sondern es ist sicher, mir und andern zu antworten, daß durch das Schöne selbst alles Schöne schön ist.« Das ist nicht ganz so trivial, wie es sich vielleicht beim ersten Hören ausnimmt. Worauf es Plato ankommt ist dies, daß das Identische, das was alles, was schön ist, gemeinsam hat, nicht in einem sinnlich wahrnehmbaren Moment gesucht werden kann. Gewiß kann es sein, daß die Schönheit eines Teppichs z. B. auf den Farben und ihrer Zusammenstellung beruht, und die Schönheit einer Plastik wiederum gar nicht auf Farben, sondern auf der Raumgestalt, und wiederum die Schönheit eines Musikstücks auf der kunstvollen Fügung von Konsonanzen und Dissonanzen. Aber alle diese Gründe geben keine Antwort auf die Frage: inwiefern alles dieses so Verschiedene und aus so verschiedenen Gründen Schöne alles dasselbe, nämlich eben schön ist. Worin besteht die identische Schönheit dieses vielen Schönen? Die Antwort ist, daß auf so vielerlei Weise eben erreicht wird, daß die Dinge teilhaben an dem Einen, dem Wesen der Schönheit, an der Idee. Daß diese Antwort nichts anderes ist als selbst nur eine neue Frage, die Frage nämlich, was dies Eine ist, woran das Viele da teilhat, oder was geheimnisvollerweise in ihnen allen anwesend ist, darüber war sich Plato keineswegs im Unklaren.

Nur, um in die Richtung zu deuten, in der solche Antwort gesucht werden muß, blicken wir auf Späteres voraus, auf die Lehre Kants. Kant interpretiert das, was Plato Idee nennt, als Begriff, und vom Begriff sagt er, er sei etwas, was zur Regel dient. Eine Regel ist etwas Gedachtes, und darin ist gedacht, wie etwas aussehen kann und muß, um z. B. ein Tier zu sein. Das kann sehr verschieden aussehen, man kann keine Farbe angeben, die es haben müßte, und auch keine bestimmte Größe, und auch die Form kann ganz verschieden sein, und doch darf es nicht ganz beliebig aussehen, z. B. nicht so wie eine Eiche oder wie ein Ziegelstein. Nun hat es nach Kant freilich gerade mit dem Begriff des Schönen noch eine besondere Bewandtnis; aber darauf brauchen wir hier nicht einzugehen.

Sokrates gibt zunächst weitere Beispiele (100 e): durch die Größe ist das Große groß und das Größere größer, und durch die Kleinheit das Kleinere kleiner; nicht aber soll erlaubt sein zu sagen, wegen des Kopfes, um den einer den anderen überragt, sei er größer; denn dann würde sich ergeben, daß ein und dasselbe, der Kopf nämlich, Grund sein würde sowohl des Größerseins (des einen nämlich) als auch des Kleinerseins (des andern nämlich), und dazu noch dies, daß durch den Kopf, der doch selbst klein ist, das Größere größer sein soll (101 a). Aus demselben Grunde soll es auch nicht erlaubt sein zu sagen, daß zehn mehr ist als acht durch die zwei, die noch dazukommen, sondern durch die Vielheit (101 b). Dazu könnte man sagen: natürlich sind es nicht die zwei (welche zwei denn auch von den zehn?), die es machen, daß 10 größer ist als 8, wohl aber ist 10 darum größer als 8, weil es 2 Einheiten mehr enthält. Es folgt wieder das Problem, das wir schon kennengelernt haben, daß sowohl das Hinzukommen wie die Spaltung Ursache des Zweigewordenseins sein kann, und es wird gelehrt, es gibt gar keinen anderen Grund dafür, warum etwas Zwei wird, als eben die Teilhabe an der Zweiheit (101 c).

Das ist also die Hypothese des Sokrates: es gibt Ideen, und die Teilhabe daran ist der Grund dafür, warum etwas so ist, wie es ist.

Jetzt kommt er (101 d) auf das Hypothesisverfahren zurück und sagt: zunächst also kommt es darauf an, die Hypothese an ihren Konsequenzen zu prüfen, ob sie sich da bewährt, und wenn es da keine Widersprüche gibt, die sie umwerfen, dann erst kann die Untersuchung weitergehen und für die Hypothesis selbst Rechenschaft geben (λόγον διδόναι). Wir sagten schon, daß daraus, daß alle Konsequenzen der Hypothese sich bewähren, noch nicht folgt, daß sie selbst wahr ist. Wenn das trotz der Bewährung der Folgen bezweifelt wird, dann muß man zurückgehen zu einer höheren Hypothese, d. h. zu einer solchen, aus der die ursprünglich aufgestellte selbst eine Folgerung ist. Mit dieser verfährt man gegebenenfalls ebenso, und so muß man rückwärts gehen, bis man zu etwas kommt, was hinreichend (ἱκανόν) ist, nämlich für den anderen, mit dem diskutiert wird. Man muß solange rückwärts gehen, bis der andere zustimmt.

Gemäß dieser Methode also soll verfahren werden. Die Hypothesis, die als die sicherste vorausgesetzt wird, ist jetzt die, daß es Ideen gibt und daß die Dinge durch Teilhabe an ihnen das sind, was sie sind, und ihren Beinamen, d. h. ihr Prädikat haben. Wenn nun Simmias größer als Sokrates aber kleiner als Phaidon ist, dann muß man sagen, daß in Simmias beides ist, Größe und Kleinheit. Nicht dadurch, daß Simmias Simmias ist, überragt er den Sokrates, sondern durch die Größe, die ihm zukommt, und er wird nicht von Phaidon überragt, weil Phaidon Phaidon ist, sondern weil Phaidon Größe hat in bezug auf die Kleinheit des Simmias. So hat Simmias die Beinamen, groß und klein zu sein, indem er zwischen beiden in der Mitte ist, indem er der Größe des einen die Kleinheit zum Übertreffen hinhält, dem anderen aber seine Größe darreicht, welche die Kleinheit jenes übertrifft (102b ff.). Nun kann aber nicht das Große — sei es das Große selbst oder die Größe in uns — zugleich groß und klein sein, d.h. es ist nicht das Größersein als Sokrates, das sich in ein Kleinersein als Phaidon verwandelt, sondern die Größe in uns flieht oder geht aus dem Wege, wenn ihr Gegenteil, das Kleine, sich nähert (102d f.). Das heißt, wenn einem Gegenstand x zuerst das Prädikat a zukommt und danach das entgegengesetzte Prädikat b, so hat sich nicht a in b verwandelt, sondern das Ding x hat sich verwandelt; es hat nachher ein anderes Prädikat als vorher, aber die Prädikate selbst ändern sich nicht. Oder, da die Prädikate Eigenschaften des Dinges aussagen: wenn ein Ding sich verändert, z. B. hinsichtlich seiner Farbe, so darf man nicht sagen, daß sich die Farbe des Dinges verändert, sondern die Farbe wechselt, indem das Ding sich verändert. Ein Ding kann sich verändern, d. h. bleiben, indem seine Bestimmtheiten wechseln, aber die verändern sich nicht wieder, sondern treten auf und verschwinden.

Einem der Anwesenden (103a) scheint hiermit genau das Gegenteil gesagt zu sein zu der früheren Rede, daß alles aus seinem Gegenteil wird und in sein Gegenteil vergeht. Aber Sokrates macht (103b) klar, daß sich das beides nicht widerspricht. Damals wurde gesagt: aus dem entgegengesetzten Ding wird das entgegengesetzte Ding; jetzt aber wird gesagt, daß das Entgegengesetzte selbst nicht sein Entgegengesetztes werden kann, weder in uns noch im Wesen. Vorher war die Rede von den Subjekten, die nach ihrem Prädikate genannt wurden; das Kalte wird warm, das heißt: das was kalt ist, wird zu etwas, was warm ist; jetzt aber ist die Rede von den Prädikaten selbst oder den dadurch bezeichneten Eigenschaften. Wenn etwas Kaltes warm wird, so wird nicht die Kälte zur Wärme, oder wenn ein Feiger tapfer wird, so wird nicht die Feigheit zur Tapferkeit.

Aber all dies ist nur eine Art logischer Vorübung. Der Nutzen davon zeigt sich erst im Folgenden. Sokrates geht (103c) aus von dem Gegensatz warm und kalt und setzt ihn in Beziehung zu dem Gegensatz von Schnee und Feuer. Beides meint nicht dasselbe. Schnee ist zwar kalt, aber er ist nicht das Kalte, und Feuer ist zwar warm, aber nicht das Warme. Dennoch gilt dies, daß der Schnee wesentlich kalt ist, d. h. dieses Ding kann nicht die Eigenschaft der Wärme annehmen und doch Schnee bleiben: Wenn das Warme sich nähert, so muß der Schnee entweder weichen oder untergehen. Entsprechendes gilt für Feuer und Wärme; es kann kein kaltes Feuer geben (103 d). Das heißt: es gibt wesentliche und unwesentliche Bestimmungen. Die ersteren sind solche, die nicht aufgehoben werden können, ohne die Sache selbst aufzuheben. So kann die Bestimmung des Sokrates, daß er gesund ist, aufgehoben werden, und er kann doch Sokrates bleiben, aber nicht die Bestimmung Mensch. Wenn Sokrates kein Mensch mehr ist, dann ist er nicht mehr Sokrates. Und wenn drei nicht mehr ungerade ist, so ist es auch nicht mehr drei (103 e ff.).

Daraus folgt, daß kein Ding Bestimmungen annehmen kann, die seinen wesentlichen Bestimmungen entgegengesetzt sind, ohne unterzugehen. Hiervon wird nun die Nutzanwendung gemacht, die zum Beweis der Unsterblichkeit führen soll. Zunächst kann jetzt auf die Frage: was muß dem Leibe einwohnen, damit er warm sei, nicht mehr nur wie vorher geantwortet werden: die Wärme, sondern genauer: das Feuer. Und auf die Frage, was dem Leibe einwohnt, wenn er krank ist, werden wir nicht mehr einfach antworten: die Krankheit, sondern zum Beispiel: das Fieber (105 c). Nun wird gefragt: Was muß dem Leibe einwohnen, damit er lebendig sei? Da werden wir nicht mehr sagen: das Leben, sondern: die Seele. Die Seele ist das wesentlich Lebendige, so wie das Feuer das wesentlich Warme und der Schnee das wesentlich Kalte ist (105 d). Dem Leben entgegengesetzt, so wie dem Warmen das Kalte oder dem Feuchten das Trockene, ist der Tod. Also wird die Seele das Gegenteil des Lebens nicht annehmen können, und eine tote Seele kann es so wenig geben wie kaltes Feuer und warmen Schnee. Was aber den Tod nicht annimmt, das ist unsterblich (105 e), und also ist nun endlich bewiesen, was bewiesen werden sollte.

So scheint es, aber es scheint nur so, denn hier schleicht sich ein logischer Fehler ein. Oben wurde gesagt: der Schnee kann nicht warm werden; wenn die Wärme kommt, muß er sich davonmachen oder untergehen. Wenn nun die Kälte unvergänglich (ἀνώλεϑρον 106 a) wäre, dann bliebe dem Schnee nichts übrig, als sich davonzumachen, wenn die Wärme an ihn kommt. Denn die Wärme aufnehmen und dadurch untergehen könnte er dann ja nicht. Muß man nun, so wird gefolgert, nicht auch bezüglich des Todes sagen: wenn das Unsterbliche auch unvergänglich ist, dann kann die Seele unmöglich, wenn der Tod an sie kommt, untergehen (106 b)? Es scheint ganz selbstverständlich zu sein, daß das Unsterbliche auch das Unvergängliche ist, und doch steckt gerade hier der Fehler. Leben und Tod nämlich treten hier in zweierlei Bedeutung auf. Sie bezeichnen 1. zwei Zustände, in denen sich etwas befinden kann. Der Leib kann sie beide annehmen, er kann lebendig oder auch tot sein. Aber Tot-sein meint hier nicht dies, daß der Leib nicht existiert, sondern daß er auf andere Weise existiert, als wenn er lebendig ist. Leben und Tod sind hier also zwei Beschaffenheiten. Von der Seele wurde gesagt, sie könne nur die eine der beiden Beschaffenheiten haben, sie könne nur lebendig sein aber nicht tot; tot könne sie so wenig sein, wie Feuer kalt. Aber nicht dasselbe ist 2. die Behauptung, daß die Seele notwendig existiert. Wenn es die Seele gar nicht mehr gibt, so bedeutet das nicht, daß sie noch da ist, aber mit der Beschaffenheit, daß sie nun tot ist; diese Beschaffenheit kann sie ihrem Wesen nach nicht annehmen. Wenn aber die Seele gar nicht mehr vorhanden ist, dann ist auch gar kein Wesen mehr da, dem eine Bestimmtheit widerstreiten könnte. Daß die Seele nicht tot sein kann, heißt: sie kann nicht als Tote sein, aber es heißt nicht: sie kann nicht nicht sein.

Die Existenz ist keine Eigenschaft der Dinge, kein Gegenstandsprädikat, sondern ein Prädikatenprädikat. Wenn ich einen Gegenstand x habe, so kann ich allerlei Prädikate p von ihm aussagen, aber darunter nicht auch noch die Existenz. Wohl aber kann ich von einem Prädikat oder einer Vereinigung solcher sagen, daß es dazu ein Subjekt gibt. So bedeutet tot hier 1. ein Prädikat der Seele wie Leben, 2. aber die Nichtexistenz. Unsterblichkeit bedeutet die Unmöglichkeit, in der Form dazusein wie der tote Leib; Unvergänglichkeit aber bedeutet die Unmöglichkeit der Nichtexistenz. Beides ist nicht dasselbe. Darauf aber, daß beides intentifiziert wird, beruht der Unsterblichkeitsbeweis.

Freilich, niemand von den Mitunterrednern weiß etwas Triftiges gegen den Beweis vorzubringen (107 a). Daß wir das können, verdanken wir der Tatsache, daß inzwischen Kants Widerlegung des ontologischen Gottesbeweises erschienen ist, jenes berühmten Beweises, der auf genau demselben Fehler beruht. Kant widerlegt ihn mit dem Satz: Sein ist kein reales Prädikat.

Obwohl hier niemand einen Einwand vorzubringen weiß, sagt doch Simmias: zwar weiß ich nicht, wie ich nicht beistimmen soll auf Grund des Gesagten. Aber wegen der Größe dessen, wovon die Rede ist, und wegen der wohlbekannten Schwäche der Menschen, sehe ich mich gezwungen, bei mir selbst noch einen Unglauben zu behalten über das Gesagte. Sokrates verweist ihn (107 b) auf das erneute Durchdenken der ersten Voraussetzungen der ganzen Argumentation. In der Tat, das ist not, aber das führt zu dem entgegengesetzten Ergebnis, als dem von Sokrates und Plato angestrebten; die rein logische Einsicht über die Natur des Existentialurteils macht den Beweisversuch zunichte.

Den Gesprächsteilnehmern aber gilt er, wenn nicht als restlos gelungen, so doch als zureichend genug, um die Unsterblichkeit zu behaupten. Und sogleich folgt (107 c) die Anwendung auf die Frage, wie man leben muß: Wenn die Seele unsterblich ist, dann bedarf sie auch der Bekümmerung nicht nur für die Zeit dessen, was wir jetzt so Leben nennen, sondern für die ganze Zeit, d. h. die Ewigkeit. Diese wird hier wiederum, wie wir das schon kennen, nicht verstanden als etwas der Zeit Entgegengesetztes, als eine Art von Außerzeitlichkeit, sondern sie ist die ganze Zeit, von der unsere Lebenszeit ein Teil ist. Unsere Lebenszeit ist ein Ausschnitt aus der anfangs- und endlosen Zeit, und diese ganze Zeit ist die Zeit der Seele. Wenn das Leben der Seele ins Unendliche weitergeht, dann wäre es ein furchtbares Wagnis, die Seele zu vernachlässigen. Wenn aber der Tod das Aufhören von allem wäre, dann wäre das ein Fund für die Schlechten, im Sterben ihren Leib loszuwerden und mit der Seele zugleich auch ihre Schlechtigkeit. Offenbar wäre dann die Lehre des Dialogs »Gorgias«, daß Unrechtleiden besser ist als Unrechttun, widerlegt. Wenn aber die Wahrheit der Lehre von der Unsterblichkeit angenommen wird, dann gibt es keine andere Flucht für den Schlechten und keine andere Rettung für die Seele als die, möglichst gut und einsichtig zu werden. Denn nichts anderes kann die Seele in den Hades mitnehmen als ihre Paideia, ihre Bildung. Das meint nicht vielerlei Kenntnisse, sondern jenes Wissen, das weiß, was das Gerechte und das Fromme und die Tugend in Wahrheit sind, und das durch solches Wissen sein Leben bestimmt. Jetzt beruft sich Sokrates wieder auf die Mysterien-Überlieferung, wonach jeden Gestorbenen sein Dämon, der sich schon im Leben um ihn kümmert, nach dem Tode an den Ort führt, wo er gerichtet wird, und von da in die Unterwelt, von wo er dann, nachdem er die gehörige Zeit dageblieben ist — zu Strafe oder Lohn —, nach langer Zeit hierher zurückgebracht wird, zur Wiedergeburt (107 d ff.).

Hier folgt (108c ff.) ein Einschub, der Platos geographische Vorstellungen enthält, in die er seinen Gedanken von dem Weg der Seelen einbaut. Die Erde, so weiß er, ist keine Scheibe, sondern eine Kugel. Plato stellt sich diese Kugel viel größer vor, als sie nach unseren heutigen Erkenntnissen ist. Er stellt sich auch nicht die damalige Ökumene, das Mittelmeerbecken, als einen Teil der Oberfläche vor, sondern wie eine Art Teich, der statt mit Wasser mit Luft gefüllt ist, während die wahre Oberfläche der Erde in den reinen Äther hinaufragt. Auf der wahren Oberfläche der Erde wohnen auch Menschen, im Vergleich mit denen wir eher eine Art von Fröschen sind, so sehr übertreffen sie uns in jeder Hinsicht. Außer dem Mittelmeerbecken gibt es noch andere solche Vertiefungen der wahren Erdoberfläche, in denen andere Menschen wohnen, mit denen die Mittelmeermenschen keine Kommunikation haben. Das Innere der Erde ist von Strömen durchzogen, die auch die einzelnen Luftteiche unterirdisch miteinander verbinden. Sie sind gefüllt mit heißem und kaltem Wasser, mit Schlamm und mit Feuer. Darüber wird allerlei erzählt, was teils dazu dient, geographische Erscheinungen zu erklären, teils aber auch Beziehung hat zur Eschatologie. Über diese wird folgendes gesagt (113d ff.):

Zuerst wird darüber entschieden, wer schön und heilig gelebt hat und wer nicht. Die Mittelmäßigen begeben sich zum Acheron, besteigen das Fahrzeug und gelangen zum Acherusischen See. Dort wohnen sie, reinigen sich und büßen ihre Vergehungen ab und werden endlich losgesprochen, wie sie auch für ihre guten Taten Belohnungen erhalten, jeder nach Verdienst. Die Unheilbaren werden in den Tartaros geworfen, aus dem es für sie keine Rückkehr gibt, wie wir das schon aus dem »Gorgias«-Mythos kennen. Andere aber, die auch große Vergehen begangen haben, aber doch nicht unheilbar sind, kommen zwar auch in den Tartaros, aber nach einem Jahr werden sie in die Nähe des Sees gespült; da rufen sie ihre Opfer an, ihnen zu verzeihen und sie zu den Büßern am See aufzunehmen, und wenn ihnen das nicht gewährt wird, können sie nach einem weiteren Jahr Tartaros wiederkommen. Die aber am meisten Fortschritte gemacht haben im heiligen Leben, dürfen auf der reinen Oberfläche der Erde wohnen. Diejenigen endlich, die durch Philosophie sich hinreichend gereinigt haben, leben für alle künftige Zeit ohne Leiber. Die Wohnung, der Aufenthalt aber, an dem sie sind, ist weder leicht zu beschreiben, noch reicht dafür jetzt die Zeit. Jedenfalls aber gilt schon um willen des bis jetzt Ausgemachten: man muß alles tun, um schon in diesem Leben der Tugend oder der Einsicht teilhaftig zu werden. Denn schön ist der Lohn und die Hoffnung groß (114c). Daß sich das nun alles genau so verhält, wie ich es auseinandergesetzt habe, das (sagt Sokrates 114d) ziemt sich wohl einem vernünftigen Manne nicht zu behaupten. Wohl aber so oder so ähnlich muß es mit unseren Seelen und ihren Wohnungen stehen, wenn die Seele unsterblich ist. Das zu glauben ziemt sich wohl und ist wert, es zu wagen, denn das Wagnis ist schön,

Es ist deutlich, wie sich hier der Logos und die Dialektik zum Mythos verhalten. Der Logos, der Beweis, legt das Fundament. Daß der Mythos vom Jenseits gewagt werden kann, das setzt voraus, daß die Unsterblichkeit der Seele bewiesen ist. Dieser Beweis allein gibt das Recht, sich das, was nach dem Tode ist, in der Phantasie auszumalen. Man kann nicht genau wissen, was dann sein wird, und die dialektische Argumentation beansprucht nicht mehr, als beweisen zu können, daß die Seele nicht stirbt. Wir haben gesehen, daß das Beweisenkönnen sich auch damit schon zu viel zugetraut hat. In Wahrheit ist der Beweis nicht gelungen, und damit ist auch der Gewißheit des »so oder so ähnlich« der Boden entzogen. Wenn es auch nicht einmal so ähnlich sein muß, dann unterscheidet sich der Mythos in keiner Weise von phantastischen Wunsch- und Angstträumen.

Aber es ist beachtenswert, daß, auch wenn der Unsterblichkeitsbeweis unantastbar wäre, der Mythos noch etwas zu der Lehre des Logos hinzubringt, was mehr ist als ein bloßes Ausmalen der Zukunft durch die Phantasie, und das ist der moralische Aspekt, der dem Jenseits durch den Mythos zukommt. Es war ja in all den Beweisen, die im »Phaidon« versucht werden, gar nichts vorgebracht worden, was irgendeinen Grund hergeben könnte zu der Vermutung, daß es im Jenseits moralischer zugehen sollte als im Diesseits. Plato braucht die Lehre, daß im Jenseits die Guten belohnt und die Bösen bestraft werden, um begründen zu können, warum es gut ist, gerecht zu sein, warum es besser ist, Unrecht zu leiden als Unrecht zu tun, aber er vermag diese Begründung der Gerechtigkeitsforderung durch die Jenseitslehre selbst nicht zu begründen. Weder kann er beweisen, daß es das Leben nach dem Tode wirklich gibt, noch daß dort, wenn es das gibt, die Guten belohnt und die Bösen bestraft werden. Das Erstere hat er ohne Erfolg zu beweisen versucht, das Letztere zu beweisen hat er nicht einmal den Versuch gemacht.

Mit diesem Mythos enden die Gespräche über die Unsterblichkeit, die bei dem letzten Besuch seiner Freunde bei Sokrates geführt wurden. Phaidon erzählt nun das Ende selbst, den Trank des Schierlingsbechers und den Tod, aber das bedarf weiter keines Kommentars.

Der Gleichmut des Sokrates angesichts des Todes beweist, daß er ihn für kein Übel gehalten hat. Plato läßt Sokrates hier (im Unterschied zur »Apologie«) seiner Unsterblichkeit subjektiv gewiß sein, und auch Plato mag sich ihrer subjektiv gewiß gewesen sein (er mag an sie geglaubt haben). Daß aber die objektive Gewißheit der Unsterblichkeit trotz aller Beweisversuche noch nicht erreicht ist, bringt Plato dadurch zum Ausdruck, daß er den Simmias seine Skepsis bis zuletzt festhalten läßt. Doch wird auch deutlich, daß Plato die noch fehlende objektive Gewißheit nur als eine noch nicht vorhandene, und nicht als eine niemals erreichbare aufgefaßt hat.

16. POLITEIA

1. Buch

Wir finden Sokrates in Piräus, wo er in das Haus des wohlhabenden Kephalos kommt. Er fragte diesen nach dem größten Nutzen, den der schon alte Mann von seinem Reichtum gehabt habe. Der antwortet: daß er ihn vor der Versuchung bewahrt habe, ungerecht zu sein und jemandem etwas schuldig zu bleiben (331 b).

Sokrates fragt: sollen wir das gelten lassen, Gerechtigkeit sei Wiedergeben des Empfangenen? Er bringt ein Gegenbeispiel (331 c). Man habe von jemand eine Waffe geliehen. Er kommt und will sie zurück haben, ist aber inzwischen in Wahnsinn gefallen. Ist es auch dann gerecht, das Erhaltene zurückzugeben? Offenbar nicht. Also war die Definition falsch. Ein anderer Anwesender, namens Polemarchos, übernimmt es, sie zu verteidigen, während Kephalos sich zurückzieht. Polemarchos bezieht sich auf Simonides und seinen Satz: jedem das Geschuldete zurückzugeben, ist gerecht (331 e). Da sich aber durch das Beispiel ergeben hatte, daß das, wörtlich genommen, nicht richtig sein kann, muß es interpretiert werden.

Simonides meint (kommentiert Polemarchos), Freunden seien Freunde schuldig etwas Gutes zu tun, aber nichts Schlechtes (332 a). ἀποδιδόναι heißt eigentlich zurückgeben, kann aber auch einfach *geben* bedeuten, und ὀφειλόμενον, das Schuldige, heißt nicht nur das, was man empfangen hat, sondern kann auch überhaupt das meinen, worauf der andere einen Anspruch (aus welchem Grund auch immer) hat. Der Spruch meint dann, gerecht ist es, das zu geben, wozu man verpflichtet ist; und dieses, wozu man verpflichtet ist, ist nach der Auslegung des Polemarchos, den Freunden Gutes zu tun und nichts Schlechtes. Entsprechend ist man, so wird nun die absurde Konsequenz von Polemarchos gezogen, dem Feinde Schlechtes schuldig (332 b). Das ist deswegen eine absurde Folgerung, weil ja daraus, daß man dem Freunde Gutes zu tun verpflichtet ist, nicht einmal folgt, daß man nicht verpflichtet ist, auch dem Feinde Gutes zu tun. Aber auch dann, wenn man *nur* dem Freunde Gutes zu tun verpflichtet ist, folgt immer noch nicht, daß man verpflichtet ist, dem Feinde

Übles anzutun. Es würde dann nur folgen, daß man es darf, nicht daß man es muß.

Aber Sokrates nimmt die These des Polemarchos auf und sagt, dann sei also gemeint: jedem das Gebührende (προσῆκον, 332 c) zu geben; und das dem Freund Gebührende sei das Gute, das dem Feind Gebührende das Schlechte. Nun ist es die Kunst der Heilkunde, die dem Leib die gebührende Arznei zu geben vermag, und die den Speisen den gebührenden Wohlgeschmack gebende Kunst ist die Kochkunst. Entsprechend wäre die Gerechtigkeit die den Freunden Nutzen und den Feinden Schaden gebende Kunst.

Wieder also wird die Gerechtigkeit als eine Kunst (τέχνη, 332 d) betrachtet, ein Wissen davon, wie man Nutzen und Schaden in der rechten Weise zuteilen kann, und nicht als eine Art des Wollens. Aber das hat sogleich die unerwünschte Konsequenz: wer am besten dem kranken Freund nützen kann, das ist der Arzt mit seiner Kunst und nicht die Kunst der Gerechtigkeit, und es ist auch nicht diese, sondern die Nautik, wenn der Freund eine Seefahrt macht. Was also bleibt als das Betätigungsfeld der Gerechtigkeit? Da sich Polemarchos auf diesen falschen Parallelismus eingelassen hat, kann er nur etwas Falsches sagen: Krieg und Waffenbrüderschaft, schlägt er vor (332 e). Daraus folgt aber, daß so wie der Gesunde den Arzt nicht braucht, so im Frieden der Gerechte überflüssig ist. Das kann nicht stimmen. Es gibt viele Künste, die im Frieden nützlich sind, wie z. B. die Schuhmacherkunst und die Landwirtschaft, und wozu die nützen, ist klar. Aber wozu im Frieden nützt die Gerechtigkeit? Polemarchos meint für die Verträge (συμβόλαια, 333 a).

Wir erinnern uns an die Rede, die Sokrates im »Kriton« die Gesetze halten ließ, die an den Vertrag erinnerten, den Sokrates mit ihnen stillschweigend dadurch geschlossen hatte, daß er nicht ausgewandert war, sondern in Athen blieb, und an den Satz »pacta sunt servanda« als den Grundsatz, der das Gerechte hinsichtlich der Verträge zum Ausdruck bringt. Und wir bedenken auch, daß der Gerechte in Wahrheit nicht der ist, der Verträge halten *kann*, sondern der sie halten *will*, denn daß der Ungerechte die Verträge auch hätte halten können, setzen wir ja voraus, wenn wir ihn bestrafen, weil er sie nicht halten wollte. Aber freilich: wenn Tugend Wissen ist und Unrecht aus Unwissenheit geschieht, dann folgt, daß der Gerechte der ist, der die Verträge halten und sie nicht brechen kann, während der Ungerechte der ist, der sie brechen, aber nicht halten kann. Hier gilt also wieder die platonische Lehre vom servum arbitrium.

Aber συμβόλαια heißt nicht nur Verträge; das Wort bezeichnet auch die Verhandlungen, durch welche Verträge zustandekommen, also den Geschäftsverkehr, und dann überhaupt den Verkehr, die mitmenschlichen Beziehungen. An diesen allgemeinsten Sinn knüpft Sokrates an. Er interpretiert das Wort συμβόλαια durch das Wort κοινωνήματα, das die Gemeinschaft bedeutet; der κοινωνός ist das Glied einer Gemeinschaft. Sokrates gibt (333 b) zu bedenken, daß solche Gemeinschaft durch etwas anderes gestiftet wird als durch das Recht. Ist der beste Partner für das Brettspiel der Gerechte oder der Brettspieler? — Der Brettspieler, antwortet Polemarchos, — und wieder hätte er das nicht antworten sollen, sondern etwa: der gerechte Brettspieler. Die zwischenmenschlichen Beziehungen werden nie durch das Recht gestiftet, sondern als wirtschaftliche, familiäre, herrschaftliche usw. durch das Recht nur geregelt, und so kommt Polemarchos in eine hoffnungslose Lage, als er eine Angelegenheit sucht, die nur durch die Gerechtigkeit allein und sonst durch nichts bestimmt wird. Die Gerechtigkeit ist nützlich in Geldsachen, wenn man nämlich das Geld nicht braucht, sondern liegen läßt, und so auch bei andern Dingen. So ergibt sich denn allgemein für alle Dinge: wenn man sie nicht benutzt, dann ist die Gerechtigkeit nützlich, wenn man sie aber benutzt, dann ist die Gerechtigkeit unnütz, man braucht eine andere Kunst (333 d).

Aber das ist noch nicht die ganze Absurdität, in die Polemarchos hineingeführt wird. Jetzt wird daran erinnert, daß sich jede Kunst auf Entgegengesetztes bezieht, daß also der Arzt, der heilen kann, auch krank machen kann. Daraus wird gefolgert, daß die Gerechtigkeit als die Kunst des Treuhänders zugleich auch die Unterschlagungs- und Diebeskunst sein muß (334 a). Das will nun freilich Polemarchos nicht mehr gelten lassen, aber das hält er fest, daß die Gerechtigkeit den Freunden nütze und den Feinden schade. Da stellt Sokrates die Frage: was heißt hier Freund? Es ist doch nicht jeder gemeint, den man dafür hält, sondern nur, wer ein wahrer Freund ist, auch wenn man ihn nicht dafür hält, also der Wohlgesinnte (χρηστός, 334 c).

Das griechische Wort ist so zweideutig wie das deutsche. Der Wohlgesinnte ist einmal derjenige, der mir wohlgesinnt ist, der mir wahrhaft Freund ist in dem Sinne, daß er nach dem Grundsatz verfährt, auf alle

Weise mir Gutes zu tun. Wohlgesinnt heißt aber auch der Moralische, der Gerechte. Das wird nun in eins gesetzt, nicht nur hier, sondern es wurde von Plato schon im »Lysis« ausdrücklich gelehrt, daß Freundschaft nur unter den Guten möglich ist, daß böse Menschen der Freundschaft unfähig sind. In der Tat kann sich ja in der Bundesgenossenschaft von zwei Schurken im Ernst keiner auf den andern verlassen, sondern jeder muß, weil er den andern als Schurken kennt, jederzeit auf seine Treulosigkeit gefaßt sein. Daher einigen sich Sokrates und Polemarchos darauf, daß es richtiger ist, zu sagen: gerecht ist, den Ungerechten zu schaden und den Gerechten zu nützen (334 d). Aber diese Erklärung hat das Mißliche, daß in dem Ausdruck, der erklären soll, was gerecht ist, selbst wieder das Wort gerecht vorkommt. Darauf wird zwar nicht reflektiert, aber es folgt sogleich eine weitere Definition der Gerechtigkeit, die von diesem Mangel des Zirkels frei ist: Gerecht ist, dem Freunde wohlzutun, weil er gut ist, dem Feind aber zu schaden, weil er schlecht ist (335 a).

Aber auch dabei kann es nicht bleiben, denn nun zeigt Sokrates, daß es überhaupt nicht Sache des Gerechten sein kann, irgend jemand zu schaden. Das Schaden macht nämlich diejenigen, denen man schadet, schlechter. Wenn man Hunden oder Pferden schadet, werden sie schlechter hinsichtlich ihrer Areté, ihrer Tauglichkeit (335 b). Also muß auch die Areté der Menschen vermindert werden, wenn man ihnen schadet (335 c). Das ist in dem Sinne richtig, daß z. B. ein Mensch, dem man dadurch schadet, daß man ihm das Augenlicht raubt, schlechter wird hinsichtlich der Areté, der Tüchtigkeit des Sehen-könnens. Nun sind sich die Unterredner darüber einig, daß auch die Gerechtigkeit eine menschliche Areté ist; wenn sie aber jetzt folgern, daß man einen Menschen dadurch, daß man ihm schadet, ungerecht mache, so ziehen sie einen Trugschluß. Auch kann es weder die Meinung Platos gewesen sein, noch kann er im Ernst seinen Sokrates die Ansicht haben vertreten lassen, daß der Mensch hinsichtlich seiner Gerechtigkeit oder Ungerechtigkeit davon abhängt, was andere Menschen mit ihm machen. Daß wir hier genarrt werden sollen, wird ganz offenkundig, wenn nun wieder die Analogie mit der Kunst herangezogen wird, aber in umgekehrtem Sinne wie sonst. Während es sonst etwa hieß, der Arzt kann mit derselben Kunst, mit der er heilt, auch krank machen, wird hier gesagt: es ist doch unmöglich, daß man mit Hilfe der Reitkunst jemanden zu einem schlechten Reiter machen kann, oder mit der Kunst der Musik zu einem schlechten Musiker (335 c). Also sei es auch unmöglich, daß die Gerechten mittels ihrer Gerechtigkeit andere ungerecht machen, oder daß überhaupt die Guten durch ihre Areté andere schlecht machen (335 d). Das Ergebnis, das auf solche krause Weise gewonnen worden ist, ist nun freilich ganz richtig. Die Gerechten können dies gar nicht wollen, sie wollen nämlich als Gerechte notwendigerweise auch die Gerechtigkeit der anderen. Es gehört zur Gerechtigkeit und überhaupt zur politischen Tugend, daß wer sie besitzt, will, daß alle sie besitzen möchten. Das beruht darauf, daß die politische Tugend diejenige Haltung ist, welche, wenn sie von allen eingenommen würde, die beste Verfassung der ganzen Polis hervorbringen und erhalten würde. Wer mit solcher Haltung den Anfang macht, muß also wünschen, daß ihm die anderen darin nachfolgen. Denn wenn er die Hoffnung darauf ganz aufgeben müßte, würde er sich als einer vorkommen, der etwas vollkommen Sinnloses tut.

Es ist also falsch (so lautet das Ergebnis), zu sagen, gerecht sei es, den Freunden zu nützen und den Feinden zu schaden, weil es überhaupt nicht Sache des Gerechten ist, irgend jemand zu schaden (335 d). Auf die erneute Frage des Sokrates: was sollen wir also sagen, daß die Gerechtigkeit sei? (336 a) greift Thrasymachos in das Gespräch ein. Er definiert: Das Gerechte ist nichts anderes als das, was dem Stärkeren nützt (338 c). Wie meinst du das? fragt Sokrates. Doch nicht so, daß wenn für einen Boxer Rindfleisch eine zuträgliche Nahrung ist, dasselbe auch für uns gelten muß, die eine zarte Konstitution haben und so derbes Essen nicht vertragen?

Thrasymachos kommentiert sich sogleich selbst in dem Sinne, daß er es politisch gemeint habe. Es gebe verschiedene Regierungsformen, die demokratische, die tyrannische usw., und jede solche Herrschaft gebe Gesetze, die für die Herrschenden selbst nützlich sind. Das Nützliche für die Regierenden ist das Gerechte für die Regierten. Wer von den Regierten dem zuwiderhandelt, den bestrafen die Regierenden. Das bedeutet: Recht gibt es nicht von Natur, sondern es ist eine Satzung von denen, die in der Polis die Macht haben, zum Nutzen für sich selbst, welcher Satzung die Untertanen wohl oder übel gehorchen müssen. Sie können nicht aufbegehren, weil sie ohnmächtig sind, ja sie können sich nicht einmal entrüsten, weil die Berufung auf ein Naturrecht, das durch dies positive Recht der Machthaber verletzt wäre, darum nicht möglich ist, weil es ein solches Naturrecht gar nicht gibt. Wenn es nur gesetztes Recht gibt, dann ist die Frage, ob das so gesetzte Recht gerecht oder ungerecht sei, ohne Sinn (338 d ff.).

Was du meinst (sagt Sokrates), verstehe ich jetzt, ob es aber auch wahr ist, das müssen wir untersuchen. Daß das Gerechte etwas Nützliches ist, darüber sind wir einig; zu prüfen ist aber, ob auch das richtig ist, was Thrasymachos hinzugesetzt hat: dem Stärkeren.

Sokrates bringt den Thrasymachos zunächst dadurch in Verlegenheit, daß er zu bedenken gibt, daß es ja (was Thrasymachos zugibt) vorkommen kann, daß sich die Herrschenden hinsichtlich dessen, was für sie selbst nützlich ist, irren. Sie ordnen etwas an, von dem sie zwar meinen, es sei ihnen nützlich, was ihnen aber in Wahrheit nachteilig ist (339 c). Dann wäre jetzt das Gerechte entweder dies, den Befehlen der Regierung nicht zu gehorchen und ihren wahren Nutzen zu verfolgen, oder aber, zu gehorchen und also als das Gerechte etwas zu tun, was der Regierung nichts nützt (339 d). Der Mitunterredner Kleitophon, ein wohlwollender Interpret, erklärt (340 b): Er meint, die Untertanen müssen das tun, was der Machthaber als das für ihn selbst Nützliche betrachtet. Sie haben also gemäß dieser Auslegung kein Recht der Kritik an den Gesetzen, auch nicht hinsichtlich seiner wahren Nützlichkeit für den Herrn. Thrasymachos nimmt diese Auslegung (zu seinem Schaden) nicht an, sondern macht eine Unterscheidung (340 e): der Herr als Herr ist hinsichtlich seiner Interessen ohne Irrtum. Sofern er irrt, ist er nicht Herr, so wie der Arzt nicht irrt auf Grund seines ärztlichen Wissens, sondern auf Grund seines Nichtwissens, also sofern er nicht Arzt ist. Es soll also der Herr im gewöhnlichen Sinne des Wortes unterschieden werden vom Herrn im genauen Sinne des Wortes, der sich hinsichtlich des für ihn Nützlichen nicht irrt.

Thrasymachos ahnt noch nicht, in welche Lage er sich mit diesem Zugeständnis gebracht hat. Er stellt sich vor, daß die Machthaber sich im allgemeinen schon auf ihren Vorteil verstehen, und daß es nur darauf ankommt, die Ausnahmen auszuschalten, wo sie etwas gegen ihren Vorteil befohlen haben. Er rechnet nicht mit der Möglichkeit, daß sich ihr ganzes Machtstreben als ein Verfehlen des wahren eigenen Interesses herausstellen könnte.

Sokrates zieht wieder die Analogie mit der Heilkunst heran: der Arzt als Arzt im genauen Sinne des Wortes ist nicht der, der mit seiner Arztkunst sich selbst nützt, indem er damit Geld verdient, denn das ist der

Arzt, sofern er zugleich ein Erwerbsmann ist, sondern der Arzt als Arzt ist derjenige, der dem Kranken nützt. Seine Kunst dient nicht demjenigen, der sie beherrscht, sondern gerade denen, die durch die Kunst beherrscht werden, das sind die kranken Leiber. Der Arzt als Arzt befiehlt nicht das dem Arzt Zuträgliche, sondern das dem Kranken Zuträgliche, und so überall (342 b f.).

Gemäß dieser Analogie ist auch der Regierende als Regierender ein solcher, der nicht das ihm selbst, sondern das den Regierten Zuträgliche befiehlt (342 e). So ergibt es sich, wenn man es als die Aufgabe und Kunst des Herrn als Herrn betrachtet, für die Polis zu sorgen. Aber Thrasymachos nimmt diese Voraussetzung nicht an und bestreitet die Gültigkeit des Analogieschlusses. Nach seiner Meinung verhält sich der Herr zum Knecht nicht wie der Arzt zum Kranken, sondern wie der Hirt zum Schaf (343 b). Wie die Hirten zwar für die Schafe sorgen, aber nicht in deren, sondern in ihrem eigenen Interesse, so sorgen auch die Herren für die Knechte nicht in deren, sondern in ihrem eigenen Interesse. Wenn es so steht, dann ist es zwar für den Knecht nützlich, gerecht zu sein, aber nur dann, wenn er nicht ungestraft ungerecht sein kann. Andernfalls wird es für ihn vorteilhafter sein, ungerecht zu sein, weil er dabei seine Interessen verfolgen kann, ohne auf die Interessen des Herrn Rücksicht zu nehmen. Wenn ein Gerechter und ein Ungerechter ein Geschäft machen, dann wird der Ungerechte, wenn seine Ungerechtigkeit unentdeckt bleibt, besser dabei wegkommen. Der Herr aber braucht nicht einmal die Entdeckung zu fürchten. Der Tyrann, der den Gesetzen, die er den Untertanen auferlegt hat, selbst nicht gehorcht, wird nicht wie der kleine Dieb, den man ertappt hat, beschimpft und bestraft, sondern selig genannt, glücklich gepriesen und beneidet. Das beweist, daß die Ungerechtigkeit nicht aus Furcht, Unrecht zu tun, sondern aus Furcht, Unrecht zu leiden, geschmäht wird. In Wahrheit ist die Ungerechtigkeit mächtiger, freier und herrscherlicher als die Gerechtigkeit (344 c).

Also sprach Thrasymachos und wollte davongehen. Aber man läßt ihn nicht. Er muß Rede und Antwort stehen. Sokrates beharrt darauf, daß es mit der Kunst des Hirten nicht anders stehe als mit der des Arztes. Der Hirt als Hirt sorgt für die Herde und nicht für sich. Ohne Zweifel kann zwar bei dieser Tätigkeit auch etwas für ihn selbst Vorteilhaftes herauskommen, wie ja auch die Tätigkeit des Arztes für diesen selbst vorteilhaft sein kann. Aber das kommt daher, daß mit der Arztkunst (und so mit allen Künsten, die dem, der sie ausübt, etwas einbringen) noch eine weitere Kunst verbunden ist, die Sokrates Kunst, sich Lohn zu verdienen, Geschäftstüchtigkeit (μισθωτική, 346 b), nennt. Kein Arzt und kein Schiffer werden für ihre Fähigkeiten, die nur den anderen und nicht ihnen selbst nützen, auch nur einen Pfennig bekommen, wenn ihre Fähigkeiten nicht mit der anderen Fähigkeit der Geschäftstüchtigkeit verbunden sind. Da nun auch die Kunst der Regierung den Nutzen der Regierten und nicht den der Regierenden besorgt, wird niemand gern regieren, wenn es sich nicht lohnt, sei es, daß er Geld oder Ehre gewinnt, wenn er es tut, sei es, daß er bestraft wird, wenn er es nicht tut (347 a). Gerade die Besten und Rechtschaffensten werden sich weder durch Geld noch durch Ehre dazu bewegen lassen zu regieren. Was sie dennoch dazu nötigen kann, ist die Strafe, die sie bedroht, wenn sie es nicht tun: die nämlich, von Schlechteren regiert zu werden, als sie selbst sind (347 c). Wenn es eine Stadt von lauter rechtschaffenen Männern gäbe, würde man sich darin um das Nichtregieren ebenso streiten wie jetzt um das Regieren (347 d). Es kann also (schließt Sokrates) nicht zugegeben werden, daß das Gerechte das sei, was dem Stärkeren nützt (347 e).

Das war die eine These des Thrasymachos. Die zweite war die, daß die vollkommene Ungerechtigkeit für den Handelnden vorteilhafter sei als die vollkommene Gerechtigkeit. Auch Thrasymachos setzt Gerechtigkeit und Ungerechtigkeit einander entgegen als Trefflichkeit (ἀρετή) und Schlechtigkeit (κακία). Aber für ihn ist nicht, wie für Sokrates, die Gerechtigkeit Areté und die Ungerechtigkeit schlecht, sondern eher umgekehrt. Zwar nennt er die Gerechtigkeit nicht geradezu eine Schlechtigkeit, wohl aber eine edle Einfalt, die Ungerechtigkeit aber nennt er Wohlberatenheit (εὐβουλία). Ungerechtigkeit ist Weisheit und Areté, die Gerechtigkeit das Gegenteil davon (348 c ff.). Sokrates und Thrasymachos einigen sich nun leicht darüber, daß ein Gerechter vor seinesgleichen nichts voraushaben will, wohl aber vor dem Ungleichen, dem Ungerechten nämlich, vor dem er die Gerechtigkeit voraushaben will. Der Ungerechte aber will vor beiden, dem Gleichen und dem Ungleichen, etwas voraushaben (349 c). Nun soll aber der Ungerechte ein Wohlberatener, und das heißt ein Verständiger sein, und wird darin den anderen Verständigen gleichen. Die andern Verständigen wollen aber nichts vor ihresgleichen voraushaben. So will z. B. ein Musikverständiger in der Anspannung und Nachlassung der Saiten vor einem anderen Musikverständigen nichts voraushaben, wohl aber vor dem Unmusikalischen (349 e). Entsprechend will überall der Kundige vor dem Unkundigen, niemals aber vor dem Kundigen, etwas voraushaben. Die Unkundigen aber möchten vor beiden, vor Kundigen und Unkundigen, etwas voraushaben (350 a). Daraus folgt, daß der Gerechte der Kundige und Weise und der Ungerechte der Unkundige und Unweise ist (350 c).

Thrasymachos gibt das unter Schwitzen und Erröten zu, aber es liegt auf der Hand, daß der Sophist hier mit Sophistik geschlagen wird. Thrasymachos könnte antworten: da die Herrscherkunst eine Weisheit ist, will ich, der Herrscher, hinsichtlich ihrer vor den anderen, die auch im Besitz einer solchen Weisheit sind, nichts voraushaben. Wenn meine Weisheit weiß, daß es am besten ist, 2000 Gesetze zu haben, um eine Stadt zu beherrschen, so will auch ich nicht 3000 Gesetze. Aber mächtiger möchte ich wohl sein als die anderen Tyrannen, und darin unterscheide ich mich doch gar nicht von deinen Musikern, da möchte auch jeder von ihnen ein noch besserer Musiker sein als die anderen und am liebsten der unbestrittene Beste von allen, seien sie nun weise oder unweise, und so auch ich, der Tyrann. Wo, lieber Sokrates, ist denn hier ein Unterschied zwischen der herrscherlichen Kunst der Ungerechtigkeit und der musikalischen Kunst?

Ernster ist der nächste Einwand (351 c ff.), nämlich der, daß auch der ungerechteste Tyrann nicht ganz ohne Gerechtigkeit auskommen kann. Ganz allein kann er mit so vielen, wie er zu beherrschen wünscht, nicht fertigwerden. Er braucht seine Helfer und Helfershelfer. Immer also ist da eine herrschende Klasse, und innerhalb der Herrscherklasse wenigstens muß Gerechtigkeit herrschen, sonst wird diese Klasse sich selbst zerstören. In der Tat ist die Palastrevolution die Gefahr, von der jede Tyrannis bedroht ist. Hieraus folgt wirklich, daß eine stabile Polis ohne Gerechtigkeit gar nicht möglich ist. Die Gerechtigkeit ist das staatserhaltende Verhalten aller; dem kann sich keiner auf die Dauer entziehen, ohne sich alle zum Feinde zu machen und an dieser Feindschaft unterzugehen.

Aber selbst, wenn ein Leben in der Ungerechtigkeit nicht auf solche Weise in den Untergang führen sollte, wenn also einmal ein Tyrann all solchen Gefahren glücklich entgehen konnte, dann bleibt noch die Hauptfrage: leben die Gerechten besser und glücklicher oder die Ungerechten (352 d)? Sokrates behauptet: auch die erfolgreiche Ungerechtigkeit macht nicht glücklich. Wahrhaft glücklich werden kann nur der Gerechte.

Auf folgende Weise versucht er, den Satz zu begründen: Jedes hergestellte Werkzeug und jedes natürliche Organ hat sein eigentümliches Geschäft. Das Messer dient zum Schneiden, das Auge zum Sehen (352 e f.). Dem Geschäft entspricht eine mögliche Areté, Tüchtigkeit zu diesem Geschäft. Ein tüchtiges Messer schneidet gut, ein tüchtiges Auge sieht gut. (353 b f.). Entsprechendes soll für die Seele gelten. Sorgen, Herrschen, Beraten und überhaupt Leben ist das Geschäft der Seele (353 d). Die diesem Geschäft zugehörige Tüchtigkeit ist die Gerechtigkeit (353 e). Also wird der Gerechte gut leben, der Ungerechte schlecht. Wer aber gut lebt, ist glücklich und selig, wer nicht, im Gegenteil (354 a).

Thrasymachos ist mit dem Beweis zufrieden. Sokrates selbst nicht, und im Grunde ist das Vorgetragene auch nichts anderes als die Wiederholung der alten Analogie: Die Gerechtigkeit ist die Gesundheit der Seele. Daß sie eine notwendige Bedingung des Glücks ist, bleibt unbewiesen.

Sokrates wirft sich (354 b) vor, die anfängliche Fragestellung nicht festgehalten zu haben. Von der ersten Frage »Was ist die Gerechtigkeit?« sei er, bevor er noch eine Antwort erhalten habe, weitergegangen zu der zweiten »Ist die Gerechtigkeit eine Schlechtigkeit und eine Torheit, oder ist sie eine Weisheit und eine Tugend?«, und auch diese Frage habe er nicht festgehalten, sondern sich der dritten Frage »Ist Ungerechtigkeit vorteilhafter als Gerechtigkeit?« zugewendet. Solange man noch nicht weiß, was Gerechtigkeit ist, kann man auch nicht wissen, ob sie eine Tugend ist und ob, wer sie besitzt, glücklich ist.

2. Buch

Nachdem Thrasymachos zurechtgewiesen ist, nimmt Glaukon das Wort (357 a). Auch er meint, der Satz, daß es auf alle Weise besser sei, gerecht zu sein als ungerecht, sei nicht wirklich, sondern nur scheinbar bewiesen worden. Um zu einem wirklichen Beweis zu kommen, müsse man bedenken, daß es verschiedene Arten des Guten gibt. Es gibt 1. solches, das wir nicht wegen etwas anderem, sondern um seiner selbst willen suchen, wie z. B. das Wohlbefinden und unschädliche Vergnügungen. 2. gibt es solches, das wir teils seiner selbst wegen, teils aber auch wegen dessen lieben, was sich daraus ergibt, wie die Einsicht, das Sehen, das Gesundsein. 3. gibt es solches, das für sich selbst nicht angenehm, sondern lästig und beschwerlich ist, aber gut ist, weil es nützlich ist. Dahin gehört z. B. die an sich beschwerliche Arbeit, die man des Gelderwerbs wegen ausübt. Nun fragt Glaukon: zu welcher der drei Arten des Guten gehört die Gerechtigkeit? Ist sie als solche erfreulich? Oder nützlich, oder beides? Sokrates entscheidet: die Gerechtigkeit gehört zu der Art des Guten, das aus beiden Gründen erstrebenswert ist, sowohl um seiner selbst willen wie auch um willen dessen, was daraus sich ergibt (357 d).

Diese Antwort widerspricht freilich der communis opinio: den meisten scheint die Gerechtigkeit vielmehr etwas zu sein, das mühselig und beschwerlich ist, das man aber erstrebt um der Folgen willen, nämlich wegen des Lohnes und des Ruhmes. Thrasymachos hatte die Ansicht vertreten, daß alle, die Gerechtigkeit üben, das nur ungern tun, als etwas Notwendiges und nicht als etwas Gutes, und daß sie darin recht haben, denn an sich sei das Leben des Ungerechten bei weitem vorzuziehen. Glaukon erscheint das freilich nicht so, aber er weiß sich keinen Rat, weil er die Ohren voll habe von den Gründen des Thrasymachos. Die Gerechtigkeit als das, was an und für sich besser sei, hat er aber noch nicht zureichend darstellen hören, und eben das erhofft er von Sokrates. Deswegen will er nun im Sinne des Thrasymachos das Leben des Ungerechten loben und dadurch zugleich zeigen, in welchem Sinne er umgekehrt die Gerechtigkeit gelobt und die Ungerechtigkeit getadelt zu sehen wünscht (358 d).

Die Partei des Thrasymachos lehrt folgendes: von Natur sei das Unrechttun gut, das Unrechtleiden übel. Das Übel des Unrechtleidens aber sei noch größer als das Gute des Unrechttuns. Daher habe man sich denn geeinigt, das Unrechttun zu lassen. Da verliert jeder den Vorteil, den er davon hatte, tauscht aber den viel größeren Vorteil ein, kein Unrecht mehr leiden zu müssen. Zu diesem Zweck habe man Gesetze gemacht und Verträge geschlossen, und das vom Gesetz Auferlegte habe man dann das Gerechte genannt. So sei die Gerechtigkeit ein Mittleres zwischen dem Besten, ungestraft Unrecht tun zu können, und dem Schlechtesten, Unrecht erdulden zu müssen, ohne sich wehren und rächen zu können (359 a).

Das ist die uns schon bekannte und auch später in der Geschichte oft wiederholte Ableitung von Recht und Gerechtigkeit aus dem wohlverstandenen Interesse der Einzelnen für sich selbst. Es wird dabei vorausgesetzt, daß der Mensch von Natur keinerlei Interesse an dem Ergehen der anderen hat, daß er sie nur als Mittel für sein eigenstes privates Wohlergehen betrachtet. Das ist in Wirklichkeit nicht so, sondern der Mensch hat von Natur Sympathie mit den anderen, nicht für alle dieselbe und überhaupt nicht für alle, aber wenn es den Seinen schlecht geht, empfindet er das genau so, als wenn es ihm selbst schlecht geht. Dabei ist allerdings nicht genau zu sagen, wer die Seinen sind. Das kann sehr verschieden sein, aber auch einen ganz Fremden umzubringen, wenn er es gefahrlos tun kann, nur um sich selbst einen geringen Vorteil zu verschaffen, ist etwas, wogegen er natürliche Hemmungen empfindet. Das gehört sozusagen zur Tierpsychologie des Menschen. Diese natürliche Einschränkung eines hemmungslosen individuellen Egoismus durch Sympathie für die anderen mildert den uneingeschränkten Kampf aller gegen alle überall, wo es Menschen gibt; aber sie ist doch nicht das, was man eigentlich meint, wenn man von Gerechtigkeit spricht. Der Mensch ist noch in einem anderen Sinne ein politisches Wesen, nämlich so, daß er von Natur den Wunsch hat, von den anderen in eine Gemeinschaft mit ihnen aufgenommen zu werden, in der er von ihnen als Gleicher unter Gleichen anerkannt wird, und zwar als der, der er wirklich ist, und nicht nur als der, der zu sein er ihnen vielleicht mit Erfolg vorspiegelt. Wer es fertigbrächte, auf das Anerkanntwerden durch die anderen wirklich ganz und gar Verzicht zu tun, die anderen allsamt so anzusehen wie Hasen und Wölfe, der wäre wirklich aller Moral ledig. Für ihn gilt dann freilich, daß er es für zweckmäßig halten kann, das Spiel von Gesetzen und Verträgen mitzuspielen aus reinem individuellem Egoismus, aber er würde es sich vorbehalten, es überall da abzubrechen oder auch zu unterbrechen, wo es ihm vorteilhaft zu sein scheint. Er ist ein rechtlicher Mann im Alltag, aber wenn der Augenblick kommt, wo er ohne Gefahr einer Entdeckung einen großen Betrug begehen kann, da wird er ihn begehen, und es gibt nichts, was ihn davon abhalten kann. Der Schaden der anderen rührt ihn nicht, er hat keine Sympathie für sie, und daß die anderen jetzt einen Mann schätzen, für den sie ihn halten, der er aber gar nicht ist, das rührt ihn auch nicht, da ihm auch nichts daran liegt, von den anderen geachtet zu werden. Er ist gleichsam aus der Gemeinschaft der Menschen ausgetreten und damit aus der Moral, vorausgesetzt, daß es kein Jenseits gibt, mit Rücksicht auf welches es unklug wäre, so zu verfahren. Aber wer gerecht ist, um der Hölle zu entgehen, ist eher ein guter Geschäftsmann als ein wirklich gerechter Mann.

Glaukon zieht unerschrocken die Konsequenzen, die sich ergeben, wenn man die Gerechtigkeit einzig ableiten will aus dem zweckmäßigen Verhalten der von Natur Ungerechten. Er macht zu diesem Zweck ein Gedankenexperiment. Er denkt sich beide, den Gerechten und den Ungerechten, ausgestattet mit dem unsichtbar machenden Ring des Gyges (359 d). Da (so meint er) würde sich bald zeigen, daß der Unterschied zwischen beiden, dem Gerechten und dem Ungerechten, völlig verschwinden würde. Es ist in Wahrheit nur die Differenz der Meinung über die Zweckmäßigkeit des Verfahrens, die den Gerechten vom Ungerechten unterscheidet. Wenn derjenige, der sich unsichtbar machen kann, so vielfältige Gelegenheit hat, sich, ohne irgendwelche Folgen befürchten zu müssen, allerlei anzueignen, was ihm nicht gehört usw., so wird sich eben bald zeigen, daß es die befürchteten Folgen waren, die den Gerechten auf den Pfad der Gerechtigkeit brachten, und nichts anderes (360 d).

Daran ist soviel richtig, daß vieles, was sich als Gerechtigkeit ausgibt, und vieles, was dafür angesehen wird, in Wahrheit nichts ist als solch kluger Kalkül, daß die Weisheit »ehrlich währt am längsten« und »Tugend ist ein gutes Geschäftsprinzip« die Menschen auch da auf dem Wege des Rechts gehen läßt, wo sie in ihrem Herzen gar keine besondere Sympathie für die Moral haben. Aber daraus, daß viele Gerechtigkeit nur scheinbare Gerechtigkeit und in Wahrheit nichts als wohlverstandener Egoismus ist, darf man nicht schließen, daß es wirkliche Gerechtigkeit gar nicht gibt. Es kommt vor, daß jemand selbstlos das Rechte auch da tut, wo er ganz gefahrlos und mit größtem Gewinn für sich selbst vom Pfade der Tugend hätte abweichen können. Man kann nicht sagen, daß alle, die so handeln, das aus Angst vor der Hölle getan hätten. Es kann auch sein, daß sie nicht als einer geachtet werden wollten, der sie nicht sind.

Um nun beider Leben, das des Gerechten und das des Ungerechten, recht zu vergleichen, sollen beide in idealer Gestalt vorgestellt werden (360 e ff.). Dem Ungerechten soll nicht das Geringste fehlen an seiner Ungerechtigkeit, noch dem Gerechten an der Gerechtigkeit. Um als Ungerechter recht tüchtig zu sein, muß er als der Ungerechte, der er ist, verborgen bleiben, denn zum vollkommenen Ungerechten gehört es, daß er gerecht zu sein scheint. Der Gerechte dagegen, der Mann, der nicht gut scheinen, sondern gut sein will, soll in einen ganz entgegengesetzten Zustand versetzt werden. Wie der Ungerechte im Schein der Gerechtigkeit stehen soll, so der Gerechte im Schein der Ungerechtigkeit. Üble Nachrede und Verleumdung mögen ihn verfolgen, und er bleibe dabei vollkommen gerecht. Wer ist nun der Glücklichere? Thrasymachos und Genossen werden sagen: das Leben dessen, der ungerecht ist, aber für gerecht gilt, wird glücklich sein, aber das Leben dessen, der gerecht ist, aber für ungerecht gilt, wird elend sein (362 c).

Jetzt nimmt Adeimantos das Wort und verlangt, daß nun auch die entgegengesetzten Reden vorgebracht werden, die die Gerechtigkeit loben und die Ungerechtigkeit tadeln, mit denen Väter ihre Söhne zu ermahnen pflegen. Das tun sie nämlich nicht in der Weise, daß sie die Gerechtigkeit selbst loben, sondern vielmehr den daraus entstehenden guten Ruf, indem sie darauf hinweisen, daß dem, der im Ansehen steht, gerecht zu sein, politische Macht und Beziehungen erwachsen. Auch sonst nehmen sie immer Bezug auf die Meinung anderer, so auf diejenige der Götter, die den Gerechten belohnen, entweder sie selbst jenseits des Grabes oder ihre Kinder und Kindeskinder, während umgekehrt von der Ungerechtigkeit erzählt wird, daß sie zum üblen Ende führen müsse, entweder schon hier oder mindestens in der Unterwelt. Nach diesen Reden empfiehlt sich also die Gerechtigkeit dadurch, daß sie in summa das bessere Geschäft macht.

Andere reden aber wieder anders. Sie sagen, die Gerechtigkeit sei zwar etwas Schönes, aber schwierig und lästig, die Ungerechtigkeit zwar häßlich, aber süß und leicht. Häßlich sei sie jedoch nur nach der Meinung und dem Gesetz (364 a). Meistens sei das Ungerechte nützlicher, und wenn der Ungerechte nur reich und mächtig genug sei, um sich die Ungerechtigkeit leisten zu können, dann sei er glücklich zu preisen. Was die Götter betrifft, so wird auch von denen nicht nur dies erzählt, daß sie die Guten belohnen und die Bösen bestrafen, sondern auch ganz Gegenteiliges: daß sie vielen Guten ein elendes Leben zugeteilt haben und vielen Bösen wiederum ein glückliches Leben (364 b).

Diese Rede über die Götter ist ganz im Geiste der empirischen Religion gesprochen, welche die homerische Tradition beherrscht. Die Erfahrung lehrt durchaus nicht, daß Glück und Unglück nach moralischen Gesichtspunkten verteilt werden, sondern daß es ohne Billigkeit geschieht. Nicht das Schicksal oder die Götter sorgen für das Recht, sondern das müssen die Menschen selbst tun. Es ist ihnen aufgegeben, selbst eine Rechtsordnung unter sich zu errichten und nicht die Hände in den Schoß zu legen und sich darauf zu verlassen, daß die Götter dies schon in Ordnung bringen werden. Freilich ist das Recht etwas Göttliches, aber nicht etwas, was sich durch der Götter Hände von selbst herstellt, sondern etwas, was den Menschen von den Göttern aufgegeben ist, selbst durchzusetzen (364c).

Aber (so heißt es weiter) auch Gaukler und Propheten kommen an die Türen der Reichen und überreden sie, sie könnten sie mit den Göttern versöhnen, wenn sie oder ihre Vorfahren sich vergangen hätten. Dazu bedürfe es nur der Opfer und Zaubersprüche und man brauche dafür seine Gesinnung gar nicht zu ändern; ja sie könnten durch ihre Zaubereien sogar die Götter in Dienst nehmen und sie gegen Feinde des Betreffenden einsetzen, seien diese nun gerecht oder ungerecht. Sagt doch auch Homer: lenksam sind selbst die Götter / diese vermag durch Räuchern und demutsvolle Gelübde / durch Weinguß und Gedüft der Sterbliche umzulenken / flehend, nachdem sich einer versündigt oder gefehlet. Auch die Mysterien haben allerlei Verfahrensweisen und Reinigungen bei der Hand, mit denen man sich auf leichte Weise eine selige Zukunft verschaffen kann (364e).

Immer und überall ist, so scheint es, die Religion solcher Entartung ausgesetzt. Sie ist ja auf christlichem Boden auch nicht unbekannt. Das Sakrament als Unsterblichkeitsmedizin ist eine Vorstellung, die bereits in der ältesten Zeit des Christentums aufgekommen ist und schon im Neuen Testament nachgewiesen werden kann.

Aus all dem folgt offenbar, daß es immer nur darauf ankommt, im Ansehen eines Gerechten zu stehen, sei es bei Menschen oder Göttern, und gar nicht darauf, wirklich gerecht zu sein (365b). Freilich ist es nicht leicht, böse zu sein und dabei nicht entdeckt zu werden. Aber die Schwierigkeit der Sache ist kein grundsätzlicher Einwand, sie kann im Gegenteil geradezu zum Anreiz werden, das große Werk zu wagen. Zwar kann man den Göttern nicht verborgen bleiben, aber entweder gibt es keine, oder sie kümmern sich nicht um die Taten der Menschen; oder, wenn wir den Dichtern glauben, dann müssen wir ihnen auch das glauben, daß man die Götter durch Räuchern und Weihgüsse bestechen kann. Also laßt uns Unrecht tun und von der Frucht unseres Unrechts etwas opfern!

Die Sakramente der Mysterien werden uns vor der Strafe in der Unterwelt bewahren (365 c ff.).

Das heißt: wenn die Gerechtigkeit nur nach den Folgen beurteilt wird, dann ist ihr Ruhm nicht zu retten, sie ist eine Sache für die Schwachen, die nicht Kraft, Macht und Mut genug haben, den Weg der Ungerechtigkeit zu wagen, aber sie ist nichts an sich Gutes (366 d). Darauf also käme es an, zu zeigen, daß die Ungerechtigkeit als solche das größte Übel ist und die Gerechtigkeit als solche das größte Gut, nicht wegen der Folgen, sondern wegen dessen, was sie bewirken bei dem, der sie besitzt (367 e). So ergeht die Aufforderung an Sokrates: zeige uns durch deine Rede nicht nur, daß die Gerechtigkeit stärker ist als die Ungerechtigkeit, sondern wozu den, der sie hat, machend jede von beiden selbst als solche, die eine ein Übel, die andere ein Gut ist. Lobe also nicht das, was der Ruf der Gerechtigkeit nützt und der Ruf der Ungerechtigkeit schadet, sondern dies, was die Gerechtigkeit selbst als solche dem, der sie hat, nützt, und was die Ungerechtigkeit dem, der sie hat, schadet. Das ist also ihre Kraft, daß beide auf den, der sie hat, eine Wirkung tun, und daß diese Wirkung nicht etwas Beliebiges ist, sondern nützlich oder schädlich. So ist also die Frage: was bewirken die Gerechtigkeit und die Ungerechtigkeit, nicht ihr Ruf, sondern sie selbst, was ist ihr Effekt (τί ποιοῦσα, 367 e)? Und inwiefern ist der Effekt der Gerechtigkeit nützlich, d. h. erstrebenswert, und der Effekt der Ungerechtigkeit schädlich und also zu fliehen?

Vielleicht erscheint solche Frage neueren Denkern als unangemessen. Die Gerechtigkeit, so sagt man, sei ein Wert und als ein Wert Zweck an sich selbst, und man dürfte nicht fragen, wozu sie nützt. Aber so überlegen solche Rede sich vielleicht gegenüber der planen Frage Platos nach dem Nutzen vorkommt, in Wahrheit macht sie nur leeres Geschwätz. Mag die Gerechtigkeit ein Wert sein in irgend einem System der Werte, und mag dieses Wertreich als etwas an sich Bestehendes existieren, niemand kann mich hindern zu sagen, Werte sind mir gleichgültig, und ob ich in meiner Seele durch meine Gerechtigkeit einen solchen Wert realisiere oder nicht, das interessiert mich nicht. Plato hat ganz recht: wenn die Gerechtigkeit dem Gerechten nichts nützt, dann gibt es nicht den mindesten Grund für ein Streben nach der Gerechtigkeit. Dann hat es nur Sinn, nach dem Ruf der Gerechtigkeit zu streben, dessen Nutzen auf der Hand liegt. Wer die Gerechtigkeit rühmen will, der muß zeigen, was sie bewirkt und inwiefern diese Wirkung für den Gerechten nützlich ist, d. h. inwiefern sie, wenn sie verstanden ist, einen Grund abgibt, nach der Gerechtigkeit zu streben.

In diesem Sinne hatte Plato in den früheren Dialogen geantwortet, die Gerechtigkeit sei die Gesundheit der Seele, die eine gute Zukunft nach dem Tode verbürgt. Daneben trat die andere Begründung, daß die Gerechtigkeit allein es ermöglicht, wirklich in einer Gemeinschaft zu existieren, ein Freund von Freunden zu sein, von den anderen als der anerkannt zu werden, der man wirklich ist und nicht nur zu sein scheint, und daß dies ein Ziel sei, das der Mensch in Wahrheit immer will und nicht aufhören kann zu wollen. Wir können jenes die eschatologische und dies die politische Begründung der Gerechtigkeit nennen. Die eschatologische hatte bisher das Übergewicht; daß jetzt die Frage gestellt wird in einem politischen Dialog, läßt uns erwarten, daß nunmehr die politische Begründung in den Mittelpunkt der Betrachtungen treten wird.

Sokrates bringt einen Vergleich (368 d). Wenn wir eine sehr kleine Schrift entziffern sollen, die schwer zu lesen ist, so kann es uns eine Hilfe sein, wenn wir finden, daß dasselbe auch in größerer Schrift aufgezeichnet ist und wir es erst einmal dort lesen können. So steht es hier: Gerechtigkeit gibt es nicht nur bei einem einzelnen Menschen, sondern auch bei einer ganzen Polis. Sokrates soll, so wünschen Glaukon und Adeimantos, die Gerechtigkeit als solche loben, und der Weg dazu soll der sein, daß sie zuerst an einem größeren Modell, dem Staat, untersucht werden soll und dann am kleineren, dem Menschen (369 a).

Auch wir reden von einem gerechten Staat im Gegensatz zu einem ungerechten. Ein gerechter ist derjenige, in dem jedermann sein Recht wird, in dem niemand Unrecht getan wird, oder wenigstens jedes Unrecht gesühnt wird. Wir werden bei Plato lesen, daß gerecht derjenige Mensch ist, der das Seine tut, d. h. der seine Pflicht erfüllt. So wäre ein gerechter Staat derjenige, der seine Pflicht erfüllt als Staat. Und da wäre dann die Frage, woher wir den Maßstab nehmen, um das, was ein Staat wirklich tut, zu messen an dem, was er von Rechts wegen tun sollte.

So wird aber die Frage bei Plato nicht gestellt, sondern wir sehen, wie er in der Phantasie einen Idealstaat entwirft, eine Art Höchstleistungs-Staat. Es ist kein besonders anziehendes, sondern eher abstoßendes Gebilde, und vermutlich würde ein solcher Idealstaat sehr schnell das Opfer einer Revolution werden. Aber das mag auf sich beruhen bleiben. Wesentlich ist jetzt zu beobachten, in welchem Sinne dies Große das Modell für das Kleine, den Einzelmenschen, ist. Wie nämlich die Gerechtigkeit der Polis darin besteht, daß jeder Teil derselben das Seine tut, so die Gerechtigkeit des einzelnen Menschen darin, daß jeder Teil von ihm das Seine tut.

Es soll zunächst die Entstehung des idealen Staates betrachtet werden. Da wird man, so wird erwartet, seine Gerechtigkeit und Ungerechtigkeit mit entstehen sehen.

Die Entstehung der Polis wird hergeleitet aus der Notwendigkeit oder wenigstens Zweckmäßigkeit der Arbeitsteilung (369 b ff.). Die Menschen kommen besser fort, wenn sie sich gegenseitig helfen. Wenn nun einer für die Nahrung sorgt und einer für die Kleidung und einer für die Unterkunft und einer für das Schuhwerk, so scheinen 4 oder 5 Leute zu genügen, um eine Polis zu machen. Aber es zeigt sich bald, daß es besser ist, wenn es mehr sind, wenn z. B. der Bauer seinen Pflug nicht selbst macht und auch nicht selbst den Tauschverkehr besorgt, daß es also auch Händler gibt und Fuhrleute und Tagelöhner usw. So werden sie das Lebensnotwendige haben, und auch gewisse Freuden des Überflüssigen werden ihnen nicht fehlen: Oliven und Käse und Feigen und ein Glas Wein. Und indem sie aus Furcht vor Armut und Krieg nicht über ihr Vermögen hinaus Kinder zeugen, werden sie ihr Leben friedlich und gesund hinbringen und wohlbetagt sterben, indem sie ihren Nachkommen ein ebensolches Leben hinterlassen. Dieser Staat freilich scheint dem Glaukon einem Staat von Schweinen vergleichbar (372 d). Die Leute sollen doch auf Polstern liegen und von Tischen essen und Zukost und Nachtisch haben, wie wir jetzt. Gut, sagt Sokrates, wir wollen also eine üppige, schwelgerische (τρυφῶσα, wir können auch sagen: kultivierte) Polis entstehen sehen (372 e). Auch daran muß sich Gerechtigkeit und Ungerechtigkeit aufzeigen lassen. Die wahre Stadt scheint Sokrates jene frugale zu sein, weil sie die gesunde ist, aber auf Wunsch kann auch eine geschwollene (φλεγμαίνουσα, eigentlich »entzündete«) Stadt betrachtet werden. Jetzt genügen nicht mehr Bauern und Weber, jetzt braucht man dazu noch Malerei und Kunstgewerbe, Gold und Elfenbein, Dichter, Musiker, Tänzer, Barbiere und Putzmacher und auch Ärzte werden jetzt nötig werden. Kurz, jetzt hält die ganze niedere und höhere Kultur ihren Einzug, und das erfordert eine erhebliche Vergrößerung der Polis. Die höheren Ansprüche und die höhere Zahl der Menschen werden auch mehr Land erfordern. Das muß man den Nachbarn wegnehmen, und wenn es bei denen ebenso geht, sich vor ihnen schützen, kurz, man wird Krieg führen müssen (373 e).

Die Kultur ist der Ursprung des Krieges, so wird behauptet, was nun freilich nicht stimmt, weil auch die primitivsten Völker schon miteinander Krieg führen. Wieder muß die Stadt vergrößert werden, und zwar gleich um ein ganzes Heer. Glaukon fragt erstaunt, ob denn das die Bürger nicht selbst machen könnten (374 a). Aber aus dem Prinzip der Arbeitsteilung folgert Sokrates, daß ein Heer von Berufssoldaten das einzig Vernünftige sei. Denn wenn einer im Nebenberuf etwa Schuhe machte und Anzüge, so sei doch klar, daß das nichts Gescheites werden könnte, und da das Soldatenhandwerk das wichtigste von allen sei, so müsse gerade das am allerersten hauptberuflich ausgeübt werden. Es erfordert Beherrschung der Waffen, und das wieder eine dazu geeignete Natur, und so kommt es darauf an, die besonders geeigneten Leute auszusuchen (374 e). Hier sieht man, worin die Gerechtigkeit des Ganzen bestehen wird: die richtigen Leute an die richtige Stelle zu setzen. Die Soldaten müssen einem edlen Hunde gleichen: scharf in der Wahrnehmung, schnell im Ergreifen des Wahrgenommenen und stark im Festhalten (375 a). Auch tapfer muß der Soldat sein, wenn er gut kämpfen soll. Bedingung der Tapferkeit aber ist die Beherztheit (θυμός 375 b). Sie ist nicht, wie die Tapferkeit, eine Haltung, eine Verhaltensweise, sondern eine Naturanlage, deren Anwesenheit in der Seele sie furchtlos macht. Aber wenn die Soldaten so beschaffen sind, dann ist Gefahr, daß sie auch aggressiv gegeneinander und gegen die anderen Bürger der Stadt werden. Sie sollen gegen die Ihren zahm und nur gegen die Feinde wild sein. Diese beiden Eigenschaften scheinen sich zu widersprechen, und so sieht es aus, als sei es gar nicht möglich, vollkommene Wächter der Polis zu finden. Aber die gewünschte Verbindung gibt es sogar bei den Tieren, denn edle Hunde sind gerade von der Art: gegen die Hausgenossen zahm und gegen Feinde wild (375 e).

So meint Sokrates, der gute Wächter muß nicht nur beherzt, sondern auch philosophisch sein. Inwiefern, das kann man auch an den Hunden sehen, und es ist höchst wunderbar an ihnen. Der Hund verhält sich dem Unbekannten gegenüber feindlich, auch wenn ihm dieser nie etwas zu Leide getan hat, und dem Bekannten gegenüber freundlich, auch wenn ihm dieser nie etwas zu Gute getan hat. Er unterscheidet also Freund und Feind allein dadurch, daß er den einen kennt, den anderen nicht. Wer aber durch Kennen und Nichtkennen das Eigene und Fremde unterscheidet, der ist lerneifrig (φιλομαθές), und das ist dasselbe wie wissensliebend (φιλόσοφος, 376 b). Also muß auch der Mensch philosophisch sein, der sich gegen die Eigenen freundlich und gegen die Fremden feindlich verhalten soll. Wie aber muß ein solcher erzogen und ausgebildet werden? Auch die Beantwortung dieser Frage gehört (so wird gesagt) zur Erörterung darüber, auf welche Weise Gerechtigkeit und Ungerechtigkeit in der Polis entstehen (376 c).

Es wird aber vermutet, daß es nicht leicht sein dürfte, eine bessere Erziehung und Bildung zu erdenken als diejenige, die sich im Laufe der Zeit herausgebildet und bewährt hat (376 e ff.). Da gibt es für den Leib die Gymnastik und für die Seele die Musik. Es scheint richtig, mit der Musik anzufangen. Darunter soll nicht nur die Tonkunst verstanden werden, sondern das Musische überhaupt, also auch Logoi, Reden. Davon gibt es zwei Arten: wahre und falsche. Die Kinder müssen durch beide Arten gebildet werden (meint Sokrates 377 a), aber zuerst durch die falschen. Gemeint sind die Geschichten, die man den Kindern erzählt, die zwar keine wahren Geschichten, aber doch nicht ganz ohne Wahrheit sind. Der Anfang ist aber das Wichtigste, daher darf es nicht dem Belieben überlassen werden, was für Geschichten man den Kindern erzählt, sonst könnten sie Vorstellungen in sich aufnehmen, die denjenigen ganz entgegengesetzt sind, die sie nach unserem Wunsch als Erwachsene haben sollen. Also bedarf es der Aufsicht über die Märchendichter und einer Art Zulassungsverfahren für diejenigen Geschichten, die den Kindern erzählt werden. Von den jetzt erzählten aber werden die meisten verworfen, und zwar auch die der berühmtesten Dichter, Homer und Hesiod. Die unerhörten Geschichten, die sie von den Göttern berichten, sollten, selbst wenn sie wahr wären, der Jugend nicht erzählt werden, und wenn das etwa nicht zu vermeiden sei, dann nur auf geheimnisvolle Weise und unter Opfern, damit es möglichst verborgen bleibe (378 a). Auch die Sage, daß die Götter einander Feind sind und sich bekriegen, mag einen verborgenen Sinn haben, aber als Kindererzählung kann sie nur schaden (378 d).

Plato übt hier wieder Religionskritik, wie schon im »Euthyphron«, und folgt der Linie der religösen Aufklärung, die mit Xenophanes begonnen hatte und die Göttergeschichten am Prinzip der Moral mißt. Im Idealstaat wird eine gereinigte Staatsreligion eingeführt. Gott ist in Wirklichkeit gut und muß auch so dargestellt werden, im Epos, in der Tragödie und in der Lyrik. Gott kann also nicht schaden und auf keine Weise die Ursache von etwas Schlechtem sein. Das Gute aber ist förderlich (ὠφέλιμον 379 b), d. h. Ursache des Wohlergehens.

Gott ist also nicht Ursache von allem, sondern nur vom Guten, am Schlechten aber ist er unschuldig. Das ist eine radikale Veränderung der traditionellen Vorstellung, gemäß der die Götter letztlich (wenn auch nicht ohne Mitwirkung der Menschen) Ursache von allem, vom Guten und vom Schlechten sind. Jetzt kommt nur das Gute von Gott, und das Schlechte hat der Mensch sich selbst zuzurechnen. Also ist Homer zu verurteilen, der Zeus einen Spender des Guten und des Schlechten nennt. Aber auch Äschylos sagt Unrechtes, wenn er dichtet: »Verschuldung läßt Gott bei den Sterblichen wachsen, wenn er ein Haus zu Boden schmettern will« (380 a). So etwas über Gott zu sagen, soll gesetzlich verboten werden. Aber auch die Erzählung, daß die Götter bald in dieser, bald in jener Gestalt erscheinen oder uns wenigstens glauben machen, sie täten es, kann nicht geduldet werden. Gott ist einfach und tritt nie aus seiner Gestalt heraus (380 d). Etwas außer ihm nämlich hat nicht die Macht ihn zu verwandeln, und wenn er sich selbst verwandelte, würde er sich notwendigerweise ins Schlechtere verwandeln. Wenn der Gott sich aber nicht verwandelt, uns aber glauben machte, er täte es, so würde er uns belügen und betrügen, was auch nicht von ihm vorgestellt werden darf. Solche Rede von den Göttern wird also ebenfalls verboten (381 a ff.). Diese Grundsätze verurteilen den größten Teil der überlieferten Dichtung.

3. Buch

Im dritten Buch wird die Dichterkritik fortgesetzt, wie denn überhaupt die Einteilung in Bücher ganz äußerlich ist und mit der Gliederung des Gesprächs nichts zu tun hat.

Wenn die Wächter zur Tapferkeit erzogen werden sollen, so ist es notwendig, daß sie möglichst wenig den Tod fürchten (386 a). Deswegen darf ein solcher nicht glauben, daß es den Hades gibt und daß der etwas Schreckliches sei. Also darf in den Erzählungen die Unterwelt nicht geschmäht, sondern sie muß gelobt werden. Solche Rede, wie die des Achill in der Unterwelt zu dem herabsteigenden Odysseus: »Lieber wollt ich das Feld bestellen als Tagelöhner eines armen Mannes ohne Erbe und eigenen Besitz, als die ganze Schar der geschwundenen Toten beherrschen,« darf also nicht zugelassen werden, nicht weil sie nicht dichterisch wäre, sondern gerade weil sie, je dichterischer sie gesagt ist, um so schädlicher ist für die Erziehung zur Tapferkeit (387 b). Auch das Wehklagen und Jammern ausgezeichneter Männer darf nicht vorkommen, denn ein rechtschaffener Mann wird auch das Sterben eines Rechtschaffenen, dessen Freund er ist, nicht als etwas Furchtbares ansehen. Also darf er auch nicht jammern. Die Rechtschaffenheit, so muß vielmehr gelehrt werden, ist sich selbst genug zum Wohlergehen (387 d). Auch die Klagen des Achill um den toten Patroklus und die Klagen des Priamus um Hektor sind aus dem Homer zu streichen, und erst recht natürlich die Klagen der Götter selbst, von denen Homer erzählt.

Man sieht aber leicht, daß die Götter mit ihrer Menschlichkeit auch ihre Lebenskraft einbüßen müssen. Der platonische Gott ist nicht mehr weit entfernt von der kantischen Vernunftidee, die nicht einmal mehr eine Substanz ist. »Verfall eines Gottes: Gott ward Geist.« (Nietzsche)

Ebenso wird übermäßige Lachlust verworfen, denn bei der besteht immer die Gefahr eines Umschlages in das Gegenteil. Auch das berühmte homerische Gelächter, in das die Götter ausbrachen, als ihnen Hephaistos das Liebespaar Ares und Aphrodite zeigte, die er in einem Netz gefangen hatte, wird von der platonischen Zensur gestrichen (389 a).

Ferner muß es verboten werden, die Unwahrheit zu sagen. Sie kann zwar gelegentlich den Menschen heilsam sein nach Art der Arznei, aber Arznei gehört in die Hand der Fachleute, und so denn auch die Lüge. Den Regenten der Polis kann es zugestanden werden, die Unwahrheit zu sagen gegenüber den Feinden der Polis, aber auch gegen die Bürger derselben, wenn es zum Nutzen der Polis ist, alle anderen aber sind verpflichtet, sich auf alle Weise der Lüge zu enthalten (389 b ff.).

Die so auszubildenden Jünglinge bedürfen auch der Besonnenheit oder Selbstbeherrschung (σωφροσύνη 389 d). Die besteht für die Menge darin, daß sie den Herrschern gehorsam ist und auch selber Herrscher ist über ihre Lust an Speise, Trank und Liebesgenuß. Auch die Stellen also, wo die Dichter jemanden übermütige Reden gegen einen Vorgesetzten führen lassen oder wo ein Trunkenbold auftritt und ähnliche, müssen gestrichen werden; ebenso, wenn es ein weiser Mann als das Seligste rühmt, wenn die Tische voll sind mit Brot und Fleisch und der Schenk herumgeht und fleißig Wein einschenkt, oder wenn der Hungertod als das jammervollste Verhängnis bezeichnet wird, von den erotischen Abenteuern des Zeus ganz zu schweigen. Die Helden dürfen nicht hingestellt werden als durch Geld zu gewinnen, und also darf auch nicht von Achill gesagt werden, er habe den Leichnam des Hektor gegen Geschenke freigegeben. Auch anderes weniger Schöne darf man von ihm nicht glauben oder erzählen lassen, die Helden werden in reine Tugendbolde verwandelt (389 e ff.). Von Göttersöhnen dürfen ruchlose Taten nicht geschehen sein, man muß entweder die Tatsache bestreiten oder leugnen, daß es Göttersöhne waren, die das getan haben. Denn von den Göttern darf nichts Schlechtes kommen.

So also ist über die Götter, über die Heroen und über die Unterwelt zu reden (391 c ff.). Aber auch über die Menschen reden die Dichter verkehrt in den wichtigsten Dingen. Sie erzählen nämlich, daß viele Ungerechte glücklich geworden seien und Gerechte elend, und daß Unrechttun Vorteil bringe, wenn es verborgen bleibe, die Gerechtigkeit dagegen nur den anderen nütze, einem selbst aber schade (392 a f.). Wenn jedoch die Mitunterredner zugestehen, daß so gedichtet werden müsse, dann hätten sie schon das zugestanden, was hier zur Debatte steht. Dieser Punkt der Vorschriften für die Dichter bedarf also noch des Beweises, mit dem wir auf das Folgende vertröstet werden (392 c).

Über den Logos der Dichter ist damit das Nötigste gesagt, aber es muß auch noch etwas gesagt werden über die Vortragsweise (λέξις 392 c). Auch das Wort λέξις ist wie λόγος von dem Verbum λέγειν abgeleitet. Lexis bezeichnet die Art und Weise, wie gesprochen wird. Sokrates geht hier aus von dem Unterschied von Erzählung und Darstellung (392 d). In der Erzählung spricht der Dichter selbst und bemüht sich auch nicht, den Eindruck zu erwecken, als sei es ein anderer, der spricht. Aber es gibt auch im Epos Stellen, wo der Dichter einen anderen sprechen läßt, also den Schein erweckt, als rede nicht er, sondern die von ihm erdachte Figur. Die dichterische Rede hat also hier die Gestalt der Nachahmung (μίμησις). Man kann das beseitigen, wenn man die direkte Rede in die indirekte überträgt, man erhielte dann eine reine Erzählung. Man kann aber auch das

Gegenteil machen und das, was zwischen den Reden erzählt wird, herauswerfen, dann erhält man so etwas wie die Tragödie (393d ff.).

Die Wächter haben das Geschäft, für die Freiheit der Polis zu sorgen, und also dürfen sie mit keiner anderen Aufgabe belastet werden. Also kann ihnen auch nicht die Aufgabe der Nachahmung, d. h. das Schauspieleramt zugemutet werden. Wenn sie aber schon nachahmen, dann nur tapfere, besonnene, fromme und edle Männer, aber auf keine Weise irgend etwas Schändliches, damit sie nicht von der Nachahmung das Sein davontragen (395c ff.).

Danach wird von der Musik im engeren Sinne gehandelt, dem Gesang (μέλος 398c). Dazu gehören die drei Momente Wort (λόγος), Tonsatz (ἁρμονία) und Zeitmaß (ῥυθμος 398d). Was das Wort betrifft, den Inhalt des Liedes, so gilt dafür das schon Erörterte, und es ist dem nichts Neues hinzuzufügen. Tonsatz und Zeitmaß aber müssen dem Wort entsprechen. Da Klage und Jammer nicht zugelassen sind, müssen auch die klagenden Tonweisen ausgeschlossen werden, die sog. mixolydische, die hochlydische und ähnliche (398e). Auch Trunkenheit, Weichlichkeit und Faulheit steht den Wächtern nicht an, also ist bei Gastmählern auf die übliche weichliche jonische und lydische Tonart zu verzichten. Da bleiben nur noch, sagt Glaukon, die dorische und phrygische Tonart übrig. Sie allein werden zugelassen, nämlich einmal diejenige, welche die Töne und Silbenmaße des Helden angemessen darstellt, der sich in kriegerischen Verwicklungen und allen gewalttätigen Zuständen tapfer erweist und der auch, wenn es mißlingt oder wenn er in Wunden und Tod geht oder sonst von einem Unglück befallen wird, in dem allen wohlgerüstet und ausharrend sein Schicksal besteht; und daneben die andere für den, der sich in friedlicher und nicht gewaltsamer, sondern gemächlicher Tätigkeit befindet, sei es, daß er einen anderen überredet oder bittet, durch Flehen Gott oder durch Belehrung und Ermahnung Menschen, sei es im Gegenteil, daß er selbst einem anderen Bittenden und Überredenden stillhält und demgemäß vernünftig handelt und nicht hochfahrend sich beweist, sondern besonnen und gemäßigt in alledem sich beträgt und mit dem Ausgang zufrieden ist. Diese und nur diese beiden Tonarten braucht man also (399a ff.). Also braucht man auch keine komplizierten Instrumente, sondern es genügen Lyra und Kithara und für die Hirten auf dem Lande irgend eine Art Flöte (399c ff.). Den Rhythmus betreffend, sind nur Zeitmaße zuzulassen, die einem sittsamen Leben angemessen sind.

Und dasselbe gilt auch endlich für alle anderen künstlerischen Betätigungen, Malerei, Plastik und Baukunst. Alle müssen der Art sein, daß sie die gewünschte sittliche Wirkung haben (399 e ff.).

Wenn dies die wahre Musik ist, dann werden wir (sagt Sokrates) nicht eher Musiker sein und auch nicht die von uns zu bildenden Wächter, ehe wir die Ideen (εἴδη 402 c) der Besonnenheit, der Tapferkeit, der Freiheit, der Noblesse und was dem verwandt und was ihm entgegengesetzt ist, ihre Abbilder, erkannt haben.

Da aber Besonnenheit sich nicht verträgt mit übermäßiger Lust, muß auch diese vermieden werden, und insbesondere die größte und heftigste, nämlich die geschlechtliche. Daher wird festgesetzt, daß das päderastische Verhältnis rein »platonisch« bleiben muß, und es dürfe auch nicht einmal der Schein aufkommen, daß es weiter gehe, sonst verfalle der Betreffende dem Vorwurf des Unmusischen. So endet die Rede über die Musik, wo sie enden soll, bei der Liebe zum Schönen, die durch die musische Erziehung geweckt wird (402 e ff.).

Ebenso dienen Gymnastik und einfache Lebensweise der Erziehung (403 c ff.). Daß Trunkenheit verwerflich ist, wurde schon gesagt. Aber auch für das Essen gibt es Vorschriften: es soll frugal zugehen wie bei Homer, wo es weder gekochtes Fleisch gibt noch Fische, obwohl man sich an der Küste befindet, sondern es wird ohne große Umstände, ohne Kochgeschirr, ein Stück Fleisch am Spieß gebraten. Syrakusische Tafel, sizilische Speisekarte, korinthische Mädchen, attisches Backwerk (in dieser Reihenfolge aufgezählt: die Mädchen vor dem Nachtisch!), alles unerwünscht für unsere Soldaten (404 d). So entsteht, wie durch die Musik in den Seelen Besonnenheit, so durch die Gymnastik in den Leibern Gesundheit.

Wenn es aber an beiden fehlt, wenn Unbeherrschtheit und Krankheit überhandnehmen, dann werden sich auch Juristerei und Medizin, Krankenhäuser und Gerichtsgebäude breitmachen (405 a). Viele Ärzte und Juristen sind ein Zeichen dafür, daß sich die Polis in schlechter Verfassung befindet. Ärzte sind zwar unentbehrlich, aber ihre Tätigkeit darf nicht ausarten. So wird jede Heilkunst an Unheilbaren verworfen und auch die langwierige Behandlung solcher, die nicht wieder arbeitsfähig werden können (406 c ff.).

Es steht aber anders mit Ärzten als mit Richtern. Bei einem Arzt macht es nichts, eher im Gegenteil, wenn er selbst krank gewesen und von schwächlicher Konstitution ist. Er muß mit möglichst vielen kranken Leibern Umgang gehabt haben, denn er heilt ja nicht mit seinem Leibe, sondern mit seiner Seele. Anders der Richter. Der herrscht mit der Seele über die Seele, er darf daher nicht von Jugend auf mit schlechten Seelen umgegangen sein, noch soll er gar selbst Verbrechen begangen haben, auf daß er sie recht genau kenne, vielmehr muß er ganz unbekannt und unvermischt mit schlechten Sitten sein. In ihrer Jugend erscheinen die Rechtschaffenen einfältig und von den Ungerechten leicht zu hintergehen. Daher soll ein guter Richter alt sein und erst spät gelernt haben, was die Ungerechtigkeit eigentlich ist, und zwar durch Einsicht an anderen und nicht durch Erfahrung am eigenen Leibe (408 c ff.).

Solche Ärzte und solche Richter also muß man einführen, damit sie diejenigen Bürger, die an Leib und Seele gut geraten sind, pflegen, die es aber nicht sind, wenn sie es dem Leibe nach nicht sind, sterben lassen, wenn aber der Seele nach bösartig, umbringen (410 a).

Es ist nun nicht so, wie man denken könnte, daß die Musik der Bildung der Seele dient und die Gymnastik der des Leibes. Es handelt sich nicht darum, Hochleistungs-Sportsleute zu züchten, sondern beides dient der Ausbildung der Seele. Die Gymnastik erzeugt die nötige Härte, die Musik die Milde, die eine bringt den Mut hervor, die andere die Besonnenheit, und dies beides in der richtigen Zusammenstimmung war ja das für die Wächter Erforderliche (410 b ff.).

Die nächste Frage ist die, wer von den so Erzogenen herrschen solle (412 b)? Es wird also als selbstverständlich unterstellt, daß die Herrscher aus dem Wehrstand zu nehmen sind. Zunächst müssen die Herrschenden älter sein als die Beherrschten; dann sollen es die besten sein. Der beste unter den Wächtern (φύλακες) ist der Wachsamste (φυλακικώτατος 412 c). Darin müssen sie einsichtig, fähig und sorgsam sein für die Polis. Also muß man solche Männer auswählen, die auf alle Weise bestrebt sind, das zu tun, was der Polis nützt, und man muß sie prüfen, ob sie daran festhalten und ihre Überzeugung, daß sie zu tun haben, was der Stadt nützt, auch niemals bezaubert oder bezwungen aufgeben (412 d ff.). Eine Überzeugung (δόξα) kann nämlich (sagt Sokrates, 412 e) auf zweierlei Weise aus der Seele verschwinden: freiwillig oder unfreiwillig. Freiwillig verschwindet die falsche Meinung, wenn man eines Besseren belehrt wird, — unfreiwillig und wie gestohlen, wenn eine Überredung oder die Zeit durch Vergessen die Wahrheit wegnimmt, — bezwungen, wenn irgend ein Schmerz zu einer Meinungsänderung führt — gleichsam bezaubert, wenn die Lust irrt oder die Furcht ängstigt (413 a ff.). In dieser Hinsicht also müssen die künftigen Herrscher von Kindheit an geprüft und gesiebt werden (413 c ff.). Diese Herrschenden werden Generalwächter (φύλακες παντελεῖς) genannt, die anderen Wächter aber heißen Soldaten (ἐπίκουροι 414 b).

Es soll eine edle und heilsame Lüge aufgeboten werden, mit der man vor allem die Herrscher, aber auch die ganze Polis überredet. Wahrheit gilt also nicht als unbedingt gut, sondern Unwahrheit ist erlaubt und sogar geboten, wenn sie im Interesse der Polis ist. Die Bürger werden überredet, es sei ihnen nur im Traum so vorgekommen, als seien sie einer solchen Erziehung unterworfen worden, in Wahrheit aber seien sie früher unter der Erde gewesen und dort aufgezogen worden. Erst vollkommen ausgebildet seien sie von der Erde als ihrer Mutter nach oben geschickt worden und müßten daher nun auch für das Land, in dem sie sich befinden, mit Rat und Tat sorgen; und ihnen wird weiter eingeredet: ihr seid zwar alle Brüder, aber der Gott, der euch gebildet hat, hat denen von euch, die zum Herrschen geschickt sind, bei der Geburt Gold beigemischt, den Soldaten Silber, Eisen und Erz den Bauern und den übrigen Gewerbetreibenden. Eure Kinder werden euch im allgemeinen ähneln, aber es kann auch aus Gold ein silberner Sprößling erzeugt werden und umgekehrt, und so im übrigen auch. So haben die Herrscher die Hauptsorge, den Nachwuchs zu prüfen und entsprechende Degradierungen und Beförderungen vorzunehmen. Die erste Generation, meint der Mitunterredner, wird das kaum glauben, aber im Lauf der Zeit kann man es wohl dahin bringen (414 c ff.).

Damit nun die Soldaten sich nicht gegen die Bürger wenden, müssen sie nicht nur richtig erzogen werden, wie das vorher erörtert worden ist, sondern sie müssen auch anders leben. Keiner hat ein Privateigentum, keiner auch eine Wohnung oder einen Speicher, wohinein nicht jeder andere, wenn er nur Lust hat, gehen kann. Das Notwendige, was sie brauchen, sollen sie von den Bürgern als Lohn für ihren Schutz empfangen, und zwar so viel, daß sie keinen Mangel leiden bei ihren gemeinschaftlichen Mählern, noch auch irgend etwas übrigbehalten für das nächste Jahr. Und es wird ihnen gesagt, daß, da sie Gold und Silber in sich tragen, ihnen der Umgang mit gewöhnlichem Gold und Silber ganz verboten sei, da es sie verunreinigen würde, und so dürfen sie weder solches Gold besitzen noch an ihrer Kleidung haben, noch daraus essen oder trinken (415 d ff.).

4. Buch

Hier nimmt Adeimantos wieder das Wort und macht einen gewichtigen Einwand. »Wie (sagt er), Sokrates, wirst du dich verteidigen, wenn man sagt: du machst diese Männer nicht eben glücklich, und das durch ihre eigene Schuld. Ihnen gehört zwar in Wahrheit die Polis, aber sie haben nichts davon, sie genießen nicht das Gute der Stadt wie die anderen, die Land besitzen, sich große und schöne Häuser bauen und sie prächtig einrichten, den Göttern ihre eigenen Opfer bringen, Gäste einladen und Gold und Silber besitzen und überhaupt alles, was gilt, wenn man glücklich sein will. Jene aber tun nichts als in der Stadt Wache schieben wie gemietete Landsknechte (419 a).« Sokrates setzt noch den Punkt auf das i: Sie kriegen nicht einmal Lohn, sondern nur Verpflegung. Sie können nicht verreisen und kein Mädchen freihalten noch sonst etwas ausgeben (420 a). Sokrates gibt dann eine doppelte Antwort; zunächst sagt er paradoxerweise: es wäre gar nicht so wunderbar, wenn diese Leute die allerglücklichsten wären, daß also die übliche Meinung über das, was glücklich macht, falsch ist. Aber das ist nicht die Hauptsache. Worauf es ankommt ist nicht, daß ein Stand besonders glücklich sei, sondern möglichst die ganze Stadt (420 b ff.).

Das ist ein wichtiger und zugleich schwieriger Punkt. Platos Staat ist ein Wohlfahrtsstaat, seine Aufgabe ist es, für das Glück der Bürger zu sorgen. Es versteht sich das keineswegs von selbst. Es gibt eine andere Auffassung von der Aufgabe des Staates, wonach er sich um die Wohlfahrt und das Glück der Bürger gar nicht zu kümmern habe, die Förderung dieser Sache vielmehr seinen Bürgern selbst zu überlassen und nur für die Herstellung einer Rechtsordnung zu sorgen habe.

Darf z. B. der Staat einem Einzelnen einen Teil seines wohlerworbenen Vermögens wegnehmen, um damit anderen, die in Not sind, zu helfen, wodurch denn, da der Reiche immer noch reichlich hat, in summa das allgemeine Glück sich vermehrt hat? Nach der heute herrschenden Auffassung wäre auch in einem solchen Fall ein Ausnahmegesetz gegen einen Einzelnen rechtswidrig. Trotzdem ist der Staat von heute weitgehend auch ein Wohlfahrtsstaat; damit ist weniger dies gemeint, daß er Geld verteilt an die, die keines verdienen können, als vielmehr dies, daß er es als seine Aufgabe ansehen muß, an dem Ziel des Wohlstandes für alle mitzuwirken. In diesem Sinne wird der Staat sogar immer mehr Wohlfahrtsstaat, weil das moderne Wirtschaftsleben und die moderne Technik es notwendig machen, in immer größerem Maßstab zu planen. Bei Plato aber soll die Entscheidung darüber, was Gerechtigkeit ist, geradezu daraus abgeleitet werden, was dazu dienlich ist, die Stadt im Ganzen am glücklichsten zu machen.

Da darf aber z. B. der Töpfer nicht beliebig reich werden, denn sonst wird er keine Lust mehr haben, Töpfe zu machen. Andererseits, wenn er so arm ist, daß er sich kein Werkzeug kaufen kann oder was er sonst braucht, kann er auch kein guter Töpfer sein. Daher müssen die Wächter sowohl die Entstehung übermäßigen Reichtums wie zu großer Armut in der Stadt verhindern (421 d f.). Adeimantos freilich meint, zum Kriegführen brauche man doch Geld. Aber Sokrates entgegnet, daß die mageren Hunde seiner Polis mit den reichen und fetten Feinden schon leicht fertig würden; sie hätten auch gute Aussicht, jede feindliche reiche Stadt zu überreden, lieber mit der sokratischen Polis im Bunde über eine andere reiche Stadt herzufallen, in der viel mehr zu holen sei als in der armen Idealstadt. Und endlich seien die anderen Städte in Wahrheit gar nicht jede *eine* Stadt, sondern viele, d. h. durch Parteiungen in sich selbst uneinig. Daher scheine ihm die ideale Stadt in Wahrheit durch andere unüberwindlich zu sein (422 b ff.). Daraus ergibt sich auch die Größe, die die Stadt idealerweise haben muß. Sie darf nur soweit wachsen, daß sie nicht aufhört, *eine* zu sein. Insbesondere aber müssen die Wächter darauf achten, daß keinerlei Neuerungen in der »Musik« aufkommen, weil das notwendig zum Verfall führen muß (423 b ff.).

Über die Dinge aber, von denen sonst die Gesetzbücher voll sind, die Streitfälle, die sich aus Handel und Verkehr ergeben, Rechtsvorschriften über Kauf und Verkauf, über Lohn und Miete, Verträge und Schulden, Zölle und Abgaben, Beleidigungen und Verleumdungen, wird hier nichts erdacht, sondern das wird den Stadtbewohnern und ihren Herrschern selbst überlassen (425 b ff.). Hier wird nur eine unveränderliche Verfassung, ein Grundgesetz entworfen, die Einzelgesetzgebung aber ausgelassen. Was noch fehlt, wären Anordnungen über die Religion. Aber davon (sagt Sokrates) verstehen wir nichts, und da werden wir uns auf den angestammten Ratgeber verlassen, nämlich den Gott, der in der Mitte der Erde auf ihrem Nabel sitzend seine Sprüche erteilt, den delphischen Apoll (427 b f.).

Damit wäre die Gründung der Stadt vollendet, und die Frage ist: Wo ist jetzt die Gerechtigkeit, wo die Ungerechtigkeit, und welche von beiden muß man besitzen, um wahrhaft glücklich zu sein (427 d)? Wenn die Stadt richtig gebaut ist, dann wird sie auch vollkommen gut sein, und also auch weise, tapfer, besonnen und gerecht.

Weisheit (σοφία), Tapferkeit (ἀνδρεία), Besonnenheit (σωφροσύνη), Gerechtigkeit (δικαιοσύνη) sind die vier Dinge, die die ganze Stadt und auch jeden einzelnen als gut (ἀγαθός) bestimmen (427 d). Gesucht wird die Gerechtigkeit, aber wenn wir zuerst die drei anderen fänden, dann würde gelten, daß die Gerechtigkeit das sein muß, was noch dazu fehlt, daß die Stadt gut ist. Demgemäß soll verfahren werden (428 a).

Weise nun ist die Stadt, sofern sie wohlberaten (εὔβουλος 428 b) ist. Die Wohlberatenheit (εὐβουλία) aber ist ein Wissen (ἐπιστήμη 428 b). Aber welches? Nicht durch das Fachwissen der Baumeister, die in der Stadt tätig sind, und auch nicht wegen des Wissens irgend welcher anderer Fachleute ist die Stadt weise. Aber einige in der Stadt haben ein Wissen über die Polis im Ganzen, wie sie am besten mit sich selbst und mit anderen Staaten umgehen soll. Dies Wissen ist die Bewachungskunst (φυλακικὴ ἐπιστήμη 428 d) der Generalwächter. Solche Weisheit zu besitzen ist demnach die Auszeichnung einer kleinen Gruppe von Männern, und weil diese weise sind, ist es die ganze Stadt. Die Weisheit ist also die spezifische Tugend der Generalwächter (429 a). Die Tapferkeit ist entsprechend die spezifische Tugend der Soldaten. Diese Tugend ist nicht wie die Weisheit der Herrscher ein Wissen, sondern eine Überzeugung (δόξα 429 c), die man den Soldaten durch die Erziehung eingepflanzt hat, nämlich eine Überzeugung bezüglich dessen, was zu fürchten sei und was nicht, entsprechend dem, was der Gesetzgeber in der Erziehung dazu erklärt hat. Die Tugend der Tapferkeit ist eine Bewahrung und Festhaltung (σωτηρία 429 c), weil nämlich die Tapferen ihre Überzeugung unter keiner Anfechtung durch irgendwelche Affekte preisgeben. Sie sind, nach dem Gleichnis des Sokrates, wie waschecht in der Wolle gefärbt (429 e). Diese farbechte Tapferkeit wird durch die angezeigte Erziehung hervorgebracht. Die tierische oder knechtische Tapferkeit dagegen, d. h. eine mutige Naturanlage, die gewissen Leuten von selbst zu eigen ist, bietet keine Gewähr, sich nicht bei Anfechtungen zu verflüchtigen. Es gibt immer Lagen, bei denen bloßes Draufgängertum versagt. Das hier geschilderte Festhalten der rechten Meinung wird als die politische Tapferkeit (πολιτικὴ ἀνδρεία 430 c) in Anspruch genommen. Damit wird das ausgeklammert, was man neuerdings die Zivilcourage nennt, die Tapferkeit auf nichtkriegerischem Felde. Das wird ausdrücklich vermerkt: ein andermal (sagt Sokrates) wollen wir dies noch genauer durchgehen.

So sind noch Besonnenheit und Gerechtigkeit übrig. Sokrates meint, man könne vielleicht gleich nach dieser letzteren als dem eigentlichen Ziel fragen, aber jetzt ist es Glaukon, der erst auch noch etwas über die Besonnenheit hören möchte, damit sie nicht nach Erreichung des Zieles der Bestimmung der Gerechtigkeit unter den Tisch fiele. Die Besonnenheit (σωφροσύνη) wird bestimmt als eine gewisse Zusammenstimmung (συμφωνία) und Zusammenfügung (ἁρμονία 430 e). Sie ist ein Kosmos, d. h. eine Ordnung, insbesondere schickliche Ordnung. (Daß man auch die Welt als Kosmos bezeichnet, gehört nicht hierher, das ist eine künstliche terminologische Bildung der Philosophen.) Ferner ist die Besonnenheit Selbstbeherrschung. Man sagt von Besonnenen, sie seien stärker als sie selbst. Nun ist solche Rede (sagt Sokrates) ja eigentlich lächerlich, denn wer stärker ist als er selbst, der muß ja zugleich auch schwächer sein als er selbst, und wer nicht selbstbeherrscht, also schwächer als er selbst ist, der ist auch wieder stärker als er selbst. So ist genauer zu sagen, was in dem einen und dem anderen Fall das Herrschende und das Beherrschte ist. Es scheint doch gemeint zu sein, daß es in der Seele ein Besseres und ein Schlechteres gibt, und wenn das Bessere über das Schlechtere herrscht, das nennt man stärker als man selbst sein und lobt es, und das Umgekehrte wird als schimpflich getadelt, und einen solchen nennt man zuchtlos (ἀκόλαστος 431 b).

In diesem Sinne ist die erdachte Polis in der Tat besonnen, denn das Bessere, die Weisheit der Generalwächter, herrscht hier über das Schlechtere, und die vielerlei Begierden und Lüste findet man da nur noch unter Kindern, Weibern, Knechten und dem gemeinen Haufen. Aber dann ist die Polis nicht dadurch besonnen, daß ein Stand in ihr besonnen ist, so wie sie dadurch tapfer war, daß ein Stand in ihr tapfer war, der der Soldaten, und wie sie dadurch weise war, daß ein Stand in ihr weise war, der der Generalwächter, sondern ihre Besonnenheit beruht auf dem Verhältnis der Menschen zueinander. Sie erstreckt sich durch alles (διὰ πασῶν, das ist auch der Terminus für die Oktave) und fügt das Stärkste und das Schwächste und das Mittlere (μέσον. ἡ μέση ist wiederum ein musikalischer Terminus) zusammen (432 a).

Jetzt fehlt nur noch die Gerechtigkeit. Sie scheint schwer zu finden, aber nur deswegen, weil sie leicht übersehen wird. Sie liegt nämlich nicht in irgendwelcher Ferne oder in irgend einem Versteck sondern gerade ganz nahe und vor Augen. In Wahrheit (sagt Sokrates) haben wir schon lange von ihr gesprochen und es nur nicht bemerkt (432 e). — Wie nämlich von Anfang an festgesetzt wurde, was jeder zu tun habe, eben das oder doch etwas derartiges ist die Gerechtigkeit. Es wurde ja gesagt, jeder solle von den Aufgaben, die im Staat zu erfüllen sind, nur eine übernehmen, nämlich diejenige, zu der ihn seine Natur am geschicktesten macht. Und daß die Gerechtigkeit darin besteht, das Seine zu tun (τὰ ἑαυτοῦ πράττειν 433 a) und sich nicht in fremde Angelegenheiten zu mischen, das haben wir auch schon oft gehört und wohl auch selbst gesagt.

Gerechtigkeit (δικαιοσύνη) hat etwas mit Recht (δίκη) zu tun. Das Recht wird hier zurückgeführt auf die Pflicht. Das ist so richtig wie wichtig. Wenn ich gegen jemand ein Recht habe, so bedeutet das, daß der andere verpflichtet ist, etwas zu tun oder zu unterlassen. Wer gerecht ist gegen jemand andern, der läßt ihm sein Recht werden, d. h. er tut, wozu er ihm gegenüber verpflichtet ist. Und gerecht schlechthin wäre einer, der seine Pflichten gegen jedermann erfüllt, seien es andere Einzelne oder auch Gemeinschaften, zu denen er gehört. Die Frage ist jetzt nur: was heißt »das Seine« oder (wie wir sagen) seine Pflicht? Was ist meine Pflicht? Und wie kann sich eine Lehre darüber begründen? Die Hauptfrage aber, vor der wir standen, war die: welchen Grund gibt es für mich, überhaupt so etwas anzuerkennen wie Pflicht? Es kann zwar zweckmäßig sein, wenn ich mich weitgehend nach dem richte, was mir andere als Pflicht auferlegen, aber das bedeutet noch nicht, daß ich das auch als Pflicht anerkenne und nicht die Freiheit hätte, mich dem zu entziehen, wo ich will und kann.

Hier, in unserem Dialog, bedeutet dieses »das Seine tun« vorzüglich, das zu tun, wozu man (wie es beim Militär heißt) »eingeteilt« ist. Das muß man aufs beste ausführen, weil nur so das gesamte Gemeinwesen aufs beste gedeihen kann. Die Gemeinschaft hat ein unbegrenztes Recht auf den Einzelnen, weil dieser nur durch die Gemeinschaft lebt. Das ist im Prinzip heute nicht anders, auch heute muß sich der Staat z. B. das Recht nehmen, den Einzelnen in die tödliche Gefahr des Krieges zu schicken. Zwar haben wir ja neuerdings ein grundsätzliches Recht auf die Verweigerung des Kriegsdienstes mit der Waffe. Aber 1. bedeutet das nur das Recht, nicht andere umbringen zu müssen, und nicht das Recht, sich selbst nicht umbringen lassen zu müssen. 2. aber ist das Gesetz (wie mir scheint) absurd. Es ist absurd, die Wirksamkeit eines Gesetzes abhängig zu machen von der Meinung der davon Betroffenen über dieses Gesetz.

Es ist wahr, daß meine Pflicht sich ergibt aus der Stellung, die ich in der Gemeinschaft habe, zu der ich gehöre. Wenn ich sie als meine Pflicht anerkennen soll, so setzt das voraus, daß ich die Gemeinschaft anerkenne, d. h. daß ich diese Gemeinschaft will. Es gibt de facto viele größere und kleinere Gemeinschaften, die wir wollen und die daher verpflichten. An dem platonischen Modell wird besonders deutlich, inwiefern es die Gemeinschaft ist, welche die Quelle der Pflicht ist, aber der Nachteil der Konstruktion ist, daß der platonische Staat als eine Zwangsanstalt erscheint, von der es uns schwer fällt sich vorzustellen, daß einer, der darin lebt, sie wirklich will. Wir sind unwillkürlich immer geneigt, uns den Bürger dieser Polis in der Haltung des Revolutionärs vorzustellen. Für den ist die Lage natürlich ganz anders, als sie hier erscheinen soll. Er wird das, was im Sinne des Staates das Seine ist, nicht als das Seine anerkennen, weil er den Staat selbst nicht anerkennt. Davon müssen wir also, wenn wir von Plato etwas lernen wollen, abstrahieren und voraussetzen, daß die Bürger die Polis als ihre Gemeinschaft, in der sie und aus der sie leben, wollen.

Nun wird freilich auch im platonischen Staat eine gewisse Freizügigkeit gelassen. Es erscheint nicht wichtig, daß ein Tischler Tischler bleibt, und nicht weiter schlimm, wenn er etwa mit dem Schuhmacher das Handwerk tauscht. Aber die Trennung der Kasten der Gewerbetreibenden, Soldaten und Generalwächter darf nicht angerührt werden, und Übergänge dazwischen dürfen nur gemäß dem früher erörterten Eignungsprinzip vorgenommen werden. Ein Verstoß dagegen ist die eigentliche Ungerechtigkeit (434 c).

Das also ist die Gerechtigkeit in der Polis, daß jeder seine Pflicht tut, die er kraft seines Amtes gegen die Gemeinschaft hat, und natürlich auch die Pflicht gegen die anderen, sofern auch das für das Bestehen der Gemeinschaft notwendig ist und von ihr verlangt wird, wie es ja auch für uns gilt, daß seine Pflicht gegenüber einem andern zu erfüllen, nicht nur von diesem anderen, sondern auch von der Gemeinschaft gefordert wird. Aber jetzt wird von der Gerechtigkeit des Einzelnen noch in einem andern Sinne gesprochen. Nämlich wie die Gerechtigkeit der Polis darin besteht, daß darin jeder Teil das Seine tut, so soll auch die Gerechtigkeit des Einzelnen verstanden werden. In der Polis gibt es drei Gattungen von Naturen, und die Gerechtigkeit bestand darin, daß jede dieser drei das Ihrige leistet. Besonnen aber und tapfer und weise war die Polis durch die Haltung dieser Gattungen. Dies wird nun analog auf die Seele übertragen (435 b ff.). Die Frage ist: hat sie auch drei den drei Gattungen von Menschen im Staat entsprechende Arten in sich? Und welche wären das? Es muß ein Entsprechendes geben (so wird argumentiert), denn woher sollen das Weise, das Mutige und das Erwerbslustige in den Staat gekommen sein, wenn nicht von den Menschen (435 e f.)?

Müssen also Weisheit, Mut und die mit Ernährung und Erzeugung verbundene Lust verschiedenen Seelenteilen zugesprochen werden? Zunächst (so wird argumentiert) steht fest, daß dasselbe nie zugleich Entgegengesetztes tun und leiden wird, wenigstens nicht im selben Sinne und bezüglich desselben (436 b; das ist der Satz des Widerspruchs). Wenn das also scheinbar vorkommt, so werden wir wissen, daß es nicht dasselbe war, was da tätig war. Das besagt insbesondere, daß es unmöglich ist, daß dasselbe zugleich im selben Sinne sich bewegt und stillsteht. Wenn z. B. jemand an einem Platz still steht, aber die Hände bewegt, dann wird man nicht sagen, daß derselbe stillsteht und sich bewegt, sondern, daß einiges von ihm stillsteht, anderes sich bewegt. Nun ist doch entgegengesetzt: gewähren und abschlagen, nach etwas trachten und es ablehnen, ansichziehen und vonsichstoßen. Hunger und Durst und überhaupt Begierde ist aber ein Trachten nach etwas oder ein Ansichziehen oder Zu-sich-herwinken, das Verwerfen aber und Nichtwollen ist ein Vonsichwegstoßen. Eine Begierde ist der Durst, nämlich nach Trank. Wenn also der Durst zum Trinken antreibt und da auch etwas ist, was den Menschen vom Trinken zurückhält, so muß das ein anderer Akteur sein, der da im Wegstoßen sich betätigt, als der im Hinneigen (439 b). Es gibt eine Instanz, die das Begehren nicht zum Zuge kommen läßt, sondern, wie ein Oberbefehlshaber über jene Begierde, ihre Befolgung verhindert. Der Durst ist ein Affekt (πάθημα), das was hindert zu trinken ist die Überlegung (λογισμός 439 d), z. B. daß es nicht gesund ist zu trinken. Damit wäre also als zweierlei und voneinander Verschiedenes erwiesen dasjenige, womit die Seele denkt, das Denkvermögen (λογιστικόν), einerseits und andererseits das, womit die Seele liebt und hungert und durstet und überhaupt begehrt, das Begehrungsvermögen (ἐπιθυμητικόν 439 d).

Diese zwei Arten also gibt es in der Seele. Wie aber steht es mit dem Thymos (439 e)? Das meint Wallung, Aufregung, insbesondere in der Gestalt von Zorn, Wut und ähnlichem, wo jemand (wie man auch sagt) kocht oder aufbraust, in Rage kommt, sich ereifert. Zwar scheint zunächst nicht ganz deutlich, wie das vom Begehrungsvermögen unterschieden werden soll, aber Sokrates bringt ein Beispiel: ein gewisser Leontios habe einmal auf dem Wege von Piräus in die Stadt bemerkt, daß beim Scharfrichter Leichen lägen, und er fühlte die Begierde, sie anzusehen, zugleich aber entrüstete ihn das, und er wandte sich ab. Aber nach einem gewissen Kampf mit sich selbst siegte die Begierde, und er lief mit weit geöffneten Augen zu den Leichnamen und sagte: da habt ihr es, ihr unseligen Augen, sättigt euch an dem schönen Anblick! Dies Beispiel zeigt, daß der Thymos, das Herz mit der Begierde (ἐπιθυμία) in Streit geraten kann, also von ihr unterschieden ist (440 a).

Wenn die Begierde die Vernunft bezwingt, dann bemerken wir oft, daß der so Bezwungene darüber schimpft und zürnt, daß also in diesem Kampf von Kopf und Bauch das Herz die Partei des Kopfes nimmt. Das Umgekehrte aber, daß das Herz die Partei des Bauches gegen den Kopf nimmt, kommt niemals vor (440 b). Wer Unrecht getan hat, der ist, je edler er ist, umso weniger imstande, zu zürnen gegen das Leid, das ihm aus seinem eigenen Unrecht erwächst. Wer aber meint, daß ihm Unrecht geschieht, in dem gärt es, und der Thymos verbündet sich mit dem, was ihm sein Recht zu sein scheint, und sucht es durchzusetzen und läßt nicht nach, bis er von seinem Herrn, der Vernunft, zurückgerufen und besänftigt wird, wie der Hund vom Hirten (440 c f.). Analog verhalten sich auch in der idealen Polis die Generalwächter und die Soldaten; jene sind die Hirten und diese die Hunde. So ist in der Seele die Vernunft der Hirt, und das Herz ist sein Hund. Der Thymos ist also von der Begierde wesensverschieden. Daß er auch nicht dasselbe ist wie die Vernunft, kann man an den Kindern sehen, die noch nicht viel Vernunft zeigen, wohl aber Thymos (441 a). Es besteht also eine genaue Entsprechung zwischen den drei Seelenteilen Kopf, Herz und Bauch und den drei Teilen der idealen Polis, Generalwächter, Soldaten und Erwerbsleute.

Natürlich war die Auffassung von der Organisation der Seele leitend bei der platonischen Konstruktion des idealen Staates. Der ideale Staat wird vorgestellt als ein Großorganismus, der dem Organismus des Menschen und seiner Seele analog ist. Den Tugenden im Staat entsprechen die Tugenden in der Seele. Im Staat waren es die Tugenden der Kastenmitglieder im Verhältnis zum Ganzen. Die Weisheit (σοφία) kam den Generalwächtern zu, die Tapferkeit (ἀνδρεία) den Soldaten, die Besonnenheit (σωφροσύνη) war die Harmonie, das richtige Verhältnis der Kasten zueinander. Die Gerechtigkeit (δικαιοσύνη) endlich war die Generaltugend, daß jeder seine Pflicht tut.

So ist es auch in der Seele. Es gibt Tugenden der Seelenteile, und die Gerechtigkeit wird darauf beruhen, daß jeder Seelenteil in uns das Seine tut. Wenn Kopf, Herz und Bauch je ihres Amtes walten, dann ist die ganze Seele in der rechten Verfassung (441 e). Hier meint also Gerechtigkeit nicht oder wenigstens nicht primär das Verhältnis zu den anderen Menschen, ihnen nicht Unrecht zu tun und ihnen ihr Recht werden zu lassen; dies folgt erst aus einer ursprünglicheren Gerechtigkeit, nämlich dem richtigen Zusammenspiel der drei Seelenteile. Dem Kopf, der Vernunft gebührt es, weise zu sein und zu herrschen; dem Thymos, dem Herzen oder Eifer aber, dieser Herrschaft zu gehorchen und für sie zu kämpfen. Die Erziehung durch die richtige Mischung von Musik und Gymnastik aber wird beide zusammenstimmend machen, und so werden sie zusammen den Bauch, die Begierde regieren, damit er das Seine tut und nicht durch Anfüllung der sogenannten Lüste groß und stark werde und Kopf und Herz unterjoche (442 a). Und wie die Polis, so wird die Seele auch des von außen her Bedrohenden am besten Herr, indem der Kopf berät und das Herz sich tapfer dafür einsetzt, was der Kopf beschlossen hat. Die Tapferkeit besteht also darin, daß das Herz trotz Lust und Schmerz dasjenige treu festhält, was ihm der Kopf als das, was zu fürchten ist und was nicht zu fürchten ist, vorgestellt hat (442 c). Damit ist die frühere These: Tugend sei Wissen, und Tapferkeit sei das Wissen davon, was zu fürchten ist und was nicht, und also seien Tugend und Weisheit identisch, als einseitig verworfen und berichtigt. Zu wissen, was zu fürchten ist und was nicht, ist Sache der Weisheit. Aber diese ist noch nicht selbst die Tapferkeit. Die muß noch hinzukommen, und sie ist nicht Wissen, weil sie überhaupt nicht eine Sache des Kopfes sondern des Herzens ist. Freilich muß das Herz vom Kopf, die Tapferkeit von der Weisheit geleitet sein, aber sie ist nicht selbst die Weisheit, sondern der Hund des Hirten, der Eifer im Dienste der Einsicht. Und darin besteht die Besonnenheit, die dritte Tugend nach Weisheit und Tapferkeit, daß sich die Seelenteile nicht streiten, sondern Harmonie, Zusammenstimmung, zwischen ihnen besteht und Einigkeit darüber, wer herrschen soll und wer gehorchen (442 c).

Wenn so alle Teile das Ihre tun, sind sie gerecht, und dann ist auch der ganze Mensch gerecht (442 d). Was man gewöhnlich so nennt: nichts unterschlagen, nicht stehlen oder Verrat begehen, Verträge brechen oder Eide oder die Ehe, nicht die Eltern vernachlässigen oder die Götter, die Freiheit von all solchen Verfehlungen wird von selbst die Folge sein bei dem, dessen Seele solcherweise richtig organisiert ist (443 a). Die Frage, was Gerechtigkeit ist, ist also beantwortet. Sie ist die Herrschaft der Vernunft und die Gefolgschaft des Herzens im Kampf für die Ziele der Vernunft und Beherrschung der Begierden des Bauches in seinen sogenannten Lüsten, —»sogenannt«, weil sie keine wahren sind.

Hier bricht aber, wenn wir genau zusehen, das ganze scheinbar gelöste Problem wieder auf und erweist sich so ungelöst wie zuvor. Das wird sogleich deutlich, wenn wir einen Blick voraus auf die Philosophie Kants werfen. Auch Kant unterscheidet drei Anlagen der menschlichen Natur. Die erste ist die Anlage für die Tierheit des Menschen als eines lebendigen; das deckt sich ohne Zweifel mit Platos »Begierde« (ἐπιθυμία), dem Bauch. Die 2. ist die Anlage für die Menschheit desselben als eines lebendigen und zugleich vernünftigen, und das deckt sich mit Platos 3. Seelenteil, dem Kopf, der Vernunft (λογιστικόν). Aber das dritte steht merkwürdigerweise bei Kant nicht wie bei Plato dazwischen, sondern noch darüber. Daraus nämlich, daß ein Wesen Vernunft hat (so lehrt Kant), folgt noch nicht, daß es auch ein moralisches Wesen ist. Das ist nicht nur so gemeint, daß das vernünftige Wesen auch böse sein kann (das versteht sich von selbst und wird auch von Plato nicht geleugnet), sondern Kant behauptet vielmehr: daraus, daß ein Wesen Vernunft hat, folgt noch gar nicht, daß es für es überhaupt so etwas gibt wie eine moralische Forderung. Es könnte sein, daß bei ihm die Vernunft ganz und gar nur im Dienste seines Eigennutzes stände. Die Vernunft ist ein Vermögen zu denken, d. h. sich etwas vorzustellen. Wie kann sie also von sich aus etwas wollen? Sie belehrt mich wohl, was ich tun muß, um ein gewünschtes Ziel zu erreichen, aber sie hat nicht selbst irgendwelche Wünsche. Welches ist das Ziel, dem das durch Vernunft geleitete Leben nachstrebt? Wenn man zunächst einmal von der Moral abstrahiert, so ist es (antwortet Kant) die Glückseligkeit. Dasselbe lehrt Plato. Aber (so lehrt er) nur auf dem Wege der Tugend erreicht man das wahre Glück, die wahre Lust, und deswegen nennt er die Lüste des Bauches sogenannte Lüste. Ihre hemmungslose Befriedigung ist nicht der Weg zur wahren Lust und zur Glückseligkeit. Der Hedonismus aber bleibt dabei in Geltung.

Kant dagegen setzt als dritte Anlage die Anlage zur Persönlichkeit als eines vernünftigen und zugleich der Zurechnung fähigen Wesens. (Die Religion innerhalb . . . S. 15) Diese Anlage besteht darin, daß die Vernunft ein Gesetz gibt, das moralische Gesetz, das unabhängig von aller Neigung, also nicht im Dienst des Glücksstrebens, der Seele befiehlt. Woher dieses Gesetz seine verbindende Kraft nimmt, wenn es doch nicht mit Notwendigkeit mit der Vernunft verbunden ist, das hat Kant für ein unauflösbares Rätsel gehalten, aber soviel glaubte er einsehen zu können, daß solches verbindliche Vernunftgesetz in der Seele mit Notwendigkeit so etwas hervorrufen müsse wie ein moralisches Gefühl, nämlich das Gefühl der Achtung vor diesem Gesetz und vor uns selbst als einer solcherweise von aller Sinnlichkeit unabhängigen höheren Natur. Diese Achtung ist die Triebfeder, die uns dazu bewegen kann, dem Gesetz zu folgen. In dem Gefühl der Achtung, wie es Kant bestimmt, sehen wir in eigentümlicher Verwandlung den platonischen Thymos wieder auftauchen.

Wenn wir aber fragen, was es denn eigentlich ist, was das moralische Gesetz will, so erfahren wir von Kant: Es will dies, daß wir jeden anderen, der für sich selbst ein Zweck seiner selbst ist, niemals nur als Mittel behandeln, sondern immer zugleich als Selbstzweck anerkennen. Wenn wir dies von uns selbst und auch von allen anderen wollen, dann wollen wir eine Gemeinschaft, in der alle einander als das, was sie in Wahrheit sind, und nicht nur als das, was sie zu sein scheinen, anerkennen. Wenn die moralische vernünftige Natur das im Grunde will, dann ist sie in dieser wesentlichen Weise ein Wesen der Gemeinschaft (ζῷον πολιτικόν) und kann böse nur sein, indem sie sich selbst um das betrügt, was sie im Grunde doch unabdingbar will, also indem sie sich selbst verachtet und sich selbst um die wahre Lust betrügt, um sich mit sogenannter Lust abzuspeisen.

Daß die Herrschaft des Kopfes, unterstützt durch das Herz, über den Bauch politische Areté hervorbringt, versteht sich für Plato von selbst.

Daß die vernünftige Natur dies Ziel verfolgt, wenn sie nicht durch die Herrschaft der Begierden des Bauches nach den Scheinlüsten daran gehindert wird, das ist für einen Griechen der klassischen Zeit (vor dem Hellenismus) selbstverständlich, weil er sich den Menschen, abstrahiert von dem Willen zur wahren Gemeinschaft, gar nicht zu denken vermag. Kants Gedankenexperiment von dem radikal individuell-egoistischen Vernunftwesen ist erst durch die Entpolitisierung des Menschen im Hellenismus möglich geworden. Noch Aristoteles hielt eine solche Existenz nur für ein Tier oder für einen Gott für möglich, für den Menschen aber für unmöglich. Daher verliert Plato hier kein Wort über das, was für uns Heutige das entscheidende Problem zu sein scheint.

Wir müssen uns wie ein Axiom einprägen: Das wahre Ziel des wahren Lebens ist die wahre Freude, und die ist nur in der wahren Gemeinschaft möglich.

Jetzt geht die Betrachtung zur Ungerechtigkeit über (444 b ff.). Sie muß umgekehrt wie die Gerechtigkeit auf Zwiespalt und Aufruhr im seelischen Organismus beruhen. Wieder taucht die alte Analogie auf: Leib zu Seele wie Gesundheit zu Gerechtigkeit (444 c). Krankheit ist eine Unordnung in der Organisation des Leibes, und die Ungerechtigkeit ist eine Unordnung in der Organisation der Seele. Nun kann man aber alles immer nur auf eine Weise richtig, aber auf sehr viele Weise falsch machen; daher gibt es auch hier zwar nur eine Weise der richtigen Verfassung der Seele, die wir am Leitfaden der Analogie mit dem Idealstaat betrachtet haben, aber die verschiedensten Formen der Entartung. Es lassen sich vier Hauptformen derselben herausheben, und das soll geschehen, indem man die Sache wieder am Modell der Polis betrachtet (445 c ff.). Die beschriebene Polis ist eine Aristokratie, eine Herrschaft der Besten. Davon ist nur ein Spezialfall die Königsherrschaft als die Herrschaft des einen unbestritten Besten.

5. Buch

Eben will Sokrates die vier wesentlichen Formen des Verfalls deduzieren, da wird er unterbrochen und ihm vorgeworfen, er habe einen Teil übergangen, den er noch nachholen müsse. Die Weiber und Kinder betreffend habe er nämlich gesagt, das müsse schon jedem deutlich sein, daß

Freunden alles gemein sein werde. Wie sollen also die Frauen und Mädchen aufgezogen werden? Drinnen das Haus hüten, weil sie wegen des Gebärens und Aufziehens der Kinder zu etwas anderem untüchtig sind? Bei den Hunden z. B. machen wir es anders: gemeinsam mit den männlichen übernehmen die weiblichen die Aufgaben, nur daß sie vielleicht etwas schwächer sind. So muß es auch mit den Menschen gehalten werden, die Mädchen müssen dieselbe Ausbildung erhalten wie die Knaben. Auch sie lernen Musik, Gymnastik und Kriegskunst (452 a). Zwar scheint einiges daran dem Sokrates etwas lächerlich zu sein, wie z. B. die Vorstellung der nackten Weiber, die sich unter den Männern auf den Sportplätzen tummeln, und zwar nicht nur junge, sondern auch ältere. (Ebenso selbstverständlich wie die Nacktheit des sporttreibenden Mannes war dem Griechen dies, daß die Frauen niemals unbekleidet zu sehen waren, wie auch die Plastik wohl Figuren des nackten Mannes kennt, aber nicht solche der nackten Frau.) Aber er erinnert daran, daß bei den Barbaren auch das Unbekleidetsein des Mannes als unerhört gilt. —

Aber er hat einen anderen Einwand: haben wir nicht anfangs zugestanden, daß jeder je nach der ihm eigentümlichen Natur nur ein Geschäft verrichten müsse? Und unterscheidet sich nicht der Mann seiner Natur nach sehr von der Frau? Müssen sie demnach nicht auch verschiedene Geschäfte verrichten (453 b f.)? Aber wir müssen bedenken, welche Art von Verschiedenheit der Natur es war, aus der eine Verschiedenheit des Geschäfts folgen sollte. Wenn wir das nicht beachten, dann könnte einer folgern, wenn Kahlköpfe Bäcker sind, dann dürfen Lockenköpfe keine Bäcker sein (454 c). Ein Arzt und ein Zimmermann dagegen können ihr Geschäft wirklich nicht vertauschen, weil zwischen ihnen ein Unterschied hinsichtlich der Seele besteht (wir würden sagen, hinsichtlich der Veranlagung und Begabung). Es kommt also darauf an, ob Mann und Frau hinsichtlich der Veranlagung zu einer Kunst verschieden sind, und nicht auf den Unterschied, daß er zeugt und sie gebiert (454 d f.). Nun wird behauptet, daß auf allen Gebieten der Mann begabter ist, leichter lernt und erfinderischer ist und auch nach seiner körperlichen Konstitution dafür leistungsfähiger, selbst auf den Gebieten, die als spezifisch weiblich gelten, wie Kochen, Backen und Weben (455 d). Zwar sind viele Frauen in vielen Dingen tüchtiger als viele Männer, aber im Durchschnitt werden die Männer die Frauen auf allen Tätigkeitsgebieten übertreffen. Also, so wird gefolgert, gibt es keine spezifischen Tätigkeitsbereiche der Frau, sondern es sind dieselben für die Männer und die Frauen, nur daß die Frau im Durchschnitt überall schwächer sein wird als der Mann (455 d). Also werden die Frauen mit den Männern auf die drei Kasten der platonischen Polis zu verteilen sein. Auch vom Amt des Generalwächters sind sie nicht ausgeschlossen (456 a). Also müssen sie auch auf gleiche Weise erzogen werden wie die Männer, und so wird es am besten sein für die Polis (456 b ff.).

Immerhin bleiben die Männer die Zeugenden und die Frauen die Gebärenden. Wie also soll darüber bestimmt werden? So, daß alle diese Frauen allen Männern gemeinsam sind, keine Frau aber einen Mann für sich allein hat und kein Mann eine Frau, und auch die Kinder ihnen gemeinsam sind, so daß kein Kind seinen Vater kennt und kein Vater sein Kind (457 e f.). — Es ist hier, wie sich sogleich zeigt, nicht von dem 3. Stand, den Erwerbsbürgern, die Rede, sondern nur von den beiden oberen Ständen. Die wohnen gemeinsam, auch Männer und Frauen miteinander, und werden sich so notwendigerweise vermischen (458 d). Aber es muß eine gewisse Ordnung eingerichtet werden, wenn die Polis eine ideale sein soll. Es werden also heilige Hochzeiten einzurichten sein (458 e). Hier wird wieder ein Blick geworfen auf die Viehzucht (459 a ff.). Die Hunde läßt man sich nicht nach Belieben paaren, sondern bringt die besten im blühendsten Alter zusammen, und mit den Pferden macht man es ebenso. Also ist es wohl das Beste, es mit den Menschen auch so zu machen. So werden die trefflichsten Männer mit den trefflichsten Frauen kopuliert, und deren Sprößlinge werden aufgezogen, die schlechten aber mit den schlechten, und deren Brut wird nicht aufgezogen (459 d).

All das wird von den Generalwächtern angeordnet, aber in geheimer Weise, so daß es den Betroffenen verborgen bleibt. Die Soldaten beider Geschlechter werden durchaus als Mittel im Dienste der Rassenzüchtung behandelt. Da werden feierliche Kopulationsfeste eingeführt, je nach Bedarf, der infolge von Krieg oder Krankheiten schwanken kann. Die Dichter müssen feierliche Gesänge dichten, die Priester Opfer bringen, und dann werden die Paare ausgelost, — aber diese Verlosung ist nur ein Schein, mit dem die Soldaten im höheren Interesse von den Oberen betrogen werden (460 a). Jünglinge, die sich im Kriege und sonst ausgezeichnet haben, erhalten außer sonstigem auch dies als Belohnung, zu den Frauen gehen zu dürfen, damit diese besten besonders viel Nachwuchs zeugen (460 b). Die Neugeborenen werden von der Obrigkeit beschlagnahmt, und die gut geratenen ins Säuglingsheim gebracht, die schlechten und die Mißgeburten werden bei Seite geschafft (460 c).

Der Mensch erwirbt das Recht zu leben nicht von Natur durch seine Geburt, sondern, da er nur in der Polis leben kann, hat diese auch das Recht, darüber zu entscheiden, ob ein Neugeborener in sie aufgenommen werden soll oder nicht. Das hat Plato nicht erfunden; nur lag de facto dies Recht der Annahme oder Ablehnung des Neugeborenen in der Hand des Familienvaters. Die heute herrschende Meinung, daß der Neugeborene durch seine Geburt ein Lebensrecht habe und die Tötung einer Mißgeburt Mord sei, versteht sich nicht von selbst, sondern beruht auf der christlichen Voraussetzung, daß Gott als der Schöpfer dem Neugeborenen ein Lebensrecht verliehen habe, das weder durch den Vater noch durch den Staat aufgehoben werden kann. Da Plato kein Christ war, besteht kein Recht, sich über seine Anschauungen moralisch zu entrüsten.

In das Säuglingsheim, in das die angenommenen Kinder geschafft werden, bringt man auch die stillenden Mütter, aber auch da erkennt keine ihr Kind (460 c ff.). Die Gebärzeit der Frau wird auf das Alter von zwanzig bis vierzig festgesetzt; die Zeugezeit des Mannes auf das Alter von fünfundzwanzig bis fünfundfünfzig. Nachher wird es den Männern freigestellt, sich zu vermischen, mit wem sie wollen, nur nicht mit ihrer Mutter oder Großmutter oder Tochter oder Enkeltochter, — und den Frauen ebenso. Der aus solcher Vermischung entspringende Nachwuchs wird getötet (460 e ff.). Das Problem, wie man bei diesem System seine Eltern und Kinder erkennt, wird so gelöst: Alle Kinder, die geboren sind zwischen dem 7. und 10. Monat von dem Tage an, da einer Ehemann geworden ist, die soll er seine Kinder nennen und sie ihn Vater, und entsprechend mit den Enkeln. Alle also, die seine Kinder oder Eltern sein könnten, darf er nicht berühren. Es ist klar, daß bei diesem Verfahren die Geschwisterheirat nicht ausgeschlossen werden kann, und sie wird denn auch ausdrücklich zugelassen (461 d f.).

Inwiefern aber ist es so am besten für die Polis? Um das zu beantworten, muß man erwägen, was das größte Gut (τὸ μέγιστον ἀγαθόν 462 a) für die Konstruktion der Polis ist, das den Gesichtspunkt für den Erlaß aller Gesetze abgeben muß, und was das größte Übel. Das größte Übel ist das, was die Polis zerreißt und sie zu einer Vielheit macht, ihre Einheit zerstört (462 b). Nun ist die Gemeinschaft in Freude und Schmerz etwas, was verbindet. Es ist also gut, wenn alle Bürger sich gemeinsam freuen oder trauern, wenn etwas entsteht oder vergeht. Dagegen wenn die Menschen sich in Freude und Trauer sondern, so ist das ein die Einheit auflösendes Moment. Diese Einheit aber wird bewirkt, wenn es möglichst wenig Unterschied von Mein und Dein gibt. Je mehr gemeinsam ist, umso stärker ist die Gemeinschaft. Daher ist auch die Weiber- und Kindergemeinschaft eine Einrichtung, die die Einheit der Polis fördern und erhalten soll (462 b ff.).

Jetzt kann auch der Verdacht ausgeräumt werden, daß die Wächter zwar die Herren der Polis seien, aber kein glückliches Leben führen. Im Gegenteil (so soll sich jetzt ergeben) sind sie die glücklichsten von allen. Ihr Leben wurde freilich eingerichtet im Hinblick darauf, daß nicht sie sondern die ganze Polis möglichst glücklich würde, aber jetzt zeigt sich, daß auch sie selbst ein seliges Leben führen. Denn in der völligen Gemeinschaft entbehren sie nichts, haben alles, was sie brauchen, und sind alle einander Freunde (465 d ff.).

Männer und Frauen werden gemeinsam in den Krieg ziehen und werden die heranwachsenden Kinder auch mitnehmen, damit sie vom Zusehen lernen und auch schon gelegentlich etwas Hilfe leisten, so wie man es bei den Kindern der Handwerker sieht. Das ist in diesem Fall zwar nicht ungefährlich, aber diese Gefahr muß im Interesse der Sache in Kauf genommen werden, und das Dabeisein des Nachwuchses wird die Kämpfer besonders tapfer machen. Im übrigen sollen die Jugendlichen auf schnelle Pferde gesetzt werden, damit sie sich, wenn es brenzlig wird, schnell davonmachen können (466 e ff.).

Es folgen Vorschriften über die Kriegsführung (468 a ff.). Daß die, die sich auszeichnen, auf alle Weise zu belohnen sind, auch mit Frauen, wurde schon gesagt. Wer sich gefangennehmen läßt, wird dem als Eigentum überlassen, der ihn gefangen hat. Wer gefallen ist, wird mit viel Ehren bestattet, und es wird von ihm erzählt, er sei zu den frommen Dämonen erhoben worden; auch wer sonst gestorben ist von denen, die sich ausgezeichnet haben, soll ähnlich geehrt werden (468 d ff.). Ausraubung der feindlichen Gefallenen wird verworfen, wie auch dieses, Hellenen zu Sklaven zu machen; es soll dies auch den anderen Hellenen nach Möglichkeit verwehrt werden (469 c). Auch soll das Land besiegter Feinde nicht verwüstet werden, sondern man soll ihnen höchstens die Ernte des Jahres nehmen, wenn es sich um Hellenen handelt. Man muß nämlich, so wird gelehrt, unterscheiden zwischen Krieg (πόλεμος) und Zwist (στάσις 470 b).

Krieg wird unter Fremden geführt, Zwist gibt es aber zwischen Angehörigen und Verwandten. So ist aller Streit zwischen Hellenen kein Krieg im eigentlichen Sinne sondern nur Zwist. Die geplante Polis soll aber eine hellenische sein.

Nun aber kommt der Einwand (471 c ff.): Gewiß, wenn diese Polis existiert, dann wird alles aufs beste gehen, es wird die vollkommene Gemeinschaft sein, und in ihr wird der Mensch das höchste Glück genießen, dessen er als das politische Lebewesen fähig ist. Aber ist eine solche Polis auch möglich, und wie ist sie möglich? D. h. wie kann eine solche Polis entstehen? Wir müssen uns (sagt Sokrates) die Beantwortung dieser Frage anbahnend zuerst daran erinnern, wie wir bis hierher gekommen sind, nämlich durch die Frage nach der Gerechtigkeit (472 b). Angenommen, wir hätten das Wesen der Gerechtigkeit gefunden, dann werden wir vom gerechten Mann nicht verlangen, daß er diesem Wesen völlig entspricht, sondern damit zufrieden sein, daß er ihr nahekommt und am meisten von allen an ihr teilhat (472 c). Wir haben ein Paradigma der Gerechtigkeit aufgestellt als Maßstab und eine Idealkonstruktion aufgeführt, nicht als etwas, was es wirklich geben könnte, sondern um zu erkennen, daß wer dem am ähnlichsten ist, auch ein ähnliches Los haben werde. Entsprechend haben wir das Paradigma einer guten Polis konstruiert. Es kann nicht verlangt werden, zu beweisen, daß diese ideale Stadt verwirklicht werden kann, sondern nur dies kann gefragt werden, wie man am ehesten und am meisten nach Möglichkeit sich diesem Ideal nähern kann. Nichts kann so ausgeführt werden, wie es gesagt wurde, und die Tat erreicht weniger von der Wahrheit als das Wort, — die Praxis bleibt hinter der Theorie zurück (473 a).

Wie aber können die Staaten, wie sie heute (zur Zeit von Sokrates und Plato) sind, sich dem Ideal nähern? Welche Veränderung oder welche Veränderungen des jetzigen Zustandes sind dazu notwendig? Eine einzige Veränderung (meint Sokrates) würde genügen, keine kleine allerdings, aber auch keine unmögliche. Welche nämlich? Antwort: Ehe nicht entweder die Philosophen Könige werden in den Staaten oder die jetzt sogenannten Könige und Herrscher wahrhaft und hinreichend philosophieren, und also dies in eines zusammenfällt, die Staatsgewalt und die Philosophie, die vielen Naturen aber, die jetzt zu jeder von beiden für sich hingehen, mit Notwendigkeit ausgeschlossen werden, eher gibt es keine Erholung von den Übeln für die Staaten und (wie mir scheint) auch nicht für das Menschengeschlecht, noch kann jenes Staatswesen, das wir dargestellt haben, auf irgend eine Weise früher gedeihen und ans Sonnenlicht kommen (473 d).

Was heißt hier »Philosoph«? Sokrates erläutert es. φιλεῖν heißt lieben, und wenn jemand etwas wirklich liebt, dann liebt er nicht einiges davon und anderes nicht, sondern dann liebt er es ganz. So lieben die Päderasten alle blühenden Knaben und die Liebhaber des Weines alle Weine und die Ehrliebenden, die keine große Schlacht gewinnen können, sind auch zufrieden, sich in einem kleinen Gefecht auszeichnen zu können (474 c ff.). So trachtet der Philosoph, der Liebhaber der Weisheit, nicht nach einiger davon, nach einiger aber nicht, sondern nach aller Weisheit (475 b). Aber, so wird eingewendet, wird man dann nicht auch die Schaulustigen und die Hörlustigen, die überall herumlaufen, um das Neueste zu sehen und zu hören, philosophisch nennen müssen (475 d)? Aber die Neugierigen sind nicht die wahren Philosophen, wenn sie auch eine gewisse Ähnlichkeit mit ihnen haben. Die wahren Philosophen sind diejenigen, die nach der Wahrheit schaulustig sind (475 e). Aber was heißt hier Wahrheit?

Zur Beantwortung dieser Frage holt Sokrates etwas aus. Jede Idee ist *eine* Idee, so gibt es z. B. eine Idee des Schönen. Es gibt aber vieles Schöne, was an dem Schönen selbst teilhat: so ist das Schöne eines und vieles. Die Schaulustigen nun halten sich an das viele Schöne, und überhaupt überall an das viele an einer Idee Teilhabende, aber ihr Geist ist unfähig, das Wesen des Schönen selbst zu erfassen. Sie halten das Teilhabende für das Wesen selbst und sind wie Träumende, die das einer Sache Ähnliche für die Sache selbst halten. Diejenigen aber, die das Wesen des Schönen selbst erfassen und es von dem daran Teilhabenden unterscheiden können, sind die eigentlich Wachenden. Ihre Vorstellung ist Erkenntnis, die der anderen dagegen nur Meinung (δόξα 476 d).

Inwiefern erkennen die Meinenden nichts? Der Erkennende erkennt etwas, und das heißt: Seiendes. Das gänzlich Seiende ist gänzlich erkennbar, das gar nicht Seiende aber gar nicht erkennbar. Wenn nun etwas ist und nicht ist, dann muß es offenbar in der Mitte liegen zwischen dem reinen Seienden und dem ganz und gar nicht Seienden. Nun bezog sich aber die Erkenntnis auf das Seiende, die Unkenntnis auf das Nichtseiende (477 a). Wenn es etwas dazwischen gibt, muß es auch etwas geben zwischen Erkenntnis und Unkenntnis. Dies ist die Meinung (δόξα). Sie ist dunkler als das Wissen, aber heller als die Unkenntnis (478 c). Die Meinung richtet sich auf das viele Schöne, auf dasjenige, dem das Prädikat »schön« zukommt. Solches ist immer mehr oder weniger schön, es kann auch einmal häßlich erscheinen, es ist schön und ist es auch nicht. Es hat also an Sein und Nichtsein teil. Meinung ist Auffassen des Wahrgenommenen als etwas, Prädikation. Die Prädikate selbst dagegen werden gedacht und sind ein fest Bestimmtes, immer mit sich selbst Selbiges, auf das wir als auf immer dasselbe immer wieder zurückkommen können. Wissen (im Sinne von Platos ἐπιστήμη) gibt es nur von diesen Wesen, nicht von den Dingen.

Was wir empirische Wissenschaft nennen, ist gemäß der hier aufgestellten Terminologie Meinung, Beurteilung (δόξα). Was die Meinung beurteilt, beurteilt sie hinsichtlich seiner Teilhabe an einer Idee, welche Teilhabe immer zugleich auch Nichtteilhabe ist. In solcher Beurteilung verwendet man die Ideen (als Begriff oder Maßstab), aber man macht sie nicht selbst zum Thema der Betrachtung. Eben das aber tun die Philosophen (479 e). Mit Husserls Worten gesagt: ihre Sache ist nicht die Tatsachenforschung sondern die Wesensschau.

Daß die Philosophen herrschen müssen, das bedeutet demnach: Wahre Staatskunst ist nur für den möglich, der das Wesen des Staates weiß. Nur so kann er wissen, worauf es bei der Politik wirklich ankommt, sonst wird er sich in zufälligen Maßnahmen herumtreiben.

6. Buch

Zu Hütern der Polis muß man diejenigen machen, die imstande sind, die Gesetze und Aufgaben des Staates zu hüten. Der Hüter muß ein klar Sehender sein und nicht ein Blinder. Die aber das Seiende selbst, die Idee, nicht sehen und kein evidentes Vorbild (ἐναργὲς παράδειγμα 484 c) in der Seele haben, sind wie Blinde. Nur wenn sie das Wesen der Gerechtigkeit wissen, können sie gerechte Gesetze geben und sie hüten. Solche zu Herrschern zu machen ist das beste, wenn sie auch an Erfahrung (ἐμπειρία 484 d) und sonstiger Tüchtigkeit nicht hinter den anderen zurückstehen. Also ist zu erwägen, wie es zu erreichen ist, beides miteinander zu vereinigen. Dazu müssen wir zuerst die Natur der Philosophen studieren (485 a).

Der Grundzug im Wesen der Philosophen ist die Liebe zu allem Wissen über das, was immer ist und nicht auf der Irrfahrt des Entstehens und Vergehens ist. Dies begehren sie ganz und sind Feinde des Falschen und nehmen das Falsche auf keine Weise freiwillig an, sondern hassen es, die Wahrheit aber lieben sie (485 b f.). Als solche trachten sie vorzüglich nach den Freuden, die der Seele als solcher zufallen, und halten sich von denen, die durch den Leib vermittelt werden, zurück. Also ist der Philosoph auch besonnen, maßvoll (σώφρων 485 e) und auch nicht habsüchtig. Einem solchen wird auch die Kleinlichkeit (σμικρολογία 486 a) fremd sein, da seine Seele ja immer auf das All und das Ganze aus ist. Sein Wesen ist gekennzeichnet durch Großzügigkeit (μεγαλοπρέπεια); wenn er so gesinnt die ganze Zeit und das ganze Sein überblickt, dann wird ihm das menschliche Leben nichts Großes zu sein scheinen, und auch der Tod wird ihm nicht furchtbar erscheinen. Eine feige und unfreie Natur kann also an der wahren Philosophie keinen Teil haben (486 b. Hier kommt die nicht-kriegerische Tapferkeit wieder zum Vorschein.) Ein solcher Mensch kann auch nicht unverträglich und ungerecht sein. Auch lernbegabt muß der Philosoph sein, denn es ist kaum zu erwarten, daß seine Liebe Bestand hat, wenn das, wozu sie ihn treibt, ihm sauer fällt und etwas ist, worin er nichts Rechtes fertigbringt. Auch behalten können muß er, was er gelernt hat, denn wenn das fehlte, wäre es bald aus mit der Liebe zu einer Weisheit, die ihm immer wieder davonfliegt (486 c). Eine unmusische Seele würde zum Unmaß neigen, die Wahrheit aber ist nicht dem Unmaß verwandt, sondern dem Ebenmaß. Wenn ein so harmonisch Veranlagter noch richtig erzogen ist und in das richtige Alter gekommen, wie sollte es nicht am besten sein, ihm die Leitung des Staates zu übergeben (487 a)?

Dagegen (sagt Adeimantos, 487 b ff.) könnte einer folgendes einwenden: die Erfahrung lehrt, daß diejenigen, die die Philosophie nicht nur in der Jugend getrieben haben, um sich zu bilden, sondern die dabei geblieben sind, wunderlich geworden sind, um nicht zu sagen vollkommen verdorben, und die besten noch von denen, die sich auf die Philosophie eingelassen haben, sind jedenfalls für die Polis unbrauchbar geworden. Zu seiner Verwunderung antwortet Sokrates, daß die Leute, die so etwas sagen, ihm ganz recht zu haben schienen (487 d), und doch sollen die Philosophen die Staatslenker sein. Er erläutert das, gegen seine Gewohnheit, durch ein Bild (488 a ff.).

Er vergleicht die Polis mit einem Schiff, geführt von einem Kapitän, der zwar alle an Größe und Kraft überragt, übrigens aber schwerhörig und schwachsichtig ist und von der Seefahrt nichts versteht. Das Schiffsvolk ist in Fehde unter sich, jeder will steuern und keiner kann es; alle haben weder einen Lehrer noch eine Lehrzeit in der Nautik vorzuweisen. Sie behaupten auch, so etwas sei überhaupt nicht lehrbar. Jeder sucht den Kapitän zu bereden, ihm das Ruder zu übergeben, und wenn er fürchtet, daß es ein anderer bekommt, wirft er den sogar über Bord. Auch versuchen sie, den Kapitän betrunken oder durch Gifte oder auf andere Weise handlungsunfähig zu machen, um sich in den Besitz des Fahrzeugs zu setzen und an die Vorräte zu kommen, zu schmausen und zu saufen. Dies halten sie für die wahre Schiffskunst: zu verstehen, wie man ans Ruder kommt, aber nicht dies, damit umgehen zu können. Wenn es so auf dem Schiff zugeht, dann wird man den nautischen Sachverständigen als einen Wetterpropheten und Bücherwurm verachten. So steht es auch mit der Polis. Die Philosophen sind die gelernten Nautiker des Staatsschiffes. Aber auf dem Schiff herrscht Meuterei, da wird nicht nach der nautischen Kunst gefragt, sondern nach der Kunst, ans Ruder zu kommen. Ein großer Politiker ist derjenige, der es versteht, an die Macht zu kommen und sich an der Macht zu halten, und nicht derjenige, der sich auf die richtige Führung des Staatsschiffs versteht. Es ist aber nicht Sache des Philosophen als des Staatsfachmanns, sich um die Macht zu bemühen, darum zu bitten oder sich auf andere Weise darum zu bewerben, daß man ihn regieren lasse; sondern wie es der Kranke ist, der den Arzt rufen muß, und wie der Reeder sich einen sachverständigen Nautiker suchen und ihn bitten muß, sein Schiff zu führen, so müssen diejenigen, die regiert zu werden nötig haben, hingehen zu denen, die es können, und sie darum bitten, es zu tun, und nicht ist es Sache dessen, der regieren kann, die zu Regierenden zu bitten, sich von ihm regieren zu lassen. So spricht die Erfahrung von der politischen Nutzlosigkeit der Philosophie nicht gegen die Philosophie, sondern gegen den Staat, wie er jetzt ist (489 b ff.).

Wenn aber weiter gesagt wird, die Philosophie sei nicht nur unnütz, sondern sie verderbe sogar die Menschen, so ist auch darin in Wahrheit die Philosophie unschuldig. Sokrates erinnert noch einmal an den ganzen Chor der Tugenden, welcher als mit der Liebe zur Weisheit notwendigerweise verknüpft aufgezeigt worden war (490 a). Danach ist der wahre Philosoph ein in jeder Hinsicht guter Mensch, ein solcher aber wird selten sein. Zudem ist sein Dasein aufs äußerste gefährdet; gefährdet durch sich selbst, nämlich durch die Ausartung jeder der an ihm gerühmten Tugenden, wie auch durch die äußeren Güter, Schönheit, Reichtum, Kraft, Familienbeziehungen in der Polis. Die edelsten und reichsten Naturen sind in der Gefahr der größten Entartung. Dazu kommt der gefährliche Einfluß der öffentlichen Meinung. In Volksversammlungen, Gerichtssitzungen, Schauspielen und bei vielen anderen Gelegenheiten entscheidet sie, mit großem Lärm lobend und tadelnd. Was für eine Erziehung kann es wohl geben, die gegen die Gefahr sichert, hier mitgerissen zu werden und dem öffentlichen Beifall zuliebe alle seine Einsichten zu verraten (wie Alkibiades) (491 ff.).

Doch die Öffentlichkeit hat noch stärkere Mittel, als nur Lob und Tadel. Sie kann ihre Gegner um die Ehre, um das Geld, sogar um Freiheit und Leben bringen (wie Sokrates). Wenn es so mit den Staaten steht, dann kann das Rettende nur noch ein göttliches Geschick sein (492 d ff.).

Mietlinge dieser öffentlichen Meinung zu sein, wird den Sophisten vorgeworfen. Sie haben diese studiert wie ein Ungetüm, sie kennen seine Begierden und seine Stimmungen und wissen es zu berechnen, wie man es behandeln muß, was es aufbringt und was es besänftigt. Diese ihre Erfahrung davon nennen sie ihre Weisheit und Kunst und empfehlen sich als Lehrer derselben. In Wahrheit wissen sie nichts davon, was schön und häßlich ist oder gut und schlecht oder gerecht und ungerecht, aber alle diese Namen gebrauchen sie für die Ansichten des großen Tieres: das nennen sie gut, woran es Vergnügen findet, schlecht das, worüber es sich ärgert, das Notwendige nennen sie gut, haben aber keine Ahnung davon, wie sehr das Gute und das Notwendige in Wahrheit auseinanderliegen. Daß solche Männer nicht die wahren Erzieher sind, sondern nur Menschenverderber, liegt auf der Hand (493 a ff.).

Was aber der eigentliche Gegenstand der Philosophie ist, das Schöne selbst und überhaupt die Ideen, das bleibt dem großen Haufen verschlossen, ja er wird leugnen, daß es etwas derartiges überhaupt gibt. Es ist also unmöglich, daß die Menge jemals philosophisch ist (494 a). Daher wird sie notwendigerweise die Philosophen tadeln. Ihre Mietlinge, die Sophisten, werden in den Tadel einfallen. Welche Rettung also gibt es für eine philosophische Natur, wie kann sie ans Ziel kommen? Sie wird schon in früher Jugend durch ihre Begabung auffallen, und sogleich wird sich die Öffentlichkeit auf sie stürzen, um sie vor ihren Wagen zu spannen. Sie werden dem Begabten schmeicheln und ihn mit der Aussicht auf künftige Macht anlocken. So ist er in Gefahr, daß ihn der politische Ehrgeiz packt und daß Einbildung und Aufgeblasenheit ihn befallen. Und wenn ihn dann einer ermahnt und ihm klar macht, daß er noch gar nicht wisse, was er wissen müßte, um das zu leisten, was er leisten will, ihn so zur Philosophie ziehen will, dann wird die Meute sowohl über ihn wie über den Mahner herfallen und auf alle Weise zu verhindern suchen, daß ein so Begabter sich der Philosophie zuwendet (494 b ff.). So ist Gefahr, daß die von Natur zur Philosophie Bestimmten von der Philosophie abgezogen werden, und daß sich ihr dafür andere Unberufene und Unwürdige nahen und sie in Verruf bringen (495 c). Es gehört schon ein Glücksfall dazu, daß einer unter solchen Bedingungen ein Philosoph wird, etwa daß Krankheit ihn von der Politik fernhält oder daß er in der Verbannung lebt oder an einem ganz unbedeutenden Ort. Was kann denn so einer tun? Sich ruhig verhalten, das Seine tun und (da es ihm unmöglich ist, den allgemeinen Frevel aufzuhalten) wenigstens selbst ein gerechtes Leben führen und hoffnungsvoll abscheiden. Das ist freilich nichts Geringes, aber auch nicht das Größte, da er keinen tauglichen Staat gefunden hat, denn darin würde er nicht nur das Eigene, sondern auch das Allgemeine retten (496 b ff.).

So ergibt sich ein unseliger Zirkel: damit der ideale Staat entstehen kann, müssen die Philosophen regieren, damit sie aber zur Regierung kommen können, muß der Staat schon so sein, wie er durch sie werden soll. Aber selbst wenn er wie durch ein Wunder ins Leben getreten wäre, würde dadurch die Philosophie nicht überflüssig, denn ohne die Philosophie könnte er keinen Bestand haben (497 d).

In ihm aber wird die Philosophie eine ganz andere Stellung haben müssen als heute (zur Zeit von Sokrates und Plato). Jetzt ist die Philosophie eine Beschäftigung für eine Übergangszeit, eine Sache der Bildung für die Jünglinge. Im idealen Staat wird aber die ganze Jugend und auch die Zeit des Kriegs- und Staatsdienstes eine Zeit sein, in der man sich erst auf die Philosophie vorbereitet, und erst im reiferen Alter kommt die Zeit, wo man sich ganz der Philosophie widmet und gar nichts anderes mehr betreibt. So muß man es machen, wenn man ein glückseliges Leben führen und ein angemessenes Los im Jenseits gewinnen will (498 b f.).

Das, so wird wieder entgegnet, wird die Menge nicht glauben. Wie sollte sie auch, ist die Antwort, da sie ja so etwas noch nie gesehen hat, und sie hat auch nie hinreichenderweise schöne und freie Reden gehört, welche angestrengt auf alle Weise das Wahre um der Erkenntnis willen gesucht haben, sondern sie kennt nur die spitzfindigen Argumentationen, die um willen des Rechtbehaltenwollens angestellt werden (499 a). Daß es dazu kommt, daß solche Philosophen Herrscher eines solchen Staates, wie er beschrieben wurde, sein werden, das ist wegen des angezeigten Zirkels, daß das Erste das Zweite voraussetzt und das Zweite das Erste, sehr schwierig zu erreichen, aber unmöglich ist es nicht. Im Prinzip ist das Ideal der Verwirklichung fähig und muß es sein, wenn nicht die ganze Rede davon ein Geschwätz sein soll (499 c). Den Skeptikern wird viel von ihren Argumenten entzogen, wenn sie erst erkennen, wer hier mit diesen Philosophen gemeint sind (500 a).

Wer in Wahrheit seine Gedanken auf das Seiende im eigentlichen Sinne richtet, auf die Ideen, der hat gar keine Zeit, auf das Treiben der Menschen zu blicken, sich mit ihnen zu streiten und sich mit Neid und Eifersucht anzufüllen. Indem er das Geordnete schaut und das sich immer Gleichbleibende, was kein Unrecht tut und keines erleidet sondern sich vernünftig verhält, wird er das nachahmen und sich ihm möglichst angleichen, wie jeder das gern nachahmt, womit er gerne umgeht (500 c). So wird der Philosoph durch den Umgang mit dem Göttlichen und Geordneten selbst geordnet und göttlich, soweit es dem Menschen nur möglich ist. Wenn es für ihn notwendig wird, zu versuchen, das, was er dort sieht, auch in die Sitten der Menschen einzubilden, in die des Einzelnen sowohl als die der Gemeinschaft, und nicht nur sich alleine zu bilden, so wird er kein schlechter Bildner zur Besonnenheit und Gerechtigkeit und zu jeder Tugend des Volkes sein. Wenn man erst verstanden hat, wer der Philosoph in Wahrheit ist, wird man auch glauben, daß eine Polis nicht glücklich sein kann, wenn sie nicht entworfen ist von einem Zeichner, der sich dieses göttlichen Vorbildes bedient hat (500 e).

Wer sie entwerfen will, wird zunächst die Polis, wie sie ist, und die Sitten der Menschen, wie sie sind, vornehmen und sie ganz rein machen, was nicht eben leicht ist. Dann wird er die Grundverfassung des Staatsbaus vorzeichnen, indem er dabei immer hinblickt auf die Ideen. So wird er versuchen, so weit als möglich, die menschlichen Sitten gottgefällig zu machen (501 a ff.).

Daß Königen oder anderen Herrschern Söhne mit der hier geforderten philosophischen Veranlagung geboren werden, das ist wenigstens nicht unmöglich. Gewiß sind sie in großer Gefahr, verdorben zu werden, aber auch, daß sie dieser Gefahr glücklich entgehen, ist nicht unmöglich. Wenn sich nur ein solcher findet und in seiner Polis Gefolgschaft findet, dann kann er das Unwahrscheinliche verwirklichen (502 a ff.).

Aber wie und auf welche Weise soll ein solcher Retter des Staatswesens vorgebildet werden, und in welchem Alter soll er zu solcher Tat schreiten? Das ist dasselbe Problem wie das, auf welche Weise diejenigen ausgebildet werden müssen, die im idealen Staat die Führung innehaben sollen. Als von der Erziehung die Rede war, kam Gymnastik und Musik zur Sprache, Musik im weiteren Sinne des Musischen überhaupt. Es war auch die Rede von der Erziehung durch Reden, und zwar zunächst durch die falschen, die Mythen, die man den Kindern erzählt, und von der Reinigung des Mythos. Man hätte erwartet, daß außer von den falschen da auch von den wahren Logoi die Rede sein werde, also von der Erziehung durch die Wissenschaft, die doch noch bei uns schon bei den Kindern mit Grammatik, Rechnen, Geographie, Biologie usw. beginnt. Aber es war nur die Rede von einer Prüfung der Veranlagung und des Charakters der künftigen Regenten, keiner Prüfung des Wissens (503 a). Aber jetzt wird gesagt, diese Regenten, die Philosophen, müssen auch in den Kenntnissen (μαθήματα 503 e) ausgebildet werden; es muß geprüft werden, ob sie auch fähig sind zu den größten Kenntnissen und dazu, in ihnen durchzuhalten (504 a).

Aber ist diese größte Kenntnis nicht das Wissen von der Gerechtigkeit? Oder gibt es da noch etwas Größeres als die Gerechtigkeit und das, was wir damals durchgingen? Solches gibt es, nach Sokrates Meinung, in der Tat; jenes größte Mathema, der höchste Gedanke (wie Nietzsche übersetzt, indem er seinen Gedanken von der ewigen Wiederkunft als bewußter Antiplatoniker an die Stelle des höchsten Gedankens Platos setzt) ist die Idee des Guten (ἡ τοῦ ἀγαθοῦ ἰδέα 505 a). Diese wird hier nicht als etwas Neues und Unerhörtes eingeführt, sondern als etwas, wovon Sokrates dem Mitunterredner sagt: das hast du ja schon oft gehört, daß das Gute das ist, wodurch das Gerechte, und was sonst davon Gebrauch macht, erst brauchbar und nützlich wird.

Im gewissen Sinne also etwas schier Selbstverständliches. Warum sollen wir nach Gerechtigkeit streben? Weil sie etwas Gutes ist. Wäre sie nichts Gutes, warum sollten wir uns dann darum bemühen? Dasselbe gilt für die Tapferkeit, die Weisheit und die Besonnenheit. Alle diese Aretai wurden ja auch immer schon in der Hinsicht zur Erörterung gestellt, daß gefragt wurde, inwiefern sie etwas Gutes sind. Die Polis möglichst gut zu machen, und den Menschen zu einem möglichst guten Politen zu machen, und die Seele des Menschen möglichst gut zu machen, eben davon war ja immer die Rede, und insofern war ja immerfort vom Guten die Rede und von gar nichts anderem. Dabei haben wir, wie es nicht anders sein kann, von der Idee des Guten dauernd Gebrauch gemacht, aber wir haben diese Idee selbst als solche dabei nicht zum Gegenstand der Betrachtung gemacht. Wir haben gesagt: Gerechtigkeit ist gut, aber wir haben nicht gesagt, und nicht einmal gefragt, was das Gute selbst ist. Wir haben, und nicht ohne Recht, angenommen, daß wir das schon wissen. Und wir wissen es auch, wenigstens so ungefähr — aber auch nur so ungefähr. Wenn wir uns jetzt nämlich danach fragen, dann müssen wir zugeben, daß wir diese Idee des Guten nicht hinreichend kennen (ὅτι αὐτὴν οὐχ ἱκανῶς ἴσμεν, 505 a). Wenn wir sie aber nicht hinreichend kennen, dann ist auch all unser Wissen, in dem wir von ihr Gebrauch machen, noch nicht hinreichend.

Nun aber geschieht es hier nicht zum ersten Male, daß man sich fragt: Was meinen wir denn mit dem Guten und damit, daß man etwas gut nennt? Man hat sich das längst gefragt und auch Antworten auf diese Frage gegeben. Da gibt es die Meinung, das Gute sei die Freude oder Lust (ἡδονή 505 b). Wir kennen diese Lehre, daß die Lust dasjenige sei, um dessentwillen alles andere erstrebt wird, nur sie selbst um ihrer selbst willen. Freilich brachte diese Lehre ihre eigentümliche Dialektik mit sich. Sein Leben auf den Grundsatz zu stellen, sich möglichst viel Lust zu verschaffen, ist eine Entscheidung, die sich bald der Kritik ausgesetzt findet. Zunächst ist klar, daß man nicht einfach jeder Lust nachlaufen darf, sondern daß hier das »respice finem« gilt — der Lüstling hat die Zukunft zu fürchten, sei es nun das Alter oder die Zukunft nach dem Tode. Da bedarf es also eines Kalküls und also der Erkenntnis. Und einige Lust ist vielleicht auch nur sogenannte Lust. Das Ziel kann also nur die wahre Freude sein, aber was ist diese? — Das alles wird hier nicht erörtert, sondern es wird nur das Stichwort angegeben. Sogleich wird an die Gegenthese erinnert: das Gute ist das Wissen (φρόνησις). Aber auch diese Antwort hat ihre Dialektik, denn auf die Frage: welches Wissen? lautet die Antwort: das des Guten — was denn als eine lächerliche Antwort sogleich abgetan wird (505 b). Wenn also nur diejenige Einsicht gut ist, die eine Einsicht des Guten ist, und wenn die Lust das Gute sein soll, es aber doch auch schlechte Lust gibt, wie allgemein zugestanden wird, dann folgt, daß hier offenbar alles strittig ist (505 d).

Bei der Gerechtigkeit meinen zwar einige, nicht die Gerechtigkeit selbst sei gut, sondern gut sei es, für gerecht zu gelten, gerecht zu scheinen; beim Guten aber begnügt sich niemand mit dem Schein, sondern will das wirklich Gute und nicht das, was nur scheinbar gut ist. Daran zeigt sich: zu wissen, was in Wahrheit das Gute ist, ist das Wichtigste. Wenn wir uns erinnern an die Aporie des Suchens, die uns im »Menon« vorgetragen wurde, so müssen wir jetzt sagen: Wenn wir das Gute suchen sollen, so müssen wir es in gewissem Sinne schon kennen, sonst könnten wir es ja nicht suchen und auch nicht wissen, daß wir es gefunden haben, wenn wir es gefunden haben sollten. Wir müssen also schon ein Vorwissen vom Guten haben, und was wir da wissen, wird eindeutig ausgesprochen: Was jede Seele anstrebt und um willen dessen sie alles tut, ahnend, es gäbe so etwas (ὃ δὴ διώκει μὲν ἅπασα ψυχὴ καὶ τούτου ἕνεκα πάντα πράττει, ἀπομαντευομένη τι εἶναι, 506 e). Das und nichts anderes ist das unter dem Namen des Guten Gesuchte.

Aber dabei ist die Seele in einer Aporie, einer Weglosigkeit, sie weiß nicht, wohin sie sich in dieser Suche wenden soll, und sie kann nicht mit hinreichender Deutlichkeit fassen, was das eigentlich ist, was sie da sucht. Sie kann darüber nicht zu einer festen Überzeugung kommen, und deswegen auch nicht über das andere, hinsichtlich dessen sie fragt, ob es gut sei oder nicht. Solange sie nicht weiß, was sie unter dem Titel des Guten eigentlich sucht, weiß sie auch nicht, was dafür nützlich ist und was nicht. Das Gute selbst, das ist das, worauf alles ankommt und wofür alles andere, was man gut nennt, gut ist, — aber was das nun genau ist, das weiß man nicht. Gerade das zu wissen, ist aber das Allerwichtigste, insbesondere aber ist es das für die Regenten des idealen Staates (506 a).

Aber, so wird nun Sokrates direkt gefragt, was meinst du selbst denn zu der Sache? Was ist das, worauf alles ankommt, der Endzweck aller unserer Bestrebungen? Lehrst du, das sei das Wissen oder die Freude oder noch etwas Drittes? Sokrates wehrt sich zunächst und fragt: Soll ich darüber reden, als wenn ich das wüßte, wenn ich es nicht weiß? Auf die Aufforderung, er könne doch wenigstens seine Meinung darüber sagen, entgegnet er, daß Meinungen hier gar nichts wert und eher schädlich als nützlich seien. Aber als die Freunde bereit sind, auf den höchsten Maßstab letzter Akribie zu verzichten, und sich begnügen wollen mit der Vorläufigkeit, die auch den bisherigen Erörterungen anhing, erklärt er sich bereit, wenigstens über einen Abkömmling (ἔκγονος 506 e) des Guten etwas zu sagen. Was er vorbringt, ist ein Gleichnis. Der Abkömmling des Guten, von dem er spricht, ist die Sonne. Aber zuvor nimmt er einen Anlauf (507 b ff.).

Er erinnert an die Ideenlehre. Wir haben einerseits das viele Schöne und das viele Gute usw., andererseits das Gute selbst, das Schöne selbst usw. Dem Vielen entspricht je eine einzige Idee, ein Wesen, das bestimmt, was all das Viele ist. Das Viele wird gesehen, aber nicht gedacht, die Idee gedacht und nicht gesehen. Das Gesehene nun vernehmen wir mit dem Gesicht, das Gehörte mit dem Gehör, und so bei jedem Sinn entsprechend. Aber das Sehen hat eine eigentümliche Auszeichnung vor den anderen Sinnen. Der Bildner der Sinne hat das Vermögen (δύναμις 507 c) zu sehen und gesehen zu werden bei weitem am vollkommensten gebildet. Das Gehör nämlich einerseits und die Stimme andererseits bedürfen keines dritten weiter, damit jenes höre, diese aber gehört werde, und so steht es bei allen anderen Sinnen mit Ausnahme des Gesichtssinnes. Da bedarf es noch eines Dritten. Wenn auch in den Augen das Sehvermögen ist, und der es hat, es zu gebrauchen versucht, und wenn auch Farbe anwesend ist vor ihnen, so wird dennoch, wenn nicht ein drittes Geschlecht dazukommt, das seiner Natur nach eigens hierzu da ist, das Gesicht nichts sehen, und die Farben werden nicht gesehen werden. Dies dritte ist die Helligkeit (φῶς 507 e). Ohne Helligkeit kann das Gesicht nicht sehen und die Farbe nicht gesehen werden. Durch eine nicht geringe Idea (hier nicht terminologisch = Idee, sondern = Erscheinung) sind also das Wahrnehmungsvermögen des Sehens und das Vermögen gesehen zu werden als durch ein würdigeres Band (ζυγόν 508 a) als die anderen Verbindungen zusammengebunden, wenn anders die Helligkeit nichts Unwürdiges ist. ζυγόν, hier mit Band übersetzt, meint eigentlich das Joch, unter dem die Zugtiere gehen. Aber der Sinn des Unterjochenden und Knechtenden, den das Wort sonst im Griechischen auch haben kann, ist hier nicht gemeint, sondern das Vereinigende, das ein Joch hat, unter dem zwei Tiere gemeinsam gehen. φῶς wird auch mit Licht übersetzt, aber hier ist nicht an die Strahlen zu denken, die vom Objekt in unser Auge gelangen, sondern an die Helligkeit, die den Raum zwischen dem Auge und dem Objekt erfüllt. Diese Helligkeit macht nach der Lehre des Aristoteles das der Möglichkeit nach Durchsichtige, die Luft, zu einem wirklich Durchsichtigen. Im Sinne solcher Auffassung von der Rolle der Helligkeit beim Sehen muß verstanden werden, was Plato hier sagt, und man darf nicht Vorstellungen moderner Physik da hineinbringen, nach denen ja auch die hier herausgestellte Auszeichnung des Sehens vor dem Hören gar nicht besteht.

Die Ursache der Helligkeit ist die Sonne, deren Helligkeit es macht, daß das Gesicht sieht und das Gesehene gesehen wird. Wie verhält sich das Gesicht zur Sonne? Das Gesicht ist nicht selbst die Sonne, noch ist dasjenige die Sonne, worin sich das Gesicht findet, das Auge. Doch ist das Auge das sonnenartigste von allen Wahrnehmungsorganen. Das Vermögen, das es hat, besitzt es als einen ihm von der Sonne mitgeteilten Ausfluß. So ist die Sonne nicht das Gesicht, aber wir sehen in ihr dessen Ursache (508 b).

Wie sich nun die Sonne im Bereich des Sichtbaren zum Gesicht und zum Gesehenen verhält, so das Gute im Raum des Denkbaren (ἐν τῷ νοητῷ τόπῳ 508 c) zum Denkvermögen und Gedachten. Das wird näher erläutert: Wenn einer die Augen nicht auf solches richtet, auf dessen Oberfläche die Helligkeit des Tages liegt, sondern der nächtliche Schimmer, dann sind sie schwachsichtig und scheinen beinahe blind, als ob keine Sehkraft in ihnen wäre; wenn aber auf das, was die Sonne bescheint, dann sehen sie deutlich, und es zeigt sich, daß in denselben Augen Sehkraft ist. Wie beim Leib so bei der Seele: Wenn sie sich auf das richtet, woran die Wahrheit und das Seiende (ἀλήθειά τε καὶ τὸ ὄν 508 d) glänzt, dann bemerkt sie es und erkennt es, und es zeigt sich, daß Vernunft in ihr ist. Wenn aber auf das mit Finsternis Gemischte, das Entstehende und Vergehende, dann meint sie (δοξάζει) und ist schwachsichtig und wirft ihre Meinungen hin und her, so daß es aussieht, als sei keine Vernunft in ihr. Dies also, was dem Erkennbaren die Wahrheit gewährt und dem Erkennenden das Vermögen zu erkennen, das ist die Idee des Guten. Indem sie nun die Ursache des Wissens und der Wahrheit ist, nämlich der erkannten, und diese beiden, Erkenntnis und Wahrheit, etwas Schönes sind, so ist jene ihre Ursache doch etwas noch Schöneres. Wie es aber dort richtig war, Helligkeit und Gesicht für sonnenartig zu halten, aber nicht für die Sonne selbst, so ist es auch hier richtig, Wissen und Wahrheit für gut-artig (ἀγαθοειδές 509 a) zu halten, aber nicht für das Gute selbst. Der Rang des Guten ist noch bei weitem höher.

Von einer überschwenglichen Schönheit sprichst du da (sagt da Glaukon), wenn sie Wissen und Wahrheit gewährt, selbst aber an Schönheit noch über diesen steht, denn für Lust hältst du sie doch wohl nicht? Frevle nicht, antwortet Sokrates, sondern betrachte das Abbild des Guten noch weiter in folgender Hinsicht: Die Sonne verleiht dem Sichtbaren nicht nur das Vermögen, gesehen zu werden, sondern auch sein Werden, sein Wachstum und seine Vermehrung, obwohl die Sonne nicht selbst Werden ist. Ebenso kommt dem Erkennbaren nicht nur das Erkanntwerden vom Guten, sondern auch das Sein und das Wesen, obwohl das Gute nicht selbst das Wesen ist, sondern an Würde und Macht auch noch das Wesen überragt (ἐπέκεινα τῆς οὐσίας 509 b).

Dies Gleichnis ist nicht ganz leicht zu verstehen. Vergegenwärtigen wir uns zunächst das Vorgetragene durch folgendes Schema:

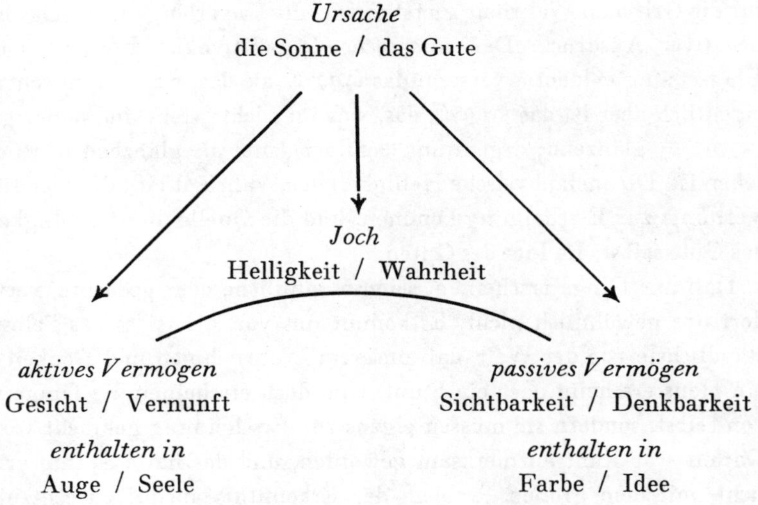

Betrachten wir ein Beispiel: Wir können das Gerechte in seinem wahren Wesen erfassen, wenn wir es rein als solches denken. Dann liegt es in der Helligkeit der Wahrheit vor uns. Aber wir können auch den Versuch machen, uns das Gerechte zu vergegenwärtigen, indem wir uns einen gerechten Menschen vor Augen stellen. Auch an ihm erscheint in gewisser Weise das Gerechte. Aber es erscheint an ihm nicht rein sondern vermischt mit anderem, mit Ungerechtigkeit. Wir müssen das Helle und das Dunkle in unserem Bild nicht als zwei Zeiten denken, als die Zeit des Tages und die Zeit der Nacht, sondern als zwei Räume, den Raum, da es dunkel ist, und den Raum, da es hell ist.Es war ja auch ausdrücklich vom Raum des Denkbaren (νοητὸς τόπος 508 c) die Rede. Dieser Raum ist von übersinnlicher Helligkeit erfüllt; der gewöhnlich so genannte Raum, der Weltraum, aber ist auch dann, wenn er von sinnlicher Helligkeit erfüllt ist, übersinnlich dunkel. Um die Wesenheiten zu erkennen, muß man sich also in den übersinnlich hellen Raum wenden, und sie nicht in der metaphysischen Nacht der Sinnenwelt zu studieren suchen. Diese metaphysische Helligkeit, die im Raum der Ideen herrscht, ist die Wahrheit (ἀλήθεια). Hier müssen wir uns an das erinnern, worauf Heidegger so oft den Finger gelegt hat, daß Aletheia nicht Wahrheit meint in dem Sinne, wie wir von der Wahrheit eines Satzes oder einer Aussage reden, der Richtigkeit oder der Übereinstimmung mit den Tatsachen, sondern daß für die Griechen Wahrheit zuerst meint: die Unverborgenheit. Das ist ein negativer Ausdruck. Der entsprechende positive ist ἐνάργεια. Ciceros Übersetzung evidentia versteht das ἐναργές als das, was gut zu sehen ist; eigentlich aber ist das ἐναργές das, was im Lichte steht und daher glänzt (ἄργος = glänzend; argentum = Silber), und als glänzend deutlich zu sehen ist. Die metaphysische Helligkeit der Wahrheit läßt die Idee für die Vernunft zur Erscheinung kommen, und die Quelle dieser Helligkeit ist das Gute selbst, die Idee des Guten.

Daß uns Dinge erscheinen, seien es sinnliche oder gedachte, verwundert uns gewöhnlich nicht. Es kommt uns vor, als sei es das Selbstverständlichste von der Welt, daß unserem Wahrnehmen und Denken z. B. ein Haus erscheint oder ein Stuhl. Und doch erscheinen die Dinge nicht von selbst, sondern sie müssen eigens zur Erscheinung gebracht werden. Darauf war Kant aufmerksam geworden, und das hatte es ihm ermöglicht, mit dem großen Problem der Erkenntnis apriori zurechtzukommen. Das Apriori, Anschauungen apriori, Begriffe apriori, Sätze apriori, all das, so erkannte er, ist nichts anderes als das, was das Subjekt von sich aus beibringen muß, um die Dinge zur Erscheinung zu bringen. In dieser Richtung hat dann auf seine Weise Heidegger weitergedacht, und er nennt diejenige Verfassung des menschlichen Daseins, die es ihm ermöglicht, sich in seiner Welt Seiendes zur Erscheinung zu bringen: die Transzendenz des Daseins. Von da aus interpretiert er in seiner Schrift »Vom Wesen des Grundes« (1929, Seite 28 f.) das platonische Agathon als die Transzendenz des Daseins. Diese Abhandlung hat Heidegger in einer Zeit geschrieben, als er Kant besonders nahestand, so nahe wie nie zuvor und nie nachher. Hier denkt Heidegger ganz in den Bahnen der neuzeitlichen Transzendentalphilosophie: Die Quelle des metaphysischen Lichtes wird hier wie selbstverständlich im Subjekt gesucht. Das Subjekt ist es, das jenes metaphysische Licht ausstrahlen läßt, welches das an sich selbst verborgene Seiende, das in seinem Ansichsein unerkennbar ist, zur Erscheinung kommen läßt. Heidegger hat sich von dieser Auffassung wieder entfernt, und Plato war davon noch weit entfernt. Mit dieser Feststellung ist aber über die Wahrheit oder Unwahrheit der Lehre Kants nichts entschieden.

Für Plato ist die Quelle dieses metaphysischen Lichtes identisch mit der Quelle der Ideen und der Quelle des Vermögens zur Erfassung der Ideen, der Vernunft. Die Setzung eines solchen Urquells nicht alles Geschehens, sondern des bleibenden Wesensbestandes, also die Setzung von etwas, was nicht nur über dem veränderlichen Sinnlichen steht, sondern auch noch über den unwandelbaren Ideen, die Setzung solches Jenseits (ἐπέκεινα), solcher Transzendenz, bleibt eine kühne Hypothesis, ein unerhörtes Wagnis, vor dem alle Beweismöglichkeiten versagen. Darüber ist sich Plato im klaren. Aber warum heißt dieser Quell das Gute?

Wir haben früher drei Wurzeln der Ideenlehre unterschieden, die logische, wonach die Ideen Prädikate sind, die paradigmatische, wonach sie gleichsam Modelle sind, nach denen das Sinnliche gefertigt ist, und die normative, wonach die Ideen Normen sind, nach denen sich zu richten ist. Was sich nach den Normen richtet, ist gut, was nicht, ist schlecht; die Normen bestimmen also, was gut ist, und also ist ihr Urquell das Urgute.

Das mag die Rede von der Idee des Guten verständlich machen. Dennoch muß man sagen, daß damit im Ernst auf die Frage, von der wir ausgingen, keine Antwort gegeben worden ist. Auf die Frage des Glaukon, Sokrates meine doch sicher nicht die Lust mit seinem Guten, antwortet der zwar: Lästere nicht! Dennoch war die Antwort »Lust« eine wenn auch fragwürdige, so doch noch sinnvolle Antwort auf die Frage nach dem Guten, wie sie vorher (505 d-e) gestellt worden war, die Frage nämlich nach demjenigen, was jede Seele anstrebt und um willen dessen sie alles tut. Nun kann sie zwar Lust anstreben, aber auf keine Weise kann der Endzweck aller ihrer Bemühungen die Idee des Guten sein, denn die ist gar nichts, was mir (wie es im »Symposion« heißt) zuteil werden kann.

Wonach wir hier gefragt haben, das ist, mit Aristoteles zu sprechen, das höchste Gut für den Menschen (τὸ ἀκρότατον ἀνθρώπινον ἀγαθόν) und nicht irgend etwas Metaphysisches, was das Gute genannt wird, weil es der Wesensquell von allem ist. Es könnte sein, daß es für den Menschen das höchste und seligste ist, diesen metaphysischen Urquell mit seiner Seele zu betrachten, aber dann wäre nicht die Idee des Guten sondern die Betrachtung dieser Idee das für den Menschen höchste Gut.

Aristoteles stellt das Problem des höchsten Gutes in seiner Nikomachischen Ethik, und im Zusammenhang dieser Erörterung kritisiert er auch Platos Lehre von der Idee des Guten (A 4). Diese Kritik richtet sich zunächst gegen die Ideenlehre überhaupt, was wir hier nicht näher betrachten, und dann auch gegen die Idee des Guten insbesondere. Da sagt er (1096 b 32 ff.): Selbst wenn es, wie Plato lehrt, ein solches absolutes Gutes (ἀγαθὸν χωριστόν) gäbe, so ist doch klar, daß das weder etwas wäre, was der Mensch tun könnte, noch etwas, was er erwerben könnte. (So wie spazierengehen gut ist, wenn man es tut, und Geld gut ist, wenn man es hat.) Aber nur etwas, was er tun oder bekommen kann, kommt als etwas für den Menschen Gutes in Betracht. Nun könnte man aber (so fährt Aristoteles fort) sagen, es sei doch für das zu tuende oder zu erwerbende Gute von Vorteil, wenn man jenes absolute Gute erkennt. Denn wenn man die Idee des Guten wie ein Paradigma vor Augen habe, dann werde man auch das für uns Gute besser erkennen. Und wenn man es erst erkannt habe, dann werde man sich seiner gewiß auch bemächtigen. Aber auch damit ist es nach Aristoteles in Wahrheit nichts. Was hätte ein Arzt, für den das Gute dies ist, jemanden gesund zu machen, von einem Wissen vom absoluten Guten? Offenbar nichts.

Aristoteles hat recht. Die Frage »Warum ist die Gerechtigkeit etwas Gutes?« kann zweierlei meinen:

1. Was haben die anderen davon?

2. Was habe ich selbst davon, wenn ich gerecht bin? Daß die Gerechtigkeit eines Menschen für die anderen wünschenswert und vorteilhaft ist, ist leicht einzusehen. Die Frage, die Schwierigkeit macht, war ja immer nur die: was hat der Gerechte selbst davon, wenn er gerecht ist? Wird mir darauf geantwortet, daß ich, indem ich an dieser Idee teilhabe, auch an der Idee des Guten teilhabe, und so in Übereinstimmung bin mit dem

Urquell alles Wesens, — dann ist damit nichts gesagt, denn es erhebt sich sogleich die Frage: Und was habe ich davon? Warum soll ich das, wenn es doch vielleicht für mich besser ist, nicht damit in Übereinstimmung zu sein?

Zwei wirkliche Antworten wurden von Plato mehrfach vorgetragen; einmal die eschatologische: wer ungerecht ist, dem geht es im Jenseits übel, also ist es im Sinne eines die ganze Zeit und nicht nur das Diesseits berücksichtigenden Lustkalküls zweckmäßiger, gerecht zu sein. Nur weiß man nicht, ob es das Jenseits gibt, und wenn es das gibt, ob es da auch moralisch zugeht, ob nicht am Ende die Schurken im Jenseits auch besser daran sind. Die andere Begründung war die politische. Sie geht davon aus, daß das, was im Grunde jeder will, dies ist, von der Gemeinschaft anerkannt zu werden als der, der er wirklich ist, und nicht nur als der, der er zu sein scheint. Daraus folgt aber, daß nur der Gerechte das erreichen kann, was er im Grunde will, und daß der Ungerechte sich um sein wahres Anliegen und damit auch um sein wahres Glück und um seine wahre Freude selbst betrügt. Diese Erklärung dafür, warum die Gerechtigkeit gut ist, bleibt hedonistisch, aber das kann im Ernst keinen Einwand bedeuten, weil Hedonismus hier nicht dasselbe ist wie die Proklamation einer hemmungslosen Genußsucht. Immerhin wird hier auf das geantwortet, was gefragt wurde. Aber gerade das kann man von der Lehre von der Idee des Guten nicht sagen. So bedeutend das, was da über das Wesen der Wahrheit gelehrt wurde, an sich selbst ist, als Antwort auf die Frage, was für den Menschen das Gute ist, trägt es im Grunde nichts bei.

In dem, was nun folgt, kommt Plato immer mehr ab von dem Ausgangspunkt, dem moralischen Problem. Es folgt nämlich auf das Sonnengleichnis noch ein zweites, das Gleichnis von der Linie, und auf dieses folgt als drittes das Gleichnis von der Höhle. Zunächst also die Linie:

»Merke also (sagt Sokrates 509 d ff.), daß diese zwei sind und daß sie herrschen, das eine über das denkbare Geschlecht (νοητὸν γένος) und Gebiet, das andere über das Sichtbare (ὁρατόν). Wie nun von einer zweigeteilten Linie die ungleichen Teile, so teile wiederum jeden Teil nach demselben Verhältnis.« Bei diesem Teilungsverfahren müssen die beiden mittleren Glieder gleich werden, aber das spielt für das platonische Gleichnis keine Rolle, sondern ist eher von Nachteil. Worauf es hier ankommt, ist allein dies, daß jeweils eine Unterteilung der beiden Gebiete des Sichtbaren und des Denkbaren vorgenommen wird. Den einen Teil des Sichtbaren machen die Bilder aus. Darunter sind zu verstehen Schatten, Spiegelbilder im Wasser oder auf anderen glatten Flächen und all dergleichen. Der andere Teil vom Gebiet des Sichtbaren umfaßt all dasjenige, wovon diese Bilder Bilder sind, also Elemente, Tiere, Pflanzen und die Artefakte. Diese Teilung, so zeigt sich nun, ist zugleich eine Teilung hinsichtlich der Wahrheit (ἀλήθεια). Der Bereich der Bilder ist das Vermutbare (δοξαστόν), der Bereich dessen, wovon sie Bilder sind, ist das Erkennbare (γνωστόν 510 a).

Aber an dem sinnlichen Bereich liegt hier nicht so viel wie an der entsprechenden Einteilung im Bereich des Denkbaren. Inwiefern gibt es da auch eine Zweiteilung? Antwort: Sofern die Seele gezwungen ist, den einen Teil des Denkbaren zu suchen im Ausgang von Voraussetzungen (ἐξ ὑποθέσεων), indem sie das, was wir oben bei der Einteilung des Sinnlichen als Nachahmung bezeichneten, als Bilder benutzt, und sich dann nicht auf den Anfang, sondern auf das Ende zu bewegt, — den anderen Teil des Denkbaren aber, indem sie zwar auch von Voraussetzungen ausgeht, aber ohne Verwendung von Bildern mittels der Ideen selbst und im Durchgang durch sie das Verfahren zum voraussetzungslosen Anfang (ἀρχὴ ἀνυπόθετος 510 b) führt.

Den ersten Weg gehen die Mathematiker. Sie gehen aus von gewissen Grundbegriffen: Punkt, Gerade, Ebene, Winkel usw., und von gewissen Grundsätzen, die wir heute die Axiome nennen, und daraus deduzieren sie ihre Lehrsätze. Weiter wird von ihrem Verfahren gesagt: auch bedienen sie sich der sichtbaren Gestalten und nehmen in ihren Argumenten auf diese Bezug, obgleich sie eigentlich gar nicht an diese denken, sondern an jenes, dem dieses gleicht. Um des Quadrats als solchen willen und seiner Diagonale führen sie ihre Beweise, und nicht um willen des Gezeichneten. Und so überall: das was sie herstellen und zeichnen, wovon es auch Schatten gibt und Spiegelbilder im Wasser, dessen bedienen sie sich zwar als Bilder; was sie aber eigentlich zu erkennen suchen, das ist etwas, was man in Wahrheit nur mit dem Auge des Geistes (διάνοια 511 a) sehen kann.

Der Geometer zeichnet eine Figur, z. B. ein Quadrat, wenn er beweisen will, daß das Quadrat über seine Diagonale doppelt so groß ist (wie wir es aus dem »Menon« kennen). Er zeichnet sie heute mit Kreide an die Tafel, damals mit einem Stab in den Sand. Aber er spricht nicht über

Sand und Kreide; auch daß die Seiten Kreidehügel oder Sandgräben sind, beachtet er nicht, ja was noch wichtiger ist, auch nicht dies, daß das gezeichnete Quadrat eine bestimmte Größe hat. Was er meint, ist ein ideales Quadrat, dessen Seiten keine Breite und keine Dicke haben und das auch keine bestimmte Größe hat.

Diese Art des Seienden ist zwar denkbar (νοητόν) zu nennen, aber die Seele ist gezwungen, sich bei seiner Untersuchung der Voraussetzungen zu bedienen, indem sie nicht zum Anfang, zum Prinzip, zurückgeht, weil sie nicht imstande ist, über die Voraussetzungen hinaus höher aufzusteigen, sondern sich dessen als Bilder bedient, was dargeboten wird von dem, was darunter ist und was für weniger evident gehalten wird. Das heißt, die Gegenstände, von denen die Geometer handeln, sind etwas Höheres als das Sinnliche, sie gehören dem Bereich der übersinnlichen Welt an und nicht der sinnlichen, die ein bloßes Bild der übersinnlichen ist. Aber die Mathematiker gehen aus von Voraussetzungen, und diese begründen sie nicht im Aufstieg zu etwas noch Höherem, sondern umgekehrt im Abstieg zu dem, was darunter ist. Das Abbild des Urbildes muß ihnen zur Einsicht in die Wahrheit über das Urbild verhelfen. Das, was die Grundbegriffe meinen und das, was die Axiome aussagen, wird an den sinnlichen Figuren anschaulich evident gemacht, und diese Evidenz wird vom Sinnlichen auf das Übersinnliche übertragen. Dies Verfahren wird von Plato als eine prinzipielle Schwäche der griechischen Mathematik betrachtet.

Der andere und höhere Teil des Denkbaren ist derjenige, den das Denken selbst (αὐτὸς ὁ λόγος) erfaßt mit dem Vermögen der Dialektik (δύναμις τοῦ διαλέγεσθαι), indem es die Voraussetzungen (ὑποθέσεις) nicht zu Prinzipien (ἀρχαί) macht, bei denen man im Rückgang stehen bleiben muß, sondern sie wirklich (τῷ ὄντι) Voraussetzungen sein läßt, Zugänge und Anläufe, dazu genommen, um an den Anfang des Ganzen zum Voraussetzungslosen (ἀνυπόθετον) zu kommen, dieses ergreifend und wiederum sich an das haltend, was sich daran hält (d. h. was davon abhängt), zum Ende (zu den letzten Konsequenzen) herabzusteigen, ohne überhaupt von irgend etwas Sinnlichem Gebrauch zu machen, sondern sich nur vermittels der Idee in Ideen und durch Ideen bewegend und auch bei Ideen endend (511 b f.).

Soviel verstehe ich, sagt Glaukon, daß du sagen willst, was mittels der dialektischen Wissenschaft vom Seienden und Denkbaren erfaßt wird, das sei gewisser als das, was die gewöhnlich so genannten Wissenschaften erfassen, für welche die Voraussetzungen Prinzipien sind. Deren Wissen ist zwar Verstand (διάνοια) aber nicht Vernunft (νοῦς), weil sie nicht bis zum wirklichen Prinzip, Anfang, zurückgehen, sondern hypothetisch bleiben. Freilich kann auch dies Verstandeswissen zum Vernunftwissen erhoben werden, wenn man den Rückgang bis zum wirklichen Anfang hinzufügt, d. h. wenn man die Axiome beweist. (Leibniz hat später diese Forderung: die Axiome müssen bewiesen werden, wiederholt.)

Das Wort ἀνυπόθετον, das Voraussetzungslose, kommt hier im Liniengleichnis zweimal vor und sonst niemals bei Plato. Vom Aufheben (ἀναιρεῖν) der Hypothesen wird 533 d noch einmal gesprochen. Das Voraussetzungslose wird gleichgesetzt mit dem Anfang oder Prinzip (ἀρχή). Den Mathematikern wird vorgeworfen, sie machten aus ihren Hypothesen Prinzipien, Anfänge, hinter die man nicht zurückgehen könne, obwohl sie keine wären. Die Dialektik dagegen lasse die Hypothesen Hypothesen sein und mache sich auf die Suche nach den wirklichen Anfängen, den wirklichen Prinzipien. Unter den Plato-Auslegern ist die Meinung weit verbreitet, das Voraussetzungslose sei dasselbe wie die Idee des Guten. Plato sagt das nirgends. Wo er vom Voraussetzungslosen spricht (hier im Liniengleichnis), spricht er nicht von der Idee des Guten, und wo er von der Idee des Guten spricht (im Sonnengleichnis und im Höhlengleichnis), da ist vom Voraussetzungslosen nicht die Rede. Die Hypothesen der Mathematiker sind diejenigen Sätze, aus denen sie andere deduzieren. Plato verlangt, sie sollen selbst bewiesen, nicht einfach vorausgesetzt werden. Das, woraus sie abgeleitet werden können, müssen aber auch wieder Sätze sein. Aber die Idee des Guten ist kein Satz. Im Sonnengleichnis erwies sie sich als etwas nur dunkel zu Ahnendes. Die Annahme, es gäbe so etwas als den ersten Grund von Sein, Erkenntnis und Wahrheit, erschien als eine kühne Hypothesis und nicht als ein unbezweifelbares Prinzip. Es wäre auch wohl nicht so leicht zu sagen, wie man aus dieser metaphysischen Prämisse die Axiome der Mathematik soll ableiten können. Plato sagt auch nicht, daß es nur ein Voraussetzungsloses gibt. Das haben auch erst die Ausleger aus der Identifikation desselben mit der Idee des Guten gefolgert.

Den Ausdruck Prinzip (ἀρχή) hat Aristoteles übernommen. Er gebraucht das Wort auch im Sinne von Grundsatz und stellt die Frage nach einem obersten Grundsatz. Als diesen nimmt er den Satz des Widerspruchs in Anspruch. Wenn das ein oberster Grundsatz ist, dann kann er nicht aus einem noch höheren Grundsatz abgeleitet werden, denn sonst wäre jener und nicht dieser der oberste. Dennoch braucht man diesen Grundsatz nicht einfach zu glauben. Man kann zeigen, daß man diesen Grundsatz voraussetzen muß, sich nach ihm richten muß, wenn man überhaupt etwas Bestimmtes sagen will. Wer den Satz nicht gelten läßt, der hat sich durch keinen Satz, den er sagt, festgelegt. Wenn er sagt: »Der Himmel ist blau«, dann steht es ihm frei, auch noch zu sagen »Der Himmel ist jetzt nicht blau«. Diese beiden Sätze zerstören sich gegenseitig, der eine hebt auf, was der andere setzt und umgekehrt, und so sagt der Betreffende nur scheinbar etwas, in Wirklichkeit aber nichts. Der Satz des Widerspruchs ist also keine Voraussetzung, die zu machen oder nicht zu machen im Belieben eines Mannes steht, der sich mit einem anderen unterreden will, sondern diesen Satz muß er anerkennen, wenn er nicht die Möglichkeit, miteinander zu reden, selbst aufheben will. Wer den Satz des Widerspruchs leugnet, mit dem ist nicht zu reden. Er ist also ein wirkliches Prinzip, und er genügt der Bedingung, die Plato an ein Voraussetzungsloses stellt.

Aber wir brauchen nicht erst bei Aristoteles zu suchen, wir finden solchen Satz auch bei Plato selbst. Im »Phaidon« hatte Plato den Satz, daß es Ideen gibt, als die stärkste Hypothesis bezeichnet. Aber später sagt er etwas, woraus sich ergibt, daß dieser Satz viel mehr, daß er wirklich ein Prinzip, also ein Voraussetzungsloses ist. In dem Dialog »Parmenides« wird im ersten Teil eine radikale Kritik der Ideenlehre vorgetragen, die einen schier dazu bringen könnte, diese Lehre nunmehr als widerlegt anzusehen. Aber, so wird trotz aller Schwierigkeiten erklärt, dennoch muß man an dem Satz »es gibt Ideen« festhalten, denn wenn man ihn aufgibt, würde man die Möglichkeit des Logos selbst aufheben. Von den drei Wurzeln der Ideenlehre ist in Platos Spätzeit die logische sehr in den Vordergrund getreten. Die Ideen sind in erster Linie Prädikate. Die These: es gibt keine Ideen, würde dann also bedeuten: es gibt keine Prädikate. Aber das anzunehmen ist für die Möglichkeit, sich zu unterreden, ebenso verderblich wie die Leugnung des Satzes vom Widerspruch. Auf solche absolut gewissen Sätze alle Axiome zurückzuführen, das ist also das Programm, das in dem Gleichnis von der Linie aufgestellt wird. Freilich blieb es beim bloßen Programm.

7. Buch

Auf das Liniengleichnis folgt das Gleichnis von der Höhle. Sokrates sagt: »Als nächstes vergleiche unser Wesen hinsichtlich Paideia und Apaideusia mit folgendem Schicksal!« παιδεία übersetzt man mit Erziehung oder mit Bildung. παῖς ist das Kind, und die Paideia ist das, was man dem Kind angedeihen läßt, damit es in der rechten Weise den Weg aus der Kindheit in die Mündigkeit finde, mit Hegel zu sprechen: was dem Menschen beigebracht werden muß, damit er wirklich werde, was er an sich (d. h. der Möglichkeit nach) ist. So fragt auch Plato, wieweit der Mensch wirklich das ist, was er seiner höchsten Möglichkeit nach sein kann. Diese seine höchste Möglichkeit erreicht nach Platos Meinung der Mensch noch nicht, wenn er den Übergang vom alltäglichen Weltverständnis zur wissenschaftlichen Welterklärung macht, auf den seine Zeitgenossen so stolz waren, sondern erst, indem er den weiteren Schritt tut, den wir den Übergang von der Physik zur Metaphysik nennen können. Plato ist der Begründer der Metaphysik als der Lehre von einer übersinnlichen Welt der Ideen. Das Unternehmen der Metaphysik aber ist der Versuch der Kompensation des durch den Übergang von der mythischen zur physikalischen Weltauslegung eingetretenen Verlustes. Die Geschichte des Platonismus ist die Geschichte des Scheiterns dieses Versuchs.

Man kennzeichnet die Entstehung der griechischen Wissenschaft gerne als den Übergang vom Mythos zum Logos, und das haben auch schon die Griechen selbst getan. Das ist insofern nicht falsch, als an die Stelle des Erzählens von Geschichten das Begründen und Beweisen tritt. Doch darf man das nicht so mißverstehen, als träte erst mit dem Aufkommen der Wissenschaft das logische Denken seine Herrschaft an. Logik als Wissenschaft ist freilich ein spätes Produkt, selbst Plato kennt sie noch nicht, aber logisches Denken gibt es längst vor der Erfindung der Wissenschaft der Logik. Ja, logisches Denken gibt es, und das ist jetzt wichtig, schon vor der Entstehung der Wissenschaft. Es macht gerade das Eigentümliche der griechischen Mythologie aus, daß sie so logisch, so realistisch, so empiristisch ist. Die Weltauslegung, wie sie uns aus den homerischen Gedichten bekannt ist, ist völlig frei davon, Phantasie-Erzeugnisse, welche Furcht und Hoffnung hervorrufen, für Wirklichkeiten zu halten. Die griechische Religion, wie sie uns hier entgegentritt, ist ganz empirisch, alles ist erfahren und durch Erfahrung ausweisbar, wenngleich diese Art und Weise, sich die erfahrene Welt zu deuten, ganz verschieden ist von derjenigen, die etwa moderne empirische Wissenschaft betreibt.

Was sich bei der Entstehung griechischer Wissenschaft ereignet, ist nicht dies, daß jetzt die Logik an die Stelle der Phantasie tritt, sondern dies, daß die Physik oder Physiologie im griechischen Sinne, d. h. die Lehre von Elementen, Elementarkräften und Elementarprozessen an die Stelle der Erzählung von Göttergeschichten tritt. Wenn Thales nicht mehr vom mythischen Okeanos spricht, sondern davon, daß alles aus dem Wasser entsprungen ist, so sieht das zunächst aus wie ein bloßer Wechsel der Namen, wie etwas rein Sprachliches. Die Veränderung der Sprache zeigt jedoch eine Veränderung der Weltauslegung an.

Was hier anfängt, entwickelt sich rasch und erreicht zur Zeit Platos einen gewissen Abschluß in der Atomtheorie Demokrits. Der bunten Welt, die uns unmittelbar erscheint, liegt nach dieser Lehre als die wahre Welt zu Grunde ein leerer Raum, in dem sich unendlich viele sehr kleine Atome bewegen, die weder farbig noch tönend sind noch sonst eine der Eigenschaften haben, die für unsere Sinnesorgane spezifisch sind, sondern die sich nur auszeichnen durch ihre räumliche Gestalt, ihre Lage und ihre Zusammensetzung miteinander. Zwar war von einer wirklichen Ableitung nicht die Rede, aber die Vorstellung, daß es im Prinzip so mit der Welt stehe, konnte nicht ohne Rückwirkung auf das Selbstverständnis der Menschen bleiben. Wenn das die Wahrheit über das Sein war, dann war der Mensch ein sinnloser Atomhaufen in einem sinnlosen Atomgewühl. Die Welt war damit nicht nur entgöttert, sondern auch der Möglichkeit beraubt, im Ernst überhaupt etwas bedeuten zu können. Im Grunde waren damit schon alle Voraussetzungen geschaffen für das, was Nietzsche im vorigen Jahrhundert als den europäischen Nihilismus heraufkommen sah. Daß diese Heraufkunft sich aber so lange verzögerte, dafür ist der erste Grund nichts anderes als die platonische Philosophie. Das hat Nietzsche verkannt, der in Plato vielmehr eine der wichtigsten Stationen des nihilistischen Prozesses sah.

Plato ist der große Verzögerer des Nihilismus, indem er den Verlust, der durch den Übergang von der Mythologie zur Physik entstanden war, durch die von ihm begründete Metaphysik zu kompensieren versuchte. Im Bild von der Höhle begründet Plato die Notwendigkeit der Metaphysik.

»Stelle dir Menschen vor, sagte ich (Sokrates 514a ff.), die in einer unterirdischen höhlenartigen Wohnung leben, die einen gegen das Licht geöffneten Zugang längs der ganzen Höhle hat. In dieser leben sie von Kindheit an, an Hals und Schenkeln gefesselt, so daß sie immer an derselben Stelle bleiben müssen und nur auf das, was vor ihnen ist, blicken können, aber wegen der Fesseln nicht imstande sind, den Kopf zu drehen. Licht aber haben sie von einem Feuer, das fern oben hinter ihnen brennt. Zwischen dem Feuer und den Gefangenen geht oben ein Weg entlang; längs diesem mußt du dir eine Mauer vorstellen, ähnlich den Schranken, welche die Gaukler vor den Zuschauern aufstellen, um über sie hinweg ihre Schaustücke zu zeigen.

Ich sehe das vor mir, sagte Glaukon.

Stelle dir nun weiter vor, daß Menschen entlang dieser Mauer allerlei Artefakta vorbeitragen, die über die Mauer hinüberragen, und zwar Statuen und andere steinerne und hölzerne Bildwerke. Natürlich reden einige dabei, während andere schweigen.

Ein seltsames Bild stellst du dar, sagte er, und seltsame Gefangene.

Uns ganz ähnliche, sagte ich. Denn zunächst, meinst du wohl, daß solche Menschen von sich selbst und voneinander je etwas anderes gesehen haben als die Schatten, die durch das Feuer auf die vor ihnen stehende Höhlenwand geworfen werden?

Wie sollten sie, sagte er, wenn sie doch gezwungen sind, zeit Lebens den Kopf still zu halten.

Und von dem Vorübergetragenen auch nur dies?

Was sonst?

Wenn sie nun miteinander reden könnten, glaubst du nicht, daß sie dies, was sie da sehen, für das Seiende halten würden?

Notwendigerweise.

Wenn nun ihr Gefängnis auch ein Echo hätte an der Wand vor ihnen, meinst du, wenn einer der Vorübergehenden spräche, sie würden etwas anderes für das Sprechende halten als die vorüberziehenden Schatten?

Bei Gott nicht, sagte er.

Auf keine Weise also könnten diese etwas anderes für das Wahre halten als die Schatten jener Artefakte.

Unmöglich.

Betrachte nun auch, sagte ich, die Lösung und Heilung von ihren Fesseln und ihrem Unverstand, wie es damit naturgemäß stehen würde, wenn Folgendes ihnen begegnet! Wenn einer entfesselt würde und gezwungen, sogleich aufzustehen, den Hals herumzudrehen, zu gehen und in das Licht hinaufzublicken, und indem er das täte, immerzu Schmerzen litte und wegen des Flimmerns nicht imstande wäre, auf jene Dinge hinzublicken, von denen er vorher die Schatten sah, was meinst du wohl, würde er sagen, wenn ihm jemand erklärte, damals habe er lauter Nichtigkeiten gesehen, jetzt aber, mehr dem Seienden nahe und dem mehr Seienden zugewendet, sehe er richtiger, und wenn er ihm jedes Vorübergetragene zeigend ihn fragte und zu antworten zwänge, was es sei, meinst du nicht, er werde ganz verwirrt sein und glauben, was er damals gesehen habe, sei wahrer als das, was ihm jetzt gezeigt werde?

Bei weitem, sagte er.

Und wenn ihn einer gar nötigte, in das Licht selbst hineinzublicken, würden ihm dann nicht die Augen schmerzen, und möchte er dann nicht fliehen und zu jenem zurückkehren, was anzusehen er vermag, und dafür halten, dieses sei in Wirklichkeit deutlicher als das, was ihm jetzt gezeigt wird?

So ist es, sagte er.

Wenn ihn nun aber, sagte ich, einer mit Gewalt von dort durch den unwegsamen und steilen Aufstieg schleppte und nicht losließe, bis er ihn an das Licht der Sonne hinausgezogen hätte, wird er dann nicht viele Schmerzen leiden und sich nur gezwungenermaßen ziehen lassen? Und wenn er nun an das Licht kommt und die Augen voll Strahlung hat, wird er dann imstande sein, auch nur das Geringste zu sehen von dem, was ihm jetzt als das Wahre ausgegeben wird?

Keineswegs, sagte er, jedenfalls nicht sofort.

Gewöhnung also, meine ich, wird er nötig haben, wenn er das da oben sehen soll. Und zuerst würde er am leichtesten auf die Schatten blicken können und danach auf die Bilder von Menschen und anderen Dingen im Wasser, erst später aber diese selbst. Hierauf würde er das, was am Himmel ist, und den Himmel selbst leichter bei Nacht betrachten, wenn er emporblickt zum Licht der Sterne und des Mondes, als bei Tage die Sonne und ihren Schein.

Wie anders.

Zuletzt aber, meine ich, wird er auch imstande sein, die Sonne, und zwar nicht ihren Widerschein im Wasser und anderwärts, sondern sie selbst als solche an ihrem eigenen Ort anzusehen und zu betrachten, wie sie beschaffen ist.

Notwendigerweise, sagte er.

Und danach wird er schon den sie betreffenden Schluß ziehen, daß sie es ist, die die Jahreszeiten und Jahre verursacht und alles lenkt, was an dem gesehenen Ort ist, und auch von all jenem, was sie dort unten sahen, auf gewisse Weise die Ursache ist.

Offenbar, sagte er, würde er nach jenem auch zu diesem kommen.

Wie nun? Wenn er sich an seinen ersten Wohnort erinnert und an die dortige Weisheit und an seine einstigen Mitgefangenen, glaubst du nicht, er werde sich selbst glücklich preisen wegen der Veränderung, jene aber bedauern?

Gar sehr.

Und wenn es bei ihnen Ehren, Belobigungen und Belohnungen gab für den, der das Vorüberziehende am schärfsten sah und am besten behielt, was zuerst zu kommen pflegt, was zuletzt und was zugleich und hieraus am besten voraussagen konnte, was kommen werde, glaubst du, es werde ihn danach noch groß verlangen, und er werde die bei jenen Geehrten und Mächtigen beneiden? Oder wird ihm das Homerische begegnen, und er wird viel lieber wollen »das Feld als Tagelöhner bestellen einem armen Mann« und lieber alles über sich ergehen lassen, als wie jene zu denken und zu leben?

Das glaube ich auch, sagte er, daß er lieber alles erdulden wird, als so zu leben.

Auch dieses bedenke noch, sagte ich. Wenn so einer wieder hinabstiege und sich auf den alten Platz setzte, würden ihm da die Augen nicht ganz voll Dunkelheit sein, wenn er so plötzlich aus der Sonne kommt?

Allerdings, sagte er.

Und wenn er nun wieder in der Begutachtung der Schatten wetteifern sollte, wo es ihm noch vor Augen flimmert, ehe er sie wieder angepaßt hat, — und das dürfte keine kleine Zeit der Eingewöhnung erfordern, — würde er sich dann nicht lächerlich machen und sich sagen lassen müssen, er sei mit verdorbenen Augen von oben zurückgekommen, und es lohne nicht einmal der Versuch des Aufstiegs, und man müsse jeden, der sie lösen und hinaufbringen wolle, wenn man seiner nur habhaft werden und ihn umbringen könne, wirklich umbringen?

Gewiß, sagte er.« (514 a 2 bis 517 a 7)

Wir Menschen leben wie in einer Höhle. Das, womit wir alltäglich umgehen und was wir ganz selbstverständlich das Seiende nennen, ist in Wahrheit nur ein Schatten und gar noch ein Schatten von Nachbildungen der Dinge. Der Alltagsverstand will sich nur schwer einreden lassen, daß diese ihm so vertraute Welt nicht die wahre Welt sei, sondern daß es etwa in Wahrheit nur die Atome und das Leere gäbe, wie Demokrit lehrt, nach dessen Meinung das für gewöhnlich für das Seiende Gehaltene nur geltungsweise (νόμῳ) ist, d. h. nur als Seiendes gilt, ohne es doch zu sein. Entsprechendes gilt auch für die pythagoreische Astronomie. Die Bewegungen der Planeten, die wir unmittelbar am Himmel beobachten, sind nicht ihre wahren Bewegungen, sondern eine durch den Standort des Menschen bedingte Perspektive, von der her wir erst auf die wahren Bewegungen zurückschließen müssen.

Bei dem Versuch, das zu tun, wurden schon die Griechen bis zum heliozentrischen System geführt, und Kopernikus kannte seine Vorgänger. Aber in einer Hinsicht ist die Lage heute anders als damals. Damals erschien die Wahrheit der Wissenschaft höchst unglaubwürdig gegenüber der ungeheuren Autorität der davon abweichenden Alltagswelt. Heute dagegen hat die Wissenschaft, insbesondere die Naturwissenschaft, eine solche Macht über unser Leben und eine solche Autorität gewonnen, daß wir geneigt sind, unsere Alltagswelt für nichts anderes zu halten als für das Weltbild einer etwas zurückgebliebenen und noch sehr unvollkommenen Wissenschaft. Daß sie das nicht ist, sondern etwas Ursprüngliches und Reiches, aus dem die Welt der Wissenschaft ein höchst künstliches Abstraktionsprodukt ist, haben wir erst neuerdings, besonders seit Heidegger, zu bedenken gelernt.

Daß aber die von den Griechen neu gefundene Welt der Wissenschaft, die für sie eine Errungenschaft war und etwas, worauf sie stolz waren, doch noch nicht das wahrhaft Seiende sei, daß man noch über sie hinausgehen müsse zu dem, was Plato die Ideen nennt, daß erst dieser Übergang die wirkliche Befreiung bedeutet, das drückt das Gleichnis aus.

Nachdem Sokrates das Gleichnis von der Höhle erzählt hat, gibt er selbst die Deutung: die Welt der Schatten in der Höhle ist die sinnliche Welt, der Aufstieg nach oben aber ist der Weg der Seele in den intelligiblen Raum (τόπος νοητός). Die Idee des Guten ist das, was in diesem Bereich zuletzt und nur mit Mühe gesehen wird. Wer sie aber sieht, der muß auch schließen, daß sie für alles die Ursache des Richtigen und

Schönen ist, daß sie im Bereich des Sichtbaren die Helligkeit und ihren Herrn, die Sonne, erzeugt hat, im intelligiblen Bereich aber selbst als Herrin Wahrheit und Vernunft gewährt, daß diese also sehen muß, wer in privaten oder öffentlichen Angelegenheiten einsichtig handeln will (517c).

Hier wird zwar auf die beiden großen Abschnitte des Liniengleichnisses Bezug genommen, auf die Einteilung in das Sinnliche und das Intelligible, aber nicht auf die Unterabschnitte davon. Ich neige zu der Vermutung, daß die drei Bilder von der Sonne, der Linie und der Höhle unabhängig voneinander erfunden und erst nachträglich vereinigt worden sind. Wenn es so steht, erklärt sich, warum die genaue Bestimmung des Verhältnisses der drei Gleichnisse zueinander den Auslegern immer Schwierigkeiten gemacht hat. Man sollte darauf verzichten, sie gewaltsam in ein System zu pressen.

Wenn nun (so erklärt Sokrates weiter) der Seele der Aufstieg zu der höchsten Höhe der Idee des Guten gelingt, dann ist es kein Wunder, daß diejenigen, die bis dahin gelangt sind, keine Neigung haben, sich wieder mit den menschlichen Angelegenheiten abzugeben, sondern mit der Seele immer dort oben verweilen möchten. Wenn sie sich aber doch zurückwenden, dann werden sie eine ebenso schlechte Figur machen wie im Höhlengleichnis die Befreiten, die in die Höhle zurückkehren. Sie, die die Idee der Gerechtigkeit geschaut haben, sollen jetzt streiten über ihre Schattenbilder, und dazu mit solchen, die die Idee nie gesehen haben (517d).

Aus dem Gesagten folgt, daß die gängige Vorstellung über die Paideia falsch ist. Man meint nämlich, man könne jemand, in dessen Seele kein Wissen ist, das Wissen einsetzen, als könnte man blinden Augen das Sehvermögen einsetzen. Vielmehr ist schon in jeder Seele ein der Sehkraft des Auges entsprechendes Vermögen vorhanden; wie man, damit einer sehe, der die Sehkraft besitzt, das Auge mitsamt dem ganzen Leibe aus dem Dunkel in den hellen Raum bringen muß, so muß entsprechend das Denkvermögen zugleich mit der ganzen Seele aus dem Raum der metaphysischen Dunkelheit, d. h. der Region des Werdens, herausgeführt werden, bis er beim Seienden und beim Glänzendsten darunter auszuhalten gelernt hat, dem Guten nämlich. Solches leistet die Kunst der Umwendung (περιαγωγή 518d): zu wissen, wie auf die leichteste und wirksamste Weise nicht etwa der Seele das intelligible Sehvermögen eingepflanzt werde, sondern unter der Voraussetzung, daß die Seele dies Vermögen schon habe und sich nur noch nicht an die rechte Stelle gewendet habe und nicht weiß, wohin sie blicken soll, ihr dies zu erleichtern. Die anderen sogenannten Aretai der Seele nun, die mögen denen des Leibes sehr nahe liegen und weitgehend auf Gewöhnung und Übung beruhen, die der Einsicht aber mag eher etwas Göttliches sein, was seine Kraft nie verliert, aber je nach der Umwendung oder Anwendung heilsam und nützlich oder unheilvoll und verderblich wird (518 e).

Worauf es also ankommt ist dies, diese Denkkraft so umzuwenden, daß sie vom Sinnlichen abgewendet wird. Es ist nach Plato dieselbe Denkkraft, mit der wir erkennen, daß Sokrates gerecht ist, und mit der wir das Wesen der Gerechtigkeit selbst und als solches erblicken. Aber nur im letzteren Falle betätigt sie sich im Raum der metaphysischen Helligkeit und bringt daher wirkliches Wissen hervor, im anderen Falle aber tappt sie im metaphysisch dunklen Raum des Werdens und bringt nur Meinung hervor. Was wir sogleich dagegen sagen würden, daß alles sich Bewegen des Gedankens in diesem intelligiblen Raum der reinen Gedanken, mag er noch so hell sein, alle seine Bedeutung nur dadurch hat, daß es ermöglicht, in dem metaphysisch dunklen Raum des Sinnlichen eben dies Sinnliche besser zu erkennen, das übergeht Plato, als sei er dafür blind. Er weiß zwar genau und bringt es auch zur Geltung, daß nur, wer die Gerechtigkeit selbst wirklich kennt, über das viele Gerechte richtig urteilen kann, aber dennoch versteht er jenes nicht als etwas, was einzig als Mittel für dieses seine Bedeutung hat, sondern als einen Aufstieg zu einer höheren Welt.

Daher meint er auch, daß diejenigen, die man so ausgebildet hat, daß sie zu diesem Aufstieg in die höhere Welt fähig geworden sind und dort zu sehen gelernt haben, sich freiwillig gar nicht mit den Geschäften der Menschen werden abgeben wollen, da sie meinen, auf die Inseln der Seligen versetzt worden zu sein. Uns wollen diese Leute zwar als eine Art Lüstlinge des Übersinnlichen erscheinen und ihre selige Insel als eine Selbsttäuschung, aber Plato hält sie wirklich für ein Paradies, und erkennend in ihr zu verweilen, erscheint ihm als die höchste Seligkeit (519 c). Freiwillig lassen sich die Dialektiker nicht aus ihrem Paradies vertreiben, und so stehen wir hinsichtlich des Problems der rechten Leitung der Polis vor der Schwierigkeit: Ohne Dialektik kann man es nicht (denn wer nicht das Wesen der Gerechtigkeit kennt, der kann keinen gerechten Staat bauen oder erhalten), und mit Dialektik will man es nicht; es macht mehr Freude Philosophie zu treiben als Politik. Es bleibt nur, daß im Idealstaat die Dialektiker, im Bilde zu sprechen, gezwungen werden, in die Höhle zurückzukehren (519 d). Aber, so wird eingewendet: heißt das nicht, ihnen Unrecht zu tun und sie zu zwingen schlechter zu leben, obwohl sie besser leben könnten? Dagegen wird erinnert, daß es nicht auf den Glücksegoismus einer Kaste ankommt, sondern darauf, daß der ganze Staat möglichst glücklich werde, und daher sei dies Glücksopfer der Dialektiker notwendig. Und es ist auch kein Unrecht, es von ihnen zu verlangen. Sie sind ja nicht aus eigener Kraft allein zu Philosophen geworden, sondern was sie sind, verdanken sie der Polis, die sie zu Philosophen gemacht hat und dazu gemacht hat eben zu dem Zweck, an ihnen die wahren Regenten zu haben. Daher müssen sie nun wieder herab ins Dunkel, und darin erst eingewöhnt, werden sie dann auch hier mehr leisten als die anderen, die nie oben gewesen sind. Denn derjenige Staat wird am besten regiert werden, in dem die zur Regierung Berufenen am wenigsten Lust haben zu regieren. Aber eben die Philosophen sind ja die, die etwas Besseres kennen als die Politik, nämlich den Aufenthalt beim Ewigen (519 e ff.).

Wie aber soll sich die Erziehung zum Philosophen vollziehen? Wie bewerkstelligt man die gewünschte Umwendung der Seele (521 c)? Was bisher an Erziehungsmitteln genannt wurde, Gymnastik und Musik, leistet nicht, was gefordert ist, denn beide bewegen sich ganz im Gebiet des Werdenden, des Sinnlichen. Die Künste, welche die Erwerbsleute verstehen, die Baukunst, die Kunst der Weberei usw, kommen aus demselben Grunde auch nicht in Betracht. Was also bleibt? Es bleibt, sagt Sokrates, jenes Gemeinsame, dessen alle Künste, Verstehensweisen und Wissenschaften noch dazu bedürfen, und was auch jeder gleich zuerst mit lernt, nämlich Zahl und Rechnung. Dieses Lerngut (μάθημα 522 c) gehört gewiß seiner Natur nach zu dem, was gesucht wird, nämlich zu dem, was zur Vernunfterkenntnis hinführt, aber niemand pflegt sich seiner in diesem Sinne, nämlich als eines auf alle Weise zum Wesen hinziehenden zu bedienen (523 a). Sokrates macht das deutlicher, indem er darauf hinweist, daß im Bereich des Sinnlichen einiges von der Art ist, daß die Wahrnehmung es vollkommen befriedigend zu erfassen meint, wenn sie darauf hinblickt, anderes aber von der Art, daß es auf alle Weise die Vernunft zur Betrachtung herbeiruft, als ob die Wahrnehmung da nichts

Gesundes ausrichte. Beispiel (523c ff.): wir sehen aus der Nähe drei Finger. Jeder davon ist ein Finger, und es kommt nicht darauf an, ob er in der Mitte gesehen wird oder an der Seite, ob er etwas länger ist oder etwas kürzer, etwas dicker oder dünner; da ist kein Problem, das zum Nachdenken auffordert. Anders aber mit Größe und Kleinheit oder mit Härte und Weichheit. Da kann einem wohl dasselbe als klein und groß erscheinen und dasselbe als hart und weich, nicht aber so leicht dasselbe als Finger und nicht Finger. Wo nun die Wahrnehmung so etwas Schwankendes zeigt, da ruft die Seele die Überlegung und das Denken zu Hilfe (524b). Das Denken unterscheidet dann auch groß und klein: das Große als solches, das niemals klein ist, und das Kleine als solches, das niemals groß ist, im Unterschied vom Gegenstand der Sinne, der bald klein und bald groß erscheint (524c).

Es gibt also sinnliche Erscheinungen, die die Vernunft herbeirufen, und solche, die die Vernunft nicht rufen. Nun aber ist dies für alles Sinnliche bezeichnend, daß es sich als eines und zugleich unendlich vieles zeigt, und diese Eigentümlichkeit ist ganz besonders die Vernunft herbeirufend, daß sie die wahre Einheit denke, und mit der Einheit sind wir auch bei der Zahl als einer Menge von Einheiten. So ist das Zählen und Rechnen ein Führer zur Wahrheit. Die Rechenkunst wird also als ein wesentlicher Bestandteil zur Erziehung gehören müssen (525a). Die Soldaten werden sie ohnehin aus praktischen Gründen brauchen, der Philosoph aber, um sich über das Werden zu erheben und das Wesen zu fassen (525b). Deswegen kommt es für ihn auch nicht so sehr darauf an, im Rechnen routiniert zu werden, sondern darauf, zur Schau des Wesens (525c) der Zahlen zu gelangen, nicht zu praktischen Zwecken, sondern um der Seele willen und ihrer Umwendung vom Werden zur Wahrheit und zum Sein.

Hier ist es wichtig, in welchem Sinne da von Zahlen die Rede ist. Das griechische Wort ἀριθμός bezeichnet zunächst die Anzahl von Dingen. 5 Stühle, 7 Pferde, 3 Häuser usw., das sind Zahlen. Was hier als Einheit gilt, kann wiederum geteilt werden. Wenn 3 Äpfel an 2 Kinder zu gleichen Teilen verteilt werden sollen, dann kann man einen Apfel in 2 Hälften zerlegen. Aber es gibt noch Zahlen in einem anderen Sinn: jede Eins als absolut der anderen unterschiedslos gleich und schlechthin unteilbar; das sind keine sinnlichen Zahlen, sondern nur durch das Denken zu fassende. So ist die Zahl ihrer Natur nach besonders geeignet, vom Sinnlichen zum Übersinnlichen überzuleiten.

Auch der Geometrie wird ein besonderer Wert beigemessen (526 c ff.). Auch hier bedarf es keiner langen Rede, um ihren praktischen Nutzen für die Soldaten zu erweisen. Wichtiger ist dies, daß auch sie dazu verhelfen kann, die Idee des Guten leichter zu sehen (526 e). Dazu trägt aber alles bei, was die Seele nötigt, sich zu jenem Raum umzuwenden, worin sich das Seligste des Seienden befindet, das sie auf alle Weise sehen soll. Es kommt also darauf an, ob auch die Geometrie die Seele vom Werden abzieht und zum Wesen hinwendet. Da könnte freilich die Art, wie die Geometer reden, Verwirrung stiften. Sie reden davon, daß sie etwas tun, indem sie quadrieren und anlegen und verlängern. Das klingt so, als habe man es mit Veränderungen, also mit dem Bereich des Werdens zu tun. Aber es ist nicht Ernst mit diesen Aktionen. Es wird da in Wahrheit nichts hergestellt, sondern all dies dient nur der Erkenntnis, und zwar der Erkenntnis des immer Seienden und nicht des bald Entstehenden und bald Vergehenden. Wenn also im »Menon« neben ein Quadrat ein zweites ebenso großes angelegt wird und dann zwei weitere darüber, so daß ein großes Quadrat aus 4 kleinen entsteht, und wenn dann die Mitten der Seiten des großen Quadrates verbunden werden, um zu zeigen, daß das Quadrat, das so entsteht, doppelt so groß ist wie das erste, so wird allerlei gemacht, aber was erkannt wird, ist etwas, was immer ist: das Verhältnis der Diagonale zur Seite im Quadrat. Also dient auch die Geometrie der Erhebung der Seele vom Werden zum Wesen.

Als nächste Wissenschaft wird die Astronomie empfohlen (527 d ff.). Diese Wissenschaft hatte unter den Händen der Pythagoreer einen gewaltigen Aufschwung genommen, und der Mathematiker Eudoxos, ein Mitglied der platonischen Akademie, war zugleich einer der führenden Astronomen der Zeit.

Die Astronomie hat zunächst auch einen unbezweifelbaren praktischen Nutzen, nämlich die Zeitmessung, aber wieder ist das, was hier vorzüglich interessiert, nicht die Praxis, sondern die Reinigung und Anfeuerung der Seele. Wenn es aber darauf ankommt und nicht auf den praktischen Nutzen, dann ist erst zwischen der Geometrie und der Astronomie noch die Stereometrie zu erwägen (die Geometrie war für die damalige Zeit nur die der Fläche). Wir müssen also erst den Körper als solchen betrachten, ehe wir ihn in seiner Bewegung zum Thema machen (528 b). Diese Wissenschaft ist zwar noch nicht fertig, wenn sich jedoch die ganze Polis dieser Sache annähme (meint Sokrates 528 c), würde sich das bald ändern. Der Ausbau einer Geometrie des Dreidimensionalen wird also hier als wichtiges Desiderat angemeldet, und dann wird zur Astronomie weitergegangen. Von der (meint Glaukon) liegt es ja auf der Hand, daß sie die Seele nötigt, nach oben zu sehen. Aber Sokrates sagt, ihm scheine es nicht so. Im Gegenteil scheint sie die nach der Philosophie Strebenden gerade zu solchen zu machen, die nach unten blicken (529 a). Sokrates verhöhnt den Glaukon geradezu und sagt: »Wenn jemand Gemälde an der Decke betrachtet, dann bedient er sich wohl nach deiner Meinung der Vernunft und nicht der Augen?« Nicht darum handelt es sich, im räumlichen Sinne zum Oberen zu blicken, sondern zum Seienden und Unsichtbaren; vom Wahrnehmbaren aber gibt es überhaupt kein Wissen, sondern nur Meinung (529 b f.).

Das war freilich ein großer Fortschritt: das Obere im räumlichen Sinne zu unterscheiden von dem Höheren im Sinne dessen, was übersinnlich ist. Plato nennt wohl auch gelegentlich den Ort der Ideen einen überhimmlischen Ort (ὑπερουράνιος τόπος), aber das ist für ihn nur ein Bild, es ist nicht ernst gemeint; im Ernst ist das, was im Raume oben ist, dem Übersinnlichen nicht näher als das was unten ist. Die Unterscheidung des räumlich Oberen vom Übersinnlichen war ein Fortschritt, aber auch er mußte, wie jeder Fortschritt, bezahlt werden, nämlich mit dem Verlust des Dichterischen im menschlichen Weltverhältnis. Der Himmel war das, was da oben ist, der Bereich der Wolken und der Gestirne, Sonne, Mond, Planeten und Fixsterne. Aber der Himmel war zugleich auch die Wohnung der unsterblichen Götter und der Raum abgeschiedener seliger Seelen, so wie das Feuer zugleich die sinnliche und die seelische Glut meinte. Daß die Grenzen der Namen nicht mit der Grenze des Sinnlichen und Übersinnlichen zusammenfallen, sondern beides immer von einem Namen umfaßt wird, darauf beruht das Dichterische. Nicht Plato ist es, der das zerstört, sondern er zieht nur aus der Zerstörung, die sich bereits ereignet hat, die notwendige Folgerung. Freilich besteht das Dichterische weiter, aber es gilt jetzt als ein bloßes Spiel, das neben der Wahrheit herläuft, es wird zum Ästhetischen, das wie ein schöner Schatten die Wahrheit begleitet. Die Wahrheit aber (so sagt dann Nietzsche) ist häßlich.

Wenn aber die eigentliche Wahrheit nur das immer Seiende betreffen kann, wie kann dann die Astronomie überhaupt einen Wert haben? Sie ist doch eine Naturwissenschaft und handelt vom Werden und nicht vom Sein. Es muß also eine andere Astronomie sein, die hier allein in Frage kommen kann. Was ist das für eine Wissenschaft? Wie muß man sie betreiben?

Folgendermaßen, sagt Sokrates: Diese Ornamente am Himmel, da sie im Sichtbaren komponiert sind, sind zwar für das Schönste und Genaueste dieser Art zu halten, bleiben jedoch hinter dem wahrhaft Wirklichen (ἀληθινόν 529 d) weit zurück, nämlich hinter den Bewegungen, in denen die seiende Schnelligkeit und die seiende Langsamkeit in der wahrhaft wirklichen Zahl und den wahren Figuren sich gegeneinander bewegen und das darin Enthaltene mitführen. Das kann man alles nur mit dem Denken und dem Verstand erfassen, aber nicht mit den Sinnen.

Am Himmel das Wahre finden zu wollen, das wäre so, als wollte man aus der Betrachtung eines noch so schönen Gemäldes die Wahrheit finden über das Wesen des Gleichen und des Doppelten (529 e). Das Verhältnis von Tag und Nacht oder von Tag zu Monat und Monat zu Jahr, wie es beobachtet wird, ist näherungsweise ein bestimmtes Zahlenverhältnis, aber nie ganz genau (530 a). So entspringt die Idee einer rein gedanklichen Bewegungslehre, die von reinen Kreisbewegungen handelt, die in genauen Zahlverhältnissen stehen, einer apriorischen Phoronomie, zu der die Beobachtungen nur die Veranlassung geben, die sie aber nicht erfüllen (530 b).

So machen sich auch unsere Physiker die Idee einer genau gradlinigen Bewegung ohne Reibung, einer genauen Wurfparabel usw., sie bilden ideale Konstruktionen, die reinen Gesetzen folgen. Aber das verstehen sie so, daß das Hilfsgedanken sind, die dazu dienen, das wirklich Beobachtete zu erkennen, während bei Plato das wirklich Beobachtete nur der Ausgangspunkt ist für den Übergang zu einer rein idealen Bewegungslehre, die ein Höheres ist als die Wahrheit über die beobachtete Welt. Die Bewegung geht von der empirischen Welt fort zur Welt des immer Seienden, aber nicht von da zur bewegten Welt zurück. Das Ideale ist nicht Mittel zum Zweck, sondern die eigentliche Wahrheit.

Auf die Astronomie folgt die Musik (531 a ff.). Diese vier Wissenschaften: Arithmetik, Geometrie, Astronomie und Musik bilden im Mittelalter unter dem Einfluß Platos den oberen Teil, das quadrivium, der septem artes liberales. Die Musik verhält sich zum Ohr wie die Astronomie zum Auge. Sie sind also Schwesterwissenschaften, wie die Pythagoreer behaupten. Auch bezüglich der Akustik wendet sich Sokrates gegen den Empirismus der Leute, die Untersuchungen darüber anstellen, wie klein man ein Intervall machen könne, damit es noch gerade gehört werde, und dieses dann als Maßeinheit benutzen. Da ist man der individuellen Differenz ausgeliefert; einigen klingt etwas noch verschieden, was anderen ganz gleich klingt. So verfahren, heißt nach Sokrates, das Ohr höher schätzen als die Vernunft. Diese Leute machen es wie jene Astronomen: Sie suchen in den wirklich gehörten Tönen die Zahlen, aber sie steigen nicht auf zu den wissenschaftlichen Streitfragen (προβλήματα 531 c), nämlich zu der Untersuchung, welche Zahlen konsonant sind und welche nicht, und warum beides.

Es war schon den Pythagoreern bekannt, daß die Tonhöhe in einem einfachen Verhältnis zur Saitenlänge steht, die man auf dem sogenannten Monochord abgreift. Das war ein Instrument mit nur einer Saite, das nicht zum Musikmachen, sondern eben zu solchen Messungen diente. Die uns heute bekannte Ursache des Verhältnisses von Saitenlänge und Tonhöhe ist die, daß die Saitenlänge im umgekehrten Verhältnis zu den Frequenzen steht. Die Oktave hat das Verhältnis 1 : 2, und Quint und Quart sind durch das harmonische und arithmetische Mittel zwischen beiden bestimmt, d. h. durch die Werte 3 : 2 und 4 : 3. Warum nun gerade Töne, deren Saitenlängen in solchen Verhältnissen zueinander stehen, dem Ohr konsonant erscheinen, das kann man natürlich mit Hilfe der Mathematik allein niemals verstehen, man bedarf dazu zusätzlich der Sinnesphysiologie, die den Vorgang des Hörens aufklären muß. Das ist bis heute noch nicht zureichend gelungen. Die Griechen wußten davon nichts. Plato deutete das musikalische Erfassen von Oktave, Quint und Quart mit dem Ohr als ein trübes, sinnliches Auffassen von mathematischen Verhältnissen, die der Verstand auf seine Weise viel besser und klarer auffaßt. Es gibt heute noch Leute, die meinen, das Erfassen von Konsonanzen sei eine Art unbewußtes Erfassen von Zahlenverhältnissen. Aber das ist nicht richtig. Wenn wir eine Oktave oder Quint mit dem Ohr erfassen, erfassen wir gar keine Zahlen, weder bewußt noch unbewußt, sondern qualitative Verhältnisse, die allerdings gewisse quantitative Züge haben, z. B., daß die Oktave ein größeres Intervall ist als die Quint, und diese größer als die Quart, und daß Quint und Quart zusammen eine Oktave ergeben usw. Aber von 2 : 1, 3 : 2, 4 : 3 usw. hört man nichts, weder bewußt noch unbewußt. Die Ermittlung der Zahlverhältnisse gehört zur theoretischen Physik, ist historisch das erste Stück davon, aber nicht zur Musik als Kunst.

Alles bisher Erörterte, so wie es betrieben werden soll, ist Mathematik und soll es sein, denn alles Empirische wurde ausgeschieden, und wenn nun noch gefordert wird, das alles zusammenzubringen und in seiner Zusammengehörigkeit zu erfassen (531 d), so bedeutet das die Forderung nach einer gesamtmathematischen Systematik. Dem Glaukon erscheint das als ein großes Werk, aber Sokrates erklärt ihm, das sei nur erst das Vorspiel zum Eigentlichen, der Dialektik. Diese läßt alle Wahrnehmung hinter sich und bewegt sich im reinen Gedanken und läßt nicht nach, bis sie beim Guten selbst angekommen ist (532 a).

Dazu dienen alle anderen Wissenschaften als Vorbereitung, nämlich dazu, die Seele in die Umwendung (μεταστροφή 532 b) einzugewöhnen, sie dazu anzuleiten, sich vom Sinnlichen abzuwenden und dem reinen Gedanken zuzuwenden, jenem Bezirk, in dem allein die Wahrheit zu finden ist, wo es allein wirkliches Wissen gibt und nicht nur, wie hier im Sinnlichen, mehr oder minder gut bewährte Meinung. Was aber (fragt nun Glaukon) ist die Art und Weise des dialektischen Vermögens? In wieviel Arten teilt es sich? Und welches sind die Wege desselben? Denn die müssen doch nun endlich dahin führen, wo der Angekommene zur Ruhe kommt und wo seine Wanderschaft zu Ende ist (532 e).

Sokrates zweifelt, ob Glaukon ihm werde folgen können, aber er will die Antwort versuchen und nicht nur ein Bild geben, sondern sogar die Sache selbst. Alle andern Künste drehen sich um die Meinungen und Begierden der Menschen, das Hervorbringen und Zusammensetzen und um die Pflege des Hervorgebrachten und Zusammengesetzten; die mathematischen aber, die sich schon irgendwie mit dem Seienden befassen, reden doch noch wie im Traum davon, und sind so lange außerstande, ein waches Wissen davon zu haben, als sie Hypothesen benutzen und die unbewegt lassen, weil sie nicht imstande sind, dafür eine Begründung vorzulegen (λόγον διδόναι 533 c). Das, womit die Mathematiker anfangen, ihre Axiome, wie wir es heute nennen, davon wissen sie nicht, ob sie wahr sind, und also wissen sie auch nicht, ob das wahr ist, was sie daraus folgern. Was sie wissen, ist nur, daß die Folgerungen wahr sind, wenn die Voraussetzungen wahr sind. (Mehr wollen wir auch gar nicht wissen, sagen sie heute bescheidenerweise.)

Nun ist es aber gerade der Anspruch des dialektischen Verfahrens, die Hypothesen aufzuheben (ἀναιρεῖν 533 c), das heißt nicht, sie zu negieren, sondern sie als Voraussetzungen aufzuheben, indem man sie dadurch beweist, daß man zum wirklichen Prinzip (ἐπ' αὐτὴν τὴν ἀρχήν) zurückgeht. Der Dialektiker erfaßt den Begriff des Wesens (λόγος οὐσίας 534 b); nur wenn er den hat, kann er begründen (λόγον διδόναι), und nur wenn er das kann, hat er Vernunfterkenntnis. Das gilt auch bezüglich des Guten. »Wer nicht imstande ist, die Idee des Guten durch den Logos zu bestimmen, indem er sie von allem andern absondert, und wer nicht wie im Kampf durch alle Einwände sich durchschlagend, sie nicht der Meinung, sondern dem Wesen nach zu verteidigen suchend, durch alles dieses mit einem unüberwindlichen Logos durchkommt, von dem kann man nicht sagen, daß er das Gute selbst weiß, wenn es sich so mit ihm verhält, noch irgend ein anderes Gutes. Sondern wenn er irgend ein Bild davon trifft, dann wird er es durch Meinung und nicht durch Wissen treffen, und wie er in diesem Leben schläft und träumt, so wird er ohne aufzuwachen in die Unterwelt kommen und dort in den vollkommenen Schlaf versinken (534 c f.).«

Feierliche Reden, aber ein bloßes Programm, und ein dunkles obendrein. Was man denn tun müßte, um eine mathematische Hypothese aufzuheben, auf welche Weise sie sich begründen lasse, wenn man es nicht so machen soll, wie die Mathematiker es machen, darüber erfahren wir nichts.

Es gibt drei Arten von Winkeln, spitze, rechte und stumpfe, das ist eine Hypothesis der Mathematiker, die Plato selbst als Beispiel erwähnt. Wie begründen sie die Mathematiker? Durch den Blick auf die gezeichnete Figur. Man sieht es im Bilde einer bestimmten gezeichneten Figur und es leuchtet ein, daß es für alle Figuren so sein muß. Dies Verfahren erscheint Plato ungenügend, aber von der geforderten dialektischen Begründung von oben, statt der ungenügenden von unten, gibt er kein Beispiel. Daß der reine Gedanke imstande ist, das Wesen alles Seienden zu wissen, und daß von daher alles Sinnliche sich als ein Abbild dieses Wesens werde verstehen lassen, das bleibt bei Plato ein bloßes Programm. Hegel hat versucht, dieses Programm zu realisieren, aber gelungen ist es nur scheinbar. In Wahrheit vermag das reine Denken für sich allein nichts zu erkennen als die Regeln seines eigenen Verfahrens, die ohne Anwendung auf das Gegebene der Sinne leerlaufen. Plato selbst kann das nicht leisten, was er von dem verlangt, der von sich sagen kann, er habe ein Wissen von der Idee des Guten. Plato hat in Wahrheit nicht mehr als die dunkle Vermutung eines gemeinsamen Urquells von Vernunft, Idee und Wahrheit, und diese Vermutung hilft ihm, wenn wir genau zusehen, weder zu der Antwort auf die Frage, was ein gerechter Staat ist, noch auf die Frage, warum es für mich gut sein soll, gerecht zu sein.

Ein Rezensent der Kantischen Kritik der reinen Vernunft hatte diese als ein System des höheren Idealismus bezeichnet. Dazu bemerkt Kant: »Beileibe nicht der höhere. Hohe Türme und die ihnen ähnlichen, metaphysisch großen Männer, um welche beide gemeiniglich viel Wind ist, sind nicht für mich. Mein Platz ist das fruchtbare Bathos (= Tiefland) der Erfahrung.« (Anhang zu den Prolegomena) Zwar gibt es nach Kant Erkenntnis a priori, die nicht Erfahrung ist und nicht aus ihr stammt, aber die kann nichts anderes hervorbringen als nur Mittel im Dienste der Hervorbringung von Erfahrung. Die Umwendung, die Plato hier propagiert: Das sich Abwenden von der Erfahrung, weg von ihr hin zu der Welt der reinen Wesen, zugänglich nur im reinen Denken, führt in eine Leere, wo für den Menschen nichts zu gewinnen ist.

Die Welt der Erfahrung ist für Plato nur das, womit man anfangen und wovon man ausgehen muß, um in die höhere Welt der Ideen zu gelangen, in der sich anzusiedeln die wahre Seligkeit ist. Alles Vergängliche ist nur ein Gleichnis. Es hat nur als solches Gleichnis des Ewigen Bedeutung. So ist es besser, wenn man kann, bei dem zu verweilen, wovon das Vergängliche ein Abbild ist, bei den Ideen. Es bleibt freilich ein Erdenrest zu tragen peinlich: Wir müssen bei Lebzeiten hier unten bleiben, und daher muß man wohl oder übel auch für das Diesseits und die niedere Welt des Sinnlichen sorgen. Man braucht eine Polis, und die muß man dann soweit möglich der wahren Welt angleichen, und auch das eigene Leben muß man gemäß der Idee der Gerechtigkeit gestalten, weil die Gerechtigkeit eine Idee und als Idee etwas Gutes ist, weil sie von der Idee des Guten abstammt.

Das ist die dritte Begründung der Gerechtigkeitsforderung neben der eschatologischen und politischen; nennen wir sie die dialektische, weil Plato das Wissen von den Ideen als Dialektik bezeichnet. Es ist aber klar, daß diese Begründung nicht leistet, was zu leisten ist. Die Gerechtigkeit mag im platonischen Sinne etwas an sich Gutes sein, daraus folgt noch nicht, daß sie etwas für mich Gutes ist, und das war es, was zu beweisen war gegenüber denen, die da lehren, der Schein der Gerechtigkeit ist für mich gut, aber die Gerechtigkeit selbst nur lästig, und ich muß sie nur üben, weil und soweit ihr Schein nicht ohne das Sein zu haben ist. Wie darauf die eschatologische und politische Begründung antworten, haben wir gesehen: die eschatologische, indem sie lehrt, ohne das Sein der Gerechtigkeit habe ich im Jenseits Übles zu erwarten, und die politische, indem sie lehrt, ohne das Sein der Gerechtigkeit erreiche ich nicht, was ich doch im Grunde will: anerkannt werden als der, der ich wirklich bin, und nicht nur als der, der ich zu sein scheine. Das sind beides gehaltvolle Antworten, wenn sich auch die erstere nur auf einen unbeweisbaren Glauben stützen kann. Die dialektische Begründung der Gerechtigkeitsforderung aber leistet im Grunde gar nichts. Daß Gerechtigkeit eine Idee ist in dem Sinne, daß sie als Regel des Verhaltens gedacht werden kann, bestreitet niemand; daß diese Möglichkeit aber für mich verbindlich ist, kann daraus nicht abgeleitet werden und auch nicht daraus, daß man sagt, die Gerechtigkeit ist eine Idee, und die Idee ist gut, weil ihr Urquell die Idee des Guten ist. Durch Namengebung läßt sich nichts beweisen.

Solche Kritik klingt vielleicht unehrerbietig gegenüber einem großen Mann, aber hier gilt der alte Spruch: amicus Plato, magis amica veritas.

Wem, das ist nun die nächste Frage, sollen diese höchsten Kenntnisse (μαθήματα 535 a) mitgeteilt werden? Antwort: Eben jenen, die früher als die für die Herrschaft Geeigneten erklärt wurden, nämlich den Festesten und Tapfersten und nach ihren Fähigkeiten Wohlgestaltetsten. Aber sie müssen nicht nur eine mutige und edle Gesinnung haben, sondern auch von Natur für die hier zu fordernde Ausbildung begabt sein. Scharfsinn, gutes Gedächtnis, Eifer für das Lernen, das Hören und das Forschen und Feindschaft nicht nur gegen die freiwillige Unwahrheit, die Lüge, sondern auch die unfreiwillige, den Irrtum und die Unwissenheit, wird verlangt, auch Besonnenheit, Tapferkeit, Großzügigkeit und überhaupt alle Aretai (535 b ff.). Nur ein Unterschied wird gemacht im Vergleich zu der früher getroffenen Wahl der Regenten. Da hieß es, daß erst im Alter die Zeit der Philosophie gekommen sei, dann, wenn die Menschen auch die Staatsgeschäfte schon hinter sich haben. Das wird widerrufen. Wenn man so spät anfängt, wird man nicht durchkommen. Vielmehr muß man mit der philosophischen Ausbildung schon in der Jugend beginnen (536 d).

Was der Philosophie vorhergehen muß, die Mathematik, müssen schon die Knaben, halb spielend, lernen. Dem Knabenalter folgt die Militärzeit, und da werden die Helden zu müde sein, um noch mit geistigen Anstrengungen belastet werden zu können (537 b). Danach aber folgt dann eine systematische Ausbildung in den Wissenschaften. Dabei werden sich dann auch die eigentlichen dialektischen Begabungen offenbaren. Denn der Synoptiker, derjenige der zusammenschauen kann, der den Zusammenhang, die Systematik des vielerlei Gelernten faßt, der ist auch Dialektiker (537 c). So können, die sich bewährt haben, dann mit etwa 30 Jahren sich der eigentlichen Dialektik widmen. Doch ist diese eine gefährliche Sache (537 d).

In der Zeit von Sokrates und Plato erscheint sie als die Aufklärung der Sophisten, welche die überlieferten Vorstellungen davon, was schön und gut und gerecht ist, auflöst, fragwürdig macht, als unbegründetes und unbegründbares Vorurteil entlarvt, ohne jedoch etwas anderes Festes an seine Stelle setzen zu können. Die alten Werte (mit Nietzsche zu reden) sind entwertet, aber neue nicht an ihre Stelle getreten. Der Mensch wird zum Gesetzlosen, zu einem, der neben dem Gesetz, außer dem Gesetz steht, der kein Gesetz für sich gelten läßt (537 e). Das aber ist nicht die Folge der Dialektik als solcher, sondern die ihres Mißbrauchs, der aus ihr eine Widerlegungsroutine macht, die ohne Ernst sich an allem übt, was ihr unter die Finger kommt, und der es eben nur auf das Widerlegenkönnen von allem, aber nicht auf das Finden der Wahrheit ankommt. Dagegen hilft keine Methode, sondern nur die richtige Gesinnung, in der die Dialektik betrieben werden muß (539 d).

Die dialektische Ausbildung soll etwa 5 Jahre dauern, dann aber werden die so ausgebildeten Philosophen, wie es unter Wiederaufnahme des alten Bildes heißt, in die Höhle zurückgebracht und müssen dort Ämter übernehmen (539 e). Wenn sie das fünfzehn Jahre getrieben haben, und so auch praktisch ausgebildet sind und sich bewährt haben, dann (so wird gesagt) muß man sie endlich zum Ziele führen und sie dazu zwingen, den Blick der Seele aufwärts zu richten und zu dem emporzublicken, was allem Helligkeit gewährt, und wenn sie das Gute gesehen haben, dazu, indem sie dieses als Vorbild gebrauchen, die Polis, ihre Mitbürger und sich selbst in ihrem weiteren Leben in Ordnung zu halten, jeder der Reihe nach, sodaß sie die meiste Zeit der Philosophie widmen, jeder aber, wenn er an die Reihe kommt, die öffentlichen Angelegenheiten besorgt und um willen der Polis herrscht, nicht als sei das etwas Schönes, sondern weil das notwendig ist (540 a f.). Und wenn sie dann andere immer wieder ebenso erzogen haben und dem Staat Hüter hinterlassen haben, die an ihre Stelle treten können, dann mögen sie sich endgültig auf ihre seligen Inseln zurückziehen. Und noch einmal wird daran erinnert, daß das nicht Herrscher zu sein brauchen, sondern daß sich auch Herrscherinnen darunter befinden können(540 b f.).

Also (so wird noch einmal gesagt) der Idealstaat ist kein frommer Wunsch, er ist möglich und kann wirklich werden, aber nur, wenn die Philosophen zur Macht kommen, einer oder mehrere. Die Philosophen sollen mit seiner Einrichtung anfangen, indem sie alle fortschicken, die älter sind als 10 Jahre, und die allein behaltenen Kinder gemäß dem entwickelten Programm aufziehen. So werden sie am leichtesten und schnellsten den Staat und die Verfassung, die entworfen wurden, einrichten, selbst glücklich sein und ihrem Volk den besten Dienst leisten (541 a).

8. Buch

Das über den idealen Staat zu Sagende ist vollendet. Es folgt die Frage nach den Verfallsformen der vollkommenen Polis, denen die Verfallsformen der Gerechtigkeit entsprechen müssen.

Es gibt vier Formen des Verfalls (so erklärt Sokrates): 1. die kretische oder lakonische, auch Timokratie genannt, 2. die Oligarchie, 3. die Demokratie, 4. die Tyrannis (544 c). Diesen Arten des Staates müssen die Arten der Seele entsprechen, die also auch, zusammen mit der vollkommenen, fünf sein werden. Die wahre Verfassung war die Aristokratie, die Herrschaft der Besten (wobei die Königsherrschaft als Sonderfall einbegriffen war), und ihr entsprach der vollkommen gerechte Mensch (544 e).

Zunächst ist der Übergang von der Aristokratie zur Timokratie zu behandeln. Jeder Verfall nimmt seinen Ausgang vom Verfall des Teils, der die Herrschaft innehat, nämlich dadurch, daß innerhalb desselben ein Zwist entsteht (545 d). So leicht wird zwar ein solcher Zwist in dem gezeichneten Idealstaat nicht entstehen; weil aber doch allem Entstandenen der Untergang bestimmt ist, so wird auch eine solche Einrichtung nicht ewig bestehen, sondern sich auflösen. Wodurch wird die Auflösung ausgelöst? Fruchtbarkeit und Unfruchtbarkeit der Leiber und Seelen (so wird gelehrt) hängen ab von den Bewegungen der Himmelskörper. Da müssen die Weisen, die den Staat leiten, kunstvolle Berechnungen anstellen, um die günstigste Zeit für die Zeugungen zu ermitteln. Aber diese auf Grund von Wahrnehmungen durchgeführten Berechnungen der Astrologen werden doch nicht immer das Wahre treffen, und so werden denn auch einmal zur Unzeit Kinder gezeugt werden. Über die richtige Zeit aber entscheidet eine geheimnisvolle Zahl, über die Plato Andeutungen macht, die eine Flut von Auslegungsliteratur hervorgebracht haben, die aber die Dunkelheit der platonischen Worte nicht hat erhellen können. Vermutlich wollte Plato dunkel bleiben (546 b f.).

Wenn sich die Astronomen hinsichtlich dieser Zahl verrechnen, dann hat das eine negative Wirkung auf die Qualität des Nachwuchses. Von denen wird zwar die ältere Generation nur die Besten an die Spitze stellen, aber sie sind nicht mehr so gut wie die Besten der vorigen Generation, und infolge davon ist die nächste noch schlechter. Eines Tages kommt man überein, das Land und die Häuser zu Eigentum zu machen und zu verteilen; die Erwerbsleute, die vorher von den Regierenden bewacht wurden als Freie und Freunde und Ernährer, werden zu Sklaven gemacht, die führende Kaste betreibt den Krieg und die Regierung über sie (546 d ff.). In der Oberklasse wird es im wesentlichen so bleiben, wie es war, mit den gemeinsamen Speisungen, der Gymnastik und der kriegerischen Ausbildung. Aber die Weisheit an der Spitze ist verschwunden, die Oberschicht ist mehr für den Krieg geeignet als für den Frieden. List und Verschlagenheit herrscht, Geldgier erwacht, und die Herrschenden werden sich ihre privaten Vermögen anschaffen. Noch ist es nicht ganz schlecht, sondern aus Gutem und Schlechtem gemischt, es herrscht jetzt statt der Vernunft der Thymos und infolge davon Eifersucht und Ehrgeiz (547 d ff.).

Welches aber ist der Mensch, der dieser Verfassung so entspricht wie der Gerechte der idealen Verfassung? Was den Ehrgeiz angeht (meint Adeimantos), werde er seinem Bruder Glaukon ähnlich sein, für den also der starke Wunsch, sich auszuzeichnen und vor anderen hervorzutun, bezeichnend gewesen sein mag. Aber in anderer Hinsicht wird er sich doch (sagt Sokrates) von ihm unterscheiden: er wird von sich selbst eingenommen sein, und bei weitem amusischer, wiewohl er ein Liebhaber der Musen ist. Auch Reden hören wird er gerne, aber rednerisch ist er nicht. Gegen die Knechte wird er scharf sein, gegen die Freien milde und gegen die Obrigkeit unterwürfig, dabei ehrgeizig und nach hohen Ämtern gierig, besonders aber nach militärischen, und ein Freund des Sports und der

Jagd. In seiner Jugend wird er das Geld verachten, aber je älter er wird, umso mehr wird er Wert darauf legen (548 e ff.).

Wie entsteht ein solcher Charakter? Er ist etwa der Sohn eines trefflichen Mannes, der aber in einem nicht gut verwalteten Staat lebt und daher Ehren und Ämtern aus dem Wege geht, um keine Händel zu haben. Der Sohn hört nun seine Mutter klagen, daß der Vater nicht zu den Regierenden gehöre und sie deswegen hinter den anderen Frauen zurückstehen müsse, und der Vater sich auch nicht genug um sein Vermögen kümmere, und er mache sich nichts daraus, wenn man ihn deswegen verhöhne, er sei eben unmännlich und schlaff. Auch die Dienstleute reden ihm zu, er solle mehr Manns sein als sein Vater. Indem so einerseits der Vater seiner Vernunft zuspricht, andererseits die anderen sein Begehrungsvermögen aufstacheln, hält er die Mitte und übergibt die Herrschaft über seine Seele dem Mittleren, dem Thymos, und so wird er ein hochmütiger und ehrgeiziger Mann (549 c ff.).

Die nächste Stufe des Verfalls ist die Oligarchie, die Herrschaft der Reichen über die Armen. In sie kann die Timokratie deswegen leicht absinken, weil schon in ihr die Bildung von Privatvermögen begonnen hat. Reichtum tritt in der Schätzung an die Stelle der Areté. Aus Ehrgeizigen werden Geldgierige, und die Größe des Vermögens wird zum Maß der politischen Rechte (550 c ff.). Es ist klar, daß auf diese Weise nicht die an die Spitze kommen, die am meisten von der Sache verstehen. Zudem ist klar, daß diese Polis gar nicht wirklich *eine* ist, sondern den Zwiespalt zwischen den Reichen und den Armen in sich birgt, die gegeneinander ständig auf der Lauer liegen. So werden sie schließlich unfähig, Krieg zu führen. Allein ist die Oberschicht zu schwach, und wenn sie die Unterschicht bewaffnet, ist Gefahr, daß diese sich gegen ihren Unterdrücker wendet statt gegen den äußeren Feind. Aber nicht nur diese zwei Klassen gibt es da, sondern drittens noch diejenigen, die ihr Geld verloren haben und in Armut geraten sind, aber kein Handwerk verstehen, durch das sie sich ernähren können, Bettler, die keine Funktion im Dienst des Ganzen haben. Diese Kaste der Asozialen wird zu einer Brutstätte des Verbrechens (551 c ff.).

Der diesem Staat entsprechende Mensch ist vorzüglich ausgezeichnet durch die Geldgier. Diese Begierde beherrscht ihn und läßt keine andere hochkommen. Die Seelenherrschaft ist also noch weiter heruntergekommen, zum Begehrungsvermögen. Immerhin ist sie noch die Herrschaft der besseren Begierden über die schlechteren, es ist also noch weiterer Verfall möglich (553a ff.).

Die Oligarchie kann zur Demokratie herabsinken. In der Oligarchie herrscht das Geld. Die Herrschenden haben kein Interesse, ausschweifende Jünglinge durch das Gesetz in Schranken zu halten; im Gegenteil, sie sind geradezu daran interessiert, daß solche das Ihrige durchbringen, damit sie selbst es leicht an sich bringen können. So werden schließlich eine ganze Menge nicht unedle Menschen in die Armut gedrängt und lauern auf Rache. Es genügt dann ein kleiner Anstoß, und es kommt zu dem, was später Marx die Expropriation der Expropriateure genannt hat, zum Aufruhr der Armen, die nun ihre Gleichberechtigung mit den Reichen, soweit sie die nicht haben hinrichten lassen, durchsetzen. Wer in der Polis herrscht, das wird jetzt vorwiegend durch das Los bestimmt. Jetzt sind alle frei, und jeder kann tun, was er will. Das scheint zunächst die schönste aller möglichen Verfassungen zu sein. Man braucht nicht zu regieren, wenn man auch noch so geeignet dazu ist, und auch nicht zu gehorchen, wenn man keine Lust dazu hat, und nicht mitzukämpfen, wenn die anderen Kriege führen. Wenn ein Gesetz verbietet, ein Amt innezuhaben oder zu Gericht zu sitzen, so kann man es trotzdem tun. Wer zum Tode verurteilt ist oder zur Verbannung, der geht mitten unter den anderen umher, als sei nichts geschehen. Die Demokratie ist Anarchie, die an Gleiche und Ungleiche Gleichheit verteilt (555b ff.).

Dem Niedergang der Polis entspricht auch hier ein Niedergang des Menschen. Auf der vorigen Stufe war die Herrschaft über die Seele zwar schon an das Begehrungsvermögen übergegangen, aber immerhin gab es da noch die Herrschaft der Geldgier über die anderen Begierden. Wenn nun die Herrschaft dieser Begierde auch kein Ideal ist, so ist doch dies richtig, daß nicht alle Begierden gleichberechtigt sind, sondern daß man da notwendige und nicht notwendige unterscheiden muß. Es gibt Begierden, deren Befriedigung lebenswichtig ist. Der Hunger muß befriedigt werden, aber nicht die Begierde nach raffinierten Freuden der Tafel, und so entsprechend überall. Der Verfall besteht hier in einer Demokratie aller Begierden. Alle werden gleichberechtigt, und es ist dann mehr oder weniger eine Sache des Zufalls, welche befriedigt werden und welche nicht, als seien sie durch das Los ausgewählt. So entsteht ein richtungsloses Hin und Her, und derselbe geht bald der Zecherei nach, bald auch einmal der Wissenschaft, je nachdem, wohin ihn gerade das größte Verlangen treibt (558 c ff.).

Es liegt auf der Hand, daß Platos Demokratie nur die Karikatur einer wirklichen Demokratie ist. Gewiß beruht diese auf dem Prinzip der Freiheit, sie kennt nicht wie der platonische Idealstaat Kasten, von denen die oberste regiert, während die unterste nur Objekt der Staatsführung ist. In der Demokratie ist niemand von der Mitwirkung an der Regierung ausgeschlossen. In diesem Sinne ist er frei und hat keinen Herrn über sich. Aber nicht kann das bedeuten, daß jedermann uneingeschränkt tun kann, was ihm beliebt. Das nämlich wäre die Aufhebung jeder politischen Ordnung und auch jeder Möglichkeit eines Rechtszustandes, denn da müßte jeder auf alle möglichen Übergriffe von allen Seiten gefaßt sein. Das Zusammenleben ist nur möglich, wenn die Freiheit von jedermann eingeschränkt wird. Aber das Recht fordert, daß das nicht willkürlich, sondern nach allgemeinen Gesetzen geschieht, zu denen jeder seine Zustimmung geben kann. Die Erfahrung lehrt allerdings, daß die Demokratien keine Gewähr dafür bieten, daß die Weisesten zur Regierung gelangen, und man kann fragen, ob sie nicht in dieser Hinsicht verbesserungsfähig sind. Aber andererseits ist auch klar, daß es nicht erlaubt ist, zur Bewirkung dieses Zweckes einen Teil des Volkes seiner politischen Rechte zu berauben, wie das Plato vorschlägt. So wenig wie der Einzelne seinem Glück das Recht eines anderen opfern darf, so wenig darf der Staat das größte Glück des Ganzen als etwas betrachten, das ihm erlaubt, das Recht eines Einzelnen anzutasten.

Bleibt noch die schönste Verfassung und der schönste Mann, wie sie (562 a) ironisch genannt werden, die Tyrannis und der Tyrann. Die Demokratie ist immer in Gefahr, in Tyrannis überzugehen. Wie die anderen Formen geht sie unter an ihrer Unersättlichkeit nach dem, was ihr als das höchste Gut gilt. Das war bei der Oligarchie das Geld, bei der Demokratie ist es die Freiheit. Von der sagt man in der Demokratie, sie sei das Schönste, und daher sei auch nur der in ihr zu leben würdig, der von Natur frei sei. Die hemmungslose Freiheit bedeutet die Aufhebung aller Autorität. Aber die äußerste und hemmungslose Freiheit muß in die wildeste Knechtschaft umschlagen. Die Masse der Unvermögenden wird sich einen Anführer suchen, um den Kampf gegen die Vermögenden zu führen, und aus ihrem Vertreter wird er, ohne daß ihn daran jemand hindern kann, zum unbeschränkten Herrn über die Polis (562 b ff.).

Der Tyrann wird damit beginnen zu erklären, er sei gar keiner, und wird jedermann Versprechungen machen. Dann wird er immer irgend einen Krieg anregen, damit es unbezweifelbar ist, daß das Volk einen Anführer braucht. Damit wird er sich verhaßt machen, und das wieder hat die Folge, daß er sich seiner Feinde entledigen muß, bis er die Polis »gereinigt« hat von allen, die sich durch Tüchtigkeit oder Reichtum auszeichnen. Er braucht, um sich zu halten, eine Leibwache, von Fremden oder von Sklaven. So werden die vormals Freien zu den Sklaven derer, die vormals ihre Sklaven waren, und haben zuletzt noch die Kosten aufzubringen, die ihre Unterdrückung macht (566 d ff.).

9. Buch

Der Tyrannis entspricht der tyrannische Mensch, der Antipode des Gerechten. Wie ist er beschaffen? Und wie lebt er, elend oder selig?

Um das zu klären, erscheint es notwendig, noch etwas Genaueres über die Arten der Begierden (ἐπιθυμίαι 571 a) zu sagen. Früher wurden notwendige und nicht notwendige unterschieden. Erstere waren diejenigen, ohne deren Befriedigung das Leben nicht möglich ist. Unter den nicht notwendigen gibt es gesetzwidrige. Sie entstehen zwar in jedem Menschen, werden sie aber von den Gesetzen und von den besseren, mit Vernunft verbundenen Begierden in Zaum gehalten, so verschwinden sie aus einigen Menschen gänzlich, oder es bleibt nur eine geringe Spur von ihnen zurück, bei andern aber erhalten sie sich stärker und häufiger. Das sind die Begierden, die im Schlaf zu entstehen pflegen, wenn das Denkvermögen (λογιστικόν 571 c) seine Herrschaft nicht ausübt und das Tierische im Menschen die Oberhand gewinnt. Daher kommt es darauf an, sich richtig für den Schlaf vorzubereiten: das Denkvermögen in sich zu wecken, das Begehrungsvermögen aber weder im Mangel zu lassen noch zu überfüllen, damit es hübsch ruhig sei, und auch den Thymos zu besänftigen, z. B. nicht mit einem Zorn gegen jemand einzuschlafen, dann wird man am wenigsten ruchlose Träume haben (572 a). Die Träume machen es offenbar, daß in uns allen eine furchtbare, wilde und gesetzlose Art von Begierden wohnt, mögen einige auch noch so maßvoll erscheinen. Der tyrannische Mensch ist der Mensch der Begierden. Er wird nicht, wie es eigentlich sein sollte, vom Denken beherrscht, auch nicht vom Thymos, was das zweitbeste wäre, es werden auch nicht die nichtnotwendigen Begierden der Herrschaft der notwendigen untergeordnet, sondern ihnen, die schon beim demokratischen Menschen alle in die Freiheit entlassen worden waren, steht jetzt aus dieser Freiheit ein neuer Herr auf, und dieser Herr ist ein Eros. Wenn dieser Eros dann noch von den übrigen Begierden umschwärmt wird, wird der Vorsteher der Seele von einer wahnsinnigen Leibwache umgeben sein und selbst rasen. Nicht zu Unrecht nennt man daher schon von alters her Eros einen Tyrannen (573 b).

Wenn Eros in der Seele als Tyrann regiert, dann gibt es darin Feste mit lustigen Aufzügen und Schmausereien und Freudenmädchen. So werden viele und gewaltige Begierden aufgeweckt und zum Wachsen gebracht. Die werden die vorhandenen Einkünfte bald verbrauchen, und da geht dann das Borgen und das Verschleudern des Vermögens an. Wenn die Meute der Begierden nicht mehr befriedigt werden kann, dann werden sie, Eros an ihrer Spitze, mit List und Gewalt Befriedigung zu erjagen versuchen. Ihre Unbefriedigung wird zu Qual und Schmerz, und die werden den Menschen dazu bringen, alle Schranken von Recht und Sitte niederzureißen. Das Furchtbare, das sich in anderen Menschen nur im Traum rührt, beherrscht jetzt den Tag. Eros herrscht in gänzlicher Anarchie und Gesetzlosigkeit als Tyrann. Wer mit einem solchen umgeht, der muß ihm schmeicheln, um etwas zu erlangen, und er wiederum wird denen schmeicheln, von denen er etwas will. Ihr ganzes Leben lang sind die Tyrannischen also nie jemandes Freund, sondern immer herrschen sie über jemand oder dienen jemand. Wahre Freiheit und wahre Freundschaft aber kostet der Tyrannische nie. So ist er seinem Wesen nach der Treulose (ἄπιστος 576 a), dem nicht zu trauen ist. Als solcher aber ist er das Gegenteil des Gerechten.

Hier sehen wir wieder das in den Vordergrund treten, was wir die politische Begründung der Gerechtigkeit nannten. Auf Freundschaft und Treue kann nur eine Gemeinschaft von Gerechten gegründet werden. Sie sind diejenigen, die sich voreinander sehen lassen können, von den anderen anerkannt werden können als die, die sie wirklich sind. Nur wer dies will, kann in einer wirklichen Gemeinschaft leben. Die Gemeinschaft, in der der Ungerechte lebt, existiert nur scheinbar, er bleibt immer der Fremde (ἀλλότριος 576 a), was er sich aber verbergen muß, um leben zu können.

Umso überraschender, daß das Wesen dessen, der so zur äußersten Fremdheit verurteilt ist, als Eros bestimmt wird. Eros meint hier die überwältigende blinde Leidenschaft, die sich alles in der Seele in ihren Dienst stellt und mitreißt und die Seele schlechthin unfrei macht. Eros ist das äußerste Gegenteil zur Freundschaft (φιλία). Sie verhalten sich (nach Augustins Formulierung) wie velle habere und velle esse, haben wollen und das Sein des anderen wollen. Nicht mit einem Wort mehr wird hier der philosophische Eros des »Symposion« erwähnt, kein Wort davon, daß Eros ein Gott oder ein guter Dämon oder auch nur ein Mittleres zwischen gut und schlecht sei, sondern hier ist der Eros etwas, was schlechthin von Übel ist.

Die königlich regierte Polis war die beste, die tyrannisch regierte ist die schlechteste. Die erste war die gerechteste und die zweite die ungerechteste. Wie steht es mit ihrer Glückseligkeit (εὐδαιμονία 576 c)? Die ist nicht nach dem Ergehen eines Einzelnen oder einer Gruppe zu beurteilen, sondern nach dem Ganzen. Da ergibt sich, daß keine unseliger ist als die tyrannisch regierte und keine glückseliger als die königlich regierte (576 e). Wie aber steht es mit der Glückseligkeit des tyrannischen Menschen? Wieder stehen wir vor der alten Frage, ob es nicht das Seligste sei, uneingeschränkt durch Recht und Gesetz zu leben und zu tun, was man nur möchte, vorausgesetzt, daß man keine Strafe und keinen Schaden davon zu befürchten hat, daß man Macht genug besitzt, sich alles erlauben zu können. Wieder handelt es sich darum nachzuweisen, daß das beneidete Glück des Tyrannen nicht existiert, daß es ein bloßer Schein ist.

Der Tyrann scheint der freie Mann zu sein, aber in Wahrheit steht es anders. Wie in der tyrannischen Stadt zwar der Tyrann tun kann, was er will, aber gerade die edelsten und wertvollsten Bewohner unfrei sind, so geht es in der Seele des tyrannischen Menschen zu. Nur ein kleiner Teil und gerade der wertloseste und ausschweifendste herrscht in Freiheit, aber sonst ist in seiner Seele lauter Knechtschaft, und geknechtet ist auch das Edelste in ihr, das Denken (λογιστικόν 577 d).

So tut die tyrannisch beherrschte Seele am wenigsten, was sie eigentlich will, wenn man nämlich von der ganzen Seele redet (577 e). Mit Gewalt wird sie vom Stachel getrieben und ist voll Angst und Reue. Wie die tyrannische Stadt ist die tyrannische Seele arm und ungesättigt und voll von Furcht, Klagen, Seufzern, Qual und Schmerz (578 a).

Folgt daraus nicht, daß der tyrannische Mann auch der unseligste von allen ist? Glaukon hält dafür, aber Sokrates sieht noch eine Steigerungsmöglichkeit: derjenige Mensch mit einer tyrannischen Seele, der sein Leben nicht als Privatmann hinbringt, sondern das Unglück hat, wirklich zum Tyrannen zu werden, der wird noch unglücklicher sein, denn da ist er in Wahrheit umgeben von lauter Feinden, die alle nur darauf warten, ihn seiner Macht zu berauben und ihre Knechtschaft an ihm zu rächen. So lebt er in ständiger Angst und ist noch elender als die tyrannische Seele, die nicht zur Herrschaft gelangt ist (578 b f.). So ergibt sich: der Gerechteste ist auch der Glücklichste, denn es gibt kein Glück ohne Gerechtigkeit, und je weiter sich einer davon entfernt, umso mehr muß er ins Unglück fallen. Ausdrücklich wird hinzugesetzt: gleichgültig, ob es allen Menschen und Göttern entgeht, daß er ein solcher ist, oder nicht (580 c), das heißt, die eschatologische Begründung der Gerechtigkeit ist nicht mehr nötig. Nicht darum ist der Ungerechte elend, weil er im Jenseits wird büßen müssen, sondern die Ungerechtigkeit selbst und als solche ist ein Elend, das die Möglichkeit wahren Glücks für den damit Behafteten aufhebt. Trotz der Beseitigung der Eschatologie aber bleibt die Argumentation hedonistisch: die wahre Freude ist, so zeigt sich, mit Ungerechtigkeit unverträglich. Die Meinung, man könne auf dem Wege der Ungerechtigkeit zur wahren Lust gelangen, ist ein Irrtum.

Auf diesen ersten Beweis folgt sogleich ein zweiter, in welchem der Hedonismus direkt zum Thema gemacht wird. Dieser Beweis geht aus von der Dreiteilung der Seele, von der oben gesprochen worden war, in Denken (λογιστικόν), Eifer (θυμός) und Begierde (ἐπιθυμητικόν), bildlich gesprochen in Kopf, Herz und Bauch. Jedem Seelenteil entspricht eine eigentümliche Lust und ein ebenso eigentümliches Verlangen. Verlangen meint hier also nicht nur das, was der Begierde zugehört, sondern ist in weiterem Sinne zu nehmen. Dem begehrlichen Seelenteil wird die Begierde nach Speise und Trank und nach Liebesgenuß zugeschrieben, aber auch die Geldgier. Es hat aber auch der Thymos sein ihm eigentümliches Streben, nämlich nach Macht, Sieg und Ruhm. Und es hat auch das Denken ein ihm eigenes Streben: es ist darauf aus, die Wahrheit zu wissen, und kümmert sich nicht um Geld und Ruhm (580 e ff.). Jede dieser drei Bestrebungen: nach Genuß, nach Ehre und nach Wahrheit, kann in den Seelen herrschen, so daß es demgemäß drei Arten von Menschen gibt:

den Genußmenschen, den Geltungsmenschen und den nach Weisheit suchenden Menschen (581 c).

Die Lehre von diesen drei Lebensformen, die sich auch bei Aristoteles findet, ist vermutlich pythagoreischen Ursprungs. Es ist überliefert, die Pythagoreer (oder gar Pythagoras selbst) hätten die Menschen mit den Besuchern eines Theaters verglichen. Die einen sind da, um Geld zu verdienen, indem sie z. B. etwas zu essen verkaufen (was wichtig war, weil das Theater sehr lange dauerte), die anderen sind die Schauspieler, die Ehre und Ruhm gewinnen wollen. Die dritte Klasse bilden die Zuschauer (ϑεωροί). Theorie und Theater sind etymologisch verwandte Worte. Es ist umstritten, ob die beiden Wörter von ϑεά, Schau, oder von ϑεός, Gott, abzuleiten sind. Aber das ist nicht so wichtig, weil es sich ursprünglich um eine Schau der göttlichen Epiphanie handelt.

Den drei Lebensformen, so geht der Gedankengang bei Plato weiter, entsprechen auch drei Arten der Lust (581 c). Jeder der drei Menschentypen wird die Lust seiner Lebensweise für die höchste halten. Was, so wird der Genießer sagen, habe ich von Weisheit und Ehre, was sind sie gegen die Freuden der Tafel, der Flasche und der Liebe? Und der Machtmensch wird sagen: wie primitiv! Was ist das schon gegen den Machtrausch und die Lust, die aus dem Beifall der Menge quillt. Der Theoretiker aber sagt, wie Demokrit, er wolle lieber die richtige Erklärung einer Sache finden als ein Königreich gewinnen (581 d f.). Die Frage ist nicht, welche Lebensform schöner und besser (im Sinne von edler) ist, sondern welche die höchsten Freuden gewährt. Wie aber kann das überhaupt entschieden werden, wenn jeder die seine lobt?

Wenn hier eine Entscheidung möglich ist, so muß sie beruhen auf Erfahrung (ἐμπειρία), Einsicht (φρόνησις) und Begründung (λόγος 582 a). Wer ist nun hier im Vorteil, der Genußsüchtige, wenn er die Lust an der Betrachtung kennenlernt, oder umgekehrt? Ohne Zweifel umgekehrt, denn der Theoretiker kennt auch die Lust des Genußmenschen, er muß ja auch essen und trinken. Die elementaren Lebensbedürfnisse und die aus ihrer Befriedigung fließende Lust kennt jeder Mensch kraft seiner Natur als bedürftiges Wesen. Aber das Umgekehrte gilt nicht ebenso, der Genußmensch hat nicht eine entsprechende Erfahrung von den Freuden der Theorie. Mit der Ehrliebe steht es entsprechend, Ehre und Ansehen folgen auch der Weisheit. Auch der Gelehrte ist oft ein berühmter Mann, und gerade sein Ruhm ist selbst besonders angesehen. Aber wiederum gilt nicht das Umgekehrte: der Macht- und Ehrliebende braucht von den Freuden der reinen Erkenntnis nichts zu wissen. Hieraus folgt, daß der Philosoph der Erfahrenste ist für die Entscheidung des Streits (582 d). Daß aber er vor den anderen der Mann der Einsicht und des Logos ist, steht ohnehin fest. Also ist er der Kompetenteste zur Entscheidung des Streits der drei Lebensformen. Nun war ja schon gesagt worden, daß jeder von den drei Menschentypen seinen Bios vor den anderen lobt, und damit ist die Frage denn entschieden: der Erfahrenste, Einsichtigste und Urteilsfähigste hat entschieden, daß die philosophische Existenz die beste ist, und er urteilt auch, daß die des Ehrliebenden die zweitbeste ist, weil sie seiner Existenz näher steht als die des Genußliebenden, die den niedersten Rang einnimmt (583 a).

Die Kontemplation des Ewigen (Hegels Übersetzung von θεωρία) ist das Freudigste und Höchste, sagt Aristoteles am Ende des 12. Buches seiner Metaphysik.

Es war schon bewiesen worden, daß Philosophie ohne Areté und also auch ohne Gerechtigkeit nicht möglich ist, und also hat der Gerechte den Ungerechten zum zweiten Male besiegt. Insofern bleibt die alte These, daß Tugend Wissen ist, in Geltung. Zwar hatte sich ergeben, daß die Tapferkeit dem Thymos zugeordnet ist, aber sie muß, so hatte sich auch ergeben, geleitet sein von dem Wissen, was zu fürchten ist und was nicht, und das blieb Sache des Denkens und der Weisheit. Ungerechtigkeit ist Verblendung, und diese Verblendung hat ihren Grund darin, daß der Verblendete meint, Ehre oder Genuß könnten mehr Freude gewähren als die Betrachtung des Wahren.

Nur der Philosoph ist also der wahre Mensch, die Unwissenden aber sind als solche schlecht, sind die Verblendeten. Oder ist vielleicht gerade der Philosoph, der sich eine moralische Überlegenheit zuschreibt, derjenige, der in der äußersten Verblendung lebt?

In einer Aufzeichnung Kants, die sich in seinem Nachlaß gefunden hat, schreibt er über sich selbst das Folgende: »Ich bin selbst aus Neigung ein Forscher. Ich fühle den ganzen Durst nach Erkenntnis und die begierige Unruhe, darin weiter zu kommen, oder auch die Zufriedenheit bei jedem Fortschritte. Es war eine Zeit, da ich glaubte, dieses alles könnte die Ehre der Menschheit machen, und ich verachtete den Pöbel, der von nichts weiß. Rousseau hat mich zurecht gebracht. Dieser verblendete Vorzug verschwindet; ich lerne die Menschen ehren und würde mich viel unnützer finden als die gemeinen Arbeiter, wenn ich nicht glaubte, daß diese Betrachtung allen übrigen einen Wert geben könne, die Rechte der Menschheit herzustellen.«

So Kant. Wie Plato hat er zunächst gemeint, der theoretische Bios gebe dem Menschen den höchsten Rang. Aber dann erkennt er, auch die Neigung zur Forschung und Erkenntnis ist eine Neigung und hat nicht mehr Wert als die Befriedigung jeder anderen Neigung. Wenn sie höhere Freuden gewährt als die Befriedigung von Ehrgeiz, Geltungstrieb und Wille zur Macht, und auch erst recht als die Befriedigung der Neigung zur Tafel, zur Flasche und zum Sexualgenuß, so gibt das dem Theoretiker noch keinen höheren Wert als Mensch. Dieser kann nur in dem gesucht werden, was er für die anderen Nützliches leistet. Die Gemeinschaft hat keinen Grund, den Einzelnen aus einem andern Grunde anzuerkennen als aus dem einzigen, daß der Einzelne etwas für die Gemeinschaft Nützliches tut. Durch solchen Nutzen sieht der alte Kant auch seine eigene Existenz als Forscher allein gerechtfertigt. Nur durch den Nutzen für die Gemeinschaft kann man die Anerkennung der Gemeinschaft verdienen. Die einzige Einsicht, deren es bedarf, ist die, daß man die wirkliche Anerkennung und nicht nur den Schein derselben nur gewinnen kann, wenn man der Gemeinschaft wirklich nützt und nicht nur den Schein erweckt, ihr zu nützen. Das aber ist eine Einsicht, die jedermann zugänglich ist und zu der es keiner Gelehrsamkeit und keiner Dialektik bedarf. Wer sich diese Einsicht nicht selbst verdunkelt, sondern durch sie sein Leben bestimmen läßt, der ist gerecht.

Zweimal, sagt nun Plato, hat der Gerechte den Ungerechten besiegt. Es folgt aber noch ein dritter Lauf. Jetzt soll bewiesen werden, daß die Freude aller anderen außer der des Einsichtigen weder ganz wahr ist noch rein, sondern nur eine Art Schattenriß (583 b). Wie kann das gemeint sein? Und wie soll das bewiesen werden? Schmerz, so wird erinnert, ist das Gegenteil von Lust, und zwischen beiden gibt es noch einen mittleren Zustand, eine Art Seelenruhe. Die Kranken, solange sie krank sind, sagen, es gebe nichts Angenehmeres als die Gesundheit, aber ehe sie krank wurden, wußten sie davon nichts. Die in Schmerzen sich winden, sagen, es gebe nichts Angenehmeres, als wenn der Schmerz aufhöre. So gibt es noch viele Lagen, wo die Schmerzlosigkeit als das Angenehmste erscheint, nicht aber die Freude. Umgekehrt wird einem, wenn das Vergnügen aufhört, dies schmerzlich vorkommen. So kann das Mittlere, die Seelenruhe, als beides, als Schmerz und als Lust erscheinen (583 e). Aber daß das Aufhören des Schmerzes als Lust erscheint und das Aufhören der Lust als Schmerz, das scheint nur so, das ist ein Blendwerk (γοητεία 584 a). Heraklit sagt (B 111): »Krankheit macht die Gesundheit angenehm, Hunger die Sättigung, Mühe die Ruhe.« Daß die Lust abhängt von dem, was vorher war, beweist allerdings nicht (wie Plato folgert), daß sie ein bloßer Schein ist. Man könnte sogar meinen, Lust sei gar nichts anderes als aufgehobener Schmerz (wie das etwa Schopenhauer gelehrt hat) oder Schmerz sei aufgehobene Lust. Demgegenüber lehrt Plato, daß es auch Lust gibt, die nicht aus der Aufhebung eines Schmerzes entsteht; z. B. die Lust an einem Wohlgeruch entsteht, ohne daß ein Schmerz vorausgegangen wäre, und läßt auch bei ihrem Aufhören keinen Schmerz zurück (584 b). Solche Lust, die nicht im Gefolge des Aufhörens eines Schmerzes entsteht, sei reine Lust genannt. Die aus dem Leibe in die Seele gelangenden Lüste sind meistens unreine Lüste: Aufhebung von Schmerz. So entspringt die Lust am Essen und Trinken aus der Aufhebung von Hunger und Durst, die beide Schmerz sind. Und dasselbe gilt für die Vorfreude auf solches; die Freude, mit der ein Hungriger zu Tische eilt, ist auch unreine Lust (584 c).

Es folgt eine allgemeine psychologische Theorie dieser Phänomene. In einem räumlichen Bild ist die Lust oben, der Schmerz unten und die Seelenruhe in der Mitte. Wenn sich nun einer von unten nach der Mitte bewegt, so meint er sich nach oben zu bewegen, und in der Mitte angekommen und nach unten zurückblickend, glaubt er schon, oben zu sein, da er das wirkliche Oben, oberhalb der Mitte, gar nicht zu Gesicht bekommen hat (584 d f.). Es ist danach eine Täuschung, die Aufhebung des Schmerzes schon für wahre Lust zu halten und die Aufhebung der Lust schon für wahren Schmerz. Es sei so, meint Plato, wie wenn jemand das Graue mit dem Schwarzen verglichen weiß vorkommt und mit dem Weißen verglichen schwarz (585 a).

Nun kann man, was weiß ist und was schwarz, objektiv (physikalisch) definieren und damit den subjektiven Augenschein vergleichen. Aber so steht es nicht bei der Lust. Die Lust, die mir erscheint, die Lust, die ich fühle, ist die einzige Lust, die es gibt, und es gibt da nicht 1. die Lust an sich und 2. die Art, wie sie mir erscheint. Wenn mir die unreine Lust aus dem Aufhören eines Schmerzes größer erscheint als die reine Lust aus dem Wohlgeruch einer Rose, dann ist sie größer, und es hat keinen Sinn zu sagen, an sich sei sie kleiner, aber sie erscheine mir größer.

Nun wird folgendermaßen argumentiert: Hunger und Durst sind gewisse Leerheiten des Leibes. Unwissenheit und Unverstand sind entsprechende Leerheiten der Seele. Auffüllungen davon sind das Essen und das Lernen (585 b). Diese Analogie ist soweit ganz recht, aber der Hunger ist nicht die Leerheit, sondern das Gefühl der Leerheit, verbunden mit dem Verlangen nach Auffüllung. Es ist nicht notwendig mit der Leerheit verbunden. Beim Kranken kann trotz der objektiven Notwendigkeit der Aufnahme von Nahrung das subjektive Verlangen danach, Hunger und Appetit, fehlen, und erst recht ist die Leere der Seele von Weisheit weder mit einem Bewußtsein davon noch gar mit dem Verlangen nach Auffüllung dieser Leere notwendig verbunden. Darauf geht Plato nicht ein, sondern fragt: Was ist nun die wahre Auffüllung? Die mit einem weniger oder einem mehr Seienden? Offenbar (antwortet der Mitunterredner) die mit einem mehr Seienden (585 b).

Wir würden da nicht so schnell antworten, sondern erst fragen wollen, was das wohl heißen solle. Die wahre Auffüllung ist doch die mit dem, was da fehlt. So würden wir sagen: es ist keine wahre Auffüllung, wenn man dem Hungrigen Steine statt Brot zu essen gibt, oder wenn man dem, dessen Seele nach Musik hungert, stattdessen eine Vorlesung über Differentialrechnung anbietet. Die Auffüllung der Seele des Wissensdurstigen mit Wissen ist also nicht wahrer als die Auffüllung des durstigen Leibes mit Getränk.

Sodann aber: was heißt denn mehr oder weniger seiend? Das hören wir sogleich; Sokrates sagt: welche von beiden Gattungen, meinst du wohl, hat mehr Anteil am reinen Wesen, diejenige, wozu Brot und Getränk und Gekochtes und überhaupt alle Nahrungsmittel gehören, oder die Art der richtigen Vorstellung, des Wissens, der Vernunft und überhaupt aller Aretḗ? Nun mögen diese Glanzstücke der Seele ja in irgend einer Weise als von höherem Rang gelten als die Nahrungsmittel, in welchem Sinne heißen sie aber seiender? Dazu Sokrates: beurteile es aber so: was sich an das sich immer Gleichbleibende hält und an das Unsterbliche und an die Wahrheit, indem es selbst solches ist und in einem solchen wird, scheint dir das nicht mehr zu sein als das, was sich an das nie sich selbst Gleiche heftet und an das Sterbliche, und was auch selbst ein solches ist und in einem solchen wird (585 c)? Das heißt zunächst: die Idee ist seiender als die Dinge, die an der Idee teilhaben, denn die Idee ist reines Wesen (οὐσία), die Dinge aber sind bestimmt durch Werden (γένεσις). In ihnen ist, wie wir schon früher hörten, Sein und Nichtsein gemischt. Der Gerechte ist auch etwas ungerecht, aber die Gerechtigkeit selbst ist nicht mit Ungerechtigkeit gemischt. Was reines Wesen ist, ist seiender als das, was eine Mischung von Wesen und Unwesen ist (585c).

Nun ist das im Grunde kein sinnvoller Vergleich: die Idee der Gerechtigkeit ist eine Norm, an der die Menschen als mehr oder weniger ungerechte gemessen werden, und sie bestimmt, daß der eine gerechter ist als der andere. Die Menschen können von der Norm mehr oder weniger abweichen, die Norm selbst kann es nicht, aber das ist keine Auszeichnung der Norm, sondern eine Trivialität. Wenn man einen Meter lang alles nennt, was so lang ist wie das Urmeter in Paris, so braucht man das Urmeter nicht deswegen zu bewundern, weil es mit so ungeheuerer Genauigkeit einen Meter lang ist. Nun aber wird der Seinsvorzug nicht nur den Ideen zugesprochen, sondern auch dem, was zu ihnen im besonderen Bezug steht. Vernunft und Wissenschaft erhalten einen Seinsvorrang, weil sie sich an das Ewige halten. Die Vernunft kann die Ideen betrachten, die ewig sind; das kann der Magen nicht, dessen Werk es ist, sich mit dem abzugeben, was so vergänglich ist wie die Lebensmittel, die er verdaut (585b). Aber davon wird die Vernunft nicht ewiger und nicht seiender als der Magen.

Sokrates fragt jetzt (585c): »Hat nun das Wesen des Ungleichen (ich lese mit Adam ἀνομοίου statt des überlieferten ἀεὶ ὁμοίου) mehr am Wesen teil als das des Wissens? Nein. Etwa an der Wahrheit? Nein. Wenn aber weniger an der Wahrheit, dann auch am Sein.« Folgerung: Überhaupt also werden die zur Pflege des Leibes gehörigen Gattungen weniger an der Wahrheit und am Wesen teilhaben als die Gattungen, die zur Pflege der Seele gehören; und der Leib hat noch weniger am Wesen und an der Wahrheit teil als die Seele (585d).

Wir erhalten also folgende Stufenleiter des Seins: 1. die Idee, 2. die Betrachtung der Idee durch die Seele. 3. Die Bekümmerung um die Seele, 4. die Bekümmerung um den Leib. 5. der Leib. Folglich: Die Seele ist mehr seiend als der Leib, und das, womit sie angefüllt wird, ist mehr seiend als das, womit der Leib angefüllt wird, und folglich ist auch ihre Anfüllung mehr seiend, sie wird, wie Plato sich ausdrückt, in seinsmäßiger Hinsicht (ὄντως) mehr angefüllt. Wenn aber das Angefülltwerden mit dem von Natur Zukommenden erfreulich ist, so wird das wirklich und vom Wirklichen Angefüllte sich wirklicher und wahrer freuen in wahrer

Lust. Was aber am weniger Seienden teilnimmt, das wird auch weniger wahrhaft und zuverlässig angefüllt werden und nähme auch nur teil an einer weniger zuverlässigen und wahren Lust (585 e). Die Genußmenschen also bewegen sich nur zwischen Unten und Mitte hin und her, sie erreichen nicht die wirkliche Höhe und also auch nicht die wahre Lust. Ihre Lust ist auch nicht rein, sondern immer mit Unlust gemischt (586 a ff.).

Hören wir dazu noch einmal Kant (Kritik der praktischen Vernunft § 3 Anm. I): »Man muß sich wundern, wie sonst scharfsinnige Männer einen Unterschied zwischen dem unteren und oberen Begehrungsvermögen darin zu finden glauben können, ob die Vorstellungen, die mit dem Gefühl der Lust verbunden sind, in den Sinnen oder dem Verstande ihren Ursprung haben. Denn es kommt, wenn man nach den Bestimmungsgründen des Begehrens fragt und sie in einer von irgend etwas erwarteten Annehmlichkeit setzt, gar nicht darauf an, wo die Vorstellung dieses vergnügenden Gegenstandes herkomme, sondern nur, wie sehr sie vergnügt. Wenn eine Vorstellung, sie mag immerhin im Verstande ihren Sitz und Ursprung haben, die Willkür nur dadurch bestimmen kann, daß sie ein Gefühl einer Lust im Subjekte voraussetzt, so ist, daß sie ein Bestimmungsgrund der Willkür sei, gänzlich von der Beschaffenheit des inneren Sinnes abhängig, daß dieser nämlich dadurch mit Annehmlichkeit affiziert werden kann. Die Vorstellungen der Gegenstände mögen noch so ungleichartig, sie mögen Verstandes-, selbst Vernunftvorstellungen im Gegensatze der Vorstellungen der Sinne sein, so ist doch das Gefühl der Lust, wodurch jene doch eigentlich nur den Bestimmungsgrund des Willens ausmachen, nicht allein sofern von einerlei Art, daß es jederzeit bloß empirisch erkannt werden kann, sondern auch sofern, als es eine und dieselbe Lebenskraft, die sich im Begehrungsvermögen äußert, affiziert und in dieser Beziehung von jedem andern Bestimmungsgrunde in nichts als dem Grade verschieden sein kann. Wie würde man sonst zwischen zwei der Vorstellungsart nach gänzlich verschiedenen Bestimmungsgründen eine Vergleichung der Größe nach anstellen können, um den, der am meisten das Begehrungsvermögen affiziert, vorzuziehen? Ebenderselbe Mensch kann ein ihm lehrreiches Buch, das ihm nur einmal zu Händen kommt, ungelesen zurückgeben, um die Jagd nicht zu versäumen, in der Mitte einer schönen Rede weggehen, um zur Mahlzeit nicht zu spät zu kommen, eine Unterhaltung durch vernünftige Gespräche, die er sonst sehr schätzt, verlassen, um sich an den Spieltisch zu setzen, sogar einen Armen, dem wohlzutun ihm sonst Freude ist, abweisen, weil er jetzt eben nicht mehr Geld in der Tasche hat, als er braucht, um den Eintritt in die Komödie zu bezahlen. Beruht die Willensbestimmung auf dem Gefühl der Annehmlichkeit oder Unannehmlichkeit, die er aus irgend einer Ursache erwartet, so ist es ihm gänzlich einerlei, durch welche Vorstellungsart er affiziert werde. Nur wie stark, wie lange, wie leicht erworben und oft wiederholt diese Annehmlichkeit sei, daran liegt es ihm, um sich zur Wahl zu entschließen.«

Das heißt, alle Lust ist unter sich vergleichbar. Für jeden Besucher einer Kunstausstellung kommt der Augenblick, wo er sich mehr Genuß davon verspricht, zum Essen zu gehen, als noch weiterhin Bilder zu betrachten, mag es sich auch um Kunstwerke allerersten Ranges und in dem Besucher um einen großen Kunstkenner und Kunstfreund handeln. Gewiß gab es auch für Plato immer wieder Augenblicke, in denen die Befriedigung des Hungers ihm wichtiger war als die Betrachtung der Ideen. Daß nun auch das Verlangen der niedrigeren Seelenteile nicht ganz ohne Befriedigung bleiben könne, ist auch Plato klar, und daher hat die Vernunft nicht nur die Aufgabe, für sich selbst den höchsten Freuden nachzustreben, sondern auch die, den untergeordneten Seelenteilen die für sie beste Lust und die wahrste, die ihnen möglich ist, zuzuteilen. Wenn dagegen einer der anderen Seelenteile die Oberherrschaft bekommt, dann vermag der nicht einmal sich selbst die beste Lust zuzuteilen, derer er fähig ist, und nötigt auch die anderen, nicht der wahren, sondern fremder Lust nachzugehen. Je weiter eine Lebensweise von der Herrschaft der Vernunft entfernt ist, umso mehr wird auch diese Unordnung in der Lust wachsen. Am weitesten abstehend von der vernünftigen Lebensweise waren aber, wie gezeigt wurde, die erotischen und tyrannischen Begierden, am wenigsten die königlichen und ordnungsmäßigen. Also wird der Tyrann am weitesten entfernt sein von der wahren Lust, und die wahrhaft königliche Natur wird am glücklichsten leben. Und zwar ist der Tyrann siebenhundertneunundzwanzigmal elender als der königliche Mann, wie mit einer kunstvollen Rechnung bewiesen wird, die aber kaum ernst gemeint sein dürfte (587 e).

Wie steht es jetzt mit der These derer, die da sagten: Unrecht tun nützt dem, der ungerecht ist, aber gerecht zu sein scheint. Mein Gerechtsein nützt den anderen, aber nicht mir. Was mir nützt, ist nur das Ansehen der Gerechtigkeit bei den andern. Kann ich das haben, ohne gerecht zu sein, dann ist es für mich besser, ungerecht zu sein. Um den Leuten, die das sagen, endgültig zu antworten, wird ein Bild der Seele gegeben. Die Seele gleicht der Gestalt eines bunten und vielköpfigen Tieres. Rund herum hat es Köpfe von zahmen und wilden Tieren, die es abwerfen und hervorwachsen lassen kann. Dazu nehme man noch die Gestalt eines Löwen und die eines Menschen. Diese drei bilden zusammen ein Wesen. Dies Ganze sei mit einer Hülle in Gestalt des Menschen umhüllt. Wer nun behauptet, dem Menschen nütze das Unrechttun, der behauptet, es nütze dem Menschen, das innere Ungeheuer stark zu machen und den inneren Löwen, aber den inneren Menschen hungern zu lassen und ihn zu schwächen, so daß der Löwe und das Untier ihn hinschleppen können, wo sie wollen, und sie sich untereinander im Streit verzehren. Wer aber das Gerechte für nützlich erklärt für den Gerechten selbst, der lehrt, man müsse möglichst den inneren Menschen stärken, so daß er den Löwen in seinen Dienst nehmend das Ungeheuer in sich zähmen kann (588 c ff.).

Mit diesem Bild ist Plato wieder bei der These angekommen, daß die Gerechtigkeit die Gesundheit der Seele ist. Nur daß er jetzt die gute Folge der Gesundheit, das sich wohl Befinden, und die schlimme Folge der Krankheit, das sich elend Fühlen, nicht erst auf das Jenseits verschiebt, sondern in der Lust-Lehre schon auf das Diesseits bezieht. Daß nur die Philosophen den Weg zur höchsten Freude finden können, das werden wir ihm zwar nicht abnehmen wollen, dies aber bleibt wahr, daß der Ungerechte sich selbst betrügt, wenn er meint, auf seinem Wege glücklich werden zu können. Den Willen, von der Gemeinschaft anerkannt zu werden als der, der er wirklich ist, kann der Mensch nicht aus seiner Seele vertilgen. Der Ungerechte aber kann sich nicht sehen lassen, er muß sich verstecken und sich damit begnügen, anerkannt zu werden als der, der er zu sein scheint. Sich damit zu begnügen, heißt sich selbst zu betrügen, und das heißt, sich selbst zu verachten und sich elend zu machen.

10. Buch

Im letzten Buch des Gesprächs über den Staat kommt Plato noch einmal auf die Kunst zu sprechen. Es war schon früher gesagt worden, daß auf keine Weise die Nachahmung (μίμησις) in der Dichtkunst zuzulassen, sondern nur der Bericht erlaubt sei. Dies Verbot, so wird gesagt, könne noch deutlicher begründet werden, nachdem die verschiedenen Teile der Seele nunmehr unterschieden seien. Die Tragödie und die Nachahmung überhaupt scheint dem Sokrates ein Unheil zu sein für den Geist der Zuhörer, wenn sie nicht über das Heilmittel verfügen und wissen, wie es damit steht. Zwar hindern Liebe und Verehrung zu Homer, die Sokrates von Jugend auf fühlt, ihn schier an der Kritik, aber Homer war der erste Lehrer und Anführer aller Tragiker. Und keinen Mann soll man höher schätzen als die Wahrheit (595 a ff.).

Was aber heißt, genau genommen, Nachahmung? Was ist das eine Eidos, das dem einen Namen entspricht? Es gibt z. B. doch viele Betten und viele Tische, aber Ideen gibt es für diese Geräte nur zwei, eine für das Bett, eine für den Tisch. Der Hersteller eines solchen Geräts (so wird 596 b geltend gemacht) muß bei der Herstellung auf die Idee blicken. Das heißt, der Tischler muß sich vorweg schon vorstellen, was für eine Art Ding er machen will, sonst kann er keinen Tisch und kein Bett machen. Aber die Idee selbst stellt er offenbar nicht her. Kein Handwerksmeister macht die Idee, sondern er macht Geräte im Blick auf die Idee. Dann aber gibt es noch einen Meister, der macht alle Werke aller Handwerker und dazu noch alles, was auf Erden wächst und lebt, sich selbst eingeschlossen, und auch noch Himmel und Erde und die Götter und den Hades (596 c). Das wäre ja ein wahrer Wundermann, meint Glaukon. Auf gewisse Weise ist das tatsächlich möglich (sagt Sokrates), und du selbst bist sogar dazu imstande. Dazu brauchst du nichts als einen Spiegel. Da macht man zwar nur etwas, was nur so aussieht wie die Dinge (φαινόμενα), nichts in Wahrheit Seiendes (τῇ ἀληθείᾳ ὄντα. 596 e). Ein solcher Meister ist auch der Maler. Er macht nicht in Wahrheit die Wesen, dennoch macht in gewisser Weise auch der Maler eine Bettstelle, aber eine nur scheinbare. Auch der Tischler macht nicht das Wesen des Bettes, sondern ein einzelnes Bett. Er macht nicht das Wassein (ὃ ἔστιν), also nicht das Seiende (τὸ ὄν), sondern etwas derartiges wie das Seiende (τι τοιοῦτον οἷον τὸ ὄν). Das Werk des Tischlers ist also nicht vollkommenerweise (τελέως) ein Seiendes. Auch es ist noch etwas Dunkles oder Trübes (ἀμυδρόν 597 a) im Vergleich mit der Wahrheit.

Wir müssen also drei Betten unterscheiden: 1. das Wesen des Bettes; wenn einer es gemacht hat, so Gott, 2. das Bett, das der Tischler gemacht hat, und 3. das Bett, das der Maler gemacht hat, der das Bett des Tischlers abgemalt hat (597 b). Gott hat nur ein Bett gemacht, das Wesen des Bettes, und es kann auch nur ein Wesen des Bettes geben. Denn gäbe es zwei, so würde sich an ihnen ein gemeinsames Aussehen (εἶδος 597 c) zeigen, und dann wäre das das Wesen des Bettes. Gott ist der Wesensbildner (φυτουργός 597 d). Demgegenüber ist der Tischler derjenige, der etwas für das Volk, d. h. für den Gebrauch der Menschen herstellt (δημιουργός). Nicht so der Maler. Sein Bett kann man nicht als Bett verwenden, in einem gemalten Bett kann man nicht schlafen. Er ist ein Nachbildner oder Nachahmer (μιμητής 597 e) dessen, wovon der Tischler der Hersteller ist. Er steht also erst im dritten Rang. Dasselbe gilt entsprechend vom Tragödiendichter. Die Nachahmer aber ahmen nicht die Art des Wesens nach, sondern das Derartige, am Wesen Teilhabende. Sie sind also auf das Wesen nicht unmittelbar, sondern nur mittelbar bezogen, und dies am Wesen Teilhabende ahmt der Nachahmer auch nicht so nach, wie es ist, sondern wie es erscheint, z. B. das Bett, wie man es von der Seite sieht. Er ist also nicht Nachahmer der Wahrheit (ἀλήθεια), sondern der bloßen Erscheinung (φαινόμενον 598 b).

Die Absicht dieser Betrachtung ist die, den Maler und entsprechend den Dichter, sofern er nachahmt, zu degradieren. Er ist nur ein Nachahmer, und zudem von einer Sache nicht, wie sie ist, sondern nur, wie sie erscheint, und zudem einer Sache, die selbst nicht das Wesen ist, sondern am Wesen nur teilhat. Es liegt aber auch auf der Hand, daß die Betrachtung nicht leistet, was sie soll. Das Verhältnis eines Dinges zu seiner Idee wird zwar von Plato auch manchmal als das der Nachahmung bezeichnet. Dennoch ist leicht zu sehen, daß sich eine Abbildung nicht so zu ihrem Modell verhält, wie ein Ding zu seinem Wesen. Denn so wie sich das Bett zum Wesen des Bettes verhält, so verhält sich die Abbildung des Bettes nicht zum Bett, sondern zum Wesen der Abbildung. Freilich kann man in einer Abbildung eines Bettes nicht schlafen, aber in der Idee des Bettes kann man auch nicht schlafen. Daß jeder wirkliche Gerechte nicht ganz und gar gerecht ist, sondern hinter der Norm der Gerechtigkeit zurückbleibt, bedeutet nicht, daß die Idee gerechter wäre als der, der an ihr teilhat, sondern daß es immer noch möglich ist, besser an der Idee teilzuhaben, als es in Wirklichkeit geschieht. Das wirkliche Ding ist nichts, was hinter der Idee zurückstände, und die Abbildung ist nichts, was hinter dem Modell zurückstände. Die Abbildung soll zwar eine Ähnlichkeit haben mit dem, was sie abbildet, das abgebildete Bett so vorstellen, wie es wirklich aussieht, und sie kann insofern mehr oder weniger gut sein. Aber die Abbildung hat in keiner Weise den Sinn, mit der Wirklichkeit zu konkurrieren. Und der Gesang vom trojanischen Krieg ist so wenig ein schlechter Ersatz für diesen Krieg selbst, daß, wenn dies beides überhaupt aneinander gemessen werden soll, man wohl sagen dürfte, daß der Gesang davon etwas Besseres ist als die Sache selbst.

Die grundsätzliche Erörterung der Nachahmung wird nun dazu benutzt, die Weisheit Homers zu prüfen. Einige behaupten, so heißt es, daß dieser Anführer der Tragödiendichter alle Künste verstände, alles Menschliche, was Tugend und Schlechtigkeit betrifft, und das Göttliche dazu. Denn um ein guter Dichter zu sein, müsse er ja das verstehen, worüber er als Dichter spricht (598 e). Hier wird das zuerst im »Ion« behandelte Thema wieder angeschlagen, nur daß es diesmal nicht der Rhapsode, sondern der Dichter selbst ist, der sich hinsichtlich seiner Weisheit rechtfertigen soll. Zu prüfen ist, ob diejenigen, die so vorteilhaft vom Dichter denken, nicht von Nachahmern getäuscht werden und beim Blick auf die Werke der Dichter nicht merken, daß diese dreifach von der Wahrheit entfernt sind und Erscheinungen, aber nichts Seiendes, dichten, was auch einer kann, der die Wahrheit nicht weiß. Sokrates meint, daß, wer es könnte, doch lieber die Sache selbst hervorbringen wird als das Bild davon, und also lieber der Held sein würde, den er preist, als nur der Preisende.

Das hört sich, wenn wir nichts uns vormachen, wunderlich genug an: es ist eine Sache ein Held zu sein, und eine andere Sache, ein Dichter zu sein, der die Taten des Helden besingt; aber so gewiß es ist, daß der Dichter nicht imstande ist, die Taten selbst zu tun, die er preist, so gewiß ist es auch, daß der Held selbst nicht imstande ist, seine Taten im Gedicht zu preisen und zu einem Gedächtnis der Menschen zu machen. Kein Zweifel, daß auch dies Preisen selbst preiswürdig ist, wenn auch aus anderem Grunde als die Heldentaten.

Sokrates fragt: O Freund Homer, wenn du nicht hinsichtlich der Areté der dritte von der Wahrheit abstehende Hersteller eines Bildes bist, als welchen wir den Nachbildner bestimmt haben, sondern der zweite, und wirklich imstande bist zu erkennen, welche Bemühungen den Menschen besser und welche ihn schlechter machen in privaten und öffentlichen Angelegenheiten, so sage uns doch, welche Polis durch dich eine bessere Ordnung bekommen hat, wie z. B. Sparta durch Lykurg oder Athen durch Solon (599 d f.)! Welchen Krieg hätte Homer als Feldherr gewonnen? Hat er Erfindungen gemacht wie Thales (600 a)? Hat er so etwas erfunden wie einen Lebensweg (ὁδὸς βίου 600 b) wie den von Pythagoras vorgeschlagenen, der von den Anhängern so gepriesen wird? Nichts davon hat er geleistet. Der Dichter ist kein Lehrer der Wissenschaft, kein Erfinder, kein Meister der Politik und kein Führer der Lebenspraxis. Der Dichter Goethe gibt das alles ausdrücklich zu, wenn er sagt, daß die Muse zu geleiten, doch zu leiten nicht versteht. Aber alles das erklärt uns nur das kaum der Erklärung Bedürftige, was alles die Dichtung nicht ist.

Wenn nun noch erwähnt wird, daß man sich zu Homers Lebzeiten um ihn erstaunlich wenig gekümmert habe und ihn als Rhapsoden habe umherziehen lassen und keineswegs so gefeiert habe wie etwa die berühmten Sophisten, von deren Weisheit man sich Nutzen versprach (600 c f.), so kann auch das keinen Eindruck auf uns machen. Und wenn konstatiert wird: von Homer an waren alle Dichter nur Nachahmer des Bildes der Tugend und der anderen Gegenstände, worüber sie gedichtet haben, haben aber die Wahrheit nicht berührt (600 e), so ist doch wohl deutlich, daß nicht nur der Dialektiker, der das Wesen der gerechten Polis erkennt, und der Politiker, der weiß, was jetzt in seiner Polis zu tun ist, sondern auch der Dichter, der das Ende der troischen Polis erzählt, die Wahrheit berührt.

Der Dichter, so wird gesagt, malt in Nenn- und Sagewörtern und versteht sich auf nichts weiter als eben auf dies Abmalen, d. h. das Nachahmen. Metron und Rhythmus und Harmonie, d. h. die schöne Form der dichterischen Rede bewirkt, daß es ganz richtig gesagt zu sein scheint (601 a). Die Schönheit der dichterischen Form wird gedeutet als ein Mittel, Wahrheit, die nicht da ist, vorzutäuschen, anstatt gelten zu lassen, daß sie gerade eine eigentümliche Weise, Wahrheit erscheinen zu lassen. sein kann.

Aber noch ein Hieb folgt: nicht einmal der Hersteller einer Sache ist der wahre Sachkenner. Wer ein Gerät baut, der muß sich von dem, der es gebraucht, darüber belehren lassen, wie es sein muß, um ein gutes Gerät zu sein. Ob das Schiff gut ist, das entscheidet nicht der Schiffbauer, sondern der Kapitän, ob das Schwert gut ist nicht der Schmied, sondern der Kämpfer, und ob die Flöte gut ist, nicht der Flötenschnitzer, sondern der Musiker. Die Gebrauchenden haben das Wissen (ἐπιστήμη), die Hersteller aber haben nur eine richtige Vorstellung (ὀρθὴ πίστις 601 e) davon, die sie von den Gebrauchenden bekommen haben. Der Nachbildner aber hat von dem, was er nachbildet, weder Wissen noch richtige Meinung. Er kann die Dinge nur so abschildern, wie sie ihm erscheinen, und hat weder eine Vorstellung davon, wie sie sein müssen, noch gar kann er das begründen. Was den vielen und denen, die nichts davon verstehen, schön scheint, das ahmt er nach. Er bewegt sich also im dritten Bereich von der Wahrheit ab gerechnet (602 a f.).

Der Nachahmer ahmt die Dinge nach, wie sie erscheinen; die Erscheinung aber ist schwankend. Dasselbe erscheint in der Nähe groß und in der Ferne klein, und der gerade Stock erscheint ins Wasser gesteckt wie gebrochen, und dergleichen gibt es noch vielerlei (502 c). Gegen solche schwankende Erscheinung hilft das Zählen, Messen und Wägen. Damit stellen wir eindeutig fest, daß z. B. der Mann in der Ferne größer ist als der in der Nähe, aber dem Auge erscheint es trotzdem noch umgekehrt. Das, was mißt und rechnet, ist das Beste in der Seele, der Verstand (λογιστικόν 602 e). Das, was trotz dessen Einsicht noch das Gegenteil meint, muß also etwas anderes in ihr sein, und zwar etwas Schlechteres (603 a). So ist denn die Nachahmungskunst mit dem Vernunftfernen in uns befreundet. Das ist insofern eine richtige Behauptung, als die Kunst nicht vom Verstand gemacht wird und sich nicht an ihn wendet. Aber wenn nun weiter gesagt wird, daß sich die Nachbildnerei also mit dem Unverständigen in uns zu etwas verbündet, was weder gesund noch wahr ist (603 b), so ist das nur schlüssig, wenn die Wissenschaft der einzige Maßstab für alle Wahrheit ist. Wenn das gelten soll: alle Wahrheit ist wissenschaftliche Wahrheit oder doch eine mehr oder weniger unvollkommene Vorform davon, dann freilich bleibt der Kunst nichts als das Spiel eines schönen Scheins, vor dem man sich in acht nehmen muß, damit man nicht durch ihn betrogen werde und in ihm Wahrheit suche, die nicht darin ist, nämlich eben wissenschaftliche Wahrheit.

Bei dieser Kritik der Nachahmerei hatte sich Sokrates in erster Linie an der Malerei orientiert und erst von ihr her auf die Dichtung geblickt, für die Entsprechendes gelten soll. Aber gerade die Dichtung ist es nun, die eigentlich interessiert. Sie ist auch viel gefährlicher als die Malerei, weil sie das Seelische darzustellen vermag, wozu die Malerei kaum fähig ist und was der griechischen Malerei ganz fern lag. Was ist der eigentliche Gegenstand der dichtenden Nachahmung? Sie bildet, so wird gesagt, Menschen ab in erzwungenen und freiwilligen Handlungen, welche meinen, sich durch diese Handlungen Gutes oder Schlimmes erhandelt zu haben und darüber betrübt oder erfreut sind (603c). Aber darin schwankt der Mensch ebenso wie hinsichtlich der Gesichtseindrücke. Ein rechtschaffener Mensch, der einen Sohn verloren hat, wird dies Geschick leichter tragen als ein anderer. Zwar betrüben wird es ihn auch, aber er wird dagegen ankämpfen, und zwar stärker, wenn er von anderen gesehen wird, als wenn er allein ist. Was ihn betrübt, ist das Erlittene, was ihn Widerstand leisten läßt, ist Vernunft und Gesetz. Die Vernunft gebietet, ruhig zu sein und sich nicht zu erzürnen, weil man weder wissen kann, was wirklich gut oder schlecht ist an dem Schicksal, noch für die Zukunft ein Vorteil aus dem Aufbegehren dagegen entstehen kann, noch zu großer Wert auf solche menschlichen Dinge zu legen ist, die Betrübnis aber das verhindert, wozu wir am meisten jederzeit bereit sein müssen, nämlich die vernünftige Erwägung (603d ff.).

Aber dieser Mann, der so ist, wie er sein soll, ist kein dankbarer Stoff für den Dichter. An diesem charakterstarken Mann ist nichts Rechtes zu sehen und schon gar nichts zu verstehen für diejenigen, die es nicht selbst sind. Dagegen am hemmungslosen Ausbruch der Stimmungen, Affekte und Leidenschaften hat der Dichter etwas nachzuahmen. Das gibt etwas her, und da ist dann Gefahr, daß das, was er schildert, ansteckend wirkt oder gar zum Vorbild wird (604e ff.).

In der Tat wird so bewiesen, daß in pädagogischer Hinsicht die Dichtung eine gefährliche Kost sein kann. So wie wir Heutigen den Jugendlichen aus pädagogischen Gründen gewisse Filme verbieten, so verbietet Plato den nachahmenden Dichtern aus pädagogischen Gründen den Zutritt zu seinem Idealstaat. Die Kunst muß der Moral geopfert werden; sie regt die Leidenschaften auf und verdirbt die Vernunft. Aber das ist noch nicht der schlimmste Vorwurf. Sie verdirbt auch die Rechtschaffenen. Auch den Besten, wenn sie den Homer hören oder einen Tragiker, die ihren Helden darstellen, wie er trauert oder klagt, oder auch wie er ausgelassen ist und singt, macht das Vergnügen, und sie geben sich hin und folgen mitempfindend und nehmen es ganz ernst und loben den als einen guten Dichter, der sie am meisten in solchen Zustand versetzt (605c f.). Wenn sie aber selbst ein Kummer trifft, dann halten sie es doch gerade für gut, sich zu fassen, die Ruhe zu bewahren, und solche Bewegungen der Seele, wie sie sie dem Dichter nachempfinden, in sich nicht aufkommen zu lassen. Aber einen zu betrachten, der so ist, wie man selbst sich schämen würde zu sein, und daran sein Vergnügen zu haben, das scheint unvernünftig und verächtlich (605d f.). Aber es ist auch schädlich, denn indem wir Haltung bewahrten im Unglück, hat das, was wir in uns unterdrückt haben, sich nicht ausweinen und ausjammern können, obwohl es danach begehrte, und dazu geben ihm nun die Dichter die Freiheit mit der Folge, daß das Beste in uns unachtsam wird, da es sich nicht um uns selbst handelt, und das kann dann die üblen Folgen für die Zukunft haben, daß man verlernt, sich selbst in Zucht zu halten (606a f.).

Aristoteles hat in seiner Poetik versucht, die Tragödie gegen den Einwand, sie sei schädlich für die Moral, zu verteidigen. Er deutet den Gefühlsaufruhr, den sie bewirkt, als eine Reinigung (κάθαρσις) im medizinischen Sinn der Purgatio, die nicht schädlich, sondern im Gegenteil für die rechte Verfassung des Gefühlslebens sogar nützlich sei.

Auch die Komödie findet nicht mehr Gnade vor Platos Augen. Wenn einer sich lächerlich macht in einer Weise, daß wir uns schämen würden, wenn wir selbst diese Rolle spielen müßten, dann belachen wir es gewaltig, falls es in einer Komödie vorgeführt wird, und geben so dem Beifall, daß die Vernunft die Herrschaft über das Leben verliert, und wieder mit der Wirkung, daß wir in Gefahr kommen, daß es uns auch im Leben so geht, daß wir eine lächerliche Person am Ende selbst werden (606c). Nun gar das Unanständige, das bekanntlich bei Aristophanes keine geringe Rolle spielt, wird da mit Lachen und Vergnügen begrüßt, und dadurch wird denn wieder dem Ernst des Lebens, in dem es darauf ankommt, dieses zu unterdrücken und nicht hochkommen zu lassen, die Aufgabe erschwert (606d). Auch da könnte man wohl mit mehr Recht umgekehrt argumentieren, daß diesen Kräften hier ein Ventil geöffnet wird, wo der Dampf abgelassen werden kann, ohne Schaden anzurichten.

Daß Homer der dichterischste und der erste aller Tragödiendichter sei, will Sokrates nicht bestreiten; aber er wendet sich gegen den alten Lobspruch: Homer habe Hellas erzogen und gebildet, und bei der Einrichtung und Bildung in allen menschlichen Angelegenheiten müsse man ihn zur Hand nehmen und von ihm lernen, und nach diesem Dichter müsse man das ganze eigene Leben einrichten und leben (606e f.).

Seitdem sind über 2000 Jahre vergangen. Was sollen wir heute über Homer sagen? In bezug auf den Gesichtspunkt der sokratischen Kritik an Homer könnten wir zunächst das wiederholen, was Goethe einmal in ganz anderm Zusammenhang gegen Jacobi geltend macht: Mit Moral allein lasse sich keine große Weltansicht fassen. Wörtlich heißt es: »Die Spekulation, die metaphysische, ist Jacobis Unglück gewesen, ihm haben die Naturwissenschaften gemangelt, und mit dem bißchen Moral allein läßt sich doch keine große Weltansicht fassen.« Die Naturwissenschaft, wie er sie auffaßt, als Gegengift gegen die auf Moral allein begründete Metaphysik, das ist eine besondere Sache Goethes, die uns hier nicht weiter beschäftigen soll. Aber das Fassen einer großen Weltansicht, das war es, wodurch Homer nicht nur der Erzieher Griechenlands, sondern der Gründer Europas bis in die Gegenwart nicht nur, sondern auch in alle Zukunft Europas, und das heißt jetzt der Erde geworden ist. Was ihn auszeichnet, ist das sich die Welt zur Heimat Machen, das tapfere Auge für die Wirklichkeit und die Absage an alle die überfliegenden Träume der Hoffnung und der Furcht. Freilich impliziert das auch etwas Moralisches, aber die platonische Frage nach der Möglichkeit der Herrschaft der Einsicht über die Leidenschaft trägt nicht weit genug, um Homer gerecht zu werden. Gerade bei Plato beginnt die Metaphysik, die die bereits verlorene homerische Heimat zu ersetzen versucht, indem sie aufs Neue die Augen zum Jenseits erhebt. Dichtung im homerischen Sinne wird im idealen Staat nicht zugelassen; was erlaubt und auch erwünscht ist, sind Hymnen auf die Götter und Lobgesänge auf die guten Menschen. Die allein sind nützlich, und was nicht nützlich ist, muß verworfen werden. Zwar ist dagegen, daß von der Kunst Nutzen gefordert und das Prinzip l'art pour l'art abgelehnt wird, nichts einzuwenden, aber die Frage ist, ob der wirkliche Nutzen Homers und überhaupt der Kunst für das Leben von Plato erkannt worden ist. Sein Problem ist der große Kampf (wie er es selbst nennt) um das Gut- und Schlechtwerden des Menschen. Auch dem kann man noch zustimmen, aber nicht mehr dem, daß dieser Kampf allein unter dem Gesichtspunkt von dem »bißchen Moral« geführt wird.

Der Hauptpreis dieses Kampfes ist für Plato die Unsterblichkeit, und da gilt in der Tat: Homer oder das Jenseits. Mit dem Blick auf das Jenseits endet das Gespräch über den Staat. Das letzte Stück hat zwei Teile: Logos und Mythos. Den Anfang macht wieder ein Beweisversuch für die Unsterblichkeit der Seele. Die Unsterblichkeitsthese wird hier wie etwas ganz Neues eingeführt. Hast du noch nicht bemerkt (fragt Sokrates 608 d), daß unsere Seele unsterblich ist und niemals untergeht? Glaukon ist sehr verwundert und sagt: bei Gott nein, aber wie kannst du denn so etwas behaupten? Das sei gar nicht schwer einzusehen, meint Sokrates und beginnt seinen Beweis.

Er geht aus von dem Unterschied von gut und schlecht. Der wird so verstanden, daß das Verderbliche und Zerstörerische das Schlechte ist und das Erhaltende und Förderliche das Gute (608 e). Das sind hier also Definitionen dieser Wörter gut und schlecht. Beispiele: für den Leib ist Krankheit schlecht, für das Holz Fäulnis, für das Eisen der Rost. So hat jedes Ding sein ihm eigentümliches Schlechtes, das es zerstört (609 a). Das, was gut ist, kann nicht zerstören, und auch nicht, was weder gut noch schlecht ist (609 b). Das folgt aus der Definition. Wenn das spezifisch Schlechte von etwas dieses zwar schädigt, aber nicht zerstört, dann kann es nicht untergehen. Nun hat auch die Seele etwas, was sie schlecht macht, nämlich Ungerechtigkeit, Zügellosigkeit, Feigheit und Unverstand, die Gegenstücke der vier Tugenden. Kann nun die Ungerechtigkeit die Seele umbringen? Es ist nicht gemeint, daß einer infolge der Ungerechtigkeit vor Gericht kommt und mit dem Tode bestraft wird, sondern dies, ob die Ungerechtigkeit als eine Beschaffenheit der Seele diese umzubringen vermag? Offenbar nicht, und dasselbe gilt für die anderen Untugenden (609 d). Die Untugenden waren aber die spezifischen Schlechtigkeiten der Seele, und wenn sie die Seele nicht umbringen können, dann kann nichts sie umbringen; denn es war ja schon zugegeben, daß weder das, was für eine Sache gut ist, noch was für sie weder gut noch schlecht ist, sie umbringen kann. Solange also nicht bewiesen ist, daß durch die Zerstörung des Leibes die Seele ihre Tugend verliert und etwa ungerecht wird (was absurd zu sein scheint), kann man nicht bestreiten, daß der Untergang des Leibes der Seele nichts anhaben kann. Da aber die Ungerechtigkeit die Seele auch nicht zerstört, ist sie etwas immer Seiendes und also unsterblich (611 a).

Es liegt auf der Hand, daß das ein Trugschluß ist. Hier wird vorausgesetzt, daß die Untugend die einzige Schlechtigkeit ist, die für die Seele möglich ist. Nun war aber Schlechtigkeit nicht als Unmoral definiert worden, sondern als das Schädigende und Zerstörende. Die Seele schädigen und zerstören kann aber nicht nur die Unmoral, sondern z. B. auch die Geisteskrankheit. Auch sie ist gemäß unserer Definition eine Schlechtigkeit der Seele, weil sie die Seele schädigt. Daß sie die Seele nicht auch ganz zerstören kann, ist nicht bewiesen, und auch nicht, daß eine hinreichend schwere Schädigung des Leibes keine zerstörende Schädigung der Seele im Gefolge haben kann. Ohne die Voraussetzung, daß nichts die Seele schädigen könne als Unmoral, bricht der Beweis zusammen, und diese Voraussetzung ist zum mindesten unbewiesen.

Sokrates folgert weiter, daß sich die Zahl der Seelen nicht nur nicht vermindern kann (was klar ist), sondern sich auch nicht vermehren könne, weil dann neues Lebendes aus dem Toten entstehen würde und so zuletzt alles unsterblich sein würde (611 a). Dazu kann man nur sagen: und warum nicht? Ferner behauptet er: in dieser Form, wie die Seele jetzt ist, aus drei Teilen zusammengesetzt, könne sie nicht ewig bleiben (611 b). Es muß beim Tode so etwas mit ihr vorgehen wie eine Reinigung. Ihr eigentliches Wesen ist das Höchste in ihr, die Philosophie in ihr, die zum Ewigen emporstrebt. Dieses Höchste, die Vernunft, ist das Unsterbliche, die anderen Seelenteile wird sie mit dem Leibe abwerfen. Es löst sich also im Tode nicht nur die Seele vom Leibe, sondern auch noch die höhere Seele, die Vernunft, von der niederen, der Sinnlichkeit (611 e).

Wenn wir schon die Vorstellung von einer Seele ohne Leib unmöglich fanden, dies ist nun noch unmöglicher, dieser Seelenkrüppel, der nur noch aus ihren intellektuellen Funktionen besteht, reiner Gedanke ist, der ohne einen Anhalt an etwas Sinnlichem, was er zu bedenken hätte, gar nicht denken könnte und dessen Denken auch gar keinen Zweck hätte, weil es ein reiner Leerlauf wäre. Trotzdem hat dies Gespenst eines Gespenstes weltgeschichtliche Karriere gemacht: die christliche Metaphysik ist weitgehend dem Vorbild Platos (und Plotins) gefolgt, und sie folgte auch Platos Begründung: je unsinnlicher, desto göttlicher.

Was aber wird das Schicksal der Seele sein? Zwar wurde bewiesen, daß die Gerechtigkeit für die Seele auch dann das Beste ist, wenn weder ein Gott noch ein Mensch etwas davon bemerkt, also ganz abgesehen davon, ob sie einen nachfolgenden Lohn findet. Dennoch (so wird 612 b ff. gesagt) ist es ohne Gefahr, der Gerechtigkeit und überhaupt der Tugend auch noch einen Lohn zuzusprechen, den sie sich verschafft, schon im Leben bei den Menschen und nach dem Tode bei den Göttern. Nur der Untersuchung wegen wurde zunächst unterstellt, daß der Gerechte ungerecht scheint und die Leiden eines solchen tragen muß, und es zeigt sich, daß es auch dann noch am besten ist, gerecht zu sein. Aber jetzt wird geltend gemacht, daß in Wirklichkeit der Gerechte doch auf Lohn hoffen kann.

Ob einer gerecht oder ungerecht ist, das wird den Göttern nicht verborgen bleiben, und der eine wird ihnen lieb und der andere verhaßt sein. Dem Guten werden die Götter wohltun, es sei denn, er müsse wegen früherer Verschuldungen noch Leiden auf sich nehmen. Also muß angenommen werden, daß dem gerechten Manne, mag er auch arm und krank sein und sonstige Übel ihn plagen, alles dieses zum Guten ausschlagen muß, im Leben und im Tode, und dem Ungerechten umgekehrt (613 a f.). Auch unter den Menschen steht es nicht anders. Auf die Länge setzt sich die Tugend durch und siegt. Eine Zeit lang mag es wohl gut gehen mit der Unmoral, aber am Ende führt es doch zu nichts, und so ist es auch menschlich klug, den Pfad der Tugend zu wandeln (613 b ff.).

Was aber wird nach dem Tode sein? Darauf antwortet ein Mythos. Sokrates berichtet, was ein gewisser Pamphylier namens Er, Sohn des Armenios, erzählt haben soll. Dieser war in einem Krieg gefallen, man hielt ihn für tot. Nach zehn Tagen aber, als die anderen Gefallenen schon verwest waren, lag er immer noch unversehrt da, und man nahm ihn mit, um ihn zu Hause zu bestatten. Auf dem Scheiterhaufen aber erwachte er wieder zum Leben und berichtete, was er inzwischen erlebt hatte (614 b).

Seine Seele habe den Leib verlassen, und dann sei er mit vielen anderen Seelen gewandert bis an einen Ort, wo beieinander zwei Spalten in der Erde waren und auch zwei Spalten im Himmel. Dazwischen hätten Richter gesessen, und nachdem sie die Seelen gerichtet hätten, hätten sie den Gerechten befohlen, den Weg nach rechts oben in den Himmel einzuschlagen, den Ungerechten aber den Weg nach links unten. Alle hätten ein Zeichen angehängt bekommen, worauf ihr Urteil und seine Gründe vermerkt waren (614 c). Dem Er selbst nun hätte man gesagt, er solle das alles betrachten und ins Leben zurückkehren und den Lebenden darüber berichten. Er sah durch die beiden anderen Spalten in Himmel und Erde Seelen zurückkommen, die aus der Erde voller Schmutz und Staub, die aus dem Himmel rein. Die Wanderung dauere aber tausend Jahre, und die durch die Unterwelt ist mit vielerlei Leiden verbunden, die durch den Himmel mit seligen Freuden. Alle Untaten werden mit zehnfacher Pein vergolten (614 c ff.). Ganz schlimme Verbrecher, insbesondere Tyrannen, kommen gar nicht wieder zurück, sondern werden für immer in den Tartaros geworfen. Nach der tausendjährigen Wanderung durch das Jenseits werden die Büßenden an einen Ort geführt, wo sie die Spindel der Notwendigkeit sehen, welche die gesamten Himmelssphären bewegt (616 c). Die wird nun näher beschrieben, und dazu die ganze Himmelsmechanik und Astronomie zusamt dem Wohlklang der Harmonie der Sphären (616 d ff.).

An der Spindel sitzen die Moiren, die Töchter der Notwendigkeit. Sie singen zur Harmonie der Sphären, und zwar Lachesis das Geschehene, Klotho das Gegenwärtige und Atropos das Zukünftige (617 c). Die Seelen mußten zunächst zu Lachesis gehen. Ein Prophet, d. h. ein Dolmetsch des göttlichen Willens, habe vor ihnen Lebenslose aus dem Schoße der Lachesis genommen und Lebensmodelle (βίων παραδείγματα 617 d) ausgebreitet und dann folgende Ansprache gehalten: »Dies ist die Rede der Lachesis, der jungfräulichen Tochter der Notwendigkeit: eintägige Seelen! Ein neuer todbringender Umlauf beginnt für das sterbliche Geschlecht. Nicht euch wird der Dämon erlosen, sondern ihr werdet den Dämon erlosen (d. h. das Schicksal wählen). Wer zuerst gelost hat, wähle sich zuerst ein Leben, in dem er dann mit Notwendigkeit bleiben muß. Die Areté ist herrenlos, von welcher jeder, je nachdem ob er sie schätzt oder mißachtet, mehr oder weniger haben wird. Die Schuld ist beim Wählenden, Gott ist schuldlos (617 d f.).« Dann habe er die Lose geworfen, und jeder habe das vor ihn fallende aufgehoben; in der gelosten Folge konnten die Seelen sich ein Leben wählen. Die Auswahl war weit größer als die Zahl der Wählenden. Da waren die Leben aller Tiere und auch alle möglichen menschlichen, darunter auch Tyrannenexistenzen, manche lebenslänglich, manche mitteninne untergehend und im Elend endend, aber auch sonst alle möglichen Existenzen und gemischt mit Gesundheit und Krankheit, Reichtum und Armut usw. (617 e ff.) — Hierauf nun, bemerkt Sokrates, kommt es denn offenbar an, sich dafür vorzubereiten, der rechte Kenner der Bioi zu sein und die rechte Wahl treffen zu können, zu wissen, was Reichtum wert ist und was Schönheit und was Gerechtigkeit, und daß es gilt, aus den zur Auswahl gestellten Leben das gerechteste herauszufinden, im übrigen aber ein mittleres Leben zu finden, das keinen zu hohen Platz im Leben bietet, aber auch keinen allzuniedrigen. So wird man am glücklichsten (618 b ff.).

Und der Dolmetsch des Gottes sagt: »Auch für den Letzten, der wählt, wenn er mit Vernunft wählt und sich im Leben Mühe gibt, liegt ein Leben bereit, mit dem er zufrieden sein kann und das nicht schlecht ist. Darum sei, weder wer die Wahl beginnt, sorglos, noch wer sie beschließt, mutlos (619 b).« — Da sei nun einer der aus dem Himmel Gekommenen, aber einer, der nicht durch Philosophie, sondern nur durch Ethos ein tugendhaftes Leben geführt hatte, gleich hereingefallen. Er habe als Erster gewählt und sich eine großartige Tyrannis ausgesucht, aber die Sache nicht genau geprüft und erst nachher bemerkt, was noch damit verbunden war: nämlich seine eigenen Kinder zu verzehren und anderes Unheil (619 b f.). Es wird dann im einzelnen ausgemalt, welche Lose sich aus dem Mythos berühmte Seelen gezogen haben (620 a ff.).

In diesem Mythos liegt das eigentliche Gewicht der Erzählung nicht auf dem Leben nach dem Tode und auch nicht auf der Vergeltung im Jenseits für die Taten im Diesseits, sondern auf der Lebenswahl. Wie soll man leben? Sollen meint hier nicht das Du-sollst einer Autorität, die mir befiehlt und die von mir Gehorsam verlangt, sondern gefragt ist: Wie zu leben ist für mich selbst am besten? Wie es am besten ist, das hängt teils nicht von mir ab, sondern vom Schicksal, teils aber auch von mir selbst, von meiner Lebenswahl. Die Lebenswahl, die im Mythos als ein einmaliger Vorgang vor diesem Leben vorgestellt wird, ist, ohne Mythos vorgestellt, etwas, was wir alle wirklich vollziehen müssen. Es legt sich diese Wahl wohl in eine ganze Kette von Entscheidungen auseinander, die mehr oder weniger groß sein können, oder auch einmal so aussehen können, als werde da gar nichts entschieden. Aber die Dinge laufen lassen, ist auch eine Entscheidung, und nicht immer die beste. Was aber ist das Beste? Was muß man tun, um glücklich zu werden?

Was muß ich tun, damit ich selig werde? wird Jesus gefragt. Frage und Antwort sind da eschatologisch gemeint. Was ist nötig, um die ewige Seligkeit jenseits des Grabes zu gewinnen? Die Zukunft jenseits des Grabes spielt auch bei Plato eine Rolle, aber nicht allein sie, sondern die Frage bezieht sich auch schon auf das Diesseits, so wie später Fichtes »Anweisung zum seligen Leben« eine Ethik für dieses Leben ist. Glückseligkeit meint nicht den Kitzel der Sinne, das augenblickliche angenehme Gefühl, sondern die völlige Zufriedenheit mit seinem Zustande, dies, daß mein Leben mir so gefällt, wie es ist, daß ich ja dazu sage. Gerade das kann beim sinnlichen Genuß fehlen.

Platos immer wiederholte Antwort war: Gerechtigkeit ist not, ohne sie ist keine Seligkeit möglich. »Üb' immer Treu und Redlichkeit!« das ist zu allen Zeiten und bei allen Völkern wiederholt worden. Jede wirkliche Gemeinschaft muß das von ihren Mitgliedern fordern, denn ohne das kann sie nicht existieren. Wer sich dem versagt, dem muß sich die Gemeinschaft versagen, und er bleibt ihr auf die Länge nicht verborgen. Plato sagt es, und Hegel hat es wiederholt: Was innen ist, ist außen; eine Gesinnung, die von den Taten eines ganzen Lebens verschieden ist, gibt es nicht. Aber selbst wenn es sie gäbe: Der Einzelne will im Grunde als der, der er wirklich ist, von der Gemeinschaft anerkannt werden können; daß die Gemeinschaft nur jemand anerkennt, den er nur vorspielt, der er aber in Wahrheit gar nicht ist, damit kann er seinem Wesen nach nicht zufrieden sein. Das russische Volk nennt (oder nannte) die Verbrecher die Unglücklichen. Das ist wahr, und jeder Erzieher weiß, daß die Belehrung darüber mehr wert ist, als alles abstrakte Moral-Predigen.

Aber das »bißchen Moral« (wie Goethe es nannte) genügt nicht. Es genügt auch Plato nicht. Plato reflektiert auf die besondere geschichtliche Lage, in der er sich, und in der ganz Griechenland sich zu seiner Zeit befindet. Diese Lage ist die der Auflösung der alten heidnischen Religion durch die Aufklärung des wissenschaftlichen Denkens der Philosophen und Sophisten vor ihm. Daß wir zwischen beiden einen so großen Unterschied machen, ist erst die Folge der platonischen Polemik und Deutung seiner geschichtlichen Lage. Man tat das sonst nicht, wie das Beispiel des Aristophanes zeigt, für den Sokrates der typische Vertreter der ganzen Richtung war. Da war kein Unterschied zwischen Heraklit, Parmenides, Protagoras, Gorgias und Sokrates. Sie alle lassen die überlieferte Welt- und Lebensauffassung, deren Herkunft von Homer ihnen voll bewußt war, nicht gelten. Sie gilt nicht mehr nur darum als verbindlich, weil sie altehrwürdig ist. Man muß sie prüfen. Die Prüfung suchte Gründe, und sie fand keine. So schien alles der Willkür ausgeliefert, und es wurde auch von den Sophisten diese Konsequenz gezogen: Es ist alles Willkür. Weil sie diese radikale Konsequenz ziehen, deswegen sind die Sophisten die eigentlichen Feinde Platos. Auch Plato sagt: Man muß prüfen, aber er leugnet, daß es keine Gründe gibt, und daß das Ergebnis der Prüfung das Nichts sein müsse. Die Sophisten haben die Prüfung nicht im Ernst geführt. Ihre nihilistische Antwort war vorschnell, für wahr halten kann sie nur, wem der wahre Ernst fehlt. Der Logos, die Waffe, die die Wunde schlug, muß sie auch heilen.

Man muß im Ernst prüfen, d. h. man muß philosophieren. Man muß nicht argumentieren, um den Gegner aus dem Felde zu schlagen, das Gespräch soll kein Agon sein, in dem es zu triumphieren gilt. Als ein

Florettfechten mit der Waffe des Denkens, bei dem alle Finten erlaubt sind, verstand man das Streitgespräch vor Plato, — und das nicht nur bei den Sophisten, sondern solcherweise agonal verstand auch Parmenides sein Lehrgedicht. Parmenides ist von den Sophisten nicht so weit entfernt, wie es den heutigen, immer noch im Banne Platos stehenden Auslegern oft vorkommt. Man muß im Ernst prüfen, gemeinsam überlegen und am andern prüfen, was wirklich folgt und was nicht. Man braucht Logik — das ist eine der großen Einsichten Platos: Man muß die Logik erfinden. Eine schwere Aufgabe, wenn es sie noch nicht gibt. Plato hat diese Aufgabe so weit gelöst, daß unmittelbar nach ihm sein Schüler Aristoteles das erste Stück ausgeführter Logik vorlegen konnte: seine Syllogistik.

Sodann muß man das Wesen betrachten, die Physis, die Idee. Das ist Platos andere große Entdeckung. Sie ist nicht rein von der ersten zu trennen, denn (so haben wir gesehen) die Idee meint auch das Prädikat im logischen Sinne, und die Ideenlehre die einfache Einsicht, daß ein Prädikat etwas ganz anderes ist als ein Ding. Das hatte vor Plato noch niemand deutlich unterschieden. Aber die Idee war nicht nur das Prädikat, sie war auch das Paradigma, und sie war endlich die Norm. Daß das dreierlei war, das war Plato nicht sogleich deutlich, und die Auslegung muß sich hüten, die platonische Lehre eindeutiger zu machen, als sie ist. Die Mehrdeutigkeit der Idee hat Plato erst in seiner Spätzeit erkannt, da allerdings auch ganz deutlich ausgesprochen. Davon wird weiter unten die Rede sein. Daß man Philosophie, d. h. jetzt Wesenserkenntnis, braucht, um seine geschichtliche Lage zu erkennen, ist eine Einsicht, die vielleicht auch heute noch manchem Historiker fremd sein mag. Der Mathematiker Hilbert soll gesagt haben: Die Physik ist für die Physiker zu schwer. Entsprechend könnte man sagen: Die Historie ist für die Historiker zu schwer, wenn nämlich nicht nur Geschichten erzählt werden sollen darüber, wie es früher gewesen ist, sondern wenn das Vergangene so verstanden werden soll, daß etwas daraus folgt für die Zukunft. Zukunft heißt für Plato: Zukunft der Polis, nicht des Einzelnen. Das Leben des Einzelnen dauert ohnehin nicht lange, und in der kurzen Zeit läßt sich nicht viel ändern, und da ist auch nicht allzu schwer zu raten: Halte dich abseits, sei gerecht, laß die Vernunft walten! Die Frage ist auch nicht nach der Zukunft der Menschheit, oder doch nur nebenbei. Die Menschheit ist keine Gemeinschaft, sie ist als solche nicht organisiert. Die wirkliche Gemeinschaft ist die Polis. Der Zukunft der Polis, als der Gemeinschaft, in der und aus der der Mensch lebt, gilt die Sorge. Um im Blick auf die Vergangenheit, aus der das Unheil herkommt, die wahre Zukunft zu finden, bedarf es der Philosophie, d. h. der grundsätzlichen Besinnung.

Nietzsche war Plato gar nicht so fern, wenn er sich als einen Arzt der Kultur verstand. Nur sagte Plato nicht »Kultur« und konnte es gar nicht sagen, weil es so etwas noch gar nicht gab. Er sagte Polis. Der Arzt der Polis, das wollte er sein, und nicht wie die Politiker seiner Zeit ein Koch der Polis, der sie immer mehr ruiniert. Die Philosophie war das Instrument seiner Diagnose. Aber (und das ist das eigentlich Platonische) die Philosophie ist auch das Medikament, das seine Therapie verschreibt. Philosophie, d. h. die Betrachtung der Idee, ist das Rettende, weil die Idee das Ewige ist, das ewig Wahre, das als solches das Rettende ist; die Ideen sind die Wahrheit dessen, wovon der Mythos ahnend spricht, wenn er Götter dichtet. Die wahre Welt ist dort oben, nicht im räumlichen, sondern im übersinnlichen Sinne. Die Idee ist das Ewig-weibliche, das hinanzieht, nämlich den Eros des Philosophen, das liebende Streben des weisheitsliebenden Mannes.

Das ist der Anfang der Metaphysik, die für zwei Jahrtausende das Schicksal des Abendlandes bestimmen sollte.

17. KRATYLOS

Zu Beginn des Gesprächs finden wir zwei Männer im Streit über die Richtigkeit der Namen (ὀρθότης ὀνομάτων 383 a), also über die Frage, ob jedes Ding von Natur (φύσει) einen Namen habe, der eben darum der richtige sei, von dem man freilich durch Übereinkunft abweichen könne, wie Kratylos meint, während dagegen Hermogenes meint, es gebe keine andere Richtigkeit der Namen als diejenige, die auf Konvention und Sprachgebrauch (συνθήκη καὶ ὁμολογία 384 d) beruht. Sokrates wird zur Erörterung der Streitfrage hinzugezogen.

Die ganze Untersuchung teilt sich in zwei Teile: Zuerst wird die These des Hermogenes untersucht, daß die Namen konventionell sind, und dann die des Kratylos, daß sie von Natur gelten.

Kann man (auf diese einfache Frage bringt Sokrates das Problem), wenn man will, die Namen Mensch und Pferd vertauschen und künftig Mensch nennen, was man jetzt Pferd nennt, und umgekehrt? Bei seiner kritischen Untersuchung geht Sokrates aus von der These, daß es doch jedenfalls wahre und falsche Sätze gibt. Wahr ist der Satz, der das Seiende so sagt, wie es ist; der es aber so sagt, wie es nicht ist, ist falsch (385 b). Sokrates fragt weiter: Ist es nun möglich, daß ein wahrer Satz im Ganzen wahr ist, seine Teile aber nicht? Hermogenes antwortet, es müßten auch die Teile wahr sein, und zwar alle bis zu den kleinsten, mit welchen kleinsten Teilen er die Wörter meint. Und beim falschen Satz entsprechend, so daß es dann also wahre und falsche Wörter gäbe (385 c). Das ist ein bedenkliches Zugeständnis. Denn wenn ich sage: »Kiel liegt in Deutschland«, so ist das wahr, aber ist es auch wahr, wenn ich nur sage »Kiel« oder nur sage »liegt« oder »in«? Wenn ich sage »Kiel liegt nicht in Deutschland«, so ist das falsch, aber es kommen ja bis auf das Wort »nicht« in dem falschen Satz dieselben Wörter vor wie vorher in dem wahren Satz, und da der falsche Satz aus falschen Wörtern bestehen sollte, so müßte z. B. das Wort »in« zugleich wahr und falsch sein. Aristoteles hat später den Satz als den kleinsten Teil einer Rede definiert, der wahr oder falsch sein kann, und damit gesagt: Wörter können das nicht.

Wenn Hermogenes die Lehre vertritt, jeder könne im Prinzip alles nach Belieben benennen, so will er damit nicht der Lehre des Protagoras zustimmen, alles sei so, wie es jedem erscheine (386 a), und auch nicht der des Euthydemos (386 d), daß allem alles in derselben Hinsicht zukommt und nicht zukommt (mit welcher Lehre der später so genannte Satz des Widerspruchs aufgehoben wird), sondern er gibt zu, daß die Dinge selbst ihr festes Wesen haben, an sich selbst und nicht nur in Bezug auf uns und unser Vorstellen (386 e). Also nichts von dem, was man später subjektiven Idealismus genannt hat, vielmehr ein Pferd ist ein Pferd und hat seine bestimmte Art und Eigenschaften, und das hängt weder von unserm Vorstellen noch von unserm Nennen ab. Dasselbe gilt auch für die Verhaltensweisen (πράξεις 387 a) der Dinge. Nach dieser Natur der Dinge aber müssen wir uns offenbar richten, wenn wir mit ihnen umgehen, z. B. wenn wir sie zerschneiden, verbrennen usw. Auch das Reden über die Dinge ist eine Aktion, die wir mit ihnen vornehmen, und auch das Benennen. Also gilt auch dafür, daß man sich nach der Natur der Sache richten muß und nicht willkürlich verfahren darf (387 d).

Was sollen wir dazu sagen? Nur Sätze sind wahr oder falsch, aber nicht Namen. Das schließt aber nicht aus, daß Namen mehr oder weniger gut, vernünftig oder zweckmäßig gewählt sein können. Eisen und Holz sind zwei Namen, bei denen es nichts ausmachen würde, wenn wir sie vertauschen würden. Wir könnten auch, wenn wir das täten, den Namen »hölzern« und »eisern« dabei ihre alte Bedeutung belassen und festsetzen: »hölzern« soll das benennen, was aus Eisen ist, und »eisern« soll das benennen, was aus Holz ist. Man kann das nicht falsch nennen, aber es ist nicht sehr zweckmäßig, es so zu machen. Manchmal kommt es ja vor, daß wir so unzweckmäßig reden: So nennen wir gewisse Leute Indianer, obgleich sie nicht in Indien wohnen. Wir müssen also die Falschheit eines Satzes, den Irrtum, die Aussage von etwas, was nicht der Fall ist, unterscheiden von der Falschheit eines Namens, d. h. einer unzweckmäßigen, inkonsequenten, irreführenden oder sonst nachteilhaften Namengebung.

Im Folgenden wird der Name bestimmt als ein Werkzeug, (ὄργανον 388 a), aber (das erst ist das Entscheidende) nicht als ein beliebiges, sondern als ein sonderndes (διακριτικόν 388 c). Als solches wird er verglichen mit einem Teil des Webstuhls, nämlich der κερκίς (388 a). Dies Wort übersetzt man gewöhnlich mit »Schiffchen«, Schleiermacher übersetzt es mit »Weberlade«. Beide Übersetzungen müssen falsch sein, denn das

Schiffchen dient dazu, den Einschlag durch die Kette zu führen, die Lade dazu, das Gewebe zusammenzuschlagen, die Funktion der κερκίς aber, das κερκίζειν, wird beschrieben als ein Sondern des Einschlags und der zusammenliegenden Kettenfäden (τὴν κροκὴν καὶ τοὺς στήμονας συνκεχυμένους διακρίνομεν. 388 b), das aber leistet nicht das Schiffchen und nicht die Lade, sondern der Teil des Webstuhls, den man das Geschirr nennt. Das Geschirr führt (im einfachsten Fall) abwechselnd die geraden Kettenfäden nach oben, die ungeraden nach unten, und die ungeraden nach oben, die geraden nach unten. Es wird also durch dies Werkzeug eine Klasse von Fäden herausgehoben. Ebenso hebt der Name »Pferd« aus den durcheinanderliegenden Dingen alle Pferde heraus, sondert diese Klasse von Dingen aus allen übrigen aus. Der Name ist wie die κερκίς ein sonderndes Werkzeug. Was aber der Name sondert, sind nicht Fäden, sondern Wesen. Der Name ist ein Wesen sonderndes Werkzeug (ὄργανον διακριτικὸν τῆς οὐσίας 388 c). Er hebt mit einem Schlage aus den durcheinanderliegenden Dingen alle heraus, die gleichen Wesens sind, — wenn er ein richtiger Name ist. Er ist falsch, wenn er dem Wesen nach Nichtzusammengehöriges zusammen heraushebt.

Wie die κερκίς zum Weben, so dient der Name zur Belehrung. Das Wesen sondernde Werkzeug ist ein belehrendes Werkzeug (διδασκαλικόν 388 b). Das Werkzeug des Webers wird der Kunst des Tischlers verdankt, woher aber stammen die Namen, die wir als belehrendes Werkzeug benutzen? Die nächste Antwort heißt: Aus dem Sprachgebrauch (νόμος 388 d). Dieser Brauch aber muß gestiftet sein von einem Brauchstifter (νομοθέτης 388 e). Wie aber der Tischler der Kunst (τέχνη) bedarf, um eine gute κερκίς zu machen, so bedarf auch der Brauchstifter einer eigentümlichen Kunst, um ein gutes Namenwerkzeug zu machen.

Worauf, so fragt Sokrates (389 a), blickt der Namenstifter, wenn er Namen stiftet? Die Antwort wird wieder durch den Vergleich mit der κερκίς gefunden. Worauf blickt der Tischler, wenn er eine κερκίς machen will? Offenbar auf solches, das seinem Wesen nach dazu da ist (ἐπεφύκει), die Fäden zu sondern (κερκίζειν 389 a). Wenn ihm nun bei der Herstellung die Arbeit mißlingt und die κερκίς zerbricht, dann wird er sich, wenn er eine neue macht, nicht nach der zerbrochenen richten, sondern wieder auf jenes Urbild (εἶδος 389 b) blicken, im Blick auf welches er auch die erste κερκίς gemacht hatte. Die Urbilder würde man also mit Recht die κερκίς an sich selbst (αὐτὸ ὃ ἔστιν) nennen. Die Idee ist hier das

Paradigma, das Vorbild, das der Hersteller sich vorstellt, um danach zu arbeiten.

Wenn es sich um verschiedene Gewebearten handelt, feinere und gröbere, so muß man der zu machenden κερκίς jeweils diejenige Konstruktion (φύσις) geben, die der besonderen Aufgabe angepaßt ist, und die muß man in das Holz einbilden (389 b). Also muß entsprechend auch wohl der Namenstifter wissen, den jedem Wesen wesentlich zugehörigen Namen in die Laute und Silben zu setzen, indem er auf das blickt, was der Name an sich selbst ist, wenn er ein vollgültiger Namenstifter sein will (389 d). Daraus ergibt sich die wichtige Einsicht: wenn die Laute und Silben nicht bei allen Namenstiftern übereinstimmen, so braucht uns das nicht zu irritieren; auch das Metall, aus dem die Schmiede dasselbe Werkzeug machen, kann ja unter Umständen verschieden sein. Wenn nur die Gestalt dieselbe ist, ist die Differenz des Metalls ohne Belang (389 e). So ist auch die Differenz zwischen der griechischen Sprache und den Sprachen der Barbaren ohne Belang, solange nur das Eidos des Namens dasselbe ist (390 a). Es ist unwichtig, ob man ἵππος sagt, wie die Griechen, oder »Pferd«, wie gewisse Barbaren, solange das Eidos dasselbe ist, das heißt aber: wenn es von denselben Dingen richtig und von denselben Dingen falsch ist, zu sagen: dies ist ein Pferd.

Nun haben zwar solche Wörter wie »Pferd« und »Hund« oder »drei« und »vier« und noch eine Menge andere in den meisten Sprachen genaue Entsprechungen, das gilt aber keineswegs für alle Namen, und eben darauf beruht die große Schwierigkeit des Übersetzens, daß die Grenzen der Wörter sich in den verschiedenen Sprachen nicht decken. Machen es da nun die einen richtig und die andern falsch? Oder kann man auch nur sagen, daß es die einen besser machen als die anderen? Letzteres vielleicht, aber gerade das erstere ist Platos Vorstellung: es gibt eine absolut richtige Namengebung, oder (da diese Namen logisch gesprochen Prädikate sind) ein ideales Prädikatensystem. Dabei haben wir jetzt nur die einfachen Namen berücksichtigt; ein weiteres Problem betrifft die zusammengesetzten Namen, und das wird uns bald beschäftigen.

Jetzt wird zunächst ein weiterer Gesichtspunkt geltend gemacht. Der Tischler macht die κερκίς, aber derjenige, der das Werk beurteilt, ist der Weber. Der Schiffbauer baut Schiffe, aber der sie beurteilt hinsichtlich ihrer Brauchbarkeit, ist der Kapitän. Der Musiker ist der richtige Beurteiler der Arbeit des Instrumentenbauers. Wer die Sache gebraucht, ist kompetent zu urteilen über die Qualität der Arbeit des Herstellers. Entsprechend muß es sich auch bei den Namen verhalten. Wer ist der Sachverständige im Gebrauch der Namen? Das ist der, der zu fragen und zu antworten versteht, der Dialektiker (390 c). Also (so wird gefolgert) hat Kratylos recht mit seiner These, daß die Dinge von Natur Namen haben. Ein wahrer Namenstifter ist nur derjenige, der auf den Namen blickt, den das Ding von Natur hat, und imstande ist, sein Eidos in Buchstaben und Silben zu setzen.

Was hier gemeint ist, kann man sich verdeutlichen an der Aufgabe, die sich über 2000 Jahre später die Biologen stellten: das natürliche System der Pflanzen- und Tierarten aufzustellen, d. h. für alle Lebewesen die richtigen Namen zu bilden. Vor Linné war die Namengebung der Pflanzen und Tiere einigermaßen willkürlich. Eiche und Buche, Veilchen und Vergißmeinnicht, Hund und Katze, Biene und Spinne, das sind Volksnamen für Tierarten. Durch Linné bekam der Löwe den Namen »felis leo«: felis ist die Katze, die Gattung, und leo eine bestimmte Katzenart. So wird durch diese Namengebung die Welt der Lebewesen so eingeteilt, wie die Natur selbst sie eingeteilt und in Gattungen, Arten, Unterarten usw. geordnet hat. Das Namensystem bildet die Klassen und Unterklassen ab, in welche die Dinge von Natur sich gliedern. Solche Namen sind richtig, d. h. zweckmäßig und vernünftig gebildet, weil schon der Name etwas über das Ding zu erkennen gibt. So bilden heute auch die Chemiker ihre unaussprechlichen Kunstnamen so, daß der Fachmann aus dem Namen erkennt, aus welchen Elementen und auf welche Weise solcher Stoff sich aufbaut. Diese modernen Beispiele aus Biologie und Chemie konnte Sokrates noch nicht vorführen, aber auch er macht sich nun auf Wunsch des Hermogenes daran, seine These zu illustrieren.

Er beruft sich zunächst auf Homer. Der erwähnt, daß der Fluß vor Troja, den die Menschen Skamandros nennen, von den Göttern Xanthos genannt werde, und er erwähnt auch noch einen Vogel, den Menschen und Götter verschieden nennen. Es muß doch (meint Sokrates) etwas sehr Wichtiges sein, zu verstehen, warum es richtiger ist, den Fluß Xanthos zu nennen als Skamandros (392 a). Aber dergleichen ist vielleicht zu viel verlangt, und so hält er sich an eine Namensdifferenz unter Menschen. Homer erzählt auch, der Sohn des Hektor sei mit zwei Namen genannt worden, nämlich mit »Skamandrios« und »Astyanax«. Aber welcher ist der richtigere? Die Männer sagten Astyanax, die Frauen Skamandrios. Wenn, wie angenommen wird, Homer der Meinung war, daß die Männer einsichtiger sind, so hat er den Namen Astyanax für den richtigeren gehalten. Warum ist er richtiger? Homer sagt von Hektor: »Denn er allein beschirmte die Stadt und die türmenden Mauern.« Darum war es recht, des Beschützers Sohn »Stadtherrn« zu nennen, denn das bedeutet das Wort (392 e).

Das war mehr Spiel als Ernst. Jetzt aber kommt etwas Wesentlicheres: Es erscheint mir (sagt Sokrates) gerecht, den Abkömmling eines Löwen auch Löwen zu nennen und den Abkömmling eines Pferdes Pferd, mit einer Einschränkung, nämlich wenn es ein natürlicher Abkömmling ist und nicht eine Mißgeburt stattfindet, die ganz von der Art des Vorfahren abweicht. Wenn wunderbarerweise einmal ein Pferd ein Kalb gebären würde, müßte man das nicht Pferd nennen (393 b f.). Die Griechen hielten da mehr für möglich als die moderne Biologie. Aber wesentlich ist hier, daß es richtig ist, durch einen Namen alles zu bezeichnen, was abstammungsmäßig zusammengehört. Nach diesem Prinzip verfahren auch wir heute mit den Familiennamen.

Es folgen (394 a ff.) wieder allerlei etymologische Erklärungen von Namen von Heroen und Göttern. Das hat weiter keinen wissenschaftlichen Wert, bis auf das eine, daß damit die Idee der Etymologie gesetzt ist, die Idee, daß auch solche Wörter, die wir heute als beliebige, willkürliche Zeichen benutzen, ursprünglich etwas bedeutet, etwas über das Genannte ausgesagt haben. Natürlich läßt sich das nicht beliebig weit zurücktreiben, sondern nur bis zu gewissen Sprachwurzeln, bei denen man stehenbleiben muß. Plato selbst nimmt das Etymologisieren, das er hier treibt, offenbar nicht ganz ernst, denn er läßt den Sokrates sagen, es sei, er wisse nicht woher, eine Weisheit über ihn gekommen (396 d ff.). Was da getrieben wird, will also nur als halbpoetisches Spiel gelten, nicht ganz ohne tiefere Bedeutung, aber nicht wörtlich ernst zu nehmen. 403 b wird eine Etymologie des Hades gegeben, die darum interessant ist, weil man damals meinte, die Herkunft des Wortes zu kennen; man verstand es als ἀ-ιδές, den Unsichtbaren. Vermutlich hielt auch Plato das im Ernst für die richtige Etymologie. Die heutigen Sprachgelehrten sind anderer Meinung. Aber wenn Plato auch seinen Sokrates eine abweichende Meinung vorbringen läßt, so ist das nicht linguistisch, sondern philosophisch motiviert. Plato will hier eine von der üblichen abweichende Lehre über das Wesen der Unterwelt vorbringen. Die Menschen, sagt Sokrates, verkennen den Hades und fürchten ihn ohne Grund. Sie fürchten sich, für immer unter die Schatten verbannt zu sein, und auch dies schreckt sie, daß sich die Seele da vom Leibe getrennt hat. Nach der alten Vorstellung blieb im Hades nur ein seiner selbst nicht bewußter Schatten übrig (von W. F. Otto gedeutet als das, was die Toten noch sind im Gedächtnis der Überlebenden).

Nach der Meinung des Sokrates aber sind die Toten nicht durch Zwang in der Unterwelt gehalten, sondern durch ein stärkeres Band, nämlich das Verlangen (ἐπιθυμία 403 c), und zwar durch das mächtigste Verlangen. Es gibt aber kein stärkeres Verlangen, als wenn einer glaubt, im Umgang mit jemand durch ihn ein besserer Mensch zu werden (403 d). Das ist der Grund, warum niemand Lust hat, von dorther zurückzukehren. Solche schönen Reden weiß Hades ihnen zu halten, und so wäre dieser Gott der vollkommene Sophist und ein großer Wohltäter derer, die bei ihm sind, und er hat so großen Überfluß daran, daß er davon auch noch zu uns heraufschickt. Daher heißt er auch Pluton, d. i. Reichtum. (So heißt der Gott der Unterwelt natürlich deswegen, weil man das Gold und Silber aus der Tiefe holt). Daß dieser Gott (sagt Sokrates weiter) erst mit den Menschen umgehen will, wenn sie tot sind, d. h. wenn ihre Seele abgesondert ist vom Leibe und den Übeln und Begierden des Leibes, das scheint recht eines Philosophen würdig, der sich dessen wohl bewußt ist, daß er sie so durch ihr Verlangen nach der Areté festhalten kann; nicht aber, wenn die Triebe und der Wahn des Leibes sie noch belastet (403 e f.). Hades hat also seinen Namen nicht vom ἀ-ιδές, dem Unsichtbaren, sondern vom εἰδέναι, dem Wissen (404 b). Das wahre Leben ist also das Leben ohne die Fessel des Leibes (σῶμα), von dem schon vorher gesagt worden war, daß er so heißt, weil er ein Gefängnis oder ein Grabmal (σῆμα 400 c) ist. Das Übersinnliche, d. h. das Gedankliche, gilt nicht als ein Instrument zur Aufschließung und Aneignung des Sinnlichen, sondern als das an sich und für sich Wahre.

Das ganze etymologische Spiel ist nicht ganz willkürlich, sondern überall sucht Sokrates die Namen zurückzuführen auf Grundworte, die das Gehen und Fließen bezeichnen. Kratylos, dessen Lehre, daß die Namen von Natur sind, Sokrates hier verteidigt, ist ein Herakliteer, und das »Alles fließt« (411 c) galt als die Formel der Herakliteischen Lehre. Wir wissen heute, daß damit die wirkliche Lehre Heraklits simplifiziert ist, aber Plato kommt es nicht auf philosophie-historische Exaktheit an, sondern er macht absichtlich aus dem Heraklitismus die extreme Lehre, daß es nur Werden gibt und kein Sein, um die Wahrheit dagegen abzusetzen. Das hat noch die Fernwirkung, daß Nietzsche, der Antiplatoniker, sich diese von Plato erfundene Heraklitlehre zu eigen macht. Wir werden sehen, wie Plato beweist, daß, wenn alles fließt und nichts beharrt, das Denken gar nicht möglich ist. Schon um etwas als Fließendes zu denken, muß doch das Denken dieses als solches vorstellen, was ein Fließendes bleibt.

Die Frage kommt endlich auf die Erklärung derjenigen Namen, durch die das etymologische Spiel alles erklärt: Gehen und Fließen selbst und ihr Gegenteil (421 c).

Die Frage ist, wie kann man die Stammwörter erklären, von denen alle anderen abgeleitet sind? Es wird geantwortet: durch Nachahmung (μίμησις 423 b). Aber das bedarf noch näherer Bestimmung. Wer kräht wie ein Hahn und blökt wie ein Schaf, der nennt noch nicht diese Tiere (423 c). Das kann zwar zusammenfallen wie beim Kuckuck, muß aber nicht. Bei der Nachahmung, die das Nennen ist, handelt es sich nicht um Nachahmung von Ton und Gestalt der Dinge, sondern ihres Wesens (οὐσία, 423 e).

Es wird von den Buchstaben ausgegangen und gesagt, das Rho sei ein schönes Werkzeug der Bewegung, weil es die Fahrt nachahmt in Namen wie ῥεῖν, Fließen, ῥοή, Fluß, und vielen andern; und zwar darum, weil dabei die Zunge am wenigsten in Ruhe bleibt, sondern am meisten vibriert (426 d f.). Das Gamma dagegen bezeichnet das Dünne und Zarte usw. (426 d ff.). Auch daran ist etwas: das Wort »weich« scheint uns doch weicher zu klingen als das Wort »hart«, und so in vielen Fällen. Aber alles läßt sich so gewiß nicht erklären, und es ist sicher viel Zufall und Willkür in der Zuordnung der Namen zu den Bedeutungen.

428 a beginnt die Antithesis. Nachdem bisher Sokrates gegen die These, bei der Namengebung sei alles nur Konvention, gezeigt hat, daß sie von Natur geschieht oder doch geschehen sollte, wird jetzt das Gegenteil zur Geltung gebracht. Sokrates argumentiert: die Namen werden um der Belehrung willen gesprochen. Die Belehrung aber ist eine Kunst, und dafür gibt es Sachverständige; das sind die Namenstifter (428 e). Aber von solchen Sachverständigen sind einige besser, andere schlechter, wie z. B. bei den Architekten. Aber für die Namenstifter will Kratylos das nicht zugeben. Vielmehr meint er, daß alle Namen, sofern sie wirklich

Namen sind, gleich richtig sind (429 b). Nun hatte er am Anfang des Gesprächs gesagt, Hermogenes heiße von Natur gar nicht Hermogenes. Das deutet er jetzt so, daß man nicht sagen dürfe, er habe zwar diesen Namen, aber nicht richtigerweise, sondern man müsse sagen: er scheine ihn nur zu haben, in Wahrheit aber sei das der Name von jemand anderem, der auch die dadurch genannte Natur (ein Günstling des Hermes zu sein) habe (429 c).

Das ist zum mindesten eine wunderliche façon de parler; denn wenn wir sagen, er hat diesen Namen, dann meinen wir doch, daß man ihn gewöhnlich mit diesem Namen nennt. So sagen wir: der Walfisch hat zwar diesen Namen, man nennt ihn so, aber zu Unrecht, weil er kein Fisch ist (weswegen der Name auch neuerdings abgekommen und durch Wal ersetzt worden ist).

Sokrates treibt den Kratylos in die Konsequenz, indem er das über Namen Gesagte auf die Sätze überträgt. Kann man etwa auch nicht sagen, er heiße Hermogenes, wenn er doch nicht so heißt? Folgt nicht, daß man dann überhaupt nichts Falsches sagen kann, wie manche behaupten? (Wir kennen das schon aus dem »Euthydemos«.) In der Tat vertritt hier auch Kratylos die Lehre: man kann nichts Falsches sagen, weil man nicht sagen kann, was nicht ist (429 d). Auf die Frage: wenn nun einer kommt und sagt zu dir: »Guten Tag, Hermogenes!«, sagt der nicht etwas Falsches? antwortet Kratylos: »der macht nur ein Geräusch, als wenn einer auf einen Gong schlägt (430 a).« Er muß aber zugeben, daß ein anderes der Name ist, ein anderes das, dessen Name er ist, und daß der Name eine Art Nachahmung des Dinges ist, wie das auf andere Weise auch Gemälde sind. Nun aber kann man doch solche Bilder dem, wovon sie Bilder sind, zuordnen, und zwar auf zwei Weisen, nämlich so, daß man das Bild des Mannes dem Manne zuordnet und das des Weibes dem Weibe oder umgekehrt. Nur diejenige aber, die das Ähnliche dem Ähnlichen zuteilt, ist richtig, und die andere ist falsch. Die richtige Zuteilung von Namen heißt wahr. Kratylos muß das zugeben (431 a).

Wenn man die Nomina so richtig oder falsch zuteilen kann, dann offenbar auch die Verba (431 b) (ὄνομα = nomen = Nennwort, ῥῆμα = verbum = Sagewort). Nomina sind auch die Adjektive, und das Wesentliche des Verbums ist dies, daß es nicht etwas nennt, sondern etwas von etwas aussagt. Dieser Unterschied beruht nicht auf dem Stamm des Wortes, sondern auf der Endung. Sokrates aber denkt hier an das auch im Verbum enthaltene nominale Element. In dem Satz »der Hund bellt« nennt nicht nur das Nomen etwas, nämlich den Hund, sondern auch das Verbum, nämlich das Bellen. Doch zwei Nennungen hintereinander geben keinen Satz. Der entsteht erst dadurch, daß das Bellen von dem Hund gesagt wird; das geschieht durch die Endung. Aristoteles hat darauf aufmerksam gemacht, daß man jedes Verbum zerlegen kann nach dem Schema »der Hund ist bellend«. Jetzt ist bellend ein Nomen, welches das nominale Element des Verbums ausdrückt. Übrig bleibt das Sein; »sein« ist das Verbum purum, das reine Verb, das nichts nennt. Als nennend können auch Verben falsch gebraucht werden. Also können auch die Sätze, als aus Nomen und Verbum zusammengesetzt, falsch sein. Wie man im Bild die Dinge mehr oder weniger gut nachahmen kann, so auch im Wortbild. Also kann es auch mehr oder weniger gute Sachverständige unter den Namenstiftern geben (431 e).

Kratylos zwar macht den Einwand: wenn man von einem Wort nur einen Buchstaben wegnimmt, dann ist es nicht mehr dies Wort, sondern ein anderes (432 a). Sokrates gibt zwar zu, daß, wenn man von einer Zahl auch nur eine Einheit wegnimmt, es nicht mehr diese Zahl ist sondern eine andere, aber er meint, beim Bild müsse es anders sein, denn ein haargenaues Abbild einer Sache wäre ja gar kein Bild mehr, sondern ein zweites Exemplar der Sache. Für das Bild genüge es, daß das Charakteristische (τύπος 432 e) daran ist. Es kann danach also gesagt werden, der Name sei eine Offenbarung des Dinges durch Silben und Buchstaben (433 b). Aber ein konventionelles Element in der Namengebung läßt sich nicht leugnen. Dazu genügt schon der Hinweis auf die Zahlwörter, die nicht etwa so viel Buchstaben haben, wie die Zahl, die sie bezeichnen, Einheiten hat (435 b).

Nachdem so das Natürliche und das Konventionelle beide zu ihrem Recht gekommen sind, wird die Frage nach der belehrenden Kraft der Namen, von der die Betrachtung ausgegangen war, wieder aufgenommen. »Wer die Namen weiß, weiß die Sachen« ist die These des Kratylos (435 d), und daran ist so viel richtig, daß das Wissen der Namen aller Weisheit Anfang ist. Ohne Namen, d. h. ohne ein Prädikatensystem, kann man überhaupt nichts lernen, nichts erkennen und nichts wissen. Das kann man heute noch daran sehen, daß das erste, was jeder Handwerkslehrling lernen muß, dies ist, wie alle Geräte heißen, deren sich der Handwerker bedient. Der Medizinstudent muß mit der sauren Arbeit beginnen, die vielen Namen der vielen Muskeln usw. sich einzuprägen, und ähnlich geht es überall.

Dennoch liegt hierin, wie nun Sokrates geltend macht, auch eine Gefahr. Das Namensystem, das man lernend übernimmt, hat der Namenstifter so gemacht, wie es ist, im Blick darauf, wie er meinte, daß die Dinge sind (436 b). So kann jedes traditionell übernommene Namensystem ebenso beirren wie zur Erkenntnis leiten. Zwar meint Kratylos, wenn bei der Namengebung Irrtum am Werk gewesen wäre, dann würde nicht alles so zusammenstimmen (436 c). Dagegen wendet Sokrates ein, daß die innere Konsequenz des Namensystems noch nicht seine Übereinstimmung mit der Sache beweist (wie ja überhaupt etwas, darum, weil es sich nicht selbst widerspricht, noch nicht wahr zu sein braucht). Aber auch dies, ob die Übereinstimmung in sich besteht, ist die Frage (436 d f.).

In dem etymologischen Spiel hatte Sokrates die Wörter so gedeutet, daß sie alle auf das heraklitische »alles fließt« hinweisen. Jetzt gibt er die Probe eines Gegenspiels, indem er die Wörter so deutet, daß sie alle auf ein Stehen und Bleiben hinweisen (437 c). Es zeigt sich, daß das etymologische Spiel, wie es hier geübt wird, der Willkür ausgeliefert bleibt. Die Art und Weise, wie man über das Seiende spricht, kann nicht die höchste Autorität für das Wissenwollen über das was ist, d. h. für die Philosophie sein (437 d).

So viel der Mensch auch dem Seinsverständnis der Sprache verdankt, das er immer schon vorfindet, so darf sich dieses doch nicht der freien Kritik entziehen. Das wußten die Griechen längst. Schon Parmenides warnte die Leser seiner Schrift (was er so darstellt, daß ihn die Göttin warnt), sich an den Sprachgebrauch zu halten und zu meinen, es müsse ein Entstehen und Vergehen geben, weil es die Wörter »entstehen« und »vergehen« gibt. Die griechische Philosophie beginnt mit Sprachkritik, und alle nachherige Philosophie ist Sprachkritik geblieben.

Sokrates stellt das Problem: wir haben gesagt, wir kommen zum Wissen der Dinge durch die Namen. Das ist darum möglich und so weit möglich, als der Namengeber die Namen nicht willkürlich gab, sondern auf Grund eines Wissens von den Dingen. Welches ist das namenstiftende Wissen, das ja offenbar dem Wissen, das schon aus der Kenntnis eines Namensystems lebt, vorausgeht (438 b)? Kratylos möchte dafür eine übermenschliche Macht, also einen ursprünglich göttlichen Ursprung der Sprache in Anspruch nehmen (438 c). Dagegen spricht, daß gleichursprünglich wie die enthüllende die verbergende Macht der Namen ist. In der Sprache sind Wahrheit und Irrtum gleich alt, und das heißt: ihr Ursprung ist menschlich (438 d). Wenn aber die Namen richtig und falsch sein können, und wir das grundsätzlich wenigstens entscheiden können, dann muß es noch etwas anderes geben, was uns ohne die Namen offenbart, welche Namen richtig sind. Also (schließt Sokrates) ist es möglich, die Dinge ohne die Namen kennen zu lernen (438 e). Wodurch lernen wir die Dinge da kennen? Durch einander, wenn sie verwandt sind, und durch sich selbst. Dies Erforschen der Dinge durch sich selbst wird als der bessere Weg gegen die Erforschung der Dinge auf dem Weg über die Namen ausgespielt (439 a).

Das ist natürlich eine Übertreibung. Die Namen bilden, wie wir sagen, ein Prädikatensystem, das so wie wir es vorfinden, meistens nicht ganz richtig, korrekturbedürftig und vielfach irreführend ist. Aber ohne ein Prädikatensystem können wir gar nichts wissen. Wir können zwar den überlieferten Namen den Abschied geben, aber nicht, ohne sofort neue Namen einzuführen. Wenn wir die wahre Einteilung der Dinge in Gattungen und Arten gegen diejenige der gelernten Namen ausspielen, dann ist auch die wahre Ordnung eine Ordnung von Namen, die wir namenstiftend im Blick auf die Dinge geben, ganz gleich, ob wir diesen Namen sprachlichen Ausdruck verleihen oder nicht.

Hier ist aber eine Grenze nicht nur des platonischen, sondern des griechischen Denkens überhaupt. Die Griechen sahen das Denken nicht als spontan, als selbsttätig, sondern als rezeptiv, als eine Art von geistigem Auge. Plato meinte, die wahre Ordnung der Dinge ließe sich gleichsam mit dem Auge des Geistes von ihnen ablesen und an diesem Abgelesenen dann die Sprachordnung messen. Inzwischen haben wir durch Kant gelernt, daß es so nicht ist, daß vielmehr immer das Denken sich eine Ordnung ausdenken muß. Wenn die alte sich nicht bewährt, dann kann man die wahre nicht einfach ablesen, sondern muß sich eine neue Ordnung ausdenken und zusehen, ob die sich besser bewährt. Die Namenstiftung bleibt immer ein Wagnis, und der Blick auf die Sache selbst kann dies Wagnis nicht aufheben, er kann nur nach dem Wagnis zeigen, in welchem Grade es sich bewährt.

Wenn aber die wahren Prädikate (wie Plato meint) etwas sind, was wir nicht machen, sondern finden, dann kann es nicht richtig sein, was die Herakliteer lehren, daß alles fließt. Daß alle Dinge fließen, heißt, daß sie immer andere Prädikate haben. Aber die Prädikate selbst können dabei nicht auch wieder fließen, denn sonst könnte man überhaupt nichts erkennen, und auch eine Entscheidung darüber, ob Namen richtig oder falsch, gut oder schlecht sind, wäre nicht möglich (440 a ff.).

Damit ist ein Motiv angeschlagen, das in den folgenden Dialogen noch ausführlicher zur Sprache kommen wird.

18. THEAITETOS

Platos frühe Schriften hatten die Frage gestellt: Was ist die Areté, die Tugend, und geantwortet: Areté ist Wissen. Die Schriften der mittleren Zeit hatten diese Antwort modifiziert: Nicht alle Tugend ist Wissen. Tapferkeit muß zwar von der Weisheit geleitet sein, aber sie ist nicht selbst Wissen, sondern eine Haltung des Thymos, des Herzens. In der Spätzeit aber wird die Antwort selbst zur Frage. Der Dialog »Theaitetos« hat schon im Altertum den Untertitel bekommen: »Über das Wissen« (ἐπιστήμη). Tugend ist Wissen oder doch nicht ohne Wissen. Aber was ist Wissen? Das ist jetzt die Frage.

Wir finden Sokrates im Gespräch mit zwei Mathematikern, dem durch seine Entdeckungen über das Irrationale schon berühmten Theodoros und seinem jungen Schüler Theaitetos, der sich später noch größeren Ruhm erwerben sollte als sein Lehrer. Theaitetos ist kein schöner Jüngling, vielmehr gleicht er äußerlich dem triefäugigen Sokrates, doch rühmt sein Lehrer die großen Anlagen seines Geistes und seines Charakters. Theodoros stellt seinen Schüler, den er eben in der mathematischen Wissenschaft unterrichtet, dem Sokrates vor, und der fragt ihn sogleich: Was meinst du, daß Wissen sei (τί σοι δοκεῖ εἶναι ἐπιστήμη; 146 c)? Theaitetos antwortet zunächst mit Beispielen: Wissen ist das, was wir bei Theodoros lernen, Geometrie z. B., aber auch die Schuhmacherei und die Künste der übrigen Handwerker sind Wissen (146 c/d).

Die Antwort ist für uns zunächst insofern interessant, als sie uns mit dem Umfang des griechischen Wissensbegriffs bekannt macht: zur Wissenschaft gehört nicht nur das, was wir Wissenschaften nennen, wie Arithmetik und Geometrie, sondern auch die »Künste« der Handwerker. Zugleich macht das deutlich, was »Kunst« (τέχνη) bedeutet: nicht eine Technik, sondern eben ein Wissen. Die Kunst des Schuhmachers besteht darin, daß er Schuhe zu machen weiß. Auch der gelähmte Schuhmacher besitzt noch die Kunst, er weiß noch, wie man es machen muß. Die manuelle Ausführung ist nicht wesentlich.

Aber Sokrates ist mit der Auskunft nicht zufrieden. Etwas ironisch sagt er: Edel und freigebig gibst du Vieles statt des erbetenen Einen.

Theaitetos versteht nicht gleich, was Sokrates meint, und Sokrates erläutert es (146 d ff.). Theaitetos konnte auf die Frage: was ist Wissen? antworten: z. B. Schuhmacherei und Tischlerei, weil die Schuhmacherei ein Wissen von der Herstellung von Schuhen ist, und die Tischlerei ein Wissen von der Herstellung von Möbeln. Theaitetos hat also aufgezählt, wovon es ein Wissen gibt, aber nicht gesagt, was das Wissen selbst als solches ist. Sokrates gibt einen Vergleich: wenn die Frage ist: Was ist Ton? so wäre es keine angemessene Antwort, wenn man sagen wollte: es gibt den Ton der Töpfer und den Ton der Ofensetzer und den Ton der Ziegler. Denn wer nicht weiß, was Ton ist, weiß auch nicht, was der Ton der Töpfer ist (147 a). Und so weiß, wer nicht weiß, was Wissen ist, auch nicht, was das Wissen der Herstellung von Schuhen ist. Die richtige Antwort auf die Frage, was Ton sei, müßte etwa lauten: Erde mit Feuchtigkeit gemischt (147 c). Die Antwort soll also das Allgemeine angeben: es wird eine Definition verlangt.

Theaitetos versteht jetzt, was gemeint ist, es ist ihm aus seiner eigenen Wissenschaft geläufig. Schon vor Theodoros war bekannt, daß die Seite des Quadrats, das doppelt so groß ist wie ein vorgebenes, kein gemeinsames Maß hat mit der Seite des ersten Quadrats, oder wie wir heute sagen, daß die Wurzel aus 2 eine irrationale Zahl ist. Theodoros habe nun dasselbe bewiesen für 3, 5, 6, 7, 8, 10, 11, 12, 13, 14, 15 und 17. Und da habe sich ihnen das Problem gestellt, ob man dieses Viele nicht in Eines zusammenfassen könne (147 d). Das sei ihnen auch gelungen. Theaitetos fand, daß es unter den Zahlen solche gäbe, die sich zerlegen lassen in ein Produkt von Gleichem mit Gleichem, und die hätten sie dann wegen der Ähnlichkeit mit der geometrischen Figur Quadratzahlen genannt (wir nennen sie heute noch so). Die anderen Zahlen, mit denen man nicht so verfahren kann, nannte man Rechteckzahlen: Die Zahl 6 z. B. wird versinnlicht durch ein Rechteck mit den Seiten 3 und 2. Primzahlen sind dann darzustellen durch Rechtecke, deren eine Seite = 1 ist. (Der Gegenbegriff zu Quadratzahl, Rechteckzahl, ist bei uns außer Gebrauch gekommen.) Man kann nun sagen, wenn ein Quadrat n mal so groß ist wie ein vorgegebenes, dann haben sie nur dann ein gemeinsames Maß ihrer Seiten, wenn n eine Quadratzahl ist (148 b).

Sokrates gibt zu, daß dies in der Tat in genauer Entsprechung zu der hier gestellten Aufgabe stehe. So wie dort ist auch hier eine allgemeine Antwort auf die Frage zu geben: Was ist Wissen? Auf diese Frage (erklärt jetzt Theaitetos) habe er zwar oft versucht, sich eine Antwort zu geben, aber bislang sei er dabei noch zu keinem befriedigenden Ergebnis gekommen (148 e). Darauf Sokrates: Du hast Geburtsschmerzen, weil du schwanger bist. Er, Sokrates, besitze aber dieselbe Kunst wie seine Mutter, die Hebamme Phainarete, nur, daß sich die Kunst seiner Mutter auf die Frauen und den Leib beziehe, die seine aber auf die Männer und die Seele. Er selbst sei, wie die Hebamme, unfruchtbar, aber er habe die Fähigkeit, die Geburten der Seele ans Licht zu ziehen und sie zu beurteilen, ob das Geborene ein Schemen und etwas Falsches sei oder etwas Lebensfähiges und Wahres (150 b ff.).

Erneut wird Theaitetos gefragt, was ihm scheine, daß das Wissen sei. Jetzt versucht er eine Antwort. Er sagt, Wissen ist αἴσθησις (151 e). Solche Wörter sind in jeder Sprache schillernd und vieldeutig, und es besteht keine genaue Deckung mit den entsprechenden Worten in anderen Sprachen. Im Lexikon findet man eine Auswahl von der »sinnlichen Empfindung« bis zum »Denken«. Schleiermacher übersetzt das Wort mit Wahrnehmung. Bei Aristoteles ist die ἰδία αἴσθησις diejenige Wahrnehmung, die jeder Sinn für sich allein hat. So ist das Erfassen der Farben die dem Auge eigentümliche Wahrnehmung. Es gibt aber auch solches, was man durch verschiedene Sinne erfassen kann, z. B. kann man Zahlen sehen, etwa 6 Striche an der Tafel, aber man kann die Zahl auch hören, z. B. die sechs Glockenschläge der Uhr, und Gestalten kann man sowohl sehen wie auch tasten. Das nennt Aristoteles die gemeinsame Wahrnehmung (αἴσθησις κοινή).

Kant nennt das Erfassen von Raum und Zeit nicht Wahrnehmung, sondern Anschauung, und er lehrt, die Anschauung, und zwar die reine, sei der Quell des mathematischen Wissens. An diese aus der Anschauung stammende Einsicht denkt offenbar auch der Mathematiker Theaitetos, wenn er sagt, Wissen sei Aisthesis. Um etwas zu wissen, genügt es nicht, sich etwas nur auszudenken, sondern irgendwie muß man sich die Sache, von der man etwas wissen will, im eigentlichen oder übertragenen Sinne vor Augen stellen, um zu sehen, wie es mit ihr steht. Wenn wir das Wort nur weit genug fassen, so scheint die Antwort: Wissen ist Anschauung, durchaus begründet zu sein. So lesen wir auch noch in Kants »Kritik der reinen Vernunft« im ersten Satz, der nach »Vorreden und Einleitung« die Erörterung beginnt, dieses: »Auf welche Art und durch welche Mittel sich auch immer eine Erkenntnis auf Gegenstände beziehen mag, es ist doch diejenige, wodurch sie sich auf dieselben unmittelbar bezieht, und worauf alles Denken als Mittel abzweckt, die Anschauung.« Hier ist nicht vom Wissen die Rede, sondern von der Erkenntnis. Groß ist der Unterschied nicht, denn unter Erkenntnis verstehen wir doch nichts anderes als das Verfahren der Gewinnung von Wissen. Wissen ist Erkannthaben (wie denn auch das griechische Wort für Wissen, εἰδέναι, eine Perfektbildung von Sehen, ἰδεῖν, ist. Danach ist Wissen = gesehen Haben, angeschaut Haben. So stimmt auch die griechische Sprache der These des Theaitetos zu).

Anschauung (von der sinnlichen Wahrnehmung bis zur intellektuellen unsinnlichen Einsicht) ist der Quell alles Wissens. Das scheint eine gute Antwort zu sein. Sehen wir zu, was Sokrates damit anfängt. Zweierlei ist zu tun: 1. ist zu untersuchen, was der Satz eigentlich behauptet (das geschieht 151 e bis 160 d), und 2. ist zu untersuchen, ob das Behauptete auch wahr ist (das geschieht 160 d bis 186 Ende). Diese Prüfung ergibt, daß die These doch unzureichend ist, und das führt zu dem neuen Versuch einer Antwort.

Zunächst bedarf es einer Erläuterung der These. Da sagt Sokrates, der Satz des Theaitetos, Wissen sei Anschauung, scheine ihm auf andere Weise ganz dasselbe zu sagen wie der berühmte Satz des Sophisten Protagoras. Der habe nämlich gelehrt: der Mensch ist das Maß aller Dinge, der seienden, daß sie sind, und der nicht seienden, daß sie nicht sind (152 a). Inwiefern die beiden Sätze: Wissen sei Anschauung, und der Mensch sei das Maß des Seins, auf verschiedene Weise dasselbe sagen sollen, verdeutlicht Sokrates durch seine Auslegung. Der Satz des Protagoras, meint er, besage dies: so wie jegliches mir erscheint, so ist es für mich, und so wie es dir erscheint, so ist es für dich. Ein Mensch aber bist sowohl du wie ich. Er gibt ein Beispiel, das den Satz bestätigt: bei ein und demselben Wind wird den einen frieren, den anderen nicht. So wird der Wind für den einen kalt sein und für den anderen nicht, und entsprechend erscheint er auch beiden. Dies »er erscheint« ist aber (so heißt es weiter) offenbar dasselbe wie das Anschauen. Aisthesis und Phantasia sind dasselbe (152 c).

Das kann man leicht mißverstehen. φαντασία, die Phantasie oder die Einbildungskraft ist das Vermögen, sich auch ohne die Gegenwart eines Gegenstandes diesen anschaulich vorzustellen. Phantasie und Wahrnehmung unterscheiden wir dann als zwei Arten der Anschauung, und so wäre die Phantasie weder mit der Wahrnehmung identisch, weil sie ja eine andere Art der Anschauung ist, noch mit der Anschauung, denn dies Wort bezeichnet die Gattung und Phantasie eine Art derselben. Aber in unserem Text bezeichnet das Wort φαντασία gar nicht das Vermögen der Phantasie, sondern einfach die Tatsache, daß mir etwas erscheint, daß sich mir etwas zeigt. Und nun stimmt die These, ich schaue etwas an, und etwas zeigt sich mir, etwas erscheint mir, das bezeichnet beides dasselbe, nur von verschiedenen Seiten betrachtet. So wie es dasselbe ist, ob ich sage: »A ist größer als B« oder »B ist kleiner als A«, so ist es auch dasselbe, ob ich sage: »ich schaue etwas an« oder »etwas erscheint mir.«

Es erscheint mir aber als etwas, was so oder so ist, der Wind als kalt oder als warm. Dies Sein ist demnach ein Sein für mich oder für irgend einen anderen; so wie es mir erscheint und also für mich ist, so braucht es nicht auch für den anderen zu erscheinen und also zu sein, und insofern sagt Protagoras richtig: der Mensch ist das Maß des Seins. Es folgt daraus noch nicht, daß alles, was ist, für alle verschieden erscheinen und also verschieden sein muß. Vielmehr könnte man nun nach etwas suchen, was für alle auf gleiche Weise erscheinen und also auch für alle dasselbe sein muß. Man könnte dann sagen, solchem Erscheinen müsse ein ausgezeichnetes Auffassen entsprechen, und dieses erst sei im eigentlichen Sinne Wissen. Aber das ist ein Vorgriff, den wir machen in Richtung auf das, worauf Plato eigentlich hinauswill.

Zunächst bleiben wir bei dem Ansatz des Protagoras. Ich schaue etwas an, etwas erscheint mir darin, und dies ist für mich auf gewisse Weise, aber zunächst eben für mich und nicht notwendig auch für andere. Sokrates folgert nun: Anschauung ist also immer Anschauung dessen, was ist, und untrüglich, weil sie ja Wissen ist (152 c). Wissen ist Wissen des Wahren, wer im Irrtum ist, weiß nicht. Wenn Anschauung Wissen ist, dann kann die Anschauung nicht irren.

Was ich anschaue, das zeigt sich mir so und so, und also ist es für mich so und so. Natürlich kann ich es dann weiterhin für etwas halten, was es nicht ist, ein irriges Urteil auf die Anschauung aufbauen, aber das ist etwas anderes (davon werden wir noch reden). Die Anschauung als solche kann darum nicht irren, weil sie gar nicht urteilt, sondern nur das sich Zeigende entgegennimmt. Sich mir zeigen aber heißt: für mich sein. Vorher hatten wir gesehen: statt zu sagen »ich schaue etwas an«, kann ich auch umgekehrt sagen »etwas zeigt sich mir«. Nun können wir auch den

Satz »ich weiß etwas« umkehren und erhalten den Satz »etwas zeigte sich mir als das, was es in Wahrheit ist«. Wahrheit ist hier griechisch zu verstehen als Unverborgenheit (ἀλήθεια), die eine Bestimmung des Seienden ist und nicht eine solche von Sätzen oder Vorstellungen (Heidegger). Wenn aber die Anschauung das Seiende in seiner Wahrheit offenbart, und darin etwa für mich so, für andere anders, dann folgt: nichts ist an und für sich ein Eines, und man kann keinem Ding eindeutige Bestimmungen zusprechen; was man als groß anspricht, das wird auch klein erscheinen, was schwer auch leicht, weil nichts ein Eines *ist*, sondern alles nur durch Bewegung und Veränderung *wird* (152e). Sokrates fügt hinzu, darüber seien auch, außer Parmenides, alle alten Dichter und Denker einig gewesen. Der Satz des Protagoras, daß der Mensch das Maß des Seins sei, meint demnach, es gibt gar kein Sein, es gibt nur Werden. Wenn Sein so dem Werden entgegengesetzt wird, so ist deutlich, daß Sein hier das Bleiben meint. Da die Dinge sich ändern und auch der Mensch sich ändert, und von ihrem Zusammenspiel abhängt, wie etwas sich mir zeigt, zeigen sich mir die Dinge immer anders, d. h. im Werden.

Damit ist schon eine Kritik angebahnt. Denn unter Wissen versteht man doch etwas Festes, Bleibendes, das man aufbewahren kann und auf das man zurückkommen kann. Wissen ist Wissen des Seins. Nur das, was bleibt, kann gewußt werden. Die Naturwissenschaft weiß die bleibenden Gesetze der ewig wechselnden Natur, und die Geschichtswissenschaft hat zu ihrem Objekt die ewig still stehende Vergangenheit. Ein geschichtliches Ereignis (die Ermordung Cäsars z. B.) ändert sich nicht mehr. Dies Ereignis bleibt in der Vergangenheit stehen als etwas, worauf wir als auf immer dasselbe immer wieder zurückkommen können. Aber auch dies, daß der Wind vor meiner Haustür am Neujahrstage dieses Jahres mir kalt erschien und also für mich kalt war, ist etwas Bleibendes, auf das ich in der Erinnerung als immer dasselbe zurückkommen kann, und also Seiendes, und wir tun daher gut, gegen die These, hier werde alles Sein aufgehoben, Vorbehalt anzumelden. Auch werden wir daraus, daß vieles sich in der Anschauung Zeigende sich mir immer wieder anders zeigt und anderen sich anders zeigt als mir, nicht so schnell schließen dürfen, daß es sich mit allen Objekten der Anschauung so verhalten müsse. Vielmehr wäre doch zu fragen, ob es nicht auch Anschauung gibt, die etwas zeigt, was sich immer so zeigen muß wie jetzt, und für alle so wie für mich. Steht es nicht so gerade mit derjenigen Anschauung, auf die sich die

Mathematik stützt? Wenn ich auf einer Ebene eine Gerade ziehe und eine zweite Gerade senkrecht zu dieser und dann eine dritte senkrecht zur zweiten und endlich eine vierte senkrecht zur dritten, so wird die vierte Gerade auch die erste in einem rechten Winkel schneiden. Das folgt nicht logisch, aber die Anschauung zeigt es so, und zwar immer und bei allen. Daher haben die Mathematiker diesen Satz (der mit dem Parallelenaxiom äquivalent ist) als Axiom gesetzt. Diese Anschauung ist also nicht wandelbar, Kant hat sie daher als eine Anschauung a priori gekennzeichnet.

Hier aber wird vorausgesetzt, daß alle Anschauungswahrheit wandelbar ist, also nur Werden und niemals Sein offenbar macht, und darauf beruht die Kritik, die die These, Wissen sei Anschauung, schließlich zu Fall bringen muß.

Zunächst aber geht Sokrates noch nicht zur Kritik über, sondern kommt im Gegenteil dem Satz des Protagoras noch zu Hilfe und sucht ihn weiter zu stützen; wie es denn richtig ist, wenn man die Wahrheit finden und nicht nur recht behalten will, die Position des Gegners so stark zu machen, wie sie nur gemacht werden kann.

Sokrates weist darauf hin, daß überall das, was zu sein scheint, aus der Bewegung entspringt, das Nichtsein und das Vergehen aber aus der Ruhe. Wärme und Feuer, die alle Dinge erzeugen und regieren, werden durch Reibung, also durch Bewegung, erzeugt (153a). Ebenso wird z. B. der eigene Leib durch Ruhe und Trägheit herabgebracht, durch Bewegung aber bewahrt. Mit der Seele steht es nicht anders: Bewegung bewahrt und steigert sie, Ruhe bringt sie herab (153b). Die Bewegung ist also für alles das Gute, das, was etwas ins Sein bringt, im Sein erhält und sein Sein steigert (153c). All das spricht für den Satz, daß das Sein im Grunde Werden ist, und daß es das Sein im Gegensatz zum Werden, d. h. das Ruhende und Bleibende, gar nicht gibt (153d). Freilich ist das nur ein vorläufiger Aspekt. Später wird sich uns gerade ergeben, daß das Beharren und Bleiben so wesentlich für das Sein ist wie die Bewegung und das Werden. Es widerspricht sich das ja auch gar nicht, vielmehr kann sich etwas in gewisser Hinsicht verändern und in gewisser anderer Hinsicht unbeschadet dessen dasselbe bleiben.

Was aber ergibt sich aus dem jetzt Erörterten für das Wissen, wenn Wissen Anschauung ist? Nehmen wir etwa die Farbe. Wenn die Behauptung des Protagoras zu Recht besteht, dann entspringen die Farben aus einem Zusammenwirken der Augen mit einer auf sie einwirkenden Bewegung, und die Farben sind dann weder das Wirkende noch das, worauf gewirkt wird, sondern ein Mittleres (154a). Daraus folgt aber: es kann etwas ein anderes werden als das, was es zuvor war, ohne daß es selbst sich ändert, wenn nämlich das, wozu es in Beziehung steht, sich verändert; damit verändert sich dann auch die Beziehung, und daher zeigt es sich anders als vorher. Dem Kranken schmeckt alles bitter, obwohl sich z. B. der Honig nicht verändert hat (154b).

Sokrates treibt nun sein Spiel mit solchen relativen Bestimmungen. Er sagt mit Zustimmung des Theaitetos: 1. nichts kann mehr oder weniger werden, solange es sich selbst gleich bleibt. 2. dem nichts zugesetzt wird und von dem nichts weggenommen wird, das wächst weder noch nimmt es ab. 3. nichts kann später sein, was es jetzt nicht ist, ohne dazu geworden zu sein. Trotzdem bin ich, Sokrates, jetzt größer als du, Theaitetos, aber binnen Jahresfrist werde ich kleiner sein als du, obwohl ich an Masse nichts verloren haben werde (155a ff.).

Wir werden darüber kaum staunen, und sagen: Größe ist ein relativer Begriff. Sokrates wird nicht kleiner im Verhältnis zu sich selbst, da bleibt er so groß, wie er war; aber er ändert sein Größenverhältnis zu Theaitetos, und zwar deswegen, weil der Jüngling noch wächst. Theaitetos freilich ist höchst verwundert über das Ergebnis dieser Betrachtung und erklärt, ihn schwindle geradezu, worauf ihm Sokrates erklärt, dies Staunen sei der Anfang der Philosophie (155d).

Doch hat das, was wir so leicht auflösen, eine tiefere Bedeutung im Zusammenhang der Lehre des Protagoras. Es kommt darauf an, den verborgenen Sinn seiner Lehre und den anderer philosophischer Lehren aufzuspüren, und das unternimmt Sokrates im Folgenden (155e ff.).

Eine philosophische Partei wird gleich ausgeschaltet. Das sind diejenigen, die nichts anderes als seiend gelten lassen wollen als das, was man mit beiden Händen greifen kann. So etwas aber wie das Werden und das Handeln und alles Unsichtbare wollen diese Leute gar nicht als Seiendes gelten lassen (155e). Freilich legt es sich nahe, auf die Frage »Was ist Seiendes?« zuerst zu antworten: Seiendes, das sind Steine, Erde, Wasser und Wolken, aber auch Pflanzen und Tiere, Häuser, Tische und Menschen. Die Dinge also im weitesten Sinne. Daß auch die Bewegung der Dinge, die Taten der Menschen und ihre Gedanken, daß auch die Prädikate, die wir den Dingen zusprechen, etwas Seiendes sind, das wird zunächst leicht übersehen. Daß dies Übersehen überwunden ist und sich die Frage nach dem, was Seiendes ist, aus dieser allzu primitiven Stufe schon herausgearbeitet habe, wird hier vorausgesetzt.

Eine 2. Partei aber verdient genauere Prüfung. Das sind diejenigen, die da sagen: alles ist Bewegung, und anderes als Bewegung gibt es gar nicht. Von der Bewegung aber gibt es zwei Arten, die beide der Menge nach unendlich sind; die eine hat die Kraft zu wirken, die andere die Kraft, Einwirkungen zu erleiden. Aus deren Zusammentreffen und sich aneinander Reiben entstehen zahllose andere Geschöpfe, aber immer paarweise; davon ist das eine das Wahrgenommene und das andere das Wahrnehmende, die sich immer entsprechen. (156a f. Hier übersetzen wir αἴσθησις sinnvoll mit Wahrnehmung, weil an diese besondere Form der Anschauung, die sinnliche Wahrnehmung, die auf der Einwirkung eines Gegenstandes auf das Sinnesorgan beruht, gedacht wird.)

Im Zusammenwirken des Auges mit einem geeigneten Gegenstande entstehen zugleich das Sehen und die Farben, und entsprechend bei allen anderen Sinnen (156d f.). Man darf aber nicht einmal das eine schlechthin ein Wirkendes und das andere ein Leidendes nennen, sondern erst in ihrem Zusammenwirken wird das eine zum Wirkenden und das andere zum Leidenden, und dasselbe kann bald die eine, bald die andere Rolle spielen. Nichts ist an und für sich etwas, sondern alles erst im Verhältnis zueinander (157a). Das Sein aber muß ganz ausgerottet werden, obwohl wir selbst sogar in dieser Betrachtung ständig von ihm Gebrauch gemacht haben, aus Gewohnheit und Unwissenheit, wie Sokrates (157b) sagt, — aber wie Plato nicht wünscht, daß wir glauben sollen.

Wer da sagt: alles ist Werden, der sagt ja gerade dies, daß das Werden das Bleibende ist. Das Werdende bleibt immer Werdendes. Daß wir so reden, ist keine Gewohnheit, die wir aus Unwissenheit fortschleppen, sondern zeigt an, daß wir, ohne vom bleibenden Sein Gebrauch zu machen, kein Wort über das Werden zu sagen vermögen. Ohne Bezugnahme auf das bleibende Sein ist nicht nur kein Wissen über das Werden, sondern überhaupt kein Wissen, worüber auch immer, möglich. Hier meldet sich also ein Zusammenhang von Wissen und Sein, der die Lehre »Wissen ist Anschauung« dann zu Fall bringen muß, wenn Anschauung, wie es hier versucht wird, als reines Verhältnis zum Werden, unter Ausschluß des Seins, bestimmt wird. Hinter der Frage »Ist Wissen Anschauung?« steht also die andere: »Ist Wissen ohne Sein möglich?«

Wenn es kein Sein gibt, dann darf man konsequenterweise weder den Ausdruck »etwas« noch »dies« noch »jenes« gebrauchen, ja überhaupt keinen Namen, der irgend etwas feststellt (157 b). Es ist evident: wenn es kein Sein und Bleiben gibt, sondern nur Werden, dann kann es keine Sprache geben. Jedes Wort der Sprache muß jedesmal, wenn es gebraucht wird, wieder dasselbe bezeichnen, denn wenn die Wörter ständig ihre Bedeutung ändern würden, dann könnte man sich überhaupt nicht verständigen. Es könnte dann auch gar keine Erkenntnis und kein Wissen geben, das man in Sätzen ausdrücken könnte, und was dann überhaupt noch von der Erkenntnis übrig bleiben könnte, das ist schwer zu sagen. Also ohne Sein kein Wissen. Nun aber wird damit die These, Wissen sei Anschauung, noch nicht widerlegt. Die Widerlegung wäre nur dann möglich, wenn alle Anschauung notwendigerweise nur Werden offenbarte und niemals Sein. Wir sahen, daß jedenfalls die mathematische Anschauung beansprucht, bleibendes Sein zu erfassen. Protagoras aber lehrt, es gäbe kein bleibendes Sein, sondern nur Werden.

Doch scheint es eine viel einfachere Weise zu geben, den Satz »Wissen ist Anschauung« zu widerlegen (157 e ff.). Man könnte darauf hinweisen, daß man auch im Traum allerlei sieht und hört, was gar keine Wahrheit enthält, von den Einbildungen der Wahnsinnigen ganz zu schweigen. Also (so scheint zu folgen) ist Anschauung nicht Wissen. Gewiß, das sagen wir, die dabei voraussetzen, daß wir wach und nicht verrückt sind. Aber auch im Traum glaubt man ja oft, nicht zu träumen sondern zu wachen, und viele Wahnsinnige glauben, geistig gesund zu sein. Es gibt auch kein Kennzeichen und kann auch keins geben, das die wache Anschauung von der im Schlafe unterscheidet (158 c). Wenn es eins gäbe, so könnte es doch sein, daß man träumt, mit seiner Hilfe festzustellen, daß man wache. Aber das trifft noch nicht das Entscheidende. Wie sich etwas für mich zeigt, das hängt nicht nur von dem sich Zeigenden ab, sondern auch von mir, und beide bestimmen sich wechselseitig. In einer anderen Anschauung zeigt sich etwas anderes für einen anderen. Daher gibt es gar nichts, woran eine Anschauung gemessen und als falsch verworfen werden könnte. Der Wein ist für den Gesunden süß und für den Kranken bitter; da hat nicht einer recht und einer unrecht, sondern der Wein ist etwas anderes für beide. Wenn man von Sein spricht, so muß man sagen, Sein wofür und wovon und in welcher Beziehung. Daß aber etwas an und für sich sei, solche Rede ist gar nicht zuzulassen (160 c). Was ich jetzt anschaue, das ist jetzt auch für mich, und wenn ich dessen bewußt bin, so weiß ich es auch.

Damit ist die These, Wissen sei Anschauung, geklärt, und die Prüfung kann beginnen. Da »ich schaue etwas an« dasselbe ist wie »etwas zeigt sich mir«, so bedeutet, da Anschauung und Wissen dasselbe sein soll, »ich weiß etwas« dasselbe wie »etwas ist, was es ist, in Bezug zu mir, dem Anschauenden«. Sein ist Sein-für-mich und nicht ein Sein an sich.

Dagegen wäre weiter nicht viel einzuwenden, denn mag es auch ein Sein an sich selbst geben, alles Sein, von dem ich etwas soll wissen können und wovon ich mit Sinn soll reden können, muß ein Sein für mich sein, sonst bliebe es mir völlig unzugänglich. Eine andere Frage freilich ist die, ob das Sein dadurch, daß es Sein für mich ist, dem haltlosen Wechsel und Wandel ohne jedes Bleiben ausgeliefert ist. Wenn es wirklich Wissen gibt, so müssen wir doch als dieselben auf dasselbe zurückkommen können. Es muß da dann ein Bleibendes sowohl auf Seiten des Wissenden wie auf Seiten des Gewußten geben. So reflektieren wir. Aber sehen wir zu, was sich weiter begibt!

Sokrates beginnt die Prüfung mit grobem Geschütz: warum, so fragt er, sagt Protagoras nicht gleich, das Maß aller Dinge sei das Schwein, der Affe oder sonst ein Wesen, das Anschauungen hat, dem irgend etwas erscheint? Denn wenn für jeden das, was ihm erscheint, auch ist und so ist, wie es ihm erscheint, dann ist einer so gut wie der andere berechtigt, sich zum Richter über Sein und Nichtsein aufzuwerfen. Und wenn wir nun auch Affen und Schweine beiseite lassen, so ist doch wenigstens ein Mensch so gut wie jeder andere Richter über das, was ihm erscheint und also für ihn das Wahre ist. Warum soll man also gewisse Leute als Sachverständige und Lehrer auszeichnen und ihnen Geld für ihren Unterricht zahlen? Welchen Sinn hat es denn, daß Protagoras selbst als Lehrer auftritt, wenn doch auch ohne seine Tätigkeit jedermann gar nicht anders kann als die Wahrheit zu haben (161 c ff.)?

Weder Theaitetos noch Theodoros wissen gegen diesen Angriff etwas vorzubringen, und daher nimmt Sokrates selbst den Protagoras in Schutz und antwortet in seinem Namen: Die Konsequenz, daß nach dieser Lehre der Mensch hinsichtlich seiner Möglichkeit zu wissen nicht besser gestellt sein würde als das Tier, bedeutet keinen ernsten Einwand. Solche Drohungen mit unerwünschten Folgerungen gelten für nichts. Es könnte ja trotzdem wahr sein (162 e).

Aber wie steht es mit Folgendem: Wissen wir in der Tat alles, wovon wir eine Anschauung haben? Haben wir ein Wissen von der Sprache von Ausländern, die wir hören, aber nicht verstehen, und haben wir ein Wissen von Buchstaben, die wir sehen, aber nicht in ihrer Bedeutung erkennen? Hier scheinen doch Wissen und Anschauung auseinander zu fallen (163b). Hierauf antwortet Theaitetos ganz richtig, daß wir von diesen Lauten das, was wir von ihnen anschauen, auch wissen, die Gestalt der Buchstaben und den Klang der Sprache, das andere aber, was wir nicht wissen, nämlich die Bedeutung, davon haben wir in diesem Falle eben auch keine Anschauung (163c). Sokrates gibt sich damit zufrieden, — im Augenblick wenigstens. Denn es ließe sich freilich fragen, ob das, was hier gewußt ist und nicht angeschaut wird, überhaupt anschaubar ist, oder wenn seine Anschaubarkeit behauptet wird, welchen Sinn hier das Wort Anschauung hat. Offenbar ist doch die Bedeutung eines Wortes nicht auf dieselbe Weise anschaubar wie seine Raumgestalt auf dem Papier.

Darauf geht Sokrates nicht ein, sondern bringt einen anderen Einwand: Wer eine Sache gesehen hat und sich nun, ohne sie zu sehen, daran erinnert, der weiß sie noch, ohne doch eine Anschauung davon zu haben. Also ist Wissen nicht Anschauung (164b). Aber es lassen sich noch viel tollere Einwände erheben, wenn man nicht auf den Sinn der Worte achtet; denn der Einwand nimmt Anschauung jetzt in dem ganz engen Sinn der Sinnesempfindung. Wenn aber Aisthesis das bedeutet, kann man auch sagen: ein Mann, der sich ein Auge zuhält, der sieht etwas (mit dem einen Auge) und sieht es nicht (mit dem andern), also sieht er und sieht nicht dasselbe, und da Sehen als Aisthesis Wissen ist, so weiß er etwas und weiß es zugleich nicht (165c). Solcherweise ließe sich noch vieles beibringen, ohne daß doch damit die Position des Protagoras eigentlich getroffen wäre. Sokrates hält daher im Namen des Protagoras eine Verteidigungsrede (166a bis 168c):

Der Einwand, daß wir in der Erinnerung das noch wissen, was wir nicht mehr anschauen, sei nicht stichhaltig. Denn der sich Erinnernde ist ja ein anderer geworden als der damals Sehende war, und was sich ihm zeigt, ist daher nicht dasselbe, was sich dem damals Sehenden gezeigt hatte. Was er sich erinnernd weiß, ist eben das, was er in der Erinnerung anschaut. Die Konsequenz, daß dann jemand dasselbe wisse und nicht wisse, sei gar nicht zu scheuen, denn es sei nichts nur ein Bestimmtes, sondern werde zahlloses Vieles (166 b). Nicht zu widerlegen sei seine These, daß jedem von uns seine eigenen Anschauungen werden und daß das Erscheinende für ihn allein wird (oder sei, wenn anders man überhaupt von »sein« reden darf), für ihn allein nämlich, dem es erscheint (166 c). Daß aber jeder von uns das Maß sei dessen, was ist und was nicht ist, das bedeutet nicht, daß es keine Rangunterschiede gibt. Dieser Rangunterschied wird gerade durch das bestimmt, was jedem erscheint. Daher gibt es auch durchaus Sachverständige und Sachverständigkeit; nämlich ein Sachverständiger ist der, der einen anderen so umwandeln kann, daß ihm das, was ihm früher als Schlechtes sich zeigte, nachher als Gutes sich zeigt (166 d). So wie der Arzt den Patienten verändern kann, daß ihm das, was ihm vorher bitter schmeckte, nachher süß schmeckt, nämlich durch Medikamente, so bewirkt der Sophist eine solche Umwandlung durch Logoi, durch Reden (167). Niemals kann dies freilich jemand, der sich etwas Falsches vorstellte, dazu bringen, nachher das Wahre vorzustellen, weil es gar kein Vorstellen des Falschen gibt. Denn das hieße, es müßte sich ihm etwas zeigen als das, was es nicht ist. Aber da alles das ist, was es für jemand ist, d. h. da Sein nur bedeutet, sich jeweils für jemand Zeigen, so ist alles so, wie es sich jeweils zeigt, d. h. sich Zeigen und sich als Wahres Zeigen ist dasselbe. Alles Vorstellen ist wahr. Dennoch aber kann die Verfassung der Seele besser oder schlechter sein entsprechend dem, was sie vorstellt. Die Erscheinungen, die aus einer besseren Verfassung der Seele sich ergeben, nennt man aus Unkenntnis ihres Wesens wahre. Man sollte aber von besseren und schlechteren reden, nicht aber von wahren (167 b). Und so gilt beides: 1. daß einige sachverständiger sind als andere, und 2. daß niemand Falsches vorstellt (167 d).

Worauf es jetzt ankommt, ist nicht, danach zu streben, auf alle Weise recht zu behalten, sondern das gemeinsame Untersuchen (διαλέγεσθαι) 167 e), wie sich die Sache verhält. Wer dabei in Schwierigkeiten gerät, der wird seine Verwirrung und Ausweglosigkeit sich selbst zuschreiben und in die Philosophie flüchten, um ein anderer zu werden als er vorher war. Die Rechthaberei aber kann nur die Wirkung haben, einen Haß auf die Philosophie zu bewirken bei denen, die endlich hinter die Kniffe gekommen sind, die hier in Anwendung gebracht werden (168 a f.).

Solcherweise führt Sokrates die Verteidigung des Protagoras, und nun erst beginnt der eigentliche Ernst der Prüfung der Frage. Das Zeichen dafür ist, daß nun nicht mehr der Jüngling Theaitetos, sondern sein Lehrer Theodoros auf die Fragen des Sokrates antworten muß.

Protagoras behauptet: Was jedem erscheint, das ist für ihn. Scheinen heißt griechisch δοκεῖν, das Substantiv dazu heißt δόξα, die Ansicht oder die Meinung. Die Ansicht, die sich mir bietet, und die Meinung, die ich von einer Sache habe, das ist dasselbe. Nun ist es aber auch die Ansicht aller Menschen, daß sie in einigen Dingen sich selbst für sachverständiger halten als die anderen, in anderen aber die anderen für sachverständiger. Zum Beispiel glauben sie, daß in bezug auf die Krankheiten der Arzt sachverständig sei und wenden sich an ihn. Der Tischler wird meinen, in der Frage der Holzbearbeitung sei er selbst sachverständiger als der Bäcker. Die Menschen meinen also, es gebe jeweils Sachverständige und Nichtsachverständige. Ferner halten sie auch die Sachverständigkeit für wahres Wissen und die Laienhaftigkeit für eine falsche Ansicht (170 a f.). Wenn nun die Menschen nach Protagoras nur wahre Ansichten haben, so ist auch die Ansicht wahr, daß es falsche Ansichten gibt. Also ist es nicht wahr, daß es keine falschen Ansichten gibt. Wenn Protagoras sagt, der Mensch sei das Maß, so muß das auch für seinen eigenen Satz gelten. Wenn ein anderer meint, der Mensch sei nicht das Maß, so muß dies nach Protagoras für ihn wahr sein. Er muß also zugeben, daß seine eigene Lehre für gewisse andere Leute falsch sei; die andern aber werden nicht zugeben, daß ihre Meinung, daß es auch falsche Ansichten gebe, für irgend jemand falsch sein könne, von welcher Meinung Protagoras wieder zugeben muß, daß sie für denjenigen wahr ist, der es so meint (170 c ff.).

Sokrates läßt es dahingestellt, ob die Lehre des Protagoras durch diese reductio ad absurdum wirklich erledigt ist, und ob er darauf nichts mehr zu antworten gewußt hätte. In der Tat ließe sich hier einiges entgegnen. Vor allem dies, daß die Doxa im Sinne der Meinung keineswegs eine Anschauung ist, mag es auch so sein, daß gewisse Anschauungen, die ich habe, mich zu einer gewissen Meinung gebracht haben. Die These, daß alle Meinungen, d. h. alle Urteile oder Sätze wahr sind (denn alle Meinungen lassen sich ja in Sätzen ausdrücken), widerspricht sich selbst, denn nun muß auch die Meinung wahr sein, daß alle Meinungen falsch sind. Das alles besagt aber noch nichts gegen die Anschauungswahrheit und dagegen, daß sich in der Anschauung dem Anschauenden immer etwas zeigt als so und so seiend, und also so auch für ihn ist. Hier kann niemals ein Widerspruch gefunden werden aus dem einfachen Grunde, weil hier gar kein Spruch ist.

Jedenfalls erscheint es aber Sokrates unumgänglich zu behaupten, es gäbe Sachverständige und solche, die es nicht sind. Im Hinblick auf das Warme und das Kalte und das Süße und das Saure, da mag jedes für jeden so sein, wie es ihm erscheint, aber hinsichtlich dessen, was für mich gesund oder ungesund ist, gilt das offenbar nicht. Wovon ich meine, daß es für mich gesund ist, das kann durchaus ungesund sein. Entsprechend in politicis: Was ein Gemeinwesen für heilig hält, das mag für es auch heilig sein, aber nicht alles ist für es nützlich, was es dafür hält (171 e ff.).

Wir werden hier geltend machen: Die Behauptungen, etwas sei gesund in dem Sinne verstanden, daß es meine Gesundheit fördert, oder irgend etwas sei nützlich, drücken nicht einfach Anschauungen aus, wenn sie sich auch auf Anschauungen stützen mögen. Was sie ausdrücken, ist eine Voraussage über die Zukunft, also auch insbesondere über Anschauungen, die ich in Zukunft haben werde. Und diese Voraussagen können natürlich in Erfüllung gehen oder auch nicht. Daß es richtige und falsche Prognosen gibt, ist nicht zu leugnen. Wenn wir nun einen Wissenden den nennen wollen, der richtige Prognosen machen kann, und einen Unwissenden den, der es nicht kann, so wird es Unterschiede des Wissens unter den Menschen geben. Es ist aber auch klar, daß hier ein anderer Begriff von Wissen zugrunde liegt als bei dem Satz, Wissen sei Anschauung.

Sokrates erklärt, das nicht weiter verfolgen zu wollen, denn da käme man ja vom Hundertsten ins Tausendste. Wir haben ja Zeit, entgegnet Theodoros. So scheint es, antwortet Sokrates und ergeht sich (172 c ff.) des Längeren über das Wesen des Philosophen. Das übergehen wir.

Nach dieser Parenthese wird (177 c) die Frage, die zur Debatte steht, wieder aufgenommen, und zwar an der Stelle, wo die These »Was mir scheint, das ist für mich« angewendet wurde auf das Nützliche: Was nützlich scheint, das ist auch nützlich. Das aber ist absurd, denn bei der Beurteilung von etwas als nützlich kann man sich offenbar darum vergreifen, weil sie eine Prognose bedeutet, die sich nicht zu erfüllen braucht. Daß der Bezug auf die Zukunft hier wesentlich ist, wird von Sokrates (178 a) ausdrücklich ausgesprochen. Der Mensch ist das Maß aller Dinge, nämlich dessen, was für ihn, und zwar gegenwärtig, ist. Hat er aber in sich auch ein Kriterion dessen, was sein wird? Wird jedem auch in Zukunft das geschehen, wovon er annimmt, daß es ihm geschehen wird? Wer Fieber hat und Wärme empfindet, für den ist Wärme. Das ist unbezweifelbar. Wenn aber jemand glaubt, er werde demnächst Fieber bekommen, und es werde ihm warm werden, und wenn dann sein Arzt wiederum glaubt, es werde das nicht der Fall sein, so kann ja wohl die Zukunft nicht für alle beide so ausfallen, wie sie meinen, daß sie ausfallen werde. Darin wird sich nun überall der Sachverständige vom Laien unterscheiden, daß der Sachverständige ein richtiges Urteil abzugeben vermag über das Zukünftige, der Laie aber nicht (178 e).

Nun könnte man freilich sagen: Die Sachverständigkeit des Sachverständigen besteht eben darin, daß er im voraus zu sagen weiß, was sich in Zukunft zeigen wird, daß er die künftige Anschauung vorwegzunehmen versteht. Damit aber ist die These, Wissen sei Anschauung, gar nicht im Ernst angetastet, ja geradezu vorausgesetzt. Wenn einer seine gegenwärtige Vorstellung des Zukünftigen auffaßt als die zukünftige Vorstellung des dann Gegenwärtigen, so identifiziert er zu Unrecht zwei verschiedene Anschauungen; aber damit ist noch nicht widerlegt, daß Anschauung Wissen sei. Wohl aber sieht man jetzt, daß sich das Wissen nicht darin erschöpfen kann, Anschauung zu sein; denn diese Identifikation, die richtig oder falsch ist, ist, wenn sie richtig ist, auch Wissen. Doch wird, ob sie richtig oder falsch ist, wiederum durch Anschauung entschieden. Offenbar ist es also doch immer die Anschauung, die darüber entscheidet, ob eine Meinung wahr oder falsch ist, also darüber, ob sie ein Wissen ausdrückt oder nicht.

Vom Zukünftigen haben wir 1. die zukünftige Anschauung dessen was ist, 2. aber schon vorher die jetzige Anschauung dessen, was sein wird. Diese beiden Anschauungen brauchen aber nicht übereinzustimmen. Dann können sie nicht beide wahr sein. Daraus ließen sich schwere Einwände erheben gegen die allgemeine These, Wissen sei Anschauung.

Aber (so sagt nun Sokrates) bezüglich des gegenwärtigen Zustandes scheint es doch unwiderleglich, daß da alles für jeden so ist, wie es ihm erscheint (179 c). Was mir jetzt warm erscheint, ist für mich warm. Das bedeutet, daß in der These, Wissen sei Anschauung, das Wort »Anschauung« nicht in der Vagheit einer ungefähren Bedeutung bleiben darf, sondern genauer bestimmt sein muß. Anschauung soll also jetzt heißen: das sich Zeigen des Gegenwärtigen. Diese Bedeutung von Anschauung ist der weiteren Prüfung zugrunde zu legen.

Aber auch wenn das Wissen Anschauung ist in diesem Sinne der Vergegenwärtigung des Gegenwärtigen, und wenn Wissen meint das Erfassen des Seienden in seiner Wahrheit, ergibt sich immer noch, daß das Sein sich ständig wandelt infolge der sich ständig wandelnden Beziehung zwischen dem Anschauenden und dem Angeschauten. Dabei wird stillschweigend vorausgesetzt, daß es hier nichts gibt, was im Wandel bleibt und sich erhält. Das aber ist (so wird 179 d erinnert) die Lehre der Herakliteer. Im Gegensatz zu ihnen habe Parmenides gelehrt, das All des Seienden sei unbewegt, alles sei eines und ruhe in sich selbst, und es gäbe gar keinen Raum, wohin es gehen könne (180 e). In diesen großen Kampf um das Sein gerät also die Untersuchung über das Wesen des Wissens. Zunächst haben wir es hier nur mit der einen Partei zu tun, mit den Herakliteern. Der Auseinandersetzung mit Parmenides ist der nächste Dialog gewidmet, der auch den Titel »Parmenides« trägt.

Wir gehen hier nicht auf Heraklit selber ein und also nicht auf die Frage, ob die These, es gäbe gar kein bleibendes Sein, sondern nur ewigen Wechsel des Werdens, ob also das »alles fließt« in der Tat seine Lehre war. Es kann heute als gesichertes Ergebnis der Forschung angesehen werden, daß das nicht so war. Aber Plato will hier keine wissenschaftliche Philosophiegeschichte schreiben, sondern stellt zwei einfache und radikale gegensätzliche Lehren über das Sein gegenüber, die er historisch vereinfachend an die zwei großen Namen Parmenides und Heraklit knüpft: 1. Es gibt kein Sein, es gibt nur Werden. 2. Es gibt kein Werden, es gibt nur Sein. Aus dieser Entgegensetzung ist klar, daß das Wort »Sein« hier Bleiben und Beharrung, Beständigkeit bedeutet, und Werden nicht nur das Entstehen, sondern Wechsel, Wandel und ständige Veränderung, so daß wir den Gegensatz auch so ausdrücken können: Alles wechselt und nichts beharrt — alles beharrt und nichts wechselt. Platos eigene These ist (um das vorwegzunehmen), daß beides schon darum falsch sein muß, weil beide Thesen das Denken unmöglich machen. Wenn es keine Bewegung gibt, dann kann es auch die Bewegung des Denkens nicht geben. Wenn aber nichts beharrt, gibt es nichts Festes, worauf das Denken zurückkommen könnte, und auch dann kann es kein Denken geben.

Die These der Herakliteer ist: Es gibt kein Sein, es gibt nur Werden, d. h. alles ist ständig in Bewegung, nichts ist je in Ruhe. Was heißt dies: Bewegung? Sokrates unterscheidet zunächst zwei Arten: 1. Ortsveränderung. 2. Veränderung der Beschaffenheit (181 c f.). Er folgert daraus, daß diejenigen, die alle Ruhe leugnen, auch behaupten müssen, daß sich alles immer auf beide Weisen bewege, weil sie sonst zugeben müßten, daß das Bewegte trotz seiner ständigen Bewegtheit doch auch in gewisser Hinsicht stillstehe (181 e). Es zeigt sich aber, daß diese Lehre, daß sich alles in jeder Hinsicht bewege, es überhaupt unmöglich macht, irgend etwas zu sagen. Wenn etwas seinen Ort ändert, aber seine Beschaffenheit behält, so läßt sich noch sagen, was da seinen Ort gewechselt hat. Wenn aber das den Ort Wechselnde zugleich alle seine Beschaffenheiten wechselt, ist gar nichts mehr da, von dem man sagen könnte, es habe sich verändert. Wenn alles fließt, so beharrt auch im Sehen oder Hören nichts, und man kann auch nichts mehr bestimmen als etwas, was im Sehen oder Hören wechselt; ja dann könnte man nicht einmal mehr Hören und Sehen unterscheiden, denn dann gibt es keine beharrliche Eigentümlichkeit beider, die sie unterschiede. Man kann also auch Sehen und Nicht-Sehen nicht unterscheiden, und auch nicht Anschauung und Nicht-Anschauung. Damit aber ist unserer These, Wissen sei Anschauung, der Boden entzogen. Denn wenn Anschauung und Nichtanschauung, und ebenso Wissen und Nichtwissen gar nicht unterschieden werden können, dann haben wir gesagt: Wissen oder Nichtwissen ist Anschauung oder Nichtanschauung. Wir haben nichts gesagt. Und wir könnten nichts anderes tun, wenn alles sich ständig und in jeder Hinsicht bewegt (183 a).

Die Leute, die lehren wollen, daß wirklich alles fließt (sagt Sokrates), die müßten eine andere Sprache für ihre Lehre einführen, denn noch gibt es für ihre Annahme keine Worte (183 b). Man sieht leicht, daß das Ironie ist. Es liegt nicht an dem zufälligen Bestand der gewachsenen Sprache an Ausdrucksmitteln, daß sie die These der radikalen Herakliteer nicht ausdrücken kann, vielmehr ist ganz unabhängig von den Ausdrucksmitteln schon ihre These selbst nicht möglich. Es kann keine Sprache geben, die diesen Gedanken ausdrücken könnte, da dieser Gedanke sich selbst verzehrt. Man braucht nicht viel Plato gelesen zu haben, um dessen gewiß zu sein, daß sich Plato hierüber völlig im Klaren ist.

Wir haben gesehen: Wenn alles sich in jeder Hinsicht bewegt, dann ist der Satz, Wissen ist Anschauung, gleich dem Satz, Wissen oder Nichtwissen ist Anschauung oder Nichtanschauung. Diese Lehre macht die Antwort auf die Frage »Was ist Wissen?« unmöglich. Aber mehr noch: die Lehre macht das Wissen überhaupt unmöglich, denn was wäre das für ein Wissen, das gar nicht sagen kann, was es weiß? Die unmittelbare sinnliche Gewißheit des flüchtigen Augenblicks kann weder festgehalten noch mitgeteilt werden. Nicht festgehalten, denn alles ist ja im Fluß, und nicht mitgeteilt, weil, mag diese Mitteilung auch noch so schnell geschehen, am Ende der Mitteilung schon anderes wahr sein wird wie zu ihrem Anfang. Dies aber wird stillschweigend als zum Wesen des Wissens gehörig vorausgesetzt, daß man es aufbewahren und mitteilen kann. Wenn also Wissen soll möglich sein, so muß es etwas Bleibendes geben.

Man hat oft gesagt, der Dialog »Theaitetos« sei ergebnislos, und manche haben ihn sogar für einen Frühdialog gehalten, von denen man meinte, es sei für sie eigentümlich, daß nichts herauskommt. Aber das stimmt weder dort noch hier. Denn mögen wir nun bei einer befriedigenden Definition des Wissens landen oder nicht: Die Einsicht, daß, wenn es nichts Bleibendes gibt, auch kein Wissen möglich ist, daß also die Möglichkeit des Wissens voraussetzt, daß es etwas Beharrliches und Bleibendes gibt, ist eine wesentliche und bleibende Einsicht in das Wesen des Wissens. Dies wenigstens wissen wir jetzt über das Wissen: Ohne Bleiben kein Wissen.

Es läge nahe, sogleich zu der entgegengesetzten Untersuchung weiterzugehen und die Frage zu stellen, wie sich das Wissen zur Bewegung verhalte, und zu untersuchen, ob nicht durch die These des Parmenides, daß es keine Bewegung gibt, das Wissen auch aufgehoben wird, — aber das wird vertagt (183e f.). Davon wird im »Parmenides« und im »Sophistes« die Rede sein.

In unserm Dialog wendet sich die Untersuchung wieder dem Satz zu: »Wissen ist Anschauung«. Anschauung ist jetzt das unmittelbare vor sich Haben von etwas Gegenwärtigem, eine einfache Beziehung zwischen dem Anschauenden und dem Erscheinenden. Das Urbild solcher Anschauungen sind die Empfindungen der Sinne, das Sehen der Farben, das Hören der Töne, das Riechen der Gerüche usw. Hier muß sich entscheiden, ob Anschauung überhaupt imstande ist, Wissen zu sein. Sokrates fragt (184b): Womit sieht der Mensch das Weiße und das Schwarze? Doch mit den Augen? Und womit hört er das Hohe und das Tiefe? Doch mit den Ohren? Aber genau genommen: Sind die Augen das agens (ᾧ ὁρῶμεν) oder das instrumentum (δι᾽ οὗ ὁρῶμεν 184c) des Sehens? Das letztere offenbar, wie ja auch wir sie als Sinnesorgane oder Werkzeuge zu bezeichnen pflegen. Nicht das Auge sieht, sondern ich sehe mittels des Auges. Es wäre ja auch arg (meint Sokrates), wenn die vielerlei Wahrnehmungen in uns wie in einem hölzernen Pferd drinsäßen, und wenn sich nicht all dies bezöge auf eine einheitliche Idea, mag man die nun Seele oder sonstwie nennen, mit welcher wir durch diese wie durch Werkzeuge anschauen, was anschaubar ist (184 d).

Damit kommen wir zu einem wichtigen Punkt in der Prüfung der These, Wissen sei Anschauung. Anschauung ist jetzt präzisiert als das vor sich Haben dessen, was sich gegenwärtig zeigt, wie es z. B. bei Erblicken von Farben sich ereignet. In dieser Beziehung ist das eine Beziehungsglied die Farbe, das ist das, was sich zeigt. Das andere Beziehungsglied, also derjenige, dem sich da etwas zeigt, das war gemäß der bisherigen Diskussion der Mensch, der das Maß aller Dinge ist. Jedoch was heißt hier: Mensch? Was zu der Farbe in Beziehung tritt, ist zunächst der Leib des Menschen, und zwar derjenige Teil desselben, der für die Farbe empfänglich ist, das Auge. Aber nun zeigte sich, jene Beziehung, die wir Sehen nennen, ist keine Beziehung zwischen Farbe und Auge allein, sie geht über das Auge hinaus. Das Auge vermittelt nur die Beziehung zwischen der Farbe und dem Sehenden. Das Sehende selbst ist nicht das Auge, so wenig wie das Ohr selbst hört. Vielmehr das, was durch das Auge sieht und durch das Ohr hört, ist beide Male dasselbe. Dies Beziehungsglied, zu dem alles Angeschaute in Beziehung steht, nennt Sokrates eine Idea und sagt, man könne das vielleicht als Seele bezeichnen. — Für uns liegt es hier umgekehrt: Daß dasjenige, was da hört und sieht usw., die Seele (oder, wie wir wohl auch sagen, das Ich oder Subjekt) ist, das scheint uns klar, aber nicht so ohne weiteres, warum sie hier als eine Idea bezeichnet wird. Wir haben aber schon gesehen, daß Plato mit Idea meint: das Allgemeine, das Vorbild und die Norm, daß aber daneben das Wort auch in nichtterminologischem Gebrauch vorkommt, wo es etwa den Sinn von »Gestalt« hat.

Sokrates weist darauf hin, daß alles, vermittels dessen wir etwas anschauen, die Sinnesorgane also, zum Leib gehört, und ferner, daß jedes dieser Organe auf ein ganz bestimmtes Gebiet des Anschaubaren spezialisiert ist. Farben kann man nur sehen, nicht hören, und so überall (184 e f.). Wenn wir also etwas erfassen, was beides, Farben und Töne betrifft, so können wir das weder mit dem einen noch mit dem anderen Organ erfaßt haben. Nun werden wir uns doch auch dessen bewußt, daß Farben und Ton beide sind, daß jedes der beiden vom andern verschieden, mit sich selbst aber dasselbe ist, daß sie zusammen zwei, jedes von ihnen aber eines ist, und auch über ihre Ähnlichkeit und Unähnlichkeit können wir zu gewissen Einsichten kommen (184 b). Der Mathematiker Theaitetos verallgemeinert sogleich von der Zwei auf Zahl überhaupt und auf Zahlbestimmtheiten wie das Gerade und Ungerade, d. h. das Mathematische überhaupt, und antwortet: hier gibt es nicht, wie beim Hören und Sehen, ein besonderes Organ, durch das wir etwa das Gerade und Ungerade so erfassen wie rot und grün mit dem Auge oder süß und sauer mit der Zunge, sondern die Seele selbst durch sich selbst erfaßt das Gemeinschaftliche (τὰ κοινά 185 e), d. h. das nicht für einen Sinn Spezifische von allem. Dazu gehören Sein, Ähnlichkeit, Unähnlichkeit, Einerleiheit und Verschiedenheit, das Schöne und das Häßliche, das Gute und das Schlechte (186 a ff.).

Es bleibt bei einer solchen Aufzählung, eine grundsätzliche Umgrenzung wird nicht gegeben. Es ist aber deutlich, daß hier auf den Bereich dessen gedeutet wird, was Plato sonst die Ideen nennt, deren Bereichsgrenze noch ein offenes Problem geblieben ist. Beim nächsten Dialog werden wir darauf zurückkommen. Wichtig ist noch dies, daß Theaitetos hinsichtlich des Guten und Schlechten sagt: auch dies erfaßt die Seele durch sich selbst, indem sie das Vergangene und Gegenwärtige in Beziehung setzt zum Zukünftigen (186 b). Gedacht ist an das Gute im Sinne des Nützlichen, das ist aber solches zunächst Gegenwärtige und dann Vergangene, das in der Zukunft gewisse erwünschte Folgen zeitigen wird. Damit ist der Horizont der Anschauung in dem genauen Sinn der Erfassung des unmittelbar Gegenwärtigen überschritten. Was unmittelbar sich zeigt, wird beurteilt hinsichtlich dessen, was in Zukunft daraus werden wird.

Anschauungen als das unmittelbare Auffassen dessen, was gegenwärtig sich zeigt, hat jeder sogleich von Geburt an, nicht nur jeder Mensch, sondern auch schon die Tiere. Sie hängen nur von dem ab, was durch die Zustände des Leibes zur Seele gelangt. Aber zu den Folgerungen (ἀναλογίσματα 186 c) hinsichtlich des Seins und des Nutzens gelangen wir nur schwer und mit der Zeit und durch Mühe und Unterricht, wenn überhaupt. Folgerungen meint: die Ergebnisse der denkenden Deutung des unmittelbar Gegebenen; doch ist an formgerechtes Schließen nach exakten logischen Regeln darum nicht zu denken, weil die Logik zur Zeit der Abfassung des »Theaitetos« noch gar nicht erfunden war. Wir schauen hier gerade der Entdeckung ihrer Idee zu. Von hier aus wird nämlich sichtbar, daß man so etwas entwerfen müßte wie die allgemeinen Regeln der Gewinnung solcher Folgerungen aus Vorgegebenem.

Aus dem Gesagten folgt aber, daß niemand die Wahrheit erlangen kann, der nicht zum Sein gelangt, denn Wahrheit meint (griechisch verstanden) das sich Zeigen dessen, was ist. Wenn man aber die Wahrheit nicht erreicht, kann man kein Wissen haben, weil Wissen heißt, etwas in seiner Wahrheit zu erfassen. Also (folgert Sokrates) ist in den unmittelbaren Sinneseindrücken (παθήματα 186 d) kein Wissen, sondern nur in den Folgerungen daraus. Wenn wir nun diese Eindrücke als Anschauungen bezeichnen, und nur diese, dann ist Wissen und Anschauung nicht dasselbe (186 e). Und also ist der erste Definitionsversuch des Theaitetos gescheitert.

Ehe wir weiterlesen, machen wir einen Augenblick halt und besinnen uns. Das Erfassen der Farbe und des Tones sind Sinnesempfindungen, Hinnehmen dessen, was sich unmittelbar zeigt. Aber auch dies, daß die gesehene Farbe vom gehörten Ton verschieden ist, haben wir ja nicht eigentlich geschlossen, so wie wir aus den Sätzen »Alle Menschen sind sterblich« und »Alle Deutschen sind Menschen« schließen können, daß alle Deutschen sterblich sind. Es sind ja noch gar keine Sätze da, aus denen wir etwas schließen können. Auch die Verschiedenheit von Farbe und Ton wird von uns unmittelbar aufgefaßt als etwas, was sich da zeigt. Insofern hat auch dies Erfassen Anschauungscharakter. Dennoch ist es kein Empfinden eines Organs. Husserl hat es im Unterschied von der sinnlichen eine kategoriale Anschauung genannt. Der Satz »Wissen ist Anschauung« ist also nur dann widerlegt, wenn wir dem Wort Anschauung die enge Bedeutung der Sinnesempfindung unterlegen. Daneben gibt es dann auch noch das logische Folgern. Aber solches kategoriale Anschauen und solches Folgern, welches sich auf das sinnliche Anschauen aufbaut, ist für sich allein offenbar auch kein Wissen. Wer nur weiß, was Verschiedenheit ist, aber wem nichts unmittelbar gegeben ist, was sich als verschieden zeigt, was weiß der? Offenbar hat er nur eine leere Form ohne Inhalt, die für sich alleine nichts lehrt. Zum Wissen dessen, was ist, muß also offenbar beides zusammenkommen, der unmittelbare Eindruck der Sinne und weitere Tätigkeiten der Seele, die sich darauf aufbauen. Zunächst schien es, als genüge es, um zu erkennen, was Wissen ist, auf die einfache Beziehung zu achten, die etwa zwischen Auge und Farbe besteht. Das Dasein der Farbe für das Auge schien ein Fall von Wissen zu sein. Dies erwies sich als falsch, denn dies vermeintliche Wissen weiß nicht einmal, daß die Farbe ist, und das scheint doch das Mindeste zu sein, was ein Wissen wissen muß, daß das von ihr Gewußte ist, d. h. daß es nicht nichts, sondern etwas weiß. Das bedeutet aber, daß hier in Wahrheit eine Beziehung nicht zwischen zwei, sondern zwischen vier Gliedern spielt: auf der Seite des Subjekts: Auge und Seele (allgemein Eindruck und Denken im weitesten Sinne des Wortes), und auf der Seite des Objekts: das unmittelbar Gegebene, z. B. die Farbe, und die Idee, z. B. die des Seins, auf die hinblickend es uns allererst möglich wird, wissend zu sagen »die Farbe ist«.

Das ist nicht von uns herangebracht, sondern Plato läßt es deutlich genug durchblicken, und andere Dialoge beweisen, daß er es weiß, daß das Wissen darauf beruht, daß Sinnlichkeit und Denken (Husserls kategoriale Anschauung unter dem Denken mitbegriffen) zum Wissen zusammenwirken müssen, und daß dies darin besteht, das unmittelbar den Sinnen Erscheinende auf die gedachten Ideen zu beziehen.

Im Folgenden wird aber absichtlich das Kind mit dem Bade ausgeschüttet und so verfahren, als sei das Ergebnis dies, daß die Sinnlichkeit zum Wissen gar nichts beitrage, sondern dieses allein in demjenigen Felde zu suchen sein müsse, wo die Seele selbst als solche (also ohne Sinnesempfindung) das Seiende erfaßt. Das nennt man, sagt Theaitetos, δοξάζειν (187 a). Das wird übersetzt mit denken, meinen, glauben, vermuten, annehmen, wähnen (d. h. fälschlicherweise annehmen), urteilen usw. Wenn wir »denken« sagen, so bleibt die wesentliche Zweideutigkeit, daß es 1. meinen kann das Denken im Sinne von Husserls kategorialer Anschauung, d. h. ein Erfassen mit dem Auge des Geistes, so wie ich z. B. die Verschiedenheit von Farbe und Ton, die mir Auge und Ohr zeigen, mit der Seele selbst erfasse; daß es aber 2. meinen kann das Denken im Sinne des Urteilens, das wahr oder falsch sein kann. Deswegen sagt Theaitetos sogleich: wir können, wenn wir das Wissen im Bereich der Tätigkeit der Seele selbst suchen wollen und diese Tätigkeit Denken ist, nicht einfach sagen, Wissen sei Denken oder Urteil (δόξα), denn es gibt ja auch falsche Urteile. Also muß man wohl sagen, Wissen ist wahres Urteil (ἀληθὴς δόξα 187 b).

Das ist wieder eine unmittelbar recht einleuchtende Antwort. Wer weiß etwas? Wer darüber richtig urteilt. Aber was heißt hier richtig?

Darauf könnten wir etwa antworten, ein richtiges Urteil ist ein begründetes Urteil, und wenn wir gefragt werden, was ein Urteil begründe, könnten wir auf die Rolle der Anschauung, die wir ganz beiseite gesetzt haben, zurückgeführt werden.

Was also jetzt zu prüfen ist, ist die These: Wissen ist richtiges Urteil. Zunächst bringt Sokrates die Untersuchung (scheinbar wenigstens) auf Abwege. Er stellt nämlich die Frage: wie denn so etwas wie eine falsche Ansicht, ein falsches Urteil, ein Irrtum, überhaupt möglich sei (187 d). Das ist nur scheinbar ein Abweg, weil die Definition des Wissens als richtiges Urteil nur dann sinnvoll ist, wenn nicht alle Urteile richtig sind, sondern wenn es neben den richtigen auch falsche gibt. Wenn wir nicht verstehen, wie Falschheit des Urteils überhaupt möglich ist, dann verstehen wir auch nicht den Unterschied von richtigem und falschem Urteil, und dann verstehen wir auch nicht, was Wissen ist, wenn Wissen richtiges Urteil sein soll. Wissen ist das Gegenteil des Irrtums, und wer nicht weiß, was Irrtum ist, kann auch nicht wissen, was Wissen ist. Anders gesagt: wenn wir die These prüfen wollen »Wissen ist wahres Urteil«, so müssen wir 1. prüfen, was ist das Urteil (δόξα), das wahr oder falsch sein kann? Und 2. was ist das Besondere des wahren Urteils im Gegensatz zum falschen? Das erste ist also zunächst unser Thema: was ist das Urteil, daß es wahr oder falsch sein kann? Es zeigt sich sogleich, daß die eigentliche Schwierigkeit, das Urteil als etwas zu verstehen, was wahr oder falsch sein kann, darin besteht, zu verstehen, inwiefern es denn überhaupt falsch sein kann. Die Untersuchung hat zwei Teile. Im 1. Teil werden die Schwierigkeiten entwickelt (187 d bis 191 a), im 2. Teil werden zwei Versuche gemacht, die Schwierigkeiten aufzulösen, die aber beide scheitern.

Wir sind hier nun wieder in einer sprachlichen Verlegenheit. Im Deutschen unterscheiden wir zwischen dem Kennen einer Sache und dem Wissen davon, daß etwas der Fall ist. Im Griechischen heißt beides gleich, nämlich εἰδέναι. Schleiermacher in seiner Übersetzung hilft sich, indem er die Wendung »Wissen um etwas« verwendet. Von allen Dingen (so wird 188 a gesagt) gilt: entweder wissen wir um sie oder nicht. (Von den Übergängen des Kennenlernens und Vergessens soll dabei abgesehen werden). Daraus folgt: wer etwas meint (δοξάζει), der meint entweder, worum er weiß, oder worum er nicht weiß. Wer also etwas Falsches meint, hält der dann etwa das, worum er weiß, für etwas anderes, worum er auch weiß, sodaß er um beide weiß und auch wieder nicht weiß, da er sie ja fälschlicherweise identifiziert? Unmöglich. Oder hält er etwas, worum er nicht weiß, für etwas, worum er auch nicht weiß, so wenn z. B. jemand, der weder den Theaitetos noch den Sokrates kennt, meint, Theaitetos sei Sokrates. Auch unmöglich. Oder hält man etwas, worum man weiß, für etwas, worum man nicht weiß? Oder hält man etwas, worum man nicht weiß, für etwas, worum man weiß? Auch das scheint unmöglich zu sein. Damit sind alle Möglichkeiten erschöpft (188 c) und die Untersuchung geht weiter.

Aber natürlich wünscht Plato nicht, daß wir sogleich weiterlesen, sondern daß wir uns die Sache überlegen. Zunächst ist notwendig, daß wir das Wissen um etwas differenzieren. Es kann ja 1. bedeuten, daß wir jemanden kennen, d. h. mit jemand bekannt sind, und es kann 2. bedeuten, daß wir in der Weise um ihn wissen, daß wir ihn (z. B. auf der Straße) sehen. Da zeigt sich, daß wir um ihn zugleich wissen und nichtwissen können, nämlich wir wissen um ihn, indem wir ihn sehen, und wissen nicht um ihn, indem der Gesehene ein Unbekannter ist; oder umgekehrt: ein Bekannter ist nicht gesehen. Jetzt ist auch alles das möglich, was Theaitetos unmöglich erscheint: wir halten einen Bekannten, den wir sehen, irrigerweise für einen anderen Bekannten, den wir nicht sehen. Oder wir halten einen Bekannten für einen Unbekannten oder einen Unbekannten für einen Bekannten oder auch (richtig) einen Unbekannten für einen Unbekannten. Wesentlich ist für den Irrtum, daß das Objekt in doppelter Weise gegenwärtig ist, 1. in der Weise des Sehens und 2. in der Weise, daß wir uns an den Gesehenen auch noch erinnern als einen, den wir kennen oder nicht kennen. Es ist deutlich, daß eben auf dieser Doppelbeziehung auf ein und dasselbe die Möglichkeit des Irrtums beruht. Der bekannte Streit zwischen Mann und Frau, ob der Hecht blau oder grau sei, ist nur dadurch möglich, daß beide sich darin einig sind, daß vom Hecht die Rede ist, und uneinig nur über seine Farbe sind. Zwischen den Sätzen »der Hecht ist blau« und »der Hering ist grau« könnte ja gar kein Streit aufkommen. Plato drückt es später im »Sophistes« so aus, daß die Möglichkeit des Irrtums darauf beruht, daß der Logos (d. h. hier der Satz, die Aussage) ein Aussagen von etwas über etwas (λέγειν τὶ κατά τινος) ist, daß also ein doppeltes »etwas« darin vorkommt. Indem hier das Meinen als eine einfache Beziehung aufgefaßt wird und nicht, wie es notwendig ist, als eine doppelte, also aufgefaßt wird wie eine Art Anschauung, wie eine

Art Sehen mit dem Auge des Geistes, entsteht die unauflösliche Schwierigkeit, in die Sokrates den Theaitetos verwickelt. Es ist sehr bemerkenswert, daß beim Übergang von der Anschauung zum Denken die Einstrahligkeit der Anschauung festgehalten wird, wodurch gerade das aus der Hand gegeben wird, was zu bedenken die Frage nach dem Wissen wirklich weiterführen kann.

Halten wir also fest, gleichsam als einen Ariadnefaden durch die folgende Dialektik: Anschauung ist einstrahliges Erfassen dessen, was sich zeigt, Denken ist Auffassen von etwas als etwas, also zweistrahlig. Dabei wäre dann allerdings auch noch zu unterscheiden, ob ich wirklich etwas, was sich zeigt, für etwas halte (Doxa im Sinne der Meinung), oder ob sich etwas als etwas zeigt, z. B. der Ton als etwas, was von der Farbe verschieden ist (kategoriale Anschauung im Sinne Husserls). Halten wir dies fest und folgen nun der Dialektik des Gesprächs.

Nachdem man bei dieser Betrachtung des Wissens um etwas nicht hat einsehen können, wie eigentlich eine falsche Doxa möglich sein soll, schlägt Sokrates vor, statt Wissen und Nichtwissen Sein und Nichtsein zu bedenken (188 d). Kann man nicht sagen, derjenige meint das Falsche, der meint, was nicht ist? Auch das klingt ganz einleuchtend. Wenn ich meine »es regnet«, und es regnet nicht, dann meine ich, was nicht ist, und dann meine ich das Falsche. Beachten wir aber wohl, daß wir hier auch wieder ein Auffassen von etwas als etwas vollziehen, etwas als etwas bestimmen, nämlich den Regen als stattfindend und nicht als zur Zeit nicht stattfindend. Das Meinen ist wieder zweistrahlig. Beachten wir auch, wie diese Zweistrahligkeit im Folgenden wieder vergessen bleibt.

Es wird gefragt, ob dies überhaupt möglich sei, das zu meinen was nicht ist, sei es nun als solches, das an etwas vorkommt, sei es als etwas an und für sich Seiendes (188 d). Wenn man sieht, dann muß man notwendigerweise etwas sehen und nicht nichts, und etwas sehen, das heißt doch wohl Seiendes sehen (wobei hier natürlich davon abzusehen ist, daß ich vielleicht das, was ich sehe, fälschlich für etwas anderes halte als für das, was es wirklich ist. Wenn ich etwa einen Busch, den ich in der Dämmerung sehe, für einen Menschen halte, so ändert das nichts daran, daß ich da etwas und also Seiendes sehe, was auch immer dies Seiende sein mag). Beim Hören und bei allen anderen Sinnesempfindungen steht es nicht anders (188 e). Ist es nicht beim Meinen genau so? Wer meint, muß etwas meinen, und etwas meinen heißt Seiendes meinen. Wer nichts Seiendes meint, der meint nichts, und wer nichts meint, der meint gar nicht. Wenn die falsche Meinung darin bestehen soll, das Nichtseiende zu meinen, dann kann es keine falsche Meinung geben. Wenn es aber falsche Meinung gibt, dann muß sie etwas anderes sein (189 a f.).

Schließt der Schluß? Gewiß, Meinen ist etwas Meinen, und dies heißt Meinen von Seiendem. Daß aber damit schon ausgeschlossen ist, daß ich etwas meinen könnte, was nicht ist, das folgt keineswegs. Das würde nur gelten, wenn Seiendes nicht solches sein könnte, was nicht ist. Aber das kann es, genau gesehen, sehr wohl. Bei der Rede vom Sein muß man (wie Aristoteles wiederholt einschärft) verschiedene Bedeutungen unterscheiden, wenn man nicht in Sophisterei fallen will. Nehmen wir unser Beispiel: ich meine, es regnet, und es regnet nicht. Meine Meinung richtet sich auf etwas, also auf Seiendes, nämlich auf so etwas wie Regen, auf etwas so Beschaffenes, etwas von solcher Art, von solchem Wesen (essentia). Aber ob das nun auch jetzt stattfindet, da ist, existiert, das ist noch eine weitere Frage: ich meine, daß Soseiendes existiert, aber es existiert nicht. Vom Soseienden also, nicht von nichts, also von Seiendem sage ich, daß es nicht ist, nämlich von Soseiendem, daß es nicht da ist. Daß Seiendes nicht ist, scheint paradox; daß Soseiendes nicht da ist, scheint eine ganz triviale Möglichkeit.

Wenn wir allgemein wieder die Zweistrahligkeit des Meinens bedenken (das »etwas als etwas«), so ist klar, daß wir etwas für etwas halten können, was es nicht ist. Wir halten z. B. Sokrates für krank, aber Sokrates ist nicht krank, sondern gesund. Wir haben den seienden Sokrates für etwas gehalten, was er nicht ist, er ist insofern in der Tat nicht-seiend, nämlich nicht dies seiend, für das wir ihn gehalten haben. In diesem Sinne ist es gar kein Rätsel, inwiefern man meinen kann, was nicht ist. Aber das kommt im Gespräch nicht heraus, weil die Zweistrahligkeit des Meinens nicht beachtet wird. Das Meinen wird einfach in eine Reihe gestellt mit den einstrahligen Sinnesempfindungen. Erst im »Sophistes« wird Plato auseinanderlegen, inwiefern es möglich und sogar notwendig ist, daß das Seiende als solches zugleich Nichtseiendes ist. Davon ist hier aber noch keine Rede. Stattdessen wird ein neuer Versuch gemacht, die Möglichkeit des falschen Meinens verständlich zu machen. Das geschieht, indem die Antwort versucht wird, die falsche Meinung sei eine Verwechselung (ἀλλοδοξία. 189 b).

Auch die Verwechselung setzt, wie man sich leicht klar macht, die Zweistrahligkeit des Meinens, d. h. das etwas für etwas Halten, voraus. Jemand verwechselt den Sokrates mit Theaitetos, er hält den, den er sieht, für Sokrates, es ist aber Theaitetos. So meint er etwas Falsches. Im Dialog aber wird wieder die Zweistrahligkeit des Meinens vergessen. Das Meinen wird wieder als ein einfaches Auffassen von der Art der Anschauung genommen, und dabei muß man, wie vorauszusehen ist, wieder scheitern.

Sokrates scheint der Vorteil dieser Auffassung der falschen Meinung als Verwechselung der zu sein, daß man nicht mehr mißlicherweise zu sagen braucht, der Irrende stellt etwas vor, was nicht ist. Er stellt vor, was ist, aber eben etwas anderes. Z. B. wenn jemand sich etwas statt schön häßlich vorstellt oder statt häßlich schön, dann meint er etwas Falsches. Hier ist nun für uns sogleich deutlich: wenn ich etwas Schönes für häßlich halte, dann irre ich, aber doch nicht, wenn ich den einfachen Gedanken »schön« mit dem Gedanken »häßlich« austausche, und daher kann Sokrates jetzt bezweifeln, ob es überhaupt möglich ist, in Gedanken etwas als etwas anderes und nicht als es selbst zu setzen. Wer das tut, der muß doch entweder beide oder mindestens einen davon denken. Und was heißt Denken (διανοεῖσθαι)? Sokrates antwortet: es ist ein Selbstgespräch der Seele mit sich selbst über das, was sie erforschen will, ein sich selbst etwas Fragen und darauf bejahend oder verneinend Antworten (189 e). Wenn sie dann etwas feststellt und dabei beharrt und nicht mehr schwankt, dann nennen wir das ein Urteil (δόξα). Doxa ist Logos, d. h. Meinen ist Urteilen. Dieser Vorgang kann sich (wie Sokrates sagt) schneller oder langsamer vollziehen, und daraus folgt offenbar, daß das Denken eine Bewegung ist, und daß also ohne Bewegung Denken so wenig möglich sei wie ohne Beharrliches.

Von dieser Einsicht wird aber hier kein Gebrauch gemacht, vielmehr verliert sich die Untersuchung wieder schnell im Ausweglosen. Wenn einer etwas für etwas anderes hält, so sagt er zu sich selbst (so wird argumentiert): das eine sei das andere. Wenn im Prozeß der Staatsanwalt sagt: der Verhaftete ist der Mörder, so sind das zwei verschiedene Sachen: Verhafteter und Mörder. Der eine ist der andere, das kann wahr sein oder falsch; falsch, wenn der Verhaftete nicht der Mörder, sondern unschuldig ist. Unschuldiger ist auch etwas anderes als Verhafteter, der Verhaftete ist also auf jeden Fall noch anderes, unschuldig oder Mörder. Aber ich kann ihn für ein anderes Anderes halten, als er ist. Diese doppelte Andersheit wird nicht zur Geltung gebracht, sondern es wird vorausgesetzt, daß etwas für etwas anderes zu halten, schon das Wesen des falschen Urteils sei. Aber niemand meint doch, das Schöne sei häßlich oder das Gerechte sei ungerecht oder das Ungerade sei gerade (190 b). Es ist klar, daß ich gerade und ungerade deutlich auseinanderhalten muß und sie nicht verwechseln darf, wenn ich irrigerweise z. B. meinen soll, alle Primzahlen seien ungerade. Da aber Theaitetos nicht bemerkt, daß man hier das Etwas-als-etwas braucht, wird aus dem Irrtum die einfache Verwechselung zweier einfacher Gedanken. Wenn man sich die aber beide vorstellt (z. B. das Gerade und das Ungerade), dann kann man sie gar nicht verwechseln, wenn aber nur eines davon, offenbar erst recht nicht, denn dann ist nichts da, womit man das Gedachte verwechseln könnte (190 d). Also ist auch der Versuch, den Irrtum als Verwechselung zu deuten, gescheitert.

Doxa, so erfuhren wir, ist Urteil. Nun ist das falsche Urteil, das dem wahren widerspricht, nicht ein beliebiges anderes Urteil. Sonst müßte ja, da der Satz $2 + 2 = 4$ wahr ist, das andere Urteil $2 + 3 = 5$ falsch sein. Vielmehr muß das falsche Urteil, das dem wahren widerspricht, mit dem wahren etwas gemeinsam haben, es muß etwas anderes sagen, aber nicht über etwas anderes, sondern über dasselbe, also hier auch über $2 + 2$, nämlich daß das nicht $= 4$ sei.

Die Zweistrahligkeit des Urteils, dessen einer Strahl bei dem richtigen und falschen Urteil derselbe sein muß, kommt aber nicht zur Sprache, vielmehr wird der Versuch gemacht, das Problem durch zwei Bilder zu lösen, das Bild von der Wachstafel (191 a bis 196 d) und das Bild vom Taubenschlag (196 d bis 200 d). Sokrates tut einen Schritt zurück. Er sagt, wir haben zu unrecht angenommen, es sei unmöglich, daß einer dasjenige, worum er weiß, für etwas hält, worum er nicht weiß (191 a). In der Tat sei das sehr wohl möglich, und Theaitetos bringt auch sofort ein Beispiel. Er sagt, es ist vorgekommen, daß ich, der ich den Sokrates kenne, bei Erblickung eines Unbekannten meinte, das sei Sokrates (191 b). Bei der Analyse dieses Beispiels würde sich schnell herausstellen, daß da dreierlei mitspielt. 1. der Gesehene, 2. der bekannte Sokrates, 3. der Unbekannte. Theaitetos hält (1) fälschlich für (2) statt richtig für (3).

Aber Sokrates geht auf das Beispiel nicht ein, sondern entwickelt nun sein Gleichnis von der Wachstafel. Denke dir (sagt er 191 c ff.) in der

Seele eine Wachstafel, bei den einen kleiner, bei den andern größer, bei einigen aus reinerem, bei anderen aus unreinerem Wachs, bei einigen härter, bei anderen weicher, bei einigen gerade wie sie sein muß. Was wir sehen, hören, wahrnehmen und überhaupt anschauen und denken, das drücken wir darin ab und behalten es so im Gedächtnis. Wenn der Abdruck verlöscht und nicht gelingt, wird er vergessen oder gar nicht erst in das Gedächtnis aufgenommen. Was wir aber da untergebracht haben und behalten, das wissen wir.

Wissen ist also Behalten dessen, was durch Anschauung oder Denken in unser Gedächtnis gekommen ist. Da könnte man gleich entgegnen, daß wir ja auch Irrtümer behalten. Darauf wird aber nicht weiter reflektiert, vielmehr soll dies Wachstafelbild jetzt dazu dienen, die Möglichkeit des Irrtums verständlich zu machen. Der Vorteil, der gewonnen ist, besteht darin, daß jetzt statt des einfachen ein doppeltes Verhältnis zum Gegenstande ins Spiel gebracht werden kann. Wir erinnern uns an jemanden und sehen ihn zugleich. Vorhin erschien es unmöglich, daß man jemanden irrtümlich für jemand andern hält, wenn man entweder um beide weiß, oder um einen von ihnen, oder beide nicht weiß. Dies Wissen um etwas sondert sich jetzt in zwei Beziehungen: 1. das Sehen von jemand und 2. das sich Erinnern an jemanden. Sokrates sagt (192a): »Jemand, an den man sich erinnert und den man nicht wahrnimmt, für jemand zu halten, an den man sich auch erinnert und den man auch nicht wahrnimmt, das ist unmöglich.« Anschließend führt er noch 13 weitere Fälle der Unmöglichkeit der Täuschung auf, die alle darauf beruhen, daß man die verschiedenen Möglichkeiten kombiniert, die daraus entspringen, daß ich von dem einen sowohl wie von dem anderen einerseits eine Wahrnehmung und andererseits ein Gedächtnisbild haben oder nicht haben kann. Von diesen vielen Kombinationen erlauben aber nur 3 einen Irrtum. 1. daß einer etwas, woran er sich erinnert, für etwas hält, woran er sich auch erinnert und das er wahrnimmt. 2. daß er etwas, woran er sich erinnert, für etwas hält, woran er sich nicht erinnert, das er aber wahrnimmt. 3. daß er jemand, den er wahrnimmt und an den er sich erinnert, für jemand hält, den er auch wahrnimmt und an den er sich auch erinnert (192c f.).

Es kommt darauf an, ob, wenn ich von jemand ein Wahrnehmungs- und ein Gedächtnisbild habe, diese Bilder übereinstimmen oder nicht. Sokrates erläutert das an Beispielen: Ich, Sokrates (sagt er 192d ff.), kenne euch beide, Theodoros und Theaitetos. Wenn ich keinen von euch beiden sehe, kann ich euch nicht verwechseln, ebensowenig, wenn ich nur einen von euch kennen würde und keinen von euch sehen würde, usw. Irrtum ist nur in folgenden Fällen möglich: 1. ich, Sokrates, habe von euch beiden Gedächtnisbilder und ich sehe euch beide aus der Ferne, aber nicht sehr deutlich und vertue mich, wenn ich die Gedächtnisbilder den Wahrnehmungsbildern zuordnen will. Sokrates vergleicht das, was hier vorgeht, damit, daß jemand ein Paar Schuhe rechts und links vertauschend anzieht (193c). 2. Irrtumsmöglichkeit: Sokrates kennt und sieht den Theodoros, ist sich aber der Identität der beiden Bilder nicht bewußt, er kennt auch den Theaitetos, sieht ihn aber nicht und hält Theodoros für Theaitetos. 3. Möglichkeit: Er kennt Theodoros und sieht ihn nicht, sieht aber jemanden, den er nicht kennt, und hält ihn für Theodoros.

Allgemein gesagt (194b 4): das Wahre und Falsche beruht auf dem Verbinden (συνάγειν 194b) der Abbilder und Urbilder. Aristoteles sagt später: Das Falsche beruht immer auf der Verbindung. Daß Aristoteles das nur vom Falschen und nicht vom Wahren sagt, hat seinen Grund darin, daß der Anschauungswahrheit, die etwas offenbar macht, keine Falschheit, sondern nur die einfache Verborgenheit entspricht. Das Falsche besteht also darin, daß wir etwas mit etwas identifizieren, womit es nicht identisch ist, es mit etwas zusammenbringen, womit es nicht zusammengehört: das Erinnerungsbild mit dem nichtzugehörigen Anschauungsbild. Das läßt sich verallgemeinern, es ist nicht auf die Verbindung von Anschauung und Gedächtnis beschränkt. Das wahre wie das falsche Urteil ist eine Verbindung von etwas mit etwas, aber ich kann etwas mit demjenigen verbinden, mit dem die Sache verbunden ist, oder mit etwas anderem als mit demjenigen, mit dem die Sache verbunden ist. Gold ist mit der gelben Farbe verbunden. Sage ich aber »Gold ist rot«, so irre ich, weil ich dies Metall mit einer anderen Farbe verbinde als mit derjenigen, mit der es wirklich verbunden ist.

So scheint also das Bild von der Wachstafel wirklich die Möglichkeit des Irrtums verständlich gemacht zu haben. Aber es leistet noch mehr: Es macht den Unterschied der Begabungen und geistigen Fähigkeiten bei den verschiedenen Menschen verständlich (wie Sokrates 194d ff. ausführt). Je nach der Qualität des Wachses sind die aufgenommenen Bilder mehr oder weniger gut und auch mehr oder weniger dauerhaft. Wenn die Gedächtnisbilder von Anfang an schlecht sind oder sich im Laufe der Zeit verwischt haben, dann ist es kein Wunder, daß es zu falschen Zuordnungen zu den Wahrnehmungsbildern kommt.

Theaitetos ist ganz zufrieden, aber Sokrates gießt sogleich wieder Wasser in den Wein. Sein Einwand ist der, daß die gefundene Lösung nicht allgemeingültig ist. Gewiß, *eine* Möglichkeit des Irrtums gründet in der gekennzeichneten falschen Identifikation eines Gedächtnisbildes mit einem Anschauungsbild. Nun gibt es aber Irrtum auch da, wo keine Anschauungen mitspielen, im Bereich des reinen Denkens. Als einfaches Beispiel wird das sich Verrechnen angeführt. Wenn jemand urteilt $7 + 5 = 11$, so ist dieser Irrtum etwas anderes als eine verkehrte Zuordnung von Gedächtnisbild und Anschauungsbild (196 a).

Das Gleichnis von der Wachstafel hilft uns hier nicht mehr weiter und wird daher verlassen. Es wird ein anderes Bild, das vom Taubenschlag, zu Hilfe gerufen. Doch zuvor vollzieht Sokrates eine grundsätzliche Reflexion. Was treiben wir da eigentlich? (fragt er 196 d ff.) Wir wollen wissen, was Wissen ist. Wer essen will, der muß doch schon wissen, was das ist: essen, und wer reisen will, muß wissen, was das ist: reisen. Und wer was auch immer wissen will, der muß doch wissen, was das ist: wissen. So haben wir ja auch, sagt Sokrates, ständig von dem Wort Gebrauch gemacht, als verstünden wir es schon.

Darauf ließe sich sagen, daß wir natürlich in gewisser Weise schon wissen, was Wissen ist. Wir sind ja auch ohne weiteres (wie Theaitetos) in der Lage, Beispiele anzugeben, und auf Befragen mit Sicherheit zu entscheiden, ob etwas, was man uns vorweist, Wissen ist oder nicht. Aber was uns mangelt und was wir suchen, ist die Definition, eine Wesensbestimmung. Aus dem Bisherigen ist schon deutlich, daß es sich darum handelt, einzusehen, wie dies uns bekannte Wissen sich verhält zu anderen Dingen, die uns in derselben Weise bekannt sind, nämlich zu Anschauung, Erinnerung, Urteil usw. Die Beziehungen und Zusammenhänge, die da überall bestehen, aufzuklären, damit sind wir beschäftigt.

Sokrates läßt sich durch den Verdacht, er könne sich mit seinem Unternehmen im Zirkel bewegen, auch nicht weiter aufhalten, sondern schlägt, um die Dinge weiter zu bringen, vor, einen Unterschied zu machen zwischen Haben (ἕξις) und Besitz (κτῆσις 197 b) des Wissens. Zunächst wird der Unterschied erläutert an Kleidungsstücken. Bei denen bedeutet ἕξις das Anhaben; wer einen Mantel besitzt, braucht ihn nicht anzuhaben. Sokrates stellt die Frage, ob sich nicht auch hinsichtlich des

Wissens ein entsprechender Unterschied machen lasse, oder gar ihn zu machen für unsere Zwecke notwendig sei. Es könnte mit dem Wissenden so stehen, daß das Wissen, das er sich erworben hat, Tauben gleicht, die er gefangen und in einen Taubenschlag gesperrt hat. Die besitzt er nun, aber er hat sie nicht, d. h. er hält sie nicht in der Hand. Aber er kann sie nach Belieben haben, d. h. in die Hand nehmen und auch wieder loslassen. Dieser Taubenschlag, in dem sich nicht nur Tauben, sondern aller Art Vögel befinden, soll jetzt statt der Wachstafel zum Gleichnis der Seele dienen. Die Vögel sollen sich teils in Herden zusammenhalten und von anderen absondern. Einige fliegen zu wenigen anderen hin, andere dagegen fliegen unter allen umher (197 d).

Diese Vögel bedeuten nicht wie die Abdrücke in der Wachstafel Gedächtniseindrücke, sondern die Ideen, über die die Seele verfügt. Zwischen den Ideen bestehen Beziehungen, einige gehören zusammen, z. B. Tier mit Leben, oder Ungerade mit Zahl usw. Einige stehen zu allem in Beziehung, z. B. Sein, oder Eines usw. Weder das Wachstafelbild noch das Bild vom Taubenschlag sind psychologische Theorien, die das Wesen der Seele erschöpfend darstellen wollen, sondern jedes dieser Bilder gibt nur die Antwort auf eine einzige Frage, nämlich wie die falsche Meinung möglich ist. Das Wachstafelbild ermöglichte die Antwort auf die Frage, wie eine falsche Meinung über etwas Angeschautes möglich ist. Das neue Bild soll die Möglichkeit des Irrtums im Bereich der reinen Gedanken aufklären. Daher muß jetzt Bewegung in dem Bilde vorkommen, denn Denken ist (das wissen wir schon) Bewegung. Das Gedächtnis konnte dargestellt werden durch einen Vorrat ruhender Abdrücke, aber die Ideen sind, was sie sind, in ihrer Verknüpfung miteinander.

Der erste Erwerb des Wissens wird versinnlicht durch das Einfangen der Vögel und ihr Einsperren im Käfig, der ursprünglich leer ist (197 e). Wenn wir uns an das erinnern, was wir schon gelesen haben, könnten wir uns fragen, ob es wohl Plato mit dieser Lehre von der ursprünglich leeren Seele ganz Ernst ist, aber Theaitetos findet keine Bedenken dagegen, und so mag das jetzt auf sich beruhen bleiben. Darauf kommt es jetzt auch nicht an, sondern darauf, wie man das, was man also besitzt, damit doch noch nicht hat.

Dem Besitz der Vögel im Käfig entspricht das Wissen. Was aber entspricht dem in der Hand Haben der Vögel? Sokrates nimmt als Beispiel die Rechenkunst (198 a ff.). Sie ist die Jagd nach dem Wissen bezüglich alles dessen, was gerade und ungerade ist. Vermittels dieser Jagd hat der Jäger ein Wissen von den Zahlen in seinen Besitz gebracht, er weiß alle Zahlen, wie Sokrates sagt (198 b). Das klingt wörtlich verstanden anstößig, denn da die Menge der Zahlen unendlich ist, kann sie niemand alle einzeln erjagt haben. Aber es genügt, daß er im Besitz des Verfahrens ist, mit Hilfe dessen er zu jeder Zahl gelangen kann, und das besteht in der Möglichkeit des immer erneuten Hinzufügens einer weiteren Einheit zu der Zahl, die man schon hat. In diesem Sinne weiß (kennt) der Rechenkünstler alle Zahlen. Trotzdem rechnet er doch bei sich, d. h. er sucht eine Zahl, die er insofern also wiederum noch nicht weiß (198 c). Er kann sich z. B. fragen, ob eine bestimmte Zahl a, die er kennt, die Summe der Zahlen b und c ist, die er auch kennt. Dies Suchen nach dem, was er schon besitzt, wird verglichen mit dem Greifen nach einem Vogel, den man schon im Schlag hat (198 d). Um es einfacher zu machen: Die Frage sei, ob 5 die Summe von 2 und 3 sei. Ich weiß, daß $2 = 1 + 1$ ist, und $3 = 2 + 1$ und $4 = 3 + 1$ und $5 = 4 + 1$, und ich möchte wissen, ob die Zahl, die sich ergibt, wenn ich $3 + 2$ bilde, jene schon bekannte Zahl 5 ist oder nicht. Da greife ich also diesen Vogel 5, den ich schon im Käfig habe, und die Frage ist, ob ich da den richtigen Vogel gegriffen habe. Wenn ich mich vergreife und statt den Vogel 5 den Vogel 6 gegriffen habe, dann habe ich ein falsches Urteil gefällt.

Damit scheint die Aufgabe gelöst, zu verstehen, wie ein Irrtum im Bereich des reinen Denkens möglich ist. Man sieht, daß auch hier der Irrtum auf der Synthesis beruht, daß also im Prinzip sich dasselbe ereignet wie oben bei der Frage, ob ein Gesehener mit einem Erinnerten identisch ist oder nicht. Auch hier kommt es darauf an, etwas richtig mit etwas anderem zu verbinden, nämlich die Summe von 2 und 3 mit der 5 und nicht etwa mit der 6.

Theaitetos ist zufrieden, nicht so Sokrates. Das ist doch unsinnig (meint er 199 d), wenn jemand Wissen haben und doch in Unwissenheit sein soll, und zwar eben infolge seines Wissens, und darum etwas für etwas anderes halten soll. Dann könnte man es ja auch für möglich halten, daß Unwissenheit in uns der Grund des Wissens ist und Blindheit der Grund des Sehens.

Es liegt auf der Hand, daß das ganz richtige Einwände sind. Es ist doch wirklich so, daß sich nur derjenige über die Summe von 3 und 5 im Irrtum befinden kann, der schon weiß, was 3 und 5 und Summe ist. Wenn er das nicht weiß, kann er darüber nicht nur kein wahres, sondern nicht einmal ein falsches Urteil haben, weil diese Ideen 3, 5 und Summe auch schon zum Aufbau des falschen Urteils notwendig sind. Er kann zwar plappern wie ein Papagei $3 + 5 = 7$, aber er meint dann nichts und urteilt nicht falsch, sondern überhaupt nicht. Das etwas für etwas anderes Halten ist so wenig etwas Absurdes, daß es nicht nur das Wesen des falschen Urteils, sondern das Wesen jedes Urteils ist. Eine Ausnahme ist nur die reine Tautologie, wie etwa: Ein Tisch ist ein Tisch, wovon jeder zugeben wird, daß zu solchen Urteilen nicht eben viel Urteilskraft gehört.

Theaitetos gibt dem Einwand des Sokrates nach und will sich aus der Schlinge ziehen, indem er die Annahme vorschlägt, in der Seele befände sich nicht nur Wissen, sondern auch Unwissenheiten (ἀνεπιστημοσύναι 199 e), so daß der Jagende bald Wissen, bald Unwissenheit ergreift — von demselben Gegenstande (wie nun Theaitetos hinzufügt, τοῦ αὐτοῦ). Damit hat er das ganze Bild ruiniert. Im Bilde des Sokrates waren die Vögel Ideen (oder Prädikate). Wahrheit und Falschheit bestand in der richtigen oder falschen Zusammensetzung dieser Prädikate. Bei Theaitetos aber sind daraus unter der Hand Urteile geworden, denn nur die können falsch sein. Prädikate sind nie falsch, sondern sie können nur falsch angewendet werden. Sokrates zeigt dem Theaitetos, daß er mit seiner Auskunft die Diskussion an den Anfang zurückgeworfen hat. Wer eine Unwissenheit gegriffen hat, der glaubt doch, ein Wissen gegriffen zu haben. Hält er da das eine, um das er weiß, für das andere, um das er auch weiß, oder, um beide nicht wissend, das eine für das andere, usw. die alte Leier (200 b).

Da weiß Theaitetos keinen Ausweg mehr. Es war eben ein Irrweg, daß wir nach dem falschen Urteil fragten vor dem Suchen nach dem Wissen, meint Sokrates (200 d), — zu Unrecht. Denn wie lief es doch? Die These war: Wissen ist wahres Urteil. Der Zusatz »wahr« mußte gemacht werden, weil es auch falsche Urteile gibt, die nicht Wissen sind. Um aber aufzuklären, was ein wahres Urteil ist, muß man zunächst aufklären, was das Urteil ist als ein solches, das wahr oder falsch sein kann. Das ist inzwischen weitgehend geleistet worden. Zwar bog der Weg oft gerade dann wieder ab, wenn wir dicht vor der Aussage der entscheidenden Einsicht standen; aber daraus folgt nicht, daß Plato sich hier keinen Rat wußte, sondern nur dies, daß er nicht für Dummköpfe geschrieben hat.

Wir haben gesehen: Die Möglichkeit des Urteils, wahr oder falsch zu sein, beruht auf der in ihm vollzogenen Synthesis, der Verbindung von etwas mit etwas. Das wird so von Plato nicht formuliert, aber der Ausdruck συνάγειν kommt (194 b) wörtlich vor und gibt einen Wink, der dem denkenden Leser genügen muß. Wenn nun für diesen hinreichend aufgeklärt ist, inwiefern und wodurch es für das Urteil möglich ist, wahr oder falsch zu sein — nämlich auf dieselbe Weise, wie es möglich ist, die Schuhe richtig oder falsch anzuziehen (wie es schlagend 193 c auseinandergesetzt wird) — dann kann jetzt weitergegangen werden zu der Prüfung der Frage, ob es wahr ist, daß das Wesen des Wissens im richtigen Urteil besteht.

Sokrates hat dagegen einen einfachen aber überzeugenden Einwand: die Rhetorik. Die Rhetoren sind Künstler der Überredung. Durch Überredung bringen sie die Menschen zu bestimmten Urteilen. Sie überreden, d. h. sie beweisen nicht. Nun kann es wohl sein, daß das Urteil, zu dem sie einen überredet haben, durchaus richtig ist; es waren ja auch nicht alle Urteile, zu denen sich Volksversammlungen durch Rhetoren bewegen ließen, falsch. Trotzdem kann man doch nicht sagen, daß diejenigen, die auf Grund von Überredung richtig urteilen, Wissende sind (201 a ff.). Zwar, wer über eine Sache keine richtigen Urteile abzugeben vermag, von dem können wir füglich sagen, daß er über die Sache nichts wisse. Richtig über eine Sache urteilen zu können, ist also zum Wissen über die Sache notwendig, aber es genügt offenbar noch nicht. Es muß noch etwas dazukommen. Theaitetos erinnert sich, er habe auch schon einmal sagen hören, was das sei, was da noch dazukommen müsse, nämlich Wissen sei richtiges Urteil mit Logos (201 c f.).

λόγον διδόναι heißt Rechenschaft ablegen, sich rechtfertigen können, begründen und beweisen können. Wissen wäre danach richtiges Urteil mit Begründung. Da läge es nun für einen Leser, der seine Gedanken zusammenbringt, nahe zu fragen, ob nicht alle Begründung letztlich in der Anschauung zu suchen sei, wodurch das früher Erörterte wieder ins Spiel kommen würde. Nur das, wovon es einen Logos gibt, heißt nach dieser Auffassung wißbar. Wißbarkeit heißt also Beweisbarkeit, wobei wir hier noch nichts entscheiden über die vielleicht sehr verschiedene Art, wie man Urteile beweisen muß. Offenbar muß man doch den Satz »2 ist eine irrationale Zahl« auf ganz andere Weise beweisen als den Satz: »Die Könige von Dänemark sind lange Zeit gleichzeitig Herzöge von Schleswig-

Holstein gewesen«, oder den Satz »Zucker ist in Wasser löslich«. Statt darauf einzugehen, erzählt Sokrates einen »Traum« (201 d).

Es scheint mir (sagt Sokrates), die ersten Elemente (στοιχεῖα 201), aus denen wir und alles übrige zusammengesetzt sind, haben keinen Logos. Jedes von diesen an und für sich könne man nur nennen, sie haben also nur einen Namen (ὄνομα 202 b). Man könne aber nichts anderes davon aussagen, nicht einmal, daß sie sind, noch daß sie nicht sind. Denn dann würde ihnen ja schon Sein oder Nichtsein zugesetzt, man dürfe aber nichts dazu sagen, wenn man jegliches nur für sich sagen wolle. Eigentlich dürfe man da nicht einmal »es selbst«, »jenes«, »jegliches«, »es«, »dieses« usw. sagen. Denn auch diese Ausdrücke, die überall umlaufen und mit allem zusammengefügt werden, bezeichnen doch etwas anderes als das, dem sie zugesetzt werden (202 a). Also kann man von den Elementen keinen Logos geben. Man kann sie nur nennen. Was aber aus mehreren solchen Elementen zusammengesetzt sei, dessen Name sei auch zusammengesetzt und also ein Logos. Denn das Wesen des Logos sei eben das, daß er eine Verflechtung von Namen sei (202 b). Auf diese Weise seien die Elemente unaussagbar und unerkennbar, nur anschaubar. Die Verbindungen davon aber seien aussagbar und in einer wahren Meinung meinbar. Wenn man nun eine richtige Vorstellung von etwas habe, dann sei man zwar im Besitz der Wahrheit, aber erkenne noch nichts. Wer nicht imstande sei, Logos zu geben, der wisse nicht (202 c).

Zu diesen Ausführungen des Sokrates ist verschiedenes anzumerken. Wir gingen davon aus, daß ein richtiges Urteil noch kein Wissen ist, es gehört dazu noch das Logos-Geben-Können, das Rede-stehen, das Begründen- und Beweisenkönnen. Logos ist danach also die Begründung eines *Urteils*. Zu Beginn seiner Ausführungen aber spricht Sokrates nicht davon, sondern von der Erklärung einer *Sache*. Wenn ich behaupte: Es gibt keine natürliche Zahl, welche mit sich selbst multipliziert 2 ergibt, und für dieses Urteil eine Begründung, einen Beweis gebe, so ist das ganz etwas anderes, als wenn ich eine Sache dadurch erkläre, daß ich angebe, aus welchen Teilen sie besteht. Der Satz: Wasser besteht aus Wasserstoff und Sauerstoff, ist ein Urteil, das selbst der Begründung bedarf. Nun geschieht die Begründung durch Sätze, im einfachsten Fall durch einen einzigen Satz, und Satz im Gegensatz zu Name heißt auch Logos, und auch die Erklärung, wie das Wasser zusammengesetzt ist, ist ein Logos. Vom Logos als Satz wird weiter gesagt, er sei aus Namen zusammengesetzt. Das ist zwar richtig, aber noch nicht hinreichend. Kochsalz ist aus Chlor und Natrium zusammengesetzt, aber das Wort Chlornatrium ist kein Satz, sondern immer noch ein, wenn auch zusammengesetzter, Name. Dagegen ist es ein Satz, wenn ich sage: Kochsalz ist zusammengesetzt aus Chlor und Natrium. In diesem Logos kommen die Namen »Chlor«, »Natrium«, »zusammengesetzt«, und dann noch das Wort »ist« vor. Ist das noch ein weiterer Name? Offenbar ist die Namenfolge »Chlor«, »Natrium«, »zusammengesetzt«, »sein« immer noch kein Satz. Zum Satz gehört außer den Namen noch etwas, was sie zum Satz verbindet.

Wenn Sokrates sagt: Man kann nicht von allem einen Logos haben, die Elemente müssen auf andere Weise gewiß werden, so ist das gemäß dem vorigen einer doppelten Auslegung fähig: 1. Wenn man ein Ding erklärt durch Angabe der Bestandteile, aus denen es zusammengesetzt ist, so kann man solche Erklärung nicht ins Unendliche weitertreiben. Man kann nicht die Bestandteile wieder erklären, indem man ihre Bestandteile angibt, und von diesen wieder und damit ohne Ende fortfahren, sondern irgendwo muß man stehen bleiben bei etwas Unerklärtem. 2. Wenn es sich nicht um die Erklärung von Dingen, sondern um das Beweisen von Urteilen handelt, so gilt auch da, daß man nicht ins Unendliche alles beweisen kann. Beweisen heißt ja, ein Urteil ableiten, nämlich aus anderen Urteilen. Auch das geht nicht ins Unendliche rückwärts, sondern da gibt es gewisse erste Urteile, die man nicht beweisen kann. Vergessen wir nicht, daß Theaitetos und Theodoros Mathematiker sind, die das kennen. Die ersten Urteile, aus denen sie in der Mathematik alles ableiten, nannten sie Postulate (αἰτήματα); wir nennen sie heute die Axiome. Von ihnen gilt, was Sokrates von den ersten Elementen behauptet, aus denen etwas zusammengesetzt ist: Sie sind aus der Anschauung gewiß. So ergibt sich: Wissen ist richtiges Urteil, das sich begründen kann. Begründen ist Herleiten aus anderen Urteilen und zuletzt aus der Anschauung — was freilich noch nicht bedeuten kann, daß alle Anschauung Empfindung sei.

Nun aber setzt Sokrates nicht nur die Erklärung einer Sache an die Stelle des Beweises eines Satzes, sondern er läßt auch noch den Bestandteilen einer Sache die Bestandteile der Erklärung entsprechen. Diese Bestandteile des Logos sollen die Namen sein. Daher sagt er: Die ersten Elemente kann man nur nennen. Man kann über sie als solche nichts sagen. Es ist aber klar, daß man das auf das Beweisen von Sätzen nicht übertragen kann. Wenn alle Sätze zuletzt bewiesen werden aus Anschauungen, so kann das erste, wovon man da ausgeht und woraus man alles andere ableitet, keineswegs nur genannt werden. Vielmehr sind ja schon die Axiome, von denen man im Beweisen ausgeht, Sätze, z. B. das Axiom: Jede gerade Strecke kann verlängert werden. Das ist kein Name, sondern ein Satz, aber er ist des Beweises weder fähig noch bedürftig, weil die Anschauung ihn evident macht. Aber auch von den Elementen als den Bestandteilen einer Sache, aus denen sie zusammengesetzt ist, gilt es nicht, daß man sie nur nennen könne, und über sie kein Logos möglich sei. Schon wenn man von etwas sagt, es sei ein Element, ist das kein bloßes Nennen mehr, sondern ein Logos, ein Urteil, und zwar ein solches, das, obwohl es sich auf ein Element bezieht, der Begründung bedarf. Nach Sokrates darf man vom Element nicht einmal sagen »es ist«, weil man da schon über das Nennen hinausgehen würde. Einen deutlicheren Wink, daß hier etwas faul ist, konnte Plato nicht geben, wenn er dabei bleiben wollte, dem Leser etwas zu denken aufzugeben, und die Lösung nicht selbst auszusprechen. Denn es ist ja auf der Hand liegend, daß ohne die Gewißheit, daß das Element ist, die ganze Erklärung einer Sache aus ihren Elementen zunichte wird.

Halten wir also fest: Wissen ist richtiges Urteil, das sich begründen kann. Die Begründung ist wiederum ein Urteil, nämlich ein solches, aus dem das zu Begründende folgt. Jedes Urteil ist etwas Zusammengesetztes, aus Namen, aber nicht nur daraus. Offenbar muß in jedem Urteil auch so oder so das Sein vorkommen, denn jedes Urteil sagt doch, daß irgend etwas so und so ist. Sein (sagt Kant) ist aber kein reales Prädikat, d. h. es ist nicht noch ein weiterer Name. Was es aber dann ist, darüber werden wir späterhin von Plato mehr hören.

Sodann: Das Beweisen leitet Sätze, Urteile ab aus anderen Sätzen, aber das kann nicht ins Endlose rückwärts gehen. Vielmehr muß es gewisse erste Sätze geben; deren Gewißheit muß aus der Anschauung stammen, die aber mehr sein muß als nur Empfindung. Wenn das Bewiesene, das durch Logos Abgeleitete, Wissen sein soll, dann muß das Erste, woraus es abgeleitet wird, dasjenige also, was durch Anschauung evident ist, auch Wissen sein, sonst ist alles Folgende auch keins. Wenn ich in der Geometrie die Axiome weiß und die Beweise, die von da zu den Lehrsätzen führen, dann weiß ich auch die Lehrsätze. Wenn ich aber die Axiome nicht weiß, dann weiß ich auf Grund der Beweise zwar, daß die Lehrsätze aus den Axiomen folgen, d. h., daß sie wahr sind, wenn die

Axiome wahr sind, ob sie aber wirklich wahr sind oder nicht, das weiß ich nicht.

Auf diesen Punkt legt nun auch Sokrates sogleich den Finger. Alles sehr schön, sagt er, aber daß gemäß dieser Deutung die Verbindungen wißbar sind, aber die Elemente nicht, das scheint fragwürdig (202 e). Er prüft das an dem Modell, von dem her die Rede von Elementen und Verbindungen genommen ist, an der Grammatik. Denn Element (στοιχεῖον) ist ursprünglich das sprachliche Element, der Buchstabe oder Laut, und die Verknüpfung (συλλαβή) ist die Silbe. Schon die Griechen haben die Ausdrücke auf die Elemente der Materie übertragen, für die uns der Ausdruck »Element« jetzt vorzugsweise geläufig ist. Sokrates macht sogleich ein Experiment mit der ersten Silbe seines eigenen Namens. SO ist S und O. Aber was ist S? Theaitetos antwortet: Wie sollte wohl jemand die Elemente eines Elements angeben können? Außerdem ist S ein stummer Buchstabe, nur ein Geräusch, das entsteht, wenn jemand mit der Zunge zischt. Das B hat im Gegensatz dazu weder Laut noch Geräusch, und ebenso die meisten Buchstaben. Also ist es ganz richtig gesagt, daß die Buchstaben unerklärbar (ἄλογα 203 b) sind, da die deutlichsten von ihnen nur einen Laut haben, aber keinen Logos.

Sokrates erklärt sich mit dieser Ausführung des Theaitetos zufrieden. Der Leser soll es nicht. Es liegt ja offen zu Tage, daß Theaitetos hier genau das gemacht hat, wovon er erklärt hat, es sei unmöglich: Er hat eine Erklärung des Lautes S gegeben. Er hat gesagt 1. S ist ein Buchstabe und keine Silbe. 2. S ist ein Konsonant und kein Vokal. 3. S gehört zu der Konsonantengruppe der Spiranten und nicht zu den Mutae wie das B. Die Art der Erklärung besteht darin, daß das S hier durch verschiedene Arten bestimmt wird, denen es untergeordnet ist: Buchstabe, Konsonant, Spirant. Arten, das heißt platonisch: Ideen. Auch von den Elementen, aus denen etwas zusammengesetzt ist, gibt es also einen Logos, nämlich denjenigen, der die Elemente durch Ideen bestimmt. Es gibt überhaupt nichts, was sich dem Logos, das heißt der Möglichkeit, darüber etwas auszusagen, entziehen könnte. Dasjenige, worüber wir gar nichts sagen könnten, von dem könnten wir auch nicht sagen, daß es ist, und solches ist für uns dann offenbar auch gar nicht. Logos als Doxa, Urteil, ist also von allem möglich, aber nicht von allem gibt es Logos im Sinne des Beweises (ἀπόδειξις). Alles Beweisen ist Beweisen aus unbeweisbaren Axiomen, deren Gewißheit aus irgend einer Art von Anschauung stammen muß.

Die Erklärung einer Sache aber, die angibt, aus welchen Elementen diese besteht, ist nicht ein Logos, der ein wahres Urteil begründet, sondern selbst ein Urteil über die Sache, das, wenn es beansprucht wahr zu sein, des Logos, d. h. der Begründung bedarf. So muß der Chemiker den Satz, Kochsalz besteht aus Chlor und Natrium, beweisen, und wer das nicht kann, der hat zwar ein richtiges Urteil über das Kochsalz, aber kein Wissen.

Sokrates bleibt noch bei dem Beispiel der Erklärung der Silbe SO aus den Buchstaben S und O. Er fragt nun: Ist die Silbe die beiden Buchstaben, oder ist sie eine Idea, eine Gestalt, die durch die Zusammenfügung der zwei Buchstaben entstanden ist (203 c)? Wir würden antworten, daß man die Silbe SO nicht mit der Summe der Buchstaben S und O identifizieren kann, weil dieselbe Summe auch in der Silbe OS vorkommt. Es kommt also noch etwas hinzu, zwar nicht ein weiterer Bestandteil, wohl aber die Art und Weise der Zusammenfügung, in diesem besonderen Fall die Reihenfolge. Theaitetos aber antwortet, die Silbe sei nichts anderes als ihre beiden Buchstaben, woraus Sokrates die Konsequenz zieht, daß, wer ein Wissen von der Silbe hat, dann also jeden von beiden Buchstaben nicht weiß, beide zusammen aber weiß, was Theaitetos mit Recht absurd findet (203 d). Aber wenn das absurd ist (so folgert Sokrates), dann muß er offenbar vorher die Buchstaben erkennen, um die Silbe erkennen zu können. Damit ist die These, nur die Zusammensetzungen seien erkennbar, ihre Elemente aber nicht, zusammengebrochen.

Jetzt aber macht Sokrates geltend, daß die Silbe nicht einfach die Summe der Buchstaben ist, sondern eine einheitliche Gestalt, die durch die Zusammenfügung der Buchstaben entstanden ist (203 e). Also ist das Ganze verschieden von der Summe seiner Teile. Das Ganze (ὅλον) ist nicht dasselbe wie alles (πᾶν). Sokrates freilich sucht dem Theaitetos diesen Unterschied wieder zu entwinden, indem er sagt, dasjenige, dem nichts fehlt, das ist alles, und das ist auch das Ganze (205 a). Er folgert daraus, daß die Silbe, wenn sie nicht die Allheit ihrer Buchstaben sei, auch nicht die Buchstaben zu ihren Teilen haben könne (205 b).

Offenbar ist das falsch. Zum Ganzen gehört außer der Allheit der Teile noch eine Art und Weise der Zusammenfügung, die selbst kein Teil ist, die Allheit nicht vermehrt und doch dazukommen muß, damit aus der Allheit eine Ganzheit wird. Die Summe des Baumaterials ist noch kein

Haus. Es muß noch die Anordnung dazukommen, damit aus der Allheit das Ganze wird, obgleich, was dazukommt, kein Teil des Hauses ist.

Sokrates hatte sich von Theaitetos sowohl zugeben lassen, daß das Ganze nichts anderes sei als die Summe seiner Teile, als auch den Satz, daß die Silbe etwas von der Summe ihrer Buchstaben Verschiedenes sei, und folgert daraus richtig, daß dann die Buchstaben gar nicht Teile der Silbe sein können, und daß, wenn sie es nicht sind, es absurd ist, nach anderen Teilen der Silbe zu suchen, so daß dann die Silbe offenbar überhaupt keine Teile habe (205 c). Aber wenn es so ist, dann ist die Silbe ein Element und kann nicht gewußt werden (205 e). Auf alle Weise ergibt sich also: Wenn die Silbe wißbar sein soll, dann müssen auch die Buchstaben wißbar sein. Sokrates weist nun darauf hin, daß in der Tat auch die Buchstaben gelernt werden und Lernen offenbar Erwerbung von Wissen sei (206 a). Er sagt auch, worin dies Erlernen besteht, nämlich nicht darin, daß wir die Buchstaben in ihrer Zusammensetzung aus Teilen betrachten, sondern darin, daß wir sie voneinander zu unterscheiden lernen. Der Logos einer Sache, der angibt was sie ist, braucht also nicht notwendig darin zu bestehen, ihre Bestandteile anzugeben, und das ist ja bei den Elementen auch nicht möglich, er kann auch darin bestehen anzugeben, worin sich ein Element von den anderen unterscheidet.

Doch nun stellt Sokrates endlich die Frage: Wenn definiert wird »Wissen ist richtige Meinung mit Logos«, was heißt hier »Logos«? Sokrates sagt: »Logos« muß eine der drei folgenden Bedeutungen haben: 1. daß man seinen Gedanken mittels der Stimme durch Nenn- und Sagewörter offenbart. Logos ist die sprachliche Aussage, die den Gedanken abbildet (206 d). Nun kann jeder, der überhaupt etwas meint, sagen, was er meint, seine Meinung mag wahr oder falsch, und wenn sie wahr ist, begründet oder unbegründet sein. Dieser Sinn von Logos kann offenbar nicht gemeint sein, wenn verlangt wird, zur richtigen Meinung müsse Logos dazukommen, damit sie Wissen werde (206 e). 2. kann gemeint sein das Angeben-Können der Elemente, aus denen die Sache besteht (207 b). Das ist die Bedeutung von Logos, die der bisherigen Diskussion schon zugrunde gelegt wurde. Wir haben uns klargemacht, daß auch diese Bedeutung von Logos nicht in Frage kommen kann. Denn Angeben-Können, woraus etwas besteht, kann ein richtiges Urteil über eine Sache sein, nämlich über eine Sache, die aus Bestandteilen besteht, aber das ist dann immer noch richtige Meinung und nicht Wissen, weil es zum Wissen nötig ist, daß ich den Satz »A besteht aus B, C, D usw.« auch beweisen kann.

Aber Sokrates hält auch jetzt noch an dieser Bedeutung von Logos als Angabe der Elemente fest. Wir (meint Sokrates), die zu sagen wissen, daß ein Wagen aus Rädern, Achsen, Gestell, Sitz und Deichsel besteht, haben zwar eine richtige Vorstellung von ihm, aber noch kein Wissen, weil wir nicht die hundert Hölzer des Wagens angeben können, von denen Hesiod redet. Das würde bedeuten, daß man, wenn man von einer Sache die Teile anzugeben weiß, die selbst wieder aus Teilen bestehen, so lange nur eine richtige Meinung und noch kein Wissen hat, als man noch nicht bis zu den Urbestandteilen gelangt ist. Aber nun zeigt Sokrates, daß es sein kann, daß das Wissen der Bestandteile nicht genügt. Wer den Namen Theaitetos richtig mit Th schreibt und also alle Bestandteile richtig anzugeben weiß, aber den Namen Theodoros mit T, der weiß noch nicht, wie die Silbe the geschrieben wird. Er schreibt sie einmal so, einmal so, d. h. er hat kein Wissen über den Unterschied von th und t. Also muß eine dritte Bedeutung von Logos gemeint sein, wenn Wissen richtige Vorstellung mit Logos sein soll. Wir wissen, daß Logos hier bedeuten muß: Beweis, Begründung, Herleitung eines Urteils aus anderen Urteilen oder letztlich aus der Anschauung.

Aber Sokrates nennt nicht dies als die dritte Bedeutung, sondern die Angabe eines Unterscheidungsmerkmals (208 c). Es wird jetzt zwar die richtige Vorstellung davon, was etwas ist, nicht mehr darauf beschränkt, die Teile anzugeben, aus denen etwas besteht, sondern es wird auch zugelassen die Angabe, wodurch sich etwas von etwas unterscheidet. Damit wird nun auch eine Erklärung der unzusammengesetzten Elemente möglich. Theaitetos hatte ja früher schon so geantwortet auf die Frage »Was ist S?«, indem er angab, wodurch sich S als Konsonant von den Vokalen und als Spirant von den Mutae unterscheidet. Aber man beachte auch, daß wir damit den Bereich der richtigen Vorstellung noch gar nicht überschreiten und daß zur Bestimmung des Unterschiedes des Wissens von der richtigen Meinung ein vierter Sinn von Logos wesentlich ist: Logos als Begründung, Beweis, Ableitung.

Logos, verstanden als Angabe des charakteristischen Unterschiedes, sagt z. B. von der Sonne, sie sei das Glänzendste am Himmel und auf der Erde (208 d). Aber Sokrates macht mit Recht geltend, daß das Unterscheidenkönnen einer Sache von anderen auch schon zur richtigen Vorstellung gehört. Daß er, Sokrates, eine richtige Vorstellung von Theaitetos hat, dazu gehört doch nicht nur dies, daß ihm das bewußt ist, worin er mit Theodoros oder mit allen Menschen überhaupt übereinstimmt, sondern es kommt darauf an, daß er ihn auch von den anderen unterscheiden kann (209d). Wenn das also schon zur richtigen Vorstellung gehört, dann ist der Zusatz des Logos ganz überflüssig. Denn entweder besagt dieser Zusatz, daß zur richtigen Vorstellung auch eine richtige Vorstellung über den Unterschied gehören muß (aber das versteht sich), oder er besagt, es muß dazukommen ein Wissen vom Unterschied (210a). Nun ist es gewiß wahr: wer wissen will, was etwas ist, der muß sowohl das wissen, worin etwas mit anderem übereinstimmt, als auch das, worin es sich von anderem unterscheidet. Wenn man z. B. auf die Frage: was ist der Mensch? antwortet: ein vernünftiges Lebewesen, so gibt man damit sowohl das an, was die Menschen mit Pflanzen und Tieren gemeinsam haben, das Leben, wie auch das, was sie von ihren tierischen und pflanzlichen Verwandten unterscheidet: die Vernunft. Aber mit Recht bemerkt Sokrates, daß das Bewußtsein des Unterschiedes auch schon zur richtigen Vorstellung von einer Sache gehört; wenn dies Bewußtsein ein Wissen sein soll, dann muß auch das Bewußtsein vom Unterschied ein Wissen davon sein. Die Antwort: Wissen ist richtiges Urteil, verbunden mit dem Wissen davon, wodurch sich etwas von anderem unterscheidet, ist zirkelhaft. Sie sagt etwas umständlich: Wissen ist Wissen (210a).

Also ist auch der dritte und letzte Definitionsversuch gescheitert. Ein neuer wird nicht mehr unternommen. Vielmehr wird eine neue Unterredung für den nächsten Tag verabredet. Das ist eine Vordeutung auf den »Sophistes«, der mit folgenden Worten des Theodoros beginnt: »Der gestrigen Verabredung gemäß, Sokrates, stellen wir uns wieder ein und haben auch noch jemand mitgebracht« usw. So läge es nahe, die Besprechung des »Sophistes« hier anzuschließen, doch steht in der chronologischen Folge vermutlich der Dialog »Parmenides« dazwischen, der einiges bringt, das es erlaubt, das Gespräch auf einer höheren Stufe wieder aufzunehmen.

19. PARMENIDES

Der »Parmenides« gilt als eines der größten Rätsel der platonischen Literatur. In seinem ersten Teil scheint sich Plato damit zu beschäftigen, seine Hauptlehre, die Ideenlehre, durch Selbstkritik zu vernichten, und im 2. Teil bietet er als Vorübung zur Auflösung dieser Schwierigkeiten ein dialektisches Gewirr voller Widersprüche an, das einen schier zur Verzweiflung bringen kann. Trotzdem muß der Versuch gewagt werden, den Leser durch dies schwierige Fahrwasser hindurchzulotsen.

Schon die Einleitung ist sonderbar. Ein gewisser Kephalos erzählt, aus seiner Heimatstadt Klazomenai nach Athen gekommen, habe er Adeimantos und Glaukon getroffen (die Brüder Platos, die auch in der »Politeia« auftreten). Er fragt sie nach ihrem Halbbruder Antiphon, der mit Pythodoros, einem Freunde des Zeno, befreundet gewesen ist und von diesem oft von einem Gespräch gehört hat, das einst Sokrates mit Zeno und seinem Lehrer Parmenides geführt hat. Darüber würden er und seine Landsleute, die er mitgebracht hat, gern etwas hören. Sie gehen daher zu Antiphon, der inzwischen ganz andere Dinge treibt als Philosophie, nämlich Pferdezucht, und sie treffen ihn dann auch dabei an, wie er gerade einem Schmied Zaumzeug zur Ausbesserung übergibt. Er findet sich aber bereit zu erzählen, und Kephalos sagt also, Antiphon habe gesagt, Pythodoros habe ihm erzählt, was folgt (127 a). Dreimal also wird wiedererzählt, was wir hören. Aus solcher Ferne wird es herbeigeholt, was nur bedeuten kann, daß wir es nicht als eine Reportage zu betrachten haben, die wirklich geschehene Ereignisse referiert, sondern um eine kunstvolle platonische Erfindung.

Was Parmenides in diesem Gespräch sagt, hat mit dem Inhalt der Lehre des historischen Parmenides nicht mehr zu tun als das, was Sokrates hier sagt, mit dem Inhalt der Lehre des historischen Sokrates. In Wahrheit ist es Plato, der durch beide Figuren seines Gesprächs spricht. Zwar enthält das Gespräch wirklich eine Auseinandersetzung zwischen Sokratismus und Eleatismus, nur hat sich diese Auseinandersetzung historisch nicht als ein Gespräch zwischen Sokrates und Parmenides, sondern im Geiste Platos ereignet.

Parmenides sei bei seinem Besuch (so wird 127b ff. erzählt) 65 Jahre alt gewesen und sein Schüler Zeno etwa 40. Sie hätten bei einem gewissen Pythodoros gewohnt, und dahin seien dann Sokrates und andere gekommen, um aus einer Schrift des Zeno vorlesen zu hören. Es sei auch noch ein gewisser Aristoteles dabeigewesen, der im 2. Teil des Dialogs als Gesprächspartner des Parmenides fungiert. Dieser Aristoteles sei später einer der 30 Tyrannen gewesen, d. h. es handelt sich nicht um Platos Schüler, den Philosophen Aristoteles. Aber als der platonische Dialog erschien, muß der Philosoph Aristoteles bei den Lesern Platos schon ein sehr bekannter Mann gewesen sein, und mancherlei, was in diesem Dialog vorkommt, gibt Veranlassung, an ihn und an seine Polemik gegen Plato zu denken.

Im ersten Teil des Dialogs spricht Sokrates mit den beiden Eleaten (127d bis 137c). Der Gegenstand dieser Unterredung sind die Schwierigkeiten der Ideenlehre. Im 2. Teil des Dialogs spricht Parmenides mit dem jungen Aristoteles (137c bis 166c). Der Gegenstand dieser Unterredung ist das Eine (ἕν), von dem das Lehrgedicht des Parmenides gehandelt hat.

Schon die Frage, wie die beiden Teile zusammenhängen, hat die Ausleger vor solche Rätsel gestellt, daß Apelt verzweifelt gemeint hat, sie hingen überhaupt nicht zusammen, sondern seien nur nachträglich und äußerlich zusammengeflickt worden. Doch hat es keinen Sinn darüber zu verhandeln, ehe wir von der Sache selbst Kenntnis genommen haben.

Der erste Teil gliedert sich (zunächst wieder ebenso äußerlich betrachtet) in 2 Abschnitte, nämlich in ein Gespräch des Sokrates mit Zeno (127d bis 130a) und ein Gespräch des Sokrates mit Parmenides (130a bis 137c). Das Gespräch des Sokrates mit Zeno hat wiederum zwei Teile: 1. sprechen sie über die Philosophie der Eleaten (127d bis 128e), und 2. über die Philosophie des Sokrates (in Wahrheit des jüngeren Plato), die Ideenlehre (128e bis 130a).

Es wird erzählt, nach Anhörung der ganzen Vorlesung habe Sokrates gebeten, die erste Hypothesis noch einmal zu wiederholen, und nachdem das geschehen sei, habe er gefragt, ob es so gemeint sei: wenn das Seiende Vieles ist, dann muß es gleich und ungleich sein. Das aber ist unmöglich, denn weder kann das Ungleiche gleich noch das Gleiche ungleich sein, folglich gibt es nicht Vieles. Zeno gibt zu, daß er es so gemeint habe (127e).

Da kein Kommentar folgt, müssen wir zu verstehen versuchen, was gemeint sein kann. Wenn es Vieles gibt, so muß das Viele sich voneinander unterscheiden, denn sonst würde es zu einer unterschiedslosen Einheit zusammenfließen, also muß es ungleich sein. Andererseits wurde gesagt: »Wenn das Seiende Vieles ist«; alles dies Viele ist also Seiendes und gleicht sich dann darin, Seiendes zu sein. Insofern ist es gleich, also gleich und ungleich zumal. Das aber wird als unmöglich angesehen.

Darüber ließe sich sagen, daß es durchaus möglich ist, daß etwas zugleich gleich und ungleich ist und daß es eine Gleichheit in aller und jeder Hinsicht gar nicht geben kann, da man doch, um zwei Dinge vergleichen zu können, sie unterscheiden muß. Selbst in dem berühmten A = A der deutschen Idealisten muß man doch das zuerst gedachte A von dem hernach noch einmal gedachten A unterscheiden, um ihre Identität denken zu können.

Aber Sokrates läßt sich auf solche inhaltliche Diskussion gar nicht ein, sondern fährt fort: Das also soll dein erstes Argument beweisen und eben so alle folgenden, daß nicht Vieles ist. So hast du also viele Beweise dafür gegeben, daß nicht Vieles ist (127e f.). Das ist ein schlagendes Gegenargument, das nur den Nachteil hat, daß es von außen raisoniert und sich auf den Gedanken des Zeno gar nicht erst einläßt. Der mag zwar falsch sein, aber er verdient es, ernst genommen und nicht von außen abgefertigt zu werden. Zeno verhält sich so, als habe er die Spitze in der Antwort des Sokrates gar nicht bemerkt und erklärt nur, Sokrates habe ihn ganz richtig verstanden. Nun trägt Sokrates dicker auf. Er wendet sich an Parmenides und sagt: Zeno hat gewissermaßen dasselbe geschrieben wie du, Parmenides. Indem er es aber umwendet, versucht er uns zu täuschen, als sage er etwas anderes. Du sagst in deinem Gedicht, das All sei Eines, und bringst dafür schöne Beweise; er sagt, es sei nicht Vieles, und bringt auch dafür viele Beweise. So sagt ihr beide Verschiedenes und doch dasselbe. Das ist für uns andere zu hoch (128a f.).

Wir brauchen uns hier auf eine Deutung des Parmenideischen Gedichts und seiner Lehre, das Seiende sei Eines, nicht einzulassen. Wir beachten nur dies, daß das Argument des Sokrates an dem Verhältnis des Zeno zu Parmenides eben das vorzeigt, was nach dem Argument des Zeno unmöglich war: daß dasselbe gleich und ungleich ist. Was Parmenides und Zeno lehren, ist ungleich: der eine sagt »Eines ist«, der andere »Vieles ist nicht«, und doch ist es das Gleiche, was sie lehren. Was Sokrates vorbringt, ist aber das, was Hegel »die pöbelhafte Berufung auf die Tatsachen« genannt hat. Das ist keine Philosophie. Es kommt darauf an, sich auf den Gedanken einzulassen.

Zeno antwortet, daß die beiden Formulierungen der Lehre, die affirmative des Parmenides und die eigene negative nicht gleichrangig seien. Der eigentliche, wahre Ausdruck dieser Lehre sei der bejahende durch Parmenides. Sein eigenes negatives Gegenstück sei vielmehr nur ein argumentum ad hominem, gerichtet gegen diejenigen, welche die Lehre des Parmenides wegen der (wie sie meinen) unmöglichen und lächerlichen Konsequenzen verspotten. Ihnen zeigt Zeno, daß ihre scheinbar so selbstverständliche Meinung, daß es Vieles gibt, sie in noch viel größere Widersprüche verwickelt, als sie bei Parmenides zu finden meinten. In solcher polemischen Absicht sei die Schrift von ihm in seiner Jugend geschrieben worden und gar nicht zur Veröffentlichung bestimmt gewesen. Dann aber habe sie ihm einer entwendet und ohne seinen Willen allgemein bekannt gemacht (128 c ff.).

Was soll diese Historie vom Manuskript-Diebstahl? Eine geschichtliche Nachricht kann es kaum sein, so kann es nur eine Deutung sein, die Plato vom Verhältnis der Philosophen Parmenides und Zeno gibt: das Negative der Philosophie Zenos muß dem Positiven der Philosophie des Parmenides untergeordnet werden und kann demgegenüber keine gleichrangige und selbständige Bedeutung beanspruchen. Oder, um die eigentlich platonische Einsicht hier vorwegzunehmen: Plato nimmt den Satz des Parmenides, daß das Seiende Eines ist, als Wahrheit an, aber er bestreitet die von Zeno daraus gezogene Konsequenz vom Nichtsein des Vielen. Das bedeutet natürlich, daß er auch an der Lehre des Parmenides etwas ändert, denn so wie Parmenides es meinte, folgt wirklich der Satz vom Nichtsein des Vielen, den auch nicht erst Zeno, sondern schon Parmenides selbst ausgesprochen hat. Platos Satz lautet: das Seiende ist Eines und Vieles. Dies aber durchzufechten, ist nach Platos Überzeugung erst die wahre Dialektik; jene Dialektik des Zeno aber, die nur polemisch das Viele bestreitet, ist von daher gesehen eine vorzeitige Geburt, vorzeitig ans Licht gebracht wie ein gestohlenes und wider den Willen des Autors veröffentlichtes Manuskript.

Sokrates gibt sich mit der Antwort des Zeno zufrieden und geht nun dazu über, seine eigene (eigentlich die frühplatonische) Philosophie vorzutragen (128 e bis 130 a). »Nimmst du nicht auch an (sagt er 129 a), daß es eine an und für sich seiende Idee der Gleichheit gibt und etwas anderes diesem Entgegengesetztes, das Wesen des Ungleichen, und daß an diesen beiden Seienden ich und du und das andere, das wir Vieles nennen, teilnimmt (μεταλαμβάνειν)? Was an der Gleichheit teilnimmt, das wird gleich, eben insofern und soviel als es teilnimmt. Was aber an der Ungleichheit teilnimmt, das wird ungleich, und was an beiden teilnimmt, an der Gleichheit und der Ungleichheit, das wird beides, gleich und ungleich. Wenn nun alles an beiden entgegengesetzt Seienden teilnimmt und durch das Teilhaben an beiden einander gleich und ungleich ist, was wäre daran Wunderbares? Ja, wenn jemand aufzeigen würde, wie das Gleiche selbst ungleich wird oder das Ungleiche selbst gleich, das allerdings wäre, wie ich meine, in der Tat eine Ungeheuerlichkeit. Wenn man aber von dem, was an beiden teilhat, nachweist, daß ihm beides zukommt, das scheint mir, Zeno, nichts Widersinniges, noch wenn jemand nachweist, daß alles durch die Teilhabe am Einen Eines ist und dasselbe auch wieder Vieles durch die Teilhabe am Vielen. Aber wenn jemand beweisen wird, daß das Wesen der Einheit selbst Vieles sei und entsprechend das Viele Eines, darüber würde ich mich wundern, und ebenso in allen anderen Fällen. Wenn jemand aufzeigt, daß den Gattungen und Arten an ihnen selbst und nicht nur den Dingen, die unter diese Gattungen und Arten fallen, entgegengesetzte Bestimmungen zukommen, das wäre der Verwunderung würdig. Wenn jemand beweist, ich sei Eines und Vieles, was ist daran verwunderlich? Wenn er mich als Vieles erweisen will, so wird er sagen, daß meine rechte Hälfte etwas anderes ist als meine linke, die Vorderseite etwas anderes als die Rückseite, der Oberkörper etwas anderes als der Unterkörper, denn ich habe ja, denke ich, Teil an der Vielheit. Will er mich aber als Einen erweisen, so wird er sagen, daß ich einer von den sieben hier anwesenden Menschen bin, da ich ja auch an der Einheit teilhabe, und so wird sich beides als wahr erweisen. Wenn es also jemand unternimmt, dasselbe als Eines und Vieles zu erweisen, so wollen wir sagen, er habe uns *etwas* als Eines und Vieles erwiesen (τὶ πολλὰ καὶ ἕν), aber nicht *das* Eine als Vieles (τὸ ἓν πολλά) und nicht *das* Viele als Eines (τὰ πολλὰ ἕν 129 d), und er habe gar nichts Wunderbares gesagt, sondern nur etwas, was wir alle zugeben. Wenn er aber zunächst die Ideen (die Prädikate) von den Dingen absondert, sie für sich (χωρίς, absolut) nähme, wie z. B. die Gleichheit und die Ungleichheit, die Vielheit und die Einheit, die Ruhe und die Bewegung usw., und wenn er dann aufzeigte, daß diese das Vermögen haben, unter sich vermischt und wieder auseinandergesondert zu werden, dann allerdings, Zeno, würde ich aufs höchste erstaunen. Das erste scheint mir nun hier gar trefflich durchgeführt zu sein, aber weit mehr würde ich mich wundern, wenn jemand imstande wäre, dieselben Schwierigkeiten als solche, die mit den Ideen selbst auf alle Weise verflochten sind, zu erweisen, und was ihr auf dem Felde des Sichtbaren durchgefochten habt, auf dem Felde des reinen Gedankens (λογισμός 130 a) zu leisten«.

Sokrates bietet hier eine Lösung für die Schwierigkeiten an, in welche die Dialektik des Zeno uns verwickelt hatte. Zeno hatte argumentiert: wenn es vieles Seiendes gibt, so muß es als Seiendes alles gleich und als Vieles ungleich sein, und das ist unmöglich. Das ist aber in Wahrheit gar nicht unmöglich, denn es können einem und demselben Subjekt in verschiedener Hinsicht verschiedene und auch wohl entgegengesetzte Prädikate zukommen. Das wußte schon Heraklit. Meerwasser, hat er gesagt, ist trinkbar und lebenserhaltend für die Fische, untrinkbar und tödlich für die Menschen, also Entgegengesetztes in verschiedener Hinsicht.

Aber was man so mit den Subjekten machen kann, kann man das auch mit den Prädikaten machen? Ich bin Eines und Vieles, gewiß, aber ist auch die Einheit Vielheit und die Vielheit Einheit? Das scheint absurd. Wir sagen: Sokrates fällt unter den Begriff der Vielheit, sofern er eine Vielheit von leiblichen Teilen ist. Sokrates drückt dasselbe so aus, daß er sagt: Sokrates hat teil an der Idee der Vielheit. Er hat daran nur Anteil, weil es auch noch anderes gibt, was Vieles ist, also an derselben Idee teilhat. Die Vielheit ist nicht sein alleiniger Besitz. Offenbar gilt das von jedem Prädikat eines Subjektes, daß es auch noch andern Subjekten zukommt oder wenigstens zukommen kann. Das Verhältnis des Dinges zur Idee (oder in unserer Sprache: des Gegenstandes zum Prädikat) wird daher als Teilhabe (μέθεξις) bezeichnet. Der Terminus Teilhabe ist eine Auslegung des »ist« im Satz »Sokrates ist Vieles«. Jede Aussage, die zum Subjekt ein bestimmtes einzelnes Ding hat und von ihm ein Prädikat aussagt, das auch noch von anderen Dingen ausgesagt werden kann, sagt also immer mit: »Das Einzelne hat teil am Allgemeinen.« Das Allgemeine ist also etwas anderes als das Einzelne, das daran teilhat. Das Einzelne, das sind die Dinge, die wir wahrnehmen, oder mit einem pars pro toto gesagt: das Einzelne ist ein Gesehenes (ὁρώμενον 130 a). Das Allgemeine dagegen ist zugänglich im Denken (λογισμός). Dinge werden wahrgenommen, Prädikate werden gedacht. Zwischen beiden besteht trotz der Teilhabe eine Kluft, eine Trennung (χωρισμός). Jeder Satz, den wir über Einzelnes sagen, indem wir ihm allgemeine Prädikate zusprechen, sagt daher nicht nur mit: »Das Einzelne hat teil am Allgemeinen«, sondern auch noch: »Das Allgemeine ist vom Einzelnen getrennt«. Nun beruhte die Dialektik des Zeno darauf, daß er geltend machte, daß das Einzelne an verschiedenem, unter anderem auch an entgegengesetztem Allgemeinen teilhaben müßte. Daß und wie das möglich ist, ist jetzt geklärt.

Man kann aber auch, statt über das Einzelne zu sprechen und es durch allgemeine Prädikate zu bestimmen, dies Allgemeine selbst wiederum zum Subjekt machen; man kann, statt etwas als Eines zu bestimmen, über die Einheit selbst sprechen. Wenn man da auch dasselbe als Entgegengesetztes erweisen könnte, das (so meint Sokrates) würde ihm höchst wunderbar erscheinen. Warum? Die Ideen oder Prädikate sind das Feste und Bleibende und Eindeutige, woran man sich orientiert, wenn man die daran teilnehmenden Gegenstände bestimmt als etwas, was bald so bald so, in dieser Hinsicht so, in jener so ist. Wenn auch die Ideen selbst so fließend sind wie das Sinnliche, dann scheint es ja gar nichts Festes mehr zu geben und in einem allgemeinen Strudel alle Möglichkeit des Redens, Erkennens und Wissens unterzugehen. Eines kann Vieles werden, aber Einheit muß Einheit und Vielheit muß Vielheit bleiben. Die Mischung der Bestimmungen darf sich nur am Einzelnen vollziehen, das Eines und Vieles sein kann, aber jede Idee muß eine in sich ruhende, abgesonderte Gestalt bleiben.

Im weiteren Verlauf des Gesprächs wird Sokrates gerade das geschehen, was er hier für das Wunderbarste und Allerunmöglichste erklärt: die Vermischung der Ideen selbst als solcher. Aber nicht genug damit; auch das, was dem Sokrates völlig klar und problemlos zu sein scheint, das Verhältnis des Sinnlichen zur Idee, wird sich bald als keineswegs durchsichtig, sondern als völlig problematisch erweisen. Die Schwierigkeiten, die sich darin verbergen, werden von Parmenides aufgezeigt, der jetzt in das Gespräch eingreift.

Sokrates hatte behauptet: 1. das Sinnliche hat teil an den Ideen (μέθεξις). 2. die Ideen sind vom Sinnlichen getrennt (χωρισμός). 3. die Ideen mischen sich im Sinnlichen. 4. die Ideen selbst sind voneinander getrennt. Parmenides zeigt nun 1. die Schwierigkeiten, die sich ergeben, wenn man angeben will, wovon es eigentlich Ideen gibt und wovon nicht

(130 a bis e). Er zeigt 2. die Schwierigkeiten, die in der Vorstellung von der Teilhabe (μέθεξις) des Sinnlichen an den Ideen enthalten sind (130 e bis 133 a). Er zeigt 3. die Schwierigkeiten, die in der Vorstellung von der Trennung der Ideen vom Sinnlichen (χωρισμός) enthalten sind (133 a bis 134 e). Er schlägt schließlich 4. eine Übung (γυμνασία) vor, die eine Auflösung der Schwierigkeiten wenigstens vorbereiten kann (134 e bis 137 c). Diese Übung wird dann im 2. Teil des Dialogs vorgeführt, und in ihr ereignet sich dann genau das, was Sokrates für das Allerunmöglichste erklärt hatte, nämlich die Vermischung der Ideen selbst und als solcher.

Der Zeuge des Gesprächs, dessen Bericht wiedererzählt wird, Pythodoros, hatte nun erwartet, Parmenides und Zeno würden sich über Sokrates und seine Kritik an ihnen ärgern, aber sie hatten ihm im Gegenteil aufmerksam zugehört und einander häufig lächelnd angeblickt und den Sokrates gelobt, als er geendet hatte (130 a). Dann habe Parmenides gefragt: Du unterscheidest also das Sinnliche und die Ideen. Solche Ideen sind dann also die Gleichheit, die Einheit, die Vielheit und all das, was in den Ausführungen des Zeno vorkam. Ja, habe Sokrates gesagt. Auch Ideen des Gerechten, des Schönen, des Guten usw.? Auch das habe Sokrates bejaht. Auch eine Idee des Menschen oder des Wassers oder des Feuers? Da schwankt Sokrates, ob er auch dafür Ideen annehmen soll. Und wie steht es mit solchen Dingen wie mit Haaren, Schmutz, Kot und ähnlichen unansehnlichen und minderwertigen Dingen, gibt es davon Ideen? Davon, hätte Sokrates entgegnet, gibt es keine, das ist etwas bloß Sinnliches. Doch sei er manchmal beunruhigt gewesen, ob man nicht hinsichtlich aller Dinge in gleicher Weise entscheiden müsse, und also auch von solchen Dingen Ideen annehmen. Doch dann schiene es ihm, als ob er damit in einen Abgrund von Lächerlichkeit falle, und er habe sich wieder auf die Betrachtung der Ideen des Guten und Schönen und Gerechten zurückgezogen (130 b ff.).

Wir haben also 4 Bereiche: 1. das Gleiche, das Eine, das Viele usw. 2. das Gerechte, das Schöne, das Gute usw. 3. Mensch, Feuer, Wasser usw. 4. Haare, Kot, Schmutz usw. Für die beiden ersten Bereiche nimmt Sokrates Ideen an, im 3. Bereich schwankt er, im 4. möchte er Ideen ablehnen, hat aber Bedenken, ob ihre Annahme nicht auch dort notwendig sei. In diesem Schwanken des Sokrates spiegelt sich ein Schwanken in der Bedeutung der Idee bei Plato. Wir haben oben eine logische, eine normative und eine paradigmatische Wurzel der Ideenlehre unterschieden. Diese Auslegung war schon mitbestimmt von der Kenntnis der jetzt zur Erörterung stehenden Stelle aus dem »Parmenides«, in welcher Plato zum ersten Male selbst über die Vieldeutigkeit seines Idee-Begriffs reflektiert.

Wir haben soeben die Idee interpretiert als Prädikat, und da ist es klar, daß es gar keinen Bereich von Gegenständen gibt, dem man keine Prädikate zusprechen kann. Wenn Ideen Prädikate sind, dann gibt es von allen Dingen Ideen, auch von Haaren, Kot und Schmutz. Aber Idee bedeutet auch noch etwas anderes; die Idee der Gerechtigkeit ist nicht nur ein beliebiges Prädikat, das gewissen Menschen zukommt, anderen wiederum nicht, sondern die Gerechtigkeit ist eine Norm, nach der wir uns im Handeln richten, die wir befolgen oder übertreten, denn auch noch im Übertreten beziehen wir uns auf die Norm. Das Gerechte, das Gute, das Schöne, das sind sittliche und ästhetische Normen, aber auch das Gleiche, das Eine, das Sein und dergleichen sind Normen, zwar nicht des Handelns, aber des Denkens, logische oder theoretische Normen. Wieder anders steht es mit der dritten Gruppe, den Ideen von Mensch, Feuer, Wasser, oder auch Rind und Pferd. Das Pferd scheint doch etwas zu sein, was nicht durch das zufällige Zusammenwirken blinder Naturkräfte entstanden ist, sondern es sieht so aus, als ob es seine Entstehung einer Zwecksetzung verdanke; es ist etwas, was ein Pferd hat werden sollen. Es ist wie nach einem vorgegebenen Modell oder Urbild entstanden. Pferde sind Nachbildungen einer ihnen vorausliegenden Idee. Dieses Vorbild ist nicht dasselbe wie eine Norm. Der Gerechte ist dadurch gerecht, daß er sich nach der Norm der Gerechtigkeit richtet, sich danach ausrichtet. Wenn er davon abweicht, verfehlt er sich. Das Pferd richtet sich nicht in gleicher Weise nach der Norm eines Idealpferdes, und es versündigt sich auch nicht, wenn es von diesem Vorbild abweicht. Wir sind es, die die Pferde als mehr oder weniger vollkommene Nachbildungen eines Modells verstehen, aber das Pferd versteht sich nicht selbst so, es bemüht sich nicht darum, ein möglichst vollkommenes Pferd zu sein, und es ist nicht seine Schuld, wenn es nicht ein edler Renner, sondern ein schäbiger Gaul ist. Es ist also notwendig, die Idee als Prädikat, Idee als Urbild, und Idee als Norm zu unterscheiden.

Jetzt geht Parmenides dazu über, das Problem der Teilhabe (μέθεξις) des Sinnlichen an der Idee aufzurollen (130 e bis 133 a). Die Schwierigkeit, die sich da erhebt, ist eine doppelte. Es droht nämlich sowohl eine

Zerteilung der Idee (130 e bis 131 e) als auch eine Vervielfältigung derselben (131 e bis 133 a). Der erste Teil, der sich mit der drohenden Zerteilung der Idee beschäftigt, läßt sich noch einmal unterteilen, und zwar dreifach: 1. Die Schwierigkeit der Teilhabe an der ganzen Idee (130 e bis 131 b). 2. Ein Rettungsversuch des Sokrates (131 b bis c). 3. Die Schwierigkeit der Teilhabe an einem Teil der Idee (130 bis 131 b).

Zunächst also werden die Schwierigkeiten entwickelt, die aus der Vorstellung entspringen, daß das an der Idee teilhabende Ding an der ganzen Idee teilhat. Parmenides sagt (130 e ff.): Dir scheint also, es gebe gewisse Ideen, von denen das andere hier, das daran teilnimmt, seine Benennungen hat, indem z. B. das, was an der Gleichheit teilnimmt, gleich wird, was an der Größe groß, was an der Schönheit und Gerechtigkeit gerecht und schön. Nun muß doch offenbar das, was an der Idee teilnimmt, entweder an der ganzen Idee oder an einem Teil von ihr teilnehmen. Scheint dir nun die ganze Idee in jedem der Vielen zu sein, obwohl sie eine ist, oder wie? Was sollte es hindern, fragt Sokrates zurück, daß sie darin ist? Darauf Parmenides: Eine und dieselbe seiend würde sie dann in vielen auseinander Seienden zugleich ganz darin sein, und so wäre sie von sich selbst getrennt. Das scheint absurd.

Viele Dinge haben an einer Idee teil. Wie teilen sie sich in diese Habe? Bekommt dabei jedes Teilhabende das Ganze? Das scheint doch zunächst notwendig, denn alles, was gleich ist, hat doch wohl an der ganzen Idee der Gleichheit teil und nicht an einem Teil von ihr. Nun wird aber dies Verhältnis von Parmenides vorgestellt als ein Insein, so als sei die Gleichheit in allem, was gleich ist, darin. Und so wäre dann die eine Idee der Gleichheit 1. etwas für sich, und 2. steckte sie noch in jedem der vielen gleichen Dinge ganz darin. Insofern war es also ganz richtig, wenn Sokrates ohne Zögern antwortete, daß das Teilhabende an der ganzen Idee teilhat, aber es war nicht gut, daß er darauf einging, sich dies Teilhabeverhältnis als ein Enthaltensein der Idee in dem Ding zu veranschaulichen. Die Ideen sind Prädikate, und Prädikate stecken nicht in den Dingen, denen wir diese Prädikate zusprechen.

Der unerwünschten Konsequenz der Trennung der Idee von sich selbst sucht Sokrates in dem jetzt folgenden Rettungsversuch zu entgehen. Er sagt (131 b ff.): Nicht doch, wenn wie der Tag, der als ein und derselbe überall zugleich ist, dennoch keineswegs von sich selbst getrennt ist, so auch jede Idee als ein und dieselbe zugleich in allen Dingen wäre. Dies

Bild des Tages ersetzt Parmenides sogleich durch das Bild eines Zeltes, das als eines zugleich über vielen ist, die darunter sitzen. Indem Sokrates sich so schnell das Bild des Tages entwinden und sich dafür das Bild des Zeltes unterschieben läßt, habe er, meinen manche Ausleger, seinen Vorteil nicht gut wahrgenommen. Aber das ist nicht der Punkt, an dem er hätte Widerstand leisten müssen, sondern der kommt erst jetzt. Parmenides fragt: »Wäre dann über jedem das ganze Zelt, oder über jedem ein Teil desselben?« Da antwortet Sokrates: »Über jedem ein Teil« (131 c), und das war nicht gut geantwortet, weder für das Zelt noch für das, wofür das Zelt ein Bild sein soll, die Idee. Denn es ist doch offenbar nicht wahr, daß von den vielen Menschen, die in einem großen Zelt sitzen, jeder durch das Stück Zelt geschützt wird, das sich gerade über seinem Kopf befindet. Vielmehr genießt jeder den Schutz des ganzen Zeltes.

Die falsche Antwort wird Sokrates zum Verderben, denn nun macht Parmenides die Anwendung auf die Idee. Die Idee ist also teilbar, und die Teilhabe an ihr besteht darin, daß jedes Teilhabende einen Teil der Idee bekommt. Nun ließe sich freilich auch noch mit der Rede, daß das an der Idee Teilhabende nicht an der ganzen Idee teilhat, sondern nur an einem Teil von ihr, ein guter und richtiger Sinn verbinden. Denn Plato lehrt ja nicht nur dies, daß die Sinnendinge an den Ideen teilhaben, sondern auch dies, daß sie dabei immer hinter der Idee zurückbleiben. Nichts, was an der Idee der Gleichheit teilhat, ist absolut gleich, sondern alles ist nur näherungsweise gleich. Wenn das an einem Teil der Idee Teilhaben meinen soll, nur näherungsweise durch die Idee bestimmt zu sein, so daß z. B. erst alle Pferde zusammen, deren jedes sozusagen ein eingeschränktes Pferd ist, die Idee des Pferdes offenbar machen — wenn es so gemeint wäre, wäre es gut. Aber solcher Teil hat nichts zu tun mit dem hier gemeinten Teil, der ein Stück eines Ganzen ist, das in Stücke zerteilt wird, damit viele jeder ein Stück davon bekommen.

Diese Vorstellung wird Sokrates sogleich in neue Ungelegenheiten stürzen. Denn Parmenides zeigt ihm nun die Schwierigkeiten, die sich ergeben, wenn man sich die Teilhabe als eine solche an einem Teil der Idee vorstellt. Boshafterweise nimmt Parmenides als Beispiel die Idee der Größe, an der teilhabend nach der Ideenlehre etwas groß ist (131 d). Da kommt dann heraus, daß das viele Große dadurch groß ist, daß es ein Stück der Größe bekommt, das kleiner ist als die Größe selbst. Und gleich wird etwas durch ein Stück der Gleichheit, das kleiner ist als die Gleichheit selbst. Und die Kleinheit selbst wird größer sein als das Stück davon, das einem Ding zugeteilt wird, und dies wird nun durch diese Zuteilung nicht größer, sondern kleiner. Da sieht man also deutlich, was dabei herauskommt, wenn man sich das Verhältnis der Teilhabe der Dinge an der Idee so vorstellt, als werde die Idee wie eine Torte zerlegt und an die daran teilhabenden Dinge verteilt, indem die Teile der Idee in die Dinge hineingesteckt werden.

Nachdem Sokrates zu dem Zugeständnis gebracht worden ist, daß also die Dinge weder an der ganzen Idee teilhaben können noch an einem Teil von ihr, und völlig ohne Ausweg ist (131 e), überfällt ihn Parmenides sogleich mit einer neuen Schwierigkeit, nämlich der drohenden Vervielfältigung der Idee. Dieser Abschnitt läßt sich wiederum dreifach gliedern: 1. die Entwicklung der Schwierigkeiten (131 e bis 132 b) 2. Sokrates' Flucht in den Subjektivismus (132 b bis c). 3. Sokrates' Flucht in den Objektivismus (132 c bis 133 a).

Mir scheint (sagt Parmenides 132 a), daß du aus folgendem Grunde glaubst, jede Idee sei eine: Wenn dir viele Dinge als groß erscheinen, so erscheint eine Idea, ein Anblick, eine Hinsicht als solche, die dieselbe ist bei allem, worauf du hinblickst, weshalb du meinst, das Große sei Eines. Sokrates stimmt zu. In der Tat ist die Größe jene Hinsicht, in der alles Große dasselbe, nämlich eben groß, ist. Auf jene Hinsicht hinblickend, in der das Viele Eines ist, blicken wir auf die Idee. Nun aber folgt die Schwierigkeit. Parmenides sagt: Wenn du nun auf das Große selbst und das andere Große hinblickst, wird dir dann nicht wiederum ein Großes erscheinen, wodurch alles dieses groß ist? Wenn das so ist, dann wird eine zweite Idee der Größe auftauchen, die neben der Größe und dem an ihr Teilhabenden entstanden ist. Und neben all diesen wieder eine andere, durch die alles dieses Große groß ist. Und so wird jede Idee nicht eine sein, sondern der Zahl nach unendlich.

Dies Argument ist berühmt geworden unter dem Namen des dritten Menschen (τρίτος ἄνθρωπος), wobei der 1. der mit Augen sichtbare Einzelmensch, der 2. die Idee des Menschen ist. Die Idee des Menschen ist die Hinsicht, in der sich alle sinnlich wahrnehmbaren Menschen gleichen. Aber auch alle diese wahrnehmbaren Menschen und ihre Idee müssen sich in bestimmter Hinsicht gleichen, und das wäre dann der 3. Mensch, und so fort ohne Ende. Die Möglichkeit dieses Arguments beruht darauf, daß die Ideen Prädikate sind, und daß die Prädikate mit denselben Namen genannt werden wie die Dinge, denen die Prädikate zukommen. τὸ μικρόν kann bedeuten: das, was klein ist, das kleine Ding; es kann aber auch bedeuten: das Prädikat »klein«. Nun ist aber das Prädikat »klein« nicht selbst klein. Das Prädikat ungerade ist nicht ungerade, denn sonst wäre es eine Zahl, da ja nur Zahlen gerade und ungerade sein können. Auch ist das Prädikat dreieckig nicht dreieckig usw.

Wenn man nicht fälschlich das Prädikat zum Prädikat seiner selbst macht, dann bricht das Argument des dritten Menschen zusammen. Sokrates aber entdeckt den Fehler nicht und unternimmt zwei vergebliche Versuche, sich zu retten. Zunächst versucht er eine Flucht in den Subjektivismus. Er sagt (132 b ff.): Vielleicht ist jede der Ideen nur ein Gedanke, der nirgend anders auftritt als in den Seelen. So wäre jede Idee eine, und es könnte ihr nicht wieder das geschehen, was eben gesagt worden ist. Sogleich aber wendet dagegen Parmenides ein, daß dieser Gedanke doch nicht Gedanke von nichts sein könne, sondern Gedanke von etwas sein müsse, also von Seiendem, und also wohl von einem gewissen Einen, welches jener Gedanke als bei all den betreffenden Dingen dabeiseiend denkt, als etwas, was eine einzige Idee ist. Und dies gedachte Eine wird ein immer seiendes Eidos sein, das bei allem dasselbe ist. Wenn das so ist, folgt dann aber nicht, daß, wenn das andere an den Ideen teilhat, alles aus Gedanken besteht und denkt, oder aber ungedachter Gedanke ist?

Sokrates will also der Schwierigkeit entgehen, indem er sagt, die Idee ist Gedanke. Das ist soweit auch gut und könnte zur Klarheit führen, daß vieles sinnlich Gegebene unter einen Gedanken subsumiert werden kann. Parmenides macht nun geltend, daß Gedanke (νόημα) genauer meinen muß das Gedachte (νοούμενον), und daß es für ein Ding doch ganz unwesentlich ist, ob die Idee, an der es teilhat, von einem denkenden Menschen vorgestellt wird oder nicht. Wasser ist der Erde ungleich, hat also an der Idee der Ungleichheit teil, ob sich das einer vorstellt oder nicht. Wenn man daher sagt, die Idee ist Gedanke, dann müßte man entweder behaupten, daß die Dinge selbst, indem sie an einer Idee teilhaben, diesen Gedanken denken, oder daß es Gedanken gibt, die niemand denkt, was offenbar beides gleich unsinnig ist.

Diese Argumente sind für uns Heutige etwas befremdlich. Wir sind zu sehr gewohnt, das Denken als einen Akt der Spontaneität, der Selbsttätigkeit, aufzufassen, als das Produzieren von Gedanken, die wir dann an das sinnlich Gegebene heranbringen. Aber die Griechen verstehen das Denken vielmehr als ein Schauen. Das Denken der Idee der Gleichheit ist ein Denken von etwas, was wir nicht erfinden, sondern vorfinden, was wir nicht machen, sondern in Gebrauch nehmen. Da die Ideen also auch da sind, wenn niemand sie denkt, so muß der Versuch des Sokrates, sie zu subjektivieren, als widersinnig erscheinen. Zur Beseitigung der Schwierigkeit des dritten Menschen trägt diese Subjektivierung auch nichts bei und ist dazu auch gar nicht erforderlich.

Nachdem es dem Sokrates so nicht gelingt, der Schwierigkeit zu entgehen, versucht er es auf dem entgegengesetzten Wege, nach dem Subjektivismus mit dem Objektivismus. Er sagt (132 c ff.), die Sache scheine sich ihm so zu verhalten: Die Ideen stehen wie Vorbilder in der Natur da. Die anderen Dinge gleichen ihnen und sind Nachbilder, und die Teilhabe ist nichts anderes als Abbildung. Wenn das so ist (wendet Parmenides ein), dann werden nicht nur die Abbilder einander gleichen, sondern auch das Abbild dem Urbild und umgekehrt. Nun muß aber das Gleiche mit dem Gleichen an ein und derselben Idee teilhaben, und so folgt wieder der dritte Mensch. Die Teilhabe an der Idee kann also nicht darin bestehen, daß das an ihnen Teilhabende den Ideen gleicht.

Aber folgt das wirklich? Die Idee als Prädikat gleicht nicht dem Ding, dem wir solches Prädikat zusprechen. Das Prädikat dreieckig, sagten wir, ist nicht dreieckig. Aber die Idee war ja nicht nur das Prädikat, sondern auch das Paradigma, das Vorbild. Wenn sie das ist, sind die daran teilhabenden Dinge ihre Nachbilder. Und so gleicht nicht nur das Nachbild dem Vorbild, sondern selbstverständlich auch das Vorbild dem Nachbild. Es bleibt aber doch der Unterschied, daß diese Gleichheit dadurch entsteht, daß sich das Nachbild dem Vorbild angleicht, und nicht dadurch, daß sich das Vorbild dem Nachbild angleicht. Ferner entsteht die Gleichheit der Nachbilder untereinander dadurch, daß sie sich alle dem gemeinsamen Vorbild angleichen. Die Gleichheit des Nachbildes und des Vorbildes entsteht nicht durch ein weiteres Vorbild für beide, sondern durch das sich Angleichen des Nachbildes an das Vorbild. Das, worin sich Vorbild und Nachbild gleichen, ist darum nicht ein drittes, sondern das ist wiederum das Vorbild selbst. Auch hier ist der Einwand des dritten Menschen also leicht aufzulösen. Aber Sokrates war es weder durch die Flucht ins Subjektive noch durch die Flucht ins Objektive gelungen, dem dritten Menschen zu entgehen, und wieder endet er in der Ausweglosigkeit.

Sogleich aber stürzt ihn Parmenides in neue Schwierigkeiten. Jetzt betreffen sie nicht mehr die Teilhabe (μέθεξις), sondern im Gegenteil die Sonderung der Ideen von den sinnlichen Dingen (χωρισμός). Die Schwierigkeit, die Parmenides hier findet, ist eine doppelte: 1. Wir haben kein Wissen von den Ideen (133a bis 134e). — 2. Gott hat kein Wissen des Sinnlichen (134c bis e).

Zunächst also: Wir haben kein Wissen von den Ideen. Parmenides sagt (133a ff.): Die größten Schwierigkeiten bei der Ansetzung von Ideen, die von den sinnlichen Dingen getrennt sein sollen, seien noch gar nicht zur Sprache gekommen. Wenn nämlich einer behauptet, solche Dinge, wie es die Ideen sein sollen, könnten gar nicht erkannt werden, dem könnte man nicht so leicht beweisen, daß er im Irrtum ist. Er muß da schon geübt und begabt sein und gewillt, dem Beweisenden durch viele und weitläufige Untersuchungen zu folgen. Damit erklärt Parmenides, daß er weder die vorausgegangenen noch die folgenden Einwände gegen die Ideenlehre als Widerlegungen betrachtet, sondern nur als Entwicklung von Schwierigkeiten, die aufgelöst werden können und müssen. Nun also die Schwierigkeit: Keine Idee ist bei uns (ἐν ἡμῖν 133c), sonst wäre sie nichts an und für sich. Das heißt, die Idee ist etwas für sich, etwas vom Sinnlichen Verschiedenes und Getrenntes. Das wird hier so ausgedrückt, daß gesagt wird, die Idee ist nicht bei uns. Das ist ganz richtig, wenn es sagen soll, daß die Idee nicht als wahrnehmbares Ding unter ihren Abbildern vorkommt; wir selbst sind ja solche Abbilder der Idee des Menschen. Daß die Idee nicht bei uns ist, darf aber nicht bedeuten, daß wir gar keinen Zugang zu ihnen hätten und nicht im Denken auf sie bezogen sind, wie es ja auch nicht bedeuten darf, daß nicht die sinnlichen Dinge so mit ihnen zusammenhingen, daß sie an den Ideen teilhaben.

Von Parmenides wird aber der Chorismos der Ideen in falscher Weise übersteigert. Er fährt nämlich (133c) fort: Diejenigen Ideen, die nur in Bezug auf etwas sind, was sie sind, haben ihr Wesen in Bezug aufeinander und nicht in Bezug auf das bei uns, seien das nun Abbilder oder als was man es sonst bestimmt. Das aber, was bei uns ist und mit den Ideen gleichnamig ist, das ist nur im Verhältnis zueinander und nicht im Verhältnis zur Idee. Er gibt ein Beispiel. Wenn einer von uns jemandes Herr oder jemandes Knecht ist, so ist er nicht Knecht des Herrn an sich oder des Wesens des Herrn, noch ist er ein Herr des Knechtes an sich, sondern der Mensch ist beides im Verhältnis zu einem Menschen. Die Herrschaft an sich aber ist das, was sie ist, im Verhältnis zur Knechtschaft an sich, und ebenso ist die Knechtschaft an sich Knechtschaft der Herrschaft an sich. Das bei uns hat keine Macht über jenes, noch hat jenes Macht über das bei uns, sondern jenes ist unter sich aufeinander bezogen, und ebenso ist das bei uns aufeinander bezogen.

Zweifellos: Zwischen dem hiesigen Herrn und dem hiesigen Knecht besteht das hiesige Verhältnis der hiesigen Knechtschaft, während die Idee der Knechtschaft die Idee des Herrn mit der Idee des Knechtes verbindet. Aber diese Trennung hindert nicht, daß der hiesige Knecht an der Idee der Knechtschaft teilhat und der hiesige Herr an der Idee der Herrschaft und das hiesige Verhältnis beider an der Idee dieses Verhältnisses. Aber das ist noch nicht alles, denn das Knechtschaftsverhältnis ist ein wissendes Verhältnis. Zum Knechtsein gehört es, daß der Knecht weiß, daß er ein Knecht ist und wer sein Herr ist, und Entsprechendes gilt für den Herrn. Das können aber beide nur wissen, wenn sie wissen, was Herrschaft und Knechtschaft selbst sind, d. h. nur, indem beide ein Wissen von der Idee von Herr und Knecht und ihrem Verhältnis haben, ist das hiesige Verhältnis überhaupt möglich. Das ist wichtig, im Auge zu behalten für die nun folgende Übertragung dieser Beziehungen auf das Verhältnis der Erkenntnis.

Parmenides fährt nämlich fort (134a): Ist nun nicht das Wissen selbst, d. h. das Wesen des Wissens Wissen des Wesens der Wahrheit, d. h. der Wahrheit an sich? Wenn das so ist, dann ist das Wesen jedes bestimmten einzelnen Wissens das Wissen des Wesens des betreffenden Seienden. Das Wissen bei uns aber ist dann Wissen der Wahrheit bei uns, und jedes einzelne Wissen bei uns muß das Wissen eines einzelnen Dinges bei uns sein. Die Ideen selbst haben wir weder noch können sie bei uns sein. Die Ideen werden erkannt von der Idee des Wissens, welche Idee aber nicht bei uns ist, so daß wir sie nicht haben. Da wir also an der Idee des Wissens nicht teilhaben, wird von uns auch keine Idee erkannt. Also ist alles dies, das Gute an sich, das Schöne an sich usw., überhaupt jede Idee ganz unerkennbar.

Hier wird das vorher über Herr und Knecht Ausgemachte übertragen auf die Erkenntnis. Der Beziehung zwischen Herr und Knecht entspricht die Beziehung zwischen dem Erkennenden und dem Erkannten. Diese Beziehung ist, entsprechend wie das für Herr und Knecht ausgeführt wurde, entweder eine solche zwischen zwei Ideen oder zwischen zwei sinnlichen Gegenständen. Also können die Ideen nur erkannt werden von der Idee des Wissens, die selbst zur von uns getrennten Ideenwelt gehört; wir als zur Sinnenwelt gehörig können nur Sinnliches erkennen und sind so ganz von der Ideenwelt abgeschnitten.

Nun haben wir uns aber klargemacht, daß der hiesige Herr und der hiesige Knecht nicht nur aufeinander bezogen sind, sondern außerdem auch noch mehrfältig auf die Ideen. Es ist daher zu vermuten, daß auch bei der Erkenntnis die Dinge nicht so einfach liegen werden, daß die Ideen erkannt werden von der Idee der Erkenntnis und die sinnlichen Dinge von der sinnlichen Erkenntnis.

Vielmehr ist es nötig, zu unterscheiden: 1. das sinnliche Ding, 2. die Idee dieses Dinges, 3. das faktische Wissen von dem Ding, 4. das faktische Wissen von der Idee des Dinges. 5. Die Idee des Wissens vom Ding, 6. die Idee des Wissens von der Idee des Dinges. Die Argumentation des Parmenides wirft das 4. und 5. zusammen und begreift es als das 6., das heißt das faktische Wissen von der Idee des Dinges wird identifiziert mit der Idee des Wissens vom Ding und beides ist für Parmenides die Idee des Wissens von der Idee. Wir haben dann nur noch das sinnliche Wissen vom Sinnlichen und die Idee des Wissens von der Idee. Aber es gibt nicht nur die einzelne Anschauung und die Idee des Denkens, sondern außerdem noch die Idee der Anschauung und den einzelnen Gedanken. Nur durch die Weglassung dieser Mittelglieder kommt der Schluß zustande, daß wir von den Ideen völlig abgeschnürt sind.

Man darf also nicht, wie es Parmenides tut, das Wissen des Wesens und das Wesen des Wissens miteinander identifizieren. Es gilt sogar das Gegenteil von dem, was Parmenides herausbrachte. Er kam zu dem Ergebnis: Nur das Wesen des Wissens ist imstande zum Wissen des Wesens. Aber in Wahrheit weiß das Wesen des Wissens gar nichts. Das Wesen des Wissens ist ebenso ungeeignet dazu, mit seiner Hilfe etwas zu wissen, wie der Begriff des Hauses ungeeignet ist, darin zu wohnen. Wie man nur in einem wirklichen Haus wohnen kann und nicht in seinem Begriff, so kann man auch nur im wirklichen Wissen etwas wissen und nicht mit dem Wesen des Wissens. Unsere Teilhabe am Wesen der Anschauung ermöglicht es uns, einzelne sinnliche Dinge anzuschauen, und unsere Teilhabe am Wesen des Denkens ermöglichte es uns, die Ideen zu denken. So hat der rechtverstandene Chorismos keineswegs die Folge, uns als Hiesige von der Ideenwelt abzuschneiden.

Jetzt aber folgt die Umkehrung: es gilt nach Parmenides nicht nur dies, daß wir kein Wissen der Ideen haben können, sondern auch dies, daß Gott kein Wissen des Sinnlichen haben kann (134 c ff.). Parmenides sagt: wenn es eine Idee des Wissens gibt, dann wird die viel genauer sein als das Wissen bei uns. Wenn anders nun irgend einer dies Wissen an sich besitzt, dann der Gott. Aber aus dem schon Erörterten folgt, daß das Wesen des Wissens sich nur auf das Wesen der Dinge beziehen kann und nicht auf die Dinge bei uns, so wie der Herr an sich Herr des Knechtes an sich war. Wenn also Gott die Herrschaft an sich und das Wissen an sich zukommt (was Parmenides auf Grund des vorher Gesagten als die genaueste Herrschaft und das genaueste Wissen bezeichnet), so wird seine Herrschaft über jenes niemals über das Hiesige herrschen, und sein Wissen von jenem kann sich dann nicht auf das beziehen, was bei uns ist. So wie wir mit der Herrschaft bei uns nicht über die Idee des Knechtes herrschen und mit dem sinnlichen Wissen bei uns die Ideen nicht erkennen, so ist umgekehrt Gott auf die Ideenwelt beschränkt in seiner Herrschaft und in seinem Wissen, und das bei uns ist ihm unerreichbar.

Gott wird hier vorgestellt als der Herr im Reiche der Ideen, des Wesens. Mit der Idee der Herrschaft beherrscht er die Ideen, und mit der Idee des Wissens weiß er die Ideen, und eben darum ist er von der Welt, die wir mit den Sinnen sehen und in der wir leben, abgeschnitten.

Auch diese Argumentation ist nur scheinbar triftig. Zwar ist die Idee des Herrn bezogen auf die Idee des Knechtes, aber das hindert nicht, daß es das Wesen der Ideen überhaupt ist, das Sinnliche zu beherrschen, d. h. maßgebend zu bestimmen, was das Seiende ist. Und so ist die Ideenwelt nicht eine ferne Welt, die ganz von uns gelöst ist, sondern sie ist die eigentliche Macht über unsere hiesige Welt. Und wenn unter dem Wissen Gottes hier die Idee des Wissens gemeint ist, so ist diese Idee des Wissens weder vom wirklichen Wissen der Idee noch vom wirklichen Wissen des Sinnlichen abgeschnitten, sondern sie ist gerade dasjenige, wodurch jedes wirkliche Wissen, sei es Anschauung oder Denken, allererst Wissen ist.

Nur der mißverstandene Chorismos steht zur Teilhabe in Widerspruch. Richtig verstanden widersprechen sich Chorismos und Teilhabe so wenig, daß sie sich sogar gegenseitig bedingen; oder modern gesprochen: das eigentümliche Verhältnis von Subjekt und Prädikat, das in der copula

»ist« zum Ausdruck kommt, ist nur dadurch möglich, daß ein Ding etwas ganz anderes ist als ein Prädikat.

Damit ist die Entwicklung der Schwierigkeiten, in welche man sich durch die Annahme der Existenz von Ideen verwickelt sieht, zu Ende. Parmenides weist nun einen Weg, der geeignet sein soll, aus ihnen herauszuführen. Was da gesagt wird, läßt sich wieder in vier Abschnitte gliedern. Parmenides zeigt 1. daß es trotz dieser Schwierigkeiten notwendig ist, an der Setzung von Ideen festzuhalten (134 e bis 135 c), 2. setzt er auseinander, daß es zur Ermöglichung der Auflösung dieser Schwierigkeiten einer Art von Vorübung (γυμνασία) bedarf (135 c bis d), 3. wird die Art dieser Übung näher bestimmt (135 d bis 136 c), 4. endlich wird das Thema dieser Übung festgesetzt (136 c bis 137 c).

Zunächst also setzt Parmenides auseinander, daß es unbedingt notwendig sei, trotz der aufgetretenen Schwierigkeiten an der Annahme (ὑπόθεσις), daß es Ideen gibt, festzuhalten. Wenn jemand nämlich wegen der erörterten Schwierigkeiten oder auch wegen weiterer noch nicht erörterter Schwierigkeiten leugnen wolle, daß es Ideen gibt, dann wird er nichts haben, wohin er seinen Verstand wende, und er wird das Vermögen des Unterredens (διαλέγεσθαι) gänzlich zerstören (135 c). Ich habe diese Stelle schon angeführt, als vom Voraussetzungslosen die Rede war (oben S. 277). Im »Phaidon« hatte Plato die These, daß es Ideen gibt, die stärkste Hypothesis genannt. Hier zeigt sich, daß sie noch mehr ist als das. Die These, daß es Ideen gibt, ist nicht eine Voraussetzung, die man nach Belieben machen oder nicht machen kann. Man muß sie machen, wenn man nicht die Möglichkeit des sich Unterredens aufgeben will, d. h. in einem Dialog, in dem der Defendent die Ideenlehre verteidigt, kann der Opponent diese These nicht bestreiten, ohne sich selbst die Möglichkeit der Rede, also auch der Opposition zu nehmen. In moderner Sprache gesprochen: mit jemand, der behauptet, daß es gar keine Prädikate gibt, zu diskutieren ist sinnlos, weil es ohne den Gebrauch von Prädikaten gar keine Diskussion geben kann.

Es ist aber auch klar, daß diese Argumentation ihre Gültigkeit zunächst nur hat für den ersten Sinn der Idee: Idee als Prädikat. Wie es mit der Idee als Paradigma und als Norm steht, ist eine ganz andere Frage. Sie ist so schwierig und war so wenig schnell zu lösen, daß noch über 2000 Jahre später Kant seine drei Kritiken dieser Frage gewidmet hat, die Kritik der reinen Vernunft den theoretischen Normen, die Kritik der praktischen Vernunft den praktischen Normen und die Kritik der Urteilskraft der Idee als Paradigma.

Angesichts der Notwendigkeit, bei der Hypothesis, daß es Ideen gibt, zu bleiben einerseits und angesichts der Schwierigkeiten, in welche die Ideenlehre verwickelt, andererseits, ist die Fage: Was soll jetzt geschehen (135b)? Sokrates weiß keinen Rat, und Parmenides sagt: Zu früh, ehe du dich geübt hast, unternimmst du es, ein Schönes, ein Gerechtes, ein Gutes und so jegliche der Ideen zu bestimmen. Schön und göttlich ist freilich der Trieb, der dich zu den Logoi, den reinen Gedanken treibt. Bezwinge dich aber und übe dich noch mehr in diesem scheinbar unnützen sogenannten Geschwätz, solange du noch jung bist, sonst wird dir die Wahrheit entgehen.

Diese Mahnung des Parmenides an Sokrates ist in Wahrheit eine Mahnung, die Plato an sich selbst richtet. Gleichsam naiv hatte er in seinem Denken von den Ideen der Gerechtigkeit, der Schönheit, des Guten Gebrauch gemacht. Die Idee stand in der Antwort auf die Fragen, die er sich stellte. Jetzt aber muß die Antwort selbst zur Frage werden. Es verhält sich entsprechend, wie wir es vorher hinsichtlich des Wissens erörtert haben. In der Lehre: die Areté ist Wissen, stand das Wissen in der Antwort. Im Theaitetos wurde es selbst zum Gegenstand der Frage. So jetzt die Idee. Dein Fragen (sagt Parmenides zu Sokrates) kommt zu früh, das heißt, die jetzt zu stellende Frage kommt zwar später, ist aber der früheren nicht nach-, sondern vorgeordnet. Daß aber das der Sache nach Frühere im Gang des Denkens später kommt, ist nicht die Folge eines Versäumnisses, sondern liegt in der Eigenart der Philosophie begründet, die nicht von Voraussetzungen zu den Folgen geht, sondern gerade umgekehrt rückwärts zu den Voraussetzungen der Voraussetzungen bis zum Voraussetzungslosen (wie es in der »Politeia« ausgeführt worden ist).

Du mußt dich üben (hatte Parmenides gesagt), und Sokrates fragt (135d): Was ist das für eine Art von Übung? Von der Art (antwortet Parmenides), wie du sie von Zeno gehört hast. Doch habe ich mich gefreut, als du sagtest, du seiest nicht damit einverstanden, an dem Sichtbaren in Bezug auf es die Irrfahrt ins Auge zu fassen, sondern vielmehr hinsichtlich dessen, was man vornehmlich mit dem Logos, dem Gedanken auffaßt und von dem man annehmen muß, daß es Ideen sind (135e). Es soll sich also jetzt gerade das ereignen, was Sokrates zuerst als das allergrößte Rätsel bezeichnet hatte, daß sich für die Ideen selbst ergäbe, daß dasselbe Entgegengesetztes ist. Aber (so sagt Parmenides weiter) du mußt auch noch dies tun: nicht nur voraussetzen, daß das Betreffende ist, und betrachten, was daraus folgt, sondern auch noch voraussetzen, daß dasselbe nicht ist. Damit wird eine Erweiterung der früher geübten und diskutierten Methode der Hypothesis vorgeschlagen. Nach dieser Methode stellte man eine Hypothese auf und untersuchte die daraus zu ziehenden Folgerungen daraufhin, ob sie in Übereinstimmung waren mit dem, was man sonst wußte. So wurde z. B. im »Phaidon« die Hypothese geprüft, die Seele verhalte sich zum Leib wie die Stimmung zur Leier. Es wurde gefolgert: wenn das so ist, dann kann die Seele den Leib so wenig beeinflussen, wie die Stimmung die Leier beeinflussen kann. Da nun aber die Seele den Leib doch beeinflussen kann (ich kann den Arm heben, wenn ich will), so ist die vorgeschlagene Hypothese falsch. Jetzt wird eine Doppelprüfung vorgeschlagen: 1. zu prüfen was folgt, wenn das Betreffende ist, 2. was folgt, wenn es nicht ist.

Parmenides geht noch etwas mehr ins Einzelne und zeichnet damit das Programm für die folgende Übung vor. Er sagt (136a): Wenn du z. B. gemäß der Hypothesis des Zeno vorausgesetzt hast, daß Vieles ist, — was muß dann folgen für das Viele selbst, sowohl in Bezug auf es selbst wie auch in Bezug auf das Eine, und für das Eine in Bezug auf es selbst wie in Bezug auf das Viele? Und wiederum: wenn das Viele nicht ist, so ist zu betrachten, was dann folgt sowohl für das Eine wie für das Viele, und das jedes Mal sowohl in Bezug auf es selbst wie in Bezug aufeinander. So (meint Parmenides) müsse man in jedem Falle verfahren, sei der Gegenstand der Untersuchung nun das Viele des Zeno oder das Gleiche oder das Ungleiche, oder die Bewegung oder die Ruhe, das Werden oder das Vergehen oder das Sein selbst und das Nichtsein.

Nach diesem Schema wird die folgende Übung durchgeführt, und zwar von Parmenides selbst über sein Thema, das Eine (τὸ ἕν), und antworten muß ihm der junge Aristoteles. Die Frage ist also: Was ergibt sich als Folge (τί συμβήσεται) 1. wenn Eines ist (εἰ ἕν ἐστιν), 2. wenn Eines nicht ist (εἰ ἓν μὴ ἔστιν). In beiden Fällen muß untersucht werden: a. welche Folgen ergeben sich für das Eine selbst, und b. welche Folgen ergeben sich für das andere (τὰ ἄλλα), d. h. das Nicht-Eine, das Viele. Das ergäbe $2 \times 2 = 4$ Untersuchungen. Aber in allen diesen 4 Betrachtungen muß das Eine einmal genommen werden rein als solches und das andere Mal in seinem Bezug zum anderen. Natorp hat das treffend als bezügliche und unbezügliche Setzung unterschieden. Wir erhalten so 8 Gänge der Untersuchung. Iin Wirklichkeit folgen aber nicht 8, sondern 9 Gänge, und das kann kein Zufall sein. Vielmehr muß gerade der 9. und überzählige Gang eine besondere Bedeutung haben. Welches aber der überzählige Gang ist, darüber ist unter den Auslegern Streit. Die neuplatonische Tradition teilt 1 + 8, statuiert also eine Ausnahmestellung des 1. Ganges. Ich halte das für falsch und meine, es ist der 3. Gang, der eine Sonderstellung einnimmt. Ich kann das nicht im Voraus begründen, sondern nur versuchen, durch eine Auslegung der Gymnasia im Einzelnen zu zeigen, daß es sich so verhält.

Bevor wir uns in das kunstvoll verschlungene Gebilde vertiefen, müssen wir uns noch einige Gedanken machen über die Themenwahl. Es wird gesagt, es sei das eine Übung, eine Vorübung, und es wird so gesprochen, als sei die Themenwahl in gewissem Sinne beliebig, man könne da das Viele des Zeno verhandeln oder das Gleiche oder die Bewegung usw., kurz irgend eine von den Ideen. Oder sollen wir vorsichtigerweise sagen: eine von den Ideen der ersten Gruppe, nicht Ideen im Sinne von Prädikaten, sondern der theoretischen Begriffe a priori, oder (wie wir auch sagten) der theoretischen Normen, die alles Denken über das, was ist, leiten? Daß von diesen gerade das Eine gewählt wird, hat seinen Grund nicht nur darin, daß das die Idee des Parmenides war (mit Plato zu reden), sondern umgekehrt tritt hier Parmenides mit seinem Problem auf, weil dies Problem für Plato aktuell geworden war. Das Eine ist nicht nur eine Idee unter anderen, sondern jede Idee ist eine Einheit. Wir werden später noch hören, wie Plato die Ideen ausdrücklich als Henaden oder Monaden, Einheiten, bezeichnet. Die Erörterung der Schwierigkeiten der Ideenlehre im ersten Teil unseres Dialogs kreiste ja um das Problem, wie die Idee Eine sein könne, wenn Vieles an ihr teilhat, oder umgekehrt gesprochen, wenn sie bei Vielem anwesend soll sein können. Platos These ist (um sie vorwegzunehmen), daß die Idee zwar Einheit sein muß, aber eine solche, die Vielheit nicht ausschließt, sondern einschließt. So bedeutet das Eine (wenn man so will) die Idee der Idee.

Wenn das so ist, so folgt aber daraus eine bemerkenswerte und nicht zufällige Vieldeutigkeit des Sinnes des »Anderen« (τὰ ἄλλα), das dem Einen gegenübergestellt wird. Das meint dann 1. die anderen Bestimmungen, die auch noch zur Idee als Idee gehören, abgesehen davon, daß die Idee als Idee Eine ist. 2. bedeutet es die Vielheit der anderen Ideen, die es außer der betrachteten einen auch noch gibt, und 3. bedeutet es die Vielheit der sinnlichen Dinge, die an den Ideen teilhaben. Alles dies »andere« wird im Folgenden zur Sprache kommen. Wenn aber nicht nur das Eine ist, sondern wenn es alles dieses »andere« auch noch gibt, dann ist das Eine nicht das andere; es gibt dann also etwas, was das Eine nicht ist, es gehört also ein Nichtsein zu ihm, auch wenn es in dem Sinne ist, daß es das gibt, daß es existiert. So kommt auch in das Nichtsein eine Vieldeutigkeit, die im Folgenden zur Geltung gebracht wird.

Wir werden im Folgenden nicht geschulmeistert, sondern wir müssen immer erst herausfinden, wovon da eigentlich die Rede ist. Das Entscheidende an der Übung ist die Bewegung durch die Reihe der 9 Gänge. Erst an zweiter Stelle ist bedeutsam, was in den einzelnen Gängen behauptet wird, und erst an dritter Stelle kommen die Beweise in Betracht, die für die Behauptungen gegeben werden. Diese Beweise sind manchmal von großer philosophischer Bedeutung, manchmal aber auch reines Blendwerk, voll von Sophisterei und von Fehlschlüssen. Das gehört zur Übung. Die Übung beginnt 137 c.

1. Gang. Wenn Eines ist, was ergibt sich für das Eine, dieses betrachtet rein an und für sich, also (wie Natorp es nannte) in unbezüglicher Setzung? Was das bedeutet, sehen wir gleich aus dem Anfang: Wenn Eines ist, sagt Parmenides, dann kann doch das Eine nicht Vieles sein. Darauf stimmt Aristoteles zu, das heißt, Einheit soll hier so gedacht werden, daß dadurch alle Vielheit ausgeschlossen wird. Was folgt für das Eine, wenn es so gedacht wird?

1. Es kann keine Teile haben und also auch nicht ein Ganzes sein.

2. Also ist es auch ohne Anfang und Ende, ohne Grenze und Gestalt, weil das alles ohne Teile nicht möglich ist;

3. kann es auch an keinem Ort sein;

4. kann ihm keinerlei Bewegung zukommen, weder die Veränderung noch die Ortsbewegung, und von dieser weder die Translation noch die Rotation, denn es ist ja klar, daß das alles Vielheit voraussetzen würde;

5. kann es auch nicht verschieden von sich selbst sein, denn sonst wäre es verschieden vom Einen, also nicht Eines; aber auch nicht dasselbe mit anderem kann es sein, sonst wäre es dies andere und nicht das Eine. Es kann auch nicht vom anderen verschieden sein, sonst wäre es selbst auch ein anderes (nämlich als das andere) und nicht nur das Eine. Aber das Eine kann auch nicht identisch sein mit sich selbst, aus demselben Grunde:

Identität ist ja etwas anderes als Einheit, und wenn das Eine nicht nur Eines, sondern auch noch Identisches wäre (wenn auch mit sich selbst), so wäre es schon Vieles.

6. wird dem Einen mit ähnlichen Gründen die qualitative Gleichheit und Ungleichheit mit anderem und mit sich selbst abgesprochen, und

7. auch die quantitative Gleichheit und Ungleichheit.

8. wird ihm auch alle Beziehung zur Zeit abgesprochen, indem bewiesen wird, das Eine sei weder älter noch jünger noch gleich alt wie es selbst oder ein anderes.

9. aber wird ihm damit auch alles Sein abgesprochen. Denn das »war« und das »wurde« und das »ist geworden« meint das vergangene Sein, das »wird sein« und »wird werden« und »wird geworden sein« bezeichnet das künftige Sein, das »ist« und »geschieht« aber bezeichnet die gegenwärtige Zeit. Wenn also das Eine ohne Zeit ist, dann war es weder noch wird es sein noch ist es und kann also auf gar keine Weise am Sein teilhaben. Also ist das Eine nicht. Daraus folgt

10: Wenn es so mit dem Einen steht, dann gibt es davon weder Name, noch Rede, noch Wissen, noch Anschauung, noch Meinung.

Was ist also das Eine rein als Eines genommen, wenn Einheit bedeutet Ausschließung aller Vielheit? Antwort: nichts. Das Resultat ließe sich auch schneller gewinnen. Etwa so: »Sein, reines Sein, — ohne alle weitere Bestimmung. Durch irgend eine Bestimmung oder Inhalt, der in ihm unterschieden, oder wodurch es als unterschieden von einem andern gesetzt würde, würde es nicht in seiner Reinheit festgehalten. Es ist die reine Unbestimmtheit und Leere. Das Sein, das unbestimmte Unmittelbare, ist in der Tat Nichts, und nicht mehr noch weniger als Nichts.« Das ist der Anfang der Logik Hegels. Er ist unmittelbar aus dem platonischen Dialog »Parmenides« übernommen worden, den Hegel als das größte dialektische Kunstwerk der Alten bezeichnet hat. Hier wird kein sophistisches Blendwerk vorgeführt, sondern die reine Wahrheit. Wenn man versucht, das Eine so zu denken, daß durch die geforderte Einheit jede Art von Vielheit ausgeschlossen sein soll, dann ergibt sich, daß man im Denken von solchem Einen nichts denkt.

Die neuplatonische Interpretation hat in dem Einen des ersten Ganges das neuplatonische Eine finden wollen, das noch über der göttlichen Vernunft das absolut Höchste in der Stufenleiter der Hypostasen (der Seinsschichten) ist. Platos Dialog wird theologisch interpretiert. Aber es liegt auf der Hand, daß hier von Theologie keine Rede ist, daß hier keine geheimnisvolle übervernünftige Wahrheit enthüllt wird, sondern daß hier ein ganz einfaches Gedankenexperiment scheitert, nämlich das Experiment, das Eine so zu denken, daß damit alle Vielheit ausgeschlossen ist. Es ergibt sich, daß das Eine so gedacht werden muß, daß es unbeschadet seiner Einheit zugleich auch Vieles ist. Das gilt nicht nur vom Sinnlichen (wie Sokrates meinte), sondern auch von den reinen Gedankenbestimmungen (bei denen es Sokrates nicht vermutet, ja sogar für unmöglich gehalten hatte).

Aber warum der Umweg über die ganze Liste von Bestimmungen wie Ganzheit und Teil, Grenze und Gestalt, Ort, Ruhe und Bewegung, Selbigkeit und Andersheit, Gleichheit und Ungleichheit, Zeit und Sein? Die Liste wird nicht weiter begründet, aber offenbar ist es eine Art Liste von Grundbegriffen des Seienden als Seienden. Später hat man so etwas eine Kategorientafel genannt. Dieselbe Tafel wird auch im Folgenden der Untersuchung immer wieder zu Grunde gelegt.

Der 2. Gang beginnt 142 b, das Thema ist dasselbe, nur jetzt (mit Natorp zu sprechen) in bezüglicher Setzung. Wenn Eines ist, was ergibt sich für das Eine, wenn dies nicht an und für sich genommen wird, sondern in seiner Bezogenheit auf anderes, d. h. wenn das Eine so gedacht wird, daß seine Einheit die Vielheit nicht ausschließt? Das andere, worauf das Eine bezogen wird, sind jene im ersten Gang verhandelten Bestimmungen, die wir jetzt der Einfachheit halber die Kategorien nennen wollen. Es soll jetzt gezeigt werden, daß alle diese Kategorien mit der Setzung des Einen mitgesetzt sind. Man darf sagen, daß dieser 2. Gang die Keimzelle der Hegelschen Logik ist. Auch Hegel will zeigen, wie durch das Denken der 1. Kategorie des Seins notwendigerweise alle Kategorien mitgesetzt sind. Dieser 2. Gang ist gespickt mit allerlei Fehlschlüssen.

Der 1. Gang endete (142 a) mit der Frage: ist es nun wohl möglich, daß es sich so mit dem Einen verhält, nämlich, daß es weder ist, noch genannt, noch gewußt, noch gedacht werden kann? Aristoteles antwortet: nein. Also wird noch einmal von vorne begonnen. Wenn Eines ist, so wird jetzt argumentiert, kann es dann wohl sein, daß es nicht am Sein teilhat? Nein. Demnach wäre also das Sein des Einen nicht dasselbe wie das Eine selbst. Denn sonst wäre das Sein nicht das Sein des Einen, noch hätte das Eine am Sein teil, sondern es wäre dasselbe, zu sagen: »Das Eine ist« und »das Eine Ein«. Unsere Voraussetzung lautet aber nicht

»wenn Eines Eines«, sondern »Wenn Eines ist«. Also bedeutet das »ist« etwas anderes als das Eine, nämlich dies, daß das Eine am Sein teilhat. Der 1. Gang hatte damit geschlossen, dem Einen die Teilhabe am Sein abzusprechen (141 e). Der 2. Gang beginnt mit dem Widerruf. Die Teilhabe am Sein ist das erste, was dem Einen zugesprochen wird.

Es ist bemerkenswert, daß Plato hier ohne Umschweife wieder von der Teilhabe (μέθεξις) redet, was jeden Ausleger in Verlegenheit bringen muß, der meint, die Teilhabe sei im ersten Teil des Dialogs widerlegt worden und es müsse zunächst bewiesen werden, wie sie trotz dieser Schwierigkeit möglich sei. Wenn Plato hier wieder von der Teilhabe redet, so setzt er voraus, daß der Leser inzwischen mit der scheinbaren Vernichtung der Möglichkeit der Teilhabe selbst fertiggeworden ist. Was weiter wichtig ist, ist dies, daß von Teilhabe nicht geredet wird in Beziehung auf das Verhältnis der Dinge zu den Ideen, sondern jetzt mit Bezug auf das Verhältnis der Ideen zueinander.

Es wird nun bewiesen, wie mit dem seienden Einen (ἓν ὄν) alle Kategorien mitgesetzt sind. Zunächst wird (142 c ff.) gezeigt, daß das seiende Eine Teile haben muß. Das seiende Eine ist ein Ganzes, dessen Teile Eines (ἕν) und Seiendes (ὄν) sind. Wenn man unter Teil nicht ein räumliches Stück versteht, sondern jedes Moment, das an dem Gemeinten zu unterscheiden ist, so ist gegen das Argument nichts einzuwenden. Aber nun wird es iteriert: jeder von den beiden Teilen ist seinerseits *ein* Teil, und er ist auch ein seiender Teil. So ist jeder Teil selbst wiederum ein Ganzes aus Sein und Einheit, und von den Teilen der Teile gilt dasselbe und so weiter ins Endlose.

Das ist im Grunde dieselbe endlose Wiederholung, die vorher als das Argument des dritten Menschen dazu diente, der Ideenlehre Schwierigkeiten zu bereiten. Hier hat es eine ganz andere Funktion: es dient dazu zu zeigen, daß in dem Einen, sofern es als seiendes Eines gesetzt wird, nicht nur Vielheit, sondern sogar schon Unendlichkeit mitgesetzt ist. Diese Grenzenlosigkeit ist jene Folge des immer noch einmal, die durch keine Zahl ausgezählt wird.

Wenn wir aber das Eine, das am Sein teilhat, im Denken für sich betrachten, also von seiner Teilhabe am Sein abstrahieren, ist es dann schlechthin Eines? Oder auch dann noch vieles? Aristoteles vermutet, dann sei es Eines ohne Vielheit. Aber Parmenides zeigt ihm das Gegenteil. Wenn das Eine am Sein teilhat, dann ist es etwas anderes als das

Sein. Doch ist weder das Eine durch seine Einheit verschieden vom Sein, noch das Sein durch sein Sein verschieden vom Einen, sondern durch die Verschiedenheit sind sie voneinander verschieden. Also ist die Verschiedenheit (τὸ ἕτερον) weder mit dem Einen noch mit dem Sein identisch, wohl aber notwendig mitgesetzt. Jetzt sieht man, daß mit dem seienden Einen die Zahl mitgesetzt ist. Wenn man nämlich nimmt das Sein und die Verschiedenheit, oder das Sein und das Eine, oder das Eine und die Verschiedenheit, dann haben wir jedes Mal etwas herausgegriffen, was man »beides« nennen muß. Als beides ist es zwei, also jedes von beiden Eines, und wenn wir ein solches Eines zu einer so gebildeten Zweiheit hinzutun, dann muß das ganze drei ergeben.

Hiermit ist schon die endlose Zahlfolge gesetzt. Wenn ich etwas mit etwas anderem vereinige durch ein »und«, so erhalte ich eine Einheit, die als »beide« bezeichnet wird. Diese so erhaltene Vereinigung ist die Zwei, die erste Zahl, und jetzt wird erst rückwirkend jedes der darin vereinigten je eines und das Eine zum Zahlbegriff der Eins. Jetzt aber kann ich die Zwei als das eine und eine weitere Eins als das andere zu einem neuen Beide vereinigen, welches dann die Drei ist, und so kann ich nach Belieben fortfahren. Plato hat das nicht weiter ausgeführt, sondern betrachtet die Entstehung der Zahlen in anderer Hinsicht, indem er darauf reflektiert, daß 2 gerade und 3 ungerade ist, und daß mit der 2 auch das 2mal und mit der 3 das 3mal gesetzt ist, und also überhaupt das Gerade mal Gerade und das Ungerade mal Ungerade und das Gerade mal Ungerade. Glaubst du, fragt Parmenides (144a) den Aristoteles, daß da noch eine Zahl übrigbleiben wird? Er glaubt es nicht, obwohl man hier die Primzahlen nennen könnte. Aber lassen wir die Zahlen. Es wird nun gefolgert, daß nicht nur das seiende Eine, sondern auch schon das vom Sein getrennte Eine unendlich Vieles ist: wenn Zahl ist, so ist sie seiend und jeder ihrer Teile auch, also ist das Sein unter alles unendlich Viele verteilt. Nichts ist ohne Sein. Jeder Teil davon aber ist *ein* Teil, also ist das Eine ebenso vielfach, nämlich unendlich (144e).

Im Folgenden werden nun die Kategorien, die im 1. Gang dem Einen abgesprochen worden waren, der Reihe nach dem Einen zugesprochen. Da die Kategorienliste einander ausschließende Prädikate enthält, ist das Ergebnis, daß der 2. Gang nicht nur dem 1. sondern auch sich selbst widerspricht.

Es folgen zunächst die Kategorien Grenze und Gestalt. Parmenides sagt (144e ff.): Sofern die Teile Teile eines Ganzen sind, ist das Ganze begrenzt in Bezug auf die Ganzheit. Die Teile werden nämlich vom Ganzen umfaßt. Das Umfassende aber ist die Grenze. Das seiende Eine ist also Eines und Vieles, Ganzes und Teile, begrenzt und zugleich grenzenlos an Menge. Als Begrenztes aber muß es auch Ränder haben und als Grenze auch Anfang, Mitte und Ende. Die Mitte aber ist das von den Rändern gleichweit Entfernte, und so muß es auch an irgendeiner Gestalt teilhaben, sei es der geraden, der runden oder einer aus beiden gemischten. Das ist insoweit richtig, als jetzt mit der Setzung des Einen diejenigen Kategorien mitgesetzt sind, die man braucht, um so etwas wie Gestalt zu bestimmen. Wenn aber hier so gesprochen wird, als sei das Eine selbst ein Ding, das eine Gestalt und gar eine gerade oder runde Gestalt hat, so ist das der Beginn von Sophistereien, die sich ständig steigern werden, und mit denen Plato, wie es scheint, unser Verständnis auf die Probe stellen will. Insbesondere kann hier im Ernst gesprochen vom Raum noch nicht die Rede sein, wenn es auch so klingt, als sei davon die Rede.

Der Ernst der Sache ist der Nachweis, daß das Eine in einer notwendigen Verknüpfung mit allen Kategorien steht. Welcher Art aber diese Verbindung ist, das bleibt noch offen. Wenn das hier so dargestellt wird, als seien all diese Kategorien Eigenschaften des Einen, so ist klar, daß das unmöglich ist, aber diese in die Augen fallende Unmöglichkeit soll die Frage wecken nach der wahren Art der Verbindung der Kategorien.

Die nächste Kategorie, die behandelt wird, ist die des Ortes (145b ff.): Wenn es sich so verhält (so wird argumentiert), dann wird das Eine sowohl in sich selbst wie in einem anderen sein. Denn von den Teilen des Einen ist jeder in dem Ganzen und keiner außerhalb seiner Grenzen. Alle Teile werden also vom Ganzen umfaßt. Das Eine ist nun einerseits die Gesamtheit seiner Teile, andererseits aber das Ganze, und also ist das Eine in sich selbst. Wiederum aber ist das Ganze nicht in den Teilen, weder in allen noch in irgend einem. Denn wenn es in allen ist, dann ist es auch in einem; wenn es in einem nicht wäre, dann könnte es auch nicht mehr in allen sein. Das Ganze kann aber auch nicht in einigen der Teile sein, denn dann wäre das Größere im Kleineren. Wenn das Ganze also weder in allen noch in einigen noch in einem Teil ist, dann ist es entweder in etwas anderem, oder es ist nirgends; wenn es aber nirgends wäre, dann wäre es gar nicht. Also muß es, sofern es nicht in sich selbst ist, in einem anderen sein.

Das klingt toll, aber es ist nicht ohne wahren Sinn. Mit der Setzung des Einen als Ganzheit, das eine Mannigfaltigkeit von Teilen in sich befaßt, ist die Kategorie des Inseins mitgesetzt, und zwar sowohl so, daß das Eine die Gesamtheit der Kategorien in sich befaßt, daß es also sozusagen in sich selbst ist, als auch so, daß mit dem Setzen des Ganzen sofort die Möglichkeit entspringt, über das Ganze hinauszugehen. Soweit gut, nun aber beginnt die Sophisterei: von räumlichen Verhältnissen kann ja hier im Ernst keine Rede sein und daher auch nicht im Ernst von kleiner und größer. Auch wird hier ein Spiel getrieben mit dem »in allen Teilen sein«, was bedeuten kann, in allen zusammen und in jedem der Teile für sich genommen.

Es folgen nun Ruhe und Bewegung (145e ff.): Das so beschaffene Eine, wird behauptet, muß notwendigerweise sowohl ruhen als auch sich bewegen. Sofern es in sich selbst ist, ruht es, denn sofern es in Einem ist und daraus nicht herausgeht, ist es immer in demselben, also in Ruhe. Was aber immer in einem anderen ist, das ist niemals in demselben und daher niemals in Ruhe, sondern immer in Bewegung.

Daß mit der Setzung des Einen als in sich selbst seiend, d. h. in sich selbst bleibend, Ruhe mitgesetzt ist, ist klar. Die Deduktion der Bewegung aber scheint eine Erschleichung zu sein. Denn aus der Bestimmung, das Eine sei immer in einem anderen, wird unter der Hand, es sei in einem immer anderen. Dennoch steckt auch hier ein Ernst dahinter. Wir sahen oben beim Insein, daß die Setzung eines Ganzen gezwungen war, über das Gesetzte hinauszugehen. Bei dem anderen aber, das so erreicht wird, besteht diese Notwendigkeit fort, auch über dieses muß hinausgegangen werden. Um die Bewegung eines Dinges, die in der Zeit verläuft, kann es sich aber hier im Ernst nicht handeln.

Es folgt nun Selbigkeit und Verschiedenheit (146a ff.). Die These ist: Das Eine muß mit sich selbst dasselbe und von dem anderen verschieden sein, aber auch umgekehrt von sich selbst verschieden und mit dem anderen dasselbe.

Das können wir uns leicht einsichtig machen: Das Eine ist einerseits es selbst, d. h. mit sich identisch, andererseits ist es durch die Kategorien bestimmt, also verschieden vom reinen Einen. Insofern ist es dann mit dem anderen, den Kategorien dasselbe, von denen es doch auch wieder verschieden ist. Plato gibt statt dessen eine umständliche und sophistische Argumentation, die übergangen werden kann.

Es folgt die qualitative Gleichheit (147 c ff.). Die Argumentation ist nicht ohne Witz. Das Eine, wurde gesagt, ist verschieden vom anderen und das andere von ihm. Sie sind also beide verschieden, und insofern als Verschiedene gleichartig, nämlich eben von der gleichen Art der Verschiedenheit. Nun wurde aber auch gezeigt, daß das Eine mit dem anderen dasselbe war, und wenn aus der Verschiedenheit die Gleichartigkeit folgte, so muß aus der Selbigkeit die Ungleichartigkeit folgen. Das ist freilich ein Trugschluß. Denn wie das Verschiedene als Verschiedenes gleichartig ist, so ist auch das Selbige als Selbiges gleichartig. Trotzdem ist es der Sache nach richtig, daß zwei Dinge, die identifiziert werden sollen, ungleichartig sein müssen, denn wenn sie das nicht wären, dann wären gar nicht zwei Dinge da, und also auch nichts, was man identifizieren könnte. Die Polizei kann den Einbrecher nur deswegen mit dem Gefangenen identifizieren, weil Einbrecher und Gefangener etwas Ungleiches ist. Die Weisheit, daß der Gefangene der Gefangene ist und der Einbrecher der Einbrecher, hülfe der Polizei nichts. Da das Eine aber nicht nur in Bezug auf das andere verschieden und dasselbe ist, sondern auch in Bezug auf sich selbst, gilt da dasselbe, so daß es also sowohl in Bezug auf sich selbst wie in Bezug auf das andere gleichartig und ungleichartig ist.

Es folgt die Kategorie der Berührung (148 d ff.). Diese Kategorie war im 1. Gang übergangen worden, und es wird daher eine Betrachtung im Stile des 1. Ganges nachgeholt (148 e ff.), offenbar, um einmal deutlich die verschiedene Betrachtungsweise der beiden Gänge gegeneinander abzusetzen. Ich will das hier übergehen und nur anmerken, daß auch hier wieder von einer räumlichen Berührung im Ernst nicht die Rede sein kann. Der wichtige Sinn dieser Kategorie ist die Setzung des möglichen Übergangs von einer Kategorie zur anderen. Solcher Übergang wird ja in der Übung ständig vollzogen.

Es folgt dann die quantitative Gleichheit und Ungleichheit. Das hätte sich leicht und bündig an die Setzung der Zahl anschließen lassen. Der Beweis, der hier wirklich durchgeführt wird, beruht auf einer ganz krassen Mißdeutung des Teilhabeverhältnisses, — ohne Zweifel zur »Übung« (149 d bis 151 b). Es ist das Tollste, was im ganzen Dialog an Trugschlüssen angeboten wird. Wer das für bare Münze nimmt, zeigt, daß er vom Ganzen nichts verstanden hat.

Es wird dann die Kategorie des Maßes angeschlossen, die im ersten Gang mit der qualitativen Gleichheit zusammen behandelt worden war (151 b bis e), und die ich hier ebenfalls übergehen kann.

Es folgt die sehr wichtige Kategorie der Zeit (151 e ff.). Die Behauptung am Anfang der Erörterung lautet: Das Eine hat auch wohl an der Zeit teil und ist und wird jünger und älter als es selbst und das andere, ist und wird aber auch weder älter noch jünger weder als es selbst noch als das andere. Zunächst kommt eine allgemeine Begründung der Teilhabe des Einen an der Zeit. Wenn Eines ist, dann kommt ihm Sein zu. Das »ist« ist aber nichts anderes als Teilhabe am Sein in Verbindung mit der gegenwärtigen Zeit, das »war« Gemeinschaft des Seins mit der vergangenen und das »wird sein« mit der zukünftigen Zeit. Daß mit der Setzung des seienden Einen die Zeit mitgesetzt ist, wird also daraus geschlossen, daß jedes Sagen des Seins notwendigerweise die Zeit mitsagt. Der Zusammenhang wird hier einfach konstatiert, aber nicht (wie später bei Heidegger) zum Gegenstand der Frage gemacht.

Nun folgt der Nachweis, daß das Eine älter wird als es selbst (152 a ff.): Das Eine hat teil an der fortschreitenden Zeit, also wird es älter als es selbst, d. h. als es war. Wenn aber das Eine älter wird als es selbst, dann wird es zugleich auch jünger als es selbst. Ich werde immer älter, verglichen etwa mit dem 10jährigen, der ich einst war, und dieser 10jährige wird im Verhältnis zu dem, der ich jetzt bin, immer jünger. Wenn ich 20 bin, ist er halb so alt, wenn ich 40 bin ein Viertel so alt usw.

Darauf folgt das Älter- und Jüngersein als es selbst (152 b ff.): Das Eine ist älter, so wird gesagt, wenn es als Werdendes in der jetzigen Zeit *ist*, die die Mitte hält zwischen dem »war« und dem »wird sein«. Denn aus dem Ehemals in das Dereinst fortschreitend wird es das Jetzt nicht überspringen. Im Jetzt innehaltend wird es dann nicht älter, sondern ist älter. Denn wenn es weiterginge, würde es nie mehr vom Jetzt ergriffen werden. Denn das Fortschreitende hält sich doch so, daß es beides berührt, das Jetzt und das Nachher, indem es das Jetzt losläßt und das Nachher ergreift, indem es zu einem Mittleren zwischen beiden (dem Nachher und dem Jetzt) wird. Wenn aber notwendigerweise nichts Werdendes am Jetzt vorbeikommt, so hält es, wenn es zu ihm gelangt, immer im Werden an und *ist* dann das, zu dem es eben wird. Auch das Eine also, wenn es älter werdend in das Jetzt kommt, hält mit dem Werden an und ist dann älter.

Da es aber älter wird als es selbst, ist es dann auch älter als es selbst, und entsprechend ist es dann auch jünger als es selbst.

Mit diesen Sätzen ist eine wichtige Bestimmung gegeben darüber, was das Sein des in der Zeit Seienden bedeutet im Gegensatz zum Werden. Sein bedeutet danach soviel wie Jetzt-sein, Werden dagegen heißt, zu verschiedenen Zeitpunkten verschieden Sein. Das ist eine Berichtigung, die Plato an eigenen früheren Behauptungen vollzieht. Früher hatte er das Sinnliche als den Bereich des Werdens bestimmt und die Ideenwelt als den Bereich des Seins. Von einer solchen Aufteilung von Sein und Werden auf zwei Gebiete ist hier nicht mehr die Rede. Auch das Sinnliche als das in der Zeit Seiende ist ja jetzt.

Ich will nun wieder nicht im einzelnen verfolgen, wie der Nachweis geführt wird, daß das Eine gleichaltrig mit sich selbst ist, daß das Eine älter ist als das andere, dann, daß es jünger ist als das andere und daß es auch mit dem anderen gleichaltrig ist, wie daß es in bezug auf das andere auch ein Älter- und Jüngerwerden gibt. Da ist viel Spielerei dabei, die zwar an manchen Stellen dazu reizt, tiefere Bedeutung darin zu suchen, aber auch den Ausleger in Gefahr bringt, Einsichten, die er aus anderer Quelle geschöpft hat, hier hineinzudeuten. Es ist aber nicht besonders nützlich, etwas, was man bei Kant oder Hegel oder Heidegger klar und deutlich ausgeführt findet, hier schon angedeutet sehen zu wollen. Gehen wir also über zum Ende des 2. Ganges, das ganz entsprechend dem Ende des 1. lautet (155 c ff.):

Sofern das Eine an der Zeit teilhat, wird gesagt, muß es auch am Damals teilhaben und am Dereinst und am Jetzt. Also war das Eine und ist und wird sein, und ward und wird und wird werden. Also wäre wohl auch etwas für es und von ihm, und war und ist und wird sein. Also gibt es von ihm Wissen, Meinung und Anschauung, wenn anders wir all dies bezüglich seiner jetzt ausüben. Und auch Name und Rede gibt es von ihm, und was nur derart von allem andern solcher Art zutrifft, das tut es auch bezüglich des Einen.

Es ist nur der Entsprechung zum ersten Gang zuliebe, wenn Plato hier zum Schluß auf das Teilhaben des Einen am Sein schließt, denn damit hatte er ja den 2. Gang angefangen.

Was ist das Ergebnis des 2. Ganges? Kurz gesagt dieses: Wenn das seiende Eine gesetzt ist, so ist notwendig mitgesetzt die Gesamtheit der Kategorien und mitgesetzt die Doppelmöglichkeit des Bezuges des Gesetzten auf sich selbst und auf das andere. Der Bezug des Einen auf sich selbst ist jetzt aber nicht wie im 1. Gang ein Stehenbleiben bei dem Einen, sondern ein Zurückkommen auf das Eine von den anderen Kategorien her, d. h. das Eine ist nicht nur mit den anderen Kategorien verknüpft, und diese Vielfältigkeit miteinander, sondern das Eine ist auch durch die Kategorien mit sich selbst verknüpft. In der Durchführung konnte allerdings das Eine sich ausnehmen wie ein Ding mit vielen zum Teil kontradiktorisch entgegengesetzten Eigenschaften, die ihm zudem noch im 1. Gang allesamt abgesprochen worden waren. Dieser Spruch des 1. Ganges gegen den 2. Gang und des 2. Ganges gegen sich selbst bedarf noch der Aufklärung, d. h. es muß noch gezeigt werden, wie sich in Wahrheit das Eine zu der Mannigfaltigkeit der mitgesetzten Kategorien verhält.

Das geschieht in jenem Gang, der aus dem Schema der dreifachen Zweiteilung herausfällt, in jenem Sondergang, dem wir die Nr. 2a geben.

Aus der metaphysischen Walpurgisnacht des 2. Ganges sind wir damit heraus, und es geht jetzt wieder seriöser zu, aber dennoch haben wir es auch hier mit einer Beweisführung zu tun, die ihre Tücken hat. Der allgemeine Gang ist nämlich der, daß es von der Aufweisung einer Schwierigkeit weitergeht zu einer Scheinlösung und von da zu einer scheinbar neuen Schwierigkeit und dann wieder zu einer unbefriedigenden Lösung, bis wir auf diesem Wege schließlich überraschend zu einer wirklichen und echten Lösung der echten Schwierigkeit gelangen. Folgendermaßen geht es an (155 e):

Wenn das Eine ist, wie wir es durchgeführt haben, muß es dann nicht, indem es sowohl Eines und Vieles ist, als auch weder Eines noch Vieles und an der Zeit teilhabend, — sofern es Eines ist, einige Zeit am Sein teilhaben, sofern es nicht ist, aber wiederum einige Zeit nicht am Sein teilhaben? Notwendigerweise. Ist es aber imstande, wenn es teilhat, dann nicht teilzuhaben, oder wenn es nicht teilhat, dann teilzuhaben? Nein. Zu anderer Zeit also hat es teil und zu anderer Zeit hat es nicht teil. So allein wird es an demselben teilhaben und nicht teilhaben.

Nach dem bisher Durchgegangenen ist also das Eine einerseits weder Eines noch Vieles. So zeigte es sich im 1. Gang. Andererseits ist es sowohl Eines als auch Vieles. So zeigte es sich im 2. Gang. Dies Weder-noch wird nun mit dem Sowohl-als-auch so vereinigt, daß beides auf verschiedene Zeiten verteilt wird. Dies soll möglich sein durch Teilhabe an der Zeit. In der Tat ermöglicht es ja die Zeit, demselben Widersprechendes zuzusprechen, indem man es auf verschiedene Zeitpunkte verteilt. So legt sich der Rückgriff auf die Zeit zur Versöhnung des Widerspruchs nahe. Aber kann er hier wirklich helfen? Die Teilhabe an der Zeit gehörte ja auch zu den Ergebnissen des 2. Ganges, während im 1. Gang dem Einen die Teilhabe an der Zeit abgesprochen wurde. So müßte ja jetzt das Eine auf Grund seiner Teilhabe an der Zeit zu gewissen Zeiten auch nicht an der Zeit teilhaben. Was hier den 1. und 2. Gang versöhnen soll, gehört selbst dem 2. Gang an und wird im 1. Gang verneint. Diese Versöhnung erscheint daher unzureichend, ganz abgesehen von der Frage, wann das denn sei, wo das Eine nichts sei. Auf diese Frage erhalten wir keine Antwort. Statt dessen geht Parmenides, mit der Lösung scheinbar zufrieden, weiter (156 a ff.):

Ist dann aber nicht auch solche Zeit, da es am Sein teilnimmt (μεταλαμβάνειν — im Gegensatz zu μετέχειν, teilhaben, — ist also Übergang von der Nichtteilhabe zur Teilhabe), und auch eine Zeit, wo es vom Sein abläßt? Oder wird es imstande sein, dasselbe einmal zu haben und einmal nicht zu haben, wenn es nicht irgendwann auch nimmt und irgendwann losläßt? Das Teilnehmen am Sein aber nennt man doch Werden, und das Ablassen vom Sein Vergehen. Also wird und vergeht das Eine, wenn es bald ist und bald nicht ist.

Das ist als Folge aus dem vorher Gesagten einsichtig. Sein und Nichtsein, die in der Zeit auseinandergehalten sind, erhalten eine Verbindung in ihr durch die Übergänge des Werdens und Vergehens. Indem das Eine vom seienden Einen zum nichtseienden Einen und umgekehrt im Werden und Vergehen übergeht, ist es in der Tat beides. Aber die grundsätzliche Schwierigkeit wird dadurch nicht aufgehoben. Es bleibt rätselhaft, wie die Zeit eine Vermittlung herstellen kann zum Einen des 1. Ganges, das an der Zeit gar nicht teilhat. Aber davon ist nicht die Rede. Vielmehr geht die Betrachtung jetzt weiter zur Vermittlung der Widersprüche innerhalb des 2. Ganges, als sei die Versöhnung des 2. mit dem 1. Gang schon zureichend erfolgt. Es heißt nämlich nun (156 b ff.):

Sofern es nun Eines ist und Vieles, wird dann nicht, wenn das Eine wird, das Vieles-sein untergehen, und wenn Vieles wird, das Eines-sein vergehen? Und indem es Eines und Vieles wird, wird es da nicht notwendig vereinigt und zerstreut? Und wenn es ungleichartig und gleichartig wird, muß es sich da nicht verähnlichen und verunähnlichen? Und wenn es mehr und weniger und gleichviel wird, muß es sich da nicht vermehren, vermindern und angleichen?

Genau so also, wie zwischen den Gegensätzen des Seins und Nichtseins das Werden und Vergehen vermittelt, so vermitteln je verschiedene Bewegungen zwischen den sich ausschließenden Gegensätzen, die dem Einen im 2. Gang zugesprochen worden waren. Bewegung scheint so dasjenige zu sein, was es als Wesen des Seins ermöglicht, daß das Sein die Einheit von Gegensätzen ist, indem die Bewegung diese Gegensätze in der Zeit auseinander hält und vom einen zum anderen weiterführt. Wenn das auch für die Versöhnung des 1. und 2. Ganges nicht ausreichend erscheint, da ja das Eine sich im 1. Gang als überhaupt nicht an der Zeit teilhabend und also auch nicht an der Bewegung teilhabend erwiesen hatte, so scheint es doch angängig, in der Bewegung dasjenige zu suchen, was die Möglichkeit begründen kann, daß das Eine ein solches in sich selbst Gegensätzliches ist, wie es sich im 2. Gang erwies. Bewegung war dem Einen im 2. Gang ausdrücklich zugesprochen worden. Allerdings, aber auch die Ruhe. Auch zwischen diesen beiden, der Ruhe und der Bewegung, bedarf es also noch der Vermittlung. Was aber soll hier vermitteln? Darauf kommt Parmenides jetzt zu sprechen. Er sagt (156 c):

Wenn aber das Bewegte anhält und das Ruhende in Bewegung übergeht, so kann das überhaupt in keiner Zeit sein. Als früher Ruhendes sich später zu bewegen und als früher Bewegtes später zu ruhen, das zu erleiden ist es nicht imstande ohne einen Übergang (μεταβάλλειν). Es gibt aber keine Zeit, in der es gleichzeitig weder in Ruhe noch in Bewegung wäre. Andererseits aber geht es nicht über ohne Übergang. Wann aber geht es über? Weder dann, wenn es in Bewegung ist, noch dann, wenn es in Ruhe ist, noch überhaupt als in der Zeit Seiendes (d. h. sich in der Zeit Erstreckendes). Ist es nicht vielmehr dieses nicht Unterzubringende (ἄτοπον), worin es ist, wenn es übergeht, nämlich der Augenblick (τὸ ἐξαίφνης)? Der Augenblick scheint so etwas zu meinen, daß aus ihm etwas übergeht nach beiden Seiten. Denn weder aus der Ruhe geht während der Ruhe etwas über noch geht aus der Bewegung während der Bewegung etwas über, vielmehr hat jenes nicht unterzubringende Wesen des Augenblicks seinen Sitz zwischen der Bewegung und der Ruhe, das in keiner Zeit ist, und in das hinein und aus dem heraus das Bewegte übergeht zur Ruhe und das Ruhende zur Bewegung. Auch das Eine also, wenn es ruht und sich bewegt, wird übergehen zu beiden hin. Übergehend aber wird es augenblicklich übergehen, und wenn es übergeht, ist es in keiner Zeit, noch bewegt es sich, noch ruht es da.

Was bedeutet das?

Zunächst hatte sich gezeigt, daß die Bewegung, die imstande ist, zwischen den Gegensätzen, die der 2. Gang dem Einen zugesprochen hatte, zu vermitteln, versagen mußte für die Vermittlung zwischen der Bewegung selbst und der Ruhe, ihrem Gegenteil. Der Übergang von der Größe zur Kleinheit kann die Bewegung des Kleinerwerdens sein, aber zwischen Bewegung und Ruhe kann nicht selbst eine Bewegung den Übergang machen. Und doch muß ein solcher Übergang sein. Freilich ist dieser Übergang nicht in der Zeit, und das heißt, es ist nicht zwischen der Zeit, in der etwas sich bewegt, und der Zeit, in der es ruht, eine Zwischenzeit, wo es sich im Übergangszustande zwischen Ruhe und Bewegung befände, vielmehr fängt das Ruhende im Augenblick an, sich zu bewegen. Wenn ich es aber in diesem Augenblick betrachte, so kann ich nur sagen, daß es in gewissem Sinne dann weder bewegt noch ruhend ist, aber auf dem Sprunge zu beidem, von beiden Gegensätzen frei, aber über beide Macht habend.

Der Augenblick erscheint hier als eine Besonderheit, die dann eintritt, wenn Ruhe in Bewegung übergeht; aber man sieht leicht, daß dieser Augenblick in Wahrheit immer ist, denn solcher Übergang ist ja immer und jederzeit möglich. Der Augenblick ist immer und doch nicht in der Zeit. Denn als in der Zeit Seiendes ist das Seiende ruhend oder bewegt. Im Augenblick aber ist das bisher Ruhende als das, was in Bewegung übergehen kann oder auch weiter ruhen kann, und das Bewegte als das, was in Ruhe übergehen kann oder auch sich weiter bewegen kann. Der Augenblick ist nicht in der Zeit, sondern die Zeit entspringt erst aus ihm.

Jetzt löst sich auch die Schwierigkeit der Versöhnung des 1. und 2. Ganges. Wir hatten gefragt, wie kann die Versöhnung beruhen auf der Teilhabe an der Zeit, wenn doch im 1. Gang dem Einen die Teilhabe an der Zeit abgesprochen wurde? Die Teilhabe an der Zeit ist ja jetzt aus der Betrachtung wieder verschwunden. Da der Augenblick nicht in der Zeit ist, kann er das Teilhaben an der Zeit mit dem Nichtteilhaben an der Zeit vermitteln.

Der Schluß des Ganges 2a hat den Zweck, den Schein aufzuheben, es handle sich hier nur um den besonderen Übergang von der Ruhe zur Bewegung, und deutlich zu machen, daß er in Wahrheit alle Gegensätze vermittelt. Es heißt (156 e ff.): Verhält es sich nun so nicht auch bezüglich der anderen Übergänge? Wenn das Eine aus dem Sein in das Vergehen übergeht, oder aus dem Nichtsein in das Werden, dann gelangt es doch jedesmal zwischen eine Bewegung und eine Ruhe und ist dann weder, noch ist es nicht, noch wird es, noch vergeht es. Aus demselben Grunde ist es auch, wenn es aus dem Einen in das Viele, und aus dem Vielen in das Eine geht, weder Eines noch Vieles, noch wird es zerstreut noch vereinigt. Und wenn es aus dem Gleichartigen in das Ungleichartige geht, und aus dem Ungleichartigen in das Gleichartige, dann ist es weder gleichartig noch ungleichartig, noch sich verähnlichend noch sich verunähnlichend. Und wenn es aus dem Kleinen ins Große oder ins Gleiche geht, und umgekehrt, so ist es weder klein noch groß noch gleich noch zunehmend noch abnehmend noch sich angleichend. Alle diese Bestimmungen also kommen dem Einen zu.

Es ist bemerkenswert, daß hier das ständige »weder-noch« wiederkehrt, mit dem das Eine im 1. Gang bestimmt wurde, und doch heißt es am Schluß: All dies kommt dem Einen zu, wenn es ist, d. h. dem seienden Einen, das dem 2. Gang zugrundelag. Man darf sagen, daß der Gang 2a eine Wiederholung des ersten Ganges auf dem Boden des 2. ist. Der Gang 2a stellt die Einheit des Einen, die der erste Gang allein festhielt und die im 2. Gang verlorenging, wieder her, aber sie hat sich verwandelt. Das Weder-noch bedeutet nicht mehr das Nichts, sondern die Indifferenz, d. h. es wird geltend gemacht, daß zu den Gegensätzen noch dazugehört als Drittes dasjenige, was an sich keines von beiden ist, aber beides sein kann. Aristoteles hat das das Hypokeimenon genannt. Dies Wort wird später übersetzt mit Subjekt. In der Aussage ist das Satzsubjekt dasjenige, dem entgegengesetzte Prädikate zugesprochen werden können. Es ist dann dasjenige, das als solches weder durch A noch durch nonA bestimmt ist, was aber sowohl durch A als auch durch nonA bestimmt werden kann. Dieselbe Struktur aber, die wir hier bei der Aussage finden, kommt auch der Bewegung in der Natur zu. Das Fahrzeug ist etwas, was als solches weder hier noch dort ist, was aber sowohl hier wie dort sein kann. Diese Bewegungsstruktur des Logos, die es möglich macht, den Logos von der Natur-Bewegung her sich verständlich zu machen, hat Aristoteles in aller Deutlichkeit herausgearbeitet. Hier finden wir ein Vorspiel dazu. Plato exemplifiziert hier, wie wir gesehen haben, weitgehend an der Naturbewegung, besonders der Ortsbewegung. Worauf er es aber eigentlich abgesehen hat, das ist nicht das Sinnliche. Es wurde ja ausdrücklich gesagt, daß sich die Betrachtungen im Bereich der Ideen bewegen sollen. Die Bewegung, die da in Betracht kommt, ist die Bewegung des Logos, die zwischen den Ideen spielt. Die Ideen sind zunächst Prädikate. Es gehört aber zur Idee der Idee, daß die Idee ihrem Wesen nach auch Subjekt von Prädikationen ist.

Damit ist der Erörterung der Frage: was folgt, wenn Eines ist, für das Eine selbst, abgeschlossen; es folgt die Frage: was ergibt sich, wenn Eines ist, für das andere (157 b bis 159 b)? Das wird wieder unterteilt, indem wieder das Eine einmal betrachtet wird in bezüglicher und einmal in unbezüglicher Setzung. Aber jetzt geht die bezügliche Setzung voran, und die unbezügliche folgt als eine Art Gegenprobe. Die Frage ist: was bedeutet hier das »Andere«? Bisher war von dem Anderen immer nur die Rede als von den anderen Kategorien. Die sind aber jetzt in die Einheit des Einen mit aufgenommen. Jetzt ist das Andere das, wofür das Wesen Wesen ist, d. h. das an den Ideen Teilhabende.

Jetzt ist also zu fragen, was dem Anderen zu erleiden zukommt, wenn Eines ist. Das andere des Einen ist offenbar nicht das Eine, ist seiner aber auch nicht gänzlich beraubt, sondern hat daran teil, weil das Andere nämlich Teile haben muß. Hätte es keine, so wäre es gänzlich Eines. Teile aber hat nur, was ein Ganzes ist. Ein Ganzes aber ist ein Eines aus Vielem. Dasselbe gilt auch von jedem einzelnen Teil. Auch der muß mit dem Einen Gemeinschaft haben, denn jeder Teil ist ja ein besonderer von den anderen abgesonderter Teil. Es ist aber auch klar, daß das Andere nur am Einen teilhat, da es ja ein anderes ist als das Eine. Das Eine selbst zu sein, ist aber für etwas anderes als das Eine unmöglich. Als vom Einen Verschiedenes wird also das Teilhabende an ihm teilhaben. Das vom Einen Verschiedene aber muß Vieles sein, denn wenn das andere des Einen weder Eines noch mehr als Eines wäre, dann wäre es nichts. Das am Einen Teilhabende muß ferner der Menge nach unendlich sein. Denn wenn das Andere das Eins aufnimmt, dann muß es solches sein, was weder Eines ist noch am Einen teilhat. Also ist es eine Menge, worin das Eine nicht ist. Wenn wir von dieser Menge wie wenig auch immer hinwegnehmen, dann würde aber auch dies Wenige, da es das Eins nicht an sich hat, immer noch eine Menge sein und nicht Eines. Sooft wir also auch diese gegenüber der Idee andere Natur (ἑτέρα φύσις τοῦ εἴδους) an und für sich betrachten, soviel wir davon sehen, es wird immer von unbegrenzter

Menge sein. Indes sobald jeder Teil *ein* Teil geworden ist, wird er eine Grenze gegen die anderen und das Ganze haben und das Ganze gegen die Teile. Dem Anderen, außer dem Einen, kommt es also zu, daß aus der Verbindung des Einen mit ihm selbst, wie es scheint, in ihm selbst ein von ihm selbst Verschiedenes entsteht, welches darin Begrenzung gegeneinander bewirkt. Sein eigenes Wesen aber ist Grenzenlosigkeit. Also ist das andere des Einen sowohl als Ganzes wie auch Teil für Teil grenzenlos und an der Grenze teilhabend.

Das Andere, wovon hier die Rede ist, wird eindeutig bestimmt als die gegenüber der Idee andere Natur (ἑτέρα φύσις τοῦ εἶδους), d. h. dasjenige, wofür die Idee Idee ist. Daß statt vom Einen von der Idee überhaupt die Rede ist, braucht uns nicht zu überraschen, denn wir haben uns ja schon darüber verständigt, daß das Eine eben das meinte, was jede Idee als Idee ist. Was die Idee als Idee ist, ist entwickelt worden. Jetzt ist die Frage, was sie ist im Verhältnis zu ihrem anderen, zur Nichtidee. Das andere kommt hier in Betracht zuerst als das an der Idee Teilhabende (μετέχον), und dann als das an der Idee Teilnehmende (μεταλαμβάνον, d. h. Teilhabe Ergreifende). Unsere Auslegung wird den umgekehrten Weg gehen.

Das Teilnehmende ist nicht das Eine. Da es auch nicht schlechthin Nichts sein kann, so ist es Mehreres. Es ist aber auch nicht eine bestimmte Zahl, welche ja schon die Teilhabe an der Eins voraussetzt, denn Zahl meint eine bestimmte Menge von Einheiten. Vielmehr ist das Andere, als das Nichteine, die unbestimmte, unausgegrenzte Menge, die keinen kleinsten Teil hat. Diese Menge ist ein durch keine Grenzen eingeschränktes und durchsetztes Kontinuum. Späterhin (im »Timaios«) nennt Plato diese gegen die Idee andere Natur den Raum. Das, was an den Ideen teilzunehmen imstande ist, ist, an und für sich betrachtet, der Raum; seine Natur ist die Gleichgültigkeit des grenzenlosen Auseinander, das Grenzenlose (ἄπειρον). Die Idee ist dasjenige, was in die Grenzenlosigkeit Grenzen setzt. Die Grenze entspringt durch das Teilnehmen am Einen. In seinem Bezug zu dem an ihm teilhabenden Mannigfaltigen ist das Eine das Vereinigende. Durch die Teilhabe an der einen Idee des Menschen ist ein Mannigfaltiges von Körperteilen zu einem Menschen vereinigt. Das so Vereinigte ist durch die Teilhabe am Einen ein Ganzes, und das Ganze bestimmt dann das Mannigfaltige, das zu ihm vereinigt ist, als seine Teile.

Von dieser anderen Natur her fällt nun auch neues Licht auf das Eine. Jedes Seiende ist ein Ganzes, d. h. ein vereinigtes Mannigfaltiges. Die Einheit, die solche Vereinigung bewirkt, ist das Sein. Dies Sein ist jeweils ein bestimmtes, z. B. das Menschsein, das Pferdsein, d. h. die Einheit ist je eine bestimmte Idee. Dieselbe Einheit aber ermöglicht verschiedene Ganzheiten, d. h. es kann mehrfach Mannigfaltiges gemäß derselben Einheit zu mehreren Ganzen vereinigt werden. So kann es dann mehrere Pferde geben, die alle an derselben Idee des Pferdes teilhaben. Alle solche bestimmten Einheiten sind besondere Fälle jener Einheit, welche im Gang 2 als das Eine bestimmt worden war. Für das Andere ergibt sich zusammenfassend, daß es als Teilnehmendes unbegrenzt, als Teilhabendes aber begrenzt ist. Auf Grund dessen ergibt sich weiter das Folgende (158 e ff.):

Das Andere muß untereinander gleichartig und ungleichartig sein. Sowohl nämlich, sofern es unbegrenzt ist, als auch sofern es begrenzt ist, kommt allem Anderen dasselbe zu, ist es also gleichartig. Sofern es aber begrenzt *und* unbegrenzt ist, kommen ihm entgegengesetzte Bestimmungen zu, das Entgegengesetzte ist aber das Ungleichartige. Daher ist das Andere gemäß jeder der beiden Bestimmungen je sich selbst und untereinander gleichartig, gemäß beiden zusammen aber in beiden Hinsichten das Entgegengesetzte und Ungleichartige. Aber (so sagt Parmenides weiter), auch daß es dasselbe und verschieden voneinander und bewegt und ruhend ist und daß alle diese entgegengesetzten Bestimmungen dem Anderen gegenüber dem Einen zukommen, werden wir ohne Schwierigkeit finden, nachdem sich uns schon erwiesen hat, daß ihm dieses zukommt. Das heißt also, das Andere des Einen, das am Einen teilhat, ist alles das, als was das Eine sich im 2. Gang bestimmte. So steht es in der Tat mit dem, was an den Ideen teilhat, dem Sinnlichen: es ist ruhend und bewegt, gleich und ungleich, selbiges und verschiedenes, Ganzes und Teil. Es ist hier groß und dort klein, früher gleichartig und später ungleichartig, in einer Hinsicht dasselbe, in anderer wieder nicht usw.

Das Andere hat aber diese Möglichkeit, sich selbst entgegengesetzt zu sein, sofern es nach seinem eigenen Wesen keines von all diesem, aber das Seinkönnen von all dem ist, d. h. aber das Wesen des Anderen ist jene Indifferenz, die die Freiheit von den Gegensätzen und für sie ist, welche im Gang 2 a als das Wesen des Einen bestimmt wurde.

Das ist auch ganz in Ordnung. Das Andere war hier das an den Ideen Teilhabende. Dieses kann alles das, was in den Ideen gedacht ist, sein, als das von den Ideen Unterschiedene aber ist es nichts Bestimmtes, aristotelisch gesprochen reine Hyle, logisch gesprochen das leere Subjekt, von dem alles mögliche prädiziert werden kann, aber von dem als solchem noch nichts prädiziert ist. Solches ist aber auch jede Idee selbst, denn auch die kann nur bestimmt werden, indem andere Ideen von ihr prädiziert werden.

Das bedeutet nicht (wie manche Ausleger gemeint haben), Plato habe im Alter den Unterschied zwischen der Idee und dem Sinnlichen aufgehoben und zum Verschwinden gebracht. Davon kann keine Rede sein. Wie sollte er auch den Unterschied zwischen einem Ding und einem Prädikat, den er entdeckt hatte, wieder zum Verschwinden bringen wollen? Wohl aber wird es nun Plato klar, daß auch das Prädikat wiederum etwas ist, wovon etwas prädiziert werden kann und muß. Es bleibt aber bestehen, daß trotz solcher Prädikatenprädikate sich zuletzt alles Prädizieren zurückbeziehen muß auf jenes, das nicht Prädikat, sondern das ursprüngliche Subjekt, das Worüber aller Rede ist, und das ist eben das Andere, das an den Ideen teilhat. Dieses ist eigentlich dasjenige, von dem alle Kategorien ausgesagt werden müssen, es ist das allen Bestimmungen Zugrundeliegende, das Hypokeimenon des Aristoteles. Im 2. Gang konnte es so scheinen, als würden alle Kategorien dem Einen zugesprochen. Der Ernst der Sache ist aber, daß mit der Setzung des Einen alle Kategorien mitgesetzt sind, und daß sie alle vielfältig miteinander verflochten sind. Das, worüber sie aussagen, dasjenige, dem die Kategorien mitsamt dem Einen letztlich alle zuzusprechen sind, war im 2. Gang noch nicht sichtbar, und daher das Verwirrende der dortigen Betrachtung. Das letzte Subjekt all dieser Prädikate ist nicht das Eine, sondern das Andere des Einen. Das Wesen des Anderen ist zwar das Eine (das Wesen des Sinnlichen ist die Idee), aber es geht in diesem Wesen, woran es teilhat, nicht auf. Was es selbst ist, zeigt sich, wenn es genommen wird nicht als Teilhabendes, sondern als Teilnehmendes, d. h. als das, was, selbst etwas seiend, sein Wesen annimmt. Als es selbst ist es unbestimmte Mannigfaltigkeit (πλήθει ἄπειρα), d. h. Raum (χῶρα).

Wenn so auch das Andere seine eigene Natur hat, so wurde es doch hier so betrachtet, wie es ist, wenn es das Eine in sich aufgenommen hat, d. h. als am Einen teilhabend.

Demgegenüber wird nun im nächsten, 4. Gang wieder das Eine in seiner völligen Absonderung vom Vielen gedacht und eine Art Gegenprobe durchgeführt. Wieder ist die Frage: Wenn das Eine ist, was ergibt sich dann für das Andere? Aber das Eine wird dabei jetzt gesetzt in unbezüglicher Setzung (159 b 2 ff.). Gegenüber der Teilhabe wird jetzt der Chorismos ausgespielt. Ist nicht (fragt Parmenides) auch das Eine vom Anderen getrennt und das Andere vom Einen? Warum? Weil es außer dem Einen und dem Anderen des Einen weiter nichts geben kann, und also auch nichts von diesen beiden Verschiedenes, worin als demselben sie beide wären. So sind sie niemals in demselben und also sind sie getrennt. Außerdem gilt, daß das wahre Eine keine Teile hat.

Hier wird also 1. die Idee von dem, wofür sie Idee ist, völlig abgesondert; außerdem aber wird das Eine selbst wiederum von den Kategorien abgesondert, indem geleugnet wird, daß es Teile hat. Es wird also hier bezüglich des Einen wieder der Standpunkt des 1. Ganges eingenommen. Was ergibt sich (das ist die Frage) damit für das Andere? Indem das Wesen rein für sich genommen wird, und nicht als das Wesen des anderen, ist es nicht verwunderlich, daß dadurch das andere als etwas völlig Wesenloses erscheinen muß. Und so zeigt es sich in der Tat (159 c ff.): Also wird das Eine weder ganz in dem Anderen sein, noch ein Teil von ihm, wenn es vom Anderen getrennt ist und keine Teile hat. Auf keine Weise also wird das Andere am Einen teilhaben, weder am Teil von ihm noch am Ganzen. Auf keine Weise ist also das Andere Eins, noch hat es irgend eine Einheit in sich. Also ist das Andere auch nicht Vieles. Denn wenn es Vieles wäre, dann wäre jeder seiner Teile *ein* Teil vom Ganzen. Nun aber ist das Andere des Einen weder Eines noch Vieles, noch Ganzes, noch Teil, weil es auf keine Weise am Einen teilhat. Also ist das Andere als solches auch nicht zwei oder drei, noch ist das in ihm, wenn es des Einen gänzlich beraubt ist. Also ist es auch nicht dem Einen gleichartig oder ungleichartig, noch ist Gleichartigkeit oder Ungleichartigkeit in ihm. Denn wenn es gleichartig und ungleichartig wäre, dann hätte es zwei einander entgegengesetzte Gestalten an sich, es kann aber nicht an der zwei teilhaben, da es nicht einmal an der Eins teilhat. Also ist das Andere weder gleichartig noch ungleichartig noch beides. Und ebenso ist es auch weder dasselbe noch verschieden, weder bewegt noch ruhend, weder werdend noch vergehend, weder größer noch kleiner noch gleich groß, noch sonst etwas derartiges. Denn all das ist ohne irgend eine Teilhabe am Einen nicht möglich.

Das heißt: was das Andere der Idee ist, das was an der Idee teilhat, das kann sich nur zeigen, wenn das Andere gefaßt wird in seinem Bezug zum Einen. Wenn aber das Andere völlig davon abgelöst wird, wie hier, dann muß sich dasselbe ergeben wie oben bei dem Versuch, das Eine rein für sich zu denken: was man erhält, ist nichts.

Damit ist der erste Hauptteil der Übung vollendet. Die Voraussetzung »wenn Eines ist« ist hinsichtlich ihrer Konsequenzen vollständig untersucht worden. Es wird zusammengefaßt (160 b): Wenn Eines ist, so ist das Eine alles und ist nichts, und zwar einmal im Verhältnis zu sich und einmal im Verhältnis zum anderen, und das andere ebenso. Es folgt der 2. Hauptteil, der dem Umfang nach wesentlich kürzer ist. Wieder wird zunächst gefragt nach dem, was sich aus der Voraussetzung »wenn Eines nicht ist« ergibt für das Eine selbst. Das geschieht wieder zweimal, nämlich in bezüglicher und in unbezüglicher Setzung des Einen. Zunächst also wird dabei das Eine bezogen auf die Kategorien. Das gibt den 5. Gang (160 b 5 ff.).

Vorauszusetzen »wenn Eines nicht ist«, das ist (sagt Parmenides) etwas anderes, als vorauszusetzen, »wenn Nicht-Eines nicht ist«. Das sind offenbar nicht nur verschiedene, sondern geradezu entgegengesetzte Behauptungen. Wenn einer z. B. behaupten würde, daß Größe nicht ist oder daß Kleinheit nicht ist, so würde er auf jeden Fall mit dem Nichtseienden etwas Verschiedenes meinen. Wenn er also hier vom Einen spricht, so spricht er auf jeden Fall von etwas vom Anderen Verschiedenen und so von einem Erkannten, ganz gleich, ob er nun das Sein hinzusetzt oder das Nichtsein. Es wird ja erkannt, was das ist, von dem gesagt wird, daß es nicht sei, und es wird erkannt, daß es von dem Anderen verschieden ist.

Hier wird zunächst festgestellt, was die Negation in dem Satz »Eines ist nicht« eigentlich besagen soll. Es zeigt sich, daß das hier gesetzte Nichtsein nicht etwa das Sein in jeder Hinsicht aufhebt, sondern im Gegenteil schon ein Sein voraussetzt. So wie der Atheist, der das Dasein Gottes bestreitet, schon wissen muß, was das eigentlich ist, dessen Dasein er da bestreiten will, weil er ja sonst vielleicht das Dasein von etwas ganz anderem bestreitet als das ist, dessen Dasein der Theist behauptet. So soll hier das Nichtsein meinen das Nichtsein nicht von irgend etwas

Beliebigem, sondern vom jenem Einen, wie es sich uns bisher ergeben hat. Das Wesen dieses Einen soll jetzt nicht etwa wieder aufgelöst werden, sondern es soll festgehalten werden, und das auf diese Weise festgehaltene Eine soll als nichtseiend bestimmt werden.

Parmenides zeigt nun, daß sich für das nichtseiende Eine genau dasselbe ergibt wie für das seiende. Er führt das sehr summarisch vor (160 d ff.). Zunächst, so wird argumentiert, muß es von diesem nichtseienden Einen ein Wissen geben, sonst könnte man gar nicht verstehen, wenn jemand sagt: »Wenn Eines nicht ist«. Ferner muß es von dem Anderen verschieden sein. Also ist das Eine auch etwas, und an mancherlei teilhabend. Es ist dann auch im Verhältnis zum Anderen ungleichartig, und dann auch gleichartig mit sich selbst. Jetzt (161 c) fällt Parmenides plötzlich aus der Rolle, er sagt: das Eine ist auch nicht mit dem Anderen gleich groß. Wenn es nämlich gleich groß wäre, dann wäre es ja schon, und wäre ihm gleichartig hinsichtlich des Gleichgroßseins. Das aber ist beides nicht möglich, weil das Eine nicht ist. Das ist nun ein Trugschluß. Wir sahen ja, daß die Negation des Daseins des Einen nicht hindert, daß es in seinem Wassein bestimmt wird, ja daß das sogar die notwendige Voraussetzung für die Negation des Daseins ist. Es geht sehr spielerisch weiter: wenn das Eine mit dem Anderen nicht gleich groß sein soll, dann darf auch das Andere mit ihm nicht gleich groß sein. Was aber nicht gleich groß ist, das ist ungleich an Größe und Kleinheit. Also hat das Eine auch daran teil. Zwischen ihnen aber liegt immer die Gleichheit. Wem also Größe und Kleinheit zukommt, dem kommt auch die dazwischenliegende Gleichheit zu.

Das ist nichts anderes als das, was sich im 2. Gang bezüglich des seienden Einen ergeben hatte. Jetzt aber (161 e ff.) kommt etwas Neues dazu. Auch am Sein, wird gesagt, muß das nichtseiende Eine in gewisser Weise teilhaben. Denn das Eine muß sich doch so verhalten, wie wir sagen. Wenn es sich nämlich nicht so verhielte, dann würden wir ja nichts Wahres sagen, wenn wir sagen, daß das Eine nicht sei. Wenn wir damit aber Wahres sagen, dann auch Seiendes. Es *ist* also, wie es scheint, das Eine nichtseiend. Wenn es nämlich nicht nichtseiend wäre, sondern im Nichtseiend-sein nachließe, dann wäre es ja sogleich seiend. Es muß also als Band mit dem Nichtsein das Nichtseiend-sein haben, wenn es nichtsein soll, ebenso wie das Seiende das Nichtsein des Nichtseienden enthalten muß, damit es vollständig ist. Denn so wird das Seiende im höchsten Maße sein und das Nichtseiende nichtsein, wenn das Seiende am Sein des Seiendseins teilhat und am Nichtsein des Nichtseiendseins, wenn es vollständig sein soll, das Nichtseiende aber am Nichtsein des Seiendseins und am Sein des Nichtseiend-seins, wenn auch das Nichtseiende vollständig nichtseiend sein soll. Da nun also dem Seienden ein Nichtsein und dem Nichtseienden ein Sein zukommt, so kommt auch dem Einen, sofern es nicht ist, notwendigerweise ein Sein zu, nämlich das des Nichtseins. Auch das Sein also zeigt sich am Einen, wenn es nicht ist, aber auch Nichtsein, wennanders es nicht ist.

Aristoteles betont des öfteren, »Sein« hat mehrere Bedeutungen. Eine davon ist Sein im Sinne von Wahrsein (ὂν ὡς ἀληθές). Es ist so, d. h. es ist wahr. Und dieser Sinn von »sein« ist es auch, von dem Plato hier Gebrauch macht, wenn er darauf hinweist, daß auch schon in dem Satz »das Eine ist nicht« mitgedacht wird, daß es so ist, daß es sich so mit dem Einen verhält, daß es nicht ist. Doch geht die Darstellung im »Parmenides« nicht bis zu einer ausdrücklichen Untersuchung der Vielfältigkeit im Begriff des Seins fort. Plato bewegt sich da nur in Andeutungen.

Nachdem festgestellt ist, daß das Eine am Sein und am Nichtsein teilhat, heißt es weiter (162 b): Was sich nun irgendwie verhält, das ist nicht imstande, sich nicht so zu verhalten, ohne aus dieser Verfassung in jene überzugehen. Solcher Übergang aber ist Bewegung. Das Eine aber erwies sich als Seiendes und Nichtseiendes, also muß zu ihm auch der Übergang vom Sein zum Nichtsein und also Bewegung gehören.

Das erinnert an 2 a. Wie es hier dargestellt wird, ist es aber recht verwirrend. Der Unterschied von Übergang und Bewegung, der in 2 a so wichtig war, wird hier wieder verwischt, und es wird wieder in die Darstellung des Einen im Stile des 2. Ganges eingebogen. Worauf es aber hier ankommt, ist der Hinweis darauf, daß das Negative nicht nur die Rolle zu spielen hat, daß hinsichtlich des in seinem Wesen bestimmten Einen gefragt werden kann, ob es existiert oder nicht, denn daran wird ja hier im Ernst gar nicht gezweifelt, daß es das Eine irgendwie gibt. Worauf es ankommt, ist vielmehr die Erkenntnis, daß das Negative auch schon zum Wesen des Einen gehört, daß es für es ebenso wesentlich ist, was es nicht ist, wie was es ist. Das war im Grunde auch schon früher festgestellt worden. Jetzt wird nur auf den Negationscharakter der damals gegebenen Bestimmungen ausdrücklich hingewiesen. Es wird auch noch angemerkt, daß dies nichtseiende Eine dasselbe ist wie das, was sich uns oben als das seiende Eine erwiesen hatte (162 c ff.).

Wenn das Eine nirgendwo unter den Dingen ist, wie es ja der Fall sein muß, wenn es nicht ist, dann kann es nicht von irgendwoher irgendwohin übertreten. Also bewegt es sich nicht durch Ortswechsel. Es kann sich aber auch nicht an derselben Stelle drehen, denn nirgends berührt es das Selbige. Denn das Selbige ist Seiendes, daß aber das Nichtseiende in irgendeinem Seienden sei, ist unmöglich. Das nichtseiende Eine kann sich also nicht in etwas drehen, worin es nicht ist. Aber das Eine kann sich auch nicht gegen sich selbst verändern, weder das seiende noch das nichtseiende. Wenn es sich gegen sich selbst veränderte, wäre ja nicht mehr die Rede von dem Einen, sondern von etwas anderem. Wenn es sich aber weder verändert noch dreht noch den Platz wechselt, wie soll es sich dann noch bewegen? Also ist es unbewegt, in Ruhe und steht still. Also steht das nichtseiende Eine sowohl still als auch bewegt es sich. Als sich Bewegendes muß es sich verändern. Als sich in keiner Weise Bewegendes aber verändert es sich nicht. Das nichtseiende Eine also verändert sich und verändert sich nicht. Als sich verändernd aber wird das Eine, was es nicht war, und was es war, das vergeht. Das sich nicht Verändernde aber ist ohne Werden und Vergehen. Auch das nichtseiende Eine also wird und vergeht als sich Veränderndes und wird nicht und vergeht nicht als sich nicht Veränderndes.

All das kann man als Beweis in keiner Weise ernstnehmen, es ist nur Scherz ohne tiefere Bedeutung. Der Ernst der Sache ist der Hinweis darauf, daß das Eine, wie es sich im ersten Teil der Untersuchung ergeben hatte, in sich selbst schon zugleich ein durch und durch nichtseiendes Eines ist. Diese Nichtigkeit hat nichts damit zu tun, ob es das fragliche Eine gibt oder nicht gibt, denn daß es dies Eine gibt, wird hier im Ernst gar nicht in Frage gestellt.

Jetzt folgt der 6. Gang, der die Frage stellt: Wenn Eines nicht ist, was ergibt sich für das Eine, wenn es jetzt wieder unbezüglich gesetzt wird, also als reines Eines ohne jede Vielheit (163 b ff.). Wenn wir sagen »das Eine ist nicht«, dann meint das die Abwesenheit des Seins (ουσίας ἀπουσία). Wenn wir nun sagen, es sei nicht, dann meinen wir doch nicht, daß es in gewisser Weise nicht sei, in gewisser Weise aber doch, sondern daß es schlechthin (ἁπλῶς) nicht ist und auf keine Weise und nirgends ist, noch irgendwie am Sein teilhat. Wenn es so verstanden werden muß, dann kann aber das Nichtseiende weder sein noch in irgend einer Weise am Sein teilhaben. Jetzt wird also das Nichtsein als absolute Nichtung verstanden. Daß der junge »Aristoteles« diesen Sinn des Nichtseins so ohne jedes Bedenken als den eigentlich angemessenen Sinn der Negation annimmt, ist natürlich für den Leser nicht verbindlich. Im Gegenteil: indem er das Schlechthin (ἁπλῶς) noch zum Schlechthinnigsten (ἁπλούστατα) steigert, sollen wir darauf aufmerksam gemacht werden, daß der fruchtbare Sinn des Nichtseins nicht die absolute Auslöschung meint, sondern gerade ein in gewisser Weise Sein und in gewisser Weise nicht-Sein. Soviel muß aus dem vorigen Gang schon verstanden sein, daß das in der Rede Gemeinte eben dadurch, daß es gemeint ist, auch schon als seiend gemeint ist. Was absolut negiert ist, von dem kann gar nicht mehr gesprochen werden. Was sich nun für das Eine ergibt, wenn sein Nichtsein so verstanden wird, das wird jetzt gezeigt (163 d ff.):

Werden und Vergehen war Teilnehmen am Sein und Loslassen vom Sein. Was aber gar keine Gemeinschaft mit dem Sein haben kann, das kann es weder fassen noch loslassen. Für das Eine, das auf keine Weise ist, besteht also diese Möglichkeit nicht, das nichtseiende Eine entsteht weder noch vergeht es. Es ändert sich auch auf keine Weise, denn dabei würde etwas an ihm entstehen, was nicht war, und vergehen, was war. Und also bewegt es sich auch nicht. Aber man kann auch nicht sagen, daß es irgendwo stillsteht, denn das Stillstehen muß immer in demselben sein. Es kommt ihm auch nichts Seiendes zu, denn wenn es daran teilhätte, hätte es ja schon am Sein teil. Also kommt ihm weder Größe noch Kleinheit noch Gleichheit zu, weder im Verhältnis zu anderem noch zu sich selbst, noch Identität oder Verschiedenheit. Aber auch das »jenes« und »dieses«, das »dessen« und das »des anderen« und das »dem anderen« und das »damals« und das »dereinst« und das »jetzt« und das Wissen, die Meinung, Wahrnehmung, Rede und Name, all dies gibt es bei ihm nicht.

Was sich so ergibt, ist die Kehrseite des 1. Ganges. Das nichtseiende reine Eine ist dasselbe wie das seiende reine Eine, nämlich nichts. Das ist nicht weiter überraschend. Wenn das Eine so gedacht wird, daß mit der Einheit alles andere ausgeschlossen ist, dann kann es so wenig mit dem Sein wie mit dem Nichtsein verbunden werden, es ist dann auf alle Weise schlechterdings gar nichts. Da ergibt sich also nichts Neues.

Etwas entscheidend Neues ergibt sich aber bei der Erörterung der Frage, als was das Andere bestimmt wird, wenn das Eine nicht ist

(164b ff.). Diese Untersuchung wird wieder zweimal geführt, zunächst mit bezüglicher Setzung des Einen und dann als Gegenprobe mit unbezüglicher Setzung.

Jetzt handelt es sich nicht mehr um das, was man die innere Nichtigkeit des Einen nennen könnte, sondern um seine äußere Nichtigkeit, seine Nichtigkeit im Verhältnis zum Anderen. Um die These vorwegzunehmen: das Nichtsein des Einen bedeutet jetzt dies, daß das Andere das Eine nicht völlig in sich aufnimmt, daß die Teilhabe den Chorismos nicht völlig verschlingt, sondern daß trotz der Teilhabe des Anderen am Einen die Kluft zwischen dem Einen und dem Anderen bleibt, daß sich das Wesen in gewisser Hinsicht als ohnmächtig erweist, — oder umgekehrt gesagt, daß sich das Andere dem Wesen gleichsam widersetzt und sich gegen es sperrt.

Es wird also gefragt (164b ff.): Wenn Eines nicht ist, was ergibt sich dann für das Andere? Anderes muß es irgendwie sein, wenn es nämlich nicht Anderes wäre, dann könnte von ihm gar nicht gesprochen werden. Wenn aber vom Anderen die Rede ist, so ist das Andere Verschiedenes. Verschieden aber ist das Verschiedene vom Verschiedenen, und das Andere ist das Andere des Anderen. Wenn also das Andere Anderes sein soll, dann muß es etwas geben, dessen Anderes es ist. Was aber wäre nun dies? Das Eine kann es nicht sein, da dieses nicht ist. Also ist das Andere das in bezug aufeinander Andere.

Diese Argumentation ist zunächst wieder, wörtlich genommen, falsch. Das Andere wurde eingeführt als das Andere des Einen. Nun ist zwar das Eine nicht (gemäß Voraussetzung), es ist aber offenkundig, daß etwas nicht nur ein Anderes sein kann als ein anderes Seiendes, sondern ebensogut als ein anderes Nichtseiendes. So ist es das Andere des Einen und muß nicht das gegeneinander Andere sein. Aber wenn auch der Beweis falsch ist, so bleibt doch die Behauptung wahr. Das Andere der Idee ist nicht nur so das Andere wie umgekehrt die Idee das Andere im Verhältnis zu dem an ihr Teilhabenden ist, sondern die andere Natur (ἑτέρα φύσις) ist das Andere an sich selbst. Es ist dies ein neuer Ausdruck für das Nichteine im Sinne der unbestimmten Mannigfaltigkeit, des Grenzenlosen; es ist das, was keine Einheit hat, was immer wieder anders erscheint, das wirre Uneinheitliche, Verschwimmende und Verschwebende, der Nebel der Gestaltlosigkeit. Im Folgenden wird das Nichtsein des Einen entwickelt in dem Sinne, daß das Eine über das Andere in diesem

Sinne nicht völlig Herr wird, daß seine chaotische Macht nicht völlig gebrochen wird. Es wird (164c) gesagt: Als Menge wird also jegliches gegeneinander Anderes sein, denn als Eines kann es das nicht, da Eines nicht ist, sondern, wie es scheint, ist jede Masse (ὄγκος) der Menge nach grenzenlos; und wenn jemand davon nähme, was ihm das Kleinste scheint, so erscheint es ihm doch wie im Traume plötzlich anstatt des Einen, für das er es hält, als Vieles, und anstatt als Kleinstes sehr groß im Verhältnis zu dem, in das es weiter zerteilt werden kann. Als solche Masse also wäre das Andere gegeneinander Anderes, wenn es Anderes ist, indem das Eine nicht ist. Und es wird dann viele solche Massen geben, von denen jede eine zu sein scheint, ohne es zu sein, da ja das Eine nicht ist.

Hier wird deutlich, was das Nichtsein des Einen jetzt besagen soll: das Andere nimmt nicht, wie es früher schien, das Eine völlig in sich auf, sondern das Eine ist gewissermaßen ohnmächtig gegenüber dem Anderen, und zwar so, daß das Andere nur den Schein des Einen an sich hat. Das Eine ist also weder ganz im Anderen anwesend, so daß es gar nichts für sich wäre, noch ist das Andere des Einen völlig beraubt, sondern es hat den Schein des Einen, und zwar in dem Sinne, wie wir auch sagen, daß der Schein des Lichts auf etwas fällt. Worauf der Schein des Lichts fällt, das ist weder ganz dunkel, noch hat es selbst das Licht in sich. Das Licht, die Lichtquelle, ist vielmehr woanders, während das Beschienene den Widerschein des Lichts zurückgibt und daher licht und hell erscheint, und den Schein, d. h. die Täuschung, erwecken kann, als sei in ihm selbst die Lichtquelle enthalten. Dieser Schein der Einheit am Anderen wird jetzt durch alle Kategorien verfolgt.

Es heißt (164d ff.): Auch eine Zahl wird es von ihm geben, wenn jedes Eines scheint und es viele sind. Und einiges wird als gerade, anderes als ungerade erscheinen, ohne es in Wahrheit zu sein, da ja Eines nicht ist. Und auch ein Kleinstes scheint es darunter zu geben. Dann aber scheint die Masse wieder viel und groß zu sein im Verhältnis zu jedem der Vielen, sofern sie klein sind. Auch als gleich den Vielen und Kleinen zu sein wird jede Masse vorgestellt, denn sie kann nicht scheinbar aus dem Großen ins Kleine übergehen, bevor sie ins Mittlere gekommen zu sein scheint, dies aber wäre der Schein der Gleichheit. Es scheint aber auch jede Masse, sofern sie eine Grenze gegen die andere hat wie auch gegen sich selbst, weder Anfang noch Mitte noch Ende zu haben, und zwar darum, weil immer, wenn jemand in Gedanken etwas davon faßt, als sei es so etwas, vor dem Anfang ein anderer Anfang erscheinen wird, nach dem Ende aber ein anderes Ende und in der Mitte eine Mitte der Mitte, eine noch kleinere, wegen der Unmöglichkeit, ein einzelnes Eines davon zu erfassen, da es kein Eines gibt. Durch solche Zerstückelung wird notwendig alles Seiende zerrieben, das man mit dem Gedanken faßt, denn es wird immer eine Masse ohne Einheit erfaßt werden. Etwas Derartiges wird für den, der von ferne sieht, notwendigerweise Eines scheinen, für den aber, der aus der Nähe und scharf vernimmt, wird jegliches Eine als der Menge nach grenzenlos erscheinen, wennanders es des Einen als des Nichtseienden beraubt ist. So muß also als grenzenlos und Grenze habend und als Eines und Vieles jegliches von den Anderen scheinen, wenn Eines nicht ist, wohl aber das Andere des Einen. Und es wird auch gleichartig und ungleichartig zu sein scheinen. Wie Gemälde dem ferne Stehenden den Schein machen, daß alles Eines ist, so erwecken auch diese den Anschein, daß sie gleichartig sind. Dem Herzutretenden aber erscheint es Vieles und Verschiedenes und durch den Schein der Verschiedenheit als verschiedenartig und gegeneinander ungleichartig. So ist es notwendig, daß die Massen in Bezug auf sich selbst sowohl als aufeinander gleichartig und ungleichartig erscheinen. Aber auch selbig gegeneinander und verschieden voneinander und sich berührend und voneinander getrennt und nach allen Bewegungsweisen bewegt und durchaus ruhend und werdend und vergehend und keines von beiden usw., was durchzugehen nun schon sehr leicht wäre, wenn Vieles ist, indem Eines nicht ist.

Das Ende sagt ganz deutlich, daß alle Kategorien, die (wie sich früher ergeben hatte) zum Einen gehören, und für die (wie sich dann weiter ergeben hatte) das Andere das eigentliche Subjekt ist, auch jetzt noch dem Anderen zugesprochen werden sollen, aber jetzt so, daß das Andere so zu sein scheint, ohne in Wahrheit so zu sein. Das Andere des Einen, d. h. die Welt, in der wir alltäglich leben, ist das Reich des Scheins.

Der Schein ist der Schein der Wahrheit, und das sowohl in dem Sinne, daß er so aussieht wie die Wahrheit, ohne die Wahrheit zu sein, als auch in dem Sinne, daß er ein Widerschein der Wahrheit ist. Wir haben oben gesehen, wie Plato in der »Politeia« durch das Gleichnis von der Sonne die Wahrheit deutete als den hellen Raum, in dem die Ideen sind. Für uns gibt es Wahrheit, sofern die Seele selbst, d. h. das Wesen der Seele zu jenem Raum der Wahrheit selbst gehört. Eigentliche Wahrheit ist daher für Plato Ideenwahrheit, Wahrheit, die das Wesen betrifft. Im Wirklichen (was wir so nennen), d. h. dem Sinnlichen, ist nur so viel Wahrheit, als Ideen darin anwesend sind. Jedes Wort über das Sinnliche ist nur insoweit wahr, als es imstande ist, das Sinnliche auf Ideen hin anzusprechen. Nun ist aber die Idee nicht die absolute Macht über das Sinnliche. Auf dem Grunde der Verständlichkeit bleibt stets ein Rest des Unverständlichen, des Dunklen, das nicht völlig in das Licht der Idee aufgelöst werden kann. Die Idee ist nicht im Sinnlichen, sie scheint nur darin im Sinne des Widerscheins, der nicht die ursprüngliche Quelle des Lichts ist. Dies Unwesen des Seins, diese Widersetzlichkeit der sinnlichen Welt gegen die Ideen kommt für das Ungefähre des alltäglichen Weltverständnisses nicht zum Vorschein. Dieses kann sich mit der Faustregel einer groben Auffassung begnügen. So verfährt ständig die sinnliche Wahrnehmung. Sofern aber der Mensch das Vermögen des Denkens hat, besitzt er einen Zugang zu den Ideen selbst, deren Widerschein er im Sinnlichen vorfindet. Auf Grund davon ist er imstande, den ständigen Abstand des Sinnlichen vom Idealen zum Vorschein zu bringen, z. B. festzustellen, daß jedes sichtbare Gleiche bei hinreichender Genauigkeit der Messung doch wieder als ungleich erwiesen werden kann.

Hegel ist hierin wieder seinem Meister gefolgt. In seiner Enzyklopädie schreibt er: »Die Natur hat sich als die Idee in der Form des Andersseins ergeben. Sie ist an sich, in der Idee, göttlich, aber in der Idee ist ihre bestimmte Art und Weise, wodurch sie Natur ist, aufgehoben. Wie sie ist, entspricht ihr Sein ihrem Begriff nicht. Ihre existierende Wirklichkeit hat daher keine Wahrheit. Ihr abstraktes Wesen ist das Negative, wie die Alten die Materie überhaupt als das non ens gefaßt haben.«

Doch ist hier auch ein entscheidender Unterschied. Diese Unwahrheit, dieser Schein und diese Äußerlichkeit kommt für Hegel auf die Rechnung der Natur und ist ein Übergang, der im Fortgang des dialektischen Prozesses überwunden wird. Auf die Natur folgt der Geist, der ihre Wahrheit ist. Sein Wesen ist Freiheit, d. h. die Identität der absoluten Negativität des Begriffes mit sich. Für Plato dagegen ist das Wissen des Menschen nicht das absolute Wissen, in welchem der dumpfe Widerstand verschwindet, sondern auch unser Wissen bleibt Teilhabe an der Idee, und daher kann auch der Logos den Chorismos, die Kluft, die Idee und Materie trennt, nicht aufheben.

Daß diese Kluft auch dadurch nicht überwunden werden kann, daß das Eine durch die Verschärfung der Negativität dem Anderen gleichsam verwandter gemacht wird, zeigt der letzte Gang des Gesprächs, in dem wieder das Eine unbezüglich gesetzt wird (165e ff.). Wieder wird gefragt: Was ergibt sich für das Andere, wenn Eines nicht ist? Das Andere kann dann nicht Eines sein, also auch nicht Vieles; denn ohne Einheit gibt es keine Vielheit. Wenn keines von den Vielen Eins ist, dann sind sie alle nichts. Ohne Eines ist das Andere also weder Eines noch Vieles. Auch scheint es nicht Eines oder Vieles, weil das Andere mit dem Nichtseienden auf keine Weise in irgend einer Gemeinschaft steht, noch auch irgendwelches Nichtseiendes bei irgend etwas Anderem sein kann; das Nichtseiende hat ja keine Teile, also auch keine Ansicht vom Nichtseienden gibt es beim Anderen, noch einen Schein, noch wird das Nichtseiende von irgend einem Anderen vorgestellt. Wenn also Eines nicht ist, so wird auch keines von den Anderen für Eines oder Vieles gehalten. Denn ohne Eines etwas für Vieles zu halten, ist unmöglich. Wenn also Eines nicht ist, so ist das Andere weder Eines noch Vieles noch wird es dafür gehalten. Also ist es auch weder gleichartig noch ungleichartig, also auch weder dasselbe noch verschieden, weder in Berührung noch getrennt, noch sonst etwas von dem, was wir früher als seinen Schein durchgingen. Nichts davon ist oder scheint das Andere, wenn Eines nicht ist. Also in summa: wenn Eines nicht ist, dann ist nichts.

Wir sehen hier, daß mit der völligen Negation des Einen auch das Andere völlig zu nichts wird. Mit dem Verschwinden des Einen verschwindet auch der Schein. Hier ist zwar die Kluft verschwunden, aber nicht, indem sie sich schließt, sondern indem alles verschwindet.

Der letzte Satz gibt das Ergebnis der ganzen Übung (166c ff.): So sei also das gesagt und auch das Folgende, daß, wie es scheint, wenn das Eine ist und wenn es nicht ist, so wird es selbst wie das Andere sowohl im Verhältnis zu sich selbst wie in Bezug aufeinander auf alle Weise alles sein und nicht sein, scheinen und nicht scheinen.

Aber dies Ergebnis ist gar kein Ergebnis, sondern nur eine kurze Formel für den ganzen Gang der Übung. Aber eben dies ist das Ergebnis: kein Satz, sondern die Einsicht, daß die Wahrheit nichts anderes ist als das Beherrschen des ganzen Gefüges des dialektischen Ganges.

Soviel über den »Parmenides«. Ich bilde mir nicht ein, alle Rätsel gelöst zu haben, die dieser merkwürdige Dialog aufgibt. Aber das ist vielleicht auch gar nicht möglich. Die eigentümliche Mischung von Spiel und Ernst, in der sich Plato bewegt, die zahlreichen Trugschlüsse, von denen man nicht immer entscheiden kann, ob Plato sie absichtlich begeht oder ihnen selbst zum Opfer fällt, machen es vielleicht unmöglich, eindeutig über Richtigkeit oder Unrichtigkeit der Auslegung zu entscheiden. Einerseits besteht immer die Gefahr, das alles als sophistisches Spiel zu unterschätzen, andererseits aber die Gefahr, etwas hineinzulesen, was nicht da steht.

20. SOPHISTES

Der Dialog schließt äußerlich an den »Theaitetos« an. Theodoros und Theaitetos haben sich verabredungsgemäß wieder eingefunden und bringen einen Gast mit, dessen Name nicht genannt wird und der (ungenannt bleibend) das ganze Gespräch mit Theaitetos bestreitet. Theodoros stellt den Gast als einen Schüler des Parmenides und des Zeno vor, und Sokrates fragt scherzend, ob er auch sicher sei, nicht, ohne es zu wissen, einen Gott mitgebracht zu haben — wie es bei Homer erzählt wird, — einen elenktischen Gott, einen Diskutiergott. Das ist nicht ohne Ironie gesagt, denn solche Diskutiergötter sind gerade die sophistischen Rhetoren, denen nur daran liegt, auf alle Weise Recht zu behalten und alle andern zu widerlegen, nicht aber daran, im gemeinsamen Gespräch die Wahrheit zu finden. Nein, antwortet Theodoros, ein solcher ist er nicht, sondern viel maßvoller als jene Streitlustigen. Ein Gott ist er nicht, wohl aber wahrhaft göttlich, weil er ein Philosoph ist.

Diese Bemerkung wird für Sokrates zum Anlaß, die Frage zu stellen, die das Thema des ganzen Dialogs ist. Ganz recht (sagt er), nur ist diese Gattung vielleicht nicht viel leichter zu erkennen als die der Götter, sondern wegen der Unwissenheit der anderen erscheinen sie in mancherlei Gestalt, einigen nämlich erscheinen sie als Staatsmänner, einigen als Sophisten, einigen als ganz und gar verrückt. Eben dies möchte nun Sokrates von dem Gast wissen, was man in Elea davon hält und davon sagt, nämlich vom Sophisten, dem Staatsmann und dem Philosophen, die alle als solche sich zeigen, die von oben auf das Leben der Niederen herabsehen: ob diese drei Namen alle dasselbe bezeichnen oder zweierlei, oder ob den drei Namen auch drei Gattungen entsprechen (217 a). Hierauf antwortet der Gast zunächst, das sei leicht zu entscheiden, man halte das in der Tat nicht für drei Namen, sondern auch für drei verschiedene Sachen (217 b). Schwieriger sei es dagegen, die zu jedem Namen gehörige Gattung zu bestimmen. Es wird ausgemacht, daß man dies zunächst für den Sophisten versuchen will, und daß der Gast seine Fragen an Theaitetos richten soll. Als erste soll die Frage nach dem Sophisten gestellt werden (die dann unsern ganzen Dialog ausfüllt 217 c ff.). Der Dialog ist so gebaut, daß die Frage nach dem Sophisten gewissermaßen die Schale bildet, in die als ein Kern eine grundsätzliche Frage eingelegt ist, die Frage nämlich nach der Möglichkeit des Nichtseins und des Falschen (237 b bis 264 c). Die Kernuntersuchung wird durch die Frage nach dem Wesen des Sophisten herbeigeführt, sie ist ein notwendiges Mittel für die Bestimmung des Wesens des Sophisten, dennoch aber ruht auf dem, was hier nur Mittel ist, das eigentliche Gewicht des Gesprächs.

Plato hat auch noch die Fortsetzung geschrieben, in der die Frage nach dem Staatsmann (Politikos) gestellt wird, aber den dritten Dialog der Trilogie, den Philosophos, gibt es nicht. Es könnte ja sein, daß Plato nicht mehr dazu gekommen ist, ihn zu schreiben, oder daß er dabei auf Schwierigkeiten gestoßen ist; es könnte aber auch sein, daß dieser dritte Dialog gar nicht geschrieben zu werden brauchte, weil die Frage nach dem Wesen des Philosophen schon beantwortet ist. So wird es sich in der Tat herausstellen: die Frage nach dem Wesen des Philosophen erhält ihre Antwort schon bei dem Versuch, das Wesen des Sophisten zu bestimmen. Das ist auch nicht überraschend, denn da der Sophist der Schein-Philosoph ist, kann gar nicht bestimmt werden, was er ist, ohne zuvor das Wesen des wirklichen Philosophen zu bestimmen.

Nach dem Sophisten ist gefragt. Was die Gesprächsteilnehmer zunächst gemeinsam haben, ist der Name »Sophist«, bei welchem Namen sich aber vielleicht jeder eine andere Sache vorstellen mag. Es kommt jetzt darauf an, sich durch Logoi über die Sache zu verständigen (219 c). Der Sophist soll definiert werden. Dazu wird zunächst zur Übung solch eine Bestimmung des Wesens einer Sache an einem geringfügigen und wohlbekannten Gegenstand vorgemacht. Die Geringfügigkeit des Gegenstandes hat den Vorteil, daß sie die Betrachtung nicht auf die Sache selbst ablenkt, sondern ganz bei dem Verfahren des Bestimmens festhält, und daß der Gegenstand bekannt ist, macht es ohne Schwierigkeiten möglich, von ihm einen Logos zu geben (219 d). Der ständige Blick auf die Sache selbst leitet die Definition. Beim Sophisten, auf dessen Definition es abgesehen ist, steht es anders. Dort ist die Sache selbst nicht deutlich, und die Definition, oder die verschiedenen Definitionen, die versucht werden, sollen uns den Blick auf die Sache allererst eröffnen. Der bekannte Gegenstand, der zur Übung zuerst definiert wird, ist der Angelfischer (219 a bis 221 c). Es wird sich aber zeigen, daß dies Beispiel nicht ganz beliebig gewählt ist, sondern daß zwischen dem Angelfischer und dem Sophisten auch eine gewisse sachliche Verwandtschaft besteht.

Die Bestimmung des Wesens des Angelfischers vollzieht sich als ein wiederholtes Einteilen (διαίρεσις), nämlich einer Gattung in Arten. Was zu oberst steht und womit die Einteilung beginnt, ist derjenige, der eine Fähigkeit (δύναμις 219 a) hat, der irgend etwas kann. Der Angelfischer ist auf jeden Fall eine Art Könner. Ein solcher ist entweder ein solcher, dessen Können ein Verstehen, ein wissendes Können (τέχνη) ist, oder der Könner hat eine andere Art des Könnens. Der Angelfischer ist ein Kunstverständiger, einer, der es versteht, zu angeln. Die Künste kann man einteilen in herstellende und erwerbende (219 b f.). Die Tischlerkunst ist eine herstellende, die des Angelfischers aber eine erwerbende (219 d). Das Erwerben geschieht entweder friedlich durch Tausch, Kauf, Miete usw. oder mit Gewalt. Es ist klar, daß der Angelfischer zu der letzteren Art gehört. Die gewaltsame Erwerbskunst vollzieht sich entweder im offenen Kampf oder in der heimlichen Nachstellung, und der Angelfischer gehört zu der letzteren Art (219 e).

Bisher wurde eingeteilt nach der Art des sich Verhaltens. Die weitere Einteilung richtet sich nun nach der Art der so erworbenen Gegenstände. Diese sind entweder leblos oder lebendig. Der Angelfischer stellt dem Lebendigen nach, d. h. er ist eine Art Jäger (220 a). Die Jagd, die wir also jetzt definiert haben, zerfällt in die Jagd zu Wasser und zu Lande. Der Angelfischer jagt auf dem Wasser. Die Wasserjagd ist entweder eine solche auf Vögel oder auf Fische, die des Angelfischers von der letzteren Art (220 b).

Jetzt wird weiter eingeteilt nach der Art des Verfahrens. Der Fischfang geschieht entweder mit Netzen oder durch Verletzung der Fische. Wieder gehört der Angelfischer zu der letzteren Art (220 d). Diese wird eingeteilt in die bei Nacht betriebene Fackelfischerei und die bei Tage betriebene Hakenfischerei. Der Angelfischer gehört zu dieser. Diese trifft den Fisch entweder von oben nach unten mit der Harpune, oder zieht den Fisch mit einem Haken von unten nach oben — und damit ist der Angelfischer definiert (221 a).

Wer nicht in blinder Begeisterung alles kritiklos verehrt, was von Plato stammt, wird diese Definition einigermaßen pedantisch finden, und zweifellos hat sie auch Plato selbst so empfunden. Es ist gewiß richtig: um zu wissen, was die Angelfischerei ist, muß man sie zu allem in Beziehung setzen, womit sie in gewisser Hinsicht dasselbe ist und zugleich ihre Unterschiede zu all diesem bestimmen. Aber daß die besondere Definition, die hier gegeben worden ist, abhängig ist von den mehr oder weniger willkürlich aufgegriffenen Einteilungshinsichten, gemäß denen eine Gattung in Arten zerspalten wird, das ist Plato selbst klar bewußt. In der Fortsetzung unseres Gesprächs im »Politikos« treibt er sein Spiel eben mit der Zufälligkeit und Willkür der Einteilungskette, indem er es listig so einrichtet, daß er zum Schluß eine Gattung erhält, die nur noch die Schweinezucht und die Staatskunst als Arten unter sich befaßt. Das Definitionsbeispiel zeigt, daß eine Definition durch Einteilunug nur insoweit Wert hat, als der Logos schon geleitet ist von einem Denken, das die Sache in ihren wesentlichen Bezügen erfaßt.

Das wird sich sogleich bei dem Versuch, den Sophisten zu definieren, geltend machen. Es werden vom Sophisten nicht weniger als sieben Definitionen gegeben, von denen erst die siebente auf das Wesen des Sophisten stößt und damit die Hauptuntersuchung notwendig macht.

Die 1. Definition (221 c bis 223 a) geht genau wie die des Angelfischers aus von der Frage, ob der Sophist wohl ein Verstehender ist, um dann sofort darauf zu kommen, daß beide noch viel näher verwandt sind: beide sind nämlich Jäger (221 d), sie unterscheiden sich aber durch das, was sie jagen. Der Fischer jagt auf dem Wasser, der Sophist auf dem Lande (221 e). Die Landjagd wird nun eingeteilt in die auf wilde und die auf zahme Tiere. Theaitetos fragt zwar, ob es das letztere überhaupt gebe, aber der Gast erklärt ihm, daß damit die Jagd auf Menschen gemeint sei, wennanders der Mensch ein zahmes Tier sei (222 b). Diese Wesensbestimmung des Menschen ist natürlich nicht ernst zu nehmen, es wird aber hier angezeigt, daß die Bestimmung des Sophisten mitbestimmen muß, was der Mensch ist.

Die Jagd auf die zahmen Tiere, d. h. die Menschen, wird nun weiter eingeteilt in die gewaltsame, wie Krieg, Räuberei, Sklavenfang einerseits, und in die überredende andererseits, welche die Kunst der Advokaten, Demagogen und der Konversation ist (222 c). Die hat wieder zwei Arten, die private und die öffentliche. Die private, zu der die Sophistik gehört, ist entweder lohnfordernd oder geschenkegebend. Was dies letztere sein soll, versteht Theaitetos nicht gleich. Es ist, wie der Gast erläutert, die Nachstellung der Liebenden, welche diejenigen, denen sie nachjagt, noch beschenkt (222 d). Die Sophisten aber nahmen bekanntlich Geld für ihren

Unterricht, im Gegensatz zu Sokrates, der durch diese Definition als Erotiker bestimmt wird. Von der lohnfordernden Menschenjagd ist der eine Teil die Schmeichelei, der andere Teil aber diejenige Kunst, die verspricht, um der Areté willen Umgang zu pflegen, und sich dafür Geld zahlen läßt (223 a). Diese Kunst ist eine scheinbar erzieherische (δοξοπαιδευτική 223 b), und das ist die Sophistik.

Aber wissen wir jetzt, was ein Sophist ist? Nach dieser Definition ist die Sophistik ein Gewerbe, mit dem man Geld verdient, und zwar mit der Erziehung zur Areté. Jedenfalls gibt der Sophist vor, das zu leisten. Es wird aber durchblicken lassen, daß er das in Wahrheit nicht leistet, daß seine Leistung bloßer Schein ist. Was aber der Sophist eigentlich macht, das ist noch ungesagt geblieben. Kann das aber gesagt werden, ohne daß gesagt wird, was derjenige tut, der in Wahrheit leistet, was der Sophist zu leisten vorgibt? Ist das nicht der Philosoph? Das heißt doch, daß die Bestimmung des Sophisten erst nach der Bestimmung des Philosophen möglich ist. An den Tag getreten ist bisher nur die Gesinnung des Sophisten: sein Erwerbssinn. Aber, so heißt es nun (223 c), einer nicht geringen Kunst ist der Sophist mächtig, vielmehr einer bunten, mannigfaltigen, und aus dem vorher Gesagten ergibt sich der Anschein, als sei er nicht das, was wir jetzt sagen, sondern gehöre noch in eine andere Gattung. Und so wird eine 2. Definition versucht (223 c bis 224 d).

Wieder wird ausgegangen von der Einteilung, die zum Angelfischer führte, aber es wird jetzt schon früher abgezweigt, nämlich schon bei der Erwerbskunst. Diese wurde eingeteilt in Jagd und Tausch. Der Sophist wird jetzt im Gegensatz zum ersten Versuch auf dem Gebiete der Tauschkunst gesucht (223 c). Das Tauschen ist entweder Schenken oder Handeln, der Handel entweder Eigenhandel mit selbst hergestellten Produkten oder Zwischenhandel mit fremden Produkten, und dieser entweder Kleinhandel in einer Stadt oder Großhandel von Stadt zu Stadt (223 d). Dieser ist teils ein Handel mit Gütern für den Leib, teils mit solchen für die Seele. Zu dem letzteren gehört z. B. der Kunsthandel und der Handel mit Wissenschaft (224 a). Der Seelengütergroßhandel wird geteilt in Handel mit Schaustellungen und Handel mit Wissenschaft. Davon ist eine Art derjenige, der mit solchen Wissenschaften handelt, die die Areté betreffen. Das ist das sophistische Geschäft (224 c). Der Sophist ist ein Großhändler mit Reden und Kenntnissen für die Areté (224 d).

Wieder wird das Entscheidende zum Schluß ungegliedert mitgeführt. Der Sophist will etwas für die Areté liefern (Frage: was ist das eigentlich?), und was er dazu liefert, sind Reden und Kenntnisse. Es zeigt sich, daß die Bestimmungen, der Sophist sei ein Großhändler und ein Zwischenhändler, ganz unwichtig sind, es ändert sein Wesen nicht, wenn er ein Kleinhändler ist und wenn er seine Waren selbst fabriziert. Diese Variante wird jetzt (224 d 2) als 3. Definition, und in der Zusammenfassung der 6 ersten Definitionen (231 d) als 3. und 4. Definition gezählt. Dann wird noch einmal auf die Einteilung des Angelfischers zurückgegriffen und eine 5. Definition gegeben (225 a ff.).

Die Einteilung geht jetzt aus vom Erwerb durch den Kampf. Das Kämpfen ist entweder ein gegeneinander Streiten oder ein sich aneinander Messen (ἀγών). Das gegeneinander Streiten ist entweder körperlich oder ein solches von Logos gegen Logos, die Auseinandersetzung (225 b). Diese geschieht entweder öffentlich in langen Reden über Rechtsfragen, das ist der Rechtsstreit, oder privat in kurzer Rede und Widerrede, das ist der Wortwechsel. Dieser ist entweder kunstlos (ἀτέχνως), wie die Streiterei in Handel und Verkehr, oder derart, daß der Streit eine besondere Kunst hat (ἔντεχνον), ein Verfahren befolgt, auf das man sich verstehen muß. Das ist die Eristik, der Disput. Dieser ist teils geldverzehrend, teils geldeinbringend. Die erstere Art wird als Geschwätz bezeichnet, die letztere ist wiederum die Sophistik (225 e).

Es ist kein Zufall, daß hiernach der Disput, in den Sokrates seine Zeitgenossen zu verwickeln pflegte, als Geschwätz zu bestimmen wäre, weil er nichts einbringt. Die Gewinnsucht des Sophisten ist also hier immer noch maßgebend für seine Definition. Was er eigentlich treibt und zu bewirken vorgibt, bleibt noch dunkel. Nur ein neuer Zug erscheint. Wir wissen aus der vorigen Definition, daß er es mit Logoi, mit Reden zu tun hat. Jetzt hören wir: diese Reden sind Streitreden, der Disput ist es, in dem er sich bewegt. Noch immer aber ist uns der Sophist seinem eigentlichen Wesen nach entgangen, und so muß noch ein Versuch, der 6., gemacht werden (226 a bis 231 c).

Dieser beginnt die Einteilung bei einer Gattung, die bei der Definition des Angelfischers ganz oben stand, bei der Kunst, dem sich Verstehen auf etwas (τέχνη). Eine Art dieser Kunst ist das sich Verstehen auf das Aussondern (διακριτική. 226 c). Wir haben hier also eine andere Einteilung der Kunst als in Herstellen und Erwerben, woraus wir methodisch entnehmen, daß die Hinsicht, nach der eine Gattung eingeteilt wird, entscheidend ist für die sachgemäße Bestimmung von etwas. Man bemerke übrigens, daß das, was wir hier im Augenblick tun, das Einteilen, selbst ein solches Sondern ist. Das Sondern wird eingeteilt in dasjenige des Gleichartigen vom Gleichartigen und in das des Besseren vom Schlechteren. Das Letztere ist die Reinigung (226 d), und diese bezieht sich entweder auf die Körper oder auf die Seele. Mit der Reinigung von Körpern haben es in je verschiedener Weise zu tun der Arzt, der Bademeister und der Tellerwäscher (227 a). Der verschiedene Rang und die verschiedene Würde dieser Berufe spielt für das Verfahren des Logos keine Rolle. Worum es sich handelt, ist nur dies, das Verwandte und Nichtverwandte der Künste im Gedanken zu fassen (227 b). Die Reinigung der Seele ist die Aussonderung des Schlechten, und was dabei als das Gute zurückbleibt, ist die Areté. Die Schlechtigkeit der Seele aber ist zweifacher Art, die beim Leibe der Krankheit und der Häßlichkeit entspricht (228 a). Die Krankheit ist ihrem Wesen nach Aufruhr (στάσις), und dieser ist das Auseinandertreten des von Natur Verwandten infolge einer Störung. Das Häßliche dagegen ist das mißgestaltete Geschlecht des Maßlosen. Der Krankheit entspricht in der Seele der Zwiespalt von Urteil und Begierde, von Wille und Behagen, von Überlegung und Leidenschaft. Das ist gleichsam die Krankheit der Seele, ihre Schlechtigkeit (228 b). Dagegen, was an der Bewegung teilhat und ein vorgesetztes Ziel zu ereichen sucht, es jedoch im Anlauf verfehlt, bei dem besteht keine Angemessenheit (συμμετρία), sondern Unangemessenheit (ἀμετρία. 228 c). Solcher Art aber ist die Unwissenheit. Sie eignet der Seele, die auf Wahrheit aus ist, aber die Einsicht verfehlt, sie ist gleichsam ein Danebensehen (παραφροσύνη. 228 d). Die häßliche Seele, der das rechte Maß fehlt, ist also die unwissende Seele. Beide Arten des Schlechten werden durch Reinigungsverfahren beseitigt, entsprechend wie beim Leibe die Medizin die Krankheit bekämpft und die Gymnastik die Häßlichkeit. Die Reinigung von der Bosheit als Krankheit der Seele ist der Strafvollzug, die Reinigung von der Unwissenheit dagegen ist die Belehrung (διδασκαλική. 229 a). Eine Art der Unkenntnis ist die, daß man meint, etwas zu wissen, was man doch in Wahrheit nicht weiß. Diese Art Unwissenheit ist die Unfähigkeit zu lernen (ἀμαθία. 229 c). Die Belehrung, die von dieser Unbelehrbarkeit befreit, heißt Paideia (229 d). Das bedeutet also weder Bildung, wenn damit gemeint ist Versorgung mit Kulturgütern, noch Erziehung, wenn damit gemeint ist Formung gemäß einem vorgegebenen Menschenideal. Paideia ist vielmehr die geistige Befreiung.

Diese hat wieder zwei Arten. Die eine Art ist das Zureden und Ermahnen (230 a); die andere aber geht, um das Scheinwissen auszurotten, den Weg des Fragens. Der etwas zu wissen meint, wird gefragt nach dem, was er zu wissen meint, und dazu gebracht, sich zu widersprechen. Auf solche Weise wird der Befragte gereinigt, so daß er nur das zu wissen meint, was er wirklich weiß, und nicht mehr. Diese Art der Reinigung ist die Widerlegung (ἔλεγχος. 230 d), und sie wird als die größte und herrlichste Reinigung bezeichnet. Ist nun die so gewonnene Kunst die Sophistik? Oder würde man ihr, wenn man sie dafür hält, zu viel Ehre antun? Freilich, eine gewisse Ähnlichkeit hat das angeführte Verfahren mit dem der Sophisten, aber Ähnlichkeit wie zwischen Hund und Wolf. Doch gerade bei der Ähnlichkeit muß sich der Vorsichtige am meisten in acht nehmen. So etwas, wie das jetzt Gefundene, sollte der Sophist eigentlich sein. Die edle Sophistik (γενναία σοφιστική. 231 b) haben wir gefunden, oder vielmehr die Philosophie.

Die 6. Definition hat vieles bestimmt, was bisher unbestimmt blieb: die Areté, als die rechte Beschaffenheit der Seele, auf die sich die Sophistik richtet, wurde deutlicher. Wir sehen jetzt auch, warum die Sophistik es mit Reden zu tun hat, und zwar mit Streitreden und Widerlegungen, nämlich um den Schein des Wissens aufzuheben und ein eigentliches Lernen erst zu ermöglichen. Aber das ist etwas, was die Sophistik zu sein beansprucht, und was die Philosophie im Sinne von Sokrates und Plato wirklich ist.

Laßt uns etwas stillstehen und ausruhen, sagt jetzt (231 c) der Gast, und uns besinnen und das Bisherige zusammenrechnen. An Stelle der gesuchten einen Bestimmung des Sophisten erhielten wir deren gleich sechs, die jetzt noch einmal zusammenfassend aufgezählt werden. Der Sophist war uns erschienen 1. als ein Jäger auf reiche Jünglinge, 2. als Großhändler in Wissenswaren, 3. als Kleinhändler in solchen Waren, 4. als Selbstverfertiger solcher Waren, 5. als ein Streiter mit Worten und 6. als ein Reiniger der Seele vom Schein des Wissens. Es bleibt die Frage, worin alle diese Verschiedenheiten der Sophistik zusammenhängen, was das einheitliche Wesen der Sache ist, das diese Vielheit begründet. Es kommt darauf an, das zu finden, auf das hin alle diese Kenntnisse des Sophisten gerichtet sind (232 a). Das soll die nun folgende 7. Definition leisten (232 b ff.).

Das, was den Sophisten am meisten kennzeichnet, ist dies, daß er ein Streitredner (ἀντιλογικός. 232 b), ein Widersprecher ist, und hierin ein Lehrer für andere. Jetzt wird gefragt, worüber die Sophisten denn so disputieren und andere disputieren lehren. Antwort: über das Göttliche, das den meisten verborgen ist, über die Erscheinungen auf der Erde und am Himmel, über Sein und Werden all dieses Seienden, über Gesetze und Politik, über alle Fachkenntnisse bis herunter zum Ringkampf und dergleichen. Mit einem Wort: der Sophist beansprucht, über alles zu reden (232 e). Das aber bedeutet den Anspruch, alles zu wissen (233 a). Wenn das unmöglich ist, die Sophisten aber auf allen Gebieten mit den Wissenden streiten und andere darüber unterrichten, so erwecken sie nur den Schein einer universalen Sachverständigkeit. Sie haben also von allem ein Scheinwissen (δοξαστικὴ ἐπιστήμη. 233 c). Der Gast verdeutlicht das an einem Beispiel: wenn jemand behauptet, er könne alles herstellen und machen, und zwar durch eine einzige Kunst: Pflanzen und Tiere, Meer und Land, Himmel und Götter, und wenn er all dies verfertigt habe, gebe er es für wenig Geld her, so kann das nicht im Ernst gemeint sein (234 a). Aber genau so steht es mit dem sophistischen Anspruch auf Allwissenheit, auch er kann nicht im Ernst vorgebracht werden. Das fragliche Spiel ist in beiden Fällen das der Nachahmung, die Kunst ist eine Nachahmungskunst. Wer alles herstellen kann und das Hergestellte dann billig hergibt, das ist offenbar niemand anders als der Maler, und ein solcher könnte vielleicht mit seinen Bildern unverständige Jünglinge, die sie aus der Ferne sehen, täuschen, sodaß sie das Nachgemachte für wirklich seiend halten (234 b).

Dies Täuschen mit Bildern wird hier um des Vergleiches willen erwähnt, da die Sophisten ein Alleswissen vortäuschen. Der Zweck der Malerei ist natürlich nicht der, die Anwesenheit von wirklichen Dingen vorzutäuschen. Daß hier die Malerei nur in der Weise ihres Mißbrauchs ins Gleichnis kommt, wird für das Folgende wichtig, denn wenn die zur Täuschung mißbrauchte Malerei der Sophistik entspricht, so vielleicht die recht gebrauchte Malerei der Philosophie.

Es gibt also in den Logoi, im Gebiet der Reden, eine entsprechende Kunst, die Jünglingen und solchen, die der Sache fernstehen, Bilder in Worten von allem zeigt und bewirkt, daß das Gesagte wahr scheint und den Schein erweckt, daß der Redende ein Sachverständiger in Bezug auf alle Dinge ist (234c). Wenn diese Jünglinge dann aber später in Berührung mit der Sache selbst kommen, so werden die Erscheinungen in den Worten zerstört werden durch das sich geltend Machen der Sache selbst (234d). Da nun der Sophist nicht beanspruchen kann, in Wahrheit alles zu wissen, worüber er redet, so ist er als ein Nachbildner des Seienden (μιμητὴς τῶν ὄντων. 235a) zu bestimmen. Also ist die Aufgabe jetzt, die Kunst der Herstellung von Bildern einzuteilen und immer wieder denjenigen Unterteil einzuteilen, in dem der Sophist sich versteckt hält. So kann, bemerkt der Gast, weder er noch sonst ein Geschlecht sich rühmen, der Nachforschung derer zu entfliehen, die so imstande sind, dem Einzelnen und dem Ganzen nachzuspüren (235c). Es ist bemerkenswert, daß hier der Gast genau das beansprucht, was den Sophisten als Unmöglichkeit angerechnet wurde: mit einer Weise des Verstehens alles zu wissen; dieses Verfahren des Verstehens ist hier das Eingrenzen des Wesens durch das Einteilen (διαίρεσις), die Dialektik.

Die Bilderzeugung oder Nachahmungskunst wird nun in zwei Arten geteilt, die Herstellung von Abbildern (εἰκαστική 235d) und die Herstellung von Scheinbildern (φανταστική. 236c). Die Herstellung von Abbildern schafft Bilder, die in ihren Maßen, Verhältnissen und Farben dem Vorbild genau entsprechen. Die Herstellung von Scheinbildern dagegen stellt nicht nur nicht die Sache selbst, sondern nicht einmal ein wahres Abbild der Sache her, sondern nur etwas, was (wie es heißt) dem Schönen nur zu gleichen scheint (236b). Es wird z. B. darauf hingewiesen, daß die Maler und Bildhauer bei großen Bildwerken die oberen Teile in einem größeren Maßstabe ausführen als die unteren, um die Wirkung der Perspektive aufzuheben.

Man beachte, daß das Schöne hier dasjenige ist, was die Kunst abbildet. Schönheit ist hier also nicht ein Prädikat des Kunstwerks, sondern eine Bestimmung des vom Kunstwerk abgebildeten Gegenstandes. Das Kunstwerk ist nicht, wie die Modernen es denken, eine schöne Darstellung des Seienden, sondern eine Abbildung des Seienden als eines schönen. Schönheit ist eine Bestimmung des Seienden selbst, und das Kunstwerk bringt nicht Schönheit hervor, sondern bildet diese schon seiende Schönheit ab und weist dadurch auf sie hin. Das Wahrnehmbare aber ist schön, sofern in ihm die Idee anwesend und sichtbar ist, und daher ist auch das eigentlich Schöne für Plato nicht das Seiende, sondern die Idee.

Ist nun die Sophistik Herstellung von Ebenbildern oder von Trugbildern? Die Frage wird nicht beantwortet. Wenn wir aber bedenken, daß auch der Dialektiker beansprucht, irgendwie alles zu wissen, ohne doch ein universaler Fachmann auf allen Gebieten zu sein, so ist zu vermuten, daß auch für diese Kunst die Bilderzeugung wesentlich sein wird. Die Dialektik erscheint so als eine Abbildung der Ideen in ihren Zusammenhängen in den Logoi, und zwar so, daß die Logoi die wahren Zusammenhänge der Ideen untereinander abbilden, während der Sophist nur den Schein erweckt, die Zusammenhänge des Seienden in seinen Reden abzubilden, die er in Wahrheit verkehrt und verschleiert. Verwandtschaft und Gegensatz von Philosophie und Sophistik werden sichtbar. Allein die Untersuchung geht nicht weiter. Sie wird aufgehalten durch eine grundsätzliche Schwierigkeit, die jetzt zur Sprache gebracht werden muß, und diese Schwierigkeit betrifft das Problem der Möglichkeit des Scheins und des Nichtseienden.

All dies nämlich (so gibt der Gast 236 e zu bedenken), das Erscheinen und Scheinen, aber nicht Sein, und das Sagen, das doch kein Sagen des Wahren, d. h. des Seienden ist, das enthält von jeher eine große Schwierigkeit. Diese Schwierigkeit besteht darin, wie man so etwas überhaupt bestimmen kann, ohne sich in hoffnungslose Widersprüche zu verwickeln. Denn was solches Reden von Schein, Irrtum, Falschheit vorauszusetzen wagt, ist dies, daß das Nichtseiende sei. Dieser Satz aber widerspricht der ehrwürdigen Lehre des Parmenides, daß ganz unmöglich sei, daß das Nichtseiende ist (237 a). So muß jetzt untersucht werden, ob und wie es möglich sei, daß Nichtseiendes ist, denn wenn das nicht möglich ist, kann es auch keinen Schein und nichts Falsches geben, und dann auch nicht den Sophisten, so wie er jetzt bestimmt werden sollte.

Jetzt folgt das Kernstück des Dialogs, das sich in drei Teile gliedert:

1. die Schwierigkeiten im Begriff des Nichtseienden (237 b bis 242 b).
2. die Schwierigkeiten im Begriff des Seienden (242 b bis 250 e).
3. die Auflösung des Problems durch die Lehre von der Gemeinschaft der Gattungen (250 e bis 264 c).

Der 1. Abschnitt hat drei Unterteile: a. das Nichtseiende als das Nichts (237 b bis 239 c). b. das Nichtseiende als Bild (239 c bis 240 c). c. das Nichtseiende und die Täuschung (240 c bis 242 b).

Die Darlegung der Schwierigkeiten im Begriff des Nichtseienden beginnt damit, daß das Nichtseiende (μὴ ὄν) gedeutet wird als das in keiner

Weise Seiende (μηδαμῶς ὄν. 237 b), d. h. als das reine Nichts. Kann man überhaupt vom Nichts reden? Mit dem Aussprechen des Namens »Nichts« hat es freilich keine Not, aber die Frage ist: worauf bezieht sich eigentlich dieser Name, wovon ist er ein Name? Jeder Name ist doch Name von etwas, was aber ist dann das, was wir mit dem Namen »Nichts« benennen? Offenbar nichts Seiendes. Aber jedes etwas ist notwendigerweise auch schon ein irgendwie Seiendes, und jedes etwas ist ferner notwendigerweise auch *ein* etwas, und etwelche sind notwendigerweise mehrere. Mit der Setzung von etwas ist also schon mitgesetzt Sein und Zahl (237 d). Wenn der Name »Nichts« also etwas nennt, nennt er schon Seiendes, und das heißt, er nennt eben nicht nichts; oder aber er nennt nicht etwas, dann aber nennt er gar nichts und ist gar kein Name (237 e).

In der Tat, das Wort Nichts ist kein Name. Wenn ich sage »ich habe nichts gegessen«, ist das Wort nichts in diesem Satz nicht der Name dessen, was ich gegessen habe. Ein mittelalterliches Rätsel lautet: Was ist das? Es ist größer als Gott und schlimmer als der Teufel, die Toten essen es, und wenn die Lebenden es essen, müssen sie sterben. Antwort: nichts ist größer als Gott, nichts ist schlimmer als der Teufel, die Toten essen nichts, und wenn die Lebenden nichts essen, müssen sie sterben. Aber nichts ist hier nicht ein Name, der etwas nennt. »Ich esse nichts«, das heißt nicht »ich esse, aber nicht Brot, sondern das Nichts«, als sei das eine Art Nahrungsmittel, sondern der Satz meint: »Es gibt nicht etwas, was ich esse«. So fungiert das Wort nichts (= nicht etwas) ganz legitim in der Sprache, aber wenn wir daraus das Nichts machen, tun wir etwas Unmögliches.

Wenn aber das »Nichts« überhaupt kein möglicher Name ist, wie soll man dann das Wesen des Sophisten bestimmen? Der Sophist wurde bestimmt als ein Hersteller von Bildern. Die Frage ist: Was ist das eigentlich, ein Bild? Damit beginnt der Abschnitt b.

Wir hatten den Begriff des Bildes zunächst bestimmt durch den Begriff des Nichtseienden. Der führte in Schwierigkeiten. Wie aber kann man den Begriff des Bildes sonst bestimmen? Theaitetos beantwortet diese Frage zunächst durch Angabe von Beispielen (239 d). Aber die Frage ist dann, welches das Eine und Selbe ist, welches das Wort Bild meint, mit welchem wir die Bilder im Spiegel und die Gemälde usw. benennen. Theaitetos bestimmt nun das Bild als das an das Wahre angeglichene andere Derartige (240 a). Das andere ist aber, obwohl es derartig (τοιοῦτον) ist wie das Wahre oder Wirkliche (ἀληθινόν), nicht selbst ein ἀληθινόν, sondern nur ein Scheinbares (ἐοικός).

Das wahrhaft Wirkliche (ἀληθινόν) wird bestimmt als das wirklich Seiende (ὄντως ὄν). Das Scheinbare ist dagegen ein solches, was nicht wirklich seiend, aber doch irgendwie (πῶς 240 b) ist. Das Bild ist zwar wirklich vorhanden, aber doch nicht ein wirklich Seiendes. Offenbar scheint das Bild eine Verflechtung des Seienden mit dem Nichtseienden zu sein, die dem Theaitetos zwar ganz unstatthaft erscheint, die aber doch sein muß, wenn es den Sophisten soll geben können. Vom absoluten Nichts ist hier nicht mehr die Rede, sondern von etwas, was zwar ist, aber dennoch in gewisser Weise nicht ist. Das Bild ist, aber es ist nicht das Seiende, von dem es ein Bild ist. Die Existenz des Bildes beweist die Verknüpfung von Sein und Nichtsein, und daß das Nichtseiende ist (240 c).

Aber der Sophist ist nicht nur ein Hersteller von Bildern, sondern ein solcher, der mit Hilfe von Bildern eine Täuschung erregt. Über den Zusammenhang von Täuschung und Nichtsein handelt der Abschnitt c. (240 c bis 242 b). Der Sophist täuscht, d. h. er bewirkt eine falsche Meinung (ψευδὴς δόξα). Eine falsche Meinung haben heißt aber: das Entgegengesetzte meinen von dem, was ist. Falsches meinen heißt also: Nichtseiendes meinen (240 d). Wir wissen aus dem »Theaitetos«, daß die Doxa nicht ein einstrahliges Vorstellen ist, sondern ein etwas für etwas Halten, und so wird auch hier sogleich die falsche Meinung als eine solche bestimmt, die das Nichtseiende für seiend hält, oder das Seiende für nichtseiend (241 a). Aber die Möglichkeit einer solchen Verknüpfung wird der Sophist bestreiten mit der Berufung darauf, daß sich ja ergeben hatte, daß das Nichtseiende in gar keiner Weise vorstellbar sei (241 b).

Wenn es also möglich werden soll, so etwas wie das Sein des Bildes und des Falschen zu erfassen, so wird es notwendig, den Satz des Vaters Parmenides anzugreifen und zu erzwingen, daß das Nichtseiende in gewisser Hinsicht ist, und daß umgekehrt das Seiende in gewisser Hinsicht nicht ist (241 d). Diese Untersuchung aber macht es notwendig, nach den Schwierigkeiten im Begriff des Nichtseienden auch die Schwierigkeiten im Begriff des Seienden zu untersuchen (242 c).

Der 2. Abschnitt, der die Schwierigkeiten im Begriff des Seienden behandelt, läßt sich ebenfalls unterteilen: a. ist zu fragen nach der Quantität (πόσον), d. h. danach, wie vielerlei das Seiende sei (242 c bis 245 c).

b. ist zu fragen nach der Qualität (ποῖον), d. h. danach, von welcher Beschaffenheit das Seiende sei (245 c bis 250 e).

Die ältesten Philosophen (so erklärt der Gast), die über das Seiende gesprochen haben, hätten uns Geschichten erzählt wie für Kinder. Ihre Rede sei Mythos gewesen und nicht Logos. Sie berichten, wie vielerlei Seiendes es gibt und was sich damit ereignet, in bildhafter Form, indem sie von Streit und Freundschaft, von Hochzeit und Geburt sprechen (242 d ff.). Sie geben aber keine Rechenschaft davon, was das Seiende selbst ist, sie fragen nicht nach dem Logos, dem Begriff des Seienden. Der Gast bezieht sich in seiner Charakteristik auf die Milesier, auf Parmenides, auf Heraklit und Empedokles. Die Frage, die Plato angesichts dieser überlieferten Philosophie stellt, ist die, was diejenigen, die so vom Seienden (ὄν) reden, eigentlich damit aufzuzeigen meinen? Wenn sie etwa sagen: »Das Seiende ist das Warme und das Kalte«, oder wenn sie irgend eine andere derartige Zweiheit oder Mehrheit angeben, was behaupten sie, wenn sie von diesen beiden sagen, daß beide zusammen und jedes von beiden sind? Was bedeutet hier eigentlich »sein«? Entweder ist es etwas Drittes neben dem Warmen und dem Kalten. Dann haben wir nicht zwei, sondern drei Prinzipien. Oder aber das eine ihrer beiden Prinzipien ist das Seiende (ὄν), dann kann nicht auch das andere das Seiende sein. Wenn das Seiende gleich dem Warmen ist, wie kann dann das Kalte Seiendes sein? Oder keines von beiden für sich ist das Seiende, sondern erst beide zusammen. Auf alle Weise folgt so, daß das Seiende (ὄν) Eines ist und nicht vieles (243 e). Mit anderen Worten: wenn das Wort »Seiendes« vieles meint, so muß doch all dies viele in gleicher Weise Seiendes sein. Das Wort »seiend« nennt das viele, das es nennt, alles in derselben Hinsicht, meint das, worin es alles übereinstimmt und Eines ist. Wenn das Wort Seiendes nicht ein leeres Wort ist, so muß es etwas, und das heißt Eines meinen. Der Ansatz, der das Seiende als vieles denkt, ist also falsch; alles Seiende ist als Seiendes ein und dasselbe, nämlich eben seiend.

Prüfen wir also die Lehre derer, die da sagen, das Seiende sei Eines. Sie lehren: Alles ist Eines (ἓν τὸ πᾶν 244 b). Das sieht so aus, als werde hier an die Stelle des einheitlichen Begriffs des Seienden die These gesetzt, daß alle Dinge Eines seien. Aber die naheliegende Unterscheidung: der Begriff des Seienden ist einer, aber die seienden Dinge sind viele, weicht der Schwierigkeit aus. Wir haben gesehen: alle Dinge sind als Seiendes dasselbe, nämlich eben seiend. Aber sie sind doch auch viele und verschieden? Sind sie das etwa, sofern sie nicht-seiend sind? Nein, sondern als Seiende sind sie nicht nur dasselbe, sondern auch verschieden. Das ist nur möglich, wenn es zum Wesen des Seienden gehört, von sich selbst verschieden sein zu können, d. h. wenn zum Wesen des Seins das Nichtsein gehört. Darauf soll es hinaus. Aber vorläufig wird noch der Ansatz festgehalten, daß das Nichtseiende das Gegenteil des Seienden sei. Dann folgt daraus, daß das Seiende Eines ist, ganz richtig, daß es gar nicht vieles gibt, sondern daß es schlechterdings nur Eines gibt, daß alles Eines ist. Dieser Ansatz wird nun durch sich selbst aufgelöst.

»Eines« (ἕν) und »Seiendes« (ὄν) sind zwei Namen, die entweder dasselbe bezeichnen, oder Verschiedenes. Auf jeden Fall gibt es nicht nur eines, sondern mehreres, mindestens verschiedene Namen für dasselbe (244 c). Ja, das gilt sogar schon dann, wenn es nur *einen* Namen gibt. Denn entweder ist das, was der Name nennt, von dem nennenden Namen verschieden. Dann haben wir schon zwei statt eines. Oder dies Eine, was ist, muß der Name selbst sein. In diesem Falle wäre der Name aber entweder Name von nichts oder Name von sich selbst. Dann ist das Eine als Einheit seiner selbst nur die Einheit des Namens. Eines, Seiendes und Name fallen zusammen (244 d).

Aber die Eleaten, deren Lehre hier kritisiert wird, lehren ja: Alles ist Eines, und so bestimmen sie das All als ein Ganzes (ὅλον). Wenn aber alles Eines ist, dann muß auch Eines und Ganzes ein und dasselbe sein. Der Gast zitiert aus dem Lehrgedicht des Parmenides eine Stelle, wo von dem Seienden (ἐόν) gesagt wird, es sei von der Mitte her nach allen Seiten hin überall gleichstark, der Masse eines wohlgerundeten Balles vergleichbar (244 e). Als solches aber hat das Seiende (so schließt der Gast richtig) Mitte und Enden, und also Teile. Was nun aber Teile hat, dem kann wohl der Zustand der Einheit (πάθος τοῦ ἑνός. 245 a) zukommen, es kann hinsichtlich der Gesamtheit seiner Teile durch Einheit bestimmt sein, aber dasjenige, dem so Einheit zukommt, das ist nicht das Eine selbst, sondern nur das durch das schon vorausgesetzte Eine geeinigte. Das Eine selbst, d. h. die Einheit kann keine Teile haben. Daraus folgt: wenn das Seiende Eines ist, so ist es kein Ganzes, und wenn es Ganzes ist, so ist es kein Eines. Wenn das Seiende Ganzes ist, dann gibt es außerdem noch das Eine, und also mehr als Eines. Wenn aber das Seiende das Eine ist, das Ganze aber auch ist, indem es durch das Eine bestimmt ist, so ist das Seiende als Ganzes seiner selbst als Eines bedürftig, und an sich wäre das Ganze dann vielmehr ein Nichtseiendes, oder aber das Seiende ist mehr als Eines (245 b ff.).

Es bleibt noch die Möglichkeit, die Existenz des Ganzen zu bestreiten. Abgesehen von den früher berührten Schwierigkeiten, die dann bestehen bleiben, wird mit dieser Bestreitung alles Werden aufgehoben, denn Werden besagt fertig, und das heißt ganz Werden. Ebenso wird alle Größe aufgehoben, und so ergeben sich noch tausend andere Schwierigkeiten, auf die aber nicht im Einzelnen eingegangen wird (245 d). Vielmehr wendet sich die Erörterung nun der Frage der Beschaffenheit des Seienden zu (245 c bis 250 e).

Zwei Antworten auf diese Frage werden vorgeführt. Die eine ist die der Materialisten (245 c bis 248 a), die andere die der Idealisten (248 a bis 250 c). Die Titel Materialisten und Idealisten habe ich der Kürze halber gewählt, sie sind mißverständlich, sofern sie moderne Vorstellungen erwecken, die nicht hierher gehören. Was gemeint ist, wird aber sogleich deutlich werden. Wir hören zunächst von den Materialisten. Sie behaupten, nur dasjenige sei, woran man sich stoßen und was man berühren kann. Sie identifizieren Sein (οὐσία) und Körperlichkeit (σῶμα) (246 b).

Es wird nun gezeigt, daß diese Einschränkung des Seienden auf das Körperliche nicht durchgehalten werden kann. Es gibt Lebewesen, d. h. Körper, die in sich ein Prinzip des Lebens, d. h. eine Seele haben. Auch die Seele ist ein Seiendes. Die Seele kann gerecht oder ungerecht, verständig oder unverständig sein. Gerecht erweist sich die Seele durch die Anwesenheit (παρουσία) der Gerechtigkeit, während bei ihrer Abwesenheit (ἀπουσία) die Seele ungerecht ist. Was aber so wie die Gerechtigkeit imstande ist, anwesend oder abwesend zu sein, das muß wohl auch etwas sein. Kann aber dessen Sein noch in der Körperlichkeit gesucht werden? Hier kommt offenbar der Versuch, das Sein als Körperlichkeit zu denken, in Verlegenheit. Denn entweder muß man jetzt behaupten, auch die Gerechtigkeit sei etwas Körperliches, oder man muß sagen, dergleichen sei gar nicht. Beides erscheint gleich unmöglich (247 b).

Auf eine Diskussion mit solchen Anhängern der These, die auf jeden Fall recht behalten wollen, kann man sich nicht einlassen, vielmehr muß man die Vertreter dieser Lehre besser machen, als sie sind, und dann ist die Frage: Wenn sie nicht nur die Körper, sondern auch so etwas wie die Gerechtigkeit als Seiendes gelten lassen, im Hinblick worauf nennen sie jetzt beides seiend? Diese Hinsicht bestimmt der Gast, indem er sagt: was irgendein Vermögen irgendwelcher Art hat, auf irgend etwas anderes zu wirken und von etwas anderem, und sei es auch von dem Geringsten und nur für ein einziges Mal, die geringste Einwirkung zu erfahren, all dies ist seiend. Er stellt die Definition auf: die seienden Dinge sind nichts anderes als Vermögen (δύναμις 247 e).

Das wird von Theaitetos als angemessene Auslegung dessen, was die Materialisten eigentlich meinen, angenommen, worauf der Gast sagt: Schön, in der Folge wird es sich aber vielleicht doch dir und uns wieder anders zeigen (248 a). Das heißt, die hier gegebene Bestimmung ist vielleicht noch unzureichend.

Zunächst folgt die Prüfung der Lehre der Idealisten. Der Ausdruck »Idealist« ist in der modernen Philosophie abgeleitet von dem Ausdruck »idea«, wie ihn die Modernen verstehen, wonach »idea« die Vorstellung meint. Der Idealist behauptet, das Vorgestellte sei *nur* ein Vorgestelltes und nicht etwas an sich. Wenn Kant die Idealität des Raumes lehrt, so meint er, der Raum sei keine Bestimmung der Dinge an sich, sondern nur eine subjektive Vorstellung. Damit haben wir es hier nicht zu tun. Die Idealisten, die wir meinen, nennt der Gast die Ideenfreunde. Diese setzen eine Kluft (χωρισμός) an zwischen Sein (οὐσία) und Werden (γένεσις). Der Bereich dessen, was ist, enthält kein Werden und der Bereich des Werdenden kein Sein, beide Bereiche sind voneinander getrennt und auf verschiedene Weise zugänglich. Wir haben eine Gemeinschaft mit beiden Bereichen: mit dem Bereich des Werdens durch unsern Leib mittels der Wahrnehmung, und durch unsere Seele mit dem Seienden mittels des Denkens. Der Bereich des Seienden ist der Bereich dessen, was sich immer auf dieselbe Weise verhält; der Bereich des Werdens ist der Bereich dessen, was sich immer anders verhält (248 a). Die Frage, was das Seiende sei, erhält also die Antwort: das Seiende ist das Bleibende, das Unwandelbare, das nicht Werdende. Das Werdende aber ist nicht Seiendes, es hat nur am Seienden teil.

Man hat viele Ansichten darüber vertreten, wer diese Ideenfreunde seien, ob es Platos eigener früherer Standpunkt ist, den er hier kritisiert, oder etwa die Lehre der Megariker, einer Sokratikerschule, oder eine Fehldeutung von Platos Lehre durch Aristoteles. Alle diese Auslegungen haben die Voraussetzung, daß die Lehre der Ideenfreunde hier widerlegt wird. Aber das ist gar nicht der Fall. Die Ideenlehre wird nicht aufgegeben; sie bleibt bestehen, und sie bleibt Platos Lehre bis in seine späteste Zeit. Wohl gibt Plato im Folgenden eine gewisse Selbstkritik seiner früheren Lehre, aber diese Selbstkritik besteht nicht darin, daß die Ideenlehre aufgegeben würde, und auch nicht darin, daß die Kluft zwischen den Ideen und dem Sinnlichen bestritten würde. Beides bleibt bestehen. Nach wie vor gibt es neben dem Sinnlichen die Ideen, neben dem Wahrnehmbaren den Bereich des Denkbaren, und beide Bereiche bleiben durch eine Kluft geschieden. Auch bleibt der eine Bereich der Bereich dessen, was immer wieder anders ist und sich nie gleich bleibt, und der andere der Bereich dessen, was sich immer auf dieselbe Weise verhält und sich nie ändert. Was aber anders bestimmt wird als früher, ist der Begriff des Seins. Seiendes sind nicht nur die Ideen, sondern das andere, was nicht Idee ist, ist auch Seiendes.

Der Gast stellt die Frage: Ihr sagt, wir haben mit dem Werdenden Gemeinschaft durch den Leib und die Wahrnehmung, mit dem Seienden, den Ideen, durch die Seele und das Denken. Was aber meint ihr eigentlich mit diesem Gemeinschaft-haben (κοινωνεῖν)? Müßt ihr damit nicht ein Erleiden (πάθημα) oder eine Einwirkung (ποίημα) meinen, die aus irgendeiner Kraft (δύναμις) des miteinander Zusammenseienden entsteht (248 b)?

So denken wir auch noch heute über die Sinneswahrnehmung, daß sie nämlich (wie Kant sagt) auf Affektion beruht, auf einer Einwirkung von irgend etwas auf unser Organ. Das werden (meint der Gast) die Ideenfreunde auch zugeben, nämlich für den Bereich des Werdens. Dem Sein aber werden sie weder ein Vermögen zu wirken noch ein Vermögen, Einwirkungen zu erleiden, zugestehen (248 c). Der Gast argumentiert jetzt aus der Sprache: Die Seele erkennt das Sein und das Sein wird von der Seele erkannt, das eine ist activum und das andere passivum. Ist also das Erkennen ein Tun und das Erkanntwerden ein Leiden? Oder ist es umgekehrt, wie wir uns das bei der Sinneswahrnehmung (entgegen der Sprache) vorstellen? Oder gilt keines von beiden (248 d)? Theaitetos erklärt, daß sich die Ideenfreunde konsequenterweise auf keines von beiden einlassen dürften, ohne sich in Widersprüche zu verwickeln. Mag nämlich die Idee als Wirkendes oder als Leidendes bestimmt werden, auf jeden Fall wird sie dadurch zu etwas Werdendem, etwas Bewegtem, und wäre nicht das Ruhende, als das sie von den Ideenfreunden bestimmt wird (248 e).

Wenn wir eine Idee denken, dann wirken wir weder auf die Idee ein, noch sie auf uns. Das ist 1. richtig und 2. ohne Zweifel auch Platos Meinung, die er auch im »Sophistes« nicht aufgegeben hat. Der Gast beharrt denn auch nicht weiter darauf, sondern fährt fort, indem er über die Lehre der Ideenfreunde, die das Seiende mit dem Ruhenden identifizieren, sagt: »Aber mein Gott, das geht doch nicht! Oder sollen wir uns wirklich so leicht einreden lassen, daß in Wahrheit Bewegung, Leben, Seele und Vernunft bei dem ganz und gar Seienden (παντελῶς ὄν) gar nicht mit dabei sei (παρεῖναι), und daß dies weder lebe noch denke, sondern hehr und heilig, ohne Vernunft zu besitzen, unbeweglich ruhig sei? Theaitetos: Eine ungeheuerliche These würden wir da konzedieren, lieber Gast! Der Gast: Oder sollen wir sagen, es habe zwar Vernunft, aber kein Leben? Theaitetos: Wie könnten wir das? Gast: Oder sollen wir sagen, dies beides sei zwar darin enthalten, aber es habe das nicht in einer Seele? Theaitetos: Aber auf welche andere Weise sollte es sie haben können? Gast: Oder sollen wir sagen: es habe zwar Vernunft, Leben und Seele, sei aber trotz aller Beseeltheit unbeweglich in Ruhe? Theaitetos: Das scheint mir ganz undenkbar zu sein. Gast: Also muß man auch das Bewegte und die Bewegung als Seiendes anerkennen. Theaitetos: Unbedingt. Gast: Denn nicht wahr, lieber Theaitetos, es folgt ja doch, daß, wenn das Seiende unbewegt ist, niemand jemals von irgend etwas Erkenntnis haben könnte« (248 e ff.).

Nicht dies wird hier gefolgert, daß alles wirklich Seiende bewegt, lebendig, beseelt und vernünftig sein müsse, sondern dies, daß Vernunft, Leben, Seele und Bewegung bei dem wirklich Seienden mit dabei sein, mit dazugehören müssen. Nicht dies also, daß die Ideen eine Art Geister sind, wird gelehrt, sondern dies, daß Vernunft, Leben, Seele und Bewegung ebenso seiend sein müssen wie die Ideen. Man kann also nicht sagen: nur die Ideen sind eigentlich Seiendes, weil nur sie dauern, vielmehr muß auch das Bewegte als Seiendes zugelassen werden. Das heißt auch wieder nicht, alles Seiende sei bewegt, und es heißt insbesondere nicht, daß jetzt die Bewegung in den Bereich der Ideen Eingang fände. Davon kann keine Rede sein; Plato ist nicht Hegel. Die Bewegung der Vernunft, welche die Ideen erkennt, bleibt bei Plato durch eine Kluft geschieden von den Ideen selbst, die in ewiger Ruhe dastehen. Erst der

Idealismus im modernen Sinne, wie ihn auch Hegel vertritt, bringt die Kluft zum Verschwinden und macht die Denkbewegung der Vernunft zu etwas zur Ideenwelt selbst Gehörigem. Das darf man nicht in Plato hineindeuten, wenn man den Unterschied des antiken und des modernen Denkens bewahren will.

Bewegung und Bewegtes muß (sagt der Gast, 249 b) eingeräumt werden als seiend, denn wenn alles unbewegt wäre, dann könnte es kein Denken geben. Andererseits, wenn alles sich in jeder Hinsicht ändert und bewegt, dann könnte es auch kein Denken geben, denn dann gäbe es nichts, worauf das Denken als auf dasselbe zurückkommen könnte. Sowohl also derjenige, welcher lehrt, alles ruht, wie auch derjenige, welcher lehrt, alles bewegt sich, hebt die Möglichkeit des Denkens auf, und damit auch die Möglichkeit, irgendeine Behauptung zu verteidigen. Er gräbt sich also selbst das Wasser ab. Also muß gelehrt werden: das All und das Seiende ist notwendigerweise beides: ruhend und bewegt (249 d).

Aber nun sieht sich diese These: Seiendes ist Ruhendes und Bewegtes, vor derselben Schwierigkeit wie vorher die Lehre, das Seiende sei das Warme und das Kalte. Bewegung (κίνησις) und Ruhe (στάσις) sind aufs äußerste entgegengesetzt (ἐναντιώτατα, 250 a). Dennoch sagen wir, daß beide zusammen und jedes von beiden sind. Heißt das nun, daß beide in Bewegung sind? Nein. Heißt es, daß beide in Ruhe sind? Auch nicht. Also ist das Seiende (ὄν) etwas Drittes, eine Idee, an der Ruhe und Bewegung teilhaben, sofern beide sind (250 b).

Plato bewegt sich hier in einer Zweideutigkeit, die er erst später beseitigen wird. Es ist einerseits die Rede vom Ruhenden (das sind die Ideen) und dem Bewegten (das ist das Sinnliche). Andererseits ist auch die Rede von der Ruhe und der Bewegung, das sind beides Ideen. Das Sinnliche, das Bewegte, ist das, was an der Idee der Bewegung teilhat, und die Ideen sind das, was an der Idee der Ruhe teilhat. Auch die Bewegung hat als Idee an der Idee der Ruhe teil, und natürlich haben sowohl das Bewegte wie auch das Ruhende, und darunter insbesondere die Idee der Ruhe und die Idee der Bewegung alle an der Idee des Seienden (ὄν) teil.

Seiendes (ὄν), wird gesagt, ist weder Ruhe noch Bewegung, sondern ein Drittes, davon Verschiedenes. Das heißt jetzt vor allem: die Idee des Seins ist eine von den Ideen der Bewegung und der Ruhe zu unterscheidende dritte Idee. Aber nun folgert der Gast: also wird das Sein gemäß seiner eigenen Natur sich weder bewegen noch ruhen. Aber andererseits gilt doch: was sich nicht bewegt, das ruht, und was nicht ruht, das bewegt sich, und also kann es etwas, was sich weder bewegt noch ruht, gar nicht geben (250 c f.).

Wir werden uns durch dies Argument nicht verwirren lassen. Wir werden sagen: Gewiß, die Idee des Seins ist von der Idee der Bewegung und von der Idee der Ruhe verschieden, aber daraus folgt nicht, daß die Idee des Seins nicht ruhte. Wenn sie auch von der Idee der Ruhe verschieden ist, so kann sie doch an der Idee der Ruhe teilhaben. Anders gesagt: damit etwas ruht, braucht es nicht mit der Ruhe identisch zu sein, sonst müßten wir ja sagen, daß nichts anderes ruhen kann als die Ruhe selbst, was doch offenbar ungereimt ist. Der Gast aber konstatiert angesichts der Verlegenheit, in die er Theaitetos mit seiner Argumentation gebracht hat, die Schwierigkeit im Begriff des Seienden sei womöglich noch größer als die im Begriff des Nichtseienden.

Jetzt beginnt der 3. Abschnitt der Hauptuntersuchung: die Auflösung der Schwierigkeiten durch die Lehre von der Gemeinschaft der Gattungen (250 e bis 264 c). Danach wird dann die Frage nach dem Wesen des Sophisten wieder aufgenommen und abschließend beantwortet.

Es hatte sich ergeben, nicht nur der Begriff des Nichtseienden führte in Schwierigkeiten, sondern auch schon der des Seienden in nicht geringere. Daher sei, meint der Gast, zu hoffen, daß sich beide Schwierigkeiten auch miteinander lösen werden. Und wenn, sagt er, wir auch vielleicht nicht die Kraft haben, eines von ihnen zu erblicken (ἰδεῖν), so wollen wir doch den Logos für beide so gut wir können weiterbringen. Dies geschieht in der Weise, daß zunächst der Logos selbst zum Gegenstand der Untersuchung gemacht wird (251 a).

Untersuchen wir (sagt der Gast), auf welche Weise wir ein und derselben Sache verschiedene Namen beilegen! Auf Verlangen des Theaitetos gibt er ein Beispiel. Wir sprechen einen Menschen als Vieles an, indem wir ihn mit vielen Namen benennen, durch die wir ihm eine bestimmte Farbe, Gestalt, Größe und gewisse Vollkommenheiten oder auch Fehler zuschreiben. In diesem Fall und vielen anderen Fällen sagen wir also nicht nur vom Menschen, er sei der Mensch, sondern auch er sei groß, gut usw., d. h. wir sprechen einem und demselben Gegenstand viele verschiedene Prädikate zu. Damit bereiten wir nun (meint der Gast) Jünglingen und auch wohl schwachköpfigen Alten ein Fest, denn die werden uns einwenden, daß es unmöglich sei, daß Eines Vieles sei und Vieles Eines, und werden nur zulassen, daß man sage, das Gute ist gut oder der Mensch ist Mensch, aber nicht, der Mensch ist gut (251 b f.). Es ist die Lehre des Antisthenes, auf die hier angespielt wird. In bezug auf diese Lehre wie auch in bezug auf alle anderen, die irgend etwas über das Sein gesagt haben, werden nun drei Möglichkeiten unterschieden.

1. Möglichkeit: es gibt in der Rede überhaupt keine Möglichkeit der Verknüpfung, also weder vom Sein mit Ruhe noch mit Bewegung, sondern wir müssen alles als unverknüpfbar und als außerstande, aneinander teilzuhaben, setzen.

2. Möglichkeit: alles ist zur Gemeinschaft miteinander fähig, d. h. jede Idee kann von jeder anderen prädiziert werden.

3. Möglichkeit: einige sind miteinander verknüpfbar, einige nicht (251 d).

Was ist richtig? Theaitetos kann das nicht entscheiden, daher wird es im einzelnen geprüft.

1. Möglichkeit: wenn nichts miteinander etwas gemein haben kann, dann werden weder Bewegung noch Ruhe am Sein teilhaben können. Was aber nicht am Sein teilhat, das ist nicht. Sowohl diejenigen, die da lehren, alles sei bewegt, wie diejenigen, die da lehren, alles sei in Ruhe, müssen also die Möglichkeit der Verknüpfung, nämlich entweder mindestens von Bewegung und Sein oder von Ruhe und Sein, zugeben (252 a). Aber selbst diejenigen, die behaupten, nichts sei einer solchen Gemeinschaft fähig, es sei also keine Idee mit einer anderen verbindbar, selbst die müssen schon von solchem Verbinden Gebrauch machen und sich dadurch selbst widersprechen, wenn sie ihre Lehre aussprechen wollen. Denn da müssen sie etwa sagen: von keinem Ding läßt sich etwas anderes aussagen, sondern jedes kann nur als es selbst angesprochen werden. In diesem Satz wird aber eine Verknüpfung von Ding, anderes, selbst usw. vollzogen, die es nach der Lehre dieser Männer nicht geben kann (252 c).

Die Lehre also, es sei im Logos gar keine Verknüpfung möglich, widerspricht sich selbst, da sie selbst schon als Logos verknüpfen muß. Prüfen wir also die 2. Möglichkeit, gemäß der alles mit allem verbindbar sein soll!

Das, sagt Theaitetos, kann sogar ich widerlegen. Wenn alles mit allem verbindbar wäre, dann würde auch die Bewegung ruhen und die Ruhe sich bewegen. Das aber ist unmöglich (252 d).

Man tut gut daran, zu beachten, daß dies ein von dem jungen Theaitetos beigebrachtes Argument ist. Wir werden bald hören, wie das hier Gesagte berichtigt wird und nehmen das schon vorweg. Daß etwas, was sich in bestimmter Hinsicht bewegt, in anderer Hinsicht ruht und umgekehrt, das ist leicht einzusehen und zeigt auch schon eine mögliche Gemeinschaft von Ruhe und Bewegung. Aber nicht das ist es, worauf es hier ankommt. Vielmehr ist die Frage: wie steht es denn, nicht mit dem sich Bewegenden, sondern mit der Idee der Bewegung? Was sich bewegt, hat an der Idee der Bewegung teil. Und diese selbst? Die Ideen sind dasjenige Seiende, was an der Ruhe teilhat. Also hat die Idee der Bewegung an der Ruhe teil, d. h. die Idee der Bewegung ist nicht selbst etwas Bewegtes, sondern etwas Ruhendes. Umgekehrt ist nicht etwa die Idee der Ruhe etwas Bewegtes, sondern als Idee ebenfalls etwas Ruhendes. Die Idee der Ruhe hat also nicht an der Bewegung teil, und so ist im Ergebnis die These des Theaitetos, es gebe nicht Gemeinschaft zwischen allem, doch richtig.

So bleibt also das Dritte allein übrig, daß einiges verbindbar ist und einiges nicht. Die Sachlage wird verglichen mit der bei den Buchstaben. Auch hier lassen sich einige miteinander verbinden, bei anderen ist das nicht möglich. Es gibt da eine Auszeichnung gewisser Buchstaben, nämlich der Vokale. Die gehen wie ein Band durch alles hindurch, so daß ohne einen von ihnen auch eine Verbindung der übrigen untereinander nicht möglich ist (253 a). So ist die Frage, ob es nicht auch im Bereiche der Ideen so steht, daß es besondere Ideen gibt, welche die Verknüpfbarkeit der anderen erst ermöglichen. Für die Sprachlaute bedarf es einer besonderen Kunst, um zu wissen, welche Laute mit welchen in Gemeinschaft treten können und welche nicht. Diese Kunst ist die Grammatik. Entsprechendes gilt für den Bereich der Töne. Die dafür zuständige Kunst ist die Musik. Da es sich nun auch bezüglich des Verhältnisses der Gattungen zueinander ebenso verhält, daß einige verbindbar sind, andere nicht, so muß es auch da eine Wissenschaft geben davon, welche Gattungen (γένη) miteinander verbindbar sind und welche nicht, und davon, ob nicht auch die Rolle der Vokale eine Entsprechung hat, indem es gewisse Gattungen gibt, die mit allem verbindbar sind und auf denen die Möglichkeit der Verbindung selbst beruht (253 b f.).

Wie sollen wir (fragt der Gast 253 c) dieses Wissen nennen, oder sind wir gar, beim Zeus, ohne es zu merken, zu dem Wissen der Freien geraten und haben gar bei der Suche nach dem Sophisten zuerst den Philosophen gefunden? Das Einteilen nach Gattungen, so daß man weder verschiedene Gattungen für dieselbe, noch dieselbe für verschiedene hält, ist doch die Sache des dialektischen Wissens. Theaitetos gibt das zu. Es folgt (253 d) eine genauere Bestimmung der Dialektik, die leider etwas dunkel ist und verschiedene Auslegungen erfahren hat. Es steht aber soviel fest, daß es vier Glieder sind, die hier aufgeführt werden. Wer sich auf Dialektik versteht (so wird gesagt), der vermag:

1. in dem vielen Auseinanderliegenden, von einander Getrennten eine Idee zu erblicken, d. h. er vermag etwas auf den Begriff zu bringen.

2. Er vermag viele Ideen zu erblicken als von einer von außen umfaßt, d. h. er vermag verschiedene Arten unter die gemeinsame Gattung zu ordnen.

3. Er vermag eine Idee zu erfassen als eine solche, die durch viele getrennte hindurch zu einer Einheit sich zusammenschließt, d. h. er vermag die Identität der Gattung in den verschiedenen Arten zu erfassen.

4. Er vermag viele Ideen als gänzlich voneinander abgesonderte zu erfassen, d. h. er erfaßt das sich Ausschließen vieler Gattungen.

Zusammenfassend heißt das, es handelt sich überhaupt um das Wissen von den Verhältnissen der Ideen zueinander, sofern sie ein Geflecht von Gattungen und Arten bilden.

In dieser Gegend (sagt der Gast 253 e) werden wir also jetzt und hernach, wenn wir ihn suchen, den Philosophen finden, der auch schwer zu finden ist, aber aus einem anderen Grunde als der Sophist. Der Sophist ist schwer zu finden, weil er sich in die Dunkelheit des Nichtseienden flüchtet. Der Philosoph dagegen, der immer im Denken mit der Idee des Seienden beschäftigt ist, ist wiederum wegen der Helligkeit dieses Ortes schwer zu sehen. Vom Philosophen aber sollte jetzt nicht die Rede sein, sondern vom Sophisten, und die Suche nach ihm ist fortzusetzen. Aber gerade dafür erweist es sich nun als notwendig, sich auf die Philosophie im höchsten Sinne des Wortes einzulassen, auf die Dialektik, und diejenigen Gattungen zu betrachten, welche die Verknüpfung von Gattungen überhaupt ermöglichen. Hier muß die Quelle der Aufklärung des Begriffs des Nichtseienden zu finden sein (254 b f.).

Die größten Gattungen (so wird gesagt), die wir durchgingen, waren Sein, Bewegung und Ruhe. Sein war die Gattung, die überhaupt alles umfaßt, was ist. Davon war ein Bereich, der Bereich der Ideen, gekennzeichnet dadurch, daß sie alle ruhen, d. h. an der Idee der Ruhe teilhaben, und andererseits der Bereich des Sinnlichen dadurch gekennzeichnet, daß dies alles in Bewegung ist, also alles an der Idee der Bewegung teilhat. Bewegung und Ruhe seien (so wird wiederholt) ganz unvermischbar (254 d. Erinnern wir uns, daß wir schon festgestellt haben, daß die Idee der Bewegung selbst ruht, also an der Idee der Ruhe teilhat.) Beide aber, Bewegung und Ruhe, sind mit dem Sein verbindbar, denn sie sind ja beide. So haben wir also drei Gattungen, von denen jede verschieden ist von den beiden anderen, mit sich selbst aber identisch (254 d).

Damit aber sind zwei weitere Gattungen eingeführt: Selbigkeit (ταὐτόν) und Andersheit (θάτερον). Diese neu eingeführten Ideen sind von den anderen, nämlich Sein, Bewegung und Ruhe, verschieden, sich aber mit jenen notwendigerweise vermischend (254 e). Es besteht zwar eine gewisse Verwandtschaft zwischen Ruhe und Selbigkeit einerseits und Bewegung und Andersheit andererseits. Denn ruhend ist das, was sich immer auf dieselbe Weise verhält, und bewegt ist das, was immer wieder anders ist; dennoch sind weder Ruhe und Selbigkeit noch Bewegung und Verschiedenheit identisch. Und erst recht sind weder Bewegung und Selbigkeit noch Ruhe und Verschiedenheit identisch. Der Gast beweist die Verschiedenheit mit dem Argument, das, was zwei Ideen zukommt, könne nicht mit einer von ihnen identisch sein (255 a). Da aber Ruhe und Bewegung beide identisch (mit sich selbst) und verschieden (voneinander) sind, müssen beide sowohl von Identität wie von Verschiedenheit verschieden sein (255 b). Der Beweis ist falsch. Denn obwohl die beiden Ideen Ruhe und Bewegung als Ideen an der Ruhe teilhaben, ist diese mit einer von ihnen identisch. Die Behauptung aber bleibt wahr.

Weiter wird bewiesen, daß Sein und Selbigkeit von einander verschieden sind. Denn sonst würde man damit, daß man sagt, die Ruhe ist ein Seiendes und die Bewegung ist ein Seiendes, auch schon sagen, daß sie identisch sind (255 c). Das ist auch ein Trugschluß, denn sie sind ja wirklich beide identisch, nämlich die Ruhe mit sich selbst und die Bewegung mit sich selbst. Aber gewiß sind sie nicht miteinander identisch, was aber auch gar nicht folgen würde, wenn Sein mit Selbigkeit identisch wäre. Doch ist die Behauptung, Sein und Selbigkeit seien nicht dasselbe, wieder richtig. Die nächste Frage ist, ob vielleicht Sein und Andersheit dasselbe sind. Das wird so widerlegt: vom Seienden wird einiges so genannt an und für sich (καθ'αὑτό), anderes in Beziehung auf anderes (πρὸς ἄλλα, 255 c). »Grün« ist eine Bestimmung an sich, »neben« ist eine relative Bestimmung. Nun ist die Bestimmung »anders« immer relativ. Also ist Sein und Andersheit nicht dasselbe. Diesmal ist nicht nur die Behauptung, sondern auch der Beweis richtig (255 d).

Die fünf Gattungen Bewegung, Ruhe, Selbigkeit, Andersheit und Sein sind also alle voneinander verschieden. Jetzt kommt es darauf an, den Zusammenhang dieser Bestimmungen untereinander aufzuhellen. Wir haben damit schon begonnen, indem wir gesagt haben, sie seien alle voneinander verschieden, d. h. umgekehrt, sie alle haben an der Gattung der Verschiedenheit teil (255 e). Die Bewegung ist verschieden von der Ruhe, sie ist also nicht die Ruhe. Sie ist auch verschieden vom Sein, hat aber am Sein teil, weil sie ja ist. Sie ist auch verschieden von der Identität, hat aber auch daran teil, weil sie ein mit sich selbst Identisches ist (256 a). Man muß also (so wird ausdrücklich gesagt) dies beides deutlich unterscheiden: Bewegung und Identität sind nicht identisch, fallen nicht zusammen, aber die Bewegung hat an der Identität teil; sie ist nicht die Identität, aber sie ist identisch, nämlich mit sich selbst (256 b). Im Griechischen kann das Wort ταὐτόν sowohl »identisch« wie »Identität« meinen, und ἐστίν (ist) kann meinen »ist dasselbe wie« und auch »hat teil an«. κίνησίς ἐστι ταὐτόν kann also meinen »die Bewegung ist mit der Identität identisch«, und das ist falsch. Es kann aber auch heißen »die Bewegung ist identisch«, d. h. »sie hat an der Identität teil«.

Das heißt, Plato entdeckt, daß das Wort »ist« zwei Bedeutungen haben kann. 1. die Identität und 2. die Teilhabe. Daraus zieht er den Schluß: so wäre es, wenn die Bewegung selbst teilhätte an der Ruhe, nichts Unerlaubtes, sie ruhend (στάσιμον) zu nennen (256 b). So ist es, wie wir uns inzwischen schon klargemacht haben, wirklich: die Bewegung, d. h. diese Idee, ist als Idee zwar nicht mit der Idee der Ruhe identisch, aber sie ist wie jede Idee ein Ruhendes, also etwas, was an der Ruhe teilhat.

Ebenso ist die Bewegung nicht mit der Verschiedenheit identisch, und doch ist sie ein Verschiedenes, nämlich von den anderen Ideen, sie hat also an der Verschiedenheit, mit der sie nicht zusammenfällt, teil (256 c). So ist sie auch verschieden vom Sein, obgleich sie ist und also am Sein teilhat. Sofern aber die Bewegung vom Sein verschieden ist, ist sie nicht das Seiende. Dann ist also, so wird gefolgert, das Nichtseiende sowohl bei der Bewegung als auch bei allen andern Gattungen. Denn von ihnen allen gilt, daß die Natur der Andersheit, welche sie zu etwas anderem macht als das Seiende als solches, jedes zu einem Nichtseienden macht, und es gilt, daß alles nichtseiend ist, weil es vom Sein verschieden ist, und auch wiederum seiend, weil es am Sein teilhat (256 d). Umgekehrt ist auch das Sein, da es verschieden ist von allen andern Gattungen, ein Nichtseiendes. Es ist selbst das Eine, und alles andere ist es nicht (256 a). Und nun das Ergebnis: mit dem Nichtseienden meinen wir also nicht etwas, was dem Seienden schlechthin entgegengesetzt wäre wie der früher erörterte Unbegriff des Nichts, sondern »Nichtseiendes« (μὴ ὄν) heißt »anderes Seiendes« (ἕτερον ὄν. 257 b).

Hier besteht noch eine von Plato nicht diskutierte Zweideutigkeit. Das »Andere« kann 1. bedeuten das, was etwas, das irgend etwas nicht ist, statt dessen ist. Was nicht grün ist, ist rot. »Das Andere« kann aber 2. auch das meinen, was etwas außer einem auch noch ist. Süß ist etwas anderes als weiß. Aber wir werden nicht sagen, der Zucker ist nicht süß, sondern weiß, obwohl weiß etwas anderes ist als süß. »Nicht« sagen wir nur bei solchem anderen, was etwas nicht auch noch, sondern statt dessen ist, was angegeben wurde.

Blicken wir noch einmal zurück auf die fünf Gattungen, die hier zur Diskussion standen. Sie verhalten sich anders als die Gattungen, die am Anfang des Dialogs vorkamen und in Arten geteilt wurden. Dort hatten wir eine eindeutige Einteilung von Gattungen in Arten, der Arten in Unterarten usw. Hier aber haben wir ein wechselseitiges Verhältnis. Bewegung, Ruhe, Selbigkeit und Andersheit sind alles Arten des Seins, sie alle haben am Sein teil. Aber Sein, Bewegung, Ruhe und Andersheit sind alle auch Arten des Selbigen, alle haben am Selbigen teil. Und auch dies gilt, daß Sein, Bewegung, Selbigkeit und Andersheit alle an der Ruhe teilhaben, da sie ja alle Ideen sind. Ja, auch das Selbige hat am Selbigen teil, und das Andere am Anderen und die Ruhe an der Ruhe und das Sein am Sein. Alle sind von allen verschieden, und alle haben wechselweise aneinander teil. Einzig die Bewegung hat hier eine Sonderrolle: auch die Bewegung hat zwar an allen anderen Ideen teil, sie ist ein Selbiges mit sich selbst, sie ist von den anderen Ideen verschieden, sie ist ein Sein, und sie ist etwas Ruhendes. Aber keine von den fünf Gattungen hat an der Bewegung teil, nicht einmal die Bewegung selbst, denn die Idee der Bewegung ist nicht selbst etwas Bewegtes, sondern etwas Ruhendes. Auf dieser Sonderstellung der Idee der Bewegung beruht die bestehenbleibende Kluft zwischen der sinnlichen und der intelligiblen Welt. Die sinnliche Welt hat an der Idee der Bewegung teil, die Ideenwelt aber hat nicht an ihr teil. Die Bewegung unseres dialektischen Denkens ist keine Bewegung der Ideen selbst. Diesen Schritt macht, wie gesagt, erst Hegel, er überschreitet eben damit den griechischen Horizont des Denkens.

Entgegen der Lehre des Parmenides, daß Nichtseiendes nicht ist, haben wir also (erklärt der Gast) nicht nur festgestellt, daß Nichtseiendes ist, sondern wir haben auch herausgebracht, was es seinem Wesen nach ist, nämlich daß das Nichtseiende das andere Seiende ist. Das bedeutet, daß es nicht neben dem Seienden, als sein Gegenteil, das Nichtseiende gibt, sondern daß alles, was ist, zugleich auch vielerlei anderes nicht ist, und daß es kein Nichtseiendes gibt, das nicht auch Seiendes wäre, und kein Seiendes, das nicht auch Nichtseiendes wäre. Das Nichtsein gehört zum Wesen des Seins selbst (258 d ff.).

Damit sind wir hinreichend vorbereitet, das Problem der Möglichkeit des Scheins, des Irrtums und der Täuschung in Angriff zu nehmen, das zu lösen notwendig ist, wenn gesagt werden soll, was ein Sophist ist. Der Sophist, wie auch der Philosoph, bewegt sich (so wurde festgestellt) in den Logoi. Auch der Logos ist eine Gattung des Seienden. Was ist ein Logos, eine Rede, eine Aussage? Und inwiefern ist eine Gemeinschaft des Logos mit dem Nichtseienden möglich? Und ebenso der Doxa mit dem Nichtseienden? Wenn es nämlich keine Gemeinschaft von Logos und Doxa mit dem Nichtseienden gibt, dann ist notwendigerweise alles wahr; denn Falsches meinen oder sagen, das heißt doch wohl, sagen und meinen, was nicht ist (260 c). Ehe nun die besondere Gemeinschaft mit dem Nichtseienden aufgezeigt werden kann, auf der das Falsche und der Irrtum beruhen, müssen wir zuvor fragen: was ist Rede und Meinung (260 e)?

Was wir oben bezüglich der Buchstaben erörtert haben und dann bezüglich der Ideen, das müssen wir jetzt hinsichtlich der Namen untersuchen, nämlich ob sich da nichts zusammenfügen läßt, oder alles nach Belieben, oder einiges wohl, anderes aber nicht (261 d). Zu diesem Zweck wird der Unterschied eingeführt von Nennwort (ὄνομα, nomen) und Sagewort (ῥῆμα, verbum 262 a). Die Sagewörter (so wird erklärt) bezeichnen Handlungen, und die Nennwörter nennen diejenigen, die diese Handlungen verrichten.

Die Bestimmung ist nicht ganz richtig. Wenn ich sage »das Gebell des Hundes«, so drückt das erste Wort eine Tätigkeit aus, ist aber kein

Verbum. Das Verbale des Verbums drückt sich überhaupt nicht in der Bedeutung des Verbalstammes aus, der immer irgend etwas nennt, sondern in der eigentümlich verbalen Endung, die das Sein zum Ausdruck bringt. Aristoteles bemerkt, daß man jedes Verbum zerlegen kann in ein Nomen und das Verbum »sein«. Statt »der Hund bellt« kann man sagen »der Hund ist bellend«. »Bellend« ist ein Nomen, und vom Verbum bleibt das reine Verbum »sein« übrig, das nichts mehr nennt, sondern nur noch sagt, daß etwas der Fall ist. Aber es bedarf hier noch nicht der genaueren Analyse, die Aristoteles auf Plato aufbauend begonnen hat.

Der Gast macht darauf aufmerksam, daß aus der Aneinanderreihung bloßer Namen so wenig ein Satz entsteht wie aus der Aneinanderreihung von lauter Verben. Wenn man sagt: »läuft, geht, schläft«, so ist das kein Satz, und auch nicht, wenn man sagt: »Löwe, Hirsch, Pferd« (262b). Vielmehr entspringt ein Satz erst dann, wenn man Nenn- und Sagewörter verbindet. Wenn jemand sagt: »der Mensch lernt«, so ist das ein Satz, und zwar der kürzeste und einfachste, da er aus weiter nichts besteht als aus einem Nenn- und einem Sagewort (262c). Wer so etwas sagt, nennt nicht nur etwas wie derjenige, der nur sagt »Mensch«, sondern er bestimmt auch etwas, nämlich den genannten Menschen als einen lernenden, und er macht etwas offenbar (δηλοῖ 262d) über Seiendes oder Gewesenes oder Künftiges. Das Wesentliche ist also nicht, daß das Verbum ein Tätigkeitswort ist, sondern daß es auf ein Nomen bezogen und damit verbunden etwas Genanntes als etwas bestimmt. Eine Rede muß also notwendigerweise eine Rede über etwas (λόγος τινός) sein (262e).

Der Gast gibt das Beispiel: »Theaitetos sitzt«, das ist eine Rede über Theaitetos. Aber auch die Rede: »Theaitetos, mit dem ich jetzt rede, fliegt«, handelt über Theaitetos (263a). Die eine aber ist wahr und die andere falsch. Die wahre sagt das Seiende von Theaitetos, daß es ist, und die falsche das Nichtseiende als seiend. Sie sagt zwar nicht nichts, sondern sie sagt auch Seiendes (denn es gibt ja auch das Fliegen), aber ein anderes Seiendes als das bei Theaitetos (263b). Die Rede »Theaitetos fliegt« ist falsch, weil sie Nichtseiendes von ihm sagt, und das heißt, daß Nichtseiendes nichts anderes ist als verschiedenes Seiendes. Die Rede ist falsch, da sie Verschiedenes als identisch setzt, sie identifiziert den Theaitetos mit einem fliegenden Wesen, obwohl er damit nicht identisch, sondern davon verschieden ist (263c f.).

Der Satz hat Subjekt und Prädikat, er sagt etwas von etwas. Er sagt also auf jeden Fall, mag er wahr oder falsch sein, von einem Seienden ein anderes Seiendes aus, er geht vom Subjekt zu dem davon verschiedenen Prädikat weiter. Wenn er falsch ist, sagt er, was nicht ist. »Theaitetos sitzt«, d. h. er hat an etwas anderem als er selbst ist, nämlich am Sitzen teil. Wer sagt: »Theaitetos fliegt«, läßt ihn auch an etwas anderem, als er selbst ist, Anteil haben, nämlich am Fliegen. Aber das andere, an dem ihn dieser Logos teilhaben läßt, ist nun ein *anderes Anderes* als das, an dem er wirklich teilhat.

Damit ist die Frage nach der Möglichkeit eines falschen Satzes beantwortet. Von da aus läßt sich auch verstehen, inwiefern Denken, Urteile und Vorstellungen falsch sein können. Denken ist nichts anderes als ein Selbstgespräch der Seele mit sich selbst ohne Laut (263 e).

Der Ausfluß vom jenem durch den Laut ist der Logos. Bei der Rede gibt es Bejahung und Verneinung. Wenn man diese stillschweigend im Denken vollzieht, dann nennt man das Doxa, d. h. hier: Urteil. Und wenn jemand zu so etwas kommt, nicht durch reines Denken, sondern auf Grund einer Wahrnehmung, dann spricht man von einer Vorstellung, davon, daß mir etwas so oder so erscheint. Wegen dieser Verwandtschaft überträgt sich Wahrheit und Falschheit vom Logos auch auf Denken, Urteil und Vorstellung (264 a f.).

Damit ist die Hauptuntersuchung beendet. Die Frage der Möglichkeit des Falschen ist gelöst, und die abgebrochene Untersuchung des Wesens des Sophisten kann wieder aufgenommen und zu Ende geführt werden. Der Gast erinnert daran, daß sie die bilderzeugende Kunst eingeteilt hatten in die Kunst der Erzeugung von Ebenbildern und von Trugbildern (264 c). Dabei war man auf die Schwierigkeit gestoßen, ob es so etwas wie Trug überhaupt gebe. Vorher hatte man unterschieden in hervorbringende und erwerbende Kunst, und der Sophist erschien in der Nachstellung, dem Kampf, dem Handel und überhaupt in der erwerbenden Kunst (265 a). Jetzt erscheint er als Verfertiger von Nachbildern in der hervorbringenden Kunst.

Die hervorbringende Kunst wird eingeteilt in einen göttlichen und einen menschlichen Teil (265 b). Der göttliche Teil ist die Kraft, die die Gewächse und alle Lebewesen überhaupt hervorgehen läßt, und auch die in der Erde sich findenden schmelzbaren und unschmelzbaren Körper. Man könnte zwar auch sagen, die Natur erzeuge dies kraft einer gedankenlos von selbst wirkenden Ursache, aber da der Gast eine göttliche, mit Vernunft verbundene Ursache dafür annehmen will, schließt sich auch Theaitetos dieser Auffassung an. Der Gast verzichtet daher auf Beweise (265 c f.). Jede der beiden Arten, die göttliche und die menschliche Hervorbringung, wird wieder zweigeteilt, und zwar nach demselben Gesichtspunkt. Beide Male gibt es die eigentlich hervorbringende und die nachbildende Art (266 a). Göttliche Bilder sind Schatten, Spiegelbilder usw. Auch wir Menschen bringen einerseits Dinge hervor, wie z. B. Häuser, und andererseits Bilder davon. Die Bilderzeugung wurde schon früher geteilt in die Erzeugung von Ebenbildern und von Trugbildern (266 d).

In der trugbildnerischen Kunst werden wieder zwei Arten unterschieden. Die eine gebraucht Werkzeuge, in der anderen macht sich, wer das Trugbild macht, selbst zum Werkzeug. Das ist die Nachahmung (μίμησις 267 a) Diese kann wieder geteilt werden im Hinblick darauf, ob die Nachahmenden das kennen, was sie nachahmen, oder ob sie es nicht kennen. Die erstere Art ist kundige (ἱστορική) Nachahmung, die letztere nur eine vermeintliche Nachahmung (δοξομιμητική 267 e). Den Theaitetos kann nur wirklich nachahmen, wer ihn kennt. Aber die Gestalt der Gerechtigkeit und überhaupt der gesamten Tugend kennen viele eigentlich gar nicht, sondern stellen sie sich nur ungefähr vor, tun aber trotzdem so, als sei das, was sie dafür halten, in ihnen einwohnend, indem sie es in Handlungen und Reden nachahmen (267 c). Diese nichtwissenden Nachahmer sind also von jenem wissenden Nachahmer grundverschieden.

Die Scheinnachahmung aber muß noch einmal geteilt werden, denn sie geschieht entweder bona fide: der Betreffende glaubt selbst, das zu kennen, was er nachahmt, obgleich er es in Wahrheit nicht kennt; oder sie geschieht mala fide: der Betreffende windet sich in seinen Reden so hin und her, daß er den berechtigten Verdacht erweckt, er selber wisse im Grunde sehr wohl, daß er das gar nicht kennt, was nachzuahmen er vorgibt (268 a). Diese letztere Kunst wird wieder in der uns schon aus dem Anfang des Dialoges bekannten Art eingeteilt in das Sprechen in langen Reden öffentlich vor dem Volk und die private Elenktik, die den Mitunterredner in Widersprüche verwickeln will. Wer nun ist jener Langredner (so wird gefragt), der Staatsmann (πολιτικός) oder der Volksredner (δημολογικός)? Damit wird angezeigt, daß auch auf diesem Gebiet der wirklich Wissende von seinem Nachahmer als einem Schädling unterschieden werden muß. Der andere aber, ist das der Weise (σοφός) oder der Sophist (268 b)? Der Letztere, der als eine Nachahmung des Weisen von diesem seinen Namen ableiten muß (268 c).

Damit ist die Aufgabe gelöst; der ganz und gar wirklich seiende Sophist (παντάπασιν ὄντως σοφιστής) ist gefunden; er ist wirklich seiend, obwohl er zugleich ein Nichtseiender ist. Die Hauptuntersuchung hatte gezeigt, wie das möglich ist.

21. POLITIKOS

Die Bestimmung des Wesens des Politikers schließt unmittelbar an die des Sophisten an. Sokrates dankt dem Theodoros für die Bekanntschaft mit Theaitetos und mit dem Gast, worauf Theodoros meint, dreifachen Dank wäre er schuldig, wenn sie ihm auch noch den Politiker und den Philosophen ausgearbeitet haben werden. Auch hier wird also immer noch die Definition des Philosophen als etwas noch Ausstehendes behandelt, obwohl es im »Sophist« heißt, auf der Suche nach dem Sophisten haben wir zuerst den Philosophen gefunden. Trotzdem wäre wohl auch noch Mehreres zu sagen über den Philosophen, und vielleicht sollte doch noch etwas folgen darüber, was nicht mehr zustande gekommen ist.

Sokrates meint jetzt (257 b), indem Theodoros vom dreifachen Dank redet, setzt er voraus, daß alle drei, Sophist, Staatsmann und Philosoph, gleich viel wert sind. Nun hat das Theodoros so nicht gemeint. Er gibt seinen Redefehler zu und verspricht, es dem Sokrates bei nächster Gelegenheit heimzuzahlen. Der Gast wird aufgefordert, fortzufahren, antworten soll ihm, damit Theaitetos sich von der Anstrengung erholen kann, sein Mitschüler. Dieser heißt Sokrates, hat also mit dem Meister den Namen gemeinsam, während Theaitetos ihm in den Gesichtszügen gleicht.

Es soll also nach dem Politikos gefragt werden. Auch er ist ein Wissender (ἐπιστήμων 258 b). Um ihn näher zu bestimmen, müssen wir das Wissen (ἐπιστῆμαι) einteilen, aber auf andere Weise, als es oben bei der Bestimmung des Sophisten geschah. Das zeigt wieder deutlich, daß die Diairesis kein mechanisches Einteilungsverfahren ist, sondern daß das Wesentliche dies ist, eine Gattung in der rechten Weise, d. h. nach dem richtigen Gesichtspunkt einzuteilen; was aber der richtige Gesichtspunkt ist, das wird schon bestimmt durch einen Vorblick auf die zu bestimmende Sache. Jetzt wird das Wissen eingeteilt in praktisches und gnostisches, da es entweder verbunden ist mit Handeln und dazu dient, das Handeln zu leiten und einen bestimmten Effekt hervorzubringen, wie z. B. die Tischlerei, oder aber ohne jede Handlung nur eine Erkenntnis bewirkt, wie z. B. die Mathematik (258 e). Daß man auch die Mathematik anwenden kann, wußte Plato (wir haben das ja in der »Politeia« gehört), aber das ist für sie nicht wesentlich, wie es für die Tischlerkunst wesentlich ist, daß sie ein Wissen davon ist, wie man Möbel anfertigt.

Bevor darüber entschieden wird, zu welcher Art von Wissen die Politik gehört, wird festgestellt, daß es nicht darauf ankommt, ob einer ein König ist oder sonst ein Herrscher oder der Verwalter eines Hauswesens, ja, daß es überhaupt nicht darauf ankommt, ob einer Macht hat, sondern darauf, daß er weiß, was zu tun ist. Auch der Privatmann, sofern er weiß und imstande ist anzugeben, was der Machthaber, der das Land beherrscht, tun müßte, hat dasjenige Wissen, das den Politiker kennzeichnet, während es sein kann, daß der wirkliche Herrscher dies Wissen, das er eigentlich haben sollte, gar nicht hat. Dies Wissen ist nun ein und dasselbe hinsichtlich der Verwaltung eines Staates und eines Hauswesens, denn da ist nur ein Größenunterschied, der unter Umständen zwischen einem weitläufigen Hauswesen und einer unbedeutenden Stadt gar nicht einmal sehr bemerkenswert ist. So soll es gleich gelten, ob von der königlichen Kunst (βασιλική), der Staatskunst (πολιτική) oder der Haushaltskunst (οἰκονομική) gesprochen wird. Daß diese Kunst der gnostischen und nicht der praktischen zugeordnet wird, das wird damit begründet, daß doch der König mit den Händen und dem Leibe sehr wenig zur Behauptung seiner Herrschaft tun kann im Vergleich mit der Einsicht und Stärke seiner Seele (259 c).

Daher kommt es zur weiteren Bestimmung darauf an, die gnostische Wissenschaft weiter einzuteilen. Diese war nicht genau das, was man heute theoretisch nennen würde, vielmehr gehörte auch solches Wissen dazu, das etwas bewirken will, wenn dabei der Wissende nicht selbst Hand anlegt. Auch der Architekt, der nicht selbst baut, sondern die Bauleute anleitet, ist ein Vertreter der gnostischen Wissenschaft. Aber eben der Unterschied zwischen dem Architekten und dem Mathematiker dient zu einer weiteren Einteilung. Die Erkenntnis des Mathematikers führt zum richtigen Urteil und zu weiter nichts. Die Erkenntnis des Architekten aber ermöglicht es ihm, den Arbeitern zu gebieten. Daher wird die gnostische Erkenntnis eingeteilt in die beurteilende und die gebietende (260 b), und die Politik gehört ohne Zweifel zur gebietenden Wissenschaft (260 c). Beim Gebieten aber muß man unterscheiden, ob es sich um ein Selbstgebieten handelt oder um ein Weitergeben von selbst empfangenen Geboten, und nur die erstere Art, das Selbstgebieten, kommt hier als Gattung des Politikers in Frage (260 e). Nun gebietet der eine über das Beseelte, der andere über das Unbeseelte, und der Politiker gehört zu der ersteren Art (261 c). Diese bezieht sich entweder auf einzelne Lebewesen oder auf Herden, und die Politik fällt dann unter die Gattung der Herdenzucht (261 e). Aufgefordert, weiter einzuteilen, glaubt Sokrates der Jüngere schnell ans Ziel kommen zu können und sagt, diese Herdenzucht ist entweder Aufzucht von Menschen oder von Tieren. Aber das findet gar nicht den Beifall des Gastes (262 a).

Er setzt (262 b ff.) auseinander, daß es darauf ankommt, bei der Einteilung einer Gattung diese in Arten einzuteilen, nicht aber in beliebige Teile. Zwar ist jede Art einer Gattung auch ein Teil derselben, aber es gilt nicht das Umgekehrte. So ist z. B. eine richtige Einteilung der Zahlen in Arten die Einteilung in gerade und ungerade Zahlen, aber nicht diejenige in die ersten 10 000 und die übrigen. Ebenso falsch wäre die Einteilung der Menschen in die Griechen und alle übrigen. Hier wird offensichtlich aus der Gattung eine Art abgesondert, und der ganze Rest wird als die andere Art zusammengefaßt, obgleich dieser Rest kein gemeinsames Eidos, keine gemeinsame Wesensart, hat, sondern nur dadurch zusammengehalten wird, daß er alles das umfaßt, was zu der Gattung gehört, aber nicht zu der einen darunter befaßten Art, die zunächst ausgesondert wurde. Die Forderung ist also, die Einteilung so zu machen, daß alle Arten, in die eine Gattung geteilt wird, positiv bestimmt werden. Es ist klar und auch Plato bewußt, daß dabei nicht immer eine Zweiteilung herauskommt, die bei dem andern Verfahren, wo man eine Gattung einteilt in eine Art und den Rest, immer erzwungen werden kann. So teilen die Geometer die Dreiecke sinnvoll ein in spitzwinklige, stumpfwinklige und rechtwinklige. Das sind in Platos Sinne wirkliche Arten, während eine Einteilung in spitzwinklige und nichtspitzwinklige an der zweiten Stelle nur einen Teil der Gattung Dreieck stehen hat, der keine einheitliche Art ist.

In diesem Sinne erscheint es dem Gast also falsch, die Herdenzucht einzuteilen in die der Menschen und der Tiere. Das würde voraussetzen, daß nicht nur die Menschen eine Art bilden, sondern auch die übrigen Tiere insgesamt. Da könnten (meint der Fremdling), wenn es vielleicht noch andere vernünftige Lebewesen gibt, wofür z. B. einige die Kraniche halten, diese auch sagen, wir teilen die Lebewesen ein in die Kraniche und alle übrigen (263 d).

Daher wird die Herdenzucht eingeteilt in die auf dem Wasser und auf dem Lande, und die Politik gehört dann zu der letzteren Art (264 d). Die Herdenzucht auf dem Lande hat es entweder mit geflügelten oder zu Fuß gehenden Lebewesen zu tun. Die sich der Füße bedienenden Lebewesen sind teils gehörnt, teils ungehörnt, und die ungehörnten wieder solche mit gespaltenen und ungespaltenen Hufen. Man kann aber stattdessen auch teilen nach reiner oder vermischter Begattung, wobei mit der letzteren Art an Pferd und Esel gedacht ist, die sich kreuzen lassen (265 c). Da die Sorge des Staatsmanns auf Lebewesen mit unvermischter Begattung geht, muß auch diese Art wieder geteilt werden; das geschieht endlich in zweifüßige und vierfüßige, und das ergibt Schweinezucht und Politik (266 b). Man kann es (sagt der Gast 266 e) auch kürzer machen und gleich die Landtiere einteilen in zweifüßige und vierfüßige; da hat man dann noch den Menschen und das Federvieh zusammen und kann dann gliedern in solche mit Federn und nackte. So erhalten wir die berüchtigte Definition des Menschen als zweifüßiges Lebewesen ohne Federn, die Diogenes verspottet haben soll, indem er ein gerupftes Huhn laufen ließ und sagte: »das ist der platonische Mensch«.

Doch der Gast meldet Bedenken an gegen die Definition. Es ist ja nicht der König oder überhaupt der Politiker allein, der sich um die Aufzucht und das Wohlergehen der Menschenherde sorgt, sondern das tun auf andere Weise auch der Arzt, der Koch, der Turnlehrer und viele andere (267 e). Im Grunde wurde ja auch nichts weiter geboten als eine Definition des Menschen, und der wurde noch dazu auf eine sehr äußerliche biologische Weise definiert, so daß das Wesen des Menschen, die Vernunft, nicht zur Geltung kam. Als von den Kranichen die Rede war, wurde ja ein Wink gegeben: es könnte auch andere vernünftige Wesen geben. Da lag es nahe, die Lebewesen einzuteilen in vernünftige und unvernünftige und dann die Menschen als eine Art der vernünftigen näher zu bestimmen, — wenn man dann nicht sagen müßte, daß es Politik überall da gibt oder geben muß, wo vernünftige Wesen zusammenleben.

Das, was noch fehlt, die Bestimmung dessen, was der Politiker in seiner Sorge für die Menschenherde eigentlich tut, wird nun nicht in derselben Weise ermittelt wie das bisherige. Das Einteilen wird unterbrochen durch den Bericht von einem Mythos.

Der Mythos erzählt (269 c ff.): eine Zeitlang dreht der Gott den ganzen Kosmos in seinem Umlauf. Nach einer gewissen Zeit aber läßt er ihn los, und dann wendet er um und dreht sich wieder zurück, denn sich immer auf dieselbe Weise zu verhalten, kommt nur dem Göttlichen zu, aber nicht der körperlichen Natur. Der Kosmos gleicht so einem Uhrwerk, das in der einen Richtung aufgezogen wird und dann, sich überlassen, in der Gegenrichtung wieder abläuft. Wenn nun solche Umwendung sich ereignet, so hat das für die davon Betroffenen katastrophale Folgen: sie leben rückwärts. Die Menschen werden nicht mehr älter, sondern wieder jünger, die weißen Haare werden schwarz, der Bartwuchs nimmt ab, aus Erwachsenen werden Kinder, und aus den Toten werden Lebende, daher man in alten Sagen von Erdgeborenen erzählte (270 d ff.).

Die Zeit der im Verhältnis zum heutigen Geschehen rückläufigen Bewegung war die Zeit, da der Kosmos vom Gott geführt wurde. Damals regierte Kronos die Welt und trug Sorge für ihren rechten Umlauf, und andere Götter unter ihm waren wie jetzt als Hüter der Menschen und der Welt überhaupt tätig. So hatten damals alle Herden ihre göttlichen Hüter, und alles lebte in schönster Harmonie. Es gab weder Krieg noch Streit, auch fraßen die Lebewesen einander nicht gegenseitig, und insbesondere das Leben der Menschen war ganz mühelos. Damals gab es keine politische Ordnung und auch keine häusliche, kein Familienleben, da sie ja aus der Erde auflebten, ohne sich an das Vorige zu erinnern. Sie trieben auch keinen Ackerbau, sondern alles Nötige gab ihnen die Natur von selbst. Sie brauchten keine Kleidung und Häuser, weil ein ideales Klima das alles entbehrlich machte. Diese im Verhältnis zur unseren verkehrte Welt ist die Welt unter Kronos. Jetzt aber, wo die Welt entgegengesetzt läuft, herrscht Zeus. Welche ist glücklicher? Sokrates der Jüngere kann das nicht entscheiden und bittet den Gast, es zu tun (271 d ff.).

Dieser sagt (272 b ff): Wenn die Damaligen ihre Muße und ihr Vermögen, nicht nur mit den Menschen, sondern auch mit den Tieren vernünftigen Umgang zu pflegen, recht gebraucht haben zur Philosophie und zur Vermehrung der Einsicht, dann waren sie tausendmal glücklicher als die Heutigen; wenn sie aber, reichlich versorgt mit Speise und Trank, sich solche Geschichten erzählt haben, wie man jetzt von ihnen erzählt, dann gilt das Gegenteil. Der Wink ist deutlich genug: der Mythos, der da erzählt wird, hat nicht den Sinn, irgend eine Information über eine mehr oder weniger selige Urzeit zu geben, sondern wird nur beigebracht, um ein bestimmtes Licht auf die gegenwärtige Welt in ihrem jetzigen Lauf zu werfen, der natürlich (im Ernst gesprochen) so alt ist wie die Welt.

Die vom Gott losgelassene Welt geht ihren eigenen entgegengesetzten Gang, indem sie alles ordnet, sich dabei ihres Werkmeisters und der Lehren des Vaters erinnernd. Von dem, der sie eingerichtet hat, besitzt sie alles Schöne. Aber Gott ist nicht der Schöpfer, sondern nur der Werkmeister. Er hat ein vorgegebenes Material, in das hinein er die Ordnung gebildet hat. Dies Material ist das Körperliche, das vor der Einrichtung der von Gott kommenden Ordnung in Verwirrung lag — und je länger die Welt sich selbst überlassen ist, um so mehr kehrt die uralte Verwirrung zurück (273 d, eine Stelle, die Hölderlin am Ende seiner Rheinhymne zitiert, wo er davon spricht, daß »wiederkehrt uralte Verwirrung«. Auch sonst finden sich gerade auf den Dialog »Politikos« viele Anspielungen bei Hölderlin. Bei Schelling finden wir dasselbe. In der philosophischen Untersuchung über das Wesen der menschlichen Freiheit von 1809, S. 432 der 1. Ausgabe heißt es: »Nach der ewigen Tat der Selbstoffenbarung ist in der Welt, wie wir sie jetzt erblicken, alles Regel, Ordnung und Form, aber immer liegt noch im Grunde das Regellose, als könnte es einmal wieder durchbrechen, und nirgends scheint es, als wären Ordnung und Form das Ursprüngliche, sondern als wäre ein anfänglich Regelloses zur Ordnung gebracht worden.« Bei Schelling ist die Anschauung freilich schon ins Christliche umgebildet worden, indem er das, was als Materie bei Plato dem Demiurgen vorliegt, in das Wesen Gottes selbst aufnimmt — aber trotz dieser Umbildung ist die platonische Herkunft des Gedankens deutlich.)

Das Körperliche erscheint als das Widerständige, das die volle Herrschaft der göttlichen Idee verhindert, der Grund des Schlechten (ein Gedanke, der von Plotin ausgearbeitet worden ist und seine Philosophie wesentlich bestimmt).

Der Weltlauf, wie er jetzt läuft, ist ein solcher, in welchem dem Menschen nicht von selbst alles zuwächst, was er braucht, er ist von Natur in Not und Mangel und muß für sich sorgen. Dazu dienen ihm die Künste, die er nach dem Mythos von den Göttern bekommen hat, das Feuer von Prometheus, die Künste von Hephaistos, usw. (274 c f.).

Was gegen die bisherigen Definitionsversuche des Politikers eingewendet wird, ist, daß sie auf diese Differenz der Kronos-Ordnung und der Zeus-Ordnung keine Rücksicht nehmen (275 a). Was da definiert wurde, das paßt auch auf die göttlichen Hüter der mythischen Kronoszeit. Aber offenbar sind sie nicht das, was man sich unter einem Staatsmann vorstellt. Das heißt: der Mensch, mit dem es der Politikos zu tun hat, ist der sorgende Mensch. Der Politiker ist derjenige, dessen Amt die Sorge (ἐπιμέλεια 276 b) für die Gemeinschaft ist, die dabei nicht notwendig Aufzucht zu sein braucht, wie im Fall der Besorgung tierischer Herden. Diese für die Menschenherde fürsorgende Kunst wird nun wieder eingeteilt in die gewaltsame und die freiwillige, wobei die erstere der Tyrannis zukommt, während die Freiwilligkeit den wahren Politiker kennzeichnet (276 e).

Damit meint Sokrates der Jüngere am Ziel zu sein, aber der Gast ist immer noch nicht zufrieden. Das Wesen der königlichen Kunst scheint ihm noch nicht deutlich genug herausgearbeitet zu sein. Um das zu erreichen, will er sich eines Paradigmas bedienen, und was das Paradigma hier leisten soll, wird wiederum an einem Paradigma für das Paradigma erläutert. Dazu dient das, was in der Schule als Paradigma vorkommt: der bekannte und eingeübte Beispielfall, der dazu dient, dasselbe im Unvertrauten wiederzuerkennen (277 e ff.). Es wird also ein ganz kleines, übersichtliches Beispiel gesucht, das aber mit der Politik dieselbe Verrichtung hat, und dafür wird die Wollweberei gewählt (279 b).

Jetzt folgt wieder Diairesis, Einteilung: die Dinge, die wir anfertigen oder erwerben, dienen entweder zu einer Tätigkeit oder zum Schutz, d. h. zur Verhinderung eines Leidens (279 c). Die Schutzmittel sind teils Heilmittel, teils Abwehrmittel. Die Abwehren sind teils Rüstungen, teils Einhegungen. Die Einhegungen sind teils Schutz gegen die Sicht, teils gegen Hitze und Unwetter. Von diesen sind ein Teil Obdach, ein Teil Hüllen. Die Hüllen sind teils Decken, teils Anzüge. Letztere sind teils aus einem Stück, teils zusammengesetzt, die letzteren teils mit Löchern, teils ohne Durchlöcherung verbunden (279 d). Von den undurchlöcherten sind einige aus Haaren, andere aus pflanzlichem Material. Die härenen sind teils mit Wasser und Erde verklebt, teils mit sich selbst verbunden. Das sind nun die Kleider (279 e), und die Kunst, die sie herstellt, wollen wir die Kleidermacherkunst nennen, und wollen sagen, daß die Weberei als das wichtigste Stück davon nur dem Namen nach davon unterschieden ist (280 a).

Aber der Gast ist nicht zufrieden. Denn derjenige, der zuerst bei der Verfertigung der Kleider Hand anlegt, scheint doch ganz das Gegenteil des Webens zu tun; er flicht nicht zusammen, sondern trennt: nämlich der Wollkämmer. Auch das Spinnen, das vorhergeht, ist kein Weben (281 a), und ebenso die Pflege und Reparatur der Kleidungsstücke gehört zur Bekleidungskunst, ohne doch Weberei zu sein. Auch die Künste, welche die Werkzeuge machen, die zur Weberei gebraucht werden, sind nicht selbst Weberei (281 c). Die Weberei ist zwar der wichtigste, der schönste und größte Teil der Kleidermacherkunst, aber damit ist sie in ihrem Wesen noch nicht hinlänglich bestimmt. Um das zu leisten, wird nun unterschieden, ob etwas die Ursache selbst oder nur Mitursache ist (281 d). So sollen die Künste, die nur die Werkzeuge beistellen für die Weberei, mitverursachend heißen, und nur die die Sache selbst unmittelbar herstellende Kunst die verursachende (281 e). Von der verursachenden Kunst wird der Teil, der da wäscht und repariert, abgesondert als Kleiderpflege. Was dann bleibt, ist die Wollzubereitung (282 a). Die wird dann zerlegt in die verbindende und trennende (282 b), und die verbindende wird geteilt in eine drehende und eine flechtende, d. i. Spinnen und Weben (282 d).

Der Gast fragt (283 b), ob das nicht unnötig lang gewesen sei und man nicht gleich hätte sagen können, Weberei sei die Verflechtung von Einschlag und Kette. Er geht über zu einer Reflexion über das rechte Maß. Die Meßkunst wird zu dem Zweck eingeteilt in einen Teil, der sich beschäftigt mit dem Größeren und Kleineren in ihrem Verhältnis zu einander, und einen, der sich beschäftigt mit ihrem Verhältnis zum Angemessenen (283 d). Nur wenn sie im Hinblick auf das Angemessene das Größere und das Kleinere als das Verderbliche meiden, sind alle Künste, die Weberei so gut wie die Staatskunst, möglich (284 b).

In Anwendung auf das hier geübte Unternehmen wird dann konstatiert, daß die Erörterung keineswegs unangemessen lang ist, denn nicht nur ist die Erörterung der Weberei nicht Selbstzweck sondern steht im Dienste der Aufklärung des Wesens des Staatsmannes, sondern auch den zu bestimmen ist nicht Selbstzweck, sondern selbst eine Übung, vorgenommen, damit wir in allem dialektischer werden (285 d).

Jetzt folgt die Anwendung auf den Staatsmann. Da wird vielerlei als mitverursachend ausgeschieden: die Kunst der Herstellung von Gefäßen, von Fahrzeugen, von Schmuck, Nahrungsmitteln usw. (287 d ff.). Die dergleichen anfertigen, sorgen zwar auch für die menschliche Gemeinschaft, aber nicht unmittelbar, sondern so wie der, der der Weberei die Werkzeuge liefert, für die Kleider sorgt. Sodann werden auch die Diener, Knechte, Kaufleute, Soldaten, Herolde, Wahrsager und Priester ausgesondert. Sie gehören alle auf verschiedene Weise zur dienenden und nicht zur herrschenden Kunst (289 b ff.).

Was aber dann übrigbleibt, das ist nicht der wahre König allein, sondern noch ist von ihm der abzusondern, der mit ihm in Konkurrenz tritt und den der Gast nun den größten Tausendkünstler unter den Sophisten nennt (291 c). Er wirft dazu einen Blick auf die faktisch bestehenden Regierungsformen: es regiert entweder einer, oder wenige, oder die große Menge (291 d). Je nachdem aber, ob da Gewalt herrscht oder Freiheit, Gesetz oder Gesetzlosigkeit, Armut oder Reichtum, unterscheidet man innerhalb dieser Gruppen wieder Königtum und Tyrannis, Aristokratie und Oligarchie, während man bei der Demokratie in dieser Hinsicht keinen Namensunterschied macht (291 e f.). Doch hatte sich früher ergeben, die Politik müsse ein Wissen sein, nur was für eins, das konnte noch nicht ausgemacht werden. Daß viele oder wenige, mit Gewalt oder Freiheit, Arme oder Reiche herrschen, kann also nicht das Entscheidende sein, sondern wir müssen prüfen, in welcher dieser Formen sich Wissen findet bezüglich der Herrschaft über die Menschen (292 b). Das muß untersucht werden, um den vernünftigen König zu sondern von dem, der sich für einen Politiker ausgibt, es aber nicht ist (292 d).

Es wiederholt sich hier die Entsprechung von Philosoph und Sophist als dem Scheinphilosophen. Da die königliche Kunst etwas Schwieriges ist, ist gar nicht zu erwarten, daß es viele gibt, die ihrer mächtig sein werden; im Gegenteil werden solche Männer sehr selten zu finden sein (293 a). Diese aber sind die wahren Staatsmänner, mögen sie nun mit oder gegen den Willen der anderen regieren, mit oder ohne Gesetze, die aufgeschrieben sind, und mögen sie reich oder arm sein (293 c f.). Sokrates der Jüngere freilich nimmt an der Gesetzlosigkeit Anstoß, doch der Gast erklärt, daß zwar die Gesetzgebungskunst selbst zur königlichen Kunst gehört, daß aber das beste sei, daß nicht die Gesetze die Macht haben, sondern der königliche Mann (294 a). Gesetze schematisieren, und immer wird es Einzelfälle geben, denen das Gesetz nicht gerecht wird, wo also nicht das Zuträglichste und Gerechteste gesehen wird (294 b f.). Doch kann keiner für das ganze Leben jedes Einzelnen alles Gebührliche mit Genauigkeit anordnen, und daher bedarf es gewisser allgemeiner Vorschriften, die auf das Durchschnittliche abgestellt sind. Daraus aber folgt, daß der wahre König von diesen Gesetzen auch wieder abweichen darf, wenn es gut ist (296 a). Auch wenn der wissende König mit Gewalt neue

Gesetze einführt, so gibt es keinen Grund, sich deswegen zu beklagen (296 b).

Wenn der Staat, der durch den wahrhaft wissenden König geführt wird, der wahre Staat ist, dann müssen sich die übrigen dadurch erhalten, daß sie sich der Schriften jener Staatsordnung bedienen und sich streng daran halten (297 d). Alle, die sich in den verschiedenen Formen des Staates zu tun machen außer in dem einzig wahren, dem Idealstaat, den es in Wirklichkeit nicht gibt, sind keine Staatsmänner, sondern Parteiführer (στασιαστικοί). Damit sind dann alle, die sich in der politischen Wirklichkeit als Politiker bezeichnen und mit Politik abgeben, als bloße Nachahmer des wahren Politikers und die größten Sophisten unter allen Sophisten ausgeschieden (303 c).

Noch aber bleibt das Schwierigste übrig: die Absonderung der Politik von der Rhetorik (304 a). Die Rhetorik ist die Kunst, die auf Grund einer Kenntnis der Menge diese zu überreden versteht, nicht durch Belehrung, sondern durch sinnliche Darstellung (304 d). Sache einer anderen Kunst aber muß es dann sein, zu entscheiden, ob etwas durch Überredung oder mit Gewalt durchgesetzt werden soll, oder ob man gar ganz auf die Durchsetzung verzichten soll. Das leistet die Staatskunst, die sich damit als von der Rhetorik verschieden und sie beherrschend erweist. Entsprechendes gilt für die Kriegskunst (304 e). Es ist nicht Sache des Feldherrn, zu entscheiden, ob Krieg geführt werden soll, sondern nur, wie es zu machen ist, wenn es gemacht werden soll. Und es ist wieder die Politik, die so Herr der Kriegskunst ist oder sein sollte. Dasselbe wird auch für die juristische Kunst gesagt; auch sie hat eine Dienststellung gegenüber der wahren Staatsführung (305 c).

Zum Schluß des Dialogs wird das Wesen des wahren Staatsmanns bestimmt als die wahre Verbindung von Tapferkeit und Besonnenheit. Zunächst wird gezeigt, daß die Vereinigung dieser Tugenden gar nicht so leicht ist, wie man meinen könnte, da sie sich sogar zu widerstreiten scheinen und auch wirklich in Widerstreit geraten können (306 b). Der Gast beruft sich dabei auf einen Sprachgebrauch, der die Ausdrücke in einem weiteren Sinne verwendet, nämlich alle Schnellen, Kräftigen, Beweglichen tapfer (oder vielleicht besser übersetzt »forsch«) nennt (306 e), und alle Langsamen, Gedämpften und Ruhigen als bedächtig bezeichnet (307 a f.). Entsprechend wird das zu Schnelle usw. als verrückt (μανικόν) und das Langsame als lahm und müde und im Griechischen mit einem

Wort bezeichnet, das »feige« bedeutet (δειλόν 307 c). Dem entsprechen zwei verschiedene Menschentypen, die Sanftmütigen und Friedlichen, bei denen aber Gefahr ist, daß sie den Staat zur Beute seiner Feinde werden lassen (307 e), und andererseits die Forschen, bei denen Gefahr ist, daß sie den Staat unnötig in Händel verwickeln (308 a). Daher muß die wahre Staatskunst auch der Erziehungskunst das Gesetz geben und ihr aufgeben, eine kunstreiche Verbindung dieser beiden entgegengesetzten Tendenzen im Menschen zu erwirken, indem sie in ihrer Seele die wahren Vorstellungen vom Gerechten, Guten und Schönen erweckt (308 e).

Vieles von dem hier Ausgeführten ist eine kurze Wiederholung von Gedankengängen, die schon in dem großen Gespräch über den Staat ausgeführt worden waren. Der wahre Politiker ist derjenige, der weiß, wie zum Wohle des Staates regiert werden muß, und nicht derjenige, der weiß, wie man an die Macht kommt und sich an der Macht hält. Das ist hier wie dort Platos Grundposition. Worin aber eigentlich dies politische Wissen besteht, darüber erfahren wir hier recht wenig. Die vielen Einteilungen sind wenig ergiebig. Der Höhepunkt des Dialogs ist der Mythos, der auf die Nachwelt großen Eindruck gemacht hat. Als Heidegger »Sein und Zeit« schrieb, war er ihm nicht gegenwärtig, sonst hätte er darauf hinweisen können, daß schon hier das Wesen des Menschen als Sorge bestimmt worden ist.

22. PHILEBOS

Im »Philebos« wird die alte Frage nach dem Guten wieder aufgenommen, nach dem, was für den Menschen das Gute ist. Wir werden mitten ins Gespräch versetzt. Dieses war bisher zwischen Sokrates und Philebos geführt worden als ein Streitgespräch, in welchem die beiden Teilnehmer entgegengesetzte Standpunkte vertreten haben. Philebos hatte, so referiert Sokrates, behauptet, für alle Lebewesen (also nicht nur für den Menschen) sei das Gute Freude, Lust und Vergnügen und was sonst mit dieser Gattung zusammenstimmt. Von unserer Seite aber wurde das Bedenken vorgebracht, ob vielleicht doch nicht dieses, sondern Einsicht, Verstand und Gedächtnis und, was damit verwandt ist, richtiges Urteil und wahre Schlüsse besser sei als die Lust und vortrefflicher für alle, die daran teilhaben können, so daß es für die, die daran teilnehmen können, das Nützlichste von allem sei, für die Jetzigen sowohl als für die Künftigen (11 b f.).

Philebos aber, der Schöne, wie er von dem auch anwesenden Protarchos genannt wird, ist ermüdet, und so soll jetzt Protarchos die Vertretung des Satzes des Philebos übernehmen. Das Ziel ist aber nicht der Sieg des einen über den andern, sondern gemeinsam wollen sie sich bemühen, auf alle Weise das Wahre darüber herauszubringen.

Die Frage ist, was macht das Leben glückselig (εὐδαίμων). Welche Haltung (ἕξις) und Verfassung (διάθεσις) der Seele bewirkt das sich Freuen (χαίρειν) und Erkennen (φρονεῖν)? Wenn sich aber etwas drittes zeigen sollte als das beste, dann soll der gesiegt haben, mit dessen Position dies dritte sich als verwandter erweist (11 d f.).

Aber Lust kann etwas sehr Verschiedenes sein, so verschieden wie die Sinnesfreuden des ausschweifenden Menschen und die Freuden, die der besonnene Mann genießt. Auf die Frage, wie es denn da mit der Einheit der Lust stehe, und ob man angesichts solcher Verschiedenheit überhaupt so schlankweg sagen kann: die Lust ist das Gute, antwortet Protarchos: Lust ist Lust und als solche immer und überall dasselbe, wenn sie auch aus den verschiedensten Anlässen entsteht. Nur was die Lust hervorbringt, ist verschieden (12 e). Sokrates wendet ein, obwohl die Einheit der

Lust als Gattung nicht zu bestreiten sei, könne sie doch unter sich ganz entgegengesetzte Arten haben, wie unter der Gattung Farbe etwas so Entgegengesetztes wie Schwarz und Weiß stehe. Daher könne es sein, daß einige davon gut, andere aber schlecht sind (13 a).

Mit der Erkenntnis wird es sich nicht anders verhalten, auch von dieser Gattung gibt es viele Arten, sehr verschiedene offenbar, und auch da kann und muß offenbar gefragt werden, ob sie alle gut sind oder vielleicht nur gewisse Arten davon (14 a).

Sokrates erinnert sich daran, daß man hier auf die Dialektik des Einen und Vielen gestoßen sei, auf das erstaunlich zu Sagende, daß das Viele Eines sei und das Eine Vieles (14 c). Protarchos versteht das zunächst in dem Sinne, daß man von einem Gegenstand der Sinne, etwa von ihm, Protarchos, obschon er einer ist, Vieles und auch Entgegengesetztes aussagen könne, wie z. B., daß er groß und klein sei, oder leicht und schwer und noch tausenderlei dergleichen, — nämlich groß verglichen mit einem kleineren und klein verglichen mit einem größeren. Aber dies meint Sokrates nicht, und auch nicht dies, daß Protarchos als Mensch einer ist und zugleich viele Glieder, Kopf, Hals, Arme, Beine usw. Vielmehr soll das Eins jetzt nicht aus dem Werdenden und Vergehenden genommen werden, sondern so, wie wenn es jemand unternimmt, einen Menschen zu setzen und ein Rind, und das Schöne als Eines, das Gute als Eines; um solche Einheiten handelt es sich, und darüber kann man streiten (15 a), nämlich 1. ob es solche Einheiten überhaupt gebe als wahrhaft Seiende, d. h. ob es Ideen gibt, 2. wie diese Einheiten, obwohl jede von ihnen immer dieselbe ist und weder entsteht noch vergeht, dennoch in dem Werdenden und Unbegrenzten wiederum als zerrissen und Vieles geworden zu setzen sind, oder als ganz in ihnen von sich selbst getrennt, was doch das Unmöglichste zu sein scheint, daß dasselbe und Eine zugleich in Vielen auftreten soll. (15 b, die Stelle ist korrupt und hat den Auslegern viel Kummer gemacht. Ich habe das Ende von b 4 und den Anfang von b 5 gestrichen, so daß aneinanderschließt: προσδεχομένην ἐν τοῖς γιγνομένοις). Plato verweist hier auf die Ausführungen des Parmenides.

Sokrates nennt es eine Art zweite Prometheusgabe der Götter an die Alten, die besser waren als wir und uns die Sage davon übergeben haben, alles wovon gesagt werde, es sei, sei aus einem und vielem und habe Grenze (πέρας) und Grenzenlosigkeit (ἀπειρία 16 c) in sich verbunden. Daher müsse man überall zunächst nach der Einheit einer Idee suchen, und wenn man sie gefunden habe, müsse man zusehen, ob zwei darin sind, und wenn nicht, dann irgend eine andere Zahl, und mit jeder der so gefundenen Einheiten müsse man ebenso verfahren, bis man erkannt habe, nicht nur daß das ursprünglich Eine Eines und Vieles und Unbegrenztes, sondern auch wievieles es ist (16 d). Sokrates exemplifiziert das an den Buchstaben. Der Laut hat, wie vielfältig er auch sein mag, die Einheit einer Gattung. Aber dies zu wissen, daß es die Einheit der Gattung Laut und unendlich viele Varianten davon gibt, das macht noch keinen Grammatiker, sondern das Wissen von den bestimmten Arten und Unterarten des Lautes (17 b). Ebenso in der Musik. Auch da gibt es die Einheit der Gattung Ton. Aber wer nur weiß, daß ein Ton unbeschadet dieser Einheit der Gattung entweder höher oder tiefer als ein zweiter sein kann oder von gleicher Höhe, der weiß noch nicht viel von der Musik (hier gemeint als Musiktheorie), sondern dazu muß man wissen, welche Intervalle es gibt, wie viele es sind und wie groß sie sind (17 c f.). Als das Wesentliche erscheint es also, daß die Zahl zwischen der Einheit der Gattung und der Unendlichkeit dessen, was darunter fällt, vermittelt (18 a f.). So teilt etwa der Grammatiker die Laute in Vokale und Konsonanten, und diese dann wieder in Unterarten, so weit es geht (18 b f.). Es genügt also nicht zu wissen, daß unbegrenzt viele verschiedene Individuen unter eine Gattung fallen, sondern es kommt darauf an zu wissen, in wieviele Arten sich eine Gattung zerlegt.

Die Lehre, daß Grenze und Unbegrenztes die Prinzipien alles Seienden sind, stammt von den Pythagoreern. Unser Gespräch wird an einer späteren Stelle darauf noch näher eingehen. Hier wird die Grenze nur erwähnt, um gegen das Unendliche die bestimmte Zahl auszuspielen, und das Wesen der Dialektik von daher zu bestimmen: die Einteilung der Gattung in eine von der Sache her bestimmte Zahl von Arten. Davon haben wir schon oft gehört. Hier wird daran erinnert, weil es jetzt darauf ankommt, die Gattungen Lust und Erkenntnis in Arten zu teilen. Das Gute, damit war gemeint das Nützlichste, d. h. das für den Menschen Zuträglichste, d. h. Wünschenswerteste. Nicht das ist die Frage: Was sollen wir zuletzt wollen, sondern: Was wollen wir im Grunde schon immer? Ist die Lust das, was wir in allem Wollen eigentlich anstreben, oder die Erkenntnis, oder etwas drittes? Hier ist also keine Ethik in dem modernen Sinne einer Lehre dessen, was dem Menschen geboten wird, was seine Pflicht ist, sondern Ethik im griechischen Sinne, die den Menschen lehrt, sich darüber zu besinnen, was er im letzten Grunde eigentlich will, worauf es ihm eigentlich ankommt. Das Gute (τὸ ἀγαθόν) meint das, worauf es ankommt, hier das, worauf es dem Menschen in allem Handeln, Streben und Wollen ankommt, worauf er seinem Wesen nach eigentlich aus ist. Ihn darüber zu verständigen, heißt ihn zur Areté bringen, und daher bleibt es dabei, daß das Wesen der sogenannten Tugend für die Griechen das Wissen ist, trotz gewisser Einschränkungen, die diese These beim alten Plato und Aristoteles erfahren hat.

Jetzt aber stellen die Mitunterredner die Frage, ob man sich den Umstand des Einteilens der Gattungen in Arten nicht ersparen könne (18 d). Da fällt Sokrates ein Traum ein, der ihn gelehrt habe, das Gute sei keines von diesen beiden, sondern ein Drittes (20 b f.). Er läßt sich zunächst zugeben, das Gute müsse vollkommen (τέλεον) und hinreichend (ἱκανόν, 20 d) sein, d. h. wer das Gute habe, der brauche auf nichts anderes mehr zu warten. Sokrates macht ein Gedankenexperiment: den Versuch, sich das Leben der Lust und das Leben der Erkenntnis in ganz reiner Form vorzustellen, nämlich so, daß das Leben der Lust keinerlei Erkenntnis enthält und das Leben der Erkenntnis keinerlei Lust (20 e). Wer in der höchsten Lust lebt, aber ohne jede Art von Erkenntnis und Wissen, der weiß dann auch nichts von seiner Lust, er kann sich nicht an vergangene Lust erinnern und keine künftige erwarten. Er würde das Leben einer Auster führen, aber nicht das eines Menschen (21 c).

Wohlgemerkt: nicht dies ist gemeint, daß man irgend eine Art von Bewußtsein braucht, um die Lust empfinden zu können, dies ist vielmehr vorausgesetzt, daß man vom Gefühl höchster Lust ganz durchdrungen sei. Was aber fehlen soll, ist die Möglichkeit der Reflexion auf dieses Gefühl, die Möglichkeit sich selbst zu wissen als einen solchen, der von diesem Gefühl erfüllt ist, erfüllt war oder erfüllt sein wird. Dies erscheint auch dem Protarchos, der die Partei der Lust vertritt, als etwas, was man nicht wollen kann. Wir können nicht den Zustand einer ständigen und ungetrübten Freude erkaufen wollen mit einem Erlöschen aller geistigen Funktionen, die uns dem Tier gleich macht. Wir müssen urteilen, daß die Freude dieser Wesen eine entsetzliche Täuschung ist, indem sie sich freuen in einer Lage, von der wir erkennen, daß sie das Gegenteil des Erfreulichen und im höchsten Grade bedauernswert sei. Freude scheint uns also nur gut zu sein, wenn sie Freude am wirklich Erfreulichen ist. Aber ganz seiner geistigen Fähigkeiten beraubt zu sein, das scheint uns nicht wirklich erfreulich, auch wenn es dem Betroffenen selbst so scheint (21 d).

Es ist besser, unter Schmerzen bei Vernunft zu sein, als in höchster Lust vernunftlos zu sein. Ist mit diesem Urteil der Hedonismus nun doch widerlegt? Keineswegs, denn der seiner Vernunft Beraubte kann die beiden Zustände nicht vergleichen. Uns aber, die bei Vernunft sind und das können, scheint das Leben unter Schmerzen aber mit Vernunft immer noch erfreulicher zu sein als alle Lust der Vernunftlosen. So kann das reine Lustleben nicht dem Anspruch genügen, für sich allein vollkommen und zureichend zu sein.

Umgekehrt aber wird sofort zugestanden, daß ein Leben, das zwar Einsicht, Erkenntnis, Wissen und Erinnerung von allem hätte, des Gefühls der Lust aber völlig entbehrte und davon gar nicht betreffbar wäre, auch nicht von uns gewünscht werden könnte (21 e). Weder Lust ohne Wissen, noch Wissen ohne Lust kann also das Gute sein. Sokrates entgegnet, das gelte wohl für die menschliche Vernunft, aber mit der wahrhaft göttlichen Vernunft werde es sich vielleicht anders verhalten (22 c), eine Meinung, der später Aristoteles entschieden widersprochen hat, indem er das Leben Gottes, das Leben des sich selbst denkenden Denkens, als das zugleich auch lustvollste erklärte, das überhaupt denkbar sei. Was aber den Menschen betrifft, herrscht Einigkeit, daß der Streit über den ersten Platz entschieden ist: der gebührt dem Leben, in dem Lust und Erkenntnis sich mischen. Wegen des zweiten Platzes aber ist noch Streit, ob die Lust oder die Erkenntnis dem verwandter ist, was das gemischte Leben zu dem eigentlich Erwählenswerten macht (22 d). Jetzt werden wir doch in jene Weitläufigkeiten verwickelt werden, die die Mitunterredner gerne vermeiden wollten, denn um die Rolle zu bestimmen, die Erkenntnis und Lust im Aufbau des vollkommenen gemischten Lebens spielen müssen, bedarf es der Dialektik (23 b).

Sokrates beginnt mit ganz grundsätzlichen Erwägungen. Er kommt zurück auf den früher berührten Unterschied von Grenze und Grenzenlosem (πέρας und ἄπειρον, 23 c). Indem die Grenze in das Grenzenlose eintritt, entsteht durch deren Mischung ein Begrenztes; als vierte Gattung setzt nun Sokrates noch eine Ursache (αἰτία, 23 d) dieser »Vermischung«. Auf die Frage, ob er vielleicht auch noch eine Ursache der Trennung brauche, antwortet Sokrates: vielleicht, aber jetzt, glaube ich, noch nicht. Man kann sich das Gemeinte deutlich machen am Beispiel der Musik.

Der Bereich der Töne bildet an sich ein Kontinuum des Höheren und Tieferen. Zu jedem Ton gibt es einen höheren und einen tieferen, und zwischen zwei Tönen einen, der höher ist als der eine und tiefer als der andere, bis an die Grenze der menschlichen Hörfähigkeit. Musik entsteht, wenn in dieses Grenzenlose Grenzen gesetzt werden: die festen Intervalle der Oktave, der Quint, Quart usw. Der durch solche Grenze begrenzte Bereich des Tönenden ist die Tonleiter, und die Ursache ihrer Entstehung durch das Zusammenbringen des Unbegrenzten des Tonkontinuums mit den festen Grenzen der Intervalle ist die Kunst der Musik (26 a).

Was will das hier? Es liegt nahe, diese Prinzipien in Beziehung zu setzen zu den Grundzügen der platonischen Metaphysik: die Idee ist Grenze, die andere Natur (ἑτέρα φύσις) des »Parmenides«, nach dem »Timaios« der Raum (χώρα), ist das Grenzenlose, die Abbilder der Ideen sind das Begrenzte, und bei der Ursache (αἰτία) könnte man an den Demiurgen des »Timaios« denken, der im Blick auf die Ideen das Sinnliche formt.

Aber so richtig und wichtig das ist, im Zusammenhang unseres Gesprächs ist noch wichtiger etwas anderes: unser Problem ist ja das der richtigen Mischung von Lust und Erkenntnis im wahren Leben. Zu jeder Mischung aber gehören: 1. die zu mischenden Elemente, von denen man mehr oder weniger nehmen kann, die also an sich ein Grenzenloses sind, 2. ein Rezept der Mischung, d. h. eine Festsetzung des Wieviel hinsichtlich jedes der Elemente, d. h. eine Bestimmung der Grenze. Dadurch entsteht das Begrenzte der Mischung. Es entsteht aber nicht von selbst, sondern durch eine Ursache, die sich auf das richtige Mischen versteht. In der Mischung des wahren Lebens aber wird die Vernunft nicht nur eines der Elemente der Mischung neben dem anderen Element der Lust sein, sondern einen Vorrang dadurch haben, daß sie zugleich die Ursache der richtigen Mischung ist. Dieser Vorrang führt ihren schließlichen Sieg im Streit um den zweiten Platz herbei.

Indem die Nutzanwendung gemacht wird, ist Philebos sogleich bei der Hand, zu erklären, die Lust gehöre zur Gattung des Grenzenlosen (27 e), wobei er sich freilich von Sokrates daran erinnern lassen muß, daß das auch von der Unlust gilt (28 a). Damit wird die Absicht des Philebos, die Lust durch die Unendlichkeit zu verherrlichen, sogleich zuschanden. In der Tat gilt ja von beiden, daß ihnen der Charakter des mehr oder minder zugehört, und daß es dafür an sich keine Grenzen zu geben scheint. Jede Lust kann durch ein noch mehr an Lust übertrumpft werden und ebenso jede Unlust, und das kann seine Grenze höchstens an der menschlichen Fassungskraft finden. Diese Möglichkeit des mehr oder minder macht die Frage notwendig, wieviel davon in die rechte Mischung des Lebens einzulassen sei.

Auf die Frage, in welche Gattung nun die Vernunft gehört, wird geantwortet, in die Gattung der Ursache. Alle Weisen (heißt es 28 c) stimmen darin überein, daß die Vernunft König ist des Himmels und der Erde. Aber man muß sich nicht auf Autorität berufen, sondern es untersuchen. Sollen wir sagen, über das All walte der Zufall oder die Vernunft? Nur die letztere Antwort scheint dem Protarchos der Anblick von Sonne, Mond und Sternen und des ganzen Kosmos zu erlauben (28 e). Es sind aber dieselben Elemente, die sich im Universum und im menschlichen Leibe finden: Feuer, Wasser, Erde und Luft (29 a). Aber was in uns ist, ist sparsam und schlecht, verglichen damit, wie es sich im Kosmos findet (29 b). So ist z. B. das Feuer in uns schwach und schlecht, verglichen mit dem starken und schönen Feuer am Himmel. Daher kann man nicht anders denken, als daß das Feuer in uns von dem Feuer am Himmel stammt, und nicht umgekehrt. Dasselbe gilt für die anderen Elemente. Das ganze aus den Elementen Bestehende bei uns nennen wir unsern Leib, und entsprechend können wir von einem Leib des Kosmos reden. Unser Leib aber hat eine Seele, und woher sollte er die erhalten haben, wenn nicht auch der große Leib der Welt eine Seele hätte? Und gewiß eine vortrefflichere als wir, entsprechend wie da auch der Leib vortrefflicher ist (30 a). So wird es auch im Ganzen nicht nur Unbegrenztes und Grenzen und Begrenztes geben, sondern auch eine Ursache, die alles geordnet hat und mit Recht Weisheit und Vernunft genannt wird (30 c).

Lust aber wie auch Unlust entstehen in der Gattung des Gemeinsamen, d. h. des Begrenzten. Wenn in einem Lebendigen die Zusammenstimmung aufgelöst wird, dann entsteht eine Auflösung des Wesens (λύσις τῆς φύσεως. 31 d), und zugleich damit entsteht Schmerz. Wenn aber die richtige Fügung und die dem Wesen eigene Natur sich wiederherstellen, dann entsteht Lust. Zum Beispiel der Hunger ist eine solche Auflösung und ein Schmerz, das Essen aber als die Auffüllung ist Lust. Im Frost ist die widernatürliche Erstarrung der Feuchtigkeit Schmerz, wenn aber der naturangemessene Zustand sich wieder herstellt, so ist das Lust. Verderbnis der aus dem Unbegrenzten und Begrenzten zusammengesetzten Natur ist also Schmerz, die Rückkehr aber in ihr Sein ist Lust (32 b). Jedenfalls ist das eine Art von Lust und Unlust. Es ist aber nicht die einzige, denn es ist auch schon die Erwartung solcher Gefühle selbst lustvoll oder schmerzlich (32 c). Die Vorfreude ist auch schon Freude und die Erwartung eines Schmerzes selbst schon schmerzlich. Diese Art von Lust und Unlust entsteht ganz ohne Mitwirkung des Leibes allein durch die Erwartung der Seele. Gerade an diesen Erwartungslüsten und -schmerzen muß sich nun nach der Vermutung des Gastes zeigen, ob alle Lust gut ist, oder ob sie vielmehr nur manchmal begehrenswert ist, manchmal aber auch nicht (32 d).

Wenn es bei den leiblichen Lüsten und Schmerzen so steht, daß der Schmerz aus einer Störung entsteht und Lust aus der Aufhebung dieser Störung, so folgt, daß, wenn gar keine Störung stattfindet, dann auch weder Lust noch Schmerz empfunden wird (32 e). Es gibt dann außer Lust und Unlust noch einen dritten Zustand, wo wir z. B. weder das Schmerzliche des Hungers noch das Wohlige der eben erfolgten Sättigung fühlen (33 a). Wer die Lebensweise der Erkenntnis gewählt hat, für den ist es vielleicht das beste, wenn er von jenen leiblichen Lüsten und Schmerzen gar nicht berührt wird, wenn er also seinen Leib weder in Lust noch in Schmerz erfährt (33 b).

Die andere Art von Lust und Schmerz, nämlich Vorfreude und Vorschmerz, entstehen aus dem Gedächtnis (33 c), das Gedächtnis aber aus der Wahrnehmung. Die Wahrnehmung entsteht, wenn eine Beeinflussung des Leibes sich nicht im Leibe verliert, sondern bis zur Seele durchdringt, so daß bei der Affektion des Leibes auch sie affiziert wird (34 a). Gedächtnis ist die Bewahrung einer Wahrnehmung. Vom Gedächtnis ist die Erinnerung zu unterscheiden. Sie besteht darin, daß die Seele für sich allein das zurückholt, was sie ursprünglich zusammen mit dem Leibe erfahren hatte (34 b).

Um die Lust und Unlust, welche allein der Seele angehören, richtig erkennen zu können, müssen wir uns klar werden über das Wesen der Begierde. Begierden sind z. B. Hunger und Durst. Sie sind verschiedene Weisen des Leerseins und des Begehrens nach Auffüllung (35 a). Was der durstende Leib begehrt, hat er nicht, doch ist er darauf aus. Im Durst ist also nicht nur die Leere anwesend, sondern auch die Auffüllung, sie ist als fehlende anwesend (35 b). Das aber ist sie nicht für den Leib, sondern für die Seele, und also ist es eigentlich immer die Seele, welche begehrt, und nicht der Leib; sie muß daher ein Gedächtnis haben von einem dem gegenwärtigen Zustande des Mangels entgegengesetzten Zustand (35 c). Weil es so ist, kann es auch vorkommen, daß einer zugleich Lust und Unlust empfindet: er wird von Hunger gepeinigt und zugleich von der Vorfreude auf die in Aussicht stehende Mahlzeit erfüllt. Wenn allerdings gar keine Aussicht besteht, seinen Hunger stillen zu können, so wird eine doppelte Unlust entstehen (36 b).

Hieraus nun möchte Sokrates folgern, daß die Empfindungen der Lust und des Schmerzes wahr und falsch sein können. Das scheint freilich dem Protarchos ganz unglaubwürdig. Lust und Unlust scheinen ihm so wenig wahr und falsch sein zu können, wie Furcht wahr oder falsch sein kann, sondern wahr oder falsch scheinen ihm nur *Meinungen* sein zu können (36 c). Daß eine Lust falsch ist, meint nicht, sie sei nicht vorhanden. Sie ist ebenso wirklich wie das falsche Urteil (37 b). Warum also soll beim Urteilen der Unterschied von wahr und falsch stattfinden können, bei der Lust aber nicht? Das Urteil ist falsch, wenn es das Gemeinte verfehlt. Wenn wir also Lust und Schmerz sich verfehlen sehen würden hinsichtlich dessen, woran sie sich freuen oder worüber sie Schmerz empfinden, dann müßten wir auch sie richtig oder falsch nennen (37 e). Protarchos bezweifelt, ob es so etwas gibt. Sokrates erinnert daran, daß auch aus falschen Urteilen Lust entstehen kann (daß einer sich auf ein Essen freut, das gar nicht kommt), doch Protarchos entgegnet, daß da nicht die Freude, sondern nur das jene Freude hervorrufende Urteil falsch sei (38 a).

Sokrates aber will nachweisen, daß es nicht nur wahre und falsche Urteile, sondern auch wahre und falsche Lust gibt. Er geht dazu aus von einer Analyse der Wahrheit und Falschheit in den Urteilen. Wenn einer etwas aus der Ferne sieht, so fragt er sich vielleicht »Was ist das, was da unter dem Felsen steht?« Er könnte dann vielleicht antworten »ein Mensch«, oder er könnte antworten »ein Schnitzwerk, das einige Hirten gemacht haben.« So wie die erste Antwort entschied, verhielt es sich vielleicht wirklich, und das zweite Urteil war daher falsch (38 d). Das ist die uns schon bekannte Aufklärung der Natur des falschen Urteils: etwas für etwas anderes Halten als für das, was es wirklich ist. Das Urteil kann man aussprechen oder auch stillschweigend denken und für sich behalten. In diesem Fall schreiben wir gewissermaßen Reden in unsere Seele (39 a).

Neben solchem Redenschreiber scheint dem Sokrates noch ein anderer Meister in unserer Seele tätig zu sein, nämlich ein Maler, der dazu passende Bilder in unserer Seele malt, die Gedächtnisbilder (39 b). Die können auch wahr oder falsch sein; die aufbewahrten Eindrücke verschieben sich bekanntlich. Manchmal sieht es an einem Ort, zu dem wir nach langer Zeit zurückkommen, ganz anders aus als auf dem Bild in unserer Seele, und das nicht, weil sich die Gegend verändert hätte, sondern weil sich unser Bild davon verändert hat. Ebenso ist es, wenn wir uns eine anschauliche Vorstellung machen von etwas, was wir noch nicht gesehen haben. Auch solches Bild kann wahr oder falsch sein (39 c). Von dem Künftigen machen wir uns nicht nur irgend welche Bilder und fällen darüber irgend welche Urteile, sondern wir sind an der Zukunft auch immer interessiert, d. h. wir erhoffen da etwas und befürchten anderes (39 e). Hoffnungen können also auch wahr oder trügerisch sein, und Sokrates entscheidet da fromm, daß die Hoffnungen der Guten wahr, die der Schlechten aber falsch sein werden (40 b). Hoffnung aber ist nicht nur Urteil über das Kommende und ein Bild des Kommenden als eines guten, sondern zugleich eine Vorfreude darauf. Wer also sich hoffend auf etwas freut, was nach seiner Meinung kommt, was aber in Wahrheit nicht kommt, der erfreut sich an einer falschen Freude (40 c). Wir pflegen ihm zu sagen: »Du hast dich zu früh gefreut«, und ebenso kann es falsche, weil grundlose Furcht geben, und da Furcht ein Schmerz ist, gibt es auch falschen Schmerz. Daß Freude und Schmerz dabei wirkliche Freude und wirklicher Schmerz bleiben, das wird so wenig geleugnet, wie daß falsche Urteile und Vorstellungen wirkliche Urteile und Vorstellungen bleiben (40 d).

Die falsche Vorfreude und der falsche Schmerz sind also schon eine Art wirklich vorhandener Falschheit von Lust und Unlust. Aber das ist (behauptet Sokrates) nicht die einzige Form der falschen Lust. Die Vorfreude ist nicht nur dann falsch, wenn sie sich auf etwas freut, was gar nicht eintritt, sondern auch dann, wenn sie sich hinsichtlich des Maßes der zu erwartenden Lust täuscht. Wenn etwas freudig Erwartetes wirklich kommt, macht es oft gar nicht so viel Freude, wie die Vorfreude sich ausgemalt hatte. Es kommt zwar alles so wie erwartet, aber die Freude, die das Erwartete bringt, ist kleiner als erwartet (42 b).

Aber es gibt auch dies, daß man sich über etwas freut, was überhaupt nicht erfreulich ist. Es wurde schon erörtert, daß die leiblichen Schmerzen auf einer Störung des leiblichen Zustandes und die entsprechenden Freuden auf seiner Wiederherstellung beruhen (42 d). Daraus folgt, daß, wenn keines von beiden statthat, auch weder Freude noch Schmerz gefühlt wird (42 e). Nun werden freilich die Herakliteer das nicht zugeben, daß es solche Ausgeglichenheit jemals gibt, sondern betonen, daß es immer auf und ab geht. Aber selbst wenn das so ist, werden doch nicht alle solchen Ausschläge von unserer Seele bemerkt, sondern nur die starken. So kann es dann sein, daß keine starken Ausschläge da sind, und also weder Lust noch Schmerz empfunden wird (43 c). Also gibt es drei Lebenszustände, den schmerzhaften, den lustvollen und den, der keines von beiden ist. Und doch pflegt man zu sagen, es sei das Lustvollste, sein ganzes Leben ohne Schmerzen hinzubringen. Hier wird also das keine-Schmerzen-Haben mit Lust identifiziert, obwohl es keines von beiden ist (43 d).

Diese Argumentation ist nicht besonders überzeugend. Wenn den Kranken endlich die Schmerzen verlassen haben, so bedeutet das natürlich noch nicht, daß er jetzt von positiven Lustgefühlen durchströmt ist, wie sie etwa der Genuß einer Lieblingsspeise oder schöne Musik hervorrufen. Trotzdem hat der Kranke doch ganz recht, wenn er sich darüber freut, daß er den Schmerz endlich los ist. Hier bedürfte es genauerer Unterscheidung ganz verschiedener Arten von Lust. Diejenigen Lustgefühle, die nach einer bekannten Vorschrift das Essen der Zuchthäusler nicht hervorrufen soll, sind etwas ganz anderes als die Freude, die der Kranke darüber empfindet, daß es ihm besser geht, oder die ein Patriot bei der Nachricht von einem Siege der vaterländischen Truppen empfindet.

Nun gibt es freilich solche, sagt Sokrates, die behaupten, es gebe gar keine Lust, sondern was man Lust nennt, sei überhaupt nur die Abwesenheit von Unlust (44 c). Das beweisen (meinen sie) unwiderleglich die besonders starken Lüste. Der krankhafte Durst des Fiebernden macht ihm das Trinken zu einem Genuß von einer Größe, wie er bei Gesunden gar nicht vorkommt (45 b). Daraus folgt zwar keineswegs, daß die Lust nur das Fehlen des Schmerzes sei, und nicht einmal, sie sei das Bewußtsein des fehlenden Schmerzes, denn es ist ja in diesem Falle (oder auch, wenn der sich kratzt, den es juckt) in der Tat ein positives Wohlgefühl vorhanden; wohl aber gilt, daß hier Freude und Schmerz unlösbar aneinander gekettet sind (46 a). So sind die heftigsten Lüste nicht bei den Mäßigen, sondern bei den Ausschweifenden. Eine gewisse Korruption von Leib und Seele steigert also die Lustmöglichkeit, freilich auch die Möglichkeit des Schmerzes. Und immer beruht die gesteigerte Lust auf einem darin sich aufhebenden Schmerz.

Hier ist also überall keine reine Lust, sondern eine mit Schmerz gemischte Lust. Solche gemischte Lust gibt es teils rein leiblicher Art, teils rein seelischer Art, teils auch so, daß Lust und Unlust von Leib und Seele sich mischen, und da wird dies Gemischte dann bald Lust, bald Schmerz genannt (46 c). Ein Beispiel der leiblichen Mischung ist das angeführte, daß einer daran leidet, daß es ihn juckt, und zugleich das Wohlgefühl genießt, welches das sich Kratzen auslöst. Eine Mischung des Leiblichen und Seelischen liegt da vor, wo einer Durst leidet und die Vorfreude auf den labenden kühlen Trunk genießt. Bleibt noch die rein seelische Mischung von Lust und Unlust. Zorn, Furcht, Trauer, Liebespein, Eifersucht, Neid und dergleichen sind rein seelische Schmerzen. Und doch sind sie zugleich unsäglicher Lust voll, wofür Ilias 18, 108 ff. zitiert wird: »Und der Zorn, der selbst auch den Weiseren pflegt zu erbittern, der weit süßer zuerst wie sanfteingleitender Honig, bald in der Männerbrust aufwächst wie dampfendes Feuer.« (Voss 47 e f.)

Es folgt das wichtige Beispiel des Kunstgenusses. Sokrates erinnert daran, daß die Tragödienbesucher sich ergötzen und zugleich weinen. Dabei ist die von ihnen empfundene Trauer über den Untergang des Helden nicht etwas, was ihre Freude am Theater einschränkt, sondern im Gegenteil, ihr Ergötzen wird dadurch allererst ermöglicht, und die Freude an einer Tragödie käme ohne die Trauer am Untergang des Helden gar nicht zustande (48 a). Das ist leicht einzusehen; weniger leicht einsichtig erscheint aber dem Protarchos die Behauptung des Sokrates, bei der Komödie verhalte es sich gerade so, denn hier scheint es sich auf den ersten Blick doch gerade um ein reines, in keiner Weise mit Schmerz gemischtes Vergnügen zu handeln. Aber Sokrates erinnert mit Recht daran, daß der Neid ein Schmerz ist, und daß der Neider sich über die Übel freut, die den Beneideten treffen, er empfindet Schadenfreude (48 b). Ein solches Übel aber ist z. B. Unwissenheit und Beschränktheit. Wenn wir das bedenken, wird klar, worin die Natur des Lächerlichen besteht. Die Lächerlichkeit ist nämlich die Schlechtigkeit desjenigen Zustandes, der das Gegenteil ist von dem Delphischen »Erkenne dich selbst«. Der Lächerliche verkennt sich selbst. Diese Selbstverkennung hat mehrere Arten. Sie kann bestehen hinsichtlich des Vermögens: daß sich einer für reicher hält, als er ist, oder hinsichtlich des Leibes: daß sich einer für größer oder schöner oder stärker hält, als er ist, oder hinsichtlich der Seele: daß sich in dieser Hinsicht einer für besser hält, als er ist, und da insbesondere hinsichtlich der Weisheit, daß sich einer für klüger und weiser hält, als er ist (48 e). In jedem dieser Fälle ist noch der Unterschied wichtig, ob diejenigen, die in solcher Selbstverkennung leben, mächtig oder ohnmächtig sind. Die Selbstverkennung der Mächtigen ist gefährlich und unheimlich, aber die Selbstverkennung der Ohnmächtigen ist lächerlich (49 b). Dies Lächerliche ist der eigentümliche Gegenstand der Komödie. Inwiefern ist nun in ihrem Genuß eine Mischung von Lust und Unlust? Diese Lust ist Schadenfreude, diese aber beruht auf Neid, Neid aber ist ein Schmerz, und also ist auch die Lust an der Komödie wie die an der Tragödie eine nicht nur mit Schmerz gemischte, sondern auch beide Male eine erst durch Schmerz ermöglichte Lust. Und das gilt nicht nur für die Bühne, sondern für die gesamte Tragödie und Komödie des Lebens (50 b).

Es läge nun nahe, daraus zu folgern, daß der Mensch also die reine Lust und das Aufhören aller Schmerzen gar nicht wollen könne, da er sich dadurch gerade auch aller bedeutenden Freuden berauben würde. Aber das ist keineswegs die Folgerung, die Plato zieht. Vielmehr ist in seinen Augen diese Mischung der Lust mit Unlust und ihre Gründung auf Schmerz ein Einwand gegen solche Lust, und er geht dazu über, aufzuzeigen, daß es auch reine Lust, also nicht mit Schmerz gemischte und nicht durch Schmerz begründete Lust gibt. Diese Art von Lust wird er als die allein gute auszeichnen (51 ff.).

Die Verurteilung der Kunst als einer für das Leben gefährlichen und bedenklichen Sache ist uns schon früher, insbesondere beim Studium der »Politeia«, begegnet. Hier wird das Mißtrauen gegen die Kunst aufs neue begründet. Die Gefahr für das wahre Leben, die uns aus der Lust kommt, ist ihre Maßlosigkeit. Diese Maßlosigkeit gefährdet die für das wahre Leben erforderliche Besonnenheit. Daß die Maßlosigkeit der Freuden, die aus Hunger, Durst und Geschlechtstrieb entspringen, die Besonnenheit des Geistes gefährden, und daß sie daher weitgehend zu meiden sind, das war keine neue Entdeckung Platos. Das hatte man auch sonst schon gehört. Aber Platos neue Lehre war, daß solche Gefahr auch aus dem Kunstgenuß entspringen kann. Die Kunst ist gefährlich. Plato ist nicht der letzte, der das gelehrt hat. Hören wir, was ein Neuerer dazu sagt:

»Was ist die Musik? Was bewirkt sie? Und warum wirkt sie so, wie sie wirkt? Man sagt, die Musik wirkt erhebend auf die Seele. Das ist nicht wahr, das ist Unsinn. Sie wirkt, sie wirkt furchtbar, ich rede aus eigener Erfahrung, aber keineswegs erhebend. Sie erhebt die Seele nicht, sie zerrt sie herab, sie stachelt sie auf. Wie soll ich das ausdrücken? Die Musik zwingt mich, mich selbst, meine wahre Lage zu vergessen, sie bringt mich in eine andere, mir freundliche Lage, unter der Einwirkung der Musik scheint es mir, als fühlte ich etwas, was ich eigentlich gar nicht fühle, als verstünde ich, was ich nicht verstehe, als könnte ich, was ich nicht kann.« Der das geschrieben hat, war als Künstler von nicht geringerem Rang als Plato, es ist Leo Tolstoi. Die Sätze stehen in seiner »Kreutzersonate«. Die Gefährlichkeit der Kunst entspringt nach ihm daraus, daß sie zu einer selbständigen Macht geworden ist. Er sagt weiter: »Gut, man spielt einen Militärmarsch, die Soldaten marschieren dazu; wenn sie am Ziel sind, ist die Musik zu Ende. Man spielt einen Reigentanz, ich tanze mit den anderen, mit dem Tanz hört auch die Musik auf. Man singt eine Messe, ich empfange das Abendmahl und die Musik ist aus. Sonst aber gibt sie nur den Reiz, das aber, was man auf diesen Reiz hin tun soll, zeigt sie nicht. Und darum wirkt die Musik mitunter so furchtbar, so entsetzlich. In China ist die Musik eine staatliche Angelegenheit, und so muß es auch sein.«

So Tolstoi. Es ist unwahrscheinlich, daß er die platonische Kunstkritik kennt. Um so erstaunlicher ist die Übereinstimmung. Das ist alles, wie aus Platos Munde gesagt. Die Kunst war in Griechenland keine Gefahr, so lange sie einbehalten blieb in die festen Ordnungen der altgriechischen Welt, die göttlichen Satzungen, unter denen die Menschen stehen. Da war in Tolstois Sinne die Kunst eine staatliche Angelegenheit. Aber die aufklärerische Sophistik hatte die mythische Welt zerstört und den Menschen so gestellt, daß er einen Halt nur aus der besonnenen Kraft seines Geistes gewinnen konnte, der den Aufstieg aus der sinnlichen Welt zu den Ideen ermöglicht. Diese Besonnenheit wird durch die ungezügelte Kunst aufs äußerste gefährdet. Es bedarf daher einer Einschränkung der Freude an der Kunst, wie es der Einschränkung der Lust überhaupt bedarf. Ungefährlich sind eigentlich nur die reinen Freuden, d. h. die mit Schmerz ungemischten und nicht auf Schmerz aufgebauten. Daß es sie gibt und welche es sind, wird jetzt erörtert (51 a ff.).

Sokrates opponiert gegen die Lehre derjenigen, die da meinen, alle Lust beruhe auf der Aufhebung von Unlust. Daß es in vielen Fällen so ist, daß Lust aus Unlust entspringt und sie voraussetzt, wurde zwar zugestanden, aber gerade dazu benutzt, diese Art von Lust als unwahre Lust zu verwerfen. Daß aber alle Lust von dieser Art sei, bestreitet Sokrates, es gibt auch wahre, weil reine Lust. Es ist die an schönen Farben und Gestalten und die meisten, die von Gerüchen herrühren und Tönen, und alles, was nach einem unmerklichen und schmerzlosen Bedürfnis uns eine merkliche und angenehme Befriedigung gewährt, die rein von Schmerz ist (51 b). Bei der Schönheit der Gestalt denkt Sokrates nicht etwa an schöne Leiber oder Gemälde, sondern an die Schönheit einfacher geometrischer Figuren, des Geraden und des Kreisförmigen und der Körper, die durch Rotation einer Figur um eine Achse entstehen, und von allem, was durch Richtschnur und Winkelmaß bestimmt ist. All solches ist nicht beziehungsweise (πρός τι) schön, sondern an und für sich (καθ' αὑτά 51 c). Solches gewährt eine eigentümliche Freude, der nichts von Kitzel (κνῆσις 51 d), von Reiz und Rührung der Sinne (wie Kant es nennt) beigemessen ist. Solchen reinen Genuß können auch Farben gewähren und gewisse sanfte und helle Töne.

Auch Kant lehrt, daß das Wohlgefallen am Schönen mit Reiz und Rührung der Sinne nichts zu tun hat, sondern auf dem Wohlgefallen an der Form beruht. Er unterscheidet die reine von der anhängenden Schönheit. Die reine Schönheit ist die von Formen, die nichts bedeuten. Er führt Tapetenmuster als Beispiel an, aber wem fällt heute nicht bei dem, was Plato und Kant hier sagen, die abstrakte Kunst ein? Wenn man aber Plato zum Kronzeugen für die abstrakte Kunst machen will, so muß man sich dessen bewußt bleiben, was man dafür bezahlen muß, nämlich die Verurteilung der ganzen Tragödie und Komödie. Wenn wir das Gesagte als ein Rühmen der abstrakten Kunst auffassen wollen, dann müssen wir bedenken, warum die abstrakte Kunst von Plato gerühmt wird: weil die Freude an ihr ungefährlich ist für die Tugend.

Aber Plato schränkt den Bereich dieser Freuden nicht auf das Ästhetische im modernen Sinne ein. Zu diesen reinen Freuden gehört nach ihm auch die Freude an den Kenntnissen, denn diese entspringt nicht aus der Stimmung eines vorangegangenen Hungers nach Kenntnissen, und das Wissenwollen ist nach Plato nicht wie der leibliche Hunger ein Schmerz (52 a).

Ob das wahr ist, ist eine andere Frage. Man könnte sich hier an das Wort Kants erinnern: es genügt nicht, daß das, was einer lehrt, wahr ist, es muß auch das sein, was man eigentlich wissen wollte. Freilich gibt es die Freude des Gelehrten, einen Fund gemacht zu haben, eine Wahrheit entdeckt zu haben, auch wenn es eine Wahrheit ist, die eigentlich niemand interessiert, aber das ist vielleicht gar nicht die Freude an diesem Wissen, sondern daran, sich vor den anderen als ein Entdecker hervorzutun. Wenn es so ist, beruht diese Freude auf dem sich auszeichnen Wollen, also, griechisch verstanden, auf dem Neid, der ein Schmerz ist. Wenn aber das Gefundene wirklich etwas ist, was man eigentlich wissen wollte, dann haben wir unter der besonderen Unwissenheit, die jetzt aufgehoben wurde, gelitten, und auch dann beruht die Freude auf einem zugrundeliegenden Schmerz.

Plato beruft sich auch darauf, daß das Vergessen keinen Schmerz bereitet, anders als die Aufhebung der Sättigung, die sogleich den Schmerz des Hungers hervorruft. Protarchos meint freilich, daß es einen doch schmerzen könne, etwas vergessen zu haben, wenn man den dadurch entstandenen Zustand mit dem vorigen vergleicht, aber von solcher vergleichenden Reflexion soll nach Sokrates abstrahiert werden (52 b). Auch dagegen läßt sich etwas einwenden. Denn wenn es ein Wissen war, was man wirklich hat haben wollen, dann wird einem das Fehlen desselben auch dann empfindlich, wenn man nicht vergleicht, sondern nur des gegenwärtigen Zustandes sich bewußt ist.

Das Wesen der gemischten Lust ist die Maßlosigkeit (ἀμετρία), sie ist durch den Schmerz, der sie fundiert, der Steigerung ins Unermeßliche fähig; das Wesen der reinen Freude aber ist Maßhaftigkeit (ἐμμετρία), sie hat von vornherein ihr Maß, und da dieses nur vom Anblick des Erfreulichen abhängt und von sonst nichts, kann es sich auch nicht ändern. Nur die gemischten Freuden gehören also zur Gattung des Grenzenlosen, die reinen aber zur Gattung des Begrenzten. Welches von beiden (so wird nun gefragt) hat einen Bezug zur Wahrheit (ἀλήθεια 52 d), das Reine oder das Starke? Das aber wird nicht so verstanden (wie man wohl erwarten könnte), daß die reine Freude die wahre ist, weil sie das wahrhaft Erfreuliche als erfreulich offenbart, während die gemischte unwahr ist, weil sie etwas als erfreulich offenbaren kann, was in Wahrheit gar nicht erfreulich ist, — sondern das Wahre ist hier die Entsprechung zum Wesen. Es wird an einem Beispiel deutlich gemacht: wahres Weiß ist nicht möglichst viel Weiß, sondern reines Weiß, auch wenn es wenig ist, Weiß, was mit keiner anderen Farbe gemischt ist (53 a). Entsprechend ist wahre Freude reine Freude, weil sie nicht mit Nicht-Freude, nämlich Schmerz, gemischt ist (53 c).

Auch hier darf man ein Fragezeichen machen. Ist es denn so, daß wir den Schmerz, der die Freude an der Tragödie begründet, als eine Verunreinigung dieser Freude auffassen müssen oder auch nur dürfen? Die Freude an der Tragödie wird doch, um einen angemessenen Vergleich beizuziehen, durch den Schmerz, auf den sie sich gründet, so wenig verunreinigt, wie eine Bildsäule durch den Sockel verunreinigt wird, auf dem sie steht.

Jetzt folgt (53 c bis 55 c) eine Betrachtung, die so argumentiert: Alle Lust ist Werden, Werden ist aber immer um willen eines Seins; das aber, worumwillen etwas ist, ist das Gute; also ist die Lust nicht das Gute. Das ist eine Argumentation, die in ihrer Radikalität und Simplizität in merkwürdigem Gegensatz steht zu den diffizilen Untersuchungen, die vorangegangen sind. Es ist wie vergessen, daß schon zu Anfang der Lust grundsätzlich ein Platz im guten Leben gewährt worden war, und daß die Frage nur noch die sein konnte, welche Lust zuzulassen war; diese Frage war inzwischen beantwortet worden mit der These: nur gemischte Lust ist schlecht, reine Lust ist gut. Daß Plato auf dem kunstvollen Höhepunkt seiner Lustanalyse so grob aus der Rolle fällt, scheint sehr unwahrscheinlich. Wir ehren Plato, wenn wir hier streichen. Und wenn wir streichen, so schließt sich 55 c nicht nur ebenso gut, sondern sogar besser an. Denn es wird nun zu der Untersuchung des 2. Bestandteils des wahren Lebens übergegangen und erklärt, auch hier müsse man, genau wie dort, die verschiedenen Arten dieser Gattung betrachten. Es wird also ausdrücklich Bezug genommen auf diejenige Untersuchung der Lust, die ihre Arten unterscheidet, die darauf folgende summarische Beweisführung aber als nicht vorhanden betrachtet. Auch die Erkenntnisse müssen also wie die Arten der Lust untersucht werden hinsichtlich ihrer Reinheit.

Während die Darstellung der Lust eine Originaluntersuchung ist, etwas, was wir nirgends vorher bei Plato finden, ist die Darstellung der Erkenntnis mehr eine Erinnerung an Bekanntes und schon in früheren Dialogen Erörtertes. Die Prüfung bedient sich wieder der Form der Einteilung (διαίρεσις). Das Wissen ist teils herstellend, teils bildend (περὶ παιδείαν 55 d). Prüfen wir zunächst das erstere, ob da vielleicht ein Teil mehr Wissen hat als ein anderer, so daß wir einige Weisen davon für reiner erklären müssen als andere. Wenn man davon diejenigen Wissenschaften absondert, die alle diese werktätigen Wissensweisen beherrschen, nämlich die Künste des Rechnens, des Messens, des Wägens, bleibt von den werktätigen Wissensweisen nicht eben viel übrig. Was bleibt, ist Stochastik (55 e), d. h. ein geschicktes Erraten, das eingeübt werden kann. Davon sind die Musik, die Medizin, die Agrikultur, die Nautik und die Strategie voll. Die Baukunst ragt hervor, weil sie sich der meisten Maße und Werkzeuge bedient wie Zirkel, Lineal und anderer (56 b). Der Vorrang der Baukunst vor der Musik besteht darin, daß in der Baukunst exakte Messung erfolgt, während man sich in der Musik auf das Gehör verlassen muß. Die Baukunst ist exakter als die Musik, aber noch exakter ist die Arithmetik (56 c). Die allergenaueste Messung aber kann nur ermitteln, daß etwas ziemlich genau einen Meter lang ist, niemals, daß es ganz genau einen Meter lang ist.

Die Rechenkunst muß man noch einmal teilen, nämlich in die populäre und die wissenschaftliche oder, wie sie hier genannt wird, philosophische (56 d). Die einen zählen Ochsen oder Pferde, Steine oder Hölzer, immer Stücke, die genau betrachtet alle voneinander verschieden sind, die reinen Mathematiker aber betrachten nur Einheiten, die sich in keiner Weise voneinander unterscheiden, lauter reine Einsen (56 e). Die mehr technische und die rein wissenschaftliche Mathematik müssen also als zwei Arten des Wissens angesehen werden, und die wissenschaftliche Rechenkunst ist die bei weitem genauere. Aber sie hat dennoch nicht den höchsten Rang.

Das Vermögen des sich Unterredens, des dialektischen Gesprächs würde uns (sagt Sokrates) verleugnen, wenn wir irgend etwas anderes vorzögen (57 e). Es betrachtet das, was ist (τὸ ὄν) und was seienderweise (ὄντως) ist und sich immer auf dieselbe Weise verhält, und dieses Wissen wird jeder, der auch nur ein bißchen Verstand (νοῦς) hat, für die wahrste Einsicht halten (58 a). Protarchos freilich hat von Gorgias gehört, die Krone gebühre der Kunst der Rhetorik, der Kunst der Überredung. Die vermöge, sich alles untertänig zu machen, und zwar freiwillig und ohne Gewalt (58 b). Aber Sokrates belehrt ihn, daß nicht dies die Frage sei, welche Wissenschaft die stärkste oder die für uns nützlichste sei, sondern welche das Deutlichste, das Genaueste und das Wahrste betrachtet, auch wenn es nur gering ist und nur geringen Nutzen bringt (58 c). So braucht der

Vorrang, den Gorgias der Rhetorik zuspricht, gar nicht bestritten zu werden, wenn nur unabhängig davon die ganz andere Frage gestellt werden darf, welche Weise des Wissens am meisten dem in unserer Natur angelegten Vermögen, das Wahre zu lieben und um seinetwegen alles zu tun, entspricht (58 d). Hierin wird offenbar die Dialektik von keiner anderen Weise des Wissens übertroffen (58 e). Sokrates erinnert daran, daß die meisten Künste sich in der Doxa bewegen, in der Meinung (die hier wie in früheren platonischen Dialogen dem strengen Wissen entgegengesetzt wird), und sich auf diese Welt (τὸν κόσμον τόνδε 59 a) beziehen, wie sie geworden ist und was sie tut und leidet, also nicht auf das immer Seiende, sondern auf das, was geworden ist, wird und werden wird. Hiervon kann aber nichts in der Weise der genauesten Wahrheit deutlich werden, die sich nur auf das sich gleich Bleibende beziehen kann (59 b).

Exaktes Wissen gibt es nur von dem, was der Veränderung entzogen ist. Für das Vergängliche bleibt nichts als die mehr oder minder wohlbegründete Vermutung. Daß es so ist, müssen wir auch heute noch zugestehen, aber wir würden hinzufügen, daß das exakte Wissen über das Unveränderliche keinen anderen Wert hat als den, in den Dienst jener Vermutungen gestellt zu werden, die allein etwas über die wirkliche Welt offenbaren, während jenes exakte Wissen dessen, was immer so ist, wie es ist (z. B. über die Zahlen), für sich allein genommen und ohne Bezug auf diese Welt des Werdens, ein leeres Gedankenspiel bliebe und nicht das ist, wofür es Plato hält: ein Einblick in die eigentlich wahre Welt, die übersinnliche Welt der Ideen, von der diese Welt nur ein schlechtes Abbild ist. Hier ist wieder der Punkt, der das Staunen und den Antiplatonismus Nietzsches ausgelöst hat: wie konnte nur Plato, vielleicht durch Sokrates verführt, die Dinge so auf den Kopf stellen, und das, was nur ein Mittel war, diese Welt zu verstehen, zur wahren Welt aufsteigern und dafür diese Welt, die einzige, die es gibt, herabsetzen zu einer bloß scheinbaren Welt, zur Sphäre des Scheins?

Das Feste und das Reine, das Wahre und das Lautere gibt es für Plato nur bei dem, was immer ist und sich immer auf dieselbe Weise verhält, und bei dem mit ihm Verwandten; alles andere ist demgegenüber zweitrangig. Das Verhalten und die Weise des Wissens, die sich darauf bezieht, verdient die schönste Benennung, und so heiße nun dies Vernunft (νοῦς) und Einsicht (φρόνησις. 59 d). Die aber waren es, die zu Anfang des Gesprächs in den Wettstreit traten mit der Lust. Die Entscheidung fiel für ein gemischtes Leben. Keines der beiden Elemente schien ganz entbehrlich. Aber jetzt haben wir beide genauer untersucht, die Gattungen sind in Arten zerlegt, und das Besondere der einzelnen Arten ist herausgestellt worden. Jetzt steht zwar fest, daß beides sein muß, Lust und Erkenntnis, aber zu fragen ist jetzt, welche Lust und welche Erkenntnis sollen in die Mischung eingehen, damit das Leben möglichst gut wird? Das Verfahren, das dazu eingeschlagen wird, besteht darin, daß zuerst die wahrsten Abschnitte der beiden Gattungen in die Mischung hineingegeben werden, daß die Mischung dann betrachtet wird, ob sie wohl schon zureicht, um das wünschenswerteste Leben zu bereiten, oder ob noch von dem übrigen etwas hinzugetan werden muß (61 e).

Wenn jemand wohlausgestattet mit Ideenwissen ist, so kann er doch damit allein nicht leben. Die Idee des Kreises genügt nicht, er braucht auch eine Vertrautheit mit den wenn auch unvollkommen wahrnehmbaren Kreisen dieser Welt, sonst könnte er z. B. keine Häuser bauen, auf die der in dieser Welt lebende Mensch angewiesen ist. Ohne das unreine Wissen könnten wir (wie Protarchos bemerkt) nicht einmal den Weg nach Hause finden (62 b). Plato geht nicht so weit zu sagen, daß, die Erkenntnis dieser Welt zu ermöglichen, der einzige Zweck der Erkenntnis der Ideenwelt sei. Die bleibt für ihn Selbstzweck und ihre Betrachtung das Verhältnis zum eigentlich Wahren, aber ein Erkennen des Hiesigen muß hinzukommen, sonst ist der Mensch nicht existenzfähig. So werden denn kurzerhand alle Erkenntnisse überhaupt zugelassen, wenn einige davon auch vielleicht nichts nützen; schaden (so wird gemeint) kann das Wissen auf keinen Fall (62 d).

Die Modernen sind da skeptischer geworden und nicht nur in der Hinsicht, daß sie mit Schrecken Atombomben und andere Werke betrachten, welche das Wissen hervorbringt, sondern auch abgesehen von dem Effekt fragen sie, ob es ohne Schaden der Seele möglich sei, das Wissen beliebig auszudehnen, ob nicht auch das Wissen als solches schaden könne, so daß es besser sei, manches nicht zu wissen.

Auch von den Lüsten werden zunächst die wahren eingelassen, also die reinen Freuden, die nicht auf dem Nährboden des Schmerzes erwachsen sind (62 e). Aber auch das wird nicht genügen, auch von den anderen werden wir noch etwas zulassen müssen. Ganz läßt sich offenbar die Lust des Hungrigen am Essen nicht ausmerzen (63 a). Aber wo ist die Grenze? Sollen endlich, wie alle Erkenntnisse, auch alle Arten der Lust zugelassen werden? Wie soll das entschieden werden? So (antwortet Sokrates), daß wir Lust und Erkenntnis selbst befragen, wie sie miteinander zusammenleben wollen (63a).

Zuerst wird die Frage an die Lüste gestellt: Wollt ihr lieber mit der Erkenntnis zusammen wohnen oder lieber ohne sie leben? Da werden sie notwendig antworten, daß sie selbst als Lüste daran interessiert seien, erkannt zu werden, um recht zum Bewußtsein zu kommen (63c). Die Erkenntnis dagegen würde ebenso gefragt antworten, daß sie zwar gegen die reinen und milden Lüste nichts hätte, daß die wilden und starken gemischten Lüste ihr aber durchaus unwillkommen seien, weil sie in der Seele Verwirrung erzeugen und Erkenntnis nicht aufkommen lassen. Die reinen Lüste wird sie als etwas mit sich selbst Verwandtes erkennen, sie haben ja in sich selbst eine Grenze, während von den anderen nur das von der Erkenntnis zugelassen werden kann, was so gebändigt und gemäßigt ist, daß von ihm keine Gefahr mehr für die Erkenntnis ausgeht (63d f.).

Zweifellos ist es eine einsichtige Forderung, daß im Leben nur soviel Lust und nur solche Lust zugelassen werden soll, daß nicht die Vernunft davon hinweggespült wird. Dem könnten sogar die Vertreter der Lehre, daß es zuletzt doch auf die erreichte Lust ankomme, im Ergebnis weitgehend zustimmen und haben das auch getan. Wenn es sich nicht darum handelt, die stärksten Lüste zu erleben, sondern in der gesamten Lustbilanz möglichst gut wegzukommen, auch dann empfiehlt sich das Maß und die Vermeidung der Ausschweifungen.

Den ersten Preis im Streit um die Lebensweisen erhält also das Leben, das in solcher Weise Erkenntnis und Lust mischt, daß dem Menschen nicht die Lust fehlt, die zu seinem Leben unentbehrlich ist, daß aber alle Lust ausgeschlossen wird, die seine Erkenntnis stören könnte.

Wie aber steht es mit dem zweiten Preis? Wer trägt mehr zu diesem besten Leben bei, die Lust oder die Erkenntnis? Um diese Frage zu entscheiden, fragt Sokrates: Worauf beruht die Güte der hervorgebrachten Mischung von Erkenntnissen und Lüsten (64c)? Als erster Grund wird das rechte Maß angegeben. Das aber bedeutet nach der Meinung des Sokrates, daß uns jetzt die Macht (δύναμις) des Guten in den Wuchs (φύσις) des Schönen entflohen ist. Die Schönheit beruht auf dem Maß. Auch die Wahrheit (so erinnert Sokrates 64e) war der Mischung beigemischt worden. In der Tat hatte er, nachdem er die gute Mischung aus Erkenntnis und Lüsten beschrieben hatte, hinzugefügt: »Wem wir nicht Wahrheit beimischen, das kann doch nicht wahrhaft werden und als Gewordenes wahrhaft sein« (64 b). Das wird nicht weiter erläutert, obwohl klar ist, daß diese Wahrheit nicht in gleicher Weise Element der Mischung sein kann wie Erkenntnisse und Lüste. Daß die Mischung wahr ist, kann nichts anderes meinen als dies, daß sie richtig ist, d. h. so ist, wie sie sein muß, um gut zu sein.

Dann heißt es: »Wenn wir das Gute also nicht in einer Gestalt fangen können, so werden wir es mit dieser Dreiheit fassen, der Schönheit, der Maßgerechtigkeit und der Wahrheit, und wollen diese drei in ihrer Einheit als die Ursache (αἰτία) des Gutseins der Mischung in Anspruch nehmen« (65 a).

Jetzt kann die Frage gestellt werden, was diesem Höchsten näher verwandt ist, die Erkenntnis oder die Lust. Daß der Wahrheit die Erkenntnis näher verwandt ist als die Lust, liegt auf der Hand. Scheint doch die Vernunft entweder ganz dasselbe zu sein wie die Wahrheit oder doch das ihr Verwandteste und Wahrste (65 d). Auch maßgerechter ist ohne Zweifel die Erkenntnis, da die Lust sich in ihrem Eigenwesen gerade als das Maßlose gezeigt hatte. Auch der Schönheit ist die Einsicht verwandter als die Lust, denn die Einsicht ist immer schön, was aber die von großen Lüsten Umgetriebenen tun, ist nur zu oft etwas, was wegen seiner Häßlichkeit das Licht scheuen muß (66 a).

So ergibt sich folgende Rangordnung: Was uns in erster Linie das gute Leben bereitet, ist das Maß, das zweite ist das Schöne, das dritte (man würde erwarten: die Wahrheit, aber statt dessen heißt es 66 b) Vernunft und Einsicht. Aber diese Vernunft, die so mit der Wahrheit identifiziert wird, wird unterschieden von der Erkenntnis in unserer Seele, die jetzt mit dem Namen Wissen (ἐπιστήμη), Kunst (τέχνη) und richtiges Urteil (ὀρθὴ δόξα) genannt wird und den vierten Rang einnimmt, während sich die Lust mit dem fünften und letzten begnügen muß (66 c).

Plato kommt am Ende des Gesprächs nicht mehr auf die Lehre von den vier Ursachen zurück. Wir aber können und müssen es tun und sagen: Die Dreieinigkeit von Maß, Schönheit und Wahrheit ist ihrem Wesen nach Grenze (πέρας), d. h. Idee. Die Mischung und die Teile in ihr sind Begrenztes (πεπερασμένα), aber die Erkenntnis hat einen zweifachen Vorrang vor der Lust. Sie muß nicht erst, wie die Lust, zu einem Begrenzten gemacht werden, sondern ist schon von Haus aus ein solches. Zugleich aber ist sie die Ursache (αἰτία), die im Blick auf die Grenze (πέρας = ἰδέα) die Lust und die ganze Mischung zu einem guten Begrenzten macht.

Damit ist der Streit entschieden. Nicht die Tiere haben recht, die uns durch ihr Leben lehren wollen, die Lust sei das Höchste, sondern die Philosophen (die Anti-Tiere), die da weissagen, die Erkenntnis sei mehr wert als die Lust (67 b).

23. TIMAIOS

Seit dem »Sophistes« konnte Plato nicht mehr sagen: Der Bereich der Ideen ist der Bereich des Seins, der Bereich des Werdens ist der Bereich des Nichtseins, oder doch der des mit dem Nichtsein Gemischten. Denn inzwischen war herausgestellt worden, daß, unbeschadet der bestehenbleibenden Kluft zwischen dem Sinnlichen und dem Intelligiblen, das Seiende beider Gebiete Seiendes und Nichtseiendes zugleich ist. Die Negativität gehört auch der intelligiblen Welt an, aber umgekehrt hat auch die sinnliche Welt Anspruch darauf, als seiend anerkannt zu werden. Was darüber gewußt werden kann, bleibt zwar wohlbegründete Vermutung (Plato nennt das Mythos), die nicht zu einer apodiktischen Feststellung werden kann. Aber es ist doch sinnvoll und notwendig, hierüber eine Doxa, eine Ansicht zu entwickeln.

So kann Plato die Versuche der alten »Physiker« wieder aufnehmen und eine Lehre über die sinnliche Welt entwerfen. Doch indem er die Versuche der Alten wiederholt, verwandelt er sie zugleich. Was er entwirft, ist die erste Naturphilosophie, die jemals versucht worden ist. Was die Alten versuchten, war keine Naturphilosophie, sondern archaische Naturwissenschaft. Sie versuchten, die Erscheinungen, die die Erfahrung ihnen zeigte, zu erklären: die Verwandlung der Stoffe ineinander, die Bewegungen der Himmelskörper, die Mondphasen, die Entstehung der Lebewesen usw. Gewiß waren sie alle sehr spekulativ, d. h. von einigen wenigen Beobachtungen ausgehend, machten sie schnell den Übergang zu kühnen Vermutungen über das, was man da wohl zur Erklärung annehmen könnte, und sie dachten nicht daran, ihre Vermutungen durch Experimente zu prüfen. Dennoch war das, was sie da ansetzten an Elementen, Kräften usw. motiviert durch die Erscheinungen, die sie beobachtet hatten. Das wird bei Plato insofern anders, als für ihn, wenn er die Physik anfängt, die Metaphysik schon steht. Es steht für ihn fest, daß es die intelligible Welt der Ideen gibt, was sie ist und wie sie sich zur sinnlichen Welt verhält, daß nämlich die sinnliche Welt ein hinter dem Urbild zurückbleibendes Abbild der intelligiblen Welt sein muß.

Der Dialog »Timaios« führt ein Gespräch vor, das am Tage nach dem großen Gespräch über den Staat zwischen Sokrates, Timaios, Kritias und Hermokrates (die alle auch bei dem ersten Gespräch dabei waren) geführt worden ist. Sokrates äußert den Wunsch, den im Zustand der Ruhe geschilderten idealen Staat nun auch im Zustande der Bewegung, im Kriege, zu sehen (20 b). Kritias berichtet aus alter ägyptischer Überlieferung, vor neuntausend Jahren habe es in Athen schon einmal einen dem gezeichneten ähnlichen Idealstaat wirklich gegeben. Dieses Urathen sei eines Tages in einen großen Krieg mit der Atlantis verwickelt worden, einer Insel vor den Säulen des Herkules, die inzwischen vom Meere verschlungen worden sei. Von diesem Krieg will er berichten (21 e ff.).

Der Vortrag des Kritias sollte den Hauptinhalt des nach ihm benannten Dialoges bilden, von dem Plato aber nur den Anfang ausgeführt hat. Das Fragment ist interessant durch die darin gegebene Schilderung der Atlantis. Da der Dialog aber keine philosophische Bedeutung hat, werden wir nicht auf ihn zurückkommen.

In unserm Dialog schlägt Kritias vor, zunächst solle Timaios reden, den Sokrates zu Anfang des Gesprächs gerühmt hatte, in der gesamten Philosophie das Höchste erreicht zu haben. Timaios ist ein Pythagoreer aus Lokri in Unteritalien. Er als der Sternkundigste unter ihnen, dessen Hauptanliegen es sei, zum Wissen über die Natur des Alls zu gelangen, soll zuerst über die Entstehung der Welt sprechen und mit der Natur des Menschen abschließen (27 a). Nur einmal noch nimmt Sokrates das Wort zu einer kurzen Zwischenbemerkung, sonst spricht Timaios allein und entwickelt seine (in Wahrheit Platos) Kosmologie.

Timaios beginnt mit der Unterscheidung zwischen dem Intelligiblen und dem Sinnlichen. Auf jener Seite steht das, was immer ist, niemals aber wird, sich immer auf dieselbe Weise verhält und ein Gegenstand der denkenden Vernunft ist, auf dieser Seite steht das, was immer wird, niemals aber ist, sich immer anders verhält und ein Gegenstand der Meinung ist, die auf Grund von gedankenloser Anschauung urteilt (27 e f.). Mit der Möglichkeit eines Unveränderlichen im Bereich des Sinnlichen wird nicht gerechnet.

Sodann postuliert Timaios das Kausalgesetz: »alles, was wird, muß eine Ursache haben« (28 a), von welchem Satz er sogleich die Anwendung auf den Spezialfall des Urhebers, des Herstellers (δημιουργός) macht. Dieser verursacht etwas, indem er es nach einem Vorbild (παράδειγμα) herstellt. Wenn sein Paradigma etwas Intelligibles ist, wird das von ihm Hergestellte schön werden, wenn das Vorbild aus der sinnlichen Welt genommen ist, wird das Hergestellte nicht schön werden (28 b).

Da nun die Welt sichtbar und tastbar ist und einen Körper hat, gehört sie zum Bereich des Sinnlichen und hat folglich (da es kein ewiges Sinnliches gibt) eine Entstehung, und folglich auch eine Ursache; diese Ursache wird sogleich als ein Urheber und »Vater« verstanden (28 c). Da aber die Welt schön ist, folgt, daß das Paradigma, nach dem ihr Urheber sie hergestellt hat, im Bereich des Intellgiblen zu suchen ist (29 a). Da apodiktische Gewißheit nur über das Intelligible möglich ist, muß man sich bei den Reden über die Welt damit zufriedengeben, wenn sie nur wahrscheinlich sind (29 c f.).

Der Welturheber war gut und ohne Mißgunst und hat daher die Welt so vollkommen gemacht wie möglich. Er war aber kein Schöpfer, sondern nur ein Weltbaumeister, der als sein Material schon sinnliches Seiendes vorfand, aber in einem chaotischen Zustand. Seine Tätigkeit bestand darin, dies Vorgefundene in die bestmögliche, schönste Ordnung zu bringen (30 a). Am schönsten aber schien es, wenn die Welt mit Vernunft begabt ist. Dazu muß sie eine Seele bekommen, die Welt muß ein großes Lebewesen werden (30 b). Die Idee welches Tieres war hier Vorbild? Keine Tierart oder Gattung kann dazu dienen, sondern nur die Idee eines universalen Lebewesens, das alle intelligiblen Lebewesen ebenso in sich befaßt, wie die sinnliche Welt alle sinnlichen Lebewesen in sich befaßt (30 c f.).

Diese Entsprechung ist nicht legitim. Man kann in der sinnlichen Welt Hühner und Enten in einen Stall sperren, was aber die Idee des Huhns und die Idee der Ente im Intelligiblen in sich befaßt, ist so etwas wie die Idee des Vogels. Das universale intelligible Lebewesen wäre dann so etwas wie die Idee eines Lebewesens überhaupt, die deswegen alle besonderen Arten unter sich befaßt, weil sie hinsichtlich dieser Besonderungen unbestimmt bleibt. Plato aber meint nicht das, sondern die Idee eines Lebewesens, im Verhältnis zu dem alle Arten von Lebewesen, die es gibt, sich als Einschränkungen verstehen lassen sollen. Er fragt nicht, ob so etwas überhaupt gedacht werden kann.

Anschließend soll bewiesen werden, daß es nicht viele, insbesondere auch nicht unendlich viele Welten, sondern nur eine einzige Welt gibt. Dazu wird zunächst die Einzigkeit des Vorbildes bewiesen: Was alle intelligiblen Lebewesen umfaßt, hat kein anderes neben sich, sonst müßte es noch ein weiteres intelligibles Lebewesen geben, das diese beiden umfaßt, und dann müßte dieses das Vorbild der Welt sein (31 a). Daraus folgt die Einzigkeit der Welt, weil sie nur dann eine vollkommene Nachahmung des Vorbildes ist, wenn sie auch seine Einzigkeit nachahmt (31 b).

Als nächstes werden die vier Elemente deduziert (31 b ff.). Da das Gewordene Körper ist, muß es sichtbar und tastbar sein. Sichtbar kann es nicht sein ohne Feuer, tastbar nicht ohne Erde. Die lassen sich aber nicht verbinden ohne ein Mittleres, Vermittelndes. Die schönste Vermittlung aber geschieht durch die Analogie (die mittlere Proportionale der Mathematiker 31 c). Wenn die Welt eine Fläche wäre, genügte ein Mittleres, da sie aber dreidimensional ist, bedarf es einer doppelten Mitte, denn es gilt:

$$\frac{a^2}{ab} = \frac{ab}{b^2}; \text{ aber: } \frac{a^3}{a^2 b} = \frac{a^2 b}{a b^2} = \frac{a b^2}{b^3}$$

Daher wurden Wasser und Luft als vermittelnde Elemente geschaffen, so daß nun gilt: Feuer zu Luft wie Luft zu Wasser wie Wasser zu Erde (32 b).

Die Gestalt des Kosmos muß (so heißt es 33 b weiter) die vollkommenste und sich selbst ähnlichste (homogenste) sein, und das ist die kugelförmige. Außen ist diese Kugel völlig glatt, denn es bedarf keiner Sinneswerkzeuge, weil außerhalb nichts wahrzunehmen ist, und es bedarf auch keiner Organe zur Aufnahme der Nahrung von außen oder zur Abscheidung nach außen, denn ein solcher Stoffwechsel mit etwas außerhalb seiner braucht der Kosmos nicht. Ebensowenig braucht er Gliedmaßen zum Greifen oder Gehen. Die Welt bewegt sich weder nach oben noch nach unten, weder nach rechts noch nach links, weder nach vorne noch nach hinten, sondern einzig in der Weise des Kreisens.

In diese Kugel wird die Weltseele eingefügt, die ihn ganz durchdringt und den Weltkörper auch noch von außen umgibt (34 b. Deswegen meint Plotin, der Plato in dieser Lehre folgt, es sei richtiger zu sagen »der Leib ist in der Seele« als »die Seele ist im Leibe«.).

Wenn anschließend (34 c ff.) von der Herstellung der Seele gesprochen wird, so wird dazu ausdrücklich bemerkt, daß diese Folge der Darstellung nicht mit der Entstehungsfolge identisch sei, vielmehr sei die Seele vor dem Körper der Welt geschaffen worden. Timaios sagt (35 a): Aus dem unteilbaren und sich immer auf dieselbe Weise verhaltenden Wesen (οὐσία) und dem im Umkreis der Körper werdenden teilbaren Wesen mischte er aus beiden in der Mitte eine dritte Art des Wesens. Sodann erzeugte er ein Mittleres zwischen dem Unteilbaren und dem an den Körpern Teilbaren der Identität (ταὐτόν) und ebenso der Andersheit (ἕτερον). Das wären also drei Mittlere, das Mittlere zwischen dem Unteilbaren und dem Teilbaren des Seins, der Identität und der Andersheit. Diese drei Mittleren nimmt nun der Demiurg und vereinigt sie zu einer Gestalt, indem er die schwer mischbare Natur der Andersheit gewaltsam mit der Identität zusammenfügte und beide mit dem Sein (οὐσία) vermischte.

Was Plato sagen will, ist dies: Im Bereich des Sinnlichen ist, im Gegensatz zum Intelligiblen, nicht nur das Sein geteilt (es gibt nur eine Idee des Menschen, aber viele Menschen), sondern geteilt sind auch Identität und Andersheit. Der alte Mann z. B. ist derselbe wie der, der er als Kind war, und ist es doch nicht, er ist ein anderer und nicht ein anderer. Eben das gehört zum Wesen des Werdens. Die Seele wird als etwas bestimmt, das in jeder Hinsicht, hinsichtlich des Seins, der Identität und der Andersheit, ein Mittleres ist zwischen dem durch Unteilbarkeit bestimmten Intelligiblen und dem durch Teilbarkeit bestimmten Sinnlichen.

Die fünf höchsten Gattungen des »Sophistes« kehren hier wieder, mit der einzigen Veränderung, daß die Differenz zwischen dem Sinnlichen und dem Intelligiblen nicht als die von Bewegung und Ruhe, sondern als die von Teilbarkeit und Unteilbarkeit bestimmt wird.

Das so Erzeugte wird jetzt in Teile zerlegt, die sich verhalten wie 1,2,3, $4 = 2^2$, $9 = 3^2$, $8 = 2^3$, $27 = 3^3$ (35 b ff.).

Darauf (so heißt es weiter) werden die zweifachen und dreifachen Abstände ausgefüllt, und zwar zunächst durch das arithmetische und harmonische Mittel und dann durch Wechselwegnahme. Beim Abstand 2 : 1 erhält man 3 : 2 und 4 : 3, durch Division des ersteren Verhältnisses durch das zweite erhält man 9 : 8, und durch zweimalige Division von 4 : 3 durch 9 : 8 erhält man 256 : 243 (36 a f.). Das ist nichts anderes als die pythagoreische Tonleiter. 2 : 1 ist die Oktave, 3 : 2 die Quint, 4 : 3 die Quart, 9 : 8 der Ganzton und 256 : 243 der Halbton. Auf die Einteilung des Verhältnisses 3 : 1 kommt Plato nicht zurück. Sie würde auch nichts Neues ergeben, da 3 : 1 = Oktave + Quint ist.

Aus diesem Seelenmaterial wird eine Art Planetarium gebaut. Ein äußerer Ring ergibt durch seine Drehung die Rotation des Fixsternhimmels. In ihm hängt ein kleiner Ring, der an zwei einander gegenüberliegenden Stellen am äußeren befestigt und gegen ihn im Winkel der Ekliptik geneigt ist. So wird er von der Drehung des äußeren Ringes mitgenommen, führt aber auch seine eigenen Bewegungen aus. Er wird gemäß den oben genannten Zahlen 1, 2, 3, 4, 9, 8, 27 in sieben Teile gespalten. Die Bewegungen dieser sieben Kreise ergeben die Bewegung von Mond, Sonne, Venus, Merkur, Mars, Jupiter und Saturn. Die zuletzt genannte Zahlenreihe hat also keine musikalische, sondern astronomische Bedeutung (36 b ff.). Zahlen, Kreise, Oktavengliederung und Planetenbahnen bestimmen die Herstellung der Seele. Das kann kaum etwas anderes bedeuten als dies, daß das Quadrivium von Arithmetik, Geometrie, Musik und Astronomie zu ihrem Wesen gehört.

Jetzt wird die körperliche Kugel in die seelische hineingesteckt, so daß ihre Mittelpunkte sich decken, und damit beginnt das nie wieder aufhörende Leben des Kosmos (36 e). Auf Grund ihrer Mischung vermag die Weltseele sowohl das Sinnliche wie das Intelligible zu erkennen (sie war ja in dreifacher Hinsicht ein Mittleres zwischen ihnen, doch gilt auch für sie, daß eigentliches Wissen, ἐπιστήμη, nur vom Intelligiblen möglich ist, vom Sinnlichen aber nur richtiges Urteil, ὀρθὴ δόξα 37 b, c). In einem Punkt kann das Abbild seinem Urbild, dem intelligiblen Lebewesen nicht gleichen, es kann nicht unveränderliches Sein werden, sondern muß sich änderndes Werden bleiben. Um aber die Ähnlichkeit doch möglichst groß zu machen, schafft der Demiurg die Zeit als ein bewegliches, zahlenmäßig fortschreitendes Bild des Ewigen, das immer in Einem bleibt. Teile der Zeit sind Tage, Monate und Jahre. Durch die Erzeugung der entsprechenden Umläufe wird also die Zeit miterzeugt (37 d e). Auch die Umläufe der übrigen Planeten definieren Zeiten, wenn diese auch im allgemeinen weniger beachtet werden, und alle zusammen definieren ein großes kosmisches Jahr: die Dauer bis zur Wiederkehr einer einmal dagewesenen Stellung aller Gestirne zu einander (39 d. Wenn die Umlaufszeiten nicht kommensurabel sind, wird das mit Exaktheit nie eintreten.).

Da das intelligible Lebewesen alle übrigen Arten von Lebewesen in sich beschließt, muß sein Nachbild ihm auch darin gleichen. So kommen denn zum Leben die Götter, die Vögel, die Fische und die Landtiere. Die Götter werden aus Feuer gemacht; es sind die Planeten (einschließlich Sonne und Mond) gemeint, die als beseelt und vernunftbegabt angesehen werden. Jeder derselben hat zwei Bewegungen, Translation (entsprechend den Bewegungen des Fixsternhimmels und der Ekliptik) und Rotation (40 a b).

Die Erde aber wird an der Weltachse befestigt und zur Erzeugerin und Hüterin von Tag und Nacht gemacht (40 c).

Jede Nacht sehen wir die Gesamtheit der Gestirne (von den Sonderbewegungen der Planeten abgesehen) sich von Ost nach West bewegen in einem Umlauf, der 24 Stunden dauert. Diese Bewegung haben die Menschen natürlicherweise zunächst so erklärt, daß alle Sterne an die Himmelskugel geheftet sind, die sich dreht und dabei die Sterne mitnimmt. Etwa zur Zeit Platos muß von den Pythagoreern die Möglichkeit entdeckt worden sein, sich dieselbe Erscheinung auch umgekehrt zu erklären, nämlich dadurch, daß man sich die Erde als rotierend und den Himmel als ruhend vorstellt.

Was aber tut Plato? Er behauptet beides auf einmal: Der Himmel rotiert, und die Erde rotiert auch. Das ist als empirische Astronomie absurd, und daher ist auch von den antiken Astronomen keiner auf solchen Einfall gekommen. Aber Plato ist kein Astronom, sondern ein Naturphilosoph, und seine Naturphilosophie ist dadurch Philosophie, daß sie durch seine Metaphysik bestimmt ist. Die sinnliche Welt muß die ideale nachahmen. Insbesondere muß das Zeitliche das Ewige nachahmen. Das Ewige ist, griechisch gedacht, nicht das schlechthin Zeitlose, sondern das sich immer gleich Bleibende, das unveränderlich Beharrende. Das Zeitliche aber ist das Veränderliche. Die einzige Art aber, wie das Veränderliche sich dem Unveränderlichen nähern kann, ist die periodische Bewegung. Was im Kreislauf sich ewig wiederholt, das verändert sich zwar, aber es bleibt doch, indem immer dasselbe wiederkehrt. (Die ewige Wiederkunft des Gleichen ist die höchste Annäherung einer Welt des Werdens an die Welt des Seins, sagt Nietzsche, der auch sonst ein guter Platoniker ist). Aus der Notwendigkeit, daß das Zeitliche das Ewige nachahmen muß, folgert Plato, daß sowohl das Weltall als Ganzes wie auch alle Himmelskörper und die Erde sich drehen müssen. Die Drehung des Weltalls nimmt aber alles mit, was in dieser Kugel enthalten ist, auch die Erde. Diese universale Bewegung von allem hat also gar keine Bedeutung für die Erklärung irgend eines beobachtbaren Geschehens. Für die Erklärung der beobachtbaren Folge von Tag und Nacht kommt daher nur die Erdrotation in Betracht.

Außer den Planeten gibt es auch noch andere Götter. Darüber lehrt Timaios aber nichts Eigenes, sondern fordert auf, der Tradition darüber Glauben zu schenken. Alle diese Götter sind geschaffen und gehören der sinnlichen Welt an. Ihnen wird vom Demiurgen die Schaffung der noch übrigen Lebewesen in der Luft, auf dem Wasser und auf dem Lande übertragen. Sie sollen nicht auch Götter, sondern Sterbliche werden, damit das All in Wahrheit allumfassend sei. Sterblich soll allerdings nur ihr Leib werden, unsterblich aber ihre Seele, die deswegen auch vom Demiurgen selbst hergestellt wird (40 d ff.).

Die Seelen der Sterblichen entstammen demselben Mischkrug wie die der Götter, doch ist das Material, aus dem sie gemacht sind, nicht so rein, sondern zweiter und dritter Güte (41 d). Der Demiurg macht so viele Seelen, wie es Fixsterne gibt, und setzt auf jeden eine und belehrt sie über die Natur des Alls und die darin geltenden unverbrüchlichen Gesetze (41 e). Dann werden die Seelen einem menschlichen, und zwar männlichen, Leib einverleibt. Aus dem Einfluß des Leibes auf die Seele entspringen Wahrnehmung, Lust, Schmerz, Verlangen, Furcht und Aufregung und ähnliches sowie das Gegenteil davon. Herrschen die Seelen darüber, wird ihr Leben gerecht, lassen sie sich beherrschen, ungerecht. Der Gerechte wird durch Rückkehr auf seinen Stern belohnt, der Ungerechte wird bei der zweiten Geburt eine Frau. Bessert er sich noch nicht, so sinkt er bei der folgenden Geburt zum Tier herab. Seine Not soll nicht eher enden, bis er umkehrt und das Vernunftwidrige durch Vernunft besiegt (42 a ff.). Wie er das können soll, nachdem er einmal ein unvernünftiges Tier geworden ist, bleibt dunkel.

Die Götter bilden nun, dem Auftrag des Demiurgen folgend, Leiber für die Sterblichen, mit denen sie ihre unsterblichen Seelen verbinden. Die Differenz der beiden Bestandteile führt sowohl zu Desorientierung des Körperlichen wie des Seelischen, der Herr zu werden die Sterblichen große Mühe haben (43/44).

Der Bau des menschlichen Organismus wird weiterhin näher geschildert und allerlei Einzelnes erklärt, wie der Sehvorgang und die Vertauschung von links und rechts im Spiegelbild, was wir hier übergehen können (44 d ff.).

Nach dem Exkurs über den Spiegel erklärt Timaios, die Wirkursache sei nur Mitursache (συναίτιον), deren sich der Gott bediene, um die Form der Vollkommenheit (τὴν τοῦ ἀρίστου ἰδέαν. 46 c) nach Möglichkeit zu verwirklichen. Die meisten halten solche Mitursachen schon für die eigentlichen Ursachen. Die wahre Ursache ist jedoch diejenige, die durch Vernunft das Schöne und Gute bewirkt (46 e). Das heißt, die causa efficiens, die blinde Wirkursache, ist nur Mittel im Dienst der causa finalis, der Zwecke verwirklichenden Vernunft. Die Herrschaft dieser platonischen Überzeugung über das Abendland hat die Entstehung einer wissenschaftlichen Physik über tausend Jahre verzögert.

Dennoch muß außer dem, was durch Vernunft entsteht, auch das durch blinde Notwendigkeit (ἀνάγκη) Entstehende zum Gegenstand der Untersuchung gemacht werden (47 e ff.).

Um das anzubahnen, wird zu den früher unterschiedenen zwei Gattungen des Intelligiblen und des Sinnlichen noch eine dritte hinzugefügt, eine Amme und Aufnehmerin alles Werdens (49 a). Die Notwendigkeit dieser Annahme zeigt Timaios durch eine Analyse der Veränderung. Wenn z. B. Feuer sich in Luft verwandelt, so bedeutet das, daß das Feuer nicht schlechthin Feuer war, nicht dieses (τοῦτο), sondern daß da etwas war, was zuerst feuerartig, derartig (τοιοῦτον) war und später luftartig, daß wir also die feuerartige Beschaffenheit unterscheiden müssen von dem, was sie hat. Was da zu Grunde liegen bleibt, gleicht dem zu Grunde liegen gebliebenen Gold, das man nacheinander in verschiedene Formen bringt (50 b).

Das gilt grundsätzlich. Die sinnlichen Dinge sind Nachbilder der Ideen, aber diese Nachbilder sind eigentlich sinnliche Formen, die wie Prägungen eines Siegelringes in etwas eingeprägt sind. Und wenn man die Idee den Vater des Sinnlichen nennen will, so ist das, was die sinnliche Form, die ihm ähnlich ist, aufnimmt, seine Mutter. Diese darum auch so genannte platonische Materie muß als solche völlig formlos sein, denn wäre sie in irgend einer Weise vorgeformt, so wäre sie unfähig, die entgegengesetzte Form aufzunehmen. Das, was die sinnlichen Abbilder der intelligiblen Urbilder in sich aufnimmt, ist daher keines der Elemente und nicht aus ihnen zusammengesetzt, vielmehr selbst als solches überhaupt nichts Sinnliches, sondern »ein unsichtbares, gestaltloses, allaufnehmendes Wesen (εἶδος), auf eine sehr schwer zu verstehende Weise am Denkbaren (dem Intelligiblen, νοητόν) teilnehmend und schwer zu fassen« (51 b). Diese dritte Gattung neben dem Urbild und dem Abbild ist der Raum (χώρα. 52 a). Er gewährt allem Sinnlichen, was entsteht, eine Stätte, selbst aber ist er ohne Entstehen und Vergehen und kein Sinnliches, sondern ohne Wahrnehmung wird er durch eine Art von »illegitimem Denken« (λογισμῷ τινι νόθῳ 52 b) erfaßt. Er ist etwas kaum Glaubhaftes, von dem wir träumen, wenn wir sagen, alles Seiende müsse sich an irgend einem Ort befinden und einen Raum einnehmen, und was nicht irgendwo auf Erden oder im Himmel sei, das sei nichts (ebd.).

Dieser Traum ist nach Platos Meinung weder ganz wahr, noch ganz falsch. Nur vom Sinnlichen ist es wahr, daß sich dies alles im Raum befinden muß, vom Intelligiblen kann Plato nur in bildlicher Rede sagen, es sei an einem überhimmlischen Ort. Die sinnlichen Abbilder der übersinnlichen Urbilder werden in den Raum gesetzt, er wird dann an der betreffenden Stelle ein derartiges, wie die intelligible Art ist, deren Abbild ihm eingeprägt wird. Der Raum selbst ist weder eine Idee noch etwas Wahrnehmbares. Er gehört der sinnlichen Welt zu und ist doch dem Intelligiblen verwandter als dem Sinnlichen. Plato kommt hier in Verlegenheit, weil die Erfassung des Raumes in der Alternative von Denken und Wahrnehmung nicht unterzubringen ist. Kant wird später lehren, das Erfassen des Raumes sei weder Wahrnehmung noch Denken, sondern reine Anschauung. Der kantische Begriff der Anschauung a priori ist das Wort der Lösung für das platonische Rätsel.

Es folgt (53 c ff.) eine geometrische Konstruktion der Elemente. Sie werden vieren von den fünf regelmäßigen Körpern, nämlich Tetraeder, Oktaeder, Ikosaeder und Würfel zugeteilt. Von dem fünften, dem aus zwölf Fünfecken bestehenden Dodekaeder lehrt Plato: »ihn benutzte der Gott für das Weltganze, indem er Bilder darauf anbrachte« (55 c). Die Erde, das unbewegliche Element, wird dem Würfel, dem Körper mit der festesten Grundfläche zugeordnet. Die drei übrigen Körper bestehen alle aus gleichseitigen Dreiecken. Je weniger solche Flächen ein Körper hat, umso kleiner, also auch leichter, also auch beweglicher und umso spitzer, also auch schärfer, wird er bei gleichen Grundflächen sein. Daher wird dem Feuer der Tetraeder, der Luft der Oktaeder und dem Wasser der Ikosaeder zugeordnet (55 e ff.).

Aus dieser Theorie folgt, daß aus der Erde keines der anderen Elemente werden kann, dagegen können aus einem Wasseratom (20 gleichseitige Dreiecke) zwei Luftatome (2 · 8 Dreiecke) und ein Feueratom (4 Dreiecke) werden. Nun meint aber »Wasser« in dieser Theorie nicht nur Wasser, sondern alles Flüssige (z. B. auch flüssiges Metall 58 e), es gibt also verschiedene Arten von »Wasser«. Das wird dadurch erklärt, daß es Elementardreiecke von verschiedener Größe gibt (57 d).

Die Flächen dieser Atomkörper, das gleichseitige Dreieck und das Quadrat, sind aber noch nicht die letzten Elementarteilchen. Vielmehr bauen diese Flächen sich auf aus gewissen Urdreiecken, das Quadrat aus gleichschenklig-rechtwinkligen Dreiecken, und das gleichseitige Dreieck aus rechtwinkligen Dreiecken, deren eine Kathete doppelt so lang ist wie die andere. Die Grundfläche der Atomfiguren, die aus Dreiecken bestehen, wird aber nicht hergestellt durch Zusammenfügung von 2 solchen Urdreiecken (was ja genügen würde), sondern es werden sechs davon zusammengefügt (wohl damit sich eine allseitig symmetrische Konstruktion ergibt). Entsprechend werden die Quadrate aus vier Urdreiecken zusammengefügt (53 c ff.). Was die Zerlegung der Grundflächen in Urdreiecke bedeutet, bleibt dunkel, da Plato keinerlei Folgerungen daraus zieht.

Aus dieser Atomtheorie sucht Plato die ständige Bewegung abzuleiten, die in der Welt herrscht. Es gibt, erklärt er, kein Bewegtes ohne Bewegendes und kein Bewegendes ohne Bewegtes (57 e). Bewegung kommt aber, lehrt Plato weiter, nur zustande, wenn Bewegendes und Bewegtes ungleichartig sind. Daher kann der Grund der durchgängig in der Welt herrschenden Bewegung in der Ungleichartigkeit der in ihr zusammengedrängten Elemente gesucht werden (58 a ff.).

Es folgen Einzelheiten über die Arten der Elemente, die wir übergehen können (58 c bis 61 c). Anschließend wird eine auf dieser Grundlage errichtete Theorie der Wahrnehmung vorgetragen. Timaios beginnt mit der Erklärung des Gefühls der Wärme. Es beruht auf der Einwirkung der Feueratome, deren Schärfe und Spitze auf unseren Organismus wirkt und dadurch in uns dies Gefühl hervorruft. Ähnlich wird das Kältegefühl erklärt. Hart ist das, dem unser Fleisch nachgibt, weich, was dem Fleisch nachgibt (61 c ff.). Auf das Schwere und Leichte kommend, polemisiert Plato gegen die Lehre des Demokrit von einem absoluten Oben und Unten als Weltgegenden. Diese Lehre ist mit Platos kugelsymmetrischem Weltbild nicht zu vereinigen. Die Gravitation beruht nach ihm vielmehr darauf, daß die verwandten Elemente zueinander streben. Wenn wir Wasser und Erde gewaltsam emporheben, so folgt das kleinere Element dem eher als das größere, daher kommt uns die Erde schwerer vor (62 c ff.). Das Rauhe ist das mit Gleichmäßigkeit verbundene Harte, das

Glatte das mit Dichtigkeit verbundene Gleichmäßige (62 e f.). Plato folgert weiter aus seiner Atomtheorie, daß die schwer beweglichen Elemente in unserem Organismus eine geringere Rolle spielen werden als die leichtbeweglichen. Daher spielen Haare und Knochen, die hauptsächlich aus Erde bestehen, bei der Wahrnehmung keine Rolle, wohl aber Auge und Ohr, in denen Feuer und Luft ist (64 a ff.).

Ein wider die Natur, gewaltsam und auf einmal in uns hervorgebrachter Zustand ist schmerzhaft, die auf einmal erfolgende Rückkehr in den natürlichen Zustand ist angenehm (64 d).

Es folgt die Theorie der Geschmacksempfindungen (65 b ff.). Plato weiß nichts von Geschmacksnerven, sondern erklärt die Empfindungen von süß und sauer, salzig und bitter usw. durch verschiedene Einwirkungen auf die Zunge, auf gewisse von dort ausgehende Adern und ähnliches. Die Gerüche (die man riecht) sind nach Plato Nebel, d. h. Übergang von Luft in Wasser, oder Rauch, d. h. Übergang von Wasser in Luft; sie werden gerochen, wenn sie auf die dazu bestimmten Blutgefäße einwirken (66 d ff.).

Das Gehör beruht auf der Einwirkung von Luftstößen. Plato läßt nach einer in seiner Zeit verbreiteten Theorie die Tonhöhe von der Schallgeschwindigkeit abhängen. Auch die Übertragung dieses Reizes erfolgt durch das Blut (67 b f.).

Als letzte Art der Wahrnehmung wird der Gesichtssinn behandelt (67 c ff.). Auf das Sehen war Timaios schon früher (45 b ff.) zu sprechen gekommen, und hatte es durch ein Zusammenwirken eines vom Auge ausgehenden Sehstrahls mit dem vom Ding ausgehenden auf das Auge einwirkenden Lichtstrahl erklärt. Aus dem verschiedenen Verhältnis der vom gesehenen Ding ausgehenden Teilchen des Lichtstrahls, die durch den Sehstrahl wie durch einen Schlauch zum Auge wandern, sucht Plato jetzt die Verschiedenheit der Farben abzuleiten. Das ist im einzelnen ohne philosophische Bedeutung.

Damit ist die Erörterung des durch die blinde Notwendigkeit der causa efficiens Entstehenden (die 47 e begann) zu Ende gebracht, und Timaios kehrt zu der Schilderung der durch vernünftige Zwecke geleiteten Weltschöpfung zurück (69 a ff.). Der Demiurg hatte den Kosmos als ein unsterbliches Lebewesen geschaffen und auch andere unsterbliche Lebewesen geschaffen, nämlich die »Planeten« und andere Götter, diesen dann aber die Schöpfung weiterer Lebewesen übertragen, damit sie nicht auch unsterblich würden und die Welt des Sterblichen entbehrte. Die geschaffenen Götter übernahmen vom Demiurgen das unsterbliche Prinzip (ἀρχή 69 c) der Seele, umgaben sie mit einem Leib, fügten aber auch der Seele noch etwas hinzu: eine andere sterbliche Art (εἶδος) Seele, die im Unterschied von der unsterblichen gewaltige und unbezwingliche Affekte (δεινὰ καὶ ἀναγκαῖα παθήματα 69 d) in sich trägt: Lust und Schmerz, Mut und Furcht, Zorn und Hoffnung. Diese wurden verbunden mit vernunftloser Wahrnehmung (αἴσθησις) und Verlangen (ἔρως).

Ganz fern liegt Plato der Zweifel, ob denn die höhere seelische Funktion des Denkens ohne die niedere der Sinnlichkeit überhaupt möglich sei. Die beiden Seelen werden sogar leiblich voneinander getrennt. Die höhere wohnt im Kopf, die niedere im Rumpf. Sie ist noch einmal geteilt durch das Zwerchfell. Das Mutartige (θυμός) wohnt in der Brust, die Begierden (ἐπιθυμίαι) aber im Unterleib, damit das Mutartige, der Vernunft gehorchend, gemeinsam mit ihr die Begierden beherrsche (70 a). Das ist die aus der »Politeia« bekannte Psychologie. Das eigentliche Organ des Mutes ist das Herz, ihm ist die Lunge als eine Art Kühler zugesellt. Das wilde Tier (θρέμμα ἄγριον 70 e) der Begierden, das im Unterleib wohnt, wird regiert durch die Leber. In ihr werden durch die Kraft der Vernunft wie in einem Spiegel Bilder erzeugt und durch die ihr eigene Bitterkeit das Gefühl des Ekels erregt. Auch wird besonders in der Nacht durch einen entgegengesetzten Zustand der Leber der unterste Teil der Seele mild und heiter gemacht und ihm die Sehergabe verliehen (71 b ff.). Niemand ist kraft seiner Vernunft der Sehergabe fähig, wohl aber hat die Vernunft die Aufgabe, das von dieser Gabe Gesehene gut zu deuten (71 e f.). Wie dem Herzen die Lunge, so ist der Leber die Milz als eine Art Reinigungsorgan zugeordnet (72 c).

Das Folgende handelt von der Erschaffung von Knochen, Fleisch, Sehnen, Haut, Haaren und Nägeln und ist ohne philosophische Bedeutung (72 d bis 76 e). Dann spricht Timaios kurz von den Pflanzen, die geschaffen wurden, um die Menschen (und die Tiere, in die sie bei der Seelenwanderung verwandelt werden können) am Leben zu erhalten. Die Pflanzen haben zwar auch eine Seele, aber keine unsterbliche, sondern nur die unterste Stufe der sterblichen (77 a ff.).

Aristoteles hat später drei Seelenstufen unterschieden, die ernährende Seele, die allem Lebendigen eigentümlich ist, die wahrnehmende, die die Pflanzen nicht haben, sondern nur die Menschen und die Tiere, und die denkende Seele, die den Menschen allein unter den sterblichen Wesen zukommt, während die unsterblichen Götter reines Denken sind.

Es folgen Erörterungen über Blut und Adern sowie über die Atmung, die wir wieder übergehen können (77 c bis 81 a).

Interessant ist aber, was Plato anschließend über die Notwendigkeit von Alter und Tod sagt. Die Ernährung beruht auf dem Einbau der von außen zugeführten Elemente in den Organismus. Diese Elemente müssen dazu in die sie aufbauenden Dreiecke zerlegt werden. Das geschieht in einer Art Kampf der inneren mit den äußeren Elementen, bei dem schließlich auch die inneren in ihren Verbindungen gelockert werden, sodaß sie endlich von den äußeren aufgelöst werden, anstatt sie aufzulösen (81 b ff.).

Es folgt die Theorie der Krankheiten, zunächst die der leiblichen (82 a bis 86 a), die wir wieder übergehen, dann (86 b bis 87 b) die der Seele. Die Krankheit der Seele besteht im Unverstand (ἄνοια). Sie hat zwei Arten, Wahnsinn (μανία) und Unwissenheit (ἀμαθία). Ein Übermaß von Lust oder Schmerz gilt als schwerste Seelenkrankheit, weil es zum Denken unfähig macht. Unmäßigkeit im Liebesgenuß und Unbeherrschtheit in den Gelüsten gilt zwar gemeinhin als eine frei gewählte Schlechtigkeit, aber Plato wiederholt hier noch einmal seine alte Lehre, daß niemand freiwillig schlecht ist, und betont, daß diese Erscheinungen ihre Ursache haben müssen, die entweder in einer schlechten Verfassung des Leibes oder in einer schlechten Erziehung gesucht werden muß. Eine krankhafte Veränderung des Leibes kann in allen drei Seelenteilen krankhafte seelische Veränderungen zur Folge haben, wie Mißmut, Verzagtheit, Vergeßlichkeit und anderes.

Anschließend wird über die Verhinderung und Heilung der Krankheiten gehandelt (87 e ff.). Das den Leib Betreffende übergehen wir wieder bis auf eine Bemerkung. »Unter den Bewegungen ist die beste die in sich selbst durch sich selbst erfolgende« sagt Plato (89 a), und daher sei es, medizinisch betrachtet, auch für den Menschen am besten, sich in dieser Art Bewegung zu bewegen (besser als zu fahren oder gar sich vom Arzt behandeln zu lassen). Nur auf solche beiläufige Weise wird die Selbstbewegung im »Timaios« genannt. Plato fügt zwar zur Begründung hinzu: »Denn sie ist am meisten der Bewegung des Denkens und der des Weltalls verwandt«, hatte aber darüber bei der thematischen Erörterung der Kosmologie kein Wort verloren. Wie ein nachträglicher Einfall erscheint der Gedanke von der Selbstbewegung am Ende unseres Dialogs. Im »Phaidros« tritt er in den Mittelpunkt der platonischen Metaphysik. Das wird man kaum anders erklären können als dadurch, daß der »Phaidros« später geschrieben ist als der »Timaios«.

Was nun die Sorge für die Seele angeht, so gilt zwar allgemein, daß es darauf ankommt, jedem der drei Seelenteile die angemessene Nahrung und Bewegung zukommen zu lassen, aber noch wichtiger ist es, sie in das richtige Verhältnis zueinander zu setzen, d. h. dafür zu sorgen, daß der seiner Natur nach zur Herrschaft bestimmte unsterbliche Teil auch wirklich die Herrschaft innehat. Dies Unsterbliche in unserer Seele nennt Timaios hier einen Schutzgeist (δαίμων), den der Gott einem jeden gegeben hat (90 a). Wer sein Leben vorzüglich durch den Ehrgeiz des mittleren oder gar durch die Begierden des unteren Seelenteils bestimmen läßt, der arbeitet an seiner eigenen Sterblichkeit, soweit der Mensch überhaupt sterblich werden kann. Wer aber sich in erster Linie darum bemüht, ewige und göttliche Gedanken zu denken, der wird sich unsterblich machen, soweit die menschliche Natur das vermag. Und dieser muß auch notwendigerweise vor allen anderen glückselig sein (89 e ff.). Ebenso lehrt Aristoteles, daß die Tätigkeit eines Wesens gemäß der höchsten Möglichkeit seiner Natur auch die höchste Freude gewährt. Was aber in der sinnlichen Welt dem Göttlichen der übersinnlichen Welt am verwandtesten ist, das sind die Gedanken der Weltseele und die Umläufe des Weltkörpers. Sie sind daher für den Menschen das Vorbild, dem er sich angleichen muß, um das Lebensziel zu erreichen (90 d).

Zum Schluß spricht Timaios noch über Frauen und Tiere, als diejenigen Lebewesen, in die die Männer zu mehr oder weniger großer Strafe wiedergeboren werden können (90 e bis 92 b).

»Und damit, können wir sagen, ist unsere Rede über das All zum Abschluß gekommen. Denn indem die Welt sterbliche und unsterbliche Bewohner erhielt und davon erfüllt wurde, wurde sie zu einem sichtbaren, das Sichtbare umfassenden Lebewesen, als Bild des intelligiblen ein wahrnehmbarer Gott, der größte und beste und vollkommenste, dieser eine Himmel, der ein eingeborener ist.« (92 c)

24. PHAIDROS

Den »Phaidros« hat man lange als einen Dialog der Frühzeit betrachtet. Schon im Altertum, bei Diogenes Laertius, wird von einem Gerücht berichtet, der »Phaidros« sei der erste Dialog, den Plato gechrieben habe, und noch Schleiermacher hat diese Meinung vertreten. Sie wurde unhaltbar, als die Sprachstatistik nachweisen konnte, daß der Dialog der Spätzeit angehören muß. Dem mußte sich auch Natorp fügen, so unerwünscht es ihm eigentlich war, denn seinem Inhalt nach, der philosophischen Reife nach, die die platonische Ideenlehre und Dialektik hier erreicht hatte, schien der »Phaidros« auch Natorp der Frühzeit anzugehören. Er half sich aus der Verlegenheit durch die Hypothese von einer späteren Überarbeitung eines frühen Dialoges. Nun hat er damit nicht Erfolg gehabt, aber das Problem, das Natorp lösen wollte, existiert wirklich. Der Dialog gehört zwar, wie jetzt nicht mehr zu bezweifeln ist, der Spätzeit an, aber anderseits ist sein Stil doch auch wieder eher dem platonischen Frühstil verwandt. Hier ist wieder lebendiges Gespräch, und nicht nur ein Lehrvortrag, der sich nur der jasagenden Zustimmung des Dialogpartners versichert. Auch das Inhaltliche scheint in vieler Hinsicht dem Früheren verwandter als dem Späteren. Doch spürt man nichts von Überarbeitung, man kann auf keine Weise Früheres von späteren Zutaten scheiden. Man kann also nur feststellen: der alte Plato hat im Frühstil geschrieben.

Das ist nicht so unglaublich, wie es sich vielleicht beim ersten Hören ausnehmen mag. Plato ist ja kein moderner Wissenschaftler, der die neuesten Ergebnisse seiner Forschungen möglichst schnell der Öffentlichkeit bekannt macht, damit ihm kein anderer dabei zuvorkommt. Er sagt nie alles, was er weiß oder zu wissen meint. Alles ist immer höchst kunstvoll stilisiert. Daß die Lehrdialoge der späteren Zeit, wie »Theaitetos«, »Parmenides«, »Sophistes«, »Philebos« und »Timaios« in künstlerischer Hinsicht den Vergleich mit den Dialogen der früheren Zeit nicht aushalten, daß sie damit verglichen etwas Trockenes und Schulmeisterliches an sich haben, das kann Plato selbst nicht verborgen geblieben sein, und es ist auch unwahrscheinlich, daß er nicht oft hat hören müssen: »Du magst zwar an Weisheit sehr zugenommen haben, aber früher hast du schöner geschrieben.» Der »Phaidros« wirkt wie eine Probe, die zeigen soll, daß er es auch im Alter noch kann. Freilich, die Möglichkeit, so schön zu schreiben, wird erkauft mit einem Opfer an Dialektik. Die dialektischen Komplikationen, wie wir sie im »Theaitetos«, »Sophistes«, »Parmenides« und »Philebos« kennengelernt haben, erfordern ein Lehrgespräch, sie erfordern das Opfer der Schönheit.

So steht es in Platos Spätzeit: er kann nicht mehr beides in einem haben, man muß die Schönheit der Dialektik, oder die Dialektik der Schönheit opfern. Das Dichterische ist zwar nicht ein Feind des Logischen, und es ist selbst ganz ohne das Logische gar nicht möglich, entscheidend aber ist das Maß (wie Plato selbst im »Philebos« lehrt). Bedeutende Dichtung ist auch gedanklich bedeutend, aber die Tiefe des Gedankens muß sich paaren mit Schlichtheit und Sparsamkeit. Was sich mit der Dichtung nicht verträgt, ist das Komplizierte, das, was man nachrechnen muß, um es einzusehen, das Mathematische im weitesten Sinne des Wortes. Die Lehrdialoge konnten und wollten uns solche Komplikationen nicht ersparen, sie liegen auf dem Wege der Entwicklung der Dialektik, von der nicht zufällig die aristotelische Logik abstammt und weiterhin die ganze mathematische Logik mit ihren Beweisen, die zum Teil nur noch der dazu ausgebildete Fachmann nachvollziehen kann. Solches alles also muß beiseite bleiben, wenn das Schöne wieder erscheinen soll. Kunst und Wissenschaft, in der Wurzel eines, müssen sich in ihrer Ausbildung trennen, und sie mußten sich auch trennen in der Entwicklung der platonischen Schriftstellerei. Plato muß sich dessen bewußt gewesen sein, und als einen Ausdruck davon müssen wir, denke ich, den »Phaidros« auffassen.

Sokrates trifft den Phaidros, der von Lysias kommt, dem berühmten Rhetoren; da hat er von früh an gesessen, und jetzt macht er zur Erholung einen Spaziergang vor die Stadt. Sokrates kann nichts daran hindern mitzugehen, von dem Verlangen getrieben, von dem Gespräch des Jünglings mit Lysias zu hören. Lysias hat eine Rede vorgetragen, eine Liebesrede, die den Zweck hat, einen Knaben zu gewinnen (wie in den Frühdialogen ist wieder die Päderastie die selbstverständliche Voraussetzung), aber der Knabe soll gewonnen werden nicht von einem Liebhaber, sondern von einem, der es nicht ist. Die Rede nämlich soll dartun, man müsse eher einem nicht Liebenden Gunst gewähren als einem Liebenden

(227 c). Oh, hätte er (meint Sokrates) doch geschrieben: eher einem Armen als einem Reichen und eher einem Alten als einem Jungen, und was mir sonst zugute gekommen wäre! Aber er erklärt dennoch, so begierig danach zu sein, daß er bis an die Mauern von Megara mitzulaufen bereit sei und von da wieder nach Athen zurück, um nur alles zu erfahren (227 d). Phaidros möchte sich zwar gerne an Sokrates üben, indem er ihm die Rede, so gut er kann, wiederholt, aber Sokrates entdeckt, daß er die Rolle mit der Lysiasrede bei sich hat, und nötigt ihn vorzulesen, und Phaidros findet sich auch bereit (228 e). Sie gehen am Ilissos herunter, oder vielmehr in ihm, denn beide sind unbeschuht. Sie finden einen schönen schattigen Platz unter einer hohen Platane und Rasen, auf dem sie sich lagern.

Phaidros fragt, ob es nicht am Ilissos gewesen sei, wo Boreas die Oreithyia geraubt habe. Ja, sagt Sokrates, aber nicht genau hier, sondern etwa zwei bis drei Stadien unterhalb, wo auch ein Altar des Boreas stehe. Da fragt ihn Phaidros, ob er diese Geschichte etwa für wahr halte. Darauf Sokrates: wenn ich es nicht glaubte, wie die Weisen, dann würde ich die Sache so erklären, daß der Wind, den man Boreas nennt, das Mädchen vom Felsen geworfen habe. Aber (so meint er weiter) wenn man sich auf solche Mythenerklärung erst einlasse, dann gäbe es so bald kein Ende. Dazu habe er keine Zeit, solange er noch nicht einmal damit zu Rande gekommen sei, sich selbst zu erkennen, ob er vielleicht ein Ungeheuer sei, noch verschlungener gebildet und ungestümer als Typhon, oder ein milderes und einfacheres Wesen, das sich von Natur eines Teiles erfreue, der göttlicher und ἄτυφος ist (230 a). Das ist ein Wortspiel. τύφος ist Rauch, Qualm, Dunst, τύφων der Wirbelwind, und der so benannte Gott der Gott des Vulkanfeuers und des Unwetters. τύφος heißt aber auch der Dünkel, und ἄτυφος heißt dann »ohne Hochmut«.

Inzwischen sind sie bei der Platane angekommen, und Sokrates lobt die Lieblichkeit des Platzes, den er zum Erstaunen des Phaidros noch gar nicht kennt, obgleich er direkt vor der Stadt liegt. Darauf erklärt Sokrates, er sei lernbegierig, und die Bäume und Felder könnten ihn nichts lehren, wohl aber die Menschen in der Stadt (230 d). Phaidros aber habe ihn mit dem Lockmittel der Lysiasrede hinausgelockt. Er legt sich auf den Rasen und bittet Phaidros zu lesen. Was Phaidros nun vorliest, das ist (das gilt heute als gesichert) nicht von Plato, sondern eine echte Lysiasrede.

Der Redner bittet einen Knaben, ihn nicht deshalb abzuweisen, weil er nicht zu seinen Liebhabern gehöre. Denn jene pflegen, wenn ihre Begierde gestillt ist, andern Sinnes zu werden, und es pflegt sie dann zu reuen, was sie Gutes getan haben; nicht so die Nichtliebenden. Nicht unter Zwang (ὑπ' ἀνάγκης 231 a), sondern freiwillig erweisen sie nach bester Beratschlagung mit sich selbst nach Kräften das Gute. Die Liebhaber rechnen zu ihren Wohltaten hinzu dasjenige, was ihnen an Nachteilen dadurch erwachsen ist, daß sie in ihrer Verliebtheit ihre Angelegenheiten vernachlässigt haben, und so glauben sie leicht schon über Gebühr bezahlt zu haben. Bei denen, die nicht von der Leidenschaft des Eros bezwungen sind, kann das alles nicht vorkommen, und so können sie nicht anders als bereitwillig alles tun, wodurch sie glauben dem Geliebten gefällig sein zu können (231 b). Ferner: wenn die Liebenden immer bereit sind, den Geliebten gefällig zu sein, auch wenn sie sich dadurch andern verhaßt machen, so ist vorauszusehen, daß sie später einmal, wenn das Objekt ihrer Leidenschaft gewechselt hat, auch dem früher Geliebten Übles zufügen werden, um dem jetzt Geliebten zu gefallen (231 c). Gegen solchen Zwischenfall gibt es kein Mittel, denn die Verliebten bekennen ja selbst, daß sie krank und wie ihres Verstandes beraubt sind, ohne etwas dagegen machen zu können; daher ist es kein Wunder, daß sie nicht mehr für gut halten werden, was sie jetzt tun, wenn die Leidenschaft verraucht ist und der Verstand wiederkehrt.

Ferner: wenn du dir nur aus der Reihe der Verliebten den besten aussuchen wolltest, dann hättest du doch nur eine geringe Auswahl, eine viel größere aber, wenn du unter den anderen wählen würdest. Die Hoffnung, unter den vielen den zu treffen, der wirklich die Gunst verdient, ist größer (231 d). Fürchtest du aber die herrschende Sitte, die öffentliche Meinung, daß es dir nämlich zur Schande gereicht, wenn die Leute es erfahren, so ist es freilich wahrscheinlich, daß sich die Liebhaber damit brüsten werden, wie sie das untereinander zu tun pflegen, um mit ihren Erfolgen zu prahlen (232 a). Aber die Leidenschaftslosen werden das Bessere dem Ruhm vorziehen. Ferner (dies ἔτι, das die Argumente aneinanderreiht, kehrt ständig wieder): den Liebhabern sieht es jeder an, wie es mit ihnen steht, der Umgang mit ihnen bringt daher in Verruf, während niemand den Nichtverliebten in Verdacht hat und der Umgang mit ihnen ganz unverfänglich erscheint (232 b; Gespräch als solches ist bei den gesprächslustigen Griechen unverdächtig). Die Verliebten sind eifersüchtig. Sie verhindern nach Möglichkeit, daß du mit Reicheren oder Klügeren oder Gebildeteren zusammenkommst, damit sie nicht ausgestochen werden, und so werden sie dich isolieren (232 c). Diejenigen aber, die keine Liebhaber sind, sondern durch ihre Areté, durch ihre Vorzüge deine Gunst erworben haben, von denen gilt das Gegenteil (232 d). Auch sind die Verliebten zuerst auf den körperlichen Genuß aus, und es ist die Frage, ob auf den noch die Freundschaft folgt, bei den Nichtverliebten ist es wieder umgekehrt. Das Freundschaftsverhältnis ist ihnen das Erste und das Körperliche erst etwas, was aus schon lange bestehender Freundschaft sich ergibt (232 e).

Auch hast du mehr Aussicht, ein besserer Mensch zu werden, wenn du dich mir zuwendest, als wenn du dich einem Erasten zuwendest. Jene loben dich wider besseres Wissen, teils um dir nur angenehm zu sein, teils auch, weil sie es selbst mit dem Schlechteren halten, während der Nichtliebende in Lob und Tadel das im Auge hat, was dir wirklich nützt (232 a f.). Auch mußt du nicht meinen, daß ohne leidenschaftliche Liebe keine Freundschaft möglich sei, denn sonst könnten wir ja auch nicht Kindern und Eltern und Freunden treu sein, mit denen uns ja auch nicht eine solche Begierde verbindet (233 c f.).

Ferner, wenn es so wäre, daß man den Bedürftigsten am meisten gefällig sein müßte, dann müßten ja auch andere nicht den Vortrefflichsten, sondern den Hilflosesten Gutes erweisen, denn diese werden ihnen am meisten Dank wissen, weil sie von den größten Übeln befreit wurden. Und zum Fest müßte man dann nicht die Freunde einladen, sondern die Bettler. Viel weiser aber ist es, nicht den Bedürftigsten gefällig zu sein, sondern denen, welche am meisten ihre Erkenntlichkeit beweisen können, nicht den Leidenschaftlichen, sondern den Würdigen, nicht denen, die nur die Jugend genießen möchten, sondern denen, die auch dem älter Gewordenen noch Gutes tun werden, nicht den Prahlern, sondern den Schweigern, nicht denen, die für nur kurze Zeit sich ereifern, sondern den Beständigen, nicht denen, die nach gestillter Lust Grund zum Bruch suchen, sondern denen, die, wenn die Jugend vergangen ist, ihre Areté beweisen werden. Bedenke auch, daß Erasten von ihren Freunden gescholten werden, daß aber die Leidenschaftslosen keinen Tadel erfahren (233 d ff.). Zum Schluß wird noch hinzugefügt, daß dies nun nicht bedeuten soll, der Knabe solle sich allen Nichtverliebten hingeben, wie ja auch ein Verliebter nicht meine, er solle sich allen Verliebten hingeben;

das wäre kein Verhalten, bei dem man sich Dank erwirbt, und auch die gebotene Geheimhaltung wäre so wohl kaum zu erreichen (234 b f.).

So also die Rede, und Phaidros findet sie wunderschön, sowohl was den Inhalt angeht, als auch im Ausdruck. Sokrates lobt sie auch, aber auf eigentümliche Weise. Er habe nämlich (sagt er) auf den Phaidros geblickt und zugesehen, wie der vor Freude geglänzt habe über die Rede, und sich gesagt, daß der wohl mehr davon verstehe als er selbst, und so sei er mitgehend auch entzückt worden (234 d). Phaidros nimmt ihm das nicht ab und steigert sein Lob noch und fragt: Glaubst du, daß irgend ein anderer Grieche etwas anderes, Größeres und mehr darüber sagen könnte?

Nun, das Rednerische ist Sokrates geneigt zu loben, aber wenn das nicht genug sein soll, sondern wenn die Frage auch noch sein soll, ob Lysias das Gehörige (τὰ δέοντα 234 e) gesagt habe, so ist das eine andere Sache. Auch scheine er ihm zwei- oder dreimal dasselbe gesagt zu haben. Aber Phaidros besteht darauf, die Rede habe nichts ausgelassen, was wert wäre, gesagt zu werden, so daß sie unübertrefflich sei. Das aber will Sokrates nicht mehr zugeben. Weise Männer und Frauen aus alter Zeit, die auch darüber geredet und geschrieben haben, würden ihn der Unwahrheit zeihen (235 b). Sokrates weiß zwar nicht zu sagen, ob von Sappho oder Anakreon oder von wem sonst er etwas darüber gehört hat. Jedenfalls ist er sich aber dessen bewußt, ganz andere Dinge darüber sagen zu können und nicht schlechtere, und weiß auch, das nicht selbst gefunden zu haben. Aufgefordert, wenn er kann, darüber anderes und Besseres zu sagen, erklärt Sokrates (235 e), daß natürlich nicht alles verfehlt sei, was Lysias gemacht hat. Denn natürlich, wenn man beweisen will, man müsse dem Nichtverliebten eher willfahren als dem Verliebten, so kann man nicht umhin, die Verständigkeit des einen zu loben und den Unverstand des anderen zu tadeln (236 a). Phaidros fordert ihn auf, es also im übrigen anders und besser zu machen. Sokrates will zwar zunächst nicht, aber die Drohung, wenn er nicht rede, werde Phaidros ihn nie wieder mit irgend einer Rede bekannt machen, besiegt ihn (236 e).

Sokrates verhüllt sich beim Reden, um nicht bei dem Anblick des Phaidros durch Scham verwirrt zu werden, dann beginnt er mit dem Anruf der Musen seine Rede (237 a): Es war einmal ein Knabe oder heranwachsender Jüngling, der war sehr schön und hatte viele Liebhaber. Einer von ihnen war sehr listig, und obwohl er nicht weniger verliebt war als die anderen, redete er doch dem Knaben ein, er sei es nicht, und suchte ihn davon zu überzeugen, daß man den Nichtverliebten vor dem Verliebten bevorzugen müsse (237 b). Und nun folgt die Rede dieses Verliebten, der den Nichtverliebten spielt:

Wenn die Frage entschieden werden soll, ob man lieber mit dem Verliebten oder nicht Verliebten Freundschaft schließen soll, so ist zuerst zu fragen, was oder genauer wie beschaffen ist die Liebe und welches ist ihre Kraft (δύναμις 237 c f.)? Nun besteht allgemeine Übereinstimmung darüber, daß die Liebe eine Begierde (ἐπιθυμία 237 d) ist. Aber es gilt nicht die Umkehrung. Jeder Liebende begehrt, aber nicht jeder Begehrende ist verliebt. So haben auch Nichtverliebte eine Begierde nach dem Schönen. Worin also unterscheiden sie sich, d. h. was ist das Auszeichnende derjenigen Begierde, welche man Liebe nennt? Man muß bemerken (sagt Sokrates), daß es in jedem von uns zwei Gestalten gibt, die uns beherrschen und führen, eine angeborene Begierde nach dem Angenehmen und eine erworbene Meinung (δόξα), die nach dem Besten trachtet. Diese beiden stimmen manchmal überein, manchmal aber streiten sie miteinander, und da siegt dann bald die eine, bald die andere. Wenn die Doxa, das Urteil, uns durch Logos, durch Denken, zum Besten führt und regiert, so spricht man von Besonnenheit (σωφροσύνη 237 e). Wenn aber die Begierde uns gedankenlos zur Lust reißt und herrscht, dann nennt man das Frevel (ὕβρις 238 a). Dieser aber ist vielnamig, weil er vielgestaltig ist. Wenn er auf den Wohlgeschmack der Speisen gerichtet ist, heißt er Schlemmerei, wenn er sich aber auf die Schönheit der Leiber richtet, wird er Liebe genannt (238 c).

Auf Grund davon ist zu beraten, welchen Vorteil und Nachteil der Willfährige von einem Liebenden und einem Nichtliebenden zu erwarten hat. Der von der Begierde Beherrschte und der Lust Dienende wird suchen, das Geliebte so zuzurichten, daß es für ihn selbst möglichst angenehm ist. Er ist aber ein Kranker, und dem Kranken ist das Nichtwiderstrebende angenehm, das Stärkere und Gleichstarke aber verhaßt (238 e). Also wird er versuchen, den Geliebten schwächer und unvollkommener zu machen, also lieber unverständig als weise, lieber feige als tapfer, lieber unberedt als rednerisch, lieber langsam als schnell denkend (239 a). Solche Übel also wird er fördern und ihn hindern am Umgang mit solchen, die ihn in der entgegengesetzten Richtung fördern könnten. Am meisten werden aber sie ihn fernhalten von der (wie Sokrates 239 b sagt) »göttlichen Philosophie«, die ihn am stärksten in einer unerwünschten Richtung beeinflußt. Der Liebhaber hält den Geliebten unwissend, um ihn ganz von sich abhängig zu machen, dem Geliebten zum Schaden und sich zur Lust. Also ist der Liebende kein heilsamer Aufseher und Gefährte für die Seele des Geliebten.

Hinsichtlich des Körpers sucht der Liebhaber den weichlichen und nicht den festen, nicht den in der Sonne aufgewachsenen, sondern in dumpfem Schatten, der Männerarbeit und Sport nicht gewöhnt ist usw., was alles als bekannt vorausgesetzt wird. Daß dazu geführt zu werden, es so mit seinem Körper zu halten, nicht von Vorteil ist, liegt auf der Hand (239 c f.). Wie steht es ferner mit seinem Besitztum? Es ist klar, daß der Liebhaber den Geliebten am liebsten gerade ohne den Besitz sehen möchte, der der allerwertvollste ist, nämlich ohne Vater und Mutter, Verwandte und Freunde, denn die stören ihn nur (239 e). Aber auch der Besitz an Geld und Gut ist ihm nicht willkommen, da er die Abhängigkeit des Geliebten von ihm vermindert. Aus demselben Grunde wünscht er ihn auch ehelos, kinderlos und herdlos zu sehen (240 a). Während aber sonst das Verderbliche oft genug wenigstens das Angenehme ist, fehlt diese Kompensation hier: der Liebhaber ist nicht nur schädlich, er ist auch noch unangenehm. Gleichaltrige gesellen sich gerne, aber der Liebhaber ist ja wesentlich älter und will den Geliebten Tag und Nacht nicht verlassen. Was hat aber der Junge davon, den Anblick des Alten zu sehen und mit sich machen zu lassen, wovon auch nur zu hören unerfreulich ist (240 b ff.)?

Solange der Liebhaber liebt, ist er also verderblich und widerlich, und hat er damit aufgehört, so ist trotz aller voraufgegangenen Schwüre nur Treulosigkeit von ihm zu erwarten. Er ist zu Verstand und Besonnenheit gekommen, und jetzt sind die Rollen vertauscht: der Geliebte muß dem ehemaligen Liebhaber nachlaufen. Die Freundschaft des Erasten ist also nicht wohlwollend, sondern wie die Liebe des Wolfes zum Lamm, das er zu verzehren begehrt (240 e ff.).

Hier will Sokrates enden, aber Phaidros protestiert, das sei ja erst die eine Hälfte, es fehle nun noch als Gegenstück das Lob des Nichtliebenden. Doch Sokrates meint, weswegen der eine getadelt werde, eben deswegen sei der andere zu loben, und damit sei der Fall erledigt, und es bedürfe keiner weiteren Worte mehr (241 e). Er will davongehen, obwohl Phaidros ihn bereden will, noch zu bleiben. Doch was Phaidros nicht gelingt, das gelingt dem Daimonion des Sokrates, der inneren Stimme, die ihm abrät, wenn er etwas tun will, was nicht gut ist. Die Stimme verwehrt ihm, davonzugehen, ehe er sich gereinigt habe, als habe er gesündigt gegen die Gottheit. Nun sei er (sagt er 242c) auch ein Wahrsager, kein großer zwar, aber doch soviel vermögend, wie er für sich selbst brauche, und da sei ihm die Art seiner Versündigung offenbar geworden. Eine ungeheuerliche Rede hast du, Phaidros, vorgetragen und auch mich gezwungen vorzutragen, eine einfältige und unfromme. Warum? Weil Eros der Sohn der Aphrodite und ein Gott ist (242d).

Im »Symposion« wurde die Lehre vorgetragen, Eros sei kein Gott, sondern ein Dämon; da wurde zwischen Gott und Dämon unterschieden, hier aber wird (wie sonst auch bei den Griechen) dieser Unterschied nicht gemacht. Damit wird nicht die Lehre des »Symposion« widerrufen, nur kommt es hier auf den dort herausgestellten Unterschied nicht an. Worauf es hier ankommt ist dies, daß der Eros eine Macht ist, die der Mensch nicht nach Belieben in seine Berechnungen einstellen darf, sondern die Anspruch auf religiöse Verehrung hat. Wenn Eros ein Gott oder etwas Göttliches ist, dann kann die Liebe nicht etwas Schlechtes sein. Die beiden Reden aber sprachen von ihr so, als sei sie es. Darin versündigen sie sich. Auch sind sie einfältig, weil sie den Schein erwecken, etwas Wahres vorgebracht zu haben, ohne das doch wirklich geleistet zu haben (242e).

Wenn die von Phaidros vorgelesene Rede eine echte Lysiasrede war, so ist das erste, was Plato in seiner Auseinandersetzung mit dem Rhetor tut, dies, daß er sich auf denselben Boden stellt und dieselbe Aufgabe im selben Geiste zu lösen versucht, die Sache aber in der Form viel besser macht. In der Tat, in der ersten Rede ging es etwas durcheinander, in der zweiten herrschen Logik und klarer Aufbau. Diese formale Übertrumpfung ist aber nur der Anfang des Wettkampfes Platos mit Lysias. Sie wäre unfair, wenn die Lysiasrede nicht echt, sondern von Plato erfunden wäre.

Sokrates erklärt, er müsse sich entsühnen, und das will er tun durch den Widerruf, indem er eine zweite Rede hält, und diesmal nicht verhüllt, sondern barhäuptig. Nachdem er zunächst in der Form Lysias übertrumpft hatte, folgt jetzt die inhaltliche Berichtigung der rhetorischen Position. Er rate auch dem Lysias (sagt Sokrates), darüber zu schreiben, daß man dem Liebenden eher willfahren muß als dem Nichtliebenden, und Phaidros entgegnet, das werde er auch gewiß tun, nachdem Sokrates das Lob des Liebenden gesprochen habe (243 d). Der Rhetor ist einer, der nach Belieben die eine oder die entgegengesetzte These zu vertreten unternimmt. Argumente lassen sich für alles finden, und so besteht die Redekunst darin, die sich anbietenden kunstvoll zu kombinieren und die ungeeigneten oder für das Gegenteil sprechenden auszulassen. Diesem Verfahren tritt jetzt das höhere Prinzip entgegen, das Wahre zu finden. Die Rede des Sokrates zugunsten des Liebenden ist nicht auch eine neben der anderen zugunsten des Nichtliebenden, sondern sie ist Widerruf, der gegenüber dem Unwahren das Wahre selbst zur Geltung bringen soll.

Es ist unwahr, so wird jetzt erklärt, daß man dem Nichtliebenden folgen müsse und nicht dem Liebenden, weil jener vernünftig sei und dieser wahnsinnig. Das wäre nur dann richtig, wenn es uneingeschränkt gelten würde, daß der Wahnsinn (μανία) ein Übel, etwas Schlechtes ist. Das ist aber nicht wahr, vielmehr entstehen aus ihm die größten Güter, aus dem Wahnsinn, der uns als göttliche Gabe gegeben ist (244 a). Mania meint nicht nur die Verrücktheit im Sinne der krankhaften Störung des Geistes, sondern auch die Entrückung des Inspirierten, wie sie für die Wahrsagerin in Delphi und die Priesterinnen in Dodona und für die Sibylle eigentümlich ist, die nicht eigene Weisheit mitteilen, sondern durch die der Gott redet. Die Vernunft kann nicht nur durch die Herrschaft der niederen Begierde entmachtet sein, sondern auch durch die höhere Macht des Gottes. Sokrates meint (244 c), die Mantik, die Wahrsagekunst, müsse eigentlich Manik heißen (und diesmal sind sogar unsere Sprachgelehrten derselben Ansicht, daß nämlich das Wort Mantik von derselben Wurzel stammt wie das Wort Mania). Der Mantis, der Seher, ist auch ein Entrückter. Göttlicher Wahnsinn ist etwas Höheres, oder griechisch etwas Schöneres, als menschliche Verständigkeit (σωφροσύνη). Keiner kann ohne göttliche Mania nur auf Grund von Kunst (τέχνη) ein Dichter werden (245 a). Auch die Liebe ist eine von den Göttern geschickte Mania und sie ist nicht zum Unglück geschickt, sondern zur Beglückung der Liebenden und Geliebten. Der Beweis dafür wird für die δεινοί unglaubhaft sein, glaubhaft aber für die Weisen (σοφοί 245 c. Schleiermacher übersetzt δεινοί mit Vernünftler, eigentlich bedeutet es die Furchtbaren, Gewaltigen, Unheimlichen, Ungeheuerlichen. Natürlich sind die Vertreter der sophistischen Aufklärung gemeint). Für den Beweis bedarf es zunächst der Einsicht in die Natur der Seele, der göttlichen sowohl als auch der menschlichen, und ihres Tuns und Leidens.

Alle Seele (so wird 245 c ff. gelehrt) ist unsterblich, denn das immer Bewegte ist unsterblich. Was aber anderes bewegt in der Weise, daß es auch selbst wiederum von einem anderen bewegt wird, für das kann es ein Aufhören der Bewegung und damit des Lebens geben. Es verfügt ja nicht selbst über das es Bewegende und nicht darüber, daß dieses nicht aufhört, es zu bewegen; nur das sich selbst Bewegende, was sich selbst also nicht verlassen kann, wird nicht nur nicht aufhören bewegt zu werden, sondern auch von allem anderen Bewegten ist dies Quelle und Anfang der Bewegung.

Im Griechischen ist das Wort κινούμενον zugleich medium und passiv, d. h. es bedeutet 1. etwas, das sich im Zustande der Bewegung befindet (medium), und 2. etwas, das in Bewegung gesetzt oder in Bewegung gehalten wird (passiv). Da beides ein Wort ist, meinen die Griechen, meint Plato und meint auch Aristoteles, alles, was im Zustande der Bewegung ist, muß auch von etwas in Bewegung gesetzt und in Bewegung gehalten werden. Das ist aber nicht selbstverständlich, und die neuzeitliche Mechanik urteilt darüber ganz anders, daß nämlich jeder Körper ohne Ursache im Zustande der gleichförmigen und geradlinigen Bewegung, den er einmal hat, auch beharrt. Wenn aber alles Bewegte nicht nur in Bewegung gesetzt, sondern auch in Bewegung gehalten werden muß von einem anderen, so muß von dem wieder dasselbe gelten; das geht dann entweder ins Endlose, oder aber es muß als ersten Beweger ein sich selbst Bewegendes geben (wie Plato meinte) oder einen selbst unbewegten Beweger (wie Aristoteles meinte, der den Begriff eines sich selbst Bewegenden nicht gelten lassen wollte). Ins Unendliche kann es nicht gehen, also muß es einen Anfang geben, aus dem alles Entstandene entstanden ist. Der kann nicht selbst wieder aus etwas entstanden sein, denn wenn er aus etwas entstanden wäre, dann wäre er nicht der Anfang. Dieser Anfang und Ursprung (ἀρχή 245 d) muß aber nicht nur unentstanden, sondern auch unvergänglich sein, denn wenn er unterginge, dann könnte er nicht mehr entstehen, da ja alles aus dem Ursprung entstehen muß, und auch sonst könnte nichts entstehen.

Also ist der Ursprung aller Bewegung das sich selbst Bewegende, das aber kann weder entstehen noch vergehen, sonst würde der ganze Himmel und alles Werden zum Stillstand kommen und könnte nie wieder beginnen. Dies sich selbst Bewegende ist das, was das Wesen und den Begriff der Seele ausmacht. Denn das Wesen des Körpers besteht darin, von außen bewegt zu werden, wenn er unbeseelt ist; wenn er sich aber von selbst bewegt, dann nennen wir ihn beseelt. Wenn die Seele das sich selbst Bewegende ist, dann ist sie unentstanden und unsterblich (245 e).

Das ist wieder ein Unsterblichkeitsbeweis. Wir haben schon verschiedene Versuche Platos kennengelernt, die Unsterblichkeit der Seele zu beweisen. Keiner der Beweisversuche aber, die uns bisher begegnet sind, hält einer genauen Prüfung stand, und auch dieser tut es nicht. Er beruht auf dem Begriff des sich selbst Bewegenden. Man kann freilich sinnvollerweise solche Dinge, die von etwas anderem bewegt werden, unterscheiden von Dingen, die sich selbst bewegen. Ein Segelboot wird vom Winde bewegt, aber ein Motorboot bewegt sich selbst, sofern man den Motor und den wohlgefüllten Tank mit zum Boot rechnet. Da liegt auch schon der Angriffspunkt der Kritik zu Tage, wie sie bereits Aristoteles an Platos Lehre vom sich selbst Bewegenden geübt hat. Denn genau genommen ist es ja so, daß der Motor das Boot bewegt, welches seinerseits wiederum den Motor mitnimmt. Auch der Motor bewegt sich selbst nur dadurch, daß sein Metall von dem explodierenden Treibstoff bewegt wird. Bei den lebendigen Wesen stellt man sich die Seele als dasjenige vor, was den Leib bewegt, so ähnlich wie ein eingebauter Motor. Wenn man aber statt von der Seele vom Zentralnervensystem redet als einer Art Steuerungsmechanismus und von den Muskeln als einer Art von Verbrennungsmotoren, so scheint der Unterschied zwischen dem Lebendigen und dem Nichtlebendigen zu verschwimmen.

Aber auch wenn man die Seele als das vorstellt, was den Körper bewegt, so bleibt immer noch die Frage, ob sie sich selbst bewegt. Die Seele bewegt durch ihr Begehren den Leib, aber sie wird auch selbst bewegt von etwas anderem. So bewegt z. B. das, was von der Seele wahrgenommen wird, sie in der Weise, daß das Gesehene ein Begehren auslöst. Ein Buch, das wir im Fenster liegen sehen, kann uns dazu bewegen, in den Laden zu gehen. Das Buch bewegt da die Seele, ohne daß es sich dazu selbst bewegen müßte. Aristoteles folgert daraus, daß das erste Bewegende nicht ein sich selbst Bewegendes ist, sondern ein unbewegter Beweger. Also muß es gar kein sich selbst Bewegendes geben.

Auch das, was Aristoteles noch voraussetzt, daß es nämlich ein erstes Bewegendes geben müsse, werden wir heute nicht mehr zugeben. Etwas wird von etwas anderem bewegt und dieses wieder von etwas anderem und so fort, ohne daß wir bei dem ständigen Rückgang vom Bewegten zu seinem Beweger jemals zu einem absoluten Anfang kommen müßten. Den Griechen schien eine solche Unendlichkeit unmöglich, und insbesondere Aristoteles wandte ein, daß das auf eine vollendete Unendlichkeit führen würde, die aber etwas sich selbst Widersprechendes sei, weil das Unendliche eben das ist, was kein Ende hat und also nicht vollendet werden kann. Diese Schwierigkeit vermochte erst die Lehre Kants aufzulösen, daß diese unendliche Folge kein Ding an sich sei, sondern Erscheinung, d. h. daß wir diesen Rückgang von der Wirkung zur Ursache und zur Ursache der Ursache usw. beliebig weit vollziehen können, daß diese Kette aber nicht ohne unsern Vollzug an sich selbst vorhanden sei. Darauf brauchen wir hier nicht näher einzugehen. Genug, daß es ein im strengen Sinne sich selbst Bewegendes nicht zu geben braucht.

Die weitere Behauptung ist die, daß die Seele ein sich selbst Bewegendes sei. Auch dagegen hat schon Aristoteles mit Recht Einwände erhoben. Man kann zwar in grober Betrachtung so sagen, aber die genauere Analyse wird auch da immer zeigen, daß etwas von etwas anderem bewegt wird. Und selbst wenn die Seele ein im strengsten Sinne sich selbst Bewegendes wäre, so folgt wiederum nicht ihre Unsterblichkeit. Es könnte doch ein sich selbst Bewegendes entstehen und wieder verschwinden. Es müßte denn das sich selbst Bewegende ein solches sein, das nur von sich selbst bewegt werden kann und einer Beeinflussung von außen gar nicht zugänglich ist. Es wurde aber weder bewiesen, daß es so etwas überhaupt gibt, noch daß die Seele von dieser Art ist. Die Erfahrung lehrt im Gegenteil, daß, mag es mit der Selbstbewegung der Seele stehen wie immer, sie doch jedenfalls auch von außen beeinflußt werden kann. So hörten wir auch Plato z. B. im »Philebos« von Einwirkungen auf den Körper reden, die bis zur Seele hindurchwirken.

Von der Idea der Seele nun, wie sie beschaffen ist, zu handeln, das würde (sagt Sokrates 246 a weiter) eine göttliche und weitläufige Untersuchung erfordern, wem sie aber gleicht, eine menschliche und leichtere; so begnügt sich Sokrates hier mit einer gleichnisweisen Rede. Die Seele gleicht der zusammengewachsenen Kraft eines befiederten Gespannes und seines Lenkers. Die Pferde der Götter und die Lenker sind selbst gut und von guter Abstammung, die der anderen aber vermischt. Bei uns ist es so, daß der Lenker ein Zweigespann führt, und das eine der Pferde ist schön und gut und auch von solcher Abkunft, das andere aber von entgegengesetzter Abstammung und Beschaffenheit. Daher ist notwendigerweise die Lenkung bei uns schwierig und mühsam (246 b). Alles was Seele ist, führt die Aufsicht über alles Unbeseelte und durchwandelt den ganzen Himmel, immer wieder in anderen Gestalten erscheinend. Wenn die Seele vollkommen ist und befiedert, dann kreist sie in den höheren Regionen, durchwaltet die ganze Welt. Die entfiederte aber stürzt, bis sie auf irgend etwas Starres trifft, wo sie Wohnung nimmt, einen irdenen Leib anzieht, der wegen ihrer Kraft sich selbst zu bewegen scheint; das Ganze aus Seele und Leib wird dann Lebewesen genannt und bekommt den Beinamen sterblich (246 c).

Die übliche Vorstellung der Phantasie aber, die sich nicht nur unsterbliche Seelen, sondern unsterbliche Lebewesen vorstellt, bei denen Leib und Seele untrennbar vereinigt sind, ist ohne Grund. Doch soll damit nicht geleugnet werden, daß es dergleichen auch gibt. Es wird nicht widerlegt, es wird nur gesagt, daß wir keinen Grund haben, es anzunehmen (246 d).

Nun kommt es darauf an, die Ursache des Verlustes des Gefieders zu betrachten. Die Kraft des Gefieders hat die Natur, das Schwere emporzuheben und es hinaufzuführen in den Ort, wo das Geschlecht der Götter wohnt. Das Göttliche aber ist schön, weise, gut und all dergleichen. Davon nährt sich und wächst am meisten das Gefieder der Seele; durch das Häßliche und das Schlechte aber und was sonst jenem entgegengesetzt ist, schwindet es und vergeht (246 e). Der große Herrscher im Himmel, Zeus, fährt voraus, seinen Wagen lenkend, alles anordnend und für alles sorgend. Ihm folgt die Schar der Götter und Dämonen in elf Zügen geordnet. Nur Hestia allein bleibt im Haus der Götter zurück (247 a).

Da in diesem Mythos unbezweifelbar die geozentrische Vorstellung herrscht, kann unter der Hestia nur die Erdgöttin gemeint sein. Warum es aber außerdem gerade elf Scharen sind, in denen die Götter dahinziehen, ist umstritten. Es scheint mir aber nicht wichtig zu sein und ich will mich daher nicht weiter darauf einlassen.

Viel Herrliches ist zu schauen auf dem Weg innerhalb des Himmels, den die Götter dahinziehen, deren jeder das Seinige verrichtet. Es folgt ihnen, wer will und kann, denn die Götter kennen keinen Neid. Wenn sie aber zum Fest und Mahle eilen, dann lenken sie steil empor zum äußersten Himmel. Da gehen nur die Gespanne der Götter leicht voran, die der anderen aber haben große Mühe, denn das eine Pferd, das etwas von der Schlechtigkeit an sich hat, wenn es nicht von seinem Lenker sehr gut erzogen ist, drückt zur Erde nieder. Da hat die Seele denn einen schweren Kampf zu führen (247 b). Die sogenannten Unsterblichen aber fahren, wenn sie zur höchsten Höhe gekommen sind, hinaus und stehen nun auf dem Rücken des Himmels, auf seiner Außenseite, der Umschwung des Himmels nimmt sie mit, und sie schauen das, was außerhalb des Himmels ist. Außerhalb des Himmels sind die Ideen (247 c).

Diesen überhimmlischen Ort, sagt Sokrates, hat noch kein Dichter würdig besungen, noch wird das je geschehen. Er ist aber so beschaffen: das farblose und gestaltlose, untastbare, seienderweise seiende Wesen (οὐσία ὄντως οὖσα), anschaubar nur von dem Steuermann der Seele, der Vernunft, um welches herum die Gattung des wahren Wissens ist, das hat jenen Ort inne. Da sich nun der Verstand des Gottes von Vernunft und reinem Wissen nährt, wie auch der jeder Seele, die sich darum bemüht, das ihr Bekömmliche aufzunehmen, so freuen sie sich, wieder einmal das Seiende zu erblicken, und nähren sich durch die Betrachtung des Wahren und lassen es sich wohlsein, bis der Umschwung des Himmels sie zum Ausgangspunkt zurückgebracht hat. Auf diesem Umlauf sehen sie die Gerechtigkeit selbst, sehen die Besonnenheit und sehen das Wesen des Wissens und auch alles andere, was seienderweise seiend ist. All das erblickt die Seele und taucht wieder zurück in das Innere des Himmels und kehrt nach Hause zurück. Zu Hause füttert der Lenker die Rosse mit Nektar und Ambrosia (247 e).

So steht es bei den Göttern. Von den übrigen gelingt es denen, die am besten folgen konnten, wenigstens den Kopf des Lenkers aus dem Himmel herauszustecken, aber von den Rossen gestört können sie nur mit Mühe das Seiende erblicken. Andere erheben sich manchmal, sinken aber wieder zurück, so daß sie wegen des Widerstandes der Pferde nur einiges sehen, anderes aber nicht. Viele andere gelangen gar nicht dazu, einen Blick in den überhimmlischen Ort zu tun (248 a). Alle drängen nach oben, aber die Unfähigkeit, dahin zu gelangen, führt zu Getümmel und Verletzungen. Da sie der Schau des Wahren nicht teilhaft werden, halten sie sich an die Scheinnahrung (248 b).

Sie drängen aber alle nach oben, weil dort die Nahrung ist, von der das Gefieder wächst, und weil das Gesetz der Adrasteia gilt, das folgendes bestimmt: Die Seele, die etwas vom Wahren geschaut hat, soll bis zum nächsten Auszug ohne Schaden bleiben. Wenn sie aber nichts sieht und von Vergeßlichkeit und Schlechtigkeit erfüllt die Schwingen verliert und zur Erde stürzt, dann ist festgesetzt, daß sie bei der ersten Geburt noch nicht in einen Tierleib kommt, sondern in den eines Menschen. Wer am meisten erschaut hat, der wird ein künftiger Freund der Weisheit oder der Schönheit, oder ein Diener der Musen oder der Liebe. Der zweite im Rang wird ein gesetzestreuer König oder Krieger und Herrscher, der dritte ein guter Staatsmann oder Hausverwalter oder Geschäftsmann, der vierte ein Freund der Gymnastik oder Medizin, der fünfte ein Seher oder Priester, der sechste ein Dichter oder bildender Künstler, der siebente ein Handwerker oder Bauer, der achte ein Sophist, der neunte ein Tyrann. Wer gerechter gelebt hat, erhält ein besseres Leben, wer ungerechter gelebt hat, ein schlechteres.

Nach 10 000 Jahren kehrt die Seele zurück zu einer neuen Fahrt zum überhimmlischen Ort, mit Ausnahme dessen, der ein echter Philosoph oder philosophischer Päderast gewesen ist (249 a). Diese können, wenn sie dreimal dasselbe Leben gewählt haben, schon nach 3000 Jahren heimkehren. Die übrigen aber kommen nach dem irdischen Leben vor ein Gericht und werden dann teils in unterirdische Zuchtorte geworfen, wo sie Strafen abbüßen, teils kommen sie an einen himmlischen Ort; nach tausend Jahren aber kommen die Seelen zur Verlosung und Wahl eines neuen zweiten Lebens. Dabei kann auch aus einem Menschen ein Tier werden oder aus einem Tier ein Mensch, wenn es nämlich früher schon einmal Mensch gewesen ist (249 b). Denn eine Seele, die niemals die Wahrheit erblickt hat, kann nicht die Gestalt des Menschen annehmen. Der Mensch nämlich bleibt nicht wie das Tier beim Wahrnehmen stehen, sondern bringt die Wahrnehmungen zusammen, erfaßt im Denken das Eine, in dem das Viele übereinkommt, und stellt es vor als das Eidos. Das aber ist nur möglich durch die Erinnerung (ἀνάμνησις 249 c) an das wahrhaft Seiende, das die Seele damals gesehen hat, als sie dem Gott auf der Fahrt auf die Außenseite des Himmels folgte.

Daher wird auch des Philosophen Seele befiedert, denn sie ist so viel als möglich in der Erinnerung bei diesem wahrhaft Seienden. Nur auf Grund solcher Erinnerung und sich ihrer recht bedienend kann ein Mensch wahrhaft vollkommen werden. Indem er nun solchen Dingen nachgehend an das Göttliche sich hält und das Menschliche vernachlässigt, halten ihn die Leute für verrückt, daß er aber begeistert, enthusiasmiert, ist, merken sie nicht. Und hier zeigt sich die vierte Art der Mania. Die erste war die Entrückung des Sehers, auf der die Mantik beruht, die zweite der Wahnsinn von Kranken, der prophetisch Heilmittel finden ließ, die dritte die Begeisterung durch die Musen, die Inspiration. Die vierte Art ist die, daß einem bei dem Anblick der hiesigen Schönheit die Erinnerung an die wahre Schönheit kommt, ihm die Schwingen wachsen und er emporfliegen möchte und doch nicht kann; da ist er wie ein Vogel, der nicht mehr fliegen kann und mit den Flügeln schlägt, zum Himmel blickt und das Irdische nicht achtet. Da verurteilt man ihn als verrückt (249 d), aber in Wahrheit ist dies der höchste Enthusiasmus, und diese Begeisterung ist das beste für den, der davon befallen ist, und auch für den, der mit ihm Gemeinschaft hat, und wer in diesem Wahnsinn die Schönen liebt, der wird Liebhaber genannt (249 e).

Jede Seele eines Menschen muß zwar das wahrhaft Seiende geschaut haben, aber die Kraft der Erinnerung ist verschieden, sei es, daß die Seele nur wenig davon gesehen, sei es, daß das Vergessen sie befallen hat. Wenige sind es, bei denen die Erinnerung stark bleibt. Wenn diese nun ein Abbild des Jenseitigen sehen, sind sie entzückt und fassungslos, aber sie verstehen nicht, was ihnen geschieht, weil sie es nicht hinreichend durchschauen (250 a). Denn die Abbilder der Gerechtigkeit, der Besonnenheit, und was sonst den Seelen teuer ist, haben keinen Glanz, und daher ist es schwer, ihr Genus, d. h. die dem zugrundeliegende Idee darin wiederzuerkennen. Die Schönheit war damals als etwas Glänzendes anzuschauen, als wir mit dem seligen Chor den Göttern folgten, die herrlichen Anblicke genossen und in das Geheimnis eingeweiht wurden, das man das allerseligste nennen darf und das wir feierten, noch untadelig und unberührt von all den Übeln, die uns später treffen sollten, und noch nicht eingekerkert in den Leib wie eine Auster in ihre Schale (250 b f.).

Das sind alles Dinge, die Plato nicht zum ersten Male vorbringt. Deutlich wird verwiesen auf den Schlußmythos in der »Politeia«, auf die Lehre von der Wiedererinnerung, und auf den Schlußmythos des »Phaidon«. Die Scheidung von Diesseits und Jenseits ist entschieden ausgesprochen, und das war ein Ärgernis für alle Ausleger, die in Plato eine Entwicklung finden wollten, die von einem anfänglichen krassen Dualismus wegführt zu einer Stellung, in der diese Kluft sich geschlossen hat. Natorp z. B. war als guter Kantianer fest davon überzeugt, daß die Welt der Erfahrung die einzig wahre Welt sei und daß alles andere, was noch in der menschlichen Erkenntnis vorkommt, Mittel im Dienste dieser Erfahrung sein müsse. Zudem war für ihn Erfahrung nur jene Ermittlung von intersubjektiv gültiger Objektivität, wie sie vorbildlich die Naturwissenschaft und insbesondere die mathematische Physik hervorbringt. Das mußte wohl auch Plato (so dachte er) wenigstens im Prinzip erkannt haben, wenn man ihm auch in der genaueren Durchführung dieser Gedanken vieles nachsehen mußte, da er ja wegen der noch fehlenden Ausbildung der physikalischen Erfahrungswissenschaft es noch nicht so gut machen konnte wie Kant. Deswegen mußte nun der »Phaidros« früh sein, und wenn er doch spät war, eine Überarbeitung eines zugrundeliegenden frühen Werkes, das aber im wesentlichen unverändert blieb.

Wir haben aber keinen Grund, uns an dem Inhalt des »Phaidros« zu stoßen und ihn als hinter die in der Spätzeit erreichte Entwicklung Platos zurückfallend zu betrachten. Denn diese Entwicklung, die Natorp bei ihm finden will, gibt es nicht. Der scharfe Dualismus von Diesseits und Jenseits, von sinnlicher und übersinnlicher Welt, von Wahrnehmung und Denken, ist von Plato niemals in Frage gestellt und auch niemals nur im mindesten gemildert worden. Das Wahre ist die übersinnliche Welt der ewigen Ideen, zugänglich dem Denken, der Dialektik. In dem Reich der Ideen zu leben, sie zu schauen, das ist das wahre Leben, die wahre Seligkeit und die wahre Bestimmung des Menschen. Das Diesseits ist das schwache und schlechte Abbild davon. Darin leben wir, selbst damit behaftet, nämlich mit dem Leib, der der Region des Vergänglichen ganz zugehört, welcher Leib wie ein Gefängnis der Seele ist. Auch um im Hiesigen aufs beste zu leben und sich zum Erben des Jenseits zu qualifizieren, muß man schon möglichst sich zu ihm emporwenden und das Irdische mißachten.

Auch wenn Plato im »Sophistes« zu dem Ergebnis kommt, daß das Sinnliche auch Seiendes ist und anderseits auch das Übersinnliche Nichtseiendes, und wenn wir ihn sich abmühen sehen mit der Frage, was denn eigentlich die Vernunft ist, da sie doch einerseits Bewegung ist und dadurch von dem ewig sich Gleichbleibenden und Ruhenden der Ideenwelt geschieden, anderseits aber doch nichts Sinnliches sondern irgendwie der übersinnlichen Welt verwandt, — so haben solche Gedanken weder die Aufgabe noch die Wirkung, den Dualismus, der die platonische Grundhaltung ausmacht, zu mildern. Das für uns so Befremdliche, daß die

Welt, die uns die einzig wahre und wirkliche zu sein scheint, nichts sein soll als ein schlechtes und schwaches Nachbild der eigentlich wahren Welt, und daß als die wahrhaft wirkliche Welt etwas ausgegeben wird, was uns nichts zu sein scheint als blasser Gedanke ohne Wirklichkeit, gerade dies Befremdliche darf man nicht wegdeuten, sondern muß es betonen.

Was Plato hier denkt, ist nicht typisch griechisch. Weder die Griechen vor ihm noch die nach ihm haben so gedacht (abgerechnet natürlich die Neuplatoniker). Plato ist so wenig ein typischer Vertreter des griechischen Denkens, wie Hegel ein typischer Vertreter des modernen Geistes ist. Beide sind solche, die sich der Strömung ihrer Zeit entgegenwerfen. Der Leib ist ein Gefängnis, in das wir eingesperrt sind, der Leib und die durch ihn bedingte Sinnlichkeit sind etwas Schlechtes und eine Quelle, ja die Quelle der Schlechtigkeit der Seele, Erlösung aus dem Leibe und aus der Sinnlichkeit muß das Ziel sein, — Nietzsche hat schon recht: Hier war etwas krank geworden, wenn er auch vielleicht vorschnell diese Krankheit biologisch zu verstehen versucht hat, als einen Verfall, décadence der Vitalität. Aber es bleibt wahr: das Weltverhältnis des Menschen erschien in eigentümlicher Weise gestört. Der Mensch ist in seiner Welt nicht mehr zu Hause, er fühlt sich in ihr nicht wohl, wie in die Fremde verschlagen, wie im Gefängnis, wie heimatlos. Darin ist Plato, so sonderbar es klingt, moderner als Aristoteles, der sich vorplatonischen Vorstellungen wieder nähert. Plato ist moderner, denn die Grundstimmung seiner Philosophie beherrscht im Grunde den ganzen Hellenismus, mögen die Gedankengebäude, zu denen diese Stimmung da führt, sich auch auf den ersten Blick ganz anders ausnehmen.

Plato haßt das Dunkel des Diesseits und liebt das jenseitige Licht. Die Hoffnung, in jenes Lichtreich zu gelangen, beseelt ihn durchaus, wenn er auch nicht anders darüber zu sprechen vermag als in der mythischen Form, die er selbst für eigentlich unzureichend hält. Im Diesseits aber ist seine Beseligung der Schein, der von der jenseitigen Helle in das diesseitige Dunkel fällt. Als diesen Schein versteht er das Schöne. Vom Schönen war auch früher schon oft die Rede gewesen. Die Griechen pflegten ja überhaupt gerne das Schöne und Gute (καλὸς καὶ ἀγαθός) in einem Atem zu nennen. Das Schöne im ästhetischen Sinne kam zur Sprache im »Symposion«. Das sinnliche Schöne war da ein Bild des wahrhaft Schönen, welches die Idee als solche ist. Das höchste Schöne fiel im »Symposion« und im »Philebos« mit dem höchsten Guten zusammen. Jetzt aber wird die Idee des Schönen in ihrer Besonderheit gedacht.

Die Schönheit (lehrt Sokrates 250d f.) zeichnet sich schon unter dem Jenseitigen durch ihren Glanz aus, und nachdem wir ins Diesseits gekommen sind, erfassen wir sie durch den deutlichsten unserer Sinne, nämlich den Gesichtssinn. Daraus sieht man, daß Plato an die sichtbare Schönheit denkt, insbesondere an die der menschlichen Gestalt. Die Einsicht (φρόνησις) kann man nicht sehen. Welche Liebe würde sie wohl entfachen, wenn es davon ein sichtbares Abbild gäbe! Auch das andere, was liebenswert ist, kann man nicht sehen, auch nicht im sinnlichen Abbild. Nun aber hat allein die Schönheit das Los, daß sie das Hervorscheinendste (ἐκγανέστατον) ist und das, was man am meisten lieben muß (ἐρασμιώτατον).

Das heißt, im Schönen wird die Idee unmittelbar durch die Sinne faßbar. Hier erscheint das Jenseitige mitten im Diesseits. Das Jenseitige ist als solches das, was der Mensch von Natur lieben muß, weil seine Seele davon lebt. Da es aber verhüllt ist, vermag es die Liebe nicht auf sich zu ziehen, die es unfehlbar auslösen würde, wenn es erscheinen würde. Wenn die Einsicht (γρόνησις) sinnlich erscheinen könnte, so würde sie eine noch viel heißere Liebe hervorrufen als das Schöne, aber eben dies ist die Auszeichnung des Schönen, sinnlich erscheinen zu können in einem Grade wie keine andere Idee, und darum ist es auch das, was am meisten die Liebe auf sich zieht.

Ohne die Erinnerung (ἀνάμνησις 250e) aber wird der Mensch nicht von dieser sinnlichen Schönheit fortgezogen zur übersinnlichen, sondern bleibt bei ihr stehen und will in ihr zeugen, noch scheut er die widernatürliche Vereinigung. Wer aber noch geweiht ist von der Wiedererinnerung und eine schöne Gestalt erblickt, den schaudert es zuerst, und die Erinnerung an die damaligen Ängste erfüllt ihn, dann aber verehrt er, was er sieht, wie einen Gott, und wenn er nicht fürchtete, für völlig verrückt gehalten zu werden, dann würde er einem Geliebten opfern wie einem Gott (251a). Wenn er ihn anblickt, befällt ihn wie im Fieber abwechselnd Hitze und Kälte. Durch die Augen nimmt er den Ausfluß der Schönheit in sich auf, wodurch sein Gefieder gleichsam begossen wird, so daß es wieder zu wachsen beginnt (251b). Wenn nun aber der Geliebte nicht gesehen wird, so wird durch die Trockenheit, die dann eintritt, das Wachsen wieder gehindert, das Gefieder aber sticht gegen die sich verschließenden Poren, und das wird schmerzhaft empfunden, zugleich aber frohlockt die Seele in Erinnerung an den Anblick des Schönen. Dieser widersinnige Zustand, der zugleich Lust und Schmerz ist, erzeugt eine Art Mania, bei der der Mensch weder nachts schlafen noch es bei Tage an einem Platz aushalten kann. Daher trachtet der Liebende danach, möglichst ständig dem Geliebten nahe zu sein und ihn immerzu zu sehen. Der Eros heißt deswegen auch bei den Göttern Pteros wegen des gefiedertreibenden Zwanges, und Sokrates zitiert dazu Verse, die gewisse Homeriden aus geheimgehaltenen Gedichten angeführt haben sollen. Was es mit diesen Versen (252 b Ende) auf sich hat, ist umstritten. Es ist gut möglich, daß es sich um eine platonische Erfindung handelt.

Jetzt werden verschiedene Typen der Liebenden unterschieden. Ihre Verschiedenheit wird hergeleitet davon, im Gefolge welches Gottes sie damals zum Himmel aufgefahren waren. Wenn z. B. diejenigen, welche im Gefolge des Ares waren, glauben, beleidigt zu sein, dann sind sie bereit, sich selbst und den Geliebten hinzuopfern. Die dem Zeus angehören, erstreben, daß ihr Geliebter ein der Seele nach dem Zeus Ähnlicher sei, und daher schauen sie aus nach philosophisch Veranlagten und tun alles, damit der Geliebte dann auch wirklich philosophisch werde. Und so sucht jeder den, der seinem Gott entspricht, und sucht ihn seinem Gott ähnlich zu bilden (252 c ff.).

Sokrates kommt (253 d) noch einmal zurück auf das Bild vom Gespann und beschreibt zunächst die Art der beiden Pferde in einer Weise, die längst zu dem Urteil Veranlassung gegeben hat, Plato müsse ein guter Pferdekenner gewesen sein. Das eine Pferd ist von edler Rasse und wird ohne Schläge nur durch das befehlende Wort gelenkt, das andere, das als ein Klepper von minderwertiger Rasse geschildert wird, ist starrsinnig und taub und gehorcht kaum Stachel und Peitsche. Es versteht sich, daß die beiden Pferde und ihr Lenker wieder die drei Seelenteile aus der »Politeia« versinnlichen sollen. Wenn nun der Anblick der schönen Gestalt das Verlangen anstachelt, dann wird das edle Roß durch die Scham seiner Natur zurückgehalten, den Geliebten anzuspringen, das andere aber wird durch nichts zurückgehalten und reißt das ganze Gespann mit Gewalt hin zum Geliebten, um die Liebesgunst zu genießen (254 a). Der Lenker und das gute Roß widerstreben zwar anfangs, aber am Ende werden sie mitgerissen und schauen die Schönheit des Geliebten. Sie erinnert den Lenker an das Wesen der Schönheit, und er sieht sie wieder neben der Besonnenheit auf heiligem Boden stehen. Da erschrickt er, und in frommer Scheu reißt er die Pferde zurück. Das gute folgt gutwillig, das schlechte aber widersetzt sich und schmäht das andere Pferd und den Lenker und sucht sie wieder vorwärts zu reißen. Wenn es aber immer wieder zurückgerissen wird, so wird das schlechte Roß schließlich gebändigt, und es kommt dahin, daß die Seele des Liebhabers dem Geliebten in Scham und Schüchternheit nachgeht (254 b ff.).

Wenn der Liebende ein wirklich Liebender ist und nicht nur einer, der vorgibt es zu sein, und weil der Geliebte von Natur dem Liebenden zugeneigt ist, mag ihm auch früher eingeredet worden sein, es sei Schande, mit dem Liebhaber zusammenzukommen, und er ihn deshalb von sich gestoßen haben, so hat doch im Verlauf der Zeit die Jugend und die Unvermeidlichkeit dazu geführt, daß er ihn zuläßt zum Verkehr (ὁμιλία in einem Wortsinn, der vom Gespräch bis zum Geschlechtsverkehr reicht 255 b). Denn es ist wider die Schicksalsordnung, daß ein Böser dem Bösen Freund oder daß ein Guter dem Guten nicht Freund sei. Wenn er ihn aber zuläßt, so wird er erfahren, daß die anderen Freunde und Angehörigen ihm so gut wie nichts an Freundschaft erweisen, verglichen mit dem gotterfüllten Freund. Bei diesem Zusammensein strömt der Ausfluß der Schönheit, der zunächst das Gefieder des Liebenden wachsen ließ, auch wieder zurück zum Geliebten, läßt auch dessen Gefieder wachsen und erfüllt auch seine Seele mit Liebe. Doch weiß er nicht, daß er wie in einem Spiegel in der Seele des Liebenden sich selbst schaut. So leidet er dasselbe wie der Liebende bei dessen Abwesenheit, mit der Gegenliebe, dem Schattenbilde der Liebe behaftet. Er nennt das zwar nicht Liebe, sondern Freundschaft, aber bei dem vertraulichen Zusammensein fordert das schlechte Roß des Liebhabers den sinnlichen Genuß, das des Geliebten aber ist geneigt, dem Liebhaber gefällig zu sein. Doch das edle Roß des Liebhabers und der Lenker sträuben sich dagegen mit Scham und Vernunft (255 c ff.).

Wenn die besseren Teile der Seele den Sieg erlangen, dann haben sie das wahrhaft gute Leben gewählt und mit dem Tode schon einen der drei Kampfgänge gewonnen, ein Gut, über das hinaus ein größeres weder menschliche Besonnenheit gewinnen kann noch göttlicher Wahnsinn (256 b die hier also nicht als im Gegensatz stehend, sondern als zusammenwirkend erscheinen. Eben darin besteht das Wesen der so viel zitierten platonischen Liebe). Wenn das Paar zwar kein philosophisches, aber doch noch ehrenhaftes Leben führt, dann kann es vorkommen, daß sie doch einmal beim Trunk oder anderem unbesorgtem Augenblick den schlechten Pferden nachgeben, und haben sie das einmal getan, so werden sie es auch wiederholen, wenn auch selten, da nicht die ganze Seele zustimmt. Auch diese sind Freunde für ihr Leben, und sie verlassen es zwar unbeschwingt, aber doch mit dem Trieb, sich zu befiedern, so daß auch sie keinen geringen Lohn des Liebeswahnsinns davontragen. Immerhin werden sie nicht mehr zur Strafe in die Unterwelt geschleudert, sondern im Lichte leben und glücklich sein, bis sie zu gleicher Zeit um der Liebe willen wiedergeboren werden (256 c f.).

Das sind also die Segnungen, die die Liebe des Liebenden dem Geliebten bringt. Aber die Vertraulichkeit des Nichtliebenden, welche mit sterblicher Besonnenheit vermischt auch nur Sterbliches und Sparsames austeilt, erzeugt in der Seele jenen Knechtssinn, den die Menge als Tugend preist, und bewirkt, daß die Seele sich 9000 Jahre vernunftlos auf und unter der Erde umtreiben muß (256 e).

Sokrates schließt mit einem Gebet an den Eros. Er bittet ihn, die erste Rede zu verzeihen, die zweite mit Gunst aufzunehmen, ihm die Liebeskunst, die er ihm verliehen habe, nicht zu nehmen, ihm vielmehr zu gewähren, noch mehr als jetzt von den Schönen verehrt zu sein (257 a). Das Widerwärtige aber möge er dem Lysias als dem Vater der ersten Rede zurechnen und ihn sich solcher Rede enthalten und sich der Philosophie zuwenden lassen (257 b).

Damit endet die zweite Rede des Sokrates, eine Preisrede auf den göttlichen Wahnsinn der Liebe, der gleichgeschlechtlichen, die hier wie selbstverständlich als einzige Form, die überhaupt der Rede wert ist, auftritt. Als höchste Form tritt freilich diese Liebe auf in der Gestalt, daß der homosexuelle Verkehr ausgeschlossen wird, aber doch so, daß das Verlangen danach nicht verurteilt wird. Es ist keine Rede davon, daß Plato oder der von ihm gedichtete Sokrates gegen Homosexualität einen Widerwillen empfänden. Gerühmt wird die Enthaltsamkeit, die Herrschaft der Vernunft über die Sinnlichkeit, aber es wird nicht die heterosexuelle Sinnlichkeit gegen die homosexuelle ausgespielt, und selbst der homosexuelle Geschlechtsverkehr wird hier mit Nachsicht behandelt. Das ist zwar nicht das Höchste, das Höchste ist Keuschheit, aber es ist immer noch etwas durchaus Ehrbares, und auch diese Päderasten werden noch gepriesen.

Die Liebe, die sie zusammentreibt, ist Liebe zum Schönen. Das Schöne ist nach Hegel das sinnliche Scheinen der Idee. Diese Bestimmung Hegels stammt unmittelbar aus dem »Phaidros«. Das Schöne ist die platonische Vermittlung zwischen dem Intelligiblen und dem Sinnlichen. Nirgends sonst in Platos Schriften gibt es eine so innige Verbindung von Diesseits und Jenseits wie im »Phaidros«.

Das Schöne ist das Licht aus dem Jenseits, das in das Diesseits fällt. Die Schönheit ist dem Diesseits nur vom Jenseits geschenkt oder geliehen, und sie recht auffassen, heißt daher, sich von ihr zum Jenseits weisen zu lassen. Das Schöne wird uns gereicht wie eine Leiter, auf der wir aus dieser Welt hinaus in die übersinnliche emporsteigen können. Vermittlung zwischen Diesseits und Jenseits ist da, aber es ist nicht die von den Neukantianern erwünschte der Einbildung des Jenseits in das Diesseits, damit jenes diesem diene und diese Welt (echt kantisch) doch zur allein wahren werde, sondern die Vermittlung dient umgekehrt dazu, daß dieser Welt geholfen werde, den Weg nach oben zur wahren Welt zu finden. Die Bezauberung durch das Schöne ist göttliche Entrückung, ist Wahnsinn, aber ein Wahnsinn, der Wohltat ist, indem er uns in Richtung auf die Wahrheit entrückt, ein Wahnsinn, der die wahre Besonnenheit nicht ausschließt, sondern umgekehrt gerade fordert. Den Vielen (oder wie Hegel das nennt, dem gemeinen Menschenverstand) muß freilich diese vom göttlichen Wahnsinn geforderte und ihm entsprechende Vernunft wie die vollendete Verrücktheit erscheinen. Umgekehrt kann Plato für die ideenlose Schlauheit, die in der Rede des Lysias zum Ausdruck kommt, nur Verachtung empfinden.

Lysias solle nur aufhören, Reden zu schreiben, hatte Sokrates zum Schluß seiner Rede gemeint; das erinnert den Phaidros daran, daß ein Politiker den Lysias in einer Polemik immer den Redenschreiber genannt hatte, als sei das ein Schimpfwort (257 c). Er bemerkt, daß überall die achtbaren Leute sich schämen, Reden zu schreiben, um nicht bei der Nachwelt in Verdacht zu kommen, sie seien Sophisten gewesen. Doch macht Sokrates dagegen geltend, daß das Schreiben von Reden nicht an sich etwas Schlechtes sein kann, da ja die Reden bedeutender Staatsmänner und auch die Reden berühmter Dichter hoch geachtet werden (257 e). Nicht das Redenschreiben ist also schlecht, sondern schlecht ist es, schlechte Reden zu schreiben.

So erhebt sich die Frage: welches ist die Weise (τρόπος), gut zu schreiben oder nicht gut zu schreiben (258 d)? Sollen wir das untersuchen? Darauf antwortet Phaidros: Worum willen lebte einer denn, wenn nicht um willen solcher Freuden? Doch nicht um jener willen, für die man erst Schmerz empfinden muß und die mit dem Schmerz zusammen auch wieder aufhören, von welcher Art fast alle körperlichen Freuden sind, die daher auch niedrige genannt werden (258 e). Diese Worte können kaum anders aufgefaßt werden als als eine Anspielung auf die Untersuchungen, die im »Philebos« über das Wesen der Lust und ihre verschiedenen Arten angestellt worden sind. Diese Stelle kann also die Annahme begründen, daß der »Phaidros« erst nach dem »Philebos« geschrieben worden ist.

Muß nicht, fragt nun Sokrates, derjenige, der gut und schön reden soll, das Wahre mit seinem Verstand erfassen hinsichtlich dessen, worüber er reden will? Aber darüber hat Phaidros anderes gehört, nämlich, daß der Redner nicht zu wissen brauche, was gerecht ist, sondern nur, was der Menge, deren Entscheidung er beeinflussen will, gerecht zu sein scheint, und so überall (260 a).

Diese Meinung macht Sokrates durch einen komischen Vergleich lächerlich. Wie wäre es (fragt er den Phaidros), wenn ich dich überreden wollte, du solltest dir ein Pferd anschaffen, um gegen den Feind zu ziehen, wir wüßten aber beide gar nicht, was ein Pferd ist, und ich wüßte von dir nur, daß du der Meinung seist, das Pferd sei dasjenige unter den zahmen Tieren, das die längsten Ohren hat, und wenn ich dann eine Lobrede auf den Esel hielte, den ich dabei immer Pferd nenne, wie gut er im Felde brauchbar sei (260 b). Aber das ist ja noch harmlos gegen dies, daß ein Redner unwissend etwas für den Staat Schlechtes als etwas Gutes anpreist und die Menge überredet, das Schlechte zu tun, das sie für das Gute hält (260 c). Dagegen könnte nun aber die Redekunst selbst (sagt Sokrates) einwenden, daß ja dies nicht ihre wahre Aufgabe sei, sondern es sei schon nötig, die Wahrheit zu wissen; aber es sei doch so, daß auch, wer sie weiß, noch nicht imstande sein wird, mit Kunst andere davon zu überzeugen. Mit Kunst (τέχνη), — ist die Rhetorik eine Kunst? Nein (sagt Sokrates), das ist sie nicht, sie ist keine Art des Wissens, sondern sie ist nur Routine (τριβή. 260 e). Das Wissen aber, was man braucht, um gut zu reden, ist nichts anderes als die Philosophie.

Die Rhetorik ist nach Sokrates Seelenführung (ψυχαγωγία. 261 a) durch Reden, und das nicht nur vor Gericht und in der Politik, sondern auch im Privatleben und bei unbedeutenden Gegenständen ebensowohl wie bei bedeutenden. Von solcher Ausweitung hat Phaidros noch nie etwas gehört, gewöhnlich spricht man ja von Rhetorik nur in Bezug auf die öffentlichen Reden (261 b). Die Kunst der Gerichtsrede rühmt sich, sie könne nach Belieben dieselbe Sache gerecht und ungerecht erscheinen lassen, und die Kunst der politischen Rede rühmt sich, sie könne dieselbe Entscheidung nach Belieben als gut und als schlecht erscheinen lassen. Aber Entsprechendes vermochte auf anderem Gebiet (so erinnert Sokrates) auch der Eleate Zeno, er rühmt sich, er könne erreichen, daß dasselbe den Hörern ähnlich erscheint und unähnlich, eines und vieles, ruhig und bewegt (261 d). Sokrates nennt das eine Kunst der sich selbst entgegengesetzten Rede (ἀντιλογική); diese erstreckt sich also nicht nur auf Recht und Politik, sondern auf alles, worüber überhaupt geredet werden kann, wenn es sie wirklich gibt (εἴπερ ἔστιν 261 e). Wie kann es so etwas aber geben? Das Unähnliche wird (sagt Sokrates) nicht so leicht jemand verwechseln, leichter dagegen das Ähnliche. Wenn man also in kleinen Schritten vom Ähnlichen zum Ähnlichen weitergeht, dann kann man am Ende unvermerkt zum Gegenteil dessen gelangen, wovon man ausgegangen ist. Daraus folgt aber, daß derjenige, der andere täuschen will ohne selbst getäuscht zu werden, die Ähnlichkeiten und Unähnlichkeiten der Dinge genau kennen muß. Dazu aber muß er wissen, was jedes Ding in Wahrheit ist. Wer aber die Wahrheit nicht hat und nur Meinungen nachjagt, dessen Redetechnik wird etwas sehr Untechnisches werden (262 a ff.).

Jetzt soll die Rede des Lysias geprüft werden, ob sie in diesem Sinne als Werk einer Kunst (τέχνη) verstanden werden kann. Sokrates läßt noch einmal den Anfang der Lysiasrede vorlesen: »Du kennst mein Anliegen und hast gehört, daß ich glaube, es sei vorteilhaft für uns, wenn das Bewußte geschieht. Ich hoffe aber, nicht darum das Ziel meiner Bitte zu verfehlen, weil ich nicht in dich verliebt bin. Denn die Verliebten reut hinterdrein.« Halt! ruft hier Sokrates. Was, so fragt er, ist daran kunstwidrig (262 e)? Er erinnert daran, daß es Wörter gibt, über deren Bedeutung kein Streit ist, so etwa über das, was mit den Wörtern »Eisen« und »Silber« gemeint ist, wenn auch darüber Streit sein kann, ob ein Ding wirklich aus Silber besteht. Anders dagegen steht es mit solchen Wörtern wie »gut« und »gerecht«. Da ist nicht nur darüber Streit, ob einer gerecht ist oder nicht, und ob etwas gut ist oder nicht, sondern zuvor schon darüber, was mit diesen Wörtern eigentlich gemeint ist (263a). Diese zweite Gattung von Wörtern ist besonders geeignet, um in der täuschenden Rede gebraucht zu werden. Also ist es für den Redner wesentlich zu wissen, zu welcher Gattung ein zu gebrauchendes Wort gehört (263b). Das Wort »Liebe« gehört nun sicher zu den zweifelhaften Wörtern, denn sonst hätte es ja gar nicht geschehen können, daß einmal herauskam, sie sei das Verderben für den Geliebten, und dann wieder, sie sei für ihn das größte Gut (263c). Sokrates hat am Anfang beider Reden die Liebe definiert, nicht so Lysias. Er verfehlt sich also darin gegen die Kunst, daß er nicht mit dem Anfang angefangen hat. Überhaupt scheint es seiner Rede an jeder notwendigen Ordnung zu fehlen und Beliebiges auf Beliebiges zu folgen. Dagegen setzt Sokrates die Forderung, eine Rede müsse wie ein lebendiger Organismus gebaut sein: diesem Anspruch genügt die Lysiasrede in keiner Weise (263d ff.).

Wie aber steht es mit den beiden anderen Reden? Sie waren einander entgegengesetzt. Die eine behauptete, wie Lysias, man solle dem Nichtverliebten, die andere im Gegenteil, man solle dem Verliebten zu Willen sein. Dabei wurde beide Male die Liebe bestimmt als eine Art Wahnsinn. Von der Gattung Mania (so wurde gesagt) gäbe es zwei Arten: Wahnsinn, der aus menschlicher Erkrankung, und solcher, der aus göttlicher Entrückung entspringt (265a). Die erste Rede subsumierte die Liebe unter den menschlichen kranken Wahnsinn, die zweite aber unter den göttlichen gesunden Wahnsinn.

Hier zeigt sich nun, welches die wahre Kunst ist, auf der die Redekunst eigentlich beruht, nämlich die Dialektik. Das Übrige in den Reden mag als Scherz gelten, aber das Dialektische darin ist wert (meint Sokrates 265c ff.), als Kunst ausgebildet zu werden, nämlich dieses beides:

1. das vielfach Zerstreute zusammenschauend überzuführen in eine Idee, um jedes zu umgrenzen (ὁρίζειν = definieren) und deutlich zu machen, worüber etwas gelehrt werden soll. So wurde in den Reden der Eros umgrenzt in dem, was er ist (ὃ ἔστιν). Das mag nun gut oder schlecht gelungen sein, jedenfalls hat die Rede daher das Deutliche und mit sich selbst Zusammenstimmende. Das eine ist also der Übergang von den vielen Erscheinungen zu dem einen Wesen, das darin erscheint, und die Umgrenzung dieses einen Wesens durch den Logos, die Definition als Wesensbestimmung (265d).

Das 2. ist umgekehrt dies: imstande zu sein, die so gewonnene Einheit der Gattung in Arten zu zerlegen, nach den Gelenken, wie jedes gewachsen ist, ohne nach der Weise eines schlechten Kochs irgend einen Teil zu zerbrechen (265 e). Sokrates erläutert das am Beispiel seiner beiden Reden. Die nahmen das Unverständige als Einheit einer Gattung. Diese Einheit teilten die Reden in einen linken und einen rechten Teil, um körperlich-bildlich zu sprechen. Und beide teilten dann weiter, und so fand die eine Rede im links abgeschnittenen Teil sozusagen eine linke Liebe, die sie dann allen Grund fand zu schmähen, die andere Rede aber führte zu der Mania rechts und fand darin eine göttliche Liebe, die sie allen Grund hatte zu loben. Unter die Gattung des Wahnsinns gehörte links die menschliche Verrücktheit, und unter die wurde die linke Liebe subsumiert, und rechts die göttliche Entrücktheit, und darunter stand die rechte Liebe (266 a).

Davon (sagt Sokrates 266 b) bin ich nun selbst ein großer Liebhaber: von diesen Einteilungen (διαιρέσεις) und den Zusammenfassungen (συναγωγαί), um mich dadurch instand zu setzen, zu reden und zu denken, und wenn ich einen anderen erblicke, von dem ich den Eindruck habe, er könne erkennen, was seinem Wesen nach Eines und was Vieles ist, dem folge ich wie der Spur eines Gottes. Die sich darauf verstehen, nenne ich Dialektiker (266 c).

Welches aber ist die Kunst des Lysias und der anderen Rhetoren? Phaidros meint, von der Dialektik verständen jene Männer nicht viel, die Rhetorik müsse daher noch etwas anderes sein. Aber was? Das (so meint Phaidros), wovon in den Büchern über die Rhetorik gesprochen wird. Da wird gehandelt über die Einleitung, die Erörterung, die Beweise, die Kennzeichen, die Wahrscheinlichkeitsgründe, die Beglaubigung und Nebenbeglaubigung, die Widerlegung, Nebenwiderlegung, die Andeutung, das Gelegenheitslob, den Gelegenheitstadel, die Kunst Schein zu erregen, vom Neuen auf alte Art und vom Alten auf neue Art zu reden, die Kunst der gedrängten Kürze, der unendlichen Länge und der angemessenen Länge, die Zweideutigkeit, das Sprichwort, die Metapher, die Klagerede, die aufreizende, die beschwichtigende Rede, die verdächtigende, die Verdächtigungen zerstreuende und die Zusammenfassung am Ende der Rede (266 d ff.).

Alles schön und gut. Aber wenn jemand sagt, meint Sokrates, er verstehe sich darauf, in einem menschlichen Leib Hitze zu erzeugen oder auch Kälte oder ihn zum Erbrechen zu bringen oder ihm ein Abführmittel beizubringen, und er sei darum ein Arzt und könne auch andere dazu machen, und wenn er dann auf die Frage, ob er auch verstehe, wann und wem er dies alles tun müsse und in welchem Grade, antwortet, das müsse jeder selbst wissen, so werden wir ihm das nicht abnehmen (268 b). Sokrates gibt noch zwei weitere solche Vergleiche, die die Dichtkunst und die Musik betreffen, die auch darauf hinauslaufen, daß einer zwar gewisse Vorkenntnisse hat für eine Kunst, aber damit noch nicht die Kunst selbst (268 c ff.).

So betreffen auch die aufgezählten Themen der traditionellen Rhetorik nur lauter Vorkenntnisse, nicht die Kunst selbst, auf die es ankommt. Das Entscheidende der Rhetorik, wozu dies alles Mittel sind, ist das überzeugend Reden (πιθανῶς λέγειν. 269 c). Dazu bedarf es ohne Zweifel zunächst einer gewissen Naturanlage, zu der dann aber Wissen und Übung hinzukommen müssen. Soweit aber die Rhetorik auf Kunst beruht, wird ihr Verfahren nach der Meinung des Sokrates nicht auf dem von Lysias und Thrasymachos eingeschlagenen Weg gefunden werden können (269 d). Eher schon dürfte Perikles derjenige gewesen sein, der in der Rhetorik die größte Vollendung erreicht hat (269 e).

Alle großen Künste nämlich beruhen auf einem Wissen über die Natur (270 a). Wie der Arzt die Natur des Leibes kennen muß, um heilen zu können, so muß der Rhetor die Natur der Seele kennen, um darin durch Reden eine Areté hervorbringen zu können (270 b). Die Natur der Seele aber kann man nicht erfassen ohne die Natur des Ganzen. Es kann ja, erinnert Phaidros, nicht einmal die Natur des Leibes ohne die Erkenntnis der Natur des Ganzen erkannt werden, wie Hippokrates lehrt. Dazu meint Sokrates: wir müssen außer dem Hippokrates auch noch die Vernunft fragen, ob sie zustimmt (270 e).

Bezüglich jeglicher Natur, auf die sich eine Kunst richten soll, muß zunächst bedacht werden, ob sie einfach oder vielgestaltig ist. Wenn sie einfach ist, muß man ihre Wirkungskraft (δύναμις) auf anderes untersuchen und auch ihr Vermögen, von etwas anderem gewisse Einwirkungen zu erleiden. Wenn aber die Natur vielgestaltig ist, dann muß man zuerst diese Gestalten aufzählen und dann für jede der Gestalten das fragen, was bei der einfachen Natur gefragt wurde, nämlich nach ihrer Wirkungs- und Leidekraft (270 d). In Nutzanwendung auf die Rhetorik ergibt sich daraus, daß man für sie, wenn sie eine Kunst sein soll, das Wesen derjenigen Natur verstehen muß, an die sich die Rede richtet, und das ist die Seele (270 e). Der Lehrer der Rhetorik muß also darüber lehren können, welches ihre Natur ist, ein- oder vielgestaltig, und welche Wirkungen ausübend und durch welche beeinflußbar (271 a).

Dieser Forderung entsprechend enthält denn auch die Rhetorik des Platoschülers Aristoteles als ein Hauptstück die Lehre von den Affekten der Seele. Ohne zu wissen, was z. B. Furcht ist und wodurch sie ausgelöst wird und was sie ihrerseits für Wirkungen hat, kann der Redner weder wissen, auf welche Weise er durch rednerische Beeinflussung Furcht erwecken kann, noch was er eigentlich hervorruft, wenn er Furcht hervorruft, noch was diese für Wirkungen haben kann.

Das Dritte, nach dem Wesen und den Kräften der Seele, was der Lehrer der Rhetorik zu erörtern hat, sind die verschiedenen Arten der Rede und die verschiedenen Arten der Seele und ihre Zustände (παθήματα. 271 b. Das Wort meint insbesondere die Affekte) und der Wirkungszusammenhang, der zwischen dem einen und dem anderen besteht, also mit welcher Art von Reden man bei welcher Art von seelischen Naturen welche Wirkungen erzielt. Der Rhetoriker kann sich nicht damit begnügen, über die Seele im allgemeinen etwas zu wissen, er muß sich um das Besondere der verschiedenen Seelentypen bemühen. Von all dem ist in der traditionellen Rhetorik nicht die Rede, und wenn die Verfasser der Bücher darüber davon etwas wissen, so haben sie es doch nicht mitgeteilt, sondern für sich behalten.

Jetzt entwickelt Sokrates die Grundsätze einer Rhetorik als Wissenschaft (271 d ff.). Da das, was die Rede zu leisten vermag und leisten soll, die Seelenleitung ist, so muß, wer ein Redner werden will, wissen, wie viele Arten die Seele hat. Er muß die Beschaffenheit der verschiedenen Arten kennen, und was daraus für die Menschen dieser Seelenart folgt. Ebenso muß er die verschiedenen Arten von Reden unterscheiden und ihre jeweilige Beschaffenheit kennen. Dann kann er wissen, daß man mit Reden von einer bestimmten Art bei Menschen bestimmter Art Wirkungen bestimmter Art leicht hervorrufen kann, während man mit denselben Reden bei Menschen anderer seelischer Art nichts erreicht.

Es wurde schon gesagt, daß der noch kein Arzt ist, der die Mittel kennt, mit denen die Ärzte den Leib der Menschen beeinflussen können, sondern daß er dazu noch wissen muß, wann und bei wem und in welchem Grade er diese Mittel einsetzen muß, und daß er dazu die Natur des menschlichen Körpers kennen muß. Entsprechend ist es auch bei der Rhetorik. Das Instrumentarium der Rhetorik ist schon recht, und das Wissen davon ist brauchbar als Vorkenntnis für die eigentlich wissenschaftliche Rhetorik; die ist aber von diesem Vorwissen verschieden. Sie ist aber auch verschieden von der Dialektik; ihrem Wesen nach ist sie die Wissenschaft von dem Hörer der Reden, sie ist Psychologie.

Dieser Wissenschaft wird hier zum ersten Male bei Plato ihr eigenes Recht eingeräumt, wie ungefähr zur selben Zeit im »Timaios« der Physik ihr eigenes Recht eingeräumt wird. Es ist nicht mehr so wie in Platos Frühzeit, wo das eigentliche Wissen sich allein auf die Ideen bezogen hatte und alles Übrige der Trübe der Doxa überlassen blieb. Neben der Dialektik stehen mit eigenem Recht Physik und Psychologie. Diese letztere, die uns hier angeht, ist nicht nur die Wissenschaft vom Wesen der Seele (die hat es bei Plato schon längst gegeben), sondern die Wissenschaft von den verschiedenen Menschentypen.

Nun behauptet die zeitgenössische Rhetorik, das Wahrheitsproblem sei für die Rhetorik ohne Interesse. Ihr Thema sei das, was überzeugt (τὸ πιθανόν), und das sei das Wahrscheinliche (τὸ εἰκός. 272 d f.). Ja manchmal müsse ein Redner sogar das Wahre, das für seine Sache spricht, nicht sagen, weil es unwahrscheinlich klingt und keinen Glauben findet, und müsse statt dessen etwas setzen, was nicht wahr ist, aber als wahrscheinlich einleuchtet, um zum Erfolg zu kommen, nämlich zur Überredung (272 e). Sokrates berichtet ein hübsches Beispiel, das von dem Rhetor Teisias stammt. Ein Schwacher, aber Tapferer hat einen Starken, aber Feigen überfallen und ihm den Mantel geraubt. Da werden beide zweckmäßigerweise vor Gericht nicht die Wahrheit sagen. Der Starke wird sich hüten zu sagen, der Schwache habe ihm den Mantel ganz allein geraubt, denn das wird ihm niemand glauben, er wird also, um überzeugend zu sein, lügen, es hätten dem Schwachen noch andere geholfen. Der andere wird freilich in diesem Punkte auf der Wahrheit bestehen, aber sagen: wie soll wohl ich, der Schwache, mich an den Starken gewagt haben? Er wird seinen Mut und des anderen Feigheit verschweigen. Da der andere seine Feigheit nicht bekennen darf, muß er sich neue Lügen ausdenken usw. (273 b).

Dazu nimmt Sokrates (273 d ff.) auf folgende Weise Stellung: die überzeugende Wirkung des Wahrscheinlichen beruht auf seiner Ähnlichkeit mit dem Wahren. Das Wahrscheinliche (εἰκός) ist das dem Wahren Ähnliche (ὅμοιον τοῦ ἀληθοῦς, verisimile, auch auf Deutsch ursprünglich »wahrähnlich« genannt). Aber das dem Wahren Ähnliche, so wurde schon klargestellt, erkennt am besten, wer das Wahre weiß, und so muß es bei dem bleiben, was oben über die Grundsätze einer wissenschaftlichen Rhetorik ausgeführt wurde. Sich darin auszubilden bedarf gewiß vieler Arbeit. Diese Mühe aber soll man (nach der Meinung des Sokrates) nicht auf sich nehmen, um vor den Menschen glänzen zu können, sondern um so zu sprechen, wie es den Göttern wohlgefällig ist. Diesen unseren Herren müssen wir zu gefallen suchen und nicht unseren Mitknechten, den Menschen.

Damit kann das Thema der Kunst des Redens als zureichend erörtert gelten. Aber es war ja anfangs nicht nur von der Rhetorik im allgemeinen die Rede, sondern die besondere Frage war noch die nach dem Redenschreiben, ob das ziemlich oder unziemlich sei.

Da bei uns nicht nur geschrieben, sondern auch gleich gedruckt wird und selbst das mündliche Wort oft genug im Tonband festgehalten wird, sind wir schon beinahe so weit, das fixierte Wort für das Selbstverständliche und das flüchtige für die Ausnahme oder eine Vorstufe für das Gedruckte zu halten. So weit war es zur Zeit Platos noch nicht. Zwar werden Bücher geschrieben und auch Reden, und auch Plato selbst hält nicht nur Gespräche mit seinen Schülern, sondern schreibt auch Gespräche, aber er hält es doch für notwendig, die Schriftlichkeit ausdrücklich zum Problem zu machen. Er läßt Sokrates (274 c ff.) den Mythos erzählen von dem ägyptischen Gott Theuth, der als Erfinder der Schrift verehrt wird, der aber auch vieles andere erfunden haben soll, nämlich die Zahlen, das Rechnen, die Geometrie, die Astronomie sowie das Brett- und Würfelspiel. Dieser Gott Theuth habe nun die von ihm erfundenen Künste zu dem damals über Ägypten herrschenden König Thamos gebracht mit dem Auftrag, sie in Ägypten einzuführen. Thamos aber fragte jedesmal nach dem Nutzen der betreffenden Kunst und lobte oder tadelte, was ihm daran gut oder schlecht schien. Als nun die Schrift drankam, empfahl sie Theuth mit den Worten: Diese Kenntnis wird die Ägypter weiser und behaltender machen, denn als ein Medikament für das Gedächtnis und die Weisheit wurde sie erfunden.

Das werden wir gewiß zugeben. Ohne die Schriftlichkeit hätte die Wissenschaft niemals den hohen Stand erreichen können, den sie erreicht hat. Ohne Aufzeichnungen lassen sich komplizierte wissenschaftliche Untersuchungen gar nicht durchführen, und insofern dient die Schrift der Weisheit; und ohne die Schrift könnte gar nicht alles bereits Gewonnene aufbewahrt werden, es würde unaufhaltsam dem Vergessen anheimfallen. So dient die Schrift dem Gedächtnis.

Aber Plato läßt (275 a) den Thamos mit der Zustimmung des Sokrates protestieren und das Gegenteil behaupten. Phaidros glaubt nicht an die Echtheit der Geschichte und sagt: Leicht erdichtest du Geschichten aus Ägypten und aus welchem Lande du willst. Sokrates beharrt darauf auch gar nicht, sondern auf der Entscheidung darüber, ob es wahr sei, was hier dem Thamos in den Mund gelegt wird. Die Kunst der Schrift dient (sagt dieser) nicht dem Gedächtnis, sondern im Gegenteil, dem Vergessen. Keiner wird sich sehr bemühen, etwas zu behalten und sein Gedächtnis zu üben, da er sich ja auf das Geschriebene verlassen kann.

Das ist freilich auch richtig: mit dem Notizbuch in der Tasche braucht man sein Gedächtnis nicht anzustrengen, und so wird es aus der Übung kommen. Aber das widerspricht nicht dem, was Theuth an der Schrift rühmte. Es ist beides wahr: daß infolge der Schrift weniger in Vergessenheit versinkt, sofern die Schrift selbst als ein Gedächtnis fungiert. Aber eben darum stimmt auch das andere, daß dies Gedächtnis, das die Schrift selbst ist, das Gedächtnis in der Seele entlastet und dadurch Ursache seiner Vernachlässigung wird.

Aber auch hinsichtlich der Weisheit hat Thamos Bedenken. Die Schriftlichkeit hat die Wirkung, daß viele Leute sich allerlei zusammenlesen und sich eine Wahrheit einbilden, die sie nicht haben. Auch das ist zweifellos wahr, aber auch das steht nicht im Widerspruch zu dem, was Theuth gerühmt hatte. Die Schrift fördert die Weisheit, nämlich die wissenschaftlichen Leistungen, zu denen die Menschheit gelangen kann. Aber sie hat auch den Effekt, das hervorzubringen, was dem Thamos als ein Einwand gegen die Schrift erscheint: die Vielfalt des Angelesenen, das nicht wirklich verstanden ist.

Wer etwas Geschriebenes über eine Kunst hinterläßt oder liest in der Meinung, es könne den Buchstaben etwas Deutliches und Sicheres entnommen werden, wird von Sokrates geradezu als einfältig bezeichnet (275 c). Geschriebene Reden können nach seiner Meinung nur die Funktion einer Gedächtnisstütze haben für denjenigen, der das schon weiß, worüber die Schrift handelt. Denn (so sagt er 275 d ff.) dies Bedenkliche hat doch die Schrift und ist darin der Malerei ähnlich. Auch diese stellt ihre Geschöpfe als lebend hin; wenn man sie aber etwas fragt, so schweigen sie würdevoll. Ebenso auch die Schriften. Man könnte glauben, sie sprechen mit Verstand; fragt man sie aber lernbegierig über das von ihnen Gesagte, so zeigen sie doch nur immer ein und dasselbe an. Ist die Rede aber einmal geschrieben, so redet sie zu jedermann; zu denen, vor die sie gehört, aber auch zu denen, für die sie nicht bestimmt ist. Und wenn sie beleidigt oder unverdientermaßen beschimpft wird, so kann sie sich nicht wehren, wozu sie der Hilfe ihres Vaters bedürfte, den aber nur die mündliche bei sich hat. Anders ihre echtbürtige Schwester, nämlich die Rede, die in die Seele des Lernenden geschrieben wird und die imstande ist, sich selbst zu helfen, und auch weiß, zu wem sie reden und zu wem sie schweigen soll. Das ist die lebendige und beseelte Rede des Wissenden, von der die geschriebene nur ein Nachbild ist.

Wer ein wahrhaft Wissender ist über das Gerechte und das Gute und das Schöne, der ist einem Landmann gleich, der den Samen nicht nach Belieben irgendwohin streut, sondern dahin, wo er ein gutes Wachstum verspricht; so wird er auch seine Erkenntnisse nicht nach Belieben irgendwohin säen. Nur zum Spiel und Fest pflegt man in die Adonisgärtchen zu säen (das sind kleine Gefäße, in denen die Pflanzen in wenigen Tagen aufgehen und dann aber auch ebenso schnell wieder zu Grunde gehen). Mit den Adonisgärtchen vergleicht Sokrates die Schrift; nur zum Spiel, so sagt Sokrates, wird der Wissende diese Schriftgärtchen besäen (276 b ff.).

Man hat diese Worte immer so aufgefaßt und kann sie wohl auch nicht anders deuten, daß sie ein Wink Platos über seine eigene Schriftstellerei sind. Seine Werke stellt er da offenbar als ein Parergon hin, als ein Spiel neben dem eigentlichen Ernst der mündlichen Lehre im Zusammensein mit seinen Schülern in der Akademie. Ganz nutzlos freilich sind diese Spiele nicht, sie können den Wissenden, dem Verfasser selbst und denen, die von ihm gelernt haben, als Gedächtnisstütze dienen. Und wenn das schon ein Spiel ist (sagt er selbst), so doch ein schöneres als jene anderen, mit denen man sich bei Gastmählern zu ergötzen pflegt. Ein unendlich schönes Spiel, entgegnet Phaidros, nennst du da neben den geringeren, das Spiel dessen, der mit Logoi zu spielen versteht über die Gerechtigkeit und das andere, was du erwähnt hast (276 e).

Für uns aber, die von Plato nichts haben als diese Sprachspiele, bedeutet das, daß wir seinen geschriebenen Reden, die ihren Vater nicht bei sich haben, der ihnen zu Hilfe kommen kann, ein Pflegevater sein müssen, sie nicht schmähen und beleidigen, sondern ihnen zu Hilfe kommen, wie es uns Plato selbst vorgemacht hat, indem er in seinen Gesprächen den Sokrates oder den Gast aus Elea den Reden der Alten, die sich nicht mehr selbst verteidigen können, zu Hilfe kommt und nicht ihre offenkundige Schwäche, sondern ihre eigentliche Stärke ausfindig zu machen sucht, um sich mit ihr zu messen.

Noch schöner als dies schönste Spiel ist es freilich (sagt Sokrates), sich im Ernst mit diesen Dingen abzugeben, die dialektische Kunst zu benutzen, eine dazu geeignete Seele auszuwählen und in sie mit Wissen Reden zu säen und zu pflanzen, in eine Seele, die sich selbst und dem Pflanzenden zu helfen imstande ist und Frucht bringt, aus der neuer Same kommt, der in andere Seelen gesät wird, wodurch das so Weitergegebene sich unsterblich erhält, und die es besitzen, so glücklich gemacht werden, wie es für Menschen überhaupt möglich ist (277 a).

Wenn wir das annehmen, dann müßten wir meinen, die eigentliche Wahrheit Platos nicht in dem finden zu können, was seine Dialoge uns vermitteln, sondern in dem, was in der mündlichen Lehrtradition von ihm bis auf uns gekommen ist. Aber so gut werden wir kaum von der Kraft der mündlichen Überlieferung, dem Überlieferten Unsterblichkeit zu verleihen, denken können. Pflanzen und Tiere freilich erhalten sich gut in der Folge der Überlieferung durch Same und Frucht, und Pferde und Eichen haben sich von den Zeiten Platos bis zu uns unverändert erhalten. Aber nicht so die Gedanken. An denen ist auf dem Wege der Überlieferung der Geist tätig und bildet sie um. Wir lesen das, was uns an Schriften von den Alten überliefert ist, gerade darum mit solchem Eifer, weil wir die Erfahrung gemacht haben, daß die Tradition auf dem Wege bis zu uns vieles von dem Besten unterwegs verloren hat. Aber Reflexionen auf eine über 2000jährige Zukunft seiner Gedanken liegen Plato an dieser Stelle des »Phaidros« gewiß völlig fern.

Zum Schluß des Dialogs wird die Entscheidung gefällt, 1. darüber ob und inwiefern das Redenschreiben dem Lysias zur Schande gereiche, und 2. welche Reden mit Kunst verfaßt sind und welche nicht.

An das letztere wird nur zusammenfassend erinnert: man muß das Wahre wissen über das, worüber man eine Rede schreibt, und es genau zu umgrenzen wissen und es dann auch in seine Arten und Unterarten zu teilen verstehen. Das war die Voraussetzung der Dialektik. Dazu kommt die Forderung der Psychologie, d. h. hinsichtlich der Seele und ihres Wissens wie auch der Seelenarten und ihrer Kraft, zu wirken und zu leiden, ein Wissender zu sein. Ohne das beides ist eine rhetorische Wissenschaft nicht möglich (277 b f.).

Ist es nun schön oder häßlich, Reden zu halten oder zu schreiben, und unter welchen Umständen ist es verwerflich? Die Antwort ist: Wer wie Lysias unwissend ist über das, was gerecht ist und was ungerecht, und über das, was gut und was schlecht ist, dem gereicht das Redenschreiben zur Schande, mag auch die Menge ihn noch so sehr loben (277 d). Die Wahrheit ist, daß im geschriebenen Wort, worüber auch immer, vieles notwendigerweise nur Spiel sein muß und daß niemals ein wirklich ernst zu nehmendes Wort in gebundener oder ungebundener Rede geschrieben oder nach Rhapsoden-Art vorgetragen worden ist (d. h. ohne die Möglichkeit von Rückfrage und Beantwortung derselben, nur um im Hörer eine bestimmte Überzeugung hervorzurufen) und daß auch die besten von ihnen nur als Erinnerungsstützen anzusehen sind (277 e). Was aber um des Lehrens und Lernens willen gesprochen wird und in die Seelen hineingeschrieben über das Gerechte, das Schöne und das Gute, das allein ist evident, vollkommen und des Ernstes würdig. Solche Reden sind gleichsam die legitimen Kinder eines Mannes, zunächst die Worte in der eigenen Seele von ihm gesprochen, und dann auch deren Brüder, die in den anderen Seelen gezeugt sind. Den andern Reden aber gibt er den Abschied (278 a f.).

Für den aber (heißt es weiter), der sich durch Schrift geäußert hat und der wirklich im Besitz des Wissens ist und befragt dem Wort nachzuhelfen vermag und es dadurch als unzureichend erweisen kann, ist der Name des Rhetors eigentlich unangemessen, sondern er sollte nach dem benannt werden, was der Ernst ist, der sich in seinem Spiel verbirgt, er ist ein Philosoph (278 d). Wer aber nicht mehr hat als das, was er nach langem Hin- und Herwenden, Zufügen und Ausstreichen zusammengebaut hat, den mag man einen Poeten, Schriftsteller oder Gesetzeschreiber nennen, je nachdem, was er da verfaßt (278 e). Das (so schließt Sokrates) richte deinem Freund Lysias aus. Und was, antwortet Phaidros, deinem Freund Isokrates? Er (antwortet Sokrates) scheint zu etwas Höherem geboren, denn von Natur liegt in seiner Seele ein gewisser philosophischer Zug (279 b). Was der Hintergrund dieser Freundlichkeit für Isokrates ist, wissen wir nicht.

Ein Letztes bleibt zu bedenken. Auch der Dialog »Phaidros« selbst fällt unter das, was Plato als bloßes Spiel gegen den wahren Ernst abhebt. Die Worte über das Schreibspiel sind also selbst nur Spiel und nicht letzter Ernst. Was aber dann allein Ernst sein kann, ist ein Appell Platos an die Leser seiner Schriften. Am Leser liegt es, ob diese Schriften wie verstandlose Bilder nur immer dasselbe sagen, oder ob sie auf Fragen antworten, wie ein Gesprächspartner.

Dem haben wir zu entsprechen versucht.

NACHWORT

Plato polemisiert gegen die Sophisten. Er sucht die Rettung aus dem Verderben, als das er deren Denken ansieht.

Die Sophistik verzweifelt am Denken: das Denken ist ihr ein Fahrzeug, das man nach Belieben in jeder gewünschten Richtung steuern kann. Gorgias hat es exemplarisch vorgemacht. Wenn Parmenides mit den Mitteln des reinen Denkens bewies, daß es keine Vielheit und keine Bewegung gibt, so beweist Gorgias mit denselben Mitteln, daß es Einheit und Ruhe auch nicht gibt, — daß also nichts ist, und daß, wenn etwas wäre, es nicht erkannt werden könnte, und daß wenn es erkannt werden könnte, es doch nicht mitgeteilt werden könnte. Damit waren im Ernst nicht diese Thesen bewiesen, sondern das Denken als Mittel des Erkennens entwertet.

Die Sophisten haben Recht und Sittlichkeit aufgelöst. Das Recht ist für sie ein Machtmittel der herrschenden Starken zur Unterdrückung der Schwachen, oder umgekehrt ein Instrument der vereinigten Schwachen gegen die Starken. Daraus folgt, daß meine Gerechtigkeit anderen nützt und daß der Schein der Gerechtigkeit mir nützen kann, daß aber, wenn ich es mir leisten kann, für mich Ungerechtigkeit nützlicher ist als Gerechtigkeit.

Die Sophisten haben die wahre Welt aufgelöst: alles ist nur so, wie es mir scheint, — das Individuum ist das Maß des Seins.

Dagegen tritt Plato auf und hat jedesmal ein Doppeltes vorzubringen: einen Hauptgrund und einen Nebengrund, welcher Nebengrund sich als der zukunftsträchtige erweist: er wird von Aristoteles zum Hauptgrund gemacht.

Der Hauptgrund zur Rettung des Denkens, den Plato vorbringt, ist seine Forderung des Ernstes. Man darf nicht beim Denkspiel stehen bleiben, mit dem sich alles beweisen läßt, sondern muß das Denken mit sittlichem Ernst betreiben. Dann kann man nicht mehr nach Belieben alles beweisen.

Doch daneben beginnt er eine Analyse der Gesetzlichkeit des Denkens, die von der Gesinnung des Denkens ganz unabhängig ist, und sie weiterbildend gelangt Aristoteles zur Ausarbeitung des ersten Stückes exakter Logik, die unabhängig von der sittlichen Gesinnung des Denkenden Entscheidung über Wahrheit und Unwahrheit gestattet und den sophistischen Spuk objektiv beendet.

Platos moralische Hauptlehre ist die, daß die Gerechtigkeit für den Gerechten auch dann gut ist, wenn sie unbemerkt bleibt, weil sie sich zur Seele verhält wie die Gesundheit zum Leibe. Wie die Gesundheit dem Leibe nützlich ist, damit dieser im Alter nicht leidet, so die Gerechtigkeit der Seele, damit sie im Jenseits nicht leidet. Die Begründung der Gerechtigkeitsforderung ist also eschatologisch.

Daneben gibt es die Begründung, daß der Mensch im Grunde das, was er auf dem Wege der Ungerechtigkeit erreichen kann, gar nicht will. Was er im Grunde will, ist anerkannt werden als der, der er in Wahrheit ist (und nicht nur als der, der er zu sein scheint). Das aber kann er nur erreichen, wenn er gerecht ist. Dies Nebenmotiv wird bei Aristoteles zum Hauptmotiv gemacht.

Gegen die Zerstörung der Welt zu einer Welt des Scheins bietet Plato die Flucht in die wahre Welt der Ideen an. Daneben aber findet sich die Auslegung der diesseitigen Welt als eines sinnlichen Gottes (im »Timaios«). Auch hier wird das Nebenmotiv bei Aristoteles zum Hauptmotiv. Die Theorie des Kosmos, der an Gott, dem sich selbst denkenden Denken, als seinem höchsten Prinzip hängt, ist für den Menschen das Höchste, das seine ganze Existenz rechtfertigt. Oder (da nicht jeder das erreichen kann) das die Polis rechtfertigt, als deren dienendes Glied sich der Mensch verstehen soll.

Die Wahrheit Platos ist Aristoteles.

PERSONENREGISTER

SACHREGISTER